2024
QUARTA EDIÇÃO

WANDER **GARCIA**
AUTOR BEST SELLER • 1,5 MILHÃO DE LIVROS VENDIDOS

GABRIELA **PINHEIRO**

MANUAL COMPLETO DE
DIREITO CIVIL
IDEAL PARA PROVAS E CONCURSOS

TEORIA ALTAMENTE SISTEMATIZADA

QUESTÕES COMENTADAS

QUADROS SINÓTICOS PARA LEITURA RÁPIDA

2024 © Editora Foco

Autores: Wander Garcia e Gabriela Rodrigues
Diretor Acadêmico: Leonardo Pereira
Editor: Roberta Densa
Assistente Editorial: Paula Morishita
Revisora Sênior: Georgia Renata Dias
Capa Criação: Leonardo Hermano
Diagramação: Ladislau Lima
Impressão miolo e capa: FORMA CERTA

Dados Internacionais de Catalogação na Publicação (CIP) de acordo com ISBD

G216m

Garcia, Wander

Manual Completo de Direito Civil / Wander Garcia, Gabriela Pinheiro. - 4. ed. - Indaiatuba, SP : Editora Foco, 2024.

416 p. : 17cm x 24cm.

Inclui índice e bibliografia.
ISBN: 978-65-6120-004-2

1. Direito. 2. Direito Civil. I. Pinheiro, Gabriela. II. Título.

2023-3691   CDD 347   CDU 347

Elaborado por Vagner Rodolfo da Silva - CRB-8/9410

Índices para Catálogo Sistemático:

1. Direito Civil 347   2. Direito Civil 347

DIREITOS AUTORAIS: É proibida a reprodução parcial ou total desta publicação, por qualquer forma ou meio, sem a prévia autorização da Editora Foco, com exceção do teor das questões de concursos públicos que, por serem atos oficiais, não são protegidas como Direitos Autorais, na forma do Artigo 8º, IV, da Lei 9.610/1998. Referida vedação se estende às características gráficas da obra e sua editoração. A punição para a violação dos Direitos Autorais é crime previsto no Artigo 184 do Código Penal e as sanções civis às violações dos Direitos Autorais estão previstas nos Artigos 101 a 110 da Lei 9.610/1998.

Atualizações e erratas: A presente obra é vendida como está, sem garantia de atualização futura. Porém, atualizações voluntárias e erratas são disponibilizadas no site www.editorafoco.com.br, na seção *Atualizações*. Esforçamo-nos ao máximo para entregar ao leitor uma obra com a melhor qualidade possível e sem erros técnicos ou de conteúdo. No entanto, nem sempre isso ocorre, seja por motivo de alteração de *software*, interpretação ou falhas de diagramação e revisão. Sendo assim, disponibilizamos em nosso *site* a seção mencionada (*Atualizações*), na qual relataremos, com a devida correção, os erros encontrados na obra. Solicitamos, outrossim, que o leitor faça a gentileza de colaborar com a perfeição da obra, comunicando eventual erro encontrado por meio de mensagem para contato@editorafoco.com.br.

Impresso no Brasil (12.2023)
Data de Fechamento (12.2023)

2024
Todos os direitos reservados à
Editora Foco Jurídico Ltda.
Rua Antonio Brunetti, 593 – Jd. Morada do Sol
CEP 13348-533 – Indaiatuba – SP

E-mail: contato@editorafoco.com.br
www.editorafoco.com.br

Apresentação

Por que você está diante de um Manual de Direito Civil perfeito para concursos, provas e exames?

Porque este livro é escrito numa **LINGUAGEM DIRETA** e **ALTAMENTE SISTEMATIZADA**, sem exageros linguísticos e com foco constante na melhor e mais atualizada informação, de modo que se tem um texto que, de um lado, vai direto ao ponto e é sistematizado e, de outro, traz o maior número possível de informações úteis para você.

Além disso, no decorrer do texto usamos GRIFOS, *ITÁLICOS* e **NEGRITOS**, proporcionando a você verificação fácil do início de cada ponto, e das palavras, expressões e informações-chave, facilitando ao máximo a leitura, a compreensão e a fixação das matérias.

Não bastasse, você terá, no final de cada capítulo do livro, um **QUADRO SINÓTICO** com o resumo deste, proporcionando uma revisão rápida da matéria, com o intuito de solidificar o conhecimento de cada capítulo que terminar de ser lido, e também para possibilitar uma passagem de olhos na matéria estudada pouco antes de se submeter a uma prova.

Mas não paramos aí. No final de cada capítulo você encontrará um número expressivo de **QUESTÕES COMENTADAS**, essenciais ao desenvolvimento do raciocínio jurídico e à fixação da matéria. Cada questão é comentada item por item quando necessário, e foram escolhidas dentre os principais concursos da área Jurídica, além de concursos de Tribunais e da área Fiscal, e também do Exame de Ordem.

Em resumo, os profissionais, estudantes universitários, examinandos de concursos públicos e exame de ordem e demais interessados têm em mãos um verdadeiro **MANUAL COMPLETO de DIREITO CIVIL**, que certamente será decisivo nas pesquisas e estudos com vista ao enfrentamento dos desafios profissionais, bem como das provas, concursos e exames.

Boa leitura e sucesso!

SUMÁRIO

APRESENTAÇÃO III

CAPÍTULO 1 – PRINCÍPIOS DO DIREITO CIVIL E LEI DE INTRODUÇÃO ÀS NORMAS DO DIREITO BRASILEIRO – LINDB 1

1.1. Princípios do Direito Civil 1
1.2. Lei de Introdução às Normas do Direito Brasileiro 2
1.3. Quadro sinótico 17
1.4. Questões comentadas 18

CAPÍTULO 2 – PARTE GERAL 23

2.1. Pessoas naturais 23
2.2. Direitos da Personalidade 40
2.3. Pessoas Jurídicas 52
2.4. Domicílio 66
2.5. Bens 68
2.6. Fatos Jurídicos 75
2.7. Prescrição e decadência 90
2.8. Questões comentadas 94

CAPÍTULO 3 – DIREITO DAS OBRIGAÇÕES 123

3.1. Introdução 123
3.2. Classificação das Obrigações 124
3.3. Modalidades das obrigações 127
3.4. Transmissão das obrigações 132
3.5. Adimplemento e extinção das obrigações 134
3.6. Inadimplemento das obrigações 140
3.7. Quadro sinótico 146
3.8. Questões comentadas 151

CAPÍTULO 4 – DIREITO DOS CONTRATOS 161

    4.1.   Conceito, natureza jurídica, existência, validade, eficácia, formação, estipulação em favor de terceiro e promessa por fato de terceiro e contrato com pessoa a declarar.. 161

    4.2.   Princípios dos contratos 168

    4.3.   Classificação dos contratos 170

    4.4.   Onerosidade excessiva 176

    4.5.   Evicção... 178

    4.6.   Vícios redibitórios... 180

    4.7.   Extinção dos contratos 183

    4.8.   Compra e venda 188

    4.9.   Contrato estimatório (venda em consignação).. 194

    4.10. Doação... 196

    4.11. Empréstimo 199

    4.12. Contratos com incorporadoras e loteadoras... 204

    4.13. Contrato de Administração Fiduciária de Garantias 207

    4.14. Questões comentadas 208

CAPÍTULO 5 – RESPONSABILIDADE CIVIL... 225

    5.1.   Introdução 225

    5.2.   Responsabilidade subjetiva... 225

    5.3.   Responsabilidade objetiva.. 226

    5.4.   Excludentes de responsabilidade em geral 230

    5.5.   Sujeitos passivos do direito à indenização.. 231

    5.6.   Sujeitos ativos do direito à indenização.. 232

    5.7.   Reparação dos danos.. 232

    5.8.   Dano moral... 235

    5.9.   Pensão segundo o STJ... 238

    5.10. Cumulação de indenização por danos materiais ou morais com pensão previdenciária 239

    5.11. Cláusula de não indenizar.. 239

    5.12. Quadro sinótico... 239

    5.13. Questões comentadas 243

CAPÍTULO 6 – DIREITO DAS COISAS 249

    6.1.   Introdução 249

    6.2.   Posse... 249

6.3.	Direitos reais	255
6.4.	Propriedade	257
6.5.	Condomínio	268
6.6.	Direitos reais de fruição	282
6.7.	Direitos reais em garantia	289
6.8.	Quadro sinótico	292
6.9.	Questões comentadas	297

CAPÍTULO 7 – DIREITO DE FAMÍLIA ... 305

7.1.	Introdução	305
7.2.	Princípios do Direito de Família	307
7.3.	Casamento civil	308
7.4.	Bem de família	323
7.5.	Regime patrimonial do matrimônio (Direito Patrimonial)	327
7.6.	Dissolução da sociedade conjugal	336
7.7.	União Estável	339
7.8.	Alimentos	345
7.9.	Relações de parentesco	352
7.10.	Questões comentadas	365

CAPÍTULO 8 – DIREITO DAS SUCESSÕES ... 375

8.1.	Sucessões em Geral	375
8.2.	Sucessão legítima	382
8.3.	Sucessão testamentária	389
8.4.	Inventário e partilha	394
8.5.	Questões comentadas	396

CAPÍTULO 9 – CONSIDERAÇÕES ACERCA DAS LEIS 13.979/2020 E 14.010/2020 – LEIS DE ENFRENTAMENTO AO CORONAVÍRUS ... 403

Capítulo 1

PRINCÍPIOS DO DIREITO CIVIL E LEI DE INTRODUÇÃO ÀS NORMAS DO DIREITO BRASILEIRO – LINDB

1.1. PRINCÍPIOS DO DIREITO CIVIL

Miguel Reale, coordenador da comissão que redigiu o anteprojeto que deu origem ao novo Código, salienta que esse é norteado por três **princípios**: o da socialidade, o da eticidade e o da operabilidade. Tais princípios fazem refletir os elementos acima apontados.

O **princípio da socialidade** é aquele que *impõe prevalência dos valores coletivos sobre os individuais*.

Já o **princípio da eticidade** é aquele que *impõe a justiça e a boa-fé nas relações civis*.

O **princípio da operabilidade**, por sua vez, é *aquele que impõe soluções viáveis, operáveis e sem grandes dificuldades na aplicação do direito*. Está contido nesse princípio o da **concreção**, pelo qual *o legislador deve criar leis pensando em situações as mais concretas possíveis, evitando ser muito abstrato, ou quando não possível, dando poderes ao juiz para resolver o conflito de modo a melhor atender às diretrizes legais*. O princípio da operabilidade é identificado no Código Civil, por exemplo, quando este confere ao juiz papéis mais abrangentes, tais como papel de *juiz moderador* (ex.: juiz que pode reduzir o valor de multas, caso abusivas) e de *juiz com maior discricionariedade* (ex.: juiz que está diante de cláusulas gerais e conceitos jurídicos indeterminados, que permitem que esse agente busque a melhor solução para o caso concreto, diante das diretrizes traçadas pela lei).

Apesar de não mencionado expressamente por Miguel Reale, entendemos que também norteia o Código Civil o princípio da **dignidade da pessoa humana**, que é *aquele que impõe respeito aos múltiplos aspectos da personalidade humana, como a moral, a intelectual e a física*. A existência de um capítulo no Código Civil destinado exclusivamente aos direitos da personalidade, somada à previsão constitucional da proteção da dignidade da pessoa humana demonstram que o princípio em tela informa o atual Código Civil.

E também não há como negar que o Código Civil ainda dá primazia à **propriedade individual**, à **autonomia da vontade** e à **igualdade**. A primeira é garantida pela Constituição e pelo Código Civil. A segunda ainda é a fonte inicial da formação das relações jurídicas civis. E a igualdade, entendida em seu sentido amplo (tratar igualmente os iguais e desigualmente os desiguais), é o princípio que fundamenta as relações privadas, na qual se busca o equilíbrio entre as partes, diferentemente do que ocorre nas relações públicas, em que há supremacia do interesse público sobre o interesse privado, em nítida situação de desequilíbrio.

A partir dessas observações, é possível criar uma Teoria dos Princípios Basilares, ou seja, uma teoria que visa a identificar quais são os princípios do Direito Civil que inspiram e norteiam todos os outros princípios e regras desse macrossistema.

Nesse sentido, pode-se dizer que são **princípios basilares** do Direito Civil os seguintes: a) **autonomia da vontade**; b) **igualdade**; c) **propriedade individual**; d) **solidariedade social** (contendo as ideias de socialidade, eticidade e dignidade da pessoa humana); e e) **operabilidade**.

Além dos princípios basilares, e abaixo deles, temos os **princípios-norma**, que são as *normas jurídicas aplicáveis a determinada categoria de relações, dotadas de especial relevância e alta carga valorativa*. São exemplos desses princípios os da função social dos contratos (aplicável aos contratos), da boa-fé objetiva (aplicável aos contratos), da função social da propriedade (aplicável ao direito de propriedade), da igualdade entre os filhos (aplicável ao direito de família e sucessões), entre outros.

Tais princípios têm as seguintes características: a) têm aplicação *direta e imediata* aos casos concretos; b) têm *hierarquia* em relação às meras regras-norma, hierarquia essa que é chamada de *hierarquia material* caso estejam previstos em leis da mesma categoria das regras (ex.: há hierarquia material, e não formal, entre um princípio previsto no Código Civil e uma mera regra prevista no mesmo Código); c) servem de *elemento integrativo* e de *vetor interpretativo* aos aplicadores do Direito.

Por fim, temos os **princípios gerais do direito**, que são as *diretrizes políticas, sociais e jurídicas extraídas do sistema jurídico como um todo*. Um exemplo desse princípio é o da *presunção de boa-fé*. Tais princípios somente são aplicados em caso de lacunas, ou seja, em casos de vazio no sistema jurídico. E, mesmo assim, tais princípios são só chamados caso a lacuna não possa ser resolvida com a *analogia* e os *costumes*. Dessa forma, tais princípios não têm aplicação direta e imediata aos casos concretos, dependendo, para sua aplicação, da existência de lacuna que não possa ser suprida pelos elementos mencionados.

1.2. LEI DE INTRODUÇÃO ÀS NORMAS DO DIREITO BRASILEIRO

1.2.1. Finalidade da Lei de Introdução às Normas do Direito Brasileiro

A primeira lei que tratou da introdução às normas do Direito Brasileiro foi a Lei 3.071/1916 (antigo Código Civil), que o fazia em seus artigos 1º a 21. Essas normas foram revogadas pelo Decreto-Lei 4.657/1942, atualmente em vigor.

A Lei de Introdução às Normas do Direito Brasileiro é norma introdutória do Direito como um todo, e não apenas do Direito Civil, como parecia ser, diante do nome que detinha antes (Lei de Introdução ao Código Civil). Tal lei, na verdade, tem **três finalidades**.

A primeira delas, e a que mais se sobressai, é a de **regular a forma de aplicação das leis em geral**: a) o início e a duração de sua obrigatoriedade (arts. 1º e 2º); b) os mecanismos de integração em caso de lacuna (art. 4º); c) os critérios de interpretação (art. 5º); e d) os meios de preservação da segurança jurídica em face da edição de novas normas (art. 6º) e a alteração mais recente inserida pela Lei 13.655/2018, que define balizas de interpretação sobre decisões exaradas pelo Poder Público em face do particular.

A segunda finalidade é a de **regular o direito internacional privado brasileiro** (arts. 7º a 17).

A última é a de **regular os atos civis praticados no estrangeiro pelas autoridades consulares brasileiras** (arts. 18 e 19).

A primeira finalidade incide não só sobre a aplicação das normas de Direito Civil, mas sobre o Direito como um todo, ressalvada a existência de uma lei especial dispondo de modo contrário. Por exemplo, em Direito Penal, sob o argumento de que existe uma lacuna, não será possível valer-se da analogia para considerar crime um tipo de conduta ainda não regulada pelo Direito, por haver vedação dessa forma de integração na lei penal.

Neste texto veremos as principais regras da LINDB que interessam diretamente ao Direito Civil, devendo o leitor buscar os detalhes específicos de outros ramos jurídicos, tais como o Direito Internacional e a Hermenêutica, nos textos correspondentes.

1.2.2. Fontes do Direito

Quando se pergunta "quais são as fontes do Direito", fica sempre a dúvida sobre a qual fonte a indagação se refere. Existem *fontes criadoras* do Direito (legislador, por exemplo). Há *fontes formais* do Direito (a lei, por exemplo). Há *fontes históricas* do Direito (fatos históricos marcantes que deram origem à modificação de uma lei).

As **fontes formais** do Direito podem ser divididas em duas espécies: principais e acessórias.

As **fontes formais principais** são: a lei, a analogia, o costume e os princípios gerais do direito. Como adotamos o sistema romano-germânico, de início, só a lei é fonte formal principal. Apenas em caso de lacuna é que se admite que o aplicador se valha da analogia, do costume e dos princípios gerais, nessa ordem, como fonte formal jurídica (art. 4º da LINDB).

Para completo entendimento do assunto, é importante destacar que, por lei, deve-se entender norma constitucional, lei ordinária, lei complementar, lei delegada, resolução legislativa, decreto legislativo e medida provisória.

Já as **fontes formais secundárias ou acessórias** são: os decretos, as resoluções administrativas, as instruções normativas, as portarias etc. São acessórias pois guardam obediência a uma fonte principal.

Doutrina e jurisprudência são consideradas, tradicionalmente, como *fontes não formais* ou *fontes indiretas* (mediatas). Isso porque trazem preceitos não vinculantes. São também consideradas *fontes meramente intelectuais* ou *informativas*.

Há de se fazer alguns temperamentos com relação à jurisprudência. Isso porque, apesar de um entendimento reiterado pelos tribunais não ter força de lei, a Emenda Constitucional 45/2004 estabeleceu que o Supremo Tribunal Federal poderá, após reiteradas decisões sobre matéria constitucional, aprovar súmula, que terá efeito vinculante e incidirá sobre a validade, a interpretação e a eficácia de normas determinadas acerca das quais haja controvérsia (art. 103-A da CF).

Tais súmulas, ainda que declarativas em relação ao que é Direito, poderão ser consideradas verdadeiras fontes formais, já que têm eficácia *erga omnes*.

1.2.3. Lei

1.2.3.1. Conceito e características

Em sentido estrito, pode-se **conceituar** a **lei** como o *ato do Poder Legislativo imperativo, geral, originário e autorizador de se exigir do Estado a garantia de seu cumprimento mediante o uso de coação física, se necessário.*

1.2.3.2. Classificação

As leis podem ser **classificadas** a partir de diversos **critérios**. Vejamos alguns:

a) Quanto à sua **natureza**: podem ser *substantivas* ou *adjetivas*.

Substantivas *são as que estabelecem os direitos e deveres das pessoas em suas atividades e relações pessoais e profissionais.* São também chamadas de *materiais*.

Adjetivas *são as que regulamentam os atos de um processo, o qual tem por objetivo fazer valer as normas materiais*. São também chamadas de normas *processuais* ou *formais*;

b) Quanto à **hierarquia**: são escalonadas em *constitucionais, complementares e ordinárias*. As normas complementares estão em posição superior às ordinárias, não só porque exigem quórum especial (art. 69 da CF), como porque, segundo a Constituição, têm o condão de dispor sobre a elaboração das leis (art. 59, parágrafo único), o que se deu com a edição da Lei Complementar 95/1998;

c) Quanto à **competência** ou **extensão territorial**: são *federais, estaduais/distritais* e *municipais*;

d) Quanto ao **alcance**: podem ser *gerais* ou *especiais*.

Gerais *são as que regulam uma dada relação jurídica, a par de outra lei que regula um determinado aspecto daquela relação.* Assim, o Código Civil, ao tratar do contrato de locação é uma lei geral (arts. 565 e ss.), ao passo que a Lei 8.245/1991 é uma lei especial, pois trata apenas de um determinado aspecto da locação, no caso a locação de imóvel urbano.

Especiais *são as que regulam sozinhas uma relação jurídica por inteiro ou um determinado aspecto de uma relação jurídica regulada de modo genérico por outra lei*. Além da Lei de Locações, podem ser citados o Código de Defesa do Consumidor e o Estatuto da Criança e do Adolescente.

A classificação é importante para efeito de se descobrir qual é a lei aplicável ao caso concreto. Entre uma lei especial e uma lei geral, ainda que a lei geral seja posterior, deve-se aplicar a lei especial. Isso porque se presume que esta tratou com mais detalhe do assunto.

É importante ressaltar que **uma lei pode ser especial em relação a uma e geral em relação a outra**. Por exemplo, em relação à compra e venda prevista no Código Civil, as normas sobre o assunto previstas no CDC são especiais. Mas em relação à Lei de Alienação Fiduciária (Decreto-Lei 911/1969), as normas do CDC são consideradas gerais.

Outra observação importante é que **uma lei pode ser especial e ao mesmo tempo principiológica**. É o caso do CDC. Em relação ao CC, trata-se de uma lei especial. Em relação a outras leis especiais, como se viu acima, pode ser considerada lei geral. Nada obstante, como o CDC traz uma série de princípios, e como os princípios são normas que se sobrepõem a meras regras, é possível que o CDC prevaleça em relação a uma lei que, em princípio, traz normas especiais em relação às suas. Só que isso só acontecerá quando houver um conflito entre um princípio do CDC e uma mera regra da lei especial. É o que aconteceu em matéria de indenização por extravio de bagagens. Em que pese haver leis estipulando um tabelamento na indenização, prevalece na jurisprudência do STJ o princípio da reparação integral dos danos (art. 6º, VI, CDC).

1.2.3.3. Existência, validade, eficácia, vigência, vigor e desuso

O processo de elaboração das leis tem as seguintes etapas: iniciativa, discussão, votação, sanção (ou veto, com posterior recusa ao veto), promulgação e publicação.

A **sanção**, que pode ser expressa ou tácita (CF, art. 66, § 3º) é a *aquiescência dada pelo Chefe do Poder Executivo ao projeto de lei aprovado*. Permite-se também o veto, motivado pela inconstitucionalidade ou contrariedade do projeto ao interesse público, hipótese em que o Poder Legislativo poderá rejeitá-lo ("derrubá-lo"), por voto da maioria absoluta dos deputados e senadores, em sessão conjunta.

Após a sanção ou a recusa ao veto, passa-se à **promulgação**, que é o *ato pelo qual o Poder Executivo autentica a lei, atestando sua existência e determinando sua obediência*. O Executivo tem quarenta e oito horas contadas da sanção ou da comunicação da recusa ao veto para proceder à promulgação. Caso não o faça, o Presidente do Senado o fará e, se este não o fizer em igual prazo, caberá ao Vice-Presidente do Senado fazê-lo (CF, art. 66, § 7º).

Feita a promulgação, vem a **publicação**, que é *a divulgação oficial da nova lei, possibilitando seu conhecimento público*.

Em seguida à publicação, temos uma situação eventual pela qual pode passar uma lei, o chamado **período de vacância**, que é o *lapso temporal entre a data da publicação da lei e um termo prefixado na própria lei ou em outro diploma legislativo, durante o qual aquela não pode ainda produzir efeitos*. Esse intervalo entre a data da publicação da lei e sua entrada em vigor chama-se *vacatio legis*.

Segundo a LINDB, não havendo disposição em contrário, a lei começa a vigorar em todo o país quarenta e cinco dias após sua publicação. Nos estados estrangeiros, a obrigatoriedade da lei brasileira, quando for admitida, inicia-se três meses após oficialmente publicada (art. 1º, *caput* e § 1º). Adotou-se o princípio da *vigência sincrônica*, já que haverá vigência simultânea em todo o território nacional, ou seja, *prazo único* para entrada em vigor no país. Tal princípio se contrapõe ao da *vigência progressiva*, pelo qual a lei vai entrando em vigor no país segundo prazos que variam de acordo com a região[1]. Já nos estados estrangeiros, o prazo é outro, de modo que os agentes de nossas representações diplomáticas e os que têm fora do Brasil interesses regulados pela lei brasileira, por exemplo, só ficam obrigados após o período de três meses acima aludido.

Repare que, no silêncio, temos o período de vacância de quarenta e cinco dias, que poderá ser modificado mediante expressa indicação na lei de que entrará em vigor em outro termo. Segundo a Lei Complementar 95/1998, deve-se reservar a cláusula "entra em

---

1. Segundo a anterior LINDB, a obrigatoriedade das leis, quando não se fixasse outro prazo, "começaria no Distrito Federal, três dias depois de oficialmente publicada, quinze dias no Estado do Rio de Janeiro, trinta dias nos Estados Marítimos e no de Minas Gerais, cem dias nos outros, compreendidas as circunscrições não constituídas em Estado".

vigor na data da sua publicação" apenas para as leis de pequena repercussão. Quanto às demais, deve-se fixar um período de vacância que contemple prazo razoável para que dela se tenha amplo conhecimento (art. 8º, *caput*, da LC 95/1998). O Código Civil, por exemplo, entrou em vigor um ano após sua publicação (art. 2.044 do CC). A contagem do prazo dar-se-á com a inclusão da data da publicação e do último dia do prazo, entrando em vigor no dia subsequente à sua consumação integral (art. 8º, § 1º, da LC 95/1998).

Há períodos de vacância fixados na própria Constituição, como os previstos nos art. 150, III, "b" e "c", e 195, § 6º (no que concerne à cobrança de tributos).

Pode ocorrer de, no curso do período de vacância, ser necessária nova publicação da lei destinada a alguma correção. Nesse caso, o prazo de vacância começará a correr mais uma vez a partir da data da nova publicação (art. 1º, § 3º, da LINDB).

Pode ocorrer também de, após o período de vacância, ser necessária nova publicação da lei para o mesmo fim. Nesse caso, como a lei já estava em vigor, os efeitos que ela produziu até aquele momento serão respeitados. A LINDB é expressa no sentido de que as correções serão consideradas lei nova (art. 1º, § 4º), de modo que novo período de vacância deverá ser computado.

A partir dos eventos narrados (promulgação, publicação e período de vacância) é importante trazer à tona as noções de existência, vigência, vigor, validade e eficácia.

Segundo a maioria dos doutrinadores, a **existência** da lei ocorre *após a sanção ou a rejeição ao veto* (Pontes de Miranda, José Afonso da Silva, Manuel Gonçalves Ferreira Filho, Michel Temer, Luiz Alberto David Araujo e Alexandre de Moraes). A própria Constituição dá a entender que isso ocorre ao mencionar a "lei" como ato a ser promulgado (art. 66, § 7º). A promulgação, como se viu, apenas atesta a existência da lei. Nesse sentido é ato declaratório. E promulgação é uma verdadeira autenticação, ou seja, uma declaração de que a lei existe, é válida e que deverá ser cumprida, pois tem aptidão para vir a produzir efeitos.

A existência, todavia, não se confunde com a validade. Quando se tem existente uma lei, tem-se também uma presunção de que também é válida. A própria promulgação já atesta a existência e a validade da lei. Nada obstante, pode ser que o Poder Judiciário reconheça sua inconstitucionalidade. Se tal reconhecimento se der no bojo de uma ação direta de inconstitucionalidade, após seu trânsito em julgado será desfeita definitivamente a presunção de validade que a lei detinha. A **validade**, portanto, é *qualidade da lei de ter sido produzida segundo as condições formais e materiais previstas na ordem jurídica*.

Mas não basta que a lei exista e seja válida. Esta há de ter **eficácia**, que é a *qualidade da lei de poder produzir efeitos jurídicos*. A lei só a terá se cumprir as chamadas *condições de eficácia do ato normativo*, que são: a) a promulgação; b) a publicação; c) o decurso do período de vacância, quando existir. As duas primeiras condições também são chamadas de *atos de integração da eficácia da lei*. É importante anotar que algumas normas constitucionais, por dependerem de outra para produzirem efeitos, têm eficácia limitada.

Diante de tais noções, passemos aos conceitos de vigor e de vigência.

Vigor é a *qualidade da lei de poder produzir efeitos jurídicos*. Vigor quer dizer força. A lei só tem força quando pode produzir efeitos. E a lei só pode produzir efeitos depois de preenchidas as condições anteriormente aludidas. É por isso que o art. 1º da LINDB dispõe que a lei começa a "vigorar" após publicada.

Já a **vigência** é o *tempo em que a lei existiu podendo produzir efeitos*. Para alguns é o *tempo em que a lei é válida*. Vigência não é qualidade. Vigência é período de tempo. Perceba que a vigência requer dois elementos: "existência" e "efeitos". Assim, uma lei promulgada, mas não publicada, não teve vigência, uma vez que, apesar de existir, não pode produzir "efeitos". O mesmo se dirá de uma lei que ainda estiver em período de vacância. Uma lei que ainda produza efeitos, mas que já estiver revogada não está em vigência. Isso porque, apesar de produzir efeitos, não tem mais "existência". Isso ocorre com o Código Civil anterior. Ele ainda regula algumas relações (produz "efeitos"), mas está revogado (não tem mais "existência").

Assim, pode ser que uma lei tenha vigor, mas não tenha mais vigência. O CC antigo ainda produz efeitos (tem vigor), mas não existe mais (não tem vigência).

Por fim, vale trazer à tona a noção de **desuso** e **costume negativo**, que são as *circunstâncias de a lei, em que pese poder produzir efeitos jurídicos, não ter utilidade, no primeiro caso, ou estar sendo descumprida por destinatários do Direito, sem que haja sua exigência ou aplicação pelos agentes estatais competentes, no segundo*. Um exemplo de *desuso* é a lei que trata da proibição de caça de um tipo de animal que já está extinto. E um exemplo de *costume negativo* é o que se deu em relação ao crime de adultério. O Código Penal, em que pese vigente quanto a esse crime, não vinha sendo aplicado quando cometido o tipo penal em questão, que veio a ser retirado da ordem jurídica.

Cabe anotar que existem juristas ou jusfilósofos que apresentam noções diferentes das que colocamos. É o caso de Kelsen, para quem a *eficácia* tem a ver com o plano concreto, tem relação com o que chamamos de desuso. E o que chamamos de eficácia, para Kelsen, é vigência.

1.2.3.4. Vigência da lei

1.2.3.4.1. Princípio da obrigatoriedade

Ao conceituarmos a lei, vimos que é um ato imperativo, um ato que prescreve conduta às pessoas. De nada valeria a lei se os destinatários de seus comandos tivessem a faculdade de cumpri-los ou não. É fundamental para a efetividade da ordem jurídica que as pessoas sejam de fato obrigadas a cumprir a lei.

Nesse sentido, o art. 3º da LINDB dispõe que "ninguém se escusa de cumprir a lei, alegando que não a conhece". Esse dispositivo consagra o princípio da obrigatoriedade (*ignorantia legis neminem excusat*).

A justificativa do princípio apresenta três teorias: a) a da *presunção legal* de que a lei, publicada, passa a ser de conhecimento de todos; b) a da *ficção* de que todos passam a conhecer a lei com sua publicação; c) e a da *necessidade social* de que assim seja, possibilitando uma convivência harmônica. Esta é a teoria mais aceita.

A Lei das Contravenções Penais, em seu art. 8º, mitiga o princípio ao dispor que "no caso de ignorância ou errada compreensão da lei, quando escusáveis, a pena pode deixar de ser aplicada".

A ignorância da lei, nos demais casos, é inescusável. O que se admite é que haja um erro (não ignorância) *sobre a ilicitude do fato* (art. 21 do CP) ou *de direito* (art. 139, III, do CC), a ensejar isenção ou diminuição de pena no primeiro caso e anulabilidade no segundo.

1.2.3.4.2. Vigência da lei no tempo

Neste tópico estuda-se o princípio da continuidade e a revogação das leis e também o conflito das leis no tempo.

Princípio da continuidade é *aquele pelo qual a lei terá vigência enquanto outra não a modificar ou a revogar*. Ou seja, a regra é a de que as leis têm caráter permanente. Mas há exceções à regra.

Há casos em que a lei tem **vigência temporária** (leis temporárias), que cessará nas seguintes hipóteses: a) advento de termo (prazo) fixado para sua duração; b) implemento de condição resolutiva (leis circunstanciais); c) consecução de seus fins.

A lei **também poderá perder vigência**: a) pela não recepção em função de nova ordem constitucional; b) por suspensão de sua execução pelo Senado, em razão de declaração incidental de inconstitucionalidade pelo STF; ou c) pelo trânsito em julgado de ação destinada ao controle concentrado de constitucionalidade, em caso de reconhecimento da inconstitucionalidade.

A revogação é a *supressão de uma lei por outra*. Existem variadas espécies de revogação, daí a pertinência de proceder a sua classificação:

a) Quanto à **extensão**: pode ser *total* ou *parcial*.

Revogação total (ou ab-rogação) é *a supressão integral da lei anterior*. O art. 2.045 do atual Código Civil revogou por inteiro o Código anterior.

Revogação parcial (ou derrogação) é *a supressão de parte da lei anterior*;

b) Quanto à **forma de sua execução**: pode ser *expressa* ou *tácita*.

Revogação expressa é *aquela em que a lei nova declara inequivocamente a supressão de dada lei*. O atual Código Civil, como se viu, revogou expressamente a Lei 3.071/1916 (CC anterior) em seu art. 2.045.

Revogação tácita é *aquela em que a lei nova, apesar de não declarar inequivocamente que a lei antiga está sendo suprimida, mostra-se incompatível com ela ou regule inteiramente a matéria de que essa tratava*.

A *incompatibilidade* se dá, por exemplo, quando uma lei nova permite algo que a antiga proibia. Ou quando a primeira proíbe algo que a segunda permite. Chama-se também revogação indireta.

A *regulamentação por inteiro de uma matéria* se dá quando a nova lei esgota a matéria da qual a lei anterior tratava. Assim, ainda que a nova Lei de Falências não fizesse referência expressa à revogação da lei anterior, o fato é que esta ficaria revogada, uma vez que aquela regula por inteiro a matéria dessa. Chama-se também revogação global.

Anote-se que é possível que uma lei revogada continue a produzir efeitos. Exemplo disso é a disposição do art. 2.038 do atual CC, que determina a continuidade da aplicação do CC/1916 para as enfiteuses já existentes quando da entrada em vigor do primeiro. Trata-se da *ultratividade* ou *pós-atividade da lei*.

É importante anotar que, "salvo disposição em contrário, a lei revogada não se restaura por ter a lei revogadora perdido a vigência" (art. 2º, § 3º, da LINDB). Ou seja, se uma lei "A" é revogada por uma lei "B", e a tal lei "B" é revogada pela lei "C", a lei "A" não fica restaurada. Isso quer dizer que não existe o efeito repristinatório (restaurador) da primeira lei revogada. O que pode acontecer é a lei "C" expressamente dizer que novamente entrará em vigor a lei "A". Neste caso teremos uma lei nova e não exatamente uma repristinação.

De qualquer forma, ainda que não adotado como regra pela nossa LINDB, vamos conceituar o instituto da **repristinação**, *que consiste na restauração da lei revogada, em virtude da lei revogadora ter perdido a vigência*. O instituto em tela só é admitido quando a lei expressamente restaurar a lei anterior.

Em resumo, a lei perde vigência nas seguintes hipóteses: a) fim do prazo ou do motivo que enseja sua vigência (lei temporária); b) suspensão da execução pelo Senado, em razão de declaração incidental de inconstitucionalidade pelo STF; c) trânsito em julgado de ação destinada ao controle concentrado de constitucionalidade, em caso de reconhecimento da inconstitucionalidade; d) não recepção em função de nova ordem constitucional; e) revogação por outra lei.

Tema pertinente a esse tópico é o conflito de leis no tempo. Será que toda lei posterior revoga a lei anterior? A resposta é negativa. O critério **cronológico** *ou* **temporal** (*lex posterior derogat legi priori*) cede em função dos critérios **hierárquico** (*lex superior derogat legi inferiori*) e da **especialidade** (*lex specialis derogat legi generali*).

Assim, uma lei nova não revoga um dispositivo constitucional que com ela esteja em contrariedade, pois a norma constitucional, em que pese mais antiga, tem *hierarquia* superior à norma infraconstitucional. Prevalece o critério hierárquico sobre o cronológico.

Do mesmo modo, uma lei geral nova não revoga uma lei especial velha, pois o critério da *especialidade* prevalece. A norma é especial quando possui em sua hipótese de incidência todos os elementos da norma geral e mais alguns *especializantes*. Presume-se que, na feitura da lei especial, procurou-se tratar com mais detalhe as particularidades do tema, da questão. O princípio da isonomia, que impõe tratar os desiguais de modo desigual, fundamenta a ideia de que o especial prevalece sobre o geral. Assim, o Estatuto da Criança e do Adolescente e o Código de Defesa do Consumidor não ficaram revogados pelo novo Código Civil, já que trazem normas especiais em relação a este. Prevalece o critério da especialidade sobre o cronológico.

Deve-se tomar cuidado, todavia, com um aspecto. Muitas vezes uma lei preponderantemente geral, como é o Código Civil, contém normas especiais, que, assim, podem revogar normas anteriores com ele incompatíveis. É o caso da matéria referente ao condomínio edilício, que é uma questão única, não passível de tratamento estanque, e que foi regulada por inteiro no atual Código Civil. Por trazer normas especiais, os arts. 1.331 a 1.358 do CC revogaram substancialmente a Lei 4.591/1964, mesmo sendo esta uma lei especial.

Deve-se tomar cuidado com a afirmativa de que "a lei especial revoga a lei geral". Às vezes, a lei especial apenas está regulando uma das categorias abrangidas pela lei geral, não a revogando, portanto. O Código Civil anterior, de modo geral, regulava os vícios redibitórios. Veio o CDC e regulou os vícios do produto ou do serviço para uma relação de consumo. A lei geral não ficou revogada. Continua a ser aplicada de modo genérico. Apenas não se aplica àquela categoria de negócios considerados *relação de consumo*. Ou seja, a lei especial não revogou a geral. Apenas retirou um espectro de sua incidência.

No tema aplicação da lei no tempo é, ainda, importante anotar que a lei nova, apesar de ter efeito imediato e geral, deve respeitar o ato jurídico perfeito, o direito adquirido e a coisa julgada (art. 6º da LINDB). A Constituição, em seu art. 5º, XXXVI, reforça o princípio ao dispor que "a lei não prejudicará o direito adquirido, o ato jurídico perfeito e a coisa julgada".

Trata-se do **princípio da irretroatividade da lei**.

A **coisa julgada** pode ser conceituada como a *qualidade da sentença de mérito de o seu comando ser imutável. Isso se dá com o trânsito em julgado da decisão.*

O **direito adquirido** é *aquele que já se incorporou ao patrimônio de seu titular, uma vez que preenchidos, sob a vigência da lei anterior, os requisitos para a aquisição do direito.* Para a LINDB, "consideram-se adquiridos assim os direitos que seu titular, ou alguém por ele, possa exercer, como aqueles cujo começo do exercício tenha termo prefixo, ou condição preestabelecida inalterável, a arbítrio de outrem" (art. 6º, § 2º).

O **ato jurídico perfeito** é *aquele já consumado segundo a lei vigente ao tempo em que se efetuou* (art. 6º, § 1º, da LINDB).

A lei não pode *prejudicar* tais valores, mas pode *beneficiar*. É por isso que a lei penal que beneficia o acusado retroage (art. 5º, XL, da CF) e que a lei tributária também retroage em alguns casos (art. 106 do CTN).

Não se deve confundir *retroatividade* com *aplicabilidade imediata*. A lei não pode atingir, para prejudicar, fatos passados, mas pode ser aplicada de modo imediato para fatos que ocorrerem depois de sua vigência, ainda que relacionados com fatos anteriores.

Nesse sentido, é importante trazer à tona a diferenciação feita pelo art. 2.035 do Código Civil, que, no tocante aos negócios e demais atos jurídicos constituídos antes da vigência do CC de 2002, traz as seguintes regras:

a) a *validade* desses atos subordinam-se à legislação da época em que foram feitos;

b) os *efeitos* desses atos, produzidos após a vigência do novo Código, a esse se subordinam, salvo se as partes tiverem previsto determinada forma de execução.

Em suma, quanto aos fatos antigos (validade do negócio) aplica-se a lei antiga. Quanto aos fatos novos (efeitos ocorridos após a vigência da lei nova), aplica-se a lei posterior.

O problema é que o art. 2.035 foi além e criou uma norma bastante polêmica, que permite que o novo Código retroaja na seguinte situação:

c) convenção alguma prevalecerá, porém, se contrariar preceitos de ordem pública, tais como os estabelecidos pelo CC para assegurar a função social da propriedade e dos contratos.

Trata-se da chamada retroatividade média, em que se atingem os efeitos ainda pendentes de um ato jurídico anterior, verificados antes da lei nova[2]. Todavia, há diversas decisões do STF proibindo esse tipo de retroatividade, mesmo nos casos em que a lei nova é de ordem pública (ADI 493/DF; RE 188.366, RE 205.193, RE 205.999, RE 159.979 e RE 263.161).

Com efeito, é comum distinguir a retroatividade em três espécies[3].

---

2. A retroatividade máxima ocorre quando a lei nova ataca a coisa julgada ou fatos já consumados. Essa, não há dúvida, só pode se dar por atuação do Poder Constituinte Originário.
3. *Vide*, a respeito, José Carlos de Matos Peixoto (*Curso de Direito Romano*, Editorial Peixoto, 1943, tomo I, p. 212-213) e também a ADI 493/DF, do STF, cuja relatoria foi do Min. Moreira Alves (DJ 04.09.1992).

A *retroatividade máxima*, também chamada de *restitutória*, consiste em alcançar situações jurídicas consolidadas (ato jurídico perfeito, direito adquirido e coisa julgada) cujos efeitos já se efetivaram no mundo jurídico e fenomênico. Ou seja, consiste em a nova lei *alcançar negócios e atos jurídicos findos*. Um exemplo de retroatividade máxima é a situação em que uma lei que diminuísse a taxa de juros para uma determinada obrigação estipulasse que os credores dessas obrigações, já satisfeitos por ocasião da nova lei, devolvessem as quantias recebidas a mais.

A *retroatividade média* consiste em alcançar situações jurídicas consolidadas e exigíveis (ato jurídico perfeito, direito adquirido e coisa julgada), mas que ainda não foram realizadas. Ou seja, consiste em a nova lei alcançar obrigações certas e já vencidas, mas ainda não pagas. Um exemplo de retroatividade média é a situação em que uma lei que diminuísse a taxa de juros para uma determinada obrigação estipulasse que os credores dessas obrigações, ainda não satisfeitos por ocasião da nova lei, tivessem que aceitar o pagamento dos juros passados e futuros com base na nova lei.

A *retroatividade mínima* consiste em alcançar efeitos *futuros* de situações jurídicas consolidadas e exigíveis (ato jurídico perfeito, direito adquirido e coisa julgada), mas ainda não realizadas. Ou seja, consiste em a nova lei alcançar efeitos *futuros* de obrigações já vencidas e ainda não pagas. Um exemplo de retroatividade mínima é a situação em que uma lei que diminuísse a taxa de juros para uma determinada obrigação estipulasse que os credores dessas obrigações, ainda não satisfeitos por ocasião da nova lei, tivessem que aceitar o pagamento dos juros futuros (juros após a edição da nova lei) com base no novo diploma legal.

Há, ainda, outro instituto jurídico relacionado ao tema, a chamada *aplicação imediata da lei*. Esta abrange a retroatividade mínima e também outra situação, qual seja, a situação de lei nova se aplicar a situações jurídicas ainda não consolidadas. Um exemplo desse segundo caso é a aplicação imediata da lei processual nova, em relação a processos judiciais em curso, desde que não se fira a coisa julgada e que se respeite os atos regularmente praticados com base na antiga lei.

É sempre bom lembrar que a proibição à retroatividade maléfica da lei está prevista na própria Constituição e não em uma lei infraconstitucional (art. 5º, XXXVI, da CF). Isso faz com que uma norma desta natureza não possa excepcionar uma norma constitucional, pouco importando se a lei infraconstitucional é ou não de ordem pública.

Nesse sentido, confira o posicionamento pacífico do Supremo Tribunal Federal;

"Contrato de prestação de serviços. Lei 8.030/1990. Retroatividade mínima. Impossibilidade. É firme, no Supremo Tribunal Federal, a orientação de que não cabe a aplicação da Lei 8.030/1990 a contrato já existente, ainda que para atingir efeitos futuros, pois redundaria em ofensa ao ato jurídico perfeito. Agravo regimental a que se nega provimento." (RE 388607, Rel. Min. JOAQUIM BARBOSA, 2ª T., DJ 28.04.2006) (g.n.)

Mesmo a retroatividade mínima, segundo o Supremo Tribunal Federal, só é permitida se provier de uma norma constitucional. Confira:

"Pensões especiais vinculadas a salário mínimo. Aplicação imediata a elas da vedação da parte final do inciso IV do artigo 7º da Constituição de 1988. Já se firmou a jurisprudência desta Corte no sentido de que os dispositivos constitucionais têm vigência imediata, alcançando os efeitos futuros de fatos passados (retroatividade mínima). Salvo disposição expressa em contrário – e a Constituição pode fazê-lo

–, eles não alcançam os fatos consumados no passado nem as prestações anteriormente vencidas e não pagas (retroatividades máxima e média). Recurso extraordinário conhecido e provido" (RE 140499, Rel. Min. MOREIRA ALVES, 1ª T., DJ 09.09.1994) (g.n.).

Dessa forma, tirando as situações de aplicação imediata da lei, não se pode retroagir lei nova para prejudicar direito adquirido, coisa julgada e ato jurídico perfeito.

1.2.3.4.3. Vigência da lei no espaço

Nesse tema vige o princípio da **territorialidade**, para o qual *a lei tem aplicação dentro do território do Estado que a expediu*. Esse princípio decorre da soberania estatal. A ideia de território estende-se também a outros espaços, como os navios e aeronaves de guerra, onde se encontrarem.

Admite-se, todavia, que a lei estrangeira, em determinadas hipóteses, tenha eficácia em nosso território, ou seja, admite-se a **extraterritorialidade**. Isso se dá com fundamento na solidariedade internacional. A aplicação da lei estrangeira em outro território tem por finalidade proteger a pessoa em território estrangeiro e regular os efeitos de atos estrangeiros que venham a se cumprir no país. Em virtude da existência de exceções é que se diz que adotamos o princípio da **territorialidade moderada**.

Todavia, em nenhuma hipótese poderá ser aplicada uma lei estrangeira (bem como atos, sentenças e declarações de vontade) que ofenda a soberania nacional, a ordem pública e os bons costumes do país (art. 17 da LINDB).

Chama-se **estatuto pessoal** o conjunto de normas que rege o estrangeiro pela lei de seu país de origem. Um estrangeiro que estiver em nosso país poderá carregar consigo um conjunto de normas estrangeiras que regulará seus direitos no Brasil. Esses temas são estudados com profundidade no Direito Internacional.

1.2.3.5. Aplicação da lei

1.2.3.5.1. Interpretação da lei

Interpretar é *extrair o sentido e o alcance da lei, com vistas a sua posterior aplicação*.

A interpretação que nos interessa não é um fim em si mesmo. Ela objetiva extrair da lei normas jurídicas para aplicação aos casos concretos, possibilitando que o Direito cumpra seu papel de garantir uma convivência justa entre as pessoas.

A grande questão é que a lei é estática em relação à realidade fenomênica. As leis permanecem vigentes anos a fio, ao passo que os fatos e valores sociais mudam com maior rapidez. É por isso que compete ao intérprete extrair da lei normas jurídicas, atentando para a situação fático-valorativa em que se encontram os fatos a serem subsumidos para efeito de aplicação da lei.

Cabe ao intérprete, portanto, dar vida ao texto da lei. Nesse sentido, várias comparações são feitas pela doutrina. O intérprete está para a lei, assim como o ator está para o texto que irá representar, ou assim como o cantor está para o texto da música que irá cantar. Atores e cantores darão vida àqueles textos, a partir da técnica e da emoção. Intérpretes darão vida aos textos de lei, a partir de técnicas que considerem os fenômenos fáticos e valorativos que envolvem a questão.

As **técnicas interpretativas** são tão importantes que, para seu estudo, foi se formando uma verdadeira ciência, que é chamada de **hermenêutica**. Pode-se defini-la, portanto, como *a ciência da interpretação*.

A **técnica gramatical** *consiste em verificar o significado das palavras, isolada e sintaticamente, atendendo à pontuação e à colocação dos vocábulos*. Usa-se também a expressão *interpretação literal* para fazer referência a essa técnica.

A **técnica lógica** *consiste na análise dos períodos da lei, combinando-os entre si mediante um raciocínio lógico, de modo a se atingir uma perfeita compatibilidade.*

A **técnica sistemática** *consiste em relacionar os vários dispositivos legais que guardam pertinência com o tema no sistema jurídico, de modo a buscar uma resposta única e trabalhada.*

A **técnica histórica** *consiste em averiguar os antecedentes da norma, desde as circunstâncias fáticas e valorativas que a precederam* (occasio legis) *até as discussões e deliberações legislativas, de modo a verificar a razão de sua existência* (ratio legis).

A **técnica teleológica** *consiste em averiguar o sentido e o alcance da lei partindo dos fins sociais a que ela se dirige, bem como adaptando-a às exigências do bem comum* (art. 5º da LINDB).

A utilização das técnicas de interpretação pode levar a **resultados** *declarativos (ou especificadores), restritivos e extensivos*. Em determinadas matérias existem óbices, decorrentes de sua própria natureza, a alguns dos resultados possíveis. Por exemplo, em Direito Penal, não se pode interpretar um tipo penal de modo a que se chegue a um resultado extensivo em relação ao texto da lei. Quando se tem uma exceção, também não se pode interpretar de modo a que se chegue a um resultado extensivo. A própria ordem jurídica se encarrega de colocar óbices a determinados resultados. O art. 114 do CC, por exemplo, dispõe que os negócios jurídicos benéficos (como uma doação) e a renúncia "interpretam-se estritamente".

Recentemente foram inseridos onze novos artigos (arts. 20 a 30) na LINDB por meio da Lei 13.655/2018, que trazem disposições sobre segurança jurídica e eficiência na criação e na aplicação do Direito Público. As inserções seguem três eixos principais: 1) promover maior segurança jurídica de cidadãos e empresas frente às opiniões oscilantes do Estado, que a cada momento interpreta as normas de uma forma; 2) promover maior eficiência na atuação dos administradores públicos, sem temer punição por adotarem determinada interpretação que lhes pareça viável; 3) aumentar a transparência da Administração Pública, ao prever, por exemplo a obrigatoriedade de motivação em relação às consequências de seus atos, bem como promover maior democratização, ao prever, por exemplo, consultas públicas antes de editar atos normativos.

Os arts. 20 e 21 preveem que toda decisão exarada em âmbito administrativo, controlador (Tribunal de Contas) e judicial não poderão ser tomadas com base em valores jurídicos abstratos, sem que sejam consideradas as consequências práticas da decisão. Ademais, dentro da motivação deverá ficar clara a necessidade e a adequação da medida imposta, inclusive deverá ser explicitada a razão pela qual determinada decisão foi tomada em detrimento de outras que seriam possíveis. Deverão ser previstas também as consequências jurídicas e administrativas da decisão. Em casos específicos, em que o *decisum* traga maiores repercussões e alterações fáticas, o gestor deverá indicar as condições para que a aplicabilidade da nova regra se dê sem prejuízo aos interesses gerais, de modo proporcional e equânime aos interessados, não se podendo impor aos sujeitos atingidos ônus ou perdas que, em função das peculiaridades do caso, sejam anormais ou excessivos.

Nota-se, portanto, que a nova regra vem no sentido de cobrar uma posição mais sensível do julgador, uma vez que deverá analisar o caso de forma macro antes de decidi-lo, considerando sempre as circunstâncias e consequências de sua decisão. A novidade vem no sentido de desenvolver no julgador uma visão mais ampla e sistemática do caso, a fim de reduzir ao máximo as possíveis repercussões negativas da decisão, ou entreves e lacunas que possam surgir em decorrência dela.

O *caput* do art. 22 trata da hermenêutica aplicada ao Direito Público, prevendo que na interpretação das normas sobre gestão pública serão considerados os obstáculos e as dificuldades reais do gestor e as exigências das políticas públicas a seu cargo, sem prejuízo dos direitos dos administrados. A análise consequencialista da decisão faz com que a motivação deva ser clara e pública, não sendo suficiente declarar que se decide com base no "interesse público" – é necessário motivar, à luz dos fatos evidenciados. Os parágrafos deste artigo tratam da dosimetria das penas quando houver a aplicação de sanções.

O art. 23 vem em prestígio da segurança jurídica prevendo um regime de transição sempre que a decisão do julgador estabelecer interpretação ou orientação nova sobre norma de conteúdo indeterminado.

O art. 24 trata de questão de direito intertemporal, pois obriga que na revisão de decisões sejam levadas em consideração as orientações gerais da época em que ele ocorreu e se consolidou – *tempus regit actum* (o tempo rege o ato).

O art. 25 foi integralmente vetado. Previa a figura da ação declaratória de validade de ato, contrato, ajuste, processo ou norma administrativa, cuja sentença faria coisa julgada *erga omnes*.

O art. 26 vem para garantir mais direitos à autoridade administrativa. Visando eliminar irregularidade, incerteza jurídica ou situação contenciosa na aplicação do direito público, inclusive no caso de expedição de licença, ela pode celebrar compromisso com os interessados. Quando for o caso, poderá fazer consulta pública e inclusive envolver a oitiva do órgão jurídico.

O art. 27 prevê que a decisão do processo, nas esferas administrativa, controladora ou judicial, poderá impor compensação por benefícios indevidos ou prejuízos anormais ou injustos resultantes do processo ou da conduta dos envolvidos. A decisão deve ser devidamente motivada, ouvidas as partes.

Já o artigo 28, *caput*, gerou certa polêmica. Trata sobre a **responsabilidade pessoal** dos agentes públicos por ***dolo*** ou ***erro grosseiro*** em decisões e opiniões técnicas. Essa previsão vem em harmonia ao art. 37, § 6º, parte final da CF, o qual já assegura o direito de regresso às pessoas jurídicas de direito público e as de direito privado prestadoras de serviços públicos em face do agente público quando houver agido com dolo ou culpa. De outra parte, os três parágrafos do artigo 28 foram integralmente vetados pelo Presidente. É possível, todavia, que agentes públicos que agirem nessa qualidade (tomando decisões ou opiniões técnicas) venham a defender a tese de que não é qualquer ato culposo que caracteriza o erro grosseiro, de modo que somente quando esse tipo de erro acontecer é que poderão ser responsabilizados por mero ato culposo.

O artigo 29 trata da possibilidade de ser feita consulta pública (preferencialmente por meio eletrônico) em caso de edição de certos atos normativos, salvo no que diz respeito a organização interna.

Por fim, o art. 30 traz uma diretriz de trabalho, ao determinar que as autoridades públicas devem atuar para aumentar a segurança jurídica na aplicação das normas, inclusive por meio de regulamentos, súmulas administrativas e respostas a consultas. Estes instrumentos terão caráter vinculante no âmbito do órgão que o elaborou, até posterior revisão.

1.2.3.5.2. Integração das lacunas

O Direito tem por objetivo regular o comportamento humano, de modo a garantir uma convivência justa entre as pessoas. Para tanto, são editadas inúmeras leis. Como se viu, é a partir dessas que se vão extrair as normas jurídicas destinadas a regular as variadas questões que se apresentarem no mundo fenomênico. O aplicador partirá da lei, adaptada à realidade fático-valorativa daquele momento histórico. O problema é quando não há lei regulando aquele fato. Estar-se-á diante de uma lacuna.

As **causas** das lacunas são as seguintes: a) impossibilidade de o legislador lograr êxito em regular todas as questões de interesse da sociedade; b) superveniência de modificações fáticas e sociais sem que a lei acompanhe a nova realidade.

É importante anotar que o juiz somente pode colmatar (preencher a lacuna) para o caso concreto que decide. Exceção a essa regra somente pode se dar por meio do mandado de injunção, importante na colmatagem da lacuna enquanto não sobrevier lei preenchendo o vazio. Tal possibilidade não vinha sendo admitida pelo Supremo Tribunal Federal. Todavia, no mandado de injunção que pedia o reconhecimento de mora abusiva do Congresso em legislar sobre o direito de greve do servidor público, o STF resolveu permitir que esse direito fosse exercido, aplicando-se a Lei de Greve para o setor privado por analogia.

Antes de verificarmos quais são as medidas que deve tomar o aplicador da lei para preencher uma lacuna, vejamos as **espécies** de lacuna reconhecidas pela doutrina: a) **normativa**, quando não houver lei regulando determinado caso; b) **ontológica**, quando houver norma regulando o caso, mas essa não corresponder à realidade fático-valorativa, tendo em vista modificações substanciais nos fatores sociais; c) **axiológica**, quando houver norma, mas essa for injusta, levar a situações iníquas, absurdas.

Seja qual for o tipo de lacuna, deve-se recorrer ao art. 4º da LINDB, que dispõe: "quando a lei for omissa, o juiz decidirá o caso de acordo com a analogia, os costumes e os princípios gerais do direito".

A lei não permite que o juiz se exima de decidir. Deve o magistrado aplicar a norma legal, e, na sua falta, as três fontes referidas, sucessivamente.

O juiz só decidirá por equidade nos casos previstos em lei (art. 140, parágrafo único, do NCPC), como o previsto no art. 11, II, da Lei 9.307/1996. Isso não impede que o juiz, ao aplicar a lei, busque a forma mais equânime de fazê-lo. Ou seja, deve o juiz agir com "equidade dentro da lei". O que não pode é ignorar a lei e simplesmente decidir do modo que entender ser mais equânime. Reconhece a doutrina que também é possível valer-se da equidade quando haja lacuna e nenhum dos critérios previstos na lei consiga integrá-la. De qualquer forma, entendemos ser difícil que isso se configure, pois, um dos princípios gerais de direito, último recurso a ser utilizado em caso de lacuna, é o da igualdade, que remete justamente à ideia de equidade.

Em matéria de prova, ou seja, no que concerne a questões de "fato" (e não de "direito"), "em falta de normas jurídicas particulares, o juiz aplicará as regras de experiência comum subministradas pela observação do que ordinariamente acontece e ainda as regras de experiência técnica, ressalvado, quanto a esta, o exame pericial" (art. 375 do NCPC).

A **integração** pode ser definida como *o processo de preenchimento de lacunas, mediante a aplicação da analogia, dos costumes e dos princípios gerais do direito, nessa ordem, criando-se norma individual para o caso*. Repare que há uma ordem de preferência na utilização das fontes. Comecemos com a primeira.

Decidir de acordo com a analogia *consiste em aplicar, a um acontecimento não regulado por uma norma jurídica, outra norma prevista para hipótese semelhante*. São necessários os seguintes procedimentos: a) comparar as semelhanças entre as hipóteses; b) avaliar se a semelhança justifica um tratamento jurídico idêntico. O fundamento da utilização da analogia é o princípio da igualdade. Utiliza-se muito aqui os argumentos vistos, especialmente o argumento *a fortiori*, que compreende o "a maiori ad minus" e o "a minori ad maius". Não sendo possível a utilização da analogia, deve-se recorrer aos costumes.

Decidir de acordo com o costume *consiste em aplicar as normas decorrentes da prática reiterada de determinado ato, com a convicção de sua obrigatoriedade jurídica*. O costume, que é fonte formal secundária do direito, tem dois elementos: a) o objetivo (o uso); e b) o subjetivo (a crença na sua obrigatoriedade). Em relação à lei, são divididos em: a) *contra legem* (contrários à lei); b) *praeter legem* (quando não estiver regulado em lei); c) *secundum legem* (quando a lei já o reconhece). As normas costumeiras a serem aplicadas na forma do art. 4º da LINDB são aquelas *praeter legem*. O costume contra a lei só poderá ser aplicado nos casos de lacuna superveniente, ou seja, naqueles casos em que a lei não acompanhou as mudanças na sociedade, continuando a prescrever comandos patentemente em descompasso com a nova realidade. Só em situações muito excepcionais é que se pode admitir tal possibilidade. Não sendo possível valer-se dos costumes, socorre-se dos princípios gerais de direito.

Decidir de acordo com os princípios gerais de direito *consiste em aplicar as ideias políticas, sociais e jurídicas subjacentes ao sistema jurídico*. Se a questão fática posta à aplicação da lei pode ser resolvida pela utilização de um princípio de direito pertinente aos fatos apresentados, não estaremos diante de lacuna. Deve-se a ela aplicar o princípio, que é lei voltada para o caso. Quando não houver lei ou princípio jurídico pertinente ao caso é que estaremos diante de lacuna. Não sendo possível recorrer à analogia e ao costume, recorre-se aos princípios gerais do direito, que, como o próprio nome diz, não são especiais em relação àquela questão. São princípios que norteiam o direito como um todo, como: o da igualdade, o da legalidade, o da presunção de boa-fé, o da proibição do locupletamento ilícito, o da dignidade da pessoa humana etc.

1.2.3.5.3. Correção das antinomias

Muitas vezes o problema não é de ausência de lei ou de normas, mas de existência de mais de uma norma conflitando entre si. Não se tem nesse caso lacuna, a ensejar uma integração; tem-se antinomia, a ensejar uma correção, que também só terá efeito para o caso concreto em que o Direito será aplicado.

Pode-se **conceituar** o instituto da **antinomia** como a *situação de conflito entre duas ou mais normas jurídicas*.

Quanto ao critério de solução do conflito, a antinomia pode ser dividida em duas **espécies**: a) **aparente**, *quando a própria lei tiver critério para a solução do conflito*; b) **real**, *quando não houver na lei critério para a solução do conflito*.

A ordem jurídica prevê critérios para a solução de antinomias aparentes. São eles: a) o **hierárquico** (*lex superior derogat legi inferiori*), pelo qual a lei superior prevalece sobre a de hierarquia inferior; b) o **cronológico** ou **temporal** (*lex posterior derogat legi priori*), pelo qual a lei posterior prevalece sobre a anterior; e c) o da **especialidade** (*lex specialis derogat legi generali*), pela qual a lei especial prevalece sobre a geral.

Caso não seja possível solucionar o conflito pela utilização dos critérios mencionados, estaremos diante de uma antinomia de segundo grau, já que o conflito não será entre simples normas, mas entre os critérios (hierárquico, cronológico e de especialidade). Confira-se os metacritérios para a solução de antinomias de segundo grau. Entre o: a) **hierárquico e o cronológico**, prevalece o hierárquico (norma superior-anterior), pois a competência é mais forte que o tempo; b) **da especialidade e o cronológico**, prevalece o da especialidade (norma especial-anterior), em face do princípio da igualdade, admitindo-se exceções no caso concreto; c) **hierárquico e o da especialidade**, não é possível estabelecer um metacritério de antemão, com alguma vantagem para o critério hierárquico, em virtude da competência.

1.3. QUADRO SINÓTICO

1. Existência, validade e eficácia das leis.

1.1. Existência: é a qualidade da lei ter cumprido o ciclo necessário à sua formação. Ocorre após a sanção ou a rejeição ao veto.

1.2. Validade: é a qualidade da lei de não ser contrária à ordem jurídica.

1.3. Eficácia: é a qualidade de poder produzir efeitos.

a) Requisitos: publicação + período de vacância;

b) *Vacatio Legis* (VL): salvo disposição contrária, é de 45 dias (no Brasil) e 3 meses (no exterior). Havendo nova publicação durante a VL, corre novo prazo. Se for após a VL, considera-se lei nova, preservando-se os efeitos produzidos.

2. Vigência da lei no tempo.

2.1 Regra: pelo princípio da continuidade, a lei tem vigência indeterminada.

2.2 Exceções: lei temporária, suspensão da execução pelo Senado (declaração incidental de inconstitucionalidade), não recepção pela nova ordem constitucional, revogação por outra lei.

2.3 Espécies de revogação.

2.3.1 Quanto a extensão: ab-rogação (todo o texto); derrogação (parte do texto).

2.3.2 Quanto à forma: expressa (declaração inequívoca); tácita ou indireta (incompatibilidade ou regulamentação de uma matéria por inteiro).

2.4 Ultratividade: a lei revogada não tem mais vigência, mas pode ainda ter vigor quanto a atos do seu tempo.

2.5 Repristinação: é a restauração da lei revogada por ter a lei revogadora perdido a vigência. Nosso direito não admite, salvo disposição expressa na lei que tiver revogado a lei revogadora (art. 2°, § 3°, da LINDB).

2.6 Conflito da lei no tempo.

2.6.1 Regra: a lei nova renova a lei anterior.

2.6.2 Exceção: a lei geral nova não revoga lei especial velha.

2.6.3 Limites à retroatividade da lei: a lei nova não pode prejudicar direito adquirido, ato jurídico perfeito e coisa julgada. Por outro lado, pode retroagir: i) para beneficiar (aplicação imediata); ii) se a convenção contrariar preceitos de ordem pública.

3. Aplicação de lei em caso de lacuna.

O juiz não pode se eximir de julgar, cabendo-lhe aplicar sucessivamente a analogia, os costumes e os princípios gerais do direito.

1.4. QUESTÕES COMENTADAS

1.4.1. Eficácia da lei no tempo

(Ministério Público/BA – CEFET) Assinale a alternativa **INCORRETA** sobre as regras de vigência das leis, segundo a Lei de Introdução às Normas do Direito Brasileiro:

(A) Não se destinando à vigência temporária, a lei terá vigor até que outra a modifique ou revogue.

(B) A lei posterior revoga a anterior quando expressamente o declare ou quando seja com ela incompatível.

(C) A lei posterior revoga a anterior quando regule inteiramente a matéria de que tratava a lei anterior.

(D) A lei nova, que estabeleça disposições gerais ou especiais a par das já existentes, revoga a lei anterior.

(E) Salvo disposição em contrário, a lei revogada não se restaura por ter a lei revogadora perdido a vigência.

A: assertiva correta (art. 2°, *caput*, da LINDB); **B:** assertiva correta (art. 2°, § 1°, da LINDB); **C:** assertiva correta (art. 2°, § 1°, da LINDB); **D:** assertiva incorreta, devendo ser assinalada, pois nesse caso essa lei nova não revoga nem modifica a lei anterior (art. 2°, § 2°, da LINDB); **E:** assertiva correta (art. 2°, § 3°, da LINDB).
Gabarito "D".

(Juiz de Direito/AM – FGV) O fenômeno da repristinação consiste

(A) na revogação parcial de uma lei.

(B) na restauração da vigência de uma lei revogada, por ter a lei revogadora perdido a vigência, e somente ocorre em virtude de disposição expressa que a preveja.

(C) na restauração da vigência de uma lei revogada, por ter a lei revogadora perdido a vigência, e ocorre independentemente de disposição expressa que a preveja.

(D) na extinção da obrigatoriedade de lei temporária.

(E) na revogação de uma lei por outra que regule inteiramente a matéria de que tratava a anterior.

A: incorreta, porque a alternativa trata da derrogação, que é a revogação parcial de uma lei; **B:** correta, pois repristinação é o fenômeno que restaura a vigência de uma lei revogada, devido ao fato de sua lei revogadora ter sido revogada. Assim, a primeira lei é revogada pela segunda que, por sua vez, é revogada pela terceira. Essa terceira lei – ao revogar a segunda – restauraria então a vigência da primeira. Isso é possível no nosso sistema, desde que esta última lei da cadeia sucessória tenha expressamente determinado a restauração da primeira (art. 2°, § 3°, da LINDB); **C:** incorreta, pois não há repristinação automática em nosso sistema; **D:** incorreta, pois a extinção da obrigatoriedade da lei provisória não guarda relação com o fenômeno da repristinação; **E:** incorreta, pois a assertiva refere-se à revogação global (ab-rogação), a qual ocorre quando uma nova lei regulamenta inteiramente a matéria abordada noutra lei.
Gabarito "B".

(Magistratura/PB – CESPE) À luz das disposições legais e da jurisprudência acerca da vigência e da eficácia da lei, assinale a opção correta.

(A) A norma declarada inconstitucional é nula *ab origine* e, em regra, não se revela apta à produção de efeito algum, sequer o de revogar a norma anterior, que volta a viger plenamente nesse caso.

(B) As regras de direito intertemporal, segundo as quais as obrigações devem ser regidas pela lei vigente ao tempo em que se constituíram, não são aplicáveis quando a obrigação tiver base extracontratual.

(C) O fato de, antes da entrada em vigor de determinada lei, haver nova publicação de seu texto para simples correção não é capaz, por si só, de alterar o prazo inicial de vigência dessa lei.
(D) Como, em regra, a lei vigora até que outra a modifique ou revogue, lei nova que estabeleça disposições especiais a par das já existentes revoga ou modifica a lei anterior.
(E) A repristinação ocorre com a revogação da lei revogadora e, salvo disposição em contrário, é amplamente admitida no sistema normativo pátrio.

A: correta, pois, como regra, o efeito da decisão que declara inconstitucional dada norma, exarada em ação que visa o controle concentrado de constitucionalidade, é *ex tunc*, ou seja, retroage, conforme interpretação a *contrario sensu* do disposto no art. 27 da Lei 9.868/1999; **B:** incorreta, pois tanto as obrigações contratuais, como as extracontratuais são regidas pela lei vigente ao tempo em que se constituírem; porém, é bom lembrar que essa regra vale para reger a validade das obrigações; já, quanto aos efeitos das obrigações (ex: juros, correção monetária), são regidos pela lei que estiver em vigor quando os efeitos acontecerem, salvo se houver sido prevista pelas partes determinada forma de execução (art. 2.035 do CC); **C:** incorreta, pois se antes de a lei entrar em vigor, ocorrer nova publicação de seu texto, destinada a correção, o prazo deste artigo e dos parágrafos anteriores começará a correr da nova publicação (art. 1º, § 3º, da LINDB); **D:** incorreta (art. 2º, § 2º, da LINDB); **E:** incorreta (art. 2º, § 3º, da LINDB).
Gabarito "A"

(Magistratura/SP – VUNESP) Assinale a alternativa correta.
(A) Se durante a *vacatio legis* ocorrer nova publicação de texto de lei, destinada a correção, o prazo da obrigatoriedade, com relação à parte corrigida, começará a correr da nova publicação.
(B) Os direitos adquiridos na vigência de lei publicada com incorreções são atingidos pela publicação do texto corrigido.
(C) As correções a texto de lei em vigor consideram-se lei nova, tornando-se obrigatórias de imediato.
(D) A lei nova que estabelece disposições gerais a par das já existentes revoga a lei anterior.
(E) A lei nova que estabelece disposições especiais a par das já existentes revoga a lei anterior.

A: correta, conforme o texto do art. 1º, § 3º, da Lei de Introdução às Normas do Direito Brasileiro – LINDB (Dec.-lei 4.657/1942); **B:** incorreta, pois "as correções a texto de lei já em vigor consideram-se lei nova" (art. 1º, § 4º, da LINDB), e, como é de conhecimento de todos, lei nova não pode retroagir para prejudicar direitos adquiridos (art. 5º, XXXVI, da CF; art. 6º, *caput*, da LINDB); **C:** incorreta; apesar tais correções serem consideradas lei nova, nem sempre suas disposições se tornam obrigatórias de imediato, pois pode haver *vacatio legis*; **D:** incorreta, pois, nesse caso, a lei nova NÃO revoga a lei anterior, conforme dispõe o art. 2º, § 2º, da LINDB; esse dispositivo significa que lei geral nova não revoga lei especial velha; **E:** incorreta, pois o dispositivo legal é no sentido de que "a lei nova que estabelece disposições GERAIS ou especiais a par das já existentes, NÃO revoga nem modifica a lei anterior" (art. 2º, § 2º, da LINDB).
Gabarito "A"

(Magistratura/PE – FCC) No Direito brasileiro vigora a seguinte regra sobre a repristinação da lei:
(A) não se destinando à vigência temporária, a lei vigorará até que outra a modifique ou revogue.

(B) se, antes de entrar em vigor, ocorrer nova publicação da lei, destinada a correção, o prazo para entrar em vigor começará a correr da nova publicação.
(C) as correções a texto de lei já em vigor consideram-se lei nova.
(D) salvo disposição em contrário, a lei revogada não se restaura por ter a lei revogadora perdido a vigência.
(E) a lei nova, que estabeleça disposições gerais ou especiais a par das já existentes, não revoga nem modifica a lei anterior.

A: incorreta, pois a afirmativa, prevista no art. 2º, *caput*, da LINDB, não diz respeito à repristinação, mas ao princípio da continuidade das leis; **B e C:** incorretas, pois as afirmativas, previstas no art. 1º, §§ 3º e 4º, da LINDB, não dizem respeito à repristinação, mas aos efeitos de nova publicação corretiva de uma lei; **D:** correta, pois a norma citada, prevista no art. 2º, § 3º, da LINDB, cuida justamente do instituto da repristinação; **E:** incorreta, pois a afirmativa, prevista no art. 2º, § 2º, da LINDB, não diz respeito à repristinação, mas sim à regra de que a lei geral nova não revoga lei especial anterior.
Gabarito "D"

(Magistratura do Trabalho – 4ª Região) As regras estabelecidas na Constituição Federal e na Lei de Introdução às Normas do Direito Brasileiro, a respeito do direito intertemporal
(A) não admitem em qualquer hipótese lei com efeito retroativo.
(B) impedem o efeito imediato da lei, apenas para não atingir o ato jurídico perfeito.
(C) preservam a coisa julgada dos efeitos da lei nova, mas não o direito adquirido, nem o ato jurídico perfeito.
(D) permitem sempre a prevalência das normas de ordem pública, em relação ao direito adquirido.
(E) estabelecem a coexistência da regra do efeito imediato da lei com a vedação de ela prejudicar o direito adquirido, o ato jurídico perfeito e a coisa julgada.

A: incorreta, pois existe previsão constitucional de lei retroativa, como é o caso da lei penal benéfica (CF, art. 5º, XL); **B:** incorreta, pois – como regra – "a lei em vigor terá efeito imediato e geral" (Lei de Introdução, art. 6º); **C:** incorreta, pois a lei em vigor deve respeitar o ato jurídico perfeito, o direito adquirido e a coisa julgada (CF, art. 5º, XXXVI e Lei de Introdução, art. 6º); **D:** incorreta, pois tal prevalência não encontra amparo legal; **E:** correta, pois tal coexistência vem expressamente estabelecida no art. 5º, XXXVI da CF, bem como no art. 6º da Lei de Introdução.
Gabarito "E"

(Magistratura do Trabalho – 16ª Região) Sobre a lei e da sua eficácia espacial e temporal, assinale a alternativa CORRETA:
(A) Pelo princípio da obrigatoriedade das leis, a lei se aplica a todos indistintamente, valendo a escusa por desconhecimento legal.
(B) Pelo princípio da continuidade das leis, a partir da vigência de uma lei sua eficácia só poderá ser descontinuada pela revogação por outra, sendo possível a repristinação tácita.
(C) Após a vigência do Código de Defesa do Consumidor (Lei 8.078/1990) houve derrogação de vários dispositivos de leis que contrariavam seus princípios

gerais e regulamentos, tendo ocorrido o fenômeno da derrogação nos que encerravam conflito.

(D) Se um servidor aposenta-se sob a égide de uma norma vigente à época em que preenchia os requisitos, e passa essa mesma lei a ter nova redação após a concessão da aposentadoria, é lícito promover a revisão pelo Estado-Administrador dos valores concedidos ao beneficiário após nova regulamentação legal.

(E) Não dispondo em sentido contrário, a lei vigorará em todo o país na data de sua publicação.

A: incorreta, pois o desconhecimento da lei não é escusa válida para deixar de obedecê-la (art. 3° da LINDB); B: incorreta, pois só existe repristinação expressa de lei (art. 2°, § 3°, da LINDB); C: correta; vale salientar que o CDC é uma lei principiológica, de maneira que, além de ser lei posterior em relação a outras várias leis, é lei que tem hierarquia material em relação a outras leis de mesma hierarquia formal; D: incorreta, pois o servidor terá direito adquirido no caso, e a lei não pode prejudicar direito adquirido (art. 6°, caput, da LINDB); E: incorreta, pois, não dispondo em sentido contrário, a lei vigorará em todo o País 45 dias depois de oficialmente publicada (art. 1°, caput, da LINDB).

Gabarito "C"

(Analista – TRE/PR – FCC) NÃO se destinando a vigência temporária, a lei
(A) terá vigor até que outra a modifique ou revogue.
(B) vigorará enquanto não cair em desuso.
(C) só poderá ser revogada pela superveniência de nova ordem constitucional.
(D) somente vigorará, até que outra lei expressamente a revogue.
(E) não poderá ser revogada.

Art. 2°, caput, da LINDB.

Gabarito "A"

(Analista – TJ/ES –CESPE) Julgue o seguinte item.
(1) De acordo com a LINDB, a lei entra em vigor na data de sua publicação. Portanto, durante o prazo de vacatio legis (vacância), a lei estará plenamente em vigor.

1: incorreta, pois o art. 1° da LINDB estabelece que a lei só entra em vigor (passa a produzir efeitos) após o decurso da vacatio legis; antes, a lei só tem vigência (existe), mas não tem vigor (não produz efeitos) ainda.

Gabarito 1E

(Analista – TRT/14ª – FCC) A Lei XX/09 foi revogada pela Lei YY/10. Posteriormente, a Lei ZZ/10 revogou a Lei YY/10. Nesse caso, salvo disposição em contrário, a Lei XX/09
(A) não se restaura por ter a Lei revogadora perdido a vigência.
(B) só se restaura se a Lei YY/10 tiver sido expressamente revogada pela Lei ZZ/10.
(C) restaura-se integralmente, independentemente, de novo diploma legal.
(D) só se restaura se a revogação da Lei YY/10 for decorrente de incompatibilidade com a Lei ZZ/10.
(E) só se restaura se a Lei ZZ/10 tiver regulamentado inteiramente a matéria de que tratava a Lei YY/10.

No direito brasileiro não há repristinação automática, de modo que a Lei XX/09 não fica restaurada por ter a lei revogadora (Lei YY/10)

perdido a vigência por força da Lei ZZ/10. Tal regra está prevista no art. 2°, § 3°, da Lei de Introdução às Normas do Direito Brasileiro (LINDB), consistente no Dec.-lei 4.657/1942.

Gabarito "A"

1.4.2. Interpretação da lei

(Ministério Público/SP) Assinale a alternativa incorreta:
(A) a interpretação extensiva é recurso passível de ser utilizado pelo aplicador do direito quando não existir norma jurídica que regule a matéria.
(B) o princípio geral de direito introduzido no direito positivo caracteriza-se como cláusula geral.
(C) a analogia, os costumes e os princípios gerais do direito são elementos de integração do direito.
(D) a analogia legis é a analogia propriamente dita e a analogia juris é a que dá solução igual a duas hipóteses em virtude da mesma razão de direito.
(E) a equidade é recurso passível de ser utilizado pelo aplicador do direito nos casos de lacuna da lei.

A: incorreta (e deve ser assinalada), pois, quando não existir norma que regule a matéria, o aplicador deverá aplicar a analogia, os costumes e os princípios gerais de direito (art. 4° da LINDB); a interpretação extensiva consiste na interpretação da lei que leva a um resultado extensivo em relação ao texto da lei. Tal interpretação é vedada em matéria de sanções (ex.: direito penal, direito administrativo disciplinar etc.); na verdade, o resultado da interpretação pode ser declarativo, restritivo ou extensivo e isso dependerá do tipo de direito envolvido e da técnica interpretativa utilizada (ex.: gramatical, lógica, sistemática, histórica e teleológica); B: correta; um exemplo de princípio geral de direito introduzido no direito positivo é o princípio da boa-fé objetiva; tal princípio é uma cláusula geral, valendo lembrar que cláusulas gerais são normas jurídicas orientadoras, sob a forma de diretrizes indeterminadas, cabendo ao juiz criar a solução adequada ao caso concreto; o art. 422 do CC traz diretriz que determina respeito à boa-fé, diretriz essa que é indeterminada, pois dá margem a mais de uma interpretação; afinal de contas, o que é agir conforme a boa-fé? Não bastasse, a norma citada não traz qual solução deve dar o juiz quando se deparar com uma situação que ele entenda ter violado a diretriz que determina respeito à boa-fé objetiva; C: correta, pois são os elementos de que se deve valer o aplicador da lei quando estiver diante de lacunas (art. 4° da LINDB); D: correta; a analogia legis consiste em aplicar, a um acontecimento não regulado por uma norma jurídica, outra norma prevista para hipótese semelhante, ao passo que a analogia juris consiste em aplicar, a um acontecimento não regulado por uma norma jurídica, outra razão de direito utilizada para solucionar hipótese semelhante; E: correta; em caso de lacuna, deve-se aplicar a analogia, os costumes e os princípios gerais de direito; no entanto, caso nenhum dos critérios acima resolva a lacuna, o juiz pode se valer da equidade, segundo a doutrina.

Gabarito "A"

(Magistratura do Trabalho – 1ª Região – CESPE) A respeito de hierarquia, interpretação e integração de lei, assinale a opção correta.
(A) A interpretação teleológica pode ser utilizada pelo juiz para superar antinomia.
(B) Não há hierarquia entre lei complementar e decreto autônomo, quando este for validamente editado.
(C) O costume, para que possa suprir lacuna legal, deve consistir em conduta reiterada de determinada prática.
(D) Não é correto falar em hierarquia entre lei editada pela União e lei editada por estado.

(E) A interpretação é do tipo analógica quando pressupõe que a autoridade expressou na norma exatamente o que pretendia.

A: incorreta, pois a antinomia é superada pelos critérios hierárquico (lei superior prevalece sobre lei de hierarquia inferior), cronológico ou temporal (lei posterior prevalece sobre lei anterior) e da especialidade (lei especial prevalece sobre lei geral); caso o conflito de normas não se resolva por esses critérios, ter-se-á a antinomia real, que é resolvida pelos seguintes metacritérios: a) quando houver conflito entre os critérios hierárquico e o cronológico, prevalece o hierárquico (norma superior-anterior), pois a competência é mais forte que o tempo; b) quando houver conflito entre o critério da especialidade e o cronológico, prevalece o da especialidade (norma especial-anterior), em face do princípio da igualdade, admitindo-se exceções no caso concreto; c) quando houver conflito entre o critério hierárquico e o da especialidade, não é possível estabelecer um metacritério de antemão, com alguma vantagem para o critério hierárquico, em virtude da competência; **B:** correta, pois o decreto autônomo tem fundamento de validade direto na Constituição Federal (art. 84, VI, da CF), e não numa norma intermediária; **C:** incorreta, pois não basta a prática reiterada de determinado ato, sendo necessário, também, a *convicção, pelas pessoas, da obrigatoriedade jurídica dessa prática reiterada;* **D:** incorreta, pois quando há competência concorrente da União, dos Estados e do DF (art. 24 da CF), tal hierarquia existe, valendo lembrar que, sobrevindo lei federal, fica suspensa a eficácia da lei estadual, no que for contrário à primeira (art. 24, § 4º, da CF); **E:** incorreta, pois não existe *interpretação analógica*; o que existe é o emprego da analogia quando houver lacuna, ou seja, quando houver omissão legal (art. 4º da LINDB).

Gabarito "B"

1.4.3. Lacunas e integração da lei

(Magistratura/SC – FCC) *Dêste modo, quando surge no seu logrador um animal alheio, cuja marca conhece, o restitui de pronto. No caso contrário, conserva o intruso, tratando-o como aos demais. Mas não o leva à feira anual, nem o aplica em trabalho algum; deixa-o morrer de velho. Não lhe pertence. Se é uma vaca e dá cria, ferra a esta com o mesmo sinal desconhecido, que reproduz com perfeição admirável; e assim pratica com tôda a descendência daquela. De quatro em quatro bezerros, porém, separa um, para si. É a sua paga. Estabelece com o patrão desconhecido o mesmo convênio que tem com o outro. E cumpre estritamente, sem juízes e sem testemunhas, o estranho contrato, que ninguém escreveu ou sugeriu. Sucede muitas vêzes ser decifrada, afinal, uma marca sòmente depois de muitos anos, e o criador feliz receber, ao invés da peça única que lhe fugira e da qual se deslembrara, uma ponta de gado, todos os produtos dela. Parece fantasia êste fato, vulgar, entretanto, nos sertões.* (Euclides da Cunha – **Os sertões**. 27. ed. Editôra Universidade de Brasília, 1963, p. 101).

O texto acima, sobre o vaqueiro, identifica

(A) espécie de lei local, de cujo teor ou vigência o juiz pode exigir comprovação.
(B) a analogia, como um meio de integração do Direito.
(C) um princípio geral de direito, aplicável aos contratos verbais.
(D) o uso ou costume como fonte ou forma de expressão do Direito.
(E) a equidade que o juiz deve utilizar na solução dos litígios.

A: incorreta, pois o texto não faz referência a uma lei local nesse sentido, até porque a matéria só poderia ser veiculada numa lei federal, por se tratar de Direito Civil; **B:** incorreta, pois a analogia consiste em aplicar uma lei a um caso semelhante não regulado na lei, e no caso não há referência no enunciado a lei formal alguma; **C:** incorreta, pois o enunciado da questão não faz referência a algum princípio geral do direito, lembrando que esses princípios são uma das formas de integração da lei em caso de lacuna, e não algo que se aplica em contratos verbais, pois esses contratos seguem a lei normalmente e não implicam por si só que não haja uma lei que os regule; **D:** correta, valendo salientar que o uso ou costume é uma das formas de integração da lei em caso de lacuna (art. 4º da LINDB); **E:** incorreta, pois o juiz deve aplicar a lei e, caso haja lacuna, deve aplicar, nessa ordem, a analogia, os costumes (é o que se vê no enunciado da questão) e os princípios gerais do direito (art. 4º da LNDB), sendo que o juiz só decidirá por equidade nos casos previstos na lei (art. 140, parágrafo único, do Novo CPC).

Gabarito "D"

(Procurador do Estado/RO – FCC) Quando a lei for omissa, o juiz decidirá o caso com o emprego da

(A) analogia, dos costumes e dos princípios gerais do direito.
(B) equidade em quaisquer casos, dos costumes e dos princípios gerais do direito.
(C) analogia, da equidade e dos costumes, apenas.
(D) interpretação, dos costumes, da equidade e dos princípios gerais do direito.
(E) interpretação, da analogia e dos princípios gerais do direito.

Art. 4º da LINDB.

Gabarito "A"

(Magistratura do Trabalho – 16ª Região) Considerando as afirmativas abaixo, assinale a alternativa CORRETA:

I. Quando a lei for omissa, o juiz decidirá o caso de acordo com a analogia, os costumes e os princípios gerais de direito.
II. A lei estadual sempre revoga a lei municipal quando expressamente o declare, quando seja com ela incompatível ou quando regule inteiramente a matéria de que tratava a lei anterior.
III. A lei nova, que estabeleça disposições gerais ou especiais a par das já existentes, revoga a lei anterior.
IV. Na aplicação da lei, o juiz atenderá aos fins sociais a que ela se dirige e às exigências do bem comum.

(A) Somente as afirmativas I e III estão corretas.
(B) Somente as afirmativas I e IV estão corretas.
(C) Somente as afirmativas I, III e IV estão corretas.
(D) Somente as afirmativas II e IV estão corretas
(E) Todas as afirmativas estão corretas.

I: correta, pois o enunciado trata dos sistemas que integram o ordenamento na hipótese de haver lacuna da lei. Tais sistemas integradores estão previstos no art. 4º da LINDB e são justamente analogia, costumes e princípios gerais do direito; **II:** incorreta. A rigor, não há hierarquia entre leis estaduais e municipais. O assunto é tratado pelo Direito Constitucional, havendo sim campos distintos de competência e de incidência; **III:** incorreta, pois referida lei não revoga nem modifica a lei anterior, conforme o art. 2º, § 2º, da LINDB; **IV:** correta, pois o art. 5º da LINDB determina ao juiz que atenda – ao aplicar a lei – justamente a esses dois vetores.

Gabarito "B"

Capítulo 2
PARTE GERAL

2.1. PESSOAS NATURAIS

2.1.1. Generalidades

O Direito regula a relação jurídica entre as pessoas. E quais são os elementos de uma relação jurídica? São três: a) **sujeitos de direito**, que são os entes que podem fazer parte de uma relação jurídica, normalmente pessoas (um animal, por exemplo, não pode fazer parte de uma relação jurídica, mas apenas ser um objeto dela); b) um **objeto**, que é, de modo imediato, uma obrigação (de dar, de fazer de não fazer), e, de modo mediato, o bem da vida buscado (um móvel, um imóvel, um semovente, a honra, a vida etc.); e c) um **acontecimento** que faz nascer a tal relação, uma vez que não é qualquer fato do mundo fenomênico que gera uma "relação jurídica", sendo necessário que essa situação esteja prevista numa norma jurídica como apta a fazer criar, a modificar ou a extinguir um direito.

A partir da noção do que regula o Direito (relação jurídica) e de que somente pessoas (naturais ou jurídicas) podem fazer parte de uma relação jurídica, mostra-se, assim, a importância de estudar as pessoas. Excepcionalmente, um ente não personalizado, ou seja, alguém que não seja uma pessoa também poderá fazer parte de uma relação jurídica, como o espólio e o nascituro. De qualquer forma, vamos ao estudo das pessoas naturais, que, como se viu, são, por excelência, elementos essenciais das relações jurídicas.

2.1.2. Conceito de pessoa natural

Pessoa natural *é o ser humano*. O Código Civil, em seu art. 1º, dota de personalidade o ser humano.

2.1.3. Personalidade

Personalidade *é a qualificação conferida pela lei a certos entes, que entrega a esses aptidão ou capacidade genérica para adquirir direitos e contrair obrigações.* Ou seja, é uma qualificação legal que confere capacidade jurídica a certos entes. O direito confere tal qualificação jurídica a toda pessoa, inclusive à pessoa jurídica.

Assim, a personalidade pode ser vista como o atributo que a ordem jurídica confere a entes de adquirir/contrair genericamente direitos e obrigações. Quem tem personalidade é, então, sujeito de direito, qualificação que não se pode dar a um animal, por exemplo, já que tais entes não podem adquirir direitos ou contrair obrigações.

Para *atuar* na vida jurídica é necessário, como regra, ter personalidade jurídica. A origem da palavra traz esse sentido. Em latim, *persona* significa a máscara que os atores usavam para a amplificação de sua voz. Para *atuar* no teatro, portanto, tais máscaras também eram necessárias (*per sonare*).

Deve-se tomar cuidado com a expressão "**sujeito de direito**", visto que há entes que não têm personalidade, mas que são sujeitos de direitos, tais como o nascituro, o espólio, a massa falida, o condomínio edilício, a herança jacente e a herança vacante. Neste caso, não existe aptidão genérica para contrair direitos e obrigações, mas aptidão específica para contrair certos direitos e certas obrigações ligadas às finalidades do ente.

Enquanto uma pessoa, *sujeito de direito personificado*, por ter personalidade, pode fazer tudo o que a lei não proíbe (art. 5º, II, da CF), um *sujeito de direito não personificado* só pode fazer o que a lei permite.

O **nascituro**, por exemplo, não tem personalidade jurídica, mas a lei põe a salvo, desde a concepção, direitos que possa ter (art. 2º do CC). Isso significa que o nascituro é um sujeito de direito, mas não quer dizer que tenha personalidade, ou seja, que tenha aptidão genérica para realizar atos e negócios jurídicos.

O **condomínio edilício** também. Não tem personalidade, ou seja, não tem qualificação que o habilita a praticar qualquer ato jurídico que não seja proibido em lei, mas, por ser um *sujeito de direito despersonificado*, só está habilitado a praticar atos permitidos expressa ou implicitamente em lei, como contratar funcionários e serviços de manutenção. A **massa falida** também é um *sujeito de direito despersonificado*, tendo autorização especial para praticar atos úteis à administração dos bens arrecadados do empresário falido, podendo cobrar créditos desse, por exemplo.

Resta saber quando um ente passa a ser qualificado como dotado de personalidade. Ou seja, quando se tem o **início da personalidade**. No que concerne à pessoa jurídica, veremos em capítulo próprio. Quanto à pessoa natural, dispõe o art. 2º do CC que "a personalidade civil da pessoa começa do nascimento com vida".

O entendimento predominante sobre o que seja **nascimento com vida** é no sentido de que este se dá no exato instante em que a pessoa dada à luz respira. São dois requisitos, portanto: a) separação do ventre materno; e b) respiração. Das múltiplas funções vitais, o primeiro movimento de inspiração do ar atmosférico para os pulmões caracteriza o nascimento com vida. Caso respire, ainda que uma só vez, pode-se dizer que nasceu com vida, e que, portanto, chegou a adquirir personalidade, pouco importando se tem ou não forma humana e se tem ou não aptidão, perspectiva para viver[1].

Adotamos, portanto, a **teoria *natalista***, segundo a qual o nascimento com vida faz nascer a personalidade, em detrimento de outras teorias, como a *concepcionista*, para qual a personalidade já se inicia com a fecundação do óvulo e as que consideram que o início da personalidade depende de outros fatores, como a *viabilidade de vida*.

De qualquer forma, ainda que em perfeito estado quanto às demais faculdades de saúde, caso o ente que venha a nascer (separe-se do ventre materno) não respire, não terá adquirido personalidade. A entrada de ar nos pulmões da criança é que determina a aqui-

---

1. Na França condiciona-se a tutela dos direitos do nascituro à viabilidade da vida fora do útero por parte do nascido. Na Espanha, exige-se que o recém-nascido tenha forma humana e tenha vivido 24 horas, para que possa adquirir personalidade. A ideia de que se deve ter forma humana é um resquício do tempo em que se achava ser possível o nascimento de um ser da relação entre um ser humano e um animal. Na Argentina, a simples concepção já dá início à personalidade.

sição da personalidade, ainda que por pouco instantes. Há vários exames periciais para que se faça tal constatação e o mais conhecido é a *docimasia hidrostática de Galeno*, pela qual se coloca fragmentos dos pulmões em meio líquido, a fim de se verificar se houve ou não inspiração.

O **nascituro**, ou seja, *aquele que já foi concebido, mas ainda não nasceu com vida*, não tem personalidade, como se viu. Todavia, dispõe o art. 2º do CC que "a lei põe a salvo, desde a concepção", seus direitos. Em outras palavras, o nascituro é um *sujeito de direito despersonificado*. Grande parte dos direitos atribuídos a esse sujeito de direito tem sua aquisição subordinada à implementação de uma condição suspensiva, qual seja, a de que *nasça com vida*. Caso nasça com vida, o direito do nascituro se consolida como existente desde a data da concepção, retroagindo, portanto, seus efeitos.

De qualquer forma, permite a lei que determinados interesses possam ser protegidos desde a concepção, por meio de provimentos cautelares. Dentre seus direitos, vale lembrar os direitos à vida (art. 5º da CF e CP), à filiação (do CC), à integridade física, a alimentos, a uma adequada assistência pré-natal (art. 8º do ECA), a um curador que represente e zele por seus interesses, a ser contemplado por doação (art. 542 do CC), dentre outros.

2.1.4. Capacidade jurídica

Capacidade jurídica pode ser **conceituada** como *a aptidão conferida pela ordem jurídica para adquirir direitos e contrair obrigações*[2].

Só tem capacidade jurídica, ou seja, capacidade para praticar atos jurídicos, os entes eleitos pelo Direito. É a ordem jurídica que dirá quem tem capacidade.

Ao distribuir capacidade a certos entes o Direito faz algumas distinções. É por isso que há três **espécies de capacidade**: a) a capacidade de direito (de gozo ou de fruição); b) a capacidade de fato (ou de exercício); e c) a capacidade excepcional (ou especial).

Capacidade de direito consiste na *aptidão genérica conferida pela ordem jurídica para adquirir direitos e contrair deveres*.

Capacidade de fato consiste na *aptidão genérica conferida pela ordem jurídica para, sozinho, adquirir direitos e contrair deveres*.

Capacidade excepcional consiste na *aptidão especial conferida pelo Direito para adquirir direitos e contrair deveres*.

No primeiro caso, repare que a aptidão é genérica, ou seja, é possível adquirir todos os direitos e contrair todos os deveres que não forem vedados. Essa *aptidão genérica* para a prática de atos da vida civil é consequência de se ter personalidade, pois, segundo o CC, "toda *pessoa* é capaz de direitos e deveres na ordem civil" (art. 1º). Assim, uma criança de três anos, um adulto, uma pessoa jurídica, todos, só por serem pessoas, terão capacidade de direito. Isso possibilita que uma criança receba uma herança (aquisição de direitos) e tenha um imóvel em seu nome locado (o que importa em contrair deveres).

No segundo caso, repare que a pessoa pode praticar sozinha os atos da vida jurídica. Trata-se de um *plus*. Confere-se aqui a possibilidade de se adquirir um direito e de se contrair uma obrigação por si só, ou seja, sem que seja necessário que o interessado seja

---

2. O termo capacidade tem origem no latim *capere*, que significa apoderar-se, adquirir, apanhar.

representado ou assistido por outrem. Aqui é diferente. Nem toda pessoa tem a capacidade de fato. Não seria conveniente, por exemplo, que uma criança de três anos, que tem capacidade para adquirir direitos e contrair deveres, exercesse-os sozinha. Como regra, só tem capacidade de fato ou de exercício os maiores de dezoito anos.

Assim, uma criança pode receber uma doação (uma vez que, por ter personalidade, tem *capacidade de direito*, pode adquirir direitos) e também pode vender bens (já que, repita-se, tem aptidão genérica não só para adquirir direitos, como para contrair obrigações), mas não poderá praticar tais atos pessoalmente (diretamente), mas apenas por meio de seu representante legal (seus pais, por exemplo). Vale dizer, os pais dessa criança é que assinarão o contrato de compra e venda do bem que essa pessoa adquirir. Caso uma pessoa não tenha capacidade de fato, terá de ser representada ou assistida por outra pessoa, na forma da lei. Ou seja, quem não tiver capacidade de fato dependerá da *mediação* de outro para a prática de atos jurídicos válidos.

No terceiro caso, repare que o ente não tem aptidão genérica, mas aptidão especial. Não pode fazer tudo o que a lei não proíbe (aptidão genérica). Só pode fazer o que a lei autoriza (aptidões excepcionais). Essa terceira capacidade é própria daqueles entes que não são pessoas, mas em favor dos quais a lei faculta a prática de certos atos da vida jurídica. É o caso do nascituro, do espólio, da massa falida etc. O espólio não pode praticar qualquer ato, mas somente aqueles que a lei autoriza, e, mesmo assim, mediante autorização judicial como regra.

Diante das duas primeiras situações, surgem mais dois conceitos: a) o de capacidade de plena; e b) o de incapacidade.

Capacidade plena é a que *decorre da titularização das capacidades de direito e de fato*.

Incapacidade é a *inexistência de parte ou de toda capacidade de fato*. A incapacidade pode ser relativa ou absoluta. Será relativa quando não se tenha parte da capacidade de fato, como ocorre com o pródigo, por exemplo, que pode praticar alguns atos jurídicos sozinhos e outros, não. Será absoluta quando não haja qualquer capacidade de fato, como ocorre com uma criança de três anos, por exemplo.

Em outras palavras: na *incapacidade* ou se estará diante de um *absolutamente incapaz* (aquele que não pode praticar sozinho nenhum ato, devendo ser representado) ou de um *relativamente incapaz* (aquele que não pode praticar sozinho alguns atos, devendo ser assistido por alguém com capacidade plena para a sua prática).

É importante notar que a expressão "incapacidade" no Código Civil (arts. 3º e 4º) só se refere às *pessoas*, ficando de fora a análise da terceira situação (capacidade especial ou excepcional).

2.1.5. Legitimação

Não se deve confundir o instituto da capacidade, que abrange a capacidade de direito e de fato, como vimos, com o da legitimação.

A **legitimação** consiste na *aptidão específica do sujeito de direito para a prática de certos atos jurídicos*. A capacidade consiste na aptidão *genérica* para a prática de atos.

Assim, uma pessoa adulta, mesmo tendo capacidade (de direito e de fato) para praticar atos da vida civil, não tem legitimação para vender um imóvel a um dos filhos, sem autorização de seu cônjuge e dos demais descendentes (art. 496 do CC). Tem capacidade plena para vender seus bens, podendo fazê-lo em relação à pessoa que quiser num primeiro momento, mas não tem legitimação para fazê-lo em relação a um de seus filhos, sem que haja autorização dos demais. Se o fizer, o ato será inválido não por falta de capacidade, mas por falta de legitimação, ou seja, por falta de aptidão específica para a prática do ato "compra e venda".

A **ilegitimação**, portanto, pode ser conceituada como a *restrição específica ao sujeito de direito para a prática de determinados atos da vida civil com certas pessoas ou em relação a certos negócios ou bens*. São impedimentos circunstanciais. Outros exemplos de ilegitimidade são os seguintes: o tutor não pode adquirir bem do tutelado (art. 1.749, I, do CC); o casado, exceto no regime de separação absoluta de bens, não pode alienar imóveis sem a autorização do outro cônjuge (art. 1.647, I, do CC); o que comete ato de indignidade não pode herdar (art. 1.814, II, do CC); os casos de impedimento matrimonial (art. 1.521 do CC).

2.1.6. Incapacidade

Incapacidade também pode ser **conceituada** como a *restrição legal genérica ao exercício dos atos jurídicos*. Outro conceito é o seguinte: *inexistência de parte ou de toda capacidade de fato*.

Toda pessoa tem capacidade de *direito* (ou de *gozo*). Portanto, a incapacidade a que faz referência a lei (arts. 3º e 4º) é tão somente a incapacidade de *fato* (ou de *exercício*).

Como já dito, não seria conveniente, por exemplo, que uma criança de três anos, que tem capacidade para adquirir direitos e contrair deveres, exercesse-os sozinha.

Passemos, então, ao estudo dos absolutamente e dos relativamente incapazes.

2.1.7. Absolutamente incapazes

Absolutamente incapazes são *os que não podem exercer sozinhos qualquer ato jurídico* (art. 3º do CC).

Ou seja, são os completamente privados de praticar, por si sós, atos da vida civil. A prática de atos em seu nome só poderá ser feita por *representantes*, que assinam sozinhos os atos, sob pena de nulidade absoluta daqueles por ventura realizados pessoalmente pelo incapaz (art. 166, I, do CC).

O absolutamente incapaz, apesar de *ter* (de gozar) o direito, não pode *exercer* direta e pessoalmente nenhum aspecto dos atos da vida jurídica a ele relativos, que são praticados diretamente por seu representante legal, sob pena de serem declarados atos nulos.

A *representação* supre a incapacidade absoluta e é feita pelos pais, na hipótese de se tratar de menor sob o poder familiar (art. 1.690 do CC); pelo tutor, na hipótese de menor sob tutela (art. 1.747, I, do CC); e, quando a lei trazia outras hipóteses além da do menor de 16 anos, como absolutamente incapaz, pelo curador, nos demais casos (arts. 1.781 e 1.747, I, do CC).

A representação legal, ora comentada, não se confunde com a representação convencional (mandato). De qualquer forma, aplica-se às duas hipóteses o art. 119 do CC, pelo qual é "**anulável** o negócio concluído pelo **representante em conflito de interesses** com o representado, se tal fato era ou devia ser de conhecimento de quem com aquele tratou" (g.n.).

A **incapacidade absoluta**, portanto, pode ser conceituada como a *proibição total do exercício do direito pelo incapaz*. O direito é tão radical nesse ponto que, ainda que os atos beneficiem os absolutamente incapazes, serão nulos se não praticados por seus representantes.

Confiram-se as **espécies** de absolutamente incapazes antes da modificação no art. 3º do Código Civil, promovida pelo art. 114 da Lei 13.146/2015 (Estatuto da Pessoa com Deficiência), que passou a considerar absolutamente incapazes apenas os menores de 16 anos:

a) Os menores de 16 anos.

Os menores de 16 anos não teriam, segundo a lei, atingido o discernimento para distinguir o que podem ou não fazer e mesmo para discernir o que lhes é ou não conveniente.

Tais menores eram chamados de *impúberes*, reservando-se a expressão menores *púberes* aos que tinham entre 16 e 18 anos. Essas denominações são impróprias em relação ao que dispõe hoje a lei, visto que a puberdade não se inicia aos 16 anos, mas bem antes.

b) Os que, por enfermidade ou deficiência mental, não tiverem o necessário discernimento para a prática dos atos da vida civil.

Fábio Ulhoa Coelho distingue *enfermidade* de *deficiência* mental. Diz que deficiência mental é um *estado* e, como tal, em poucos casos, poderá ser evitada ou curada. Já a enfermidade mental é uma lesão à saúde, de efeitos mais ou menos prolongados, com maior possibilidade de cura.

Assim, aquele que é são e passa a desenvolver uma doença mental deve ser considerado um *enfermo* mental; aquele que já nascer com o problema mental, um *deficiente* mental.

Podemos **conceituar enfermidade** ou **deficiência mental** como *o comprometimento das faculdades mentais que possibilitam à pessoa discernir o que melhor atende ao seu bem-estar*.

Mas não basta que haja uma enfermidade ou uma deficiência mental para que se configure essa espécie de absolutamente incapaz. É necessário que, de tal problema, resulte a **ausência do necessário discernimento** para a prática de atos da vida civil.

Ou seja, é necessário que a pessoa não tenha um *mínimo* de discernimento para a prática dos atos da vida civil. Quando a lei faz referência à *ausência do necessário discernimento*, só pode ter em mente, dada a gravidade da restrição, aqueles que não têm discernimento nenhum para a prática de atos. Assim, deve-se ler a expressão "não tiverem o necessário discernimento" como "não tiverem o mínimo discernimento" ou "não tiverem discernimento algum". Aquele que tem algum discernimento, mas que seja um discernimento reduzido, será um relativamente incapaz, como se verá.

A **senilidade**, por si só, não é causa bastante para que a pessoa seja interditada, o que somente se dará se a velhice porventura originar um estado patológico, como a arteriosclerose, devendo-se verificar se de fato o discernimento sofreu abalo. Se a doença apenas o reduziu, o idoso será considerado relativamente incapaz; se o extirpou por completo, absolutamente incapaz.

Também não gera a incapacidade jurídica a **deficiência física**. Um cego ou surdo, por exemplo, são pessoas capazes, podendo exercer diretamente seus direitos e deveres. Tornam-se incapazes ou plenamente capazes nas mesmas situações que o não deficiente físico.

O que existe são algumas regras protetivas em determinadas situações, como na feitura do testamento, na qual o cego, por exemplo, só pode fazê-lo na modalidade pública (art. 1.867 do CC).

Novidade trazida pelo atual Código Civil era a possibilidade de o enfermo (não necessariamente mental) e o deficiente físico, voluntariamente, requererem que o juiz nomeie curador para cuidar de todos ou alguns de seus negócios ou bens (art. 1.780), tudo a facilitar a prática de atos de seu interesse. Tal situação se assemelha a um mandato, com a diferença de que o curador tem o dever de prestar contas com muito mais rigor. Difere da curatela normal pelo fato de o curatelado poder, a qualquer tempo, pedir seu levantamento.

Essa disposição do art. 1.780 do Código Civil foi revogada pela Lei 13.146/2015, que, no seu lugar criou o instituto da "Tomada de Decisão Apoiada", previsto no art. 1.783-A, o qual tem o seguinte teor:

> "**Art. 1.783-A.** A tomada de decisão apoiada é o processo pelo qual a pessoa com deficiência elege pelo menos 2 (duas) pessoas idôneas, com as quais mantenha vínculos e que gozem de sua confiança, para prestar-lhe apoio na tomada de decisão sobre atos da vida civil, fornecendo-lhes os elementos e informações necessários para que possa exercer sua capacidade.
>
> § 1º Para formular pedido de tomada de decisão apoiada, a pessoa com deficiência e os apoiadores devem apresentar termo em que constem os limites do apoio a ser oferecido e os compromissos dos apoiadores, inclusive o prazo de vigência do acordo e o respeito à vontade, aos direitos e aos interesses da pessoa que devem apoiar.
>
> § 2º O pedido de tomada de decisão apoiada será requerido pela pessoa a ser apoiada, com indicação expressa das pessoas aptas a prestarem o apoio previsto no *caput* deste artigo.
>
> § 3º Antes de se pronunciar sobre o pedido de tomada de decisão apoiada, o juiz, assistido por equipe multidisciplinar, após oitiva do Ministério Público, ouvirá pessoalmente o requerente e as pessoas que lhe prestarão apoio.
>
> § 4º A decisão tomada por pessoa apoiada terá validade e efeitos sobre terceiros, sem restrições, desde que esteja inserida nos limites do apoio acordado.
>
> § 5º Terceiro com quem a pessoa apoiada mantenha relação negocial pode solicitar que os apoiadores contra-assinem o contrato ou acordo, especificando, por escrito, sua função em relação ao apoiado.
>
> § 6º Em caso de negócio jurídico que possa trazer risco ou prejuízo relevante, havendo divergência de opiniões entre a pessoa apoiada e um dos apoiadores, deverá o juiz, ouvido o Ministério Público, decidir sobre a questão.
>
> § 7º Se o apoiador agir com negligência, exercer pressão indevida ou não adimplir as obrigações assumidas, poderá a pessoa apoiada ou qualquer pessoa apresentar denúncia ao Ministério Público ou ao juiz.
>
> § 8º Se procedente a denúncia, o juiz destituirá o apoiador e nomeará, ouvida a pessoa apoiada e se for de seu interesse, outra pessoa para prestação de apoio.
>
> § 9º A pessoa apoiada pode, a qualquer tempo, solicitar o término de acordo firmado em processo de tomada de decisão apoiada.
>
> § 10. O apoiador pode solicitar ao juiz a exclusão de sua participação do processo de tomada de decisão apoiada, sendo seu desligamento condicionado à manifestação do juiz sobre a matéria.
>
> § 11. Aplicam-se à tomada de decisão apoiada, no que couber, as disposições referentes à prestação de contas na curatela."

c) Os que, mesmo por causa transitória, não puderem exprimir sua vontade.

Não poder exprimir a vontade é o mesmo que *ter obstruída, por motivo físico ou psíquico, a possibilidade de manifestação da vontade*. Quem estiver nessa condição, ainda que por uma causa transitória, será considerado absolutamente incapaz.

Pode até se tratar de alguém que tenha discernimento. Basta que não consiga manifestar sua vontade para que possa ser interditada a fim de que outro se expresse por ela.

É importante, ainda, notar que a impossibilidade de exprimir a vontade gerará a incapacidade absoluta, ainda que temporária. Vale trazer como exemplo a situação daquele que se encontra em coma profundo.

Os surdos-mudos que não consigam exprimir sua vontade, por não terem recebido educação adequada, também podem se enquadrar na espécie.

Essa hipótese de incapacidade absoluta (Os que, mesmo por causa transitória, não puderem exprimir sua vontade) agora é hipótese de incapacidade relativa (art. 4º, III, do Código Civil).

A modificação no art. 3º do Código Civil promovida pelo Estatuto da Pessoa com Deficiência teve *vacatio legis* de 180 dias, contados de 07 de julho de 2015.

Agora esses dois casos que não dizem respeito ao menor de 16 anos (os que, por enfermidade ou deficiência mental, não tiverem o necessário discernimento para a prática dos atos da vida civil; e os que, mesmo por causa transitória, não puderem exprimir sua vontade), caso acometam uma pessoa maior farão com que esta pessoa ou seja considerada plenamente capaz ou, caso se enquadre em qualquer dos casos do art. 4º do Código Civil (os ébrios habituais e os viciados em tóxico, aqueles que, por causa transitória ou permanente, não puderem exprimir sua vontade; e os pródigos), seja considerada relativamente incapaz.

O objetivo dessa lei é proteger a dignidade da pessoa com deficiência, eliminando os casos que davam ensejo à interdição absoluta de uma pessoa e diminuindo também os casos que davam ensejo à incapacidade relativa, já que ficou excluída essa incapacidade quanto àqueles que têm Síndrome de Down, por exemplo, dada a abolição da hipótese dessa incapacidade para aquele que não tivesse desenvolvimento mental completo.

Importante então que fique claro que, com a entrada em vigor da Lei, agora **somente o menor de 16 anos é considerado absolutamente incapaz**. Para entender melhor as consequências disso, confira a seguinte decisão do STJ:

"É inadmissível a declaração de incapacidade absoluta às pessoas com enfermidade ou deficiência mental. A questão consiste em definir se, à luz das alterações promovidas pelo Estatuto da Pessoa com Deficiência, quanto ao regime das incapacidades, reguladas pelos arts. 3º e 4º do Código Civil, é possível declarar como absolutamente incapaz adulto que, por causa permanente, encontra-se inapto para gerir sua pessoa e administrar seus bens de modo voluntário e consciente. A Lei n. 13.146/2015 tem por objetivo assegurar e promover a inclusão social das pessoas com deficiência física ou psíquica e garantir o exercício de sua capacidade em igualdade de condições com as demais pessoas. A partir da entrada em vigor da referida lei, a incapacidade absoluta para exercer pessoalmente os atos da vida civil se restringe aos menores de 16 (dezesseis) anos, ou seja, o critério passou a ser apenas etário, tendo sido eliminadas as hipóteses de deficiência mental ou intelectual anteriormente previstas no Código Civil. Sob essa perspectiva, o art. 84, §

3º, da 84 estabelece que o instituto da curatela pode ser excepcionalmente aplicado às pessoas portadoras de deficiência, ainda que agora sejam consideradas relativamente capazes, devendo, contudo, ser proporcional às necessidades e às circunstâncias de cada caso concreto." (STJ, REsp 1.927.423/SP, j. 27/04/2021).

2.1.8. Relativamente incapazes

Relativamente incapazes são *os que não podem exercer sozinhos a grande maioria dos atos civis, necessitando de assistência de alguém com capacidade plena, que praticará junto com o incapaz os atos jurídicos de seu interesse* (art. 4º do CC).

Será anulável a prática de ato jurídico sem a presença de assistente (art. 171, I, do CC). Essa supre a incapacidade. Uma diferença que se tem aqui é que, caso o incapaz não queira praticar o ato, esse não se realizará, pois ele é quem o pratica, ainda que assistido.

Além disso, a lei permite que o relativamente incapaz exerça sozinho alguns atos civis. Aquele que tem entre 16 e 18 anos, por exemplo, pode sozinho (sem assistência): aceitar mandato (art. 666 do CC), fazer testamento (art. 1.860, parágrafo único, do CC), ser testemunha em atos jurídicos (art. 228, I, do CC), dentre outros.

Os pródigos, por sua vez, podem praticar sozinhos todos os atos de mera administração de seu patrimônio (art. 1.782 do CC). Por fim, vale lembrar que o Código Civil em vigor inovou ao dispor que o juiz, quantos aos relativamente incapazes, assinará, segundo as potencialidades da pessoa, os limites da curatela, podendo dispor quais atos o incapaz poderá praticar sozinho (o art. 1.772 do CC trouxe a inovação em questão e, mesmo tendo sido revogado no ponto, foi substituído por regra equivalente – art. 755, I e II, do NCPC).

Com as modificações legislativas, hoje os relativamente incapazes são as seguintes pessoas:

a) entre 16 e 18 anos;

b) ébrios habituais e viciados em tóxico;

c) aqueles que, por causa transitória ou permanente, não puderem exprimir sua vontade;

d) pródigos.

Confiram-se as **espécies** de relativamente incapazes antes da modificação feita pelo Estatuto da Pessoa com Deficiência:

a) Os maiores de 16 e menores de 18 anos.

A experiência de vida dos que têm entre 16 e 18 anos não é, presume a lei, suficiente para que sejam considerados plenamente capazes. De outra parte, essas pessoas têm maior grau de amadurecimento que os menores de 16 anos, portanto, merecem tratamento diferenciado.

Praticado um ato civil que não esteja autorizado a fazer sozinho, sem a assistência de um responsável legal, o ato será anulável. Entretanto, o menor não poderá invocar sua pouca idade para eximir-se da obrigação que tenha contraído, quando dolosamente a tiver ocultado, ao ser inquirido pela outra parte, ou se espontaneamente se disser maior (art. 180 do CC).

Ademais, "a incapacidade relativa de uma das partes não pode ser invocada pela outra em benefício próprio, nem aproveita aos cointeressados capazes, salvo se, neste caso, for indivisível o objeto do direito ou da obrigação comum" (art. 105 do CC).

Apesar de não ser questão específica dos relativamente incapazes, deve-se destacar que "ninguém poderá reclamar o que, por uma obrigação anulada, pagou a um incapaz, se não provar que reverteu em proveito dele a importância paga" (art. 181 do CC).

O menor relativamente incapaz, além de poder aceitar mandato (art. 666 do CC), fazer testamento (art. 1.860, parágrafo único, do CC) e ser testemunha em atos jurídicos (art. 228, I, do CC), pode também celebrar contrato de trabalho e ser eleitor (art. 14, § 1º, II, "c", da CF).

Apesar de não se tratar de questão específica do relativamente incapaz, também vale ressaltar que, em matéria de responsabilidade civil, o CC inovou ao dispor, no art. 928, que "o incapaz responde pelos prejuízos que causar, se as pessoas por ele responsáveis não tiverem obrigação de fazê-lo ou não dispuserem de meios suficientes. Parágrafo único. A indenização prevista neste artigo, que deverá ser equitativa, não terá lugar se privar do necessário o incapaz ou as pessoas que dele dependam".

É importante destacar, quanto ao menor relativamente incapaz, que o art. 116 do ECA dispõe que o adolescente que praticar ato infracional com reflexos patrimoniais poderá responder pelo ressarcimento do dano. Daí o enunciado 40 do CJF, que tem o seguinte teor: "o incapaz responde pelos prejuízos que causar de maneira subsidiária ou excepcionalmente, como devedor principal, na hipótese do ressarcimento devido pelos adolescentes que praticarem atos infracionais, nos termos do art. 116 do Estatuto da Criança e do Adolescente, no âmbito das medidas socioeducativas ali previstas".

Essa hipótese de relativamente incapaz (os maiores de 16 e menores de 18 anos) foi mantida pela alteração promovida pela Lei 13.146/2015.

b) Os ébrios habituais, os viciados em tóxicos e os que, por deficiência mental, tenham discernimento reduzido.

Deve-se entender por **ébrio habitual** o *dependente de álcool, ou seja, o alcoólatra ou dispsômano*. Hoje vem sendo muito usada a expressão "alcoólico" para designar o dependente de álcool, uma vez que a expressão "alcoólatra" tem caráter muito pejorativo na sociedade.

Quanto aos **toxicômanos,** não há dúvida quanto à necessidade de haver dependência, já que a lei usa a expressão "viciados", que a identifica.

Quer-se evitar nos dois casos, principalmente, a ruína econômica do indivíduo. Vale salientar que, caso a dependência leve a situações como: a) impossibilidade de a pessoa se expressar; ou b) enfermidade mental que propicie a ausência do necessário discernimento, estaremos diante de hipótese de incapacidade absoluta.

O Decreto 4.294/1921 equiparava os toxicômanos a psicopatas, criando-se duas hipóteses de interdição, a depender do caso (plena ou limitada). O novo Código supera a matéria, valendo lembrar que, em se considerando o indivíduo relativamente incapaz, esse tem o benefício de verem fixados limites à curatela (art. 1.772 do CC, revogado pelo NCPC, que manteve a regra – art. 755, I e II, do NCPC), ou seja, o juiz assinará, segundo o estado ou o desenvolvimento mental do interdito, as restrições ao incapaz.

A terceira hipótese do dispositivo é a do **portador de deficiência mental que tiver um discernimento reduzido**, questão já tratada no tópico precedente. Vale lembrar que, aqui, existe ainda alguma capacidade de entendimento, mas menor que a daquele que está com a plena faculdade mental.

As hipóteses dos "ébrios habituais" e dos "viciados em tóxicos", como relativamente incapazes, foram mantidas pela alteração promovida pela Lei 13.146/2015, mas a hipótese daqueles que "por deficiência mental, tenham discernimento reduzido" foi excluída por essa lei.

c) Os excepcionais, sem desenvolvimento mental completo.

Maria Helena Diniz ensina que tal situação abrange os fracos de mente, os surdos-mudos e os portadores de anomalia psíquica, que apresentem sinais de desenvolvimento mental incompleto, comprovados e declarados em sentença de interdição, tornando-os incapazes de praticar atos na vida civil, sem a assistência de um curador.

Serve como exemplo, também, a situação de alguns portadores da síndrome de Down.

Excepcionais *com desenvolvimento mental completo* são totalmente capazes. Excepcionais *sem o desenvolvimento mental completo* são relativamente capazes. E excepcionais *sem o necessário discernimento* eram considerados absolutamente incapazes antes da edição da Lei 13.146/2015.

De qualquer forma, essa hipótese de relativamente incapaz (os excepcionais, sem desenvolvimento mental completo) foi excluída pela alteração promovida pela Lei 13.146/2015.

d) Os pródigos.

Podemos definir **pródigo** como *aquele que dissipa seu patrimônio sem controle*.

A prodigalidade pode se dar das seguintes formas: a) *oniomania*, perturbação mental que provoca o portador a adquirir descontroladamente tudo o que tiver vontade; b) *cibomania*, perturbação que leva à dilapidação patrimonial em jogos de azar; c) *imoralidade*, que leva ao descontrole de gastos para satisfação de impulsos sexuais.

O pródigo, em verdade, só fica privado da prática de atos que possam comprometer o seu patrimônio, não podendo, sem assistência de seu curador, alienar, emprestar, dar quitação, transigir, hipotecar, agir em juízo e praticar atos que não sejam de mera administração (*vide* arts. 1.767, V, e 1.782 do CC). Pode casar (mas não dispor sobre o regime de bens sozinho), mudar de domicílio, exercer o poder familiar, contratar empregados domésticos etc.

Essa hipótese de relativamente incapaz (os pródigos) foi mantida pela alteração promovida pela Lei 13.146/2015.

A Lei 13.146/2015 estabeleceu como hipótese de relativamente incapaz a daqueles "que, por causa transitória ou permanente, não puderem exprimir a sua vontade". Tirando a hipótese dos dependentes químicos e dos pródigos é nessa hipótese que se tentará enquadrar casos mais graves de problemas mentais (por exemplo, os psicopatas), para que estes sejam considerados relativamente incapazes também e, assim, poderem ser interditados.

2.1.9. Interdição

No que se refere aos incapazes por motivo de idade, o simples fato de a terem inferior a 16 anos (absolutamente incapazes) e entre 16 e 18 anos (relativamente incapazes) já faz com que sejam reconhecidos como tais.

Já no que se refere aos demais casos de incapacidade, somente um pronunciamento judicial e o preenchimento de certas formalidades fará com que não se questione a condição de incapaz de uma dada pessoa.

O art. 1.767 do CC prevê os casos em que caberá a interdição ou a curatela, que, agora com a modificação feita pelo Estatuto da Pessoa com Deficiência, limitam-se aos casos de incapacidade relativa previstos nos incisos II, III e IV do art. 4º do Código Civil, quais sejam, os ébrios habituais e os viciados em tóxico; aqueles que, por causa transitória ou permanente, não puderem exprimir sua vontade; e os pródigos. Vale lembrar que, apesar da eliminação da interdição para pessoas com desenvolvimento mental incompleto ou sem o necessário discernimento, agora cabe interdição daqueles que não podem exprimir a sua vontade por motivo transitório, os quais, em que pese serem considerados incapazes naquela situação, não podiam ser interditados antes dessa modificação.

O processo de interdição é o meio adequado ao pronunciamento judicial da incapacidade. Seu objetivo é aferir a existência e, se for o caso, o grau de incapacidade de uma pessoa.

Segundo o art. 747 do NCPC, são legitimados ativos para a demanda: o cônjuge ou companheiro, os parentes ou tutores; pelo representante da entidade em que se encontra abrigado o interditando e o Ministério Público, este só em caso de doença mental grave se os demais legitimados não existirem ou não promoverem a interdição ou por serem incapazes.

Estranhamente, o novo Código de Processo Civil, que entrou em vigor em 18 de março de 2016, revogou os arts. 1.768 a 1.773 do Código Civil, dispositivos esses que, à exceção dos arts. 1.770 e 1.773, tiveram novas redações trazidas pelo Estatuto da Pessoa com Deficiência, norma posterior que acabou por trazer conteúdos muito próximos do que estava previsto antes da alteração feita pelo NCPC, sendo de rigor que o leitor leia o texto do Estatuto da Pessoa com Deficiência.

Antes de pronunciar a interdição o juiz, que pode ser acompanhado de especialista, entrevistará minuciosamente o interditando (art. 751 do NCPC).

Pronunciada a interdição, o juiz determinará, segundo as potencialidades, habilidades, vontades e preferências da pessoa, os limites da curatela (art. 755, I e II, do CC). Segundo o § 1º do art. 755, "a curatela deve ser atribuída a quem melhor possa atender aos interesses do curatelado".

Segundo o art. 1.775, *caput* e parágrafos, do CC, a nomeação do curador segue a seguinte ordem preferencial: cônjuge ou companheiro; na falta, os pais; na falta desses, os descendentes mais próximos. São os casos de curatela legítima. Não havendo pessoas nessa condição, compete ao juiz a escolha do curador (curatela dativa).

Segundo o art. 1.775-A, acrescido pela Lei 13.146/2015, "Na nomeação de curador para a pessoa com deficiência, o juiz poderá estabelecer curatela compartilhada a mais de uma pessoa".

Quanto às pessoas que, por causa transitória ou permanente, não puderem exprimir a sua vontade, "receberão todo o apoio necessário para ter preservado o direito à convivência familiar e comunitária, sendo evitado o seu recolhimento em estabelecimento que os afaste desse convívio", nos termos da nova redação dada pela Lei 13.146/2015.

A autoridade do curador estende-se à pessoa e aos bens dos filhos do curatelado (art. 1.778 do CC).

Em que pese prevalecer o entendimento de que a sentença é declaratória (declara que a pessoa é incapaz), e não constitutiva, tende-se a proteger o terceiro de boa-fé nos negócios praticados antes das publicações retroindicadas. O terceiro só será preterido em seu direito no caso de não ter havido interdição quando da feitura do negócio se houver prova de que a incapacidade era notória.

Por fim, vale ressaltar que nosso direito não admite os chamados *intervalos lúcidos*, em que se tentaria provar que o incapaz estava bem quando da prática de um dado negócio. Assim, são sempre nulos os atos praticados pelo curatelado enquanto estiver nessa condição.

A lei prevê o levantamento da interdição cessada a causa que a determinou. A incapacidade termina, normalmente, por desaparecerem as causas que a determinaram, como na hipótese de cura de enfermidade mental. Deve ser feita a averbação no Registro Público competente da sentença que põe fim à interdição.

O novo Código de Processo Civil traz as normas processuais sobre a interdição em seus arts. 747 a 758, valendo salientar que, ao nosso ver, eventual dúvida entre norma do novo CPC e norma trazida pelo Estatuto da Pessoa com Deficiência sobre a mesma questão, prevalecerá este último diploma, por ser norma elaborada posteriormente, ainda que os diplomas tenham entrado em vigor em momentos diferentes.

2.1.10. Emancipação

Emancipação pode ser **conceituada** como o *fim da menoridade antes da idade prevista em lei* ou como a antecipação da capacidade plena.

A **consequência** imediata da emancipação é *habilitar a pessoa à prática de todos os atos da vida civil* (art. 5º, *caput*, do CC). Outras consequências são a possibilidade de o emancipado ser responsabilizado civilmente sem benefício algum e a cessação do direito automático de pedir pensão alimentícia.

As espécies de emancipação são as seguintes:

a) Voluntária (ou direta): é a concedida pelos pais, ou por um deles na falta do outro, mediante instrumento público inscrito no Registro Civil competente (Lei 6.015/1973, art. 29, IV, 89 e 90), independentemente de homologação judicial, ao menor que tenha 16 anos completos.

Há de se ponderar que doutrina e jurisprudência consideram que a emancipação voluntária não exonera os pais da responsabilidade pelos atos ilícitos praticados pelo filho que ainda não tiver completado 18 anos. Confira-se: "a única hipótese em que poderá haver responsabilidade solidária do menor de 18 anos com seus pais é ter sido emancipado nos termos do art. 5º, parágrafo único, inciso I, do no Código Civil" (Enunciado 41 das JDC/CJF);

b) Judicial: é a concedida pelo juiz, ouvido o tutor, desde que o menor tenha 16 anos completos;

c) Legal: é a que decorre da ocorrência de certos eventos previstos em lei. Tal emancipação não depende de registro para produzir efeitos. Eventual demanda promovida para ver reconhecida a emancipação nos casos abaixo tem mera função de gerar maior segurança jurídica ao interessado.

O **casamento** é a primeira causa, seja qual for a idade do nubente. Pode acontecer de ocorrer emancipação até de alguém que se casou antes da idade núbil, por suprimento judicial. Não faz sentido que uma pessoa que constituiu família continue sob a autoridade de outrem. A emancipação não é afetada pelo fim do casamento, salvo em caso de invalidação deste quanto ao que estiver de má-fé, segundo corrente majoritária.

Outra causa é o **exercício de emprego público efetivo**. Vale ressaltar que, aqui, também não há idade mínima prevista na lei. Estão excluídas situações temporárias, tais como estágios, contratações temporárias e investidura em cargo em comissão. De qualquer forma, será hipótese pouco provável de acontecer, visto que, normalmente, os estatutos do funcionalismo preveem a idade mínima de 18 anos para o ingresso em função pública.

Outro motivo é a **colação de grau em curso superior**, que também independe da idade. Trata-se de mais uma hipótese bastante rara, mormente agora em que a maioridade é atingida aos 18 anos.

E, ainda, pelo *estabelecimento civil ou comercial, ou pela existência de relação de emprego, desde que, em função deles, o menor com 16 anos completos tenha economia própria*. O fato de o menor ter economia própria, ou seja, conseguir prover seu próprio sustento, é demonstração de que é dotado de experiência e amadurecimento suficientes para a prática de atos da vida civil. Entendemos que eventual demissão superveniente do emancipado não o torna novamente incapaz, já que os requisitos para a emancipação são de difícil configuração e demonstram efetivamente o amadurecimento necessário para o exercício pleno dos atos da vida civil.

2.1.11. Fim da personalidade

Deve-se tratar, agora, do **fim da personalidade**. Dispõe o art. 6º do CC que "a existência da pessoa natural termina com a morte". Com a morte, extingue-se a personalidade, passando-se os direitos e as obrigações do morto (essas no limite das possibilidades da herança) aos seus sucessores. Tais direitos e obrigações, denominados espólio, não têm personalidade, ou seja, não têm a qualificação que lhes conferiria a autorização genérica para praticar atos jurídicos; mas são sujeitos de direitos, visto que estão autorizados, por meio das pessoas indicadas na lei, a praticar certos atos, como ingressar com ação para cobrar determinada quantia devida ao monte.

São **consequências** da morte as seguintes: extinção do poder familiar, dissolução do casamento, abertura da sucessão, extinção dos contratos personalíssimos; mas fica mantida a vontade expressada pelo falecido em testamento e preservam-se alguns direitos da personalidade (relativos ao cadáver, à imagem, ao nome e aos direitos de autor).

A **morte** pode ser de três tipos: real, civil e presumida.

Morte real é *aquela certa, que pode ser atestada por exame médico.* Constatada a morte de uma pessoa, um médico fará um atestado de óbito. Na falta desse profissional, duas pessoas qualificadas que tiverem presenciado ou verificado a morte o farão. Com base no atestado de óbito será feita a lavratura do assento de óbito no Registro Público competente. A partir desse assento é que será extraída a certidão de óbito. O enterro depende dessa certidão. A cremação será feita em virtude de vontade do falecido ou por motivo de saúde pública, dependendo de atestado de 2 (dois) médicos ou de médico legista e, caso se trate de morte violenta, de autorização judicial.

Comoriência é a *presunção de morte simultânea, que se aplica quando duas ou mais pessoas falecerem na mesma ocasião, sem que se possa determinar quem morreu primeiro.* A comoriência pode ocorrer em quaisquer das espécies de morte previstas no direito civil brasileiro (Enunciado 645 CJF), isto é, na morte real, na morte presumida sem a necessidade de ausência e na morte presumida com procedimento de ausência.

A importância do tema está no direito das sucessões. Se um dos mortos na mesma ocasião tiver falecido primeiro, isso poderá fazer com que o outro seja seu herdeiro. Se considerarmos que a morte se deu simultaneamente, nenhum dos dois herdará do outro.

Na França, a solução é diferente. Cria-se uma escala de possibilidades. Entre homem e mulher, presume-se que a mulher morreu primeiro. Entre o mais novo e o mais velho, presume-se que esse faleceu primeiro.

Morte civil é *aquela em que a lei considera morta para a prática de atos da vida jurídica pessoa ainda viva.* Trata-se de instituto abolido nas legislações modernas. No passado, era sanção que recaía sobre os escravos e sobre outras pessoas, por motivos políticos ou religiosos. Há resquícios do instituto em nossa lei na regulamentação da indignidade e da deserdação, nas quais o herdeiro excluído da sucessão é considerado "como se morto fosse" (arts. 1.814, 1.816 e 1.961 a 1.963 do CC).

Morte presumida é *a que decorre de declaração judicial da morte, sem decretação de ausência, em caso de perigo de vida ou guerra, ou de declaração de ausência quando se autoriza a abertura de sucessão definitiva.*

Com efeito, o art. 6º do CC diz que se tem a **morte presumida** "quanto aos ausentes, nos casos em que a lei autoriza a abertura da sucessão definitiva".

> O art. 7º do CC assevera que "pode ser declarada a morte presumida, **sem a decretação de ausência**: I – se for extremamente provável a morte de quem estava em perigo de vida; II – se alguém, desaparecido em campanha ou feito prisioneiro, não for encontrado até 2 (dois) anos após o término da guerra", dispondo o dispositivo em seu parágrafo único que "a declaração da morte presumida, nesses casos, somente poderá ser requerida depois de esgotadas as buscas e averiguações, devendo a sentença fixar a data provável do falecimento". Sobre o assunto prevê o Enunciado 614 CJF: Os efeitos patrimoniais da presunção de morte posterior à declaração da ausência são aplicáveis aos casos do art. 7º, de modo que, se o presumivelmente morto reaparecer nos dez anos seguintes à abertura da sucessão, receberá igualmente os bens existentes no estado em que se acharem.

2.1.12. Ausência

Em caso de ***ausência***, ou seja, de uma pessoa **desaparecer** de seu domicílio sem deixar notícias ou procurador a quem caiba administrar seus bens e tenha interesse em fazê-lo, e de não ter se configurada nenhuma das hipóteses acima, pode o interessado ou o Ministério Público requerer ao juiz a **declaração de ausência** da pessoa, nomeando em favor dela um **curador** (o cônjuge, o companheiro, os pais ou os descendentes do desaparecido, nessa ordem, ou, na falta, alguém nomeado pelo juiz), que procederá à **arrecadação** dos bens do ausente, tudo na forma dos arts. 22 a 26 do CC (**fase da curadoria do ausente**).

Passado 1 (um) ano da arrecadação dos bens do ausente, ou, se há procurador, passados 3 (três) anos, poderão os interessados requerer que se: a) declare a ausência; e que se b) **abra provisoriamente a sucessão**, que produzirá efeitos após 180 dias da publicação da respectiva sentença pela imprensa, efetuando-se o inventário e partilha dos bens (**fase da sucessão provisória**). Vide arts. 26 a 36 do CC.

Passados **10 (dez) anos do trânsito em julgado da sentença que abriu a sucessão provisória** ou 5 (cinco) anos das últimas notícias do ausente que já contar com 80 (oitenta) anos, poderão os interessados requerer a **sucessão definitiva**, procedendo-se ao **levantamento das cauções** que tiverem sido exigidas daqueles herdeiros que não eram ascendentes, descendentes ou cônjuges do ausente (**fase da sucessão definitiva**).

Caso o ausente não apareça nos 10 (dez) anos seguintes à abertura da sucessão definitiva, não terá mais direito algum às coisas deixadas. Se comparecer nesse período, terá direito aos bens existentes no estado em que se acharem, os sub-rogados em seu lugar, ou o preço que os herdeiros e demais interessados tiverem recebido pelos bens alienados depois daquele tempo.

Se, nos 10 (dez) anos a que se refere o parágrafo anterior, o ausente não regressar e **não houver interessado algum**, os bens arrecadados passarão ao Município ou ao Distrito Federal, se localizados nas respectivas circunscrições, incorporando-se à União se situados em território federal.

As disposições sobre a sucessão definitiva, no caso, estão nos arts. 37 a 39 do CC.

Por fim, vale anotar que, hoje, o ausente não é mais considerado um *incapaz*, mas alguém *presumido morto* pela lei a partir do momento em que é aberta a sucessão definitiva.

2.1.13. QUADRO SINÓTICO

1. Conceito de pessoa natural: é o ser humano.
2. Início da personalidade: nascimento com vida = separação do ventre materno + inspiração. Teoria adotada: natalista (e não concepcionista).
3. Nascituro. **3.1 Conceito:** é o já concebido, mas que ainda não nasceu. **3.2 Natureza jurídica:** sujeito despersonalizado (não é pessoa). **3.3 Regime jurídico:** a lei põe a salvo os direitos do nascituro, desde a concepção; tem direitos da personalidade (vida, alimentos) e direitos patrimoniais sob condição suspensiva.

4. Fim da personalidade.

4.1 Modo: morte.

4.2 Espécies de morte:

4.2.1 Real: morte certa.

4.2.2 Presumida: aferida por evidências.

a) Sem declaração de ausência: i) se provável a morte de quem estava em perigo de vida; ii) se desaparecido em campanha ou feito prisioneiro, não for encontrado até 2 anos após a guerra.

b) Com declaração de ausência: dá-se quando alguém está ausente e a lei autoriza a abertura da sucessão definitiva. Fases: 1ª) arrecadação de bens; 2ª) espera de um ano; 3ª) declaração de ausência e abertura da sucessão provisória; 4ª) espera de 10 anos após o trânsito em julgado da decisão; 5º) decisão autorizando abertura da sucessão definitiva.

5. Capacidade.

5.1 De direito (de gozo): aptidão para adquirir direitos e deveres. Todos têm, inclusive os absolutamente incapazes.

5.2 De fato (de exercício): aptidão para adquirir, pessoalmente, direitos e deveres.

5.3 Legitimação: aptidão específica para a prática de certos atos.

6. Absolutamente incapaz.

6.1 Conceito: é o que não pode exercer qualquer ato da vida civil.

6.2 Integração da incapacidade: representação.

6.3 Sanção pela prática de atos: nulidade absoluta.

6.4 Espécie: menores de 16 anos.

7. Relativamente incapaz.

7.1 Conceito: é o que não pode exercer sozinho grande parte dos atos da vida civil.

7.2 Integração da incapacidade: assistência.

7.3 Sanção pela prática de atos: nulidade relativa.

7.4 Espécies: entre 16 e 18 anos; ébrios habituais e viciados em tóxicos; aqueles que, por causa transitória ou permanente não puderem exprimir sua vontade; pródigos.

7.5 Pródigos: não podem alienar, emprestar, dar quitação, transigir, hipotecar, demandar. Podem fazer a mera administração do patrimônio. Ex: casar, mudar de domicílio.

7.6 Limites à curatela: CC permite que o juiz, pronunciada a interdição, assinale limites à atuação do curador.

8. Interdição.

8.1 Casos: ébrios habituais e os viciados em tóxicos; aqueles que, por causa transitória ou permanente, não puderem exprimir sua vontade; e os pródigos.

8.2 Legitimidade ativa: o cônjuge ou companheiro, os parentes ou tutores; representante da entidade em que se encontra abrigado o interditando e o Ministério Público, este só em caso de doença mental grave se os demais legitimados não existirem ou não promoverem a interdição ou por serem incapazes.

8.3 Curador: cônjuge ou companheiro; na falta, os pais; na falta desses, os descendentes mais próximos. São os casos de curatela legítima. Não havendo pessoas nessa condição, compete ao juiz a escolha do curador (curatela dativa).

9. Emancipação.

9.1 Conceito: cessação da incapacidade do menor.

9.2 Espécies: a) voluntária: dada pelos pais (ou um deles na falta dos dois), por escritura pública, após os 16 anos; b) judicial: no caso de existência de tutor, conferido pelo juiz após os 16 anos; c) legal: via casamento, exercício de emprego público efetivo, colação de grau em curso superior, estabelecimento civil/comercial ou emprego com economia própria e 16 anos.

2.2. DIREITOS DA PERSONALIDADE

2.2.1. Conceito de Direitos da Personalidade

Direitos da Personalidade *são aqueles que protegem características inerentes à pessoa.* São direitos que recaem sobre nossos atributos naturais e suas projeções sociais.

Os objetos de tais direitos são, portanto, os seguintes aspectos próprios da pessoa: a) sua integridade física (vida, corpo, partes do corpo); b) sua integridade intelectual (liberdades de pensamento e de expressão, autorias científica e artística); e c) sua integridade moral (intimidade, vida privada, honra, imagem e nome).

O CC preferiu não conceituar direitos da personalidade, mas dispôs que são intransmissíveis, irrenunciáveis e que seu exercício não é passível de sofrer limitações (art. 11 do CC).

De início, são protegidas as características próprias da pessoa natural. Todavia, o nascituro e a pessoa jurídica, no que couber, também estarão resguardados. O primeiro, em virtude do disposto no art. 2º, segunda parte, do CC. E o segundo, em razão do art. 52 do mesmo Código.

Já a pessoa jurídica terá protegidos interesses como o nome, a imagem e o segredo. Reconhecendo a existência de uma honra objetiva em favor desse tipo de pessoa, o STJ sumulou que "a pessoa jurídica pode sofrer dano moral" (Súmula 227).

2.2.2. Regime Jurídico Geral

Os direitos da personalidade são:

a) Absolutos: *oponíveis contra todos* ("erga omnes"). Esses direitos geram deveres de abstenção por parte de cada um de nós, inclusive do Estado. Enquanto num contrato há relatividade (só há efeitos relativamente a cada contratante), o direito à imagem, por exemplo, gera efeitos em face de todos, tratando-se, assim, de um direito oponível de modo absoluto;

b) Intransmissíveis: *não passíveis de cessão à esfera jurídica de outrem.* Adriano de Cupis ensina que "nos direitos da personalidade a intransmissibilidade reside na natureza do objeto, o qual (...) se identifica com os bens mais elevados da pessoa, situados, quanto a ela numa relação de natureza orgânica. Por força deste nexo orgânico o objeto é inseparável do originário sujeito: a vida, a integridade física, a liberdade, a honra etc., de Tício não podem vir a ser bens de Caio em virtude de uma impossibilidade que se radica na natureza das coisas. Nem o ordenamento jurídico pode consentir que o indivíduo se despoje daqueles direitos que, por corresponderem aos bens mais elevados, têm o caráter de essencialidade" (*Os direitos da personalidade*, Lisboa: Livraria Moraes, p. 46 e s., 1961).

É importante destacar que a *titularidade* do direito é que não pode ser transmitida. O *exercício* do direito, todavia, pode ser transferido. Um exemplo: não se pode transmitir a um terceiro direito moral de que conste o nome do autor (ou um pseudônimo por ele criado) na obra de sua autoria. Mas é possível que se transfira a uma editora o direito de explorar economicamente a obra, reproduzindo-a e vendendo vários de seus exemplares. No segundo caso não se transferiu o direito como um todo, mas *parcela dos poderes* que tem o seu titular;

c) Irrenunciáveis: *não são passíveis de rejeição por parte de seu titular.* Não se pode renegar direitos da personalidade. Difere da intransmissibilidade, pois aquela diz respeito à cessão a um terceiro, ao passo que a renúncia abrange situações de desistência, de renegação. Assim, não se pode vender um órgão em virtude da intransmissibilidade. Não se pode pôr fim à vida em virtude da irrenunciabilidade;

d) Indisponíveis: *não são passíveis de se abrir mão, de disposição*. Essa regra, na verdade, engloba as duas anteriores. Quer dizer que os direitos da personalidade não podem ser transmitidos, objetos de renúncia ou objetos de abandono. É bom anotar que alguns poderes inerentes aos direitos de personalidade podem ser objetos de disposição, tais como os poderes de doar em vida órgãos, preenchidos determinados requisitos, de consentir na exposição da imagem e de permitir o acesso a informações da vida privada (sigilo bancário, por exemplo). Aliás, quanto aos dois últimos interesses, é possível que razões de interesse público justifiquem sua exposição, mesmo sem o consentimento do titular do direito;

e) Ilimitados: *abrangem interesses imanentes ao ser humano, ainda que não mencionados expressamente pela lei ou que não identificados pela ciência.*

Assim, mesmo que não identificados expressamente como direitos da personalidade, têm essa natureza os direitos a alimentos, ao planejamento familiar, à dignidade, ao culto religioso etc.

f) Imprescritíveis: *não são passíveis de perda pelo decurso do tempo*. Não é porque o autor de um texto o fez há 30 anos, por exemplo, que perderá os direitos de personalidade correspondentes. Por outro lado, violado o direito, e nascida a pretensão de reparação civil, começa a correr prazo prescricional. Normalmente, o prazo para se pedir uma indenização pela violação do direito é de 3 anos. Exemplo da imprescritibilidade dos direitos da personalidade é o que diz respeito à pretensão para a compensação por danos morais em razão de acontecimentos que maculam tão vastamente os direitos da personalidade, como a tortura e a morte. Nesse sentido, o Superior Tribunal de Justiça reconhece ser imprescritível tal pretensão quando se tratar de perseguição política na época da ditadura (Súmula 647 – São imprescritíveis as ações indenizatórias por danos morais e materiais decorrentes de atos de perseguição política com violação de direitos fundamentais ocorridos durante o regime militar);

g) Impenhoráveis: *não são passíveis de constrição judicial*. Dessa forma, não posso penhorar um órgão de uma pessoa, nem o seu nome, muito menos os direitos morais que têm em relação à obra que tiver criado. Mas é possível a penhora de frutos econômicos dos interesses protegidos pelos direitos da personalidade, ressalvada a quantia correspondente ao necessário para a sobrevivência do autor (NCPC, art. 833, IV);

h) Inexpropriáveis: *não são passíveis de desapropriação*. O Estado pode, mediante indenização, despojar compulsoriamente uma pessoa de sua propriedade, em caso de interesse público. Nada obstante, não poderá fazê-lo em relação a direitos da personalidade, ideia que decorre de se tratar de direito indisponível;

i) Vitalícios: *acompanham a pessoa até a sua morte*. Alguns direitos, inclusive, são resguardados mesmo depois da morte, como o respeito ao corpo do morto, à sua honra e à sua memória, bem como os direitos morais do autor. Prova disso é que o parágrafo único do art. 12 do CC diz que tem legitimação para fazer cessar a ameaça ou a lesão a direito da personalidade do morto, o cônjuge sobrevivente, ou qualquer parente em linha reta, ou colateral até o quarto grau.

Vale também ressaltar que os direitos da personalidade, entre si, não excluem uns aos outros. Um direito pode até preponderar sobre outro, mas nunca excluí-lo. O Enunciado 274 JDC/CJF dispõe que "em caso de colisão entre eles, como nenhum pode sobrelevar os demais, deve-se aplicar a técnica da ponderação".

2.2.3. Garantias do Regime Jurídico Geral

Violado ou ameaçado de ser violado um direito da personalidade, pode-se reclamar em juízo as seguintes sanções (CC, art. 12):

a) cessação da ameaça ou da lesão ao direito;

b) perdas e danos;

c) demais sanções previstas em lei.

Assim, se alguém verificar a existência de uma foto sua num *outdoor* com fins publicitários, sem a necessária autorização, poderá pedir a retirada do cartaz (a) e uma indenização por danos materiais e morais porventura existentes (b). Um autor que verificar a reprodução indevida de sua obra também poderá pedir sua retirada de circulação (a), uma indenização por danos materiais e morais (b), além de poder ficar com os exemplares da obra reproduzida e de poder representar o ofensor na esfera criminal (c).

Repare que a lei permite um atuar repressivo (para cessar a lesão) e uma atitude preventiva (em caso de ameaça de lesão). Para fins destas possibilidades, será de grande valia a ação cominatória, valendo trazer à tona as normas que se extraem do art. 497 do NCPC.

São partes legítimas para requerer a aplicação de tais sanções a própria pessoa lesada, por si ou por seu representante, e, caso já falecida, o cônjuge sobrevivente, ou qualquer parente em linha reta, ou colateral até o quarto grau (art. 12, parágrafo único, do CC). Repare que há uma lacuna nesse dispositivo. Não se incluiu o companheiro no rol dos legitimados. Se a finalidade da lei é possibilitar que pessoas presumidamente próximas ao morto e que também são sucessoras dele estejam legitimadas, não há justificativa para a exclusão do companheiro, que também tem presumida afetividade em relação ao falecido, além de ser sucessor deste.

Nesse sentido, o Enunciado 275 das Jornadas de Direito Civil entende que o rol dos legitimados presentes nos arts. 12 e 20 do CC compreende o companheiro.

E o Enunciado 398, das mesmas Jornadas, entende que as medidas previstas no art. 12, parágrafo único, do CC podem ser invocadas por qualquer uma das pessoas ali mencionadas de forma concorrente e autônoma. Por fim, o Enunciado 399 prevê que os poderes conferidos aos legitimados para a tutela *post mortem* dos direitos da personalidade, nos termos dos arts. 12, parágrafo único, e 20, parágrafo único, do CC, não compreendem a faculdade de limitação voluntária.

2.2.4. Regimes Jurídicos Especiais

O CC disciplina de modo especial a proteção do próprio corpo (arts. 13 a 15 do CC), o direito ao nome (arts. 16 a 19), a proteção aos escritos, à palavra e à imagem (art. 20) e a proteção à vida privada (art. 21).

2.2.4.1. Proteção do corpo

2.2.4.1.1. Disposição do corpo em vida

O art. 13 do CC traz a seguinte **regra**: *é defeso o ato de disposição do próprio corpo, quando importar diminuição permanente da integridade física, ou contrariar os bons costumes.*

O parágrafo único e o *caput* do art. 13 trazem as seguintes **exceções**: a) em caso de *exigência médica*; e b) *para fins de transplante*, na forma estabelecida em lei especial.

Isso significa que não se pode dispor do corpo em duas situações: a) se isso importar em diminuição permanente da integridade física; b) se houver contrariedade aos bons costumes. Mas se estará autorizado: a) em caso de exigência médica; e b) para fins de transplante.

A expressão *diminuição permanente* proíbe, portanto, que alguém corte o próprio braço ou a própria perna, uma vez que tais condutas são irreversíveis. E a frase *contrariar bons costumes* proíbe, por exemplo, que alguém se machuque intencionalmente, mesmo que sem diminuição permanente da integridade física.

Os bens jurídicos tutelados pelo dispositivo são a saúde humana e os bons costumes. Assim, não fere a lei a colocação de adereços (brincos, *piercings*), uma vez que, se é que importam em diminuição permanente, não afetam a saúde da pessoa. O mesmo se pode dizer de cirurgias plásticas, que, se feitas segundo as regras técnicas, não afetam a saúde da pessoa, além de não contrariarem os bons costumes.

Nos casos em que houver exigência médica, como quando se amputa uma perna por motivo de doença ou se retira parte do intestino em virtude de câncer, ou até quando se faz cirurgia para a redução do estômago, a diminuição permanente estará autorizada. Entende-se abarcado no requisito da "exigência médica" a cirurgia de mudança de sexo, já que a doutrina entende que essa expressão se refere tanto ao bem-estar físico quanto ao bem-estar psíquico do disponente (v. Enunciados 6 e 276 das JDC/CJF). Nesse sentido, a Resolução 1.955/2010 do Conselho Federal de Medicina traz os requisitos para a cirurgia de mudança de sexo.

A outra exceção (para fins de transplante) está regulada na Lei 9.434/1997. Essa lei permite a disposição de tecidos (não se regula a disposição de sangue, de esperma e de óvulo), órgãos ou partes do corpo vivo, atendidos os seguintes requisitos (art. 9º da Lei):

a) deverá ser gratuita a disposição;

b) deverá o doador ser capaz; o incapaz só poderá doar medula óssea, desde que ambos os pais e o juiz autorizem e não haja risco para sua saúde; a gestante só poderá doar tecido para transplante de medula óssea, desde que não haja risco à sua saúde ou ao feto;

c) dever-se-á tratar de órgãos duplos, de partes de órgãos, tecidos ou partes do corpo cuja retirada não impeça o organismo doador de continuar vivendo sem risco para a sua integridade e não represente grave comprometimento de suas aptidões vitais e saúde mental e não cause mutilação ou deformação inaceitável;

d) deverá estar presente uma necessidade terapêutica comprovadamente indispensável ao receptor;

e) deverá o doador autorizar, preferencialmente por escrito e diante de testemunhas, especificamente o tecido, o órgão ou a parte do corpo objeto da retirada;

f) deverá o juiz autorizar a doação, salvo em relação à medula óssea e em relação à doação para cônjuge ou parentes consanguíneos até quarto grau inclusive;

g) poderá o doador revogar a doação a qualquer momento antes de sua concretização;

h) a realização de transplantes ou enxertos só poderá ser realizada por estabelecimento de saúde autorizado pelo SUS.

2.2.4.1.2. Disposição do corpo para depois da morte

O art. 14 do CC traz a seguinte **regra**: *é válida, com objetivo científico ou altruístico, a disposição gratuita do próprio corpo, no todo ou em parte, para depois da morte.*

A expressão *objetivo científico* diz respeito aos casos em que se deixa o corpo ou partes do corpo para fins de estudos (ex.: para uma faculdade de medicina). Já a expressão *objetivo altruístico* se refere aos casos em que está a se preocupar com o bem-estar alheio, como quando se deixa elemento do corpo para fins de transplante em favor de quem precisa de um tecido (ex.: córnea), de um órgão (ex.: coração) ou de parte do corpo (ex.: fígado).

A Lei 9.434/1997 permite a retirada *post mortem* de tecidos (não se regula a disposição de sangue, de esperma e de óvulo), órgãos ou partes do corpo humano, destinados a transplante ou tratamento, atendidos os seguintes requisitos (arts. 3º a 8º da Lei):

a) deverá ser gratuita a disposição;

b) deverá ser precedida de diagnóstico de morte encefálica, constatada e registrada por dois médicos não participantes das equipes de remoção e transplante; os prontuários médicos serão mantidos na instituição por um período mínimo de 5 anos;

c) deverá ser admitida a presença de médico de confiança da família do falecido no ato de comprovação e atestação da morte encefálica;

d) deverá ser feita mediante o *consenso afirmativo* do doador, não se presumindo sua vontade em doar; não existindo indicação da vontade do falecido (por meio de um documento, por exemplo), a retirada dependerá da autorização do cônjuge ou parente, maior de idade, obedecida a linha sucessória, reta ou colateral, até o segundo grau inclusive, firmada em documento subscrito por duas testemunhas presentes à verificação da morte (parece-nos haver lacuna na ausência do companheiro na regra); o Enunciado 277 das JDC/CJF é no sentido de que a manifestação expressa do doador de órgão em vida prevalece sobre a vontade dos familiares; assim, a aplicação do art. 4º da Lei 9.434/1997 (que trata da autorização ou não pelos familiares) ficou restrita à hipótese de silêncio do potencial doado. Ainda no que concerne ao consentimento, o art. 14, parágrafo único, do Código Civil, fundado no consentimento informado, não dispensa o consentimento dos adolescentes para a doação de medula óssea prevista no art. 9º, § 6º, da Lei 9.434/1997 por aplicação analógica dos arts. 28, § 2º (alterado pela Lei 12.010/2009), e 45, § 2º, do ECA (Enunciado 402 JDC/CJF);

e) poderá o doador revogar a doação a qualquer momento;

f) é vedada a remoção quanto a pessoas não identificadas;

g) após a retirada, o corpo será condignamente recomposto para ser entregue, em seguida, aos parentes do morto ou seus responsáveis legais para sepultamento;

h) a realização de transplantes ou enxertos só poderá ser realizada por estabelecimento de saúde autorizado pelo SUS.

2.2.4.1.3. Tratamento e intervenção cirúrgica

O art. 15 do CC traz a seguinte **regra**: *ninguém pode ser constrangido a submeter-se, com risco de vida, a tratamento médico ou intervenção cirúrgica.*

Três princípios permeiam a regra em questão.

Pelo **princípio da informação**, *o paciente tem o direito de receber todas as informações relativas à sua situação, à possibilidade de tratamento e aos respectivos riscos* (vide arts. 6º, III, e 31 do CDC).

De acordo com o **princípio da autonomia**, *o profissional deve respeitar a vontade do paciente ou de seu representante, se aquele for incapaz.*

Já pelo **princípio da beneficência**, *a atuação médica deve buscar o bem-estar do paciente, evitando, sempre que possível, danos e riscos.*

A partir de tais princípios e da regra enunciada, percebe-se que o paciente tem o *direito de recusa a tratamento arriscado*. Assim, informado de que uma cirurgia para retirada de um tumor da cabeça gera um risco de morte, este é quem escolherá se deseja ou não fazê-la.

Quando não for possível consultar o paciente, e havendo situação de iminentes riscos para sua vida, o tratamento ou a intervenção cirúrgica deverão ser realizados, não respondendo o médico por constrangimento ilegal (art. 146, § 3º, I, do CP). Em situações como essas, o médico age em verdadeiro estado de necessidade, que é uma excludente da ilicitude.

Todavia, considerando preceito constitucional, o Enunciado 403 das JDC/CJF faz a seguinte ressalva: "art. 15: O direito à inviolabilidade de consciência e de crença, previsto no art. 5º, VI, da Constituição Federal, aplica-se também à pessoa que se nega a tratamento médico, inclusive transfusão de sangue, com ou sem risco de morte, em razão do tratamento ou da falta dele, desde que observados os seguintes critérios: a) capacidade civil plena, excluído o suprimento pelo representante ou assistente; b) manifestação de vontade livre, consciente e informada; e c) oposição que diga respeito exclusivamente à própria pessoa do declarante".

2.2.4.2. Escritos, palavra e imagem

O art. 20 do CC traz a seguinte **regra**: *a divulgação de escritos, a transmissão da palavra, ou a publicação, a exposição ou a utilização da imagem de uma pessoa poderão ser proibidas, a seu requerimento e sem prejuízo da indenização que couber, se lhe atingirem a honra, a boa fama ou a respeitabilidade, ou se se destinarem a fins comerciais.*

O próprio art. 20 traz as seguintes **exceções** à impossibilidade de exposição daqueles interesses: a) se houver *autorização* da pessoa; b) se *necessário à administração da justiça*.

Ou seja, não se pode expor os escritos, a palavra e a imagem das pessoas em duas situações: a) se lhe atingir a honra; b) se tiver fins comerciais. Mas é possível expor tais interesses: a) se houver autorização; b) se necessário à administração da justiça.

A expressão *se lhe atingirem a honra, a boa fama ou a respeitabilidade* proíbe que alguém tenha, por exemplo, veiculada sua imagem de uma maneira difamatória. A frase *se se destinarem a fins comerciais* proíbe, por exemplo, que alguém tenha publicada sua foto em um informe publicitário ou em uma revista de "fofocas" sem sua autorização.

É importante lembrar que as **garantias** que a lei traz ao lesado são as seguintes: a) proibir a exposição; b) reclamar indenização. Apesar da não referência à aplicação das demais sanções previstas em lei, tal como está previsto no art. 12 (regime jurídico geral), tal providência é possível, como no caso em que a conduta do ofensor também configura crime (injúria, difamação ou calúnia, por exemplo). Ou quando se prevê o direito de resposta, proporcional ao agravo (art. 5º, V, da CF).

Em se tratando de morto ou de ausente, são partes **legítimas**: a) o cônjuge; b) os ascendentes ou descendentes. Em relação ao regime jurídico geral, repare que aqui não se elegeu os parentes colaterais até o quarto grau como legitimados. Repare, ainda, que mais uma vez parece haver uma lacuna, ao não se legitimar o companheiro.

São três os interesses protegidos pelas regras: a) os escritos (expressados em documento); b) a palavra (expressada pela voz); c) a imagem (retrato e atributo).

Os **escritos** encontram regramento especial na Lei 9.610/1998 (Lei sobre Direitos Autorais), que protege "os textos de obras literárias, artísticas ou científicas", dentre outros (art. 7º da Lei).

As **palavras** também encontram regramento especial nessa Lei, que protege "as conferências, alocuções, sermões e outras obras da mesma natureza", dentre outras (art. 7º da Lei).

Quanto à **imagem**, essa deve ser dividida em duas espécies.

a) imagem-retrato: *consiste na reprodução gráfica da figura humana, podendo se referir a partes do corpo também, como a voz e as pernas*. São exemplos: o retrato, o desenho, a fotografia e a filmagem de uma pessoa. A imagem-retrato está protegida pelo art. 5º, X, da CF, pelo qual "são invioláveis a intimidade, a vida privada, a honra e a *imagem* das pessoas, assegurado o direito a indenização pelo dano material ou moral decorrente de sua violação";

b) imagem-atributo: *consiste no conjunto de características sociais do indivíduo, ou de dada pessoa jurídica, que o identifica socialmente*. Enquanto a imagem-retrato condiz com o retrato físico da pessoa, a imagem-atributo se refere a seu retrato social. A proteção a essa imagem está prevista no art. 5º, X, da CF, pelo qual fica assegurado "o direito de resposta, proporcional ao agravo, além da indenização por dano material, moral ou à *imagem*". Nessa, os agentes danosos são os meios de comunicação, ideia tirada do texto do dispositivo, que fala também em direito de resposta, extensível às pessoas jurídicas. Havendo violação da imagem-atributo, deve haver indenização, independente de demonstração de prejuízo econômico ou mesmo existência de dor profunda, mas simplesmente pelo *dano à imagem*, devendo a indenização seguir critério facilitado, distinto do dano material e moral. Repare que fala em "indenização por dano material, moral ou à imagem".

É importante trazer à tona alguns **temperamentos** à proteção em tela. Nenhum direito é absoluto. O direito à preservação da imagem encontra pontos de atrito com a *liberdade de expressão e de comunicação* e com o *direito de acesso à informação*.

O **Supremo Tribunal Federal**, no julgamento da ADPF 130 (p. em 06.11.2009), ao julgar não recepcionada pela Constituição a Lei de Imprensa (Lei 5.250/1967), **exarou entendimento no sentido de que, na ponderação de interesses entre os dois blocos de direitos da personalidade citados (liberdade de imprensa e de expressão x imagem, honra, intimidade e vida privada) prepondera o primeiro bloco, impedindo-se a censura prévia**. O segundo bloco incide posteriormente para fins de direito de resposta e responsabilidade civil, penal e administrativa.

É claro que não é qualquer fato que poderá ser livremente veiculado pela imprensa. Deve-se tratar de fato relevante para o indivíduo em sociedade. Caso contrário, pode haver abuso e, portanto, ensejo à reparação do dano causado ao ofendido. Tal se dá, por exemplo, com a divulgação por um jornal ou uma revista de elementos da intimidade ou da vida privada de artistas sem seu consentimento. Nesse caso, não há fato relevante para a vida social, conceito nobre, mas "fuxico", "fofoca", o que não está protegido no relevante direito de informação jornalística.

A manifestação abusiva da expressão, apesar de não poder ser censurada, pode sofrer coerções posteriores, principalmente as que envolvem o direito de resposta e a indenização por danos materiais e morais

Recentemente foi editado o Enunciado 613 CJF, que traz um certo equilíbrio a esta interpretação: "A liberdade de expressão não goza de posição preferencial em relação aos direitos da personalidade no ordenamento jurídico brasileiro".

Neste contexto cita-se também a seguinte decisão do STF a respeito: "Não caracteriza hipótese de responsabilidade civil a publicação de matéria jornalística que narre fatos verídicos ou verossímeis, embora eivados de opiniões severas, irônicas ou impiedosas, sobretudo quando se trate de figuras públicas que exerçam atividades tipicamente estatais, gerindo interesses da coletividade, e a notícia e crítica referirem-se a fatos de interesse geral relacionados à atividade pública desenvolvida pela pessoa noticiada." (STJ, REsp 1.729.550-SP, j 14/05/2021).

2.2.4.3. Vida privada

O art. 21 do CC traz a seguinte **regra**: *a vida privada da pessoa natural é inviolável, e o juiz, a requerimento do interessado, adotará as providências necessárias para impedir ou fazer cessar ato contrário a esta norma.*

É importante destacar que a **garantia** que a lei traz ao lesado é seguinte: pode-se pedir ao juiz que impeça ou faça cessar a violação da vida privada. Apesar de não prevista no dispositivo, eventual violação também dá ensejo a que se reclame indenização (art. 5º, X, da CF). E, em que pese também a não referência à aplicação das demais sanções previstas em lei, tal como está previsto no art. 12 (regime jurídico geral), tal providência é possível, como no caso em que a conduta do ofensor também configura crime (interceptação indevida de conversa telefônica, por exemplo), em que se faculta a persecução criminal.

Apesar de o dispositivo se referir apenas à vida privada, são dois os interesses protegidos pela regra: a) a própria vida privada; e b) a intimidade.

Os direitos de inviolabilidade da vida privada e da intimidade são espécies do gênero **direito à privacidade,** *que é aquele de a pessoa manter informações privadas a seu respeito* *sob seu controle exclusivo*. Tal direito se traduz no direito de ser deixado tranquilo ou em paz.

A **intimidade**, por sua vez, é *o espaço que a pessoa tem consigo*. Diz respeito aos seus pensamentos, segredos, dúvidas existenciais e sonhos. O diário particular de uma pessoa contém informações sobre sua intimidade.

A **vida privada** consiste nos *espaços exteriores privados, ligados às relações familiares, de amizade e profissionais das pessoas*. Aqui temos suas correspondências e conversas telefônicas, os sigilos bancário e fiscal, as relações amorosas etc.

Confira algumas decisões do STJ e do STF a esse respeito:

"É incompatível com a Constituição a ideia de um direito ao esquecimento, assim entendido como o poder de obstar, em razão da passagem do tempo, a divulgação de fatos ou dados verídicos e licitamente obtidos e publicados em meios de comunicação social analógicos ou digitais. Eventuais excessos ou abusos no exercício da liberdade de expressão e de informação devem ser analisados caso a caso, a partir dos parâmetros constitucionais – especialmente os relativos à proteção da honra, da imagem, da privacidade e da personalidade em geral – e as expressas e específicas previsões legais nos âmbitos penal e cível" (STF, RE 1010606/RJ, 11.02.21);

"A divulgação pelos interlocutores ou por terceiros de mensagens trocadas via WhatsApp pode ensejar a responsabilização por eventuais danos decorrentes da difusão do conteúdo (...) Assim, ao levar a conhecimento público conversa privada, além da quebra da confidencialidade, estará configurada a violação à legítima expectativa, bem como à privacidade e à intimidade do emissor, sendo possível a responsabilização daquele que procedeu à divulgação se configurado o dano. Por fim, é importante consignar que a ilicitude poderá ser descaracterizada quando a exposição das mensagens tiver como objetivo resguardar um direito próprio do receptor. Nesse caso, será necessário avaliar as peculiaridades concretas para fins de decidir qual dos direitos em conflito deverá prevalecer" (STJ, REsp 1.903.273-PR, Dje 30/08/2021);

"É vedado ao provedor de aplicações de internet fornecer dados de forma indiscriminada dos usuários que tenham compartilhado determinada postagem, em pedido genérico e coletivo, sem a especificação mínima de uma conduta ilícita realizada" (STJ, REsp 1.859.665-SC, j. 09/03/2021);

"Os provedores de aplicações de internet não são obrigados a guardar e fornecer dados pessoais dos usuários, sendo suficiente a apresentação dos registros de número IP" (STJ, REsp 1.829.821-SP, DJe 31/08/2020);

"Em caso de ofensa ao direito brasileiro em aplicação hospedada no estrangeiro, é possível a determinação judicial, por autoridade brasileira, de que tal conteúdo seja retirado da internet e que os dados do autor da ofensa sejam apresentados à vítima" (STJ, REsp 1.745.657-SP, DJe 19/11/2020).

Por fim é importante destacar o conceito de **direito ao esquecimento**, que consiste na prerrogativa que uma pessoa possui de não permitir que um fato, ainda que verídico, ocorrido em determinado momento de sua vida, seja exposto ao público em geral, por lhe causar sofrimento ou transtornos. Também é conhecido como o "direito de ser deixado em paz" ou o "direito de estar só". Se aplica, por exemplo, a uma pessoa famosa que decide voltar ao anonimato. Neste sentido, prevê o Enunciado 531/CJF: "*A tutela da dignidade da pessoa humana na sociedade da informação inclui o direito ao esquecimento*". É cabível tutela judicial inibitória para tornar esse direito efetivamente aplicável (Enunciado 576/CJF: o direito ao esquecimento pode ser assegurado por tutela judicial inibitória").

2.2.4.4. Direitos autorais

Quanto aos direitos autorais, a matéria é exaustivamente tratada na Lei 9.610/1998, que regula os direitos de autor e os que lhe são conexos, reputados bens móveis para fins legais (art. 3º).

Tal lei **protege**, por exemplo, os textos de obras literárias, artísticas ou científicas, as obras musicais, coreográficas, fotográficas e cinematográficas, o desenho, a pintura, a escultura, dentre outras (art. 7º).

Não são objeto da proteção dos direitos autorais ideias, sistemas, métodos, projetos ou conceitos matemáticos como tais, formulários em branco, texto de atos oficiais, informações de uso comum como calendários, nomes, títulos isolados etc. (art. 8º).

A proteção à obra intelectual abrange o seu título, se original. A lei considera **autor** a pessoa física criadora de obra literária, artística ou científica, sem prejuízo da proteção às pessoas jurídicas nos casos previstos em lei (art. 11).

Não depende de registro a proteção aos direitos autorais (art. 18), podendo o autor registrar sua obra no órgão público de que trata o art. 17 da Lei 5.988/1973 (art. 19).

Pertencem ao autor os direitos **patrimoniais** e **morais** sobre a obra que criou (art. 22). Os **direitos morais** do autor, inalienáveis e irrenunciáveis (art. 27), são, dentre outros, os seguintes: a) o de reivindicar, a qualquer tempo, a autoria da obra; b) o de ter seu nome ou sinal indicado como sendo o do autor na utilização de sua obra; c) o de conservar a obra inédita; d) o de assegurar sua integridade, opondo-se a quaisquer modificações; e e) o de modificá-la (art. 24).

Os primeiros quatro direitos são transmitidos aos sucessores por morte do autor. No que concerne aos direitos patrimoniais, depende de autorização prévia e expressa do autor a utilização da obra por outrem. Os herdeiros podem explorar economicamente a obra por 70 anos contados de 1º de janeiro do ano subsequente ao do falecimento do autor (como regra), ou da publicação da obra (no caso de obras anônimas ou pseudônimas), ou da sua divulgação (quanto às obras audiovisuais e fotográficas), conforme os arts. 41 a 44. Findo o período, a obra passará ao **domínio público**, o mesmo ocorrendo se não houver sucessores do autor falecido ou se for obra de autor desconhecido, ressalvada a proteção legal aos conhecimentos étnicos e tradicionais (art. 45).

Não constituem ofensa aos direitos autorais: a) a reprodução, em um só exemplar, de pequenos trechos, para uso privado do copista, desde que feita por este, sem intuito de lucro; b) a citação de passagens de qualquer obra, para fins de estudo ou crítica, indicando-se nome do autor e a origem da obra; c) o apanhado de lições em escola, vedada a publicação sem autorização expressa; d) a utilização de obras para demonstração à clientela; e) a representação teatral ou musical no recesso familiar ou para fins didáticos, na escola e sem fim lucrativo; f) as paráfrases e paródias que não forem reproduções da obra nem lhe impliquem descrédito; e g) a representação de obras situadas permanentemente em logradouros públicos (arts. 46 a 48).

A **transferência** dos direitos patrimoniais poderá ser dos seguintes tipos: a) transmissão total (salvo os direitos morais e os excluídos pela lei; se for definitiva, dependerá de contrato escrito); b) cessão total ou parcial (faz-se por escrito e se presume onerosa).

O titular do direito violado poderá requerer: i) a apreensão dos exemplares reproduzidos ou a suspensão da divulgação, ii) sem prejuízo da indenização cabível, iii) bem como a perda em seu favor dos exemplares apreendidos e iv) o pagamento do preço dos que tiverem sido vendidos (art. 102). Responde solidariamente com o contrafator aquele que vender, expuser, distribuir ou tiver a obra reproduzida com fraude.

2.2.4.5. Nome

Os arts. 16 a 18 do CC trazem a seguinte **regra**: *toda pessoa tem direito ao nome, que não pode ser empregado de modo que exponha a pessoa ao desprezo público, ainda que sem intenção difamatória, ou para fins de propaganda comercial sem autorização do seu titular.* Neste espeque, no que tange a propaganda comercial, prevê o Enunciado 278 JDC/CJF: *A publicidade que divulgar, sem autorização, qualidades inerentes a determinada pessoa, ainda que sem mencionar seu nome, mas sendo capaz de identificá-la, constitui violação a direito da personalidade*

O art. 19 dispõe que *o pseudônimo adotado para atividades lícitas goza da proteção que se dá ao nome.*

Por ser objeto de direito da personalidade, o nome é intransferível, irrenunciável e indisponível. O **princípio da imutabilidade**, todavia, sofre **exceções**, quando houver:

a) modificação no estado de filiação ou de paternidade: em virtude da procedência de ação negatória de filiação; reconhecimento, judicial ou voluntário, de paternidade; ou realização ou desfazimento de adoção. Muda-se o sobrenome apenas, salvo no caso de adoção de menores, em que é possível que se altere inclusive o prenome, a pedido do adotante ou do adotado (art. 47, § 5º, do ECA);

b) alteração do nome de um dos pais: modificando-se o nome familiar de um dos pais, será necessário fazer o mesmo em relação aos filhos;

c) casamento: qualquer um dos nubentes pode adotar o nome do outro (art. 1.565, § 1º, do CC); porém, "é admissível o retorno ao nome de solteiro do cônjuge ainda na constância do vínculo conjugal." (STJ, REsp 1.873.918-SP, DJe 04/03/2021);

d) dissolução da sociedade conjugal e do casamento: não é obrigatória a perda do nome do outro na separação e no divórcio (arts. 1.578 e 1.571, § 2º, do CC). Todavia, a requerimento do inocente e desde que não se revele prejuízo à outra parte, pode-se perder compulsoriamente o direito de continuar usando o nome de casado. Pode também o cônjuge inocente renunciar, a qualquer momento, ao direito de usar o sobrenome do outro;

e) pela união estável: o companheiro pode pedir ao juiz a averbação do patronímico do companheiro no seu registro de nascimento;

f) vontade daquele que tem entre 18 e 19 anos: o art. 56 da LRP faculta ao interessado, no primeiro ano após ter atingido a maioridade civil, requerer a alteração de seu nome, desde que não prejudique os apelidos de família, averbando-se a alteração que será publicada pela imprensa. Presume-se que, nessa fase da vida, a alteração do nome não vá prejudicar interesses de terceiros e do próprio Estado, uma vez que, no período que antecede essa idade, a pessoa não comete crime, nem tem capacidade para, sozinho, praticar atos da vida civil.

Preserva-se também a individualidade da pessoa, que porventura não esteja satisfeita com o seu prenome. O pedido pode ser feito administrativamente. Admite-se também para tornar composto o prenome simples e para acrescentar o patronímico de um dos pais ou dos avós;

g) erro gráfico evidente: o art. 110 da LRP dispõe que a correção de erros de grafia poderá ser processada a partir do próprio cartório onde se encontrar o assentamento, mediante petição assinada pelo interessado, que será remetida ao Ministério Público e ao juiz, que despachará no prazo de 48 horas. Exemplo dessa situação é o daquele que recebeu o nome de "Osvardo", quando deveria ser "Osvaldo". Também ocorre quando se troca o "i" pelo "e" ou o "s" pelo "x" quando da grafia do patronímico. Prova-se o erro, neste caso, pela comparação com os documentos dos demais membros da família;

h) exposição do portador do nome ao ridículo: o art. 55, parágrafo único, da LRP impede que os oficiais do registro civil registrem prenome suscetíveis de expor ao ridículo seus portadores. Para que essa regra seja eficaz, há de se reconhecer que, caso o oficial atenda ao pedido dos pais numa situação dessas, nada impede que no futuro busque-se a modificação do nome em razão dessa circunstância. Nomes como Bin Laden e Adolph Hitler poderão dar ensejo ao pedido de modificação. Mas já houve casos em que se admitiu a modificação de nomes bastante comuns, como Raimunda;

i) apelido público notório: o art. 58 da LRP dispõe que o prenome é definitivo, admitindo-se sua substituição por apelidos públicos notórios. São exemplos: Lula, Xuxa e Pelé. A redação dada pela Lei 9.708/1998 ao dispositivo em questão permite a "substituição" do prenome e não a mera "inserção" apelido público notório. Houve casos de modificação de "Amarildo" para "Amauri" e de "Maria" para "Marina". Basta provar em juízo que a pessoa é conhecida publicamente (no trabalho, na família, entre amigos etc.) por nome diverso do que consta em seus documentos. A prova se faz por testemunhas, por correspondências, por cadastros etc.;

j) necessidade para a proteção de vítimas e testemunhas de crimes: o § 7º do art. 57 da LRP admite a alteração de nome completo para proteção de vítimas e testemunhas de crimes, bem como de seu cônjuge, convivente, ascendentes, descendentes, inclusive filhos menores e dependentes, mediante requerimento ao juiz competente dos registros públicos, ouvido o MP;

k) homonímia: a redação do art. 57, *caput*, da LRP, traz uma norma um tanto quanto aberta, que possibilita modificações em outras situações excepcionais, como a homonímia;

l) Transgêneros: os transgêneros, independentemente da cirurgia de transgenitalização ou tratamentos hormonais, têm direito à alteração tanto de seu **prenome** como de seu **gênero**, diretamente no Registro Civil (cartório), ou seja, sem pedido perante o Judiciário. Inexiste outro requisito (ex: idade mínima ou parecer médico). Basta o consentimento livre e informado do solicitante. O pedido é confidencial e os documentos não podem fazer remissão a eventuais alterações (STF, ADI 4275/DF, Plenário, 1º/3/18).

2.2.5. QUADRO SINÓTICO

1. Direitos da personalidade.

1.1 Conceito: são os direitos relativos às características próprias das pessoas, tais como *integridade física* (vida, corpo), *integridade intelectual* (liberdade de expressão, autoria científica e artística) e *integridade moral* (intimidade, vida privada, honra e imagem).

1.2 Características: intransmissíveis (não cabe cessão), irrenunciáveis (não cabe rejeição), não passíveis de limitação voluntária (são de ordem pública), absolutos (oponíveis *erga omnes*), ilimitados (características não identificadas expressamente), imprescritíveis (não sujeitos a usucapião), impenhoráveis (não passíveis de constrição judicial), inexpropriáveis (não passíveis de desapropriação).

1.3 Sanções pela violação:

a) Cessação da ameaça ou da lesão ao direito (ADPF 130, liberdade de expressão prepondera sobre a inviolabilidade da imagem, porém o abuso da liberdade pode ser combatido com outras sanções).

b) Perdas e danos.

c) Demais sanções previstas em lei (ex: direito de resposta, sanções criminais).

1.4 Legitimados a requerer a aplicação das sanções: o próprio lesado, ou, em caso de falecimento, o cônjuge (companheiro En. 275 CJF), qualquer parente na linha reta ou colateral até o 4º grau.

2. Meios de individualização da pessoa.

2.1 Pelo estado.

a) político: nato, naturalizado, estrangeiro.

b) familiar: pai, filho, solteiro, casado etc.

c) individual: capaz, incapaz.

2.2 Pelo nome.

2.3 Pelo domicílio.

3. Nome.

3.1 Terminologia.

a) prenome: é o nome próprio (ex: João).

b) axiônimo: são os títulos e qualificativos (ex: Doutor).

c) alcunha ou epíteto: são os apelidos (ex: Gugu).

3.2 Regime jurídico: o nome não pode expor a pessoa ao ridículo; em regra é imutável; não pode ser utilizado por outros expondo a pessoa ao desprezo público; não pode ser usado em propagando comercial, salvo autorização; o pseudônimo adotado para atividades lícitas goza da mesma proteção que se dá ao nome.

3.3 Exceções ao princípio da imutabilidade: modificação do estado da filiação (art. 47, § 6º, ECA), alteração do nome dos pais, casamento, dissolução da sociedade conjugal e do casamento, união estável (art. 57, § 2º, LRP), vontade do que tem entre 18 e 19 anos, desde que não prejudique apelido de família (art. 56 LRP), erro gráfico evidente (art. 110 LRP), exposição do portador ao ridículo (art. 55 LRP), apelido público notório (art. 58 LRP), proteção de vítimas, testemunhas e de seus parentes (art. 57 LRP), homonímia (art. 57 *caput* LRP), cirurgia de mudança de sexo (art. 57 LRP).

4. Domicílio

(vide quadro sinótico específico no item 2.4)

2.3. PESSOAS JURÍDICAS

2.3.1. Conceito

Pode-se **conceituar** pessoa jurídica como o *grupo humano criado na forma da lei e dotado de personalidade jurídica própria para a realização de fins comuns.*

As pessoas jurídicas são, então, *sujeitos de direito personalizados*, de modo que têm aptidão genérica para adquirir direitos e obrigações compatíveis com sua natureza.

No que concerne aos direitos da personalidade, o Código Civil assegura que "aplica-se às pessoas jurídicas, no que couber, a proteção dos direitos da personalidade" (art. 52).

A título de exemplo, é compatível com a pessoa jurídica a proteção de sua integridade moral, daí porque o Superior Tribunal de Justiça assegura indenização por danos morais a tais entes.

2.3.2. Requisitos para a sua regular constituição

As pessoas jurídicas de direito público são criadas pela Constituição ou por meio de leis específicas. Já as pessoas jurídicas de direito privado têm sua criação regulada pelo Código Civil.

A doutrina aponta diversos requisitos para a constituição de uma pessoa jurídica. São os seguintes:

a) vontade humana criadora, ou seja, intenção de criar pessoa jurídica distinta de seus membros;

b) observância das condições legais para a sua instituição;

c) objetivo lícito;

d) ato constitutivo, ou seja, documento escrito, denominado estatuto (nas associações e sociedades institucionais), escritura pública/testamento (nas fundações), contrato social (nas sociedades contratuais) e lei (nas autarquias);

e) autorização ou aprovação do Poder Executivo, quando necessário, ou seja, nos poucos casos em que a lei condiciona a criação da pessoa jurídica à autorização mencionada (exs.: empresas estrangeiras, montepio, caixas econômicas, bolsas de valores etc.);

f) autorização de lei específica, no caso de pessoas jurídicas de direito privado estatais;

e) registro, ou seja, arquivamento dos atos constitutivos no Registro Público competente, em se tratando de pessoa jurídica de direito privado.

O art. 45 do Código Civil dispõe que o **surgimento**, ou seja, a **existência legal** da pessoa jurídica de direito privado começa com sua **inscrição** no Registro Público competente. Dessa forma, o **início da personalidade** da pessoa jurídica de direito privado se dá com o **registro competente**.

O registro declarará o seguinte (art. 46 do CC):

I. a denominação, os fins, a sede, o tempo de duração e o fundo social, quando houver;

II. o nome e a individualização dos fundadores ou instituidores, e dos diretores;

III. o modo por que se administra e representa, ativa e passivamente, judicial e extrajudicialmente;

IV. se o ato constitutivo é reformável no tocante à administração, e de que modo;

V. se os membros respondem, ou não, subsidiariamente, pelas obrigações sociais;

VI. as condições de extinção da pessoa jurídica e o destino do seu patrimônio, nesse caso.

Havendo ilegalidade no ato de constituição da pessoa jurídica de direito privado, o interessado terá três anos para exercer o direito de anulá-lo, contado o prazo da publicação de sua inscrição no registro público (art. 45, parágrafo único, do CC). O prazo é decadencial e, após o seu decurso, todos os vícios ficarão convalidados.

O **ato constitutivo deve ser arquivado** nos seguintes registros públicos: a) na OAB (se se tratar de sociedade de advogados); b) na Junta Comercial (se se tratar de sociedade empresária); c) no Cartório de Pessoas Jurídicas (se se tratar de sociedades simples, fundações e associações).

Os partidos políticos, depois de arquivarem seus atos constitutivos no Cartório de Pessoas Jurídicas, adquirindo personalidade jurídica, devem registrar seus estatutos no Tribunal Superior Eleitoral (art. 17, § 2º, da CF). Os sindicatos, após o registro no Cartório, também devem comunicar sua criação ao Ministério do Trabalho.

As **sociedades empresárias** são pessoas jurídicas de direito privado, com fins lucrativos, cujo objeto é o exercício de atividade econômica organizada para a produção ou a circulação de bens ou de serviços (art. 982 c/c art. 966, ambos do CC). Por exemplo, uma indústria.

Já as **sociedades simples** são pessoas jurídicas de direito privado que admitem como objeto o exercício de profissão intelectual, de natureza científica, literária ou artística, ainda que com o concurso de auxiliares ou colaboradores, salvo se o exercício da profissão constituir elemento de empresa. Por exemplo, uma sociedade que reúne quatro médicos, que agem como profissionais liberais independentes um do outro.

As sociedades que não forem objeto de inscrição no Registro Público são consideradas **sociedades despersonificadas** (em comum, irregulares ou de fato).

O art. 986 do CC dispõe que, enquanto não inscritos os atos constitutivos, as **sociedades despersonificadas ficarão sujeitas às seguintes disposições**: a) os sócios, nas relações entre si ou com terceiros, somente por escrito podem provar a existência da sociedade, mas os terceiros podem prová-la de qualquer modo (art. 987); b) os bens e dívidas sociais constituem patrimônio especial, do qual os sócios são titulares em comum (art. 988); c) os bens sociais respondem pelos atos de gestão praticados por qualquer dos sócios, salvo pacto expresso limitativo de poderes, que somente terá eficácia contra o terceiro que o conheça ou deva conhecer (art. 989); d) todos os sócios respondem solidária e ilimitadamente pelas obrigações sociais, excluído do benefício de ordem, previsto no art. 1.024 do CC, aquele que contratou pela sociedade (art. 990); e) reger-se-á a sociedade pelas regras mencionadas, observadas, subsidiariamente e, no que com ela forem compatíveis, as normas da sociedade simples (art. 986).

2.3.3. Funcionamento das pessoas jurídicas

Cada espécie de pessoa jurídica tem sua peculiaridade no que concerne ao seu funcionamento.

Todavia, o Código Civil traz algumas regras a esse respeito, que são as seguintes:

a) obrigam a pessoa jurídica os atos dos administradores, exercidos nos limites de seus poderes definidos no ato constitutivo (art. 47); nesse sentido, aquele que tem contato com um administrador de uma pessoa jurídica deve verificar os poderes que o ato constitutivo outorga a essa pessoa; se os atos praticados pelo administrador da pessoa jurídica estiverem dentro dos limites definidos no ato constitutivo, a pessoa jurídica ficará obrigada, sejam quais forem os termos contratuais estabelecidos por seus administrador, ressalvada a aplicação da teoria da aparência em casos específicos.

b) se a pessoa jurídica tiver administração coletiva, as decisões se tomarão pela maioria de votos dos presentes, salvo se o ato constitutivo dispuser de modo diverso (art. 48);

c) decai em três anos o direito de anular as decisões a que se refere a alínea anterior, quando violarem a lei ou estatuto, ou forem eivadas de erro, dolo, simulação ou fraude (art. 48, parágrafo único);

d) se a administração da pessoa jurídica vier a faltar, o juiz, a requerimento de qualquer interessado, nomear-lhe-á administrador provisório (art. 49).

Verificadas as regras de funcionamento da pessoa jurídica, é o caso, agora, de verificarmos sua dissolução.

2.3.4. Extinção das pessoas jurídicas

A pessoa jurídica dissolve-se pelas seguintes causas:

a) **convencional**, por deliberação de seus membros, conforme o quórum estabelecido nos estatutos ou na lei;

b) **administrativa**, em razão de decisão administrativa que, nos termos da lei, determine o fim da pessoa jurídica, quando esta dependa de aprovação ou autorização do Poder Público para funcionar e pratique atos nocivos ou contrários aos seus fins;

c) **judicial**, quando se configura algum dos casos de dissolução previstos em lei ou no estatuto e a sociedade continua a existir, obrigando um dos sócios a ingressar em juízo.

Sobre a **dissolução** de uma pessoa jurídica do tipo **sociedade**, confira as **hipóteses legais** não abarcadas pelas causas *convencionais* e *administrativas* (arts. 1.033 e 1.034 do CC):

a) vencimento do prazo de duração;

b) falta de pluralidade de sócios, não reconstituída no prazo de cento e oitenta dias (não se aplica essa extinção caso o sócio remanescente requeira a transformação da sociedade para empresário individual ou empresa individual de responsabilidade limitada);

c) anulação da constituição, por ilegalidade;

d) exaurimento do seu fim social;

e) verificação da inexequibilidade dos fins sociais ou da existência de atividade nociva que justifique a extinção da sociedade (essa última hipótese é de ordem doutrinária e jurisprudencial, servindo de exemplo a extinção de algumas torcidas organizadas por ordem da Justiça).

Não se deve confundir as expressões **dissolução**, **liquidação** e **cancelamento** da inscrição da pessoa jurídica, a qual importará na sua extinção definitiva.

Num primeiro momento, verificam-se causas que levam à **dissolução** da pessoa jurídica (convenção, decisão administrativa ou decisão judicial). A pessoa jurídica, neste momento, ainda não está extinta, mas está em processo de extinção. Num segundo momento, inicia-se a **liquidação**, devendo os administradores providenciar imediatamente a investidura do liquidante e restringir a gestão própria aos negócios inadiáveis, vedadas novas operações, pelas quais responderão solidária e ilimitadamente. **Encerrada a liquidação**, promover-se-á o **cancelamento da inscrição** da pessoa jurídica.

Segundo o art. 51 do CC, nos casos de dissolução da pessoa jurídica ou cassada a autorização para seu funcionamento, ela **subsistirá** para os **fins de liquidação**, até que essa se conclua.

Far-se-á, no registro onde a pessoa jurídica estiver inscrita, **a averbação de sua dissolução**.

As disposições para a liquidação das **sociedades** aplicam-se, no que couber, **às demais pessoas jurídicas de direito privado**. Nesse sentido, vale ler as disposições acerca da liquidação das sociedades, presentes nos arts. 1.102 a 1.112 do CC. É também objetivo da liquidação a partilha dos bens entre os sócios. Tal partilha se fará de modo proporcional à participação de cada um no capital social. No caso das associações e fundações, há regras próprias que serão analisadas em seguida.

Quanto à transformação, incorporação, fusão e cisão das sociedades, matéria afeta ao Direito Empresarial, confira o disposto nos arts. 1.113 a 1.122 do CC.

2.3.5. Desconsideração da personalidade jurídica

2.3.5.1. Conceito

O instituto da desconsideração da personalidade jurídica pode ser conceituado como *a declaração de ineficácia da personalidade jurídica para determinados fins, atingindo diretamente o patrimônio dos sócios ou administradores de pessoa jurídica, a fim de evitar fraude ou abuso de direito*.

O art. 50 do Código Civil permite que *os efeitos de certas e determinadas relações de obrigações sejam estendidos* aos bens pessoais dos administradores ou sócios da pessoa jurídica beneficiados direta ou indiretamente pelo abuso cuja personalidade está sendo desconsiderada. Em outras palavras, admite-se que obrigações da pessoa jurídica sejam suportadas por sócios e administradores desta.

É por isso que o conceito faz referência à *declaração de ineficácia* da personalidade jurídica. Isso ocorre, pois, a pessoa jurídica não é desconstituída, mas declarada ineficaz em relação a certas e determinadas obrigações.

Assim, se uma pessoa natural utiliza uma pessoa jurídica para cometer fraudes, as obrigações contraídas por essa poderão repercutir na esfera dos bens pessoais da pessoa natural, com a desconsideração da sua personalidade.

A desconsideração prevista no Código Civil é chamada de *desconsideração direta*.

Resta saber se o Código Civil brasileiro também admite a **desconsideração inversa**. Nessa desconsideração, como o próprio nome diz, desconsidera-se a pessoa natural do sócio ou administrador de uma pessoa jurídica para o fim de atingir o patrimônio da própria pessoa jurídica da qual faz parte o primeiro. Um exemplo pode aclarar o instituto. Imagine que alguém que deseja se separar de seu cônjuge sem ter de repartir bens que está em seu nome, passe tais bens para uma pessoa jurídica da qual é sócio, ficando esvaziado patrimonialmente como pessoa natural. Nesse caso, a desconsideração inversa atua para o fim de, na separação judicial, o juiz desconsiderar a autonomia da natural em relação à pessoa jurídica, determinando que os bens que pertencem à última sejam partilhados com o cônjuge prejudicado, como se fossem bens pertencentes à pessoa natural do cônjuge que perpetrou a fraude.

Apesar da desconsideração inversa não estar expressa no Código Civil, a doutrina e a jurisprudência a admitem, tendo em vista que essa desconsideração visa a evitar e reprimir justamente a mesma conduta, qual seja, o abuso da personalidade. Vale dizer que o novo Código de Processo Civil faz menção expressa à desconsideração inversa da personalidade jurídica (art. 133, § 2º).

Confira também o Enunciado 283 das JDC/CJF, que comenta o art. 50 do CC: "é cabível a desconsideração da personalidade denominada inversa para alcançar bens de sócio que se valeu da pessoa jurídica para ocultar ou desviar bens pessoais, com prejuízo de terceiros".

2.3.5.2. Hipóteses que ensejam a desconsideração

O Código Civil adotou a *teoria maior* da desconsideração. De acordo com essa teoria, para que a desconsideração se dê, é necessário, além da dificuldade em responsabilizar a pessoa jurídica (normalmente, essa dificuldade ocorre quando a pessoa jurídica acionada está insolvente, mas a doutrina entende que não é necessária a demonstração da insolvência para que se proceda à desconsideração – Enunciado 281 das JDC/CJF), a presença de outros requisitos.

No caso, exige-se que tenha havido *abuso de personalidade*. Esse abuso, nos termos do art. 50 do Código Civil, pode ser de duas espécies:

a) desvio de finalidade: ou seja, a utilização da pessoa jurídica para fim diverso daquele para a qual foi criada. Trata-se da utilização da pessoa jurídica com o propósito de lesar credores e para a prática de atos ilícitos de qualquer natureza. Por exemplo, utilização de pessoa jurídica para emissão de notas fiscais frias. Não constitui desvio de finalidade a mera expansão ou a alteração da finalidade original da atividade econômica específica da pessoa jurídica.

b) confusão patrimonial: ou seja, situação em que os bens dos sócios das pessoas jurídicas se confundem com os bens dela.

A confusão patrimonial é típica das situações em que o sócio recebe, para si, créditos da pessoa jurídica, ou em que esta recebe para si créditos do sócio.

Existem empresas que não têm bens em nome próprio, mas somente no nome dos sócios. Isso pode prejudicar credores, que poderão pedir a desconsideração da personalidade.

A mera existência de grupo econômico sem a presença do abuso de personalidade causada por confusão patrimonial ou desvio de finalidade não autoriza a desconsideração da personalidade da pessoa jurídica.

A *teoria menor* da desconsideração, não adotada pelo Código Civil, propugna que a desconsideração da personalidade jurídica pode se dar toda vez que ela for obstáculo ao ressarcimento do dano, não sendo necessária demonstração de fraude ou abuso. Essa teoria tem esse nome porque exige *menos* requisitos para que se dê a aplicação do instituto.

Há diversas situações que caracterizam o abuso de personalidade. Porém, a doutrina aponta que o encerramento irregular das atividades da pessoa jurídica não basta, por si só, para caracterizar o abuso da personalidade jurídica (Enunciado 282 das JDC/CJF), sendo necessário que tal encerramento tenha se dado com o objetivo de dificultar o cumprimento de suas obrigações, caracterizando o desvio de finalidade. Nesse sentido decidiu o STJ no EREsp 1.306.553-SC, DJ 12.12.2014.

Aliás, é bom remarcar que a doutrina entende que os casos que ensejam desconsideração da personalidade nas relações civis (*desvio de finalidade* e *confusão patrimonial*) devem ser interpretados restritivamente (Enunciado 146 das JDC/CJF), por serem exceções à regra que estabelece a autonomia entre a pessoa jurídica e a pessoa de seus sócios ou administradores. Há de se lembrar de que o Código Civil adotou a teoria maior da desconsideração, diferente da Lei de Crimes Ambientais e do CDC, que adotaram a teoria menor da desconsideração, que traz menos requisitos para que esta se dê.

2.3.5.3. Legitimado ativo

De acordo com o art. 50 do CC, podem requerer a desconsideração qualquer *interessado* ou o *Ministério Público*, esse quando couber sua intervenção.

O **Ministério Público** pode intervir em ações em que se estiver diante de interesses indisponíveis, bem como em ações coletivas e de falência, entre outras. Nesses casos, o *Parquet* é legitimado para requerer a desconsideração da personalidade.

O **interessado** é, normalmente, o credor da obrigação que está sendo satisfeita pela pessoa jurídica. Aqui se está diante de alguém que tem interesse jurídico na desconsideração.

A doutrina vem reconhecendo que a teoria de desconsideração, prevista no art. 50 do Código Civil, pode ser invocada pela pessoa jurídica, em seu favor. Exemplo dessa situação se dá quando bens da pessoa jurídica são passados para o nome de um dos sócios com o fito de prejudicar credores. A pessoa jurídica, interessada em solver suas obrigações, pode, em tese, requerer a desconsideração para que se atinja o patrimônio que está em nome do sócio que cometeu a fraude. Naturalmente, tal situação só acontecerá na prática se esse sócio não mais estiver no comando administrativo da empresa.

2.3.5.4. Legitimado passivo

De acordo com o art. 50 do CC, a desconsideração da personalidade pode atingir o patrimônio tanto de *sócios* como de *administradores da sociedade*.

Assim, deve-se ressaltar, de início, que não só sócios, como também mero administrador não sócio, estão sujeitos à incidência do instituto.

Outra observação importante é que, apesar da lei fazer referência à palavra "sócio", a desconsideração da pessoa jurídica pode atingir também associados e outros membros de pessoas jurídicas. Ou seja, o instituto não se aplica apenas à *sociedade*, mas também às associações, fundações e outras pessoas jurídicas que não têm fins lucrativos ou econômicos.

Nesse sentido, confira o Enunciado 284 das JDC/CJF: "as pessoas jurídicas de direito privado sem fins lucrativos ou de fins não econômicos estão abrangidas no conceito de abuso da personalidade jurídica".

Vale, ainda, indagar se, uma vez ocorrido abuso da personalidade (por desvio de finalidade ou confusão patrimonial), pode-se atingir o patrimônio de qualquer sócio e administrador, independente de dolo específico de sua parte quanto ao abuso perpetrado.

Na análise literal do art. 50 do CC, chega-se à conclusão de que se adotou a teoria objetiva no caso. No entanto, em face do princípio da proporcionalidade, a doutrina vem entendendo que o sócio ou administrador que desconhece o abuso não responde com seu patrimônio pessoal.

Nesse sentido, confira o Enunciado 7 das JDC/CJF: "só se aplica a desconsideração quando houver prática de ato irregular, e, limitadamente, aos administradores ou sócios que nela hajam incorrido".

2.3.5.5. Questões processuais

O Superior Tribunal de Justiça vem entendendo que aquele que sofre a desconsideração da personalidade num processo judicial, respondendo com seu próprio patrimônio por obrigações alheias, passa a ser **parte** do processo (REsp 258.812, DJ 18.12.2006).

O STJ também entende que a desconsideração da personalidade **é possível na fase da execução de sentença**, mesmo que quem sofra os efeitos da desconsideração não tenha sido chamado a participar do processo de conhecimento que levou à formação do título que se estiver executando (REsp 920.602, DJ 23.06.2008). Naturalmente, o afetado pela desconsideração terá direito de se defender, exercendo plenamente o contraditório e a ampla defesa, garantindo-se o devido processo legal.

O novo Código de Processo Civil regulamentou as questões processuais sobre a desconsideração da personalidade jurídica, trazendo as seguintes regras:

> "**Art. 133.** O incidente de desconsideração da personalidade jurídica será instaurado a pedido da parte ou do Ministério Público, quando lhe couber intervir no processo.
>
> § 1º O pedido de desconsideração da personalidade jurídica observará os pressupostos previstos em lei.
>
> § 2º Aplica-se o disposto neste Capítulo à hipótese de desconsideração inversa da personalidade jurídica.
>
> **Art. 134.** O incidente de desconsideração é cabível em todas as fases do processo de conhecimento, no cumprimento de sentença e na execução fundada em título executivo extrajudicial.
>
> § 1º A instauração do incidente será imediatamente comunicada ao distribuidor para as anotações devidas.
>
> § 2º Dispensa-se a instauração do incidente se a desconsideração da personalidade jurídica for requerida na petição inicial, hipótese em que será citado o sócio ou a pessoa jurídica.
>
> § 3º A instauração do incidente suspenderá o processo, salvo na hipótese do § 2º.
>
> § 4º O requerimento deve demonstrar o preenchimento dos pressupostos legais específicos para desconsideração da personalidade jurídica.
>
> **Art. 135.** Instaurado o incidente, o sócio ou a pessoa jurídica será citado para manifestar-se e requerer as provas cabíveis no prazo de 15 (quinze) dias.
>
> **Art. 136.** Concluída a instrução, se necessária, o incidente será resolvido por decisão interlocutória.
>
> **Parágrafo único.** Se a decisão for proferida pelo relator, cabe agravo interno.
>
> **Art. 137.** Acolhido o pedido de desconsideração, a alienação ou a oneração de bens, havida em fraude de execução, será ineficaz em relação ao requerente."

2.3.5.6. Outras leis

O instituto da desconsideração da personalidade, como se viu, não está previsto unicamente no Código Civil.

O instituto está previsto também em outras leis.

O Código de Defesa do Consumidor, por exemplo, admite expressamente a desconsideração da personalidade em seu art. 28. O dispositivo parece, num primeiro momento, adotar a teoria maior da desconsideração. Essa conclusão decorre do fato de que o dispositivo traz requisitos adicionais à insolvência para que a desconsideração se dê.

Todavia, o § 5º do art. 28 traz regra de extensão que admite a desconsideração da personalidade toda vez que esta for obstáculo ao ressarcimento do dano. Isso fez com que o STJ tenha entendimento de que o CDC adotou a Teoria Menor da Desconsideração, pela qual basta a demonstração de insolvência do devedor.

A Lei de Crimes Ambientais (Lei 9.605/1998) também adotou a Teoria Menor da Desconsideração, como se pode verificar do disposto no seu art. 4º.

A desconsideração também está presente na CLT (art. 2º, § 2º) e no CTN (art. 134, VII).

2.3.6. Classificação das pessoas jurídicas

2.3.6.1. Quanto à nacionalidade

Quanto à **nacionalidade**, as pessoas jurídicas podem ser divididas em **nacionais** e **estrangeiras**.

Pessoas jurídicas nacionais são aquelas organizadas e constituídas conforme a lei brasileira, tendo no País sua sede e administração (art. 1.126 do CC). **Pessoas jurídicas estrangeiras** são aquelas de fora do País, que não possuem as características citadas.

A sociedade estrangeira não poderá funcionar no País sem autorização do Poder Executivo. Se autorizada, sujeitar-se-á lei brasileira quanto aos atos aqui praticados, devendo ter representante no Brasil. Nesse caso, poderá nacionalizar-se, transferindo sua sede para o território nacional (arts. 1.134 a 1.141 do CC).

2.3.6.2. Quanto à estrutura interna

Quanto à **estrutura interna**, as pessoas jurídicas podem ser divididas em **corporações** e **fundações**.

As **corporações** (*universitas personarum*) são um conjunto ou reunião de pessoas que formam uma pessoa jurídica. O elemento marcante aqui são as *pessoas*. São exemplos de corporações as sociedades e as associações.

As **fundações** (*universitas bonorum*) são um conjunto ou reunião de bens que formam uma pessoa jurídica. O elemento marcante aqui são os bens. Diferentemente das corporações, que normalmente costumam ter fins voltados à satisfação de seus membros, as fundações têm objetivos externos, estabelecidos pelo instituidor da pessoa jurídica.

2.3.6.3. Quanto à atuação

Quanto à atuação, as pessoas jurídicas podem ser de direito público e de direito privado.

As **pessoas jurídicas de direito público** são de duas espécies:

a) externo: países e organizações internacionais;

b) interno: União, Estados, Distrito Federal, Municípios, autarquias, agências reguladoras, associações Públicas (consórcios públicos de direito público) e fundações públicas.

As **pessoas jurídicas de direito privado** podem ser subdivididas nas seguintes espécies (art. 44):

a) sociedades: *são pessoas jurídicas com objetivo de lucro*; as cooperativas são consideradas sociedades simples;

b) associações: *são pessoas jurídicas constituídas de pessoas que se reúnem para realização de fins não econômicos*; têm objetivos científicos, artísticos, educativos, culturais, políticos, corporativos, esportivos etc.;

c) fundações: *são acervos de bens, que recebem personalidade jurídica para realização de fins determinados de interesse público, de modo permanente e estável*; o elemento marcante é o patrimonial;

d) entidades religiosas: têm o regime jurídico das associações; são livres a criação, a organização, a estruturação interna e o funcionamento das organizações religiosas, sendo vedado ao poder público negar-lhes reconhecimento ou registro dos atos constitutivos e necessários ao seu funcionamento.

e) partidos políticos: têm o regime jurídico das associações; os partidos políticos serão organizados e funcionarão conforme o disposto em lei específica;

f) consórcios públicos de direito privado: são pessoas jurídicas formadas pela reunião de entes federativos para a gestão conjunta de serviços que podem ser exercidos por pessoas de direito privado;

De acordo o Enunciado 142 das JDC/CJF, "os partidos políticos, os sindicatos e as associações religiosas possuem natureza associativa, aplicando-se-lhes o Código Civil".

Acerca das organizações religiosas o Enunciado 143 das JDC/CJF defende que "a liberdade de funcionamento das organizações religiosas não afasta o controle de legalidade e legitimidade constitucional de seu registro, nem a possibilidade de reexame, pelo Judiciário, da compatibilidade de seus atos com a lei e com seus estatutos".

Com vistas a atender às necessidades do mundo moderno, a Lei 14.382/2022 passou a permitir expressamente que as pessoas jurídicas de direito privado fizessem suas assembleias gerais por meio eletrônico. Confira o art. 48-A do Código Civil: "As pessoas jurídicas de direito privado, sem prejuízo do previsto em legislação especial e em seus atos constitutivos, poderão realizar suas assembleias gerais por meio eletrônico, inclusive para os fins do disposto no art. 59 deste Código, respeitados os direitos previstos de participação e de manifestação".

2.3.7. Espécies de pessoa jurídica

2.3.7.1. Associações

Como se viu, **associações** *são pessoas jurídicas constituídas de pessoas que se reúnem para realização de fins não econômicos*. Ou seja, as associações não podem ter por objetivo gerar lucro. O instituto está regulamentado nos arts. 53 a 61 do Código Civil.

Não há, entre os associados, direitos e obrigações recíprocos. Nas associações todos têm um interesse comum, que no caso é o de realizar fins não econômicos relacionados à ciência, à arte, à educação, à cultura, ao esporte, à política, à defesa de classe, à defesa de minorias e de valores importantes para a sociedade, para a religião etc.

A CF assegura a liberdade de associação para fins lícitos. Qualquer pessoa pode se associar. Mas o associado pode se retirar a qualquer tempo, não podendo ser obrigado a permanecer associado. Vale anotar que, em relação às associações de moradores, o STJ decidiu que as taxas de manutenção criadas por estas não obrigam os não associados ou que a elas não anuíram (REsp 1356251/SP, DJE 01.07.2016).

Quanto à liberdade de desfiliação da associação, vale trazer importante decisão do STF quanto a não necessidade de quitar débitos para exercer o direito de retirada: "É inconstitucional o condicionamento da desfiliação de associado à quitação de débito referente a benefício obtido por intermédio da associação ou ao pagamento de multa. (...) Condicionar a desfiliação de associado à quitação de débitos e/ou multas constitui ofensa à dimensão negativa do direito à liberdade de associação (direito de não se associar), cuja previsão constitucional é expressa". RE 820823/DF, relator Min. Dias Toffoli, julgamento virtual finalizado em 30.9.2022 (sexta-feira) às 23:59 (Informativo 1070).

Sob pena de **nulidade**, o **estatuto das associações conterá (art. 54)**:

I. a denominação, os fins e a sede da associação;
II. os requisitos para a admissão, demissão e exclusão dos associados;
III. os direitos e deveres dos associados;
IV. as fontes de recursos para sua manutenção;
V. o modo de constituição e de funcionamento dos órgãos deliberativos;
VI. as condições para a alteração das disposições estatutárias e para a dissolução;
VII. a forma de gestão administrativa e de aprovação das respectivas contas.

Os associados devem ter **direitos iguais, mas** o estatuto poderá instituir categorias com vantagens especiais **(art. 55)**. Neste passo, prevê o Enunciado 577/CJF que "a possibilidade de instituição de categorias de associados com vantagens especiais admite a atribuição de pesos diferenciados ao direito de voto, desde que isso não acarrete a sua supressão em relação a matérias previstas no art. 59 do CC" (matérias de competência privativa da assembleia geral).

Ainda quanto aos direitos, **nenhum associado poderá ser impedido de exercer direito ou função que lhe tenha sido legitimamente conferido**, a não ser nos casos e pela forma previstos na lei ou no estatuto. Assim, num clube, por exemplo, não é possível impedir a entrada de um associado que não esteja pagando sua colaboração mensal, salvo se o estatuto dispuser expressamente que o direito de frequentar o clube ficará cerceado em caso de inadimplemento **(art. 58)**.

A **qualidade de associado é intransmissível se** o estatuto não dispuser o contrário. Assim, ninguém pode ceder sua qualidade de associado numa associação de classe por exemplo. Todavia, em se tratando de clubes esportivos, é comum que o estatuto permita a transmissão da qualidade de associado **(art. 56)**.

Mesmo se o associado for titular de quota ou fração ideal do patrimônio da associação, a transferência daquela não importará, de per si, na atribuição da qualidade de associado ao adquirente ou ao herdeiro, salvo disposição diversa do estatuto. Essa regra decorre do fato de que a qualidade de associado é intransmissível.

A **exclusão** do associado é admitida, preenchidos os seguintes requisitos **(art. 57)**:

a) reconhecimento de **justa causa**;
b) prévio **procedimento que assegure direito de defesa**, nos termos do estatuto;
c) direito a **recurso**, nos termos do estatuto.

Compete privativamente à **assembleia geral:** a) destituir os administradores; e b) alterar o estatuto. Para as deliberações mencionadas é exigido decisão da assembleia especialmente convocada para esse fim, cujo quórum será o estabelecido no estatuto, bem como os critérios de eleição dos administradores **(art. 59, parágrafo único).**

A **convocação dos órgãos deliberativos** far-se-á na forma do estatuto, garantido a 1/5 (um quinto) dos associados o direito de promovê-la **(art. 60).**

Dissolvida a associação, **o remanescente** do seu patrimônio líquido, depois de deduzidas, se for o caso, as quotas ou frações ideais pertencentes a algum associado, **será destinado a entidade de fins não econômicos designada no estatuto,** ou, omisso este, por deliberação dos associados, **a instituição municipal, estadual ou federal, de fins idênticos ou semelhantes (art. 61).**

Por cláusula do estatuto ou, em seu silêncio, por deliberação dos associados, podem esses, antes da destinação do remanescente referida, receber em restituição, atualizado o respectivo valor, as contribuições que tiverem prestado ao patrimônio da associação **(art. 61, § 1º).**

Não existindo no Município, no Estado, no Distrito Federal ou no Território, em que a associação tiver sede, instituição nas condições indicadas, o que remanescer do seu patrimônio deve ser se entregue à Fazenda do Estado, do Distrito Federal ou da União **(art. 61, § 2º).**

Assim como as sociedades, as associações civis podem sofrer transformação, fusão, incorporação ou cisão (Enunciado 615 CJF).

2.3.7.2. Fundações

Como se viu, **fundações** *são acervos de bens, que recebem personalidade jurídica para realização de fins determinados de interesse público, de modo permanente e estável.*

O elemento marcante nas fundações é o patrimonial. Aqui não se tem propriamente uma reunião de pessoas com vistas a dada finalidade. Aqui se tem reunião de bens com vistas à consecução de objetivos não econômicos.

O Código Civil estabelece que a fundação somente poderá constituir-se para fins religiosos, morais, culturais ou de assistência. O Enunciado 8 das JDC/CJF é no sentido de que "a constituição da fundação para fins científicos, educacionais ou de promoção do meio ambiente está compreendida no Código Civil, art. 62, parágrafo único". O Enunciado 9 vai além e defende que o art. 62, parágrafo único, do CC "deve ser interpretado de modo a excluir apenas as fundações com fins lucrativos".

No entanto, a Lei 13.151/2015 alterou o Código Civil para dispor, no parágrafo único de seu art. 62, que a fundação **somente** poderá constituir-se para fins de: "assistência social; cultura, defesa e conservação do patrimônio histórico e artístico; educação; saúde; segurança alimentar e nutricional; defesa, preservação e conservação do meio ambiente e promoção do desenvolvimento sustentável; pesquisa científica, desenvolvimento de tecnologias alternativas, modernização de sistemas de gestão, produção e divulgação de informações e conhecimentos técnicos e científicos; promoção da ética, da cidadania, da democracia e dos direitos humanos; atividades religiosas."

O instituto está regulamentado nos arts. 62 a 69 do CC.

A criação de uma fundação depende, *grosso modo*, de um ato de dotação de bens (por testamento ou escritura pública), da elaboração do estatuto (com apreciação do Ministério Público) e do registro no Cartório das Pessoas Jurídicas.

Para criar uma fundação, seu **instituidor** fará, por **escritura pública ou testamento**, **dotação especial de bens livres**, especificando o fim a que se destina e declarando, se quiser, a maneira de administrá-la. Quando insuficientes para constituir a fundação, os bens a ela destinados serão, se de outro modo não dispuser o instituidor, incorporados em outra fundação que se proponha a fim igual ou semelhante.

Constituída a fundação por negócio jurídico entre vivos, o instituidor é obrigado a transferir-lhe a propriedade, ou outro direito real, sobre os bens dotados, e, se não o fizer, serão registrados, em nome dela, por mandado judicial.

As pessoas responsabilizadas pelo instituidor pela aplicação do patrimônio, tendo ciência do encargo, formularão logo o estatuto da fundação projetada, submetendo-o, em seguida, à aprovação da autoridade competente (o Ministério Público), com recurso ao juiz. Se o estatuto não for elaborado no prazo assinado pelo instituidor ou, não havendo prazo, em cento e oitenta dias, a incumbência caberá ao Ministério Público.

Velará pelas fundações o **Ministério Público do Estado** onde situadas. O Código Civil dispõe que, se a fundação funcionar no Distrito Federal ou em Território, caberá o encargo ao Ministério Público Federal. No entanto, na ADI 2.794-8, o STF entendeu que o dispositivo é inconstitucional, por violar as atribuições do Ministério Público do Distrito Federal. E a Lei 13.151/2015 veio a corrigir o problema introduzindo a regra de que "Se funcionarem no Distrito Federal ou em Territórios, caberá o encargo ao Ministério Público do Distrito Federal e Territórios" (art. 66, § 1º).

Se a fundação estender sua atividade por mais de um Estado, caberá o encargo, em cada um deles, ao respectivo Ministério Público.

Para que se possa **alterar o estatuto** da fundação, é mister que a reforma:

I. seja deliberada por **dois terços** dos indivíduos competentes para gerir e representar a fundação;

II. **não contrarie ou desvirtue o fim desta**;

III. seja **aprovada pelo órgão do Ministério Público** no prazo máximo de 45 (quarenta e cinco) dias, findo o qual ou no caso de o Ministério Público a denegar, poderá o juiz supri-la, a requerimento do interessado.

Quando a alteração não houver sido aprovada por **votação unânime**, os administradores da fundação, ao submeterem o estatuto ao órgão do Ministério Público, requererão que se dê ciência à minoria vencida para impugná-la, se quiser, em dez dias.

Tornando-se **ilícita, impossível** ou **inútil** a finalidade a que visa a fundação, **ou vencido o prazo de sua existência**, o órgão do Ministério Público, ou qualquer interessado, promover-lhe-á a **extinção, incorporando-se o seu patrimônio**, salvo disposição em contrário no ato constitutivo ou no estatuto, **em outra fundação**, designada pelo juiz, que se proponha a fim igual ou semelhante.

2.3.8. QUADRO SINÓTICO

1. Teoria adotada.
Adotamos a da *realidade das instituições jurídicas*. Não adotamos a da ficção e realidade objetiva.

2. Pessoas jurídicas de Direito Público.
a) externo: países, Santa Sé, Uniões Aduaneiras, Organismo Internacionais (ONU, OEA, OMC).
b) interno: entes políticos: autarquias e fundações públicas; agências reguladoras; associações públicas.

3. Pessoas jurídicas de Direito Privado.
3.1 Associação: união de pessoas para fins não econômicos.
a) Criação: estatuto + cartório de pessoa jurídica.
b) Liberdade: livre entrada e saída.
c) Exclusão de associado: cabe por justa causa, com defesa e recurso, nos termos do estatuto.
3.2 Fundação: bens personalizados para fins não econômicos.
a) Criação: estatuto + cartório de pessoas jurídicas.
b) dotação de bens por escritura pública ou testamento.
c) Fiscalização do MP.
3.3 Sociedade: pessoa jurídica com objetivo econômico.
a) Criação: contrato social + cartório ou junta comercial.
b) Sociedade simples: reunião de profissionais liberais.
b) Sociedade empresarial: organização para a produção e circulação de bens ou serviços.
3.4 Organização religiosa: natureza de associação.
3.5 Partido político: natureza de associação.
3.6 Empresas individuais de responsabilidade limitada.

4. Desconsideração da personalidade.
4.1 Conceito: declaração de ineficácia da personalidade para atingir o patrimônio dos sócios ou administradores da pessoa jurídica.
4.2 Hipóteses: (abuso de personalidade):
– desvio de finalidade;
– confusão patrimonial.
Obs.: adotou-se a Teoria Maior da Desconsideração, pois há mais requisitos para a desconsideração, diferentemente do CDC.
4.3 Legitimados ativos:
– credor;
– Ministério Público, quando couber sua intervenção.
4.4 Legitimados passivos:
– Sócio;
– Administrador.
4.5 Desconsideração inversa: consiste em desconsiderar a personalidade do sócio para atingir o patrimônio da pessoa jurídica. Ex: marido que transfere bens para a pessoa jurídica de sua titularidade para não dividi-lo com a esposa, em caso de divórcio.

2.4. DOMICÍLIO

2.4.1. Conceito

Domicílio *é a sede jurídica da pessoa.*

O instituto do domicílio é de grande importância para o Direito. As pessoas fazem parte de diversas relações, de natureza civil, empresarial, processual, administrativa, tributária, eleitoral etc.; e, em todas essas, precisam ser encontradas para responder por suas obrigações. Esse ponto de referência é o domicílio, que vem do latim *domus,* que quer dizer "casa" ou "morada". O instituto está regulamentado nos arts. 70 a 78 do CC.

2.4.2. Domicílio da pessoa natural

O **domicílio da pessoa natural** *é local onde ela estabelece sua residência com ânimo definitivo.*

Repare que o domicílio da pessoa natural tem dois elementos, o **objetivo** (ato de fixação em determinado local) e o **subjetivo** (ânimo definitivo de permanência).

Não se deve confundir *morada* (local onde a pessoa natural se estabelece provisoriamente), *residência* (que, pressupondo maior estabilidade, é o lugar onde a pessoa natural se estabelece habitualmente) e *domicílio*, que requer *residência* com *ânimo definitivo*.

O **domicílio básico**, que é o local onde se estabelece a residência com ânimo definitivo, pode ser **modificado**, desde que a pessoa natural **transfira sua residência** com a **intenção manifesta de o mudar**. A prova da intenção resultará do que declarar a pessoa às municipalidades dos lugares, que deixa, e para onde vai, ou, se tais declarações não fizer, da própria mudança, com as circunstâncias que a acompanharem.

Caso a pessoa natural **tenha mais de uma residência**, considera-se domicílio *qualquer uma delas*. Trata-se do caso, por exemplo, daquele que reside numa cidade durante a semana e, em outra, nos finais de semana.

Caso a pessoa natural **não tenha residência habitual**, é domicílio *o lugar onde for encontrada (domicílio aparente ou ocasional)*.

Quanto às **relações profissionais**, é **também** domicílio da pessoa natural *o local onde estas são exercidas*. Se a pessoa exercer profissão em lugares diversos, cada um deles constituirá domicílio para as relações que lhe corresponderem.

Tem **domicílio necessário**, ou seja, domicílio que não pode ser fixado por sua própria vontade, mas por vontade da lei, as seguintes pessoas: a) o **incapaz**, sendo seu domicílio o de seu representante ou assistente; b) o **servidor público**, sendo seu domicílio o local onde exerce permanentemente suas atribuições; c) o **militar**, sendo seu domicílio o local onde servir, e, sendo da Marinha ou da Aeronáutica, a sede do comando a que se encontrar imediatamente subordinado; d) o **marítimo**, sendo seu domicílio o do local onde o navio estiver matriculado; e) o **preso**, sendo seu domicílio o lugar em que cumprir a sentença.

Vale citar a Súmula 383 do Superior Tribunal de Justiça, pela qual "a competência para processar e julgar as ações conexas de interesse do menor é, em princípio, do foro do domicílio do detentor de sua guarda".

O **agente diplomático do Brasil**, que, citado no estrangeiro, alegar extraterritorialidade sem designar onde tem, no país, seu domicílio, poderá ser demandado no Distrito Federal ou no último ponto do território brasileiro onde o teve.

2.4.3. Domicílio das pessoas jurídicas

O domicílio da pessoa jurídica *é o local onde funcionarem as respectivas diretorias ou administrações, ou aquele eleito no estatuto.*

Caso tenha mais de um estabelecimento em lugares diferentes, cada um deles será considerado domicílio para os atos nele praticados.

Se a administração, ou diretoria, tiver a sede no estrangeiro, haver-se-á por domicílio da pessoa jurídica, no tocante às obrigações contraídas por cada uma das suas agências, o lugar do estabelecimento, sito no Brasil, a que ela corresponder.

Quanto às pessoas jurídicas de direito público, o domicílio é, da União, o Distrito Federal, dos Estados e Territórios, as respectivas capitais, e do Município, o lugar onde funcione a administração municipal.

2.4.4. Domicílio nos contratos

Admite-se nos contratos escritos que os contratantes especifiquem o domicílio onde se exercitem e cumpram os direitos e obrigações deles resultantes.

É possível, portanto, estabelecer o foro de eleição para a hipótese de se ingressar com ação judicial.

Em matéria de relação de consumo, caso o foro de eleição tenha sido fixado de modo a dificultar a defesa do aderente em juízo, pode o juiz declinar de ofício de sua competência, reconhecendo a ineficácia da cláusula de eleição de foro (art. 63, § 3º, do NCPC).

2.4.5. QUADRO SINÓTICO

Domicílio

1.1 Conceito: é a sede jurídica da pessoa.

1.2 Domicílio da pessoa natural:

a) Regra 1: é o local onde ela estabelece sua residência com ânimo definitivo.

b) Regra 2: se houver mais de uma residência, considerar-se-á domicílio qualquer delas.

c) Regra 3: se não houver residência habitual, é o local onde a pessoa é encontrada.

d) Regra 4: quanto às relações profissionais, é também domicílio o local onde estas são exercidas.

e) Regra 5: constitui domicílio necessário:

– do incapaz: o do seu representante ou assistente;

– do servidor público: o local onde exercer permanentemente suas atribuições;

– do militar: o local onde servir e, sendo da Marinha ou Aeronáutica, a sede do comando a que se encontrar imediatamente subordinado;

– do marítimo: o local onde o navio estiver matriculado;

– do preso: o lugar em que cumprir a sentença.

1.3 Domicílio da pessoa jurídica.

a) Regra 1: é o local eleito no estatuto ou, não havendo eleição, o local onde funcionarem as respectivas diretorias ou administrações.

b) Regra 2: se houver mais de um estabelecimento, cada um deles será considerado domicílio para os atos nele praticados.

c) Regra 3: se a administração (ou diretoria) tiver sede no estrangeiro, haver-se-á por domicílio o lugar do estabelecimento, sito no Brasil, a que ela corresponder.

d) Regra 4: quanto às pessoas jurídicas de direito público interno, o da União é o DF, o dos Estados, as capitais, e o dos Municípios, o local onde funcione as administrações.

2.5. BENS

2.5.1. Conceito

Na acepção do Código Civil *bens são toda utilidade física ou ideal que sejam objeto de um direito subjetivo*.

Nesse sentido, não há como confundir *bens* com *coisas*. O primeiro abrange utilidades materiais e imateriais, ao passo que as coisas dizem respeito às utilidades materiais, corpóreas.

Dessa forma, há bens que não são coisas, tais como a honra e a imagem.

Os *bens* são vocacionados a ser *objetos* de uma *relação jurídica*, a qual também tem a *pessoa* como um de seus elementos.

2.5.2. Classificação dos bens

2.5.2.1. Bens considerados em si mesmos

2.5.2.1.1. Imóveis/móveis

Considerados em si mesmos, ou seja, analisados em seu aspecto intrínseco, os bens têm uma primeira classificação que leva em conta sua mobilidade ou não.

Saber se um bem é imóvel ou não é importante por diversos motivos. Por exemplo, bens imóveis só se adquirem pelo registro, ao passo que móveis, pela tradição. Ademais, os primeiros dependem de outorga uxória para alienação e os segundos, não. Os prazos para usucapião são distintos, sendo maiores em se tratando de bens imóveis. A hipoteca e o direito real de garantia incidem sobre imóvel, ao passo que o penhor, sobre móvel.

Bens imóveis *são aqueles que não podem ser transportados de um lugar para outro sem alteração de sua substância*. Por exemplo, um terreno. São bens **imóveis** os seguintes:

a) *imóveis por natureza*: o solo;

b) *imóveis por acessão*: tudo quanto se incorporar ao solo, natural ou artificialmente; aqui temos como exemplos de *bem imóvel por* ***acessão natural*** as árvores, frutos pendentes, pedras, fontes e cursos de água; já de *bens imóveis por* ***acessão artificial*** temos como exemplo as construções e as plantações, já que as últimas importam num atuar humano e não em nascimento espontâneo. Construções provisórias (que se destinam a remoção ou retirada), como os circos, parques de diversão, barracões de obra, entre outras, não são consideradas acessões. No Código Civil de 1916 havia ainda os bens imóveis por acessão intelectual, contudo tal modalidade foi extinta, nos termos do Enunciado 11 das JDC/CJF.

c) **imóveis por determinação legal**:

i) os **direitos reais sobre imóveis**, tais como a propriedade e a hipoteca;

ii) as **ações que asseguram direitos reais sobre imóveis**, tal como a ação reivindicatória;

iii) o **direito à sucessão aberta**, ou seja, o direito de herança, enquanto não tiver sido feita a partilha de bens, pouco importando a natureza dos bens deixados na herança; a renúncia de uma herança é, portanto, uma renúncia de bem imóvel, devendo ser feita mediante escritura pública ou termo nos autos (art. 1.806, CC) e autorização do cônjuge.

O Código Civil dispõe, ainda, que **não perdem o caráter de bens imóveis**:

a) as **edificações que, separadas do solo, mas conservando a sua unidade, forem removidas para outro local**; aqui se pode usar como exemplo casas pré-fabricadas, transportadas de um local para outro;

b) os **materiais provisoriamente separados de um prédio, para nele se reempregarem**; aqui se pode utilizar como exemplo parte de um telhado retirada para manutenção que depois será recolocada em seu lugar.

O atual Código Civil não faz referência aos imóveis por *acessão intelectual*, ou seja, àqueles bens que, mesmo não sendo imóveis, passavam a ser considerados como tal por vontade do proprietário da coisa. O instituto, previsto no Código anterior, era útil naquelas situações em que se queria unir um bem imóvel (uma fazenda, por exemplo) com bens nele empregados (tratores, máquinas, ferramentas etc.) para que tudo fosse considerado uma coisa só, o que repercutiria em caso de garantias, alienações e outros negócios. O atual Código não mais permite essa imobilização por vontade do dono e, em substituição, criou o instituto da *pertença*, que será visto logo adiante.

Bens móveis *são os passíveis de deslocamento sem alteração de sua substância*. Por exemplo, um livro. São bens móveis os seguintes:

a) móveis por natureza: os bens suscetíveis de remoção por força alheia, sem alteração da substância ou destinação econômico-social, ex.: um livro, um computador, alimentos, uma casa pré-fabricada, que, enquanto exposta à venda ou transportada, é um móvel também, porém, uma vez incorporada ao solo, passa a ser imóvel, permanecendo com essa natureza se for retirada do solo para ser incorporada em outro lugar, como se viu quando tratamos dos imóveis;

b) semoventes: também são móveis por natureza; a diferença é que esses bens são suscetíveis de movimento próprio, também sem que haja alteração da substância ou destinação econômico-social. Ex.: um cachorro.

c) móveis por determinação legal:

i) as **energias que tenham valor econômico**, como a energia elétrica;

ii) os **direitos reais sobre objetos móveis**, como o penhor;

iii) as **ações correspondentes a direitos reais sobre objetos móveis**, como a reintegração de posse em relação a bens móveis;

iv) os **direitos pessoais de caráter patrimonial**, como os créditos em geral, o fundo de comércio, as quotas e ações de sociedades e os direitos de autor;

v) as **ações sobre direitos pessoais de caráter patrimonial**, como a ação indenizatória;

d) móveis por antecipação: são os bens incorporados ao solo, mas com a intenção de separá-los e convertê-los em móveis, como as árvores destinadas ao corte e os frutos ainda não colhidos.

Não perdem o caráter de bens móveis os **materiais destinados a alguma construção enquanto não forem empregados**, como os materiais que acabam de ser comprados em uma loja de materiais de construção.

Readquirem a qualidade de bens móveis os provenientes da **demolição** de algum prédio. No caso da demolição, que é diferente daquela situação em que os bens serão reempregados no imóvel, os objetos de demolição (portas, batentes, azulejos etc.) voltam a ser móveis.

Os **navios** e as **aeronaves** são bens móveis. Porém, podem ser imobilizados para fins de hipoteca, que é direito real de garantia sobre imóveis (v. art. 1.473, VI e VII, do CC, bem como o art. 138 da Lei 7.656/1986 – Código Brasileiro de Aeronáutica).

2.5.2.1.2. Fungíveis/infungíveis

Bens fungíveis *são os móveis que podem ser substituídos por outros da mesma espécie, qualidade e quantidade.* Ex.: dinheiro.

Repare que, para ser fungível, o bem precisa, em primeiro lugar, ser *móvel*. Ademais, deve ser daquele tipo de móvel que pode ser substituído por outro da mesma espécie, qualidade e quantidade. Um quadro pintado por um renomado pintor, por exemplo, não pode ser considerado fungível, dada a impossibilidade de sua substituição por outro equivalente. O mesmo se pode dizer de uma casa, que, por se tratar de bem imóvel, é, nos termos da lei, infungível, **ressalvada** disposição convencional entre as partes em sentido contrário.

Bens infungíveis *são os imóveis ou os móveis que não podem ser substituídos por outros da mesma espécie, qualidade e quantidade.* Exs.: uma casa e uma obra de arte.

Essa classificação é útil, pois há contratos que só recaem sobre bens fungíveis (ex.: mútuo). E outros que só recaem sobre bens infungíveis (ex.: comodato). Ademais, para a compensação de dívidas, é necessário que estas sejam líquidas, vencidas e fungíveis. A expressão fungibilidade também aparece para classificar as obrigações e em matéria de ações possessórias e recursos, quando se admite o conhecimento de uma ação ou um recurso por outro.

2.5.2.1.3. Consumíveis/inconsumíveis

Bens consumíveis *são os móveis cujo uso importa sua destruição ou os destinados à alienação.* Ex.: alimentos em geral.

Repare que, para ser consumível, o bem precisa, em primeiro lugar, ser móvel. Ademais, deve ser daquele tipo de móvel que, uma vez usado, destrói-se imediatamente, como é o caso dos alimentos. Também são considerados consumíveis, para fins legais, os bens que forem destinados à alienação. Isso porque, uma vez alienados, também não têm mais utilidade para o vendedor.

Bens inconsumíveis *são os imóveis ou os móveis cujo uso não importa sua destruição e que não esteja destinado à alienação.* Ex.: uma obra de arte que ornamenta a casa de alguém, um carro, uma casa.

Essa classificação é útil, pois os bens consumíveis não podem ser objeto de usufruto. Se o forem, configurando-se o *usufruto impróprio*, o usufrutuário, ao final, deve devolver o equivalente.

Ademais, o CDC adotou classificação semelhante, que divide os bens em **duráveis** e **não duráveis**. Os primeiros ensejam reclamação por vícios em até 90 dias, ao passo que os segundos, em até 30 dias (art. 26 do CDC).

2.5.2.1.4. Divisíveis/indivisíveis

Bens divisíveis *são os que se podem fracionar sem alteração da substância, boa diminuição de valor ou prejuízo do uso a que se destinam.* Ex.: quantia em dinheiro.

Tais bens, mesmo sendo fisicamente divisíveis, podem tornar-se indivisíveis por disposição de *lei* ou por *vontade das partes*.

Bens indivisíveis *são os que, caso fracionados, sofrem alteração da substância, boa diminuição de valor ou prejuízo ao uso a que se destinam, bem como os que, em virtude da lei ou da vontade das partes, receberam essa qualificação.*

Os bens podem ser indivisíveis pelas seguintes causas: a) **por natureza**, como o animal, um carro, uma obra de arte; b) **por determinação legal**, como as servidões prediais (art. 1.386 do CC), a hipoteca (art. 1.421 do CC), o direito dos coerdeiros até a partilha (art. 1.791, CC) e a impossibilidade de desmembramento de lote cuja área seja inferior a 125 m² (art. 4º, II, da Lei 6.766/1979); c) **por vontade das partes**, por convenção que torna coisa comum indivisa por prazo não superior a 5 anos, suscetível de prorrogação (art. 1.320, § 1º, do CC).

Essa classificação é útil em matéria de cumprimento das obrigações em que houver mais de um devedor ou credor. Caso a prestação seja indivisível, mesmo que não haja solidariedade entre os devedores, cada um deles responderá pela dívida por inteiro (art. 259, CC). A classificação também tem relevância quando há um condomínio sobre um dado bem e se deseja extinguir esse condomínio. Se a coisa for divisível, a extinção será mais simples. Já, se for indivisível, diferente será o procedimento para a divisão (arts. 1.320 e 1.322 do CC).

2.5.2.1.5. Singulares/Coletivos

Bens singulares *são os bens que, embora reunidos, se consideram de per si, independentemente dos demais.* Ex.: são singulares, quando considerados em sua individualidade, um boi, uma árvore, um livro etc. Já se cada um deles for considerado agregado a outros, formando um todo, ter-se-á bens coletivos ou uma universalidade de fato. Assim, temos bens coletivos num rebanho de gado, numa floresta e numa biblioteca, respectivamente.

Os bens singulares podem ser de duas **espécies**:

a) *singulares simples*, quando suas partes, da mesma espécie, estão ligadas pela própria natureza (um boi, p. ex.);

b) *singulares compostos*, quando suas partes se acham ligadas pela indústria humana (uma casa, p. ex.).

O Código Civil anterior conceituava os **bens coletivos** ou **universais** como *aqueles que se encaram agregados em um todo*. Tais bens consistem na reunião de vários bens singulares, que acabam formando um todo com individualidade própria. Os bens coletivos são chamados também de universais ou de universalidades. Há duas espécies de universalidades:

a) *universalidades de fato*, que consistem na pluralidade de bens singulares que, pertinentes à mesma pessoa, tenham destinação unitária (exs.: rebanho e biblioteca); os bens que formam essa universalidade podem ser objeto de relações jurídicas próprias; assim, pode-se destacar um boi do rebanho e vendê-lo isoladamente;

b) *universalidade de direito*, que consiste no complexo de relações jurídicas de uma pessoa, dotadas de valor econômico (exs.: herança, patrimônio, fundo de comércio, massa falida etc.); a diferença entre a universalidade de fato e a de direito é que a primeira se forma a partir da vontade do titular, ao passo que a segunda decorre da lei, que pode, em determinados casos, criar alguns obstáculos à alienação em separado de partes desse todo.

2.5.2.2. Bens reciprocamente considerados

2.5.2.2.1. Principais/acessórios

Considerados em si mesmos, ou seja, analisados um em comparação com outro, os bens podem ser principais e acessórios.

Saber se um bem é principal ou acessório é importante, pois o acessório segue o principal. O contrário, não. E isso pode ter várias repercussões, como em matéria de formação, validade e extinção dos negócios jurídicos.

A doutrina aponta as seguintes relações entre o bem principal e o bem acessório: a) a natureza do acessório tende a ser a mesma do principal, tendo em vista o princípio da gravitação; assim, sendo o solo bem imóvel (por natureza), a árvore também o é (por acessão); b) o acessório acompanha o principal em seu destino, salvo disposição legal ou convencional em contrário; c) o proprietário do principal é proprietário do acessório.

Bens principais *são os bens que existem por si, ou seja, independentemente da existência de outros bens*. São exemplos o solo e um contrato de locação etc. Os bens principais têm existência própria, autônoma.

Bens acessórios *são aqueles cuja existência depende da existência de outro, do principal*. São exemplos uma árvore (que depende da existência do solo) e um contrato de fiança locatícia (que depende de um contrato de locação).

São **espécies de bens acessórios**:

a) os produtos: *utilidades da coisa que não se reproduzem*, por exemplo, os recursos minerais; são utilidades que se retiram da coisa, diminuindo-lhe a quantidade, porque não se reproduzem periodicamente, como pedras, metais etc.; o Código Civil dispõe que, apesar de ainda não separados do bem principal, os produtos podem ser objeto de negócio jurídico; assim, o dono de um sítio pode vender um caminhão de areia (produto) desse imóvel, mesmo antes de separar a areia do local;

b) os frutos: *utilidades que se reproduzem, podendo ser civis, naturais ou industriais*. Exs.: juros e alugueres (frutos civis), frutos de uma árvore (frutos naturais) e produção de uma fábrica (frutos industriais); quanto ao seu estado, os frutos podem ser *pendentes* (enquanto unidos à coisa que os produziu), *percebidos ou colhidos* (depois de separados da coisa que os produziu), *estantes* (os separados e armazenados ou acondicionados para venda), *percipiendos* (os que deviam ser, mas não foram colhidos e percebidos) e os *consumidos* (os que não existem mais porque foram utilizados); o Código Civil também dispõe que, apesar de ainda não separados do bem principal, os produtos podem ser objeto de negócio jurídico;

Obs.: saber o que é e o que não é produto e fruto, e a situação em que cada fruto se encontra é relevante principalmente em matéria possessória; o possuidor de boa-fé que venha a perder a coisa possuída tem direitos diferentes em relação a esses bens, comparado com o possuidor de má-fé, matéria vista no tópico de Direito das Coisas;

c) **as pertenças:** *são bens móveis que, não constituindo partes integrantes de outros bens, estão destinados a estes de modo duradouro.* São exemplos os móveis de uma casa e os tratores e equipamentos de uma fazenda. Repare que os bens citados a) são **móveis**, b) **não estão integrados na coisa** de modo que sua retirada comprometesse sua substância, e c) **são bens destinados de modo duradouro** à casa e à fazenda. As pertenças, como se percebe, são bens acessórios. E os bens acessórios, como regra, seguem o bem principal. Assim, em tese, a venda de uma fazenda importaria também na venda dos tratores e equipamentos da fazenda. No entanto, o atual Código Civil resolveu regulamentar o instituto das pertenças justamente para excepcionar essa regra. O art. 94 diz que os negócios jurídicos que digam respeito ao principal **não abrangem as pertenças**. No entanto, o próprio Código Civil dispõe que as pertenças seguirão o principal **caso** haja *disposição de lei, de vontade* ou *circunstancial* em contrário. Assim, vendida uma fazenda, os tratores não fazem parte desse negócio. Vendida uma casa, os móveis dela também não acompanham a venda. No entanto, se a lei dispuser o contrário, se as partes convencionarem o contrário (ex.: vende-se uma fazenda com "porteira fechada") ou se as circunstâncias em que o negócio estiver sendo feito der a entender que as pertenças acompanharão o bem principal, a regra de que a pertença não segue o principal fica excepcionada;

d) **as benfeitorias:** *são melhoramentos feitos em coisa já existente.* Por exemplo, um novo quarto construído numa casa já pronta. Diferem das acessões, que consistem na criação de coisa nova, como é o caso de uma casa construída num terreno vazio. As benfeitorias têm as seguintes espécies: i) **voluptuárias** (*são as de mero deleite* – não aumentam o uso habitual do bem, ainda que o tornem mais agradável ou sejam de elevado valor), ii) **úteis** (*são as que aumentam ou facilitam o uso do bem*) e iii) **necessárias** (*são as indispensáveis à conservação do bem ou a evitar que este se deteriore*). Não se consideram benfeitorias os melhoramentos ou acréscimos sobrevindos ao bem sem a intervenção do proprietário, possuidor ou detentor. O instituto da benfeitoria se diferencia do instituto da pertença, pois a primeira passa a ser parte integrante da coisa. Assim, vendido o bem principal, a benfeitoria nele realizada, apesar de ser bem acessório, acompanhará o bem principal, ao contrário do que acontece ordinariamente com a pertença. Saber a natureza da benfeitoria (se voluptuária, útil ou necessária) também é relevante em matéria de Direito das Coisas, pois também há tratamento diferenciado acerca dos direitos que têm os possuidores de boa e de má-fé em relação à coisa que perderam. Em matéria de desapropriação o tema também é pertinente, pois, uma vez feito o decreto expropriatório, o expropriado não terá mais direito a indenizações decorrentes de benfeitorias que fizer posteriormente na coisa, salvo se se tratar de benfeitoria necessária, em qualquer caso, e se se tratar de benfeitoria útil autorizada pelo Poder Público.

2.5.2.3. Bens públicos

Essa temática é desenvolvida em Direito Administrativo, para onde remetemos o leitor.

2.5.3. QUADRO SINÓTICO

1. Conceito de bens: toda utilidade física ou ideal, que possa ser objeto de um direito subjetivo. Difere de *coisa* (apenas utilidade física). A relação jurídica é *pessoas – bens – vínculo*.

2. Classificação dos bens.

2.1 Bens considerados em si mesmo: imóvel/móvel; fungível/infungível; consumíveis/inconsumíveis; divisíveis/indivisíveis; singulares/coletivos.

2.2 Reciprocamente considerados: principais/acessórios.

2.3 Quanto a titularidade: públicos/privados.

3. Móveis e imóveis.

3.1. Imóveis: bens que não podem ser transportados de um lugar para o outro sem alteração de sua substância.

a) Imóveis por natureza: solo.

b) Imóveis por acessão: tudo o que se incorporar ao solo, podendo ser natural (ex: árvores) ou artificial (ex: casa construída, plantação).

c) Imóvel por determinação legal: direitos reais sobre imóvel e ações que os asseguram; direito à sucessão aberta (herança).

d) Não perdem o caráter de imóvel: edificações movidas para outro local; material separado de prédio para nele se reempregar.

3.2 Móveis: bens que podem ser transportados de um lugar para o outro sem alteração de sua substância.

a) Semovente: suscetíveis de movimento próprio. Ex: boi.

b) Móveis por antecipação: incorporados ao solo, mas com intenção de retirá-los (ex: árvore para corte e frutos).

c) Móveis por determinação legal: energias que têm valor econômico; direitos reais sobre móveis e ações que os asseguram; direitos pessoais patrimoniais e ações que os asseguram; direitos autorais.

d) Conservam ou readquirem a qualidade de móveis: materiais destinados a alguma construção; materiais provenientes de demolição de prédio.

4. Fungíveis e infungíveis.

4.1 Fungíveis: móveis que podem ser substituídos por outros da mesma espécie, qualidade e quantidade. Ex: dinheiro, laranjas. A vontade também pode determinar fungibilidade.

4.2 Infungíveis: imóveis ou móveis que *não* podem ser substituídos por outros da mesma espécie, qualidade e quantidade. Ex: quadro de pintor famoso, prédio.

Importância da classificação: a) mútuo e comodato; b) compensação de dívidas; c) matéria processual.

5. Consumíveis e inconsumíveis.

5.1 Consumíveis: móveis cujo uso importa na sua destruição ou os destinados à alienação.

5.2 Inconsumíveis: imóveis ou móveis cujo uso não importa na sua destruição e que não estejam destinados à alienação.

Importância da classificação: a) usufruto; b) CDC adotou o critério durável e não durável.

6. Divisíveis e indivisíveis.

6.1 Divisíveis: bens que se podem fracionar sem alteração da substância, boa diminuição de valor ou prejuízo do uso a que se destinam. Ex: alimentos em geral, grande gleba de terra.

6.2 Indivisíveis: bens que, caso fracionados, sofrem alteração da substância, boa diminuição de valor ou prejuízo ao uso a que se destinam. Ex: carro, casa. O bem divisível pode se tornar indivisível por lei ou vontade das partes.

Importância da classificação: a) obrigações; b) divisão de condomínio.

7. Singulares e coletivos.

7.1 Singulares: bens que, embora reunidos, se consideram de per si, independentemente dos demais. Ex: 1 livro, 1 animal, 1 casa.

7.2 Coletivos: reunião de bens que forma um todo com individualidade própria. Ex: 1 biblioteca, 1 rebanho, 1 herança. Há duas espécies de universalidade: a) de fato (decorre da vontade): biblioteca, rebanho; b) de direito (decorre de lei): herança, patrimônio, massa falida.

8. Principais e acessórios.

8.1 Principais: bens que existem por si só. Ex: solo, contrato de locação.

8.2 Acessórios: bens cuja existência depende do principal. Ex: frutos da árvore, contrato de fiança.

Importância da classificação: a) a natureza do acessório tende a ser a mesma do principal (princípio da gravitação); b) destino do acessório acompanha o do principal (presunção relativa).

8.3 Espécies de bens acessórios.

8.3.1 Frutos: utilidades que se reproduzem; exs: juros, aluguéis (civis), leite (naturais) e chocolate (industriais).

8.3.2 Produtos: utilidades que não se reproduzem; ex: pedras, metais e areia encontrados no solo.

8.3.3 Pertenças: bens móveis destinados de modo duradouro à coisa, não constituindo parte integrante desta. Ex: móveis de uma casa, tratores de fazenda. As pertenças não acompanham o principal, salvo: lei, convenção ou circunstância.

8.3.4 Benfeitorias: melhoramentos feitos em coisa já existente. Diferem das acessões, que são criação de coisa nova. Diferem das pertenças, pois acompanham o principal. Em matéria possessória, a natureza da benfeitoria faz diferença quando há perda da posse.

Espécies: a) voluptuária: mero deleite; b) úteis: aumentam ou facilitam o uso da coisa; c) necessárias: indispensáveis à conservação do bem principal.

2.6. FATOS JURÍDICOS

2.6.1. Fato jurídico em sentido amplo

Em sentido amplo, **fato jurídico** *é todo acontecimento natural ou humano que produz efeito jurídico,* ou seja, qualquer acontecimento que se dê no mundo fenomênico que gere uma consequência jurídica é considerado fato jurídico. Assim, se alguém jogar uma pedra em outra pessoa causando dano a esta, certamente se está diante de um fato jurídico, pois o acontecimento (jogar uma pedra causando dano) gera como consequência jurídica o dever de indenizar. Por outro lado, caso alguém pegue nas mãos uma pedra e a devolva ao chão, jogando-a, não haverá consequência jurídica alguma, caracterizando-se o que se convencionou chamar de **fato simples**.

O fato jurídico pode ser de variadas espécies. Confira:

1. **Fato jurídico em sentido estrito:** *é o acontecimento natural que produz efeitos jurídicos.* Exs.: nascimento, morte, decurso do tempo, raio, temporal etc. O fato jurídico em sentido estrito pode ser tanto um fato ordinário (como a morte natural e o decurso do tempo) como um fato extraordinário (como um tufão numa dada localidade);

2. **Ato jurídico:** *é o acontecimento humano que produz efeitos jurídicos.* O ato jurídico em sentido estrito pode ser dividido em duas espécies, quais sejam, os atos ilícitos e os atos lícitos:

2.1. **Atos ilícitos:** *são os atos humanos contrários ao Direito, que produzem efeitos jurídicos não queridos pelo agente.* Exemplo de ato ilícito é o atropelamento de A por B, tendo A agido com imprudência. Esse acontecimento terá como efeito o surgimento de um dever por parte de A de indenizar B, efeito certamente não querido por A;

2.2. **Atos lícitos:** *são os atos humanos conformes ao Direito, que geram efeitos jurídicos normalmente queridos pelo agente.* Os atos lícitos podem ser divididos em três espécies, quais sejam, os atos jurídicos em sentido estrito, os negócios jurídicos e os atos-fatos jurídicos:

a) **Atos jurídicos em sentido estrito (não negocial):** *são simples comportamentos humanos, voluntários, conscientes e conformes ao Direito, cujos efeitos jurídicos são pre-*

determinados pela lei. Aqui, não há liberdade de escolha por parte do agente dos efeitos jurídicos que resultarão de seu comportamento. São exemplos de ato jurídico em sentido estrito a tradição (entrega da coisa), o reconhecimento de um filho, o perdão, a confissão, a mudança de domicílio, a ocupação, o achado de um tesouro, a notificação etc. Para ilustrar as características do instituto, tomemos o exemplo do reconhecimento de um filho. Esse ato humano é voluntário, consciente e conforme ao Direito. Porém, os efeitos que dele decorrem (por exemplo, quanto ao estado familiar e o dever de prestar alimentos) não podem ser negociados pelo agente. Não é possível, por exemplo, reconhecer um filho desde que os alimentos sejam fixados até determinado valor. Aqui há mera atuação da vontade, mera intenção. Costumam, por fim, ser potestativos;

b) Negócio jurídico: *são declarações de vontade qualificadas, cujos efeitos são regulados pelo próprio interessado.* Aqui, há liberdade de escolha por parte daquele ou daqueles que praticam o ato. Os agentes declaram sua vontade e têm poder de negociar os efeitos jurídicos que nasceram de sua declaração. São exemplos o testamento (negócio jurídico unilateral) e o contrato de compra e venda (negócio jurídico bilateral). Nos dois casos, os agentes têm como estipular as condições dos atos praticados. Vigora nos negócios jurídicos o princípio da liberdade negocial. Os efeitos jurídicos dos atos praticados não estão predeterminados na lei, como ocorre no ato jurídico em sentido estrito. Os efeitos jurídicos são negociados e estipulados pelos próprios interessados, respeitando a lei, é claro;

c) Atos-fatos jurídicos: *são simples comportamentos humanos conformes ao Direito, mas desprovidos de intencionalidade ou consciência (voluntariedade) quanto aos efeitos jurídicos que dele resultarão.* Ex.: quando uma criança ou algum outro absolutamente incapaz *acha um tesouro*, independente do elemento volitivo, ou seja, da intenção de procurar e de ficar dono do bem, o Direito atribuirá metade dos bens achados a essas pessoas (art. 1.264 do CC). Aqui, o direito leva em conta apenas o *ato material* de achar, pouco importando o elemento volitivo. É por isso que se fala em ato-fato, uma vez que o comportamento fica entre o *ato* (por ser humano) e o *fato* (da natureza, por não serem relevantes a consciência e a vontade).

Passaremos, agora, ao estudo dos **negócios jurídicos**, começando por sua classificação.

2.6.2. Classificação dos negócios jurídicos

2.6.2.1. Quanto ao número de vontades para a formação

Unilaterais *são negócios que se aperfeiçoam com uma única manifestação de vontade.* Ex.: testamento e renúncia de herança. Podem ser receptícios (a vontade deve se tornar conhecida do destinatário para produzir efeitos – ex.: revogação de mandato) ou não receptícios (conhecimento por parte de outras pessoas é irrelevante – ex.: testamento, confissão de dívida).

Bilaterais *são os negócios que se aperfeiçoam com duas manifestações, coincidentes sobre o objeto.* Ex.: contratos em geral. O fato de existir mais de uma pessoa em cada um dos dois polos contratuais não faz com que o ato deixe de ser bilateral.

Plurilaterais *são os negócios que envolvem mais de duas partes ou polos.* Ex.: contrato de sociedade com três ou mais sócios.

2.6.2.2. Quanto às vantagens

Gratuitos *são os negócios em que apenas uma das partes aufere benefícios.* Ex.: doação sem encargo.

Onerosos *são negócios em que todos os contratantes auferem vantagens e também encargos.* Ex.: compra e venda.

Bifrontes: *são tipos de negócios que podem ser gratuitos ou não, de acordo com a vontade das partes.* Ex.: mútuo, depósito e mandato. Os contratos citados podem ou não ser objetos de remuneração em favor do mutuante, do depositante e do mandante. Caso haja remuneração o contrato será um negócio jurídico oneroso. Caso não haja, o contrato será um negócio jurídico gratuito. Deve-se tomar cuidado para não confundir classificação dos negócios jurídicos com a classificação dos contratos. Na Parte Geral, estudam-se as classificações dos negócios jurídicos apenas.

2.6.2.3. Quanto à autonomia

Principais *são os negócios que existem independentemente da existência de outros.* Ex.: contrato de locação de imóvel.

Acessórios *são os negócios cuja existência depende da de outro, o negócio principal.* Ex.: o contrato de fiança locatícia.

Os negócios acessórios seguem a sorte dos negócios principais. Assim, se um contrato principal é considerado nulo e se extingue, o contrato de fiança também ficará extinto. O contrário não acontece, ou seja, o negócio acessório não determina a sorte do negócio principal.

2.6.2.4. Quanto à forma

Solenes (formais) *são os negócios que devem obedecer à forma prescrita em lei.* Ex.: escritura, se envolver compra e venda de imóvel; aliás, se essa compra e venda for de valor superior a 30 salários mínimos, será necessária escritura pública. Ressalta-se, contudo que, conforme Enunciado 289 JDC/CJF, *o valor de 30 salários mínimos constante no art. 108 do Código Civil brasileiro, em referência à forma pública ou particular dos negócios jurídicos que envolvam bens imóveis, é o atribuído pelas partes contratantes, e não qualquer outro valor arbitrado pela Administração Pública com finalidade tributária.*

Se a forma for exigida como condição de *validade* do negócio jurídico (ex.: escritura para a venda de imóveis) a sua falta torna o negócio jurídico nulo, por se tratar de formalidade *ad solemnitatem*. Mas, se determinada forma tiver por objetivo apenas a *prova* do ato (ex.: registro do compromisso de compra e venda no Registro de Imóveis), estar-se-á diante de formalidade *ad probationem tantum* e sua falta não gera a nulidade do ato, mas apenas sua ineficácia perante terceiros. Há casos especiais em que, como base no princípio da primazia da vontade, o descumprimento das formalidades legais do ato não gerará a sua nulidade. É o que se dá com determinados vícios de forma no testamento, se mantida a higidez da manifestação de vontade do testador (REsp 1.677.931-MG, Rel. Min. Nancy Andrighi, por unanimidade, julgado em 15/8/2017, DJe 22.08.2017).

Não solenes *são os negócios de forma livre.* Aliás, no Direito Privado, a regra é a liberdade das formas. Ou seja, quando a lei não impuser determinada forma para a prática de um negócio, os interessados poderão escolher a forma que mais lhe aprouverem, tais como a forma verbal, escrita etc.

2.6.3. Reserva mental

O atual Código Civil inovou em relação ao Código anterior ao regulamentar o instituto da reserva mental.

De acordo com este instituto, "a manifestação de vontade subsiste ainda que o seu autor haja feito a reserva mental de não querer o que manifestou, salvo se dela o destinatário tinha conhecimento" (art. 110).

A reserva mental é, na verdade, a emissão de uma declaração de vontade não querida em seu íntimo, tendo por objetivo enganar o destinatário dessa declaração de vontade.

Um exemplo pode aclarar a regra. Imagine que "A" manifeste perante "B" que emprestará a este determinada quantia em dinheiro, sendo que "A", no seu íntimo, faz uma reserva no sentido de que não fará o tal empréstimo. Essa situação pode se dar, por exemplo, numa situação de crise financeira de "B", que diz que irá se suicidar, caso não consiga um empréstimo.

Pois bem, o Código Civil dispõe que essa reserva mental feita por "A" não afeta a declaração de vontade que fez. Ou seja, a reserva mental feita é **irrelevante para o direito**.

Todavia, na hipótese de o destinatário da manifestação da vontade (no caso, "B") ter ciência dessa reserva mental (no caso, saiba que "A", no seu íntimo, não tem intenção declarada), o Código Civil dispõe que a manifestação de vontade de "A" **é como se não existisse e não precisa ser cumprida**. Tal solução se dá, pois, nesse caso, como "B" está ciente da reserva, não está sendo enganado e, portanto, não precisa da proteção legal.

Quanto a interpretação, os negócios jurídicos devem ser interpretados conforme a boa-fé e os usos do lugar de sua celebração (art. 113). A Lei 13.874/2019 trouxe regras complementares a este dispositivo. Previu que a interpretação do negócio jurídico deve lhe atribuir o sentido que: 1) for confirmado pelo comportamento das partes posterior à celebração do negócio; 2) corresponder aos usos, costumes e práticas do mercado relativas ao tipo de negócio; 3) corresponder à boa-fé; 4) for mais benéfico à parte que não redigiu o dispositivo, se identificável; e 5) corresponder a qual seria a razoável negociação das partes sobre a questão discutida, inferida das demais disposições do negócio e da racionalidade econômica das partes, consideradas as informações disponíveis no momento de sua celebração. Com essa alteração vê-se que o legislador quis garantir a equidade da elaboração dos negócios.

Por fim, as partes poderão livremente pactuar regras de interpretação, de preenchimento de lacunas e de integração dos negócios jurídicos diversas daquelas previstas em lei.

2.6.4. Representação

Quando alguém tiver de praticar um negócio jurídico, pode praticar sozinho ou por meio de um representante. O representante é, então, aquele que atua em nome do representado.

Os **requisitos** e os **efeitos** da **representação legal** (que decorre da lei) são os estabelecidos nas normas respectivas; os da **representação voluntária** (que decorre de acordo entre as partes) são os da Parte Especial deste Código.

Assim, o estudo específico dos vários tipos de representação, que vai da representação legal que os pais fazem de seus filhos à representação que ocorre em relação às pessoas jurídicas e à representação em virtude de mandato, deve ser feito nas disposições pertinentes previstas no Código Civil e em outras leis.

Porém, a Parte Geral do Código, nos arts. 115 a 120, traz regras acerca da representação, regras essas que ora serão estudadas.

Os poderes de representação, como se sabe, podem ser conferidos por lei (representação legal) ou pelo interessado (representação voluntária).

No entanto, o representante, quando atua, é obrigado a demonstrar que é legítimo representante sob pena de, não o fazendo, responder pelos atos cometidos com excesso. Confira: "O representante é obrigado a provar às pessoas, com quem tratar em nome do representado, a sua qualidade e a extensão de seus poderes, sob pena de, não o fazendo, responder pelos atos que a estes excederem" (art. 118).

Essa regra faz com que o representante tenha todo interesse em ser bem transparente com as pessoas com quem contratar, para que estas, posteriormente, não possam alegar algo em seu desfavor. Além disso, compete ao representante apenas atuar nos limites de seus poderes.

Nesse sentido, o Código Civil assegura que "a manifestação de vontade pelo representante, nos limites de seus poderes, produz efeitos em relação ao representado" (art. 116 do CC). Ou seja, desde que o representante aja segundo os limites em que pode atuar, o representado, seja qual for o negócio praticado, fica vinculado à manifestação de vontade proferida pelo representante junto a terceiros.

Todavia, há negócios que o representante, mesmo tendo praticado nos limites dos poderes que tinha, não pode praticar, pelo fato de a lei trazer uma presunção de que esse tipo de negócio pode ser prejudicial ao representado.

O primeiro caso é dos negócios feitos pelo representante em **conflito de interesses** com o representado. Há casos em que o representante pratica atos em nome do representado, no qual há um interesse do representante que, se atendido, acabará prejudicando o representado. Tal se dá, por exemplo, quando um vizinho dá procuração a outro vizinho para que este vote em nome do primeiro numa assembleia condominial, e, numa das deliberações da assembleia, o procurador é chamado a votar sobre se o responsável pelo ressarcimento com gastos decorrentes de infiltração no prédio é ele, o representante, ou seu vizinho, o representado. Caso os outros vizinhos que participaram da votação tenham ciência de que o que está sendo votado está em conflito de interesses, o voto deste contra o vizinho representado deverá ser anulado. Confira, a respeito, o teor do art. 119 do CC: "É anulável o negócio concluído pelo representante em conflito de interesses com o representado, se tal fato era ou devia ser do conhecimento de quem com aquele tratou. Parágrafo único. É de cento e oitenta dias, a contar da conclusão do negócio ou da cessação da incapacidade, o prazo de decadência para pleitear-se a anulação prevista neste artigo."

Outro caso polêmico é o do chamado **contrato consigo** mesmo, em que o representante, em nome do representado, faz um contrato deste consigo mesmo. Por exemplo, "A" é representante de "B" e resolve comprar um imóvel de "B", usando a procuração que ele deu para si. O contrato terá como partes "A" e "B", mas "A" estará atuando, ao mesmo tempo, em nome próprio e como representante de "B". O Código Civil repudia esse tipo de situação e só permite o contrato consigo mesmo nos casos em que a **lei** o admite expressamente (p. ex., para alienar determinado bem, por determinado preço – art. 685 do CC) e também nos casos em que o **representante autorizar** previamente esse tipo de contratação. Confira, a respeito, o art. 117 do Código Civil: "Salvo se o permitir a lei ou o representado, é anulável o negócio jurídico que o representante, no seu interesse ou por conta de outrem, celebrar consigo mesmo. Parágrafo único. Para esse efeito, tem-se como celebrado pelo representante o negócio realizado por aquele em quem os poderes houverem sido substabelecidos".

O parágrafo único do art. 117 trata da hipótese em que "A" recebe procuração de "B" e substabeleceu poderes de representação a "C". Nesse caso, se "A" celebrar contrato, em nome próprio, com "B", representado por "C", a lei considera que "A" está celebrando contrato consigo mesmo, afinal de contas "C" foi escolhido por "A" para esse intento, que se presume fraudulento.

Em suma, o contrato consigo mesmo (autocontrato) é vedado como regra, só se admitindo quando a lei permitir ou quando o representado expressamente o autorizar. A proibição, aliás, também existe no Código de Defesa do Consumidor (art. 51, VIII).

2.6.5. Planos da existência, da validade e da eficácia do negócio jurídico

O negócio jurídico pode ser analisado nos planos da existência, da validade e da eficácia.

O **plano da existência** tem em mira verificar os **elementos** necessários para que um negócio jurídico se repute **existente** no mundo jurídico.

Uma vez existente um negócio jurídico, é caso de perquirir acerca do **plano da validade**, no qual se verifica se o negócio está ou não **conforme à ordem jurídica**.

Mas não basta. Muitas vezes um negócio jurídico *existe* e *é válido*, porém ainda não produz *efeitos*. Por isso, há de se investigar acerca do **plano da eficácia**, no qual se analisa se o negócio jurídico está ou não **produzindo efeitos**.

Nossa tarefa, agora, é analisar os três planos, começando pelo plano da existência.

2.6.6. Elementos de existência do negócio jurídico

São elementos de existência do negócio jurídicos os seguintes: *manifestação de vontade, finalidade negocial e idoneidade do objeto*.

2.6.6.1. Manifestação de vontade

A vontade manifestada é pressuposto básico para que um negócio exista. Naturalmente, para que haja manifestação de vontade, faz-se necessária a presença de um *agente emissor* dessa vontade, daí porque é desnecessária a indicação desse elemento, assim como também entendemos desnecessária a indicação do elemento *forma*, uma vez que o elemento manifestação de vontade pressupõe a existência de uma dada forma.

A **manifestação de vontade** pode ser **expressa, tácita** e **presumida**.

A **manifestação expressa** é aquela que se realiza pela palavra *falada* ou *escrita*, ou por *gestos*, explicitando a intenção do agente.

A **manifestação tácita** é aquela que se revela pelo *comportamento* do agente. Exemplo de manifestação tácita é o fato de alguém, diante de uma doação com encargo ofertada por outrem, nada dizer a respeito, mas logo em seguida recolher imposto de transmissão por doação, comportamento esse que demonstra ter concordado com a oferta, operando a manifestação tácita de vontade.

A **manifestação presumida** é aquela que decorre de presunções legais. A diferença entre a manifestação tácita e a presumida é que esta decorre de situações regulamentadas expressamente pela lei, como as previstas nos arts. 322, 323, 324, 539 e 1.807 do CC. Um exemplo é a situação em que o doador fixa prazo para o donatário declarar se aceita ou não a liberalidade. Desde que o donatário, ciente do prazo, não faça dentro dele a declaração, entender-se-á que aceitou, se a doação não for sujeita a encargo (art. 539 do CC).

Resta a dúvida se o **silêncio**, por si só, pode importar anuência, que é um tipo de manifestação de vontade. O Código Civil, em seu art. 111, dispõe que o silêncio importa anuência, quando as circunstâncias ou os usos o autorizarem, e não for necessária a declaração de vontade expressa. Dessa forma, não basta mero silêncio para que se entenda ter havido manifestação de vontade tácita. É necessário que haja outras circunstâncias ou comportamentos (ou mesmo alguma disposição legal, como o art. 539 do CC) que levem à conclusão de anuência. Ademais, é necessário que o negócio não seja daqueles que reclamam declaração de vontade expressa.

2.6.6.2. Finalidade negocial

A simples existência de uma manifestação de vontade não garante que estamos diante de um negócio jurídico.

Como se viu, não há como confundir o ato jurídico em sentido estrito com o negócio jurídico. Este se diferencia daquele exatamente pela existência de uma finalidade negocial.

Isso porque negócios jurídicos *são aquelas declarações de vontade qualificadas, cujos efeitos são regulados pelo próprio interessado*. Os agentes declaram sua vontade e têm poder de negociar os efeitos jurídicos que nascerem de sua declaração.

Assim, o reconhecimento de um filho, por exemplo, não é um negócio jurídico, pois não tem fim negocial. Ao contrário, um testamento e um contrato são negócios jurídicos, pois têm fim negocial. Nos dois casos, os agentes têm como estipular as condições dos atos praticados. Vigora nos negócios jurídicos o princípio da liberdade negocial, como se viu.

2.6.6.3. Objeto idôneo

De nada valerá haver uma declaração de vontade se esta não recair sobre algum objeto. Ademais, também não é suficiente que a declaração recaia sobre um objeto que não tenha pertinência ao negócio que se deseja fazer.

2.6.7. Pressupostos de validade do negócio jurídico

São pressupostos de validade do negócio jurídico os seguintes: *manifestação de vontade livre, agente emissor da vontade capaz, legitimação, objeto lícito, possível e determinável, obediência à forma, quando prescrita em lei, inexistência de outras hipóteses de nulidade e anulabilidade*.

2.6.7.1. Manifestação de vontade livre

A existência de uma manifestação de vontade é requisito de existência do negócio jurídico. Mas a existência de uma manifestação de vontade *livre* é requisito de validade do negócio jurídico.

Assim, negócios praticados por alguém mediante erro, dolo ou coação são negócios inválidos, por não se configurar, em tais casos, vontade livre.

A coação moral irresistível (ex.: ameaça de matar alguém que não praticar um negócio jurídico) gera a invalidade do negócio jurídico. Já a coação física irresistível (ex.: pegar à força o dedo polegar de alguém com o fito de fazer a pessoa "assinar" um contrato com sua digital) não chega sequer a configurar uma manifestação de vontade, de modo que se está diante de um negócio inexistente, e não diante de um negócio inválido.

2.6.7.2. Agente capaz

Não basta que o agente tenha expressado vontade livre. Para que o negócio jurídico seja válido, é necessário que o agente tenha capacidade de fato, ou seja, capacidade de exercício.

Caso um absolutamente incapaz pratique um negócio jurídico por si só, ou seja, sem que o faça por meio de seu representante, ter-se-á uma nulidade absoluta. Já caso um relativamente incapaz pratique um negócio jurídico sozinho, ou seja, sem a presença de seu assistente, ter-se-á uma nulidade relativa.

2.6.7.3. Legitimação

Não basta a capacidade geral para que o ato seja válido. O agente também deve ter aptidão específica para a prática do ato que deseja. Nesse sentido, alguém casado pelo regime de comunhão parcial e com filhos não poderá alienar um imóvel a um dos filhos sem a autorização dos outros e do cônjuge, por carecer de legitimação.

2.6.7.4. Objeto lícito, possível e determinável

Objeto lícito é aquele que não contraria o direito como um todo. Aqui, analisa-se se não há alguma norma no sistema jurídico que considera ilícito dado objeto.

Objeto possível é aquele possível jurídica e fisicamente. A possibilidade jurídica diz respeito à inexistência de alguma proibição direta do Código Civil. A possibilidade física diz respeito à possibilidade, ainda que difícil, de o objeto ser reproduzido no mundo fenomênico.

Esses requisitos de validade previstos no Código Civil também são aplicáveis aos negócios jurídicos processuais, observadas as regras processuais pertinentes (Enunciado 616 CJF).

2.6.8. Pressupostos de eficácia do negócio jurídico

2.6.8.1. Inexistência de termo suspensivo pendente

Termo suspensivo *é o evento futuro e certo que condiciona o início dos efeitos do contrato*. Por exemplo, um contrato de locação que traz uma cláusula estabelecendo que o locatário só poderá adentrar o imóvel após dez dias de sua celebração.

2.6.8.2. Inexistência de condição suspensiva pendente

Condição suspensiva é o evento futuro e incerto que condiciona o início dos efeitos do contrato. Por exemplo, um contrato de doação que prevê que o donatário só será proprietário da coisa se vier a se casar com determinada pessoa.

2.6.9. Elementos acidentais do negócio jurídico

2.6.9.1. Condição

Cláusula acertada pelas partes que subordina o efeito do negócio jurídico a evento futuro e incerto. Espécies:

a) condição suspensiva: *a que subordina a eficácia inicial do ato a sua implementação*. Ex.: "se você se casar, começarei a te pagar uma pensão";

b) condição resolutiva: *a que faz com que o ato deixe de produzir efeitos*. Ex.: "se você se casar, deixarei de te pagar a pensão".

Condições proibidas: as contrárias à lei, à ordem pública e aos bons costumes; as que privam o ato de todos os efeitos (perplexas); as que sujeitam o negócio ao puro arbítrio de uma das partes (as puramente potestativas é que são proibidas – ex.: pagarei se quiser; as simplesmente potestativas podem ser válidas – ex.: doarei se fores bem em sua apresentação); as físicas (nenhum ser humano seria capaz) ou juridicamente (proibida na lei) impossíveis. Todas elas tornam o negócio nulo. As condições impossíveis, quando resolutivas, têm-se por inexistentes.

Regras finais: reputa-se verificada a condição se maliciosamente retardada pela parte a quem prejudica. Por outro lado, reputa-se não verificada a condição se maliciosamente levada a efeito por quem dela aproveita.

2.6.9.2. Termo

É a data acertada à qual fica subordinado o efeito do negócio jurídico. Ou seja, é o dia em que começa ou em que se extingue a eficácia do negócio jurídico. O termo convencional consiste em evento futuro e certo. Mas a data exata pode ser certa (se definida) ou incerta (ex.: dia da morte).

2.6.9.3. Encargo (ou modo)

Cláusula acessória às liberalidades pela qual se impõe uma obrigação ao beneficiário. Considera-se não escrito o encargo ilícito ou impossível, salvo se constituir o motivo determinante da liberalidade, quando invalida o negócio jurídico.

2.6.10. Defeitos do negócio jurídico (geram sua anulabilidade – ato anulável)

2.6.10.1. Erro ou ignorância

O erro ou ignorância pode ser **conceituado** como *o engano cometido pelo próprio agente*. O instituto está previsto nos arts. 138 a 144 do CC.

Para tornar o ato anulável, o erro deve ser:

a) substancial (essencial): quanto à sua natureza, seu objeto, suas qualidades;

b) escusável.

c) real: o prejuízo deve ser a causa determinante do negócio.

Exemplo de erro é a situação em que alguém pensa estar fazendo um contrato de doação, mas está fazendo uma compra e venda.

O erro acidental (relativo a questões secundárias) não gera a anulabilidade do ato.

A respeito do erro, o Código Civil traz, ainda, as seguintes regras:

a) o falso motivo só vicia a declaração de vontade quando expresso como razão determinante;

b) a transmissão errônea da vontade por meios interpostos é anulável nos mesmos casos em que o é a declaração direta;

c) O erro de indicação da pessoa ou da coisa, a que se referir a declaração de vontade, não viciará o negócio quando, por seu contexto e pelas circunstâncias, se puder identificar a coisa ou pessoa cogitada;

d) o erro de cálculo apenas autoriza a retificação da declaração de vontade;

e) o erro não prejudica a validade do negócio jurídico quando a pessoa, a quem a manifestação de vontade se dirige, oferecer-se para executá-la na conformidade da vontade real do manifestante.

2.6.10.2. Dolo

O dolo pode ser **conceituado** como *o erro provocado pela parte contrária ou por terceiro, por meio de expediente malicioso*. O instituto está previsto nos arts. 145 a 150 do Código Civil.

Exemplo de dolo é a adulteração de quilometragem de veículo, feita pelo vendedor, em prejuízo do comprador.

Para tornar o ato anulável o dolo deve ser:

a) essencial;

b) com malícia;

c) determinante;

d) não recíproco.

O dolo acidental também não enseja a anulação do ato, mas enseja a reparação por perdas e danos, circunstância que não acontece no caso de erro acidental.

A respeito do dolo, o Código Civil traz, ainda, as seguintes regras:

a) nos negócios jurídicos bilaterais, o silêncio intencional de uma das partes a respeito de fato ou qualidade que a outra parte haja ignorado constitui omissão dolosa, provando-se que sem ela o negócio não se teria celebrado;

b) pode também ser anulado o negócio jurídico por dolo de terceiro se a parte a quem aproveite dele tivesse ou devesse ter conhecimento; em caso contrário, ainda que subsista o negócio jurídico, o terceiro responderá por todas perdas e danos da parte a quem ludibriou;

c) o dolo do representante legal de uma das partes só obriga o representado a responder civilmente até a importância do proveito que teve; se, porém, o dolo for do representante convencional, o representado responderá solidariamente com ele por perdas e danos;

d) se ambas as partes procederem com dolo, nenhuma pode alegá-lo para anular o negócio ou reclamar indenização.

2.6.10.3. Coação

A coação pode ser **conceituada** como *a ameaça que constrange alguém à prática de um negócio*. O instituto está previsto nos arts. 151 a 155 do Código Civil.

Exemplo de coação é o contrato assinado por alguém mediante ameaça de morte.

Para tornar o negócio anulável, a ameaça deve ser:

a) da parte que aproveita ou de terceiro, com conhecimento daquela;

b) determinante;

c) grave: veem-se aspectos subjetivos das partes;

d) injusta: mal prometido não é exercício regular de direito; se for, a ameaça não é injusta;

e) iminente;

f) relativa ao paciente, sua família ou seus bens.

Se a coação disser respeito a pessoa não pertencente à família do paciente, o juiz, com base nas circunstâncias, decidirá se houve coação.

A respeito da coação, o Código Civil traz, ainda, as seguintes regras:

a) ao apreciar a coação, ter-se-ão em conta o sexo, a idade, a condição, a saúde, o temperamento do paciente e todas as demais circunstâncias que possam influir na gravidade dela;

b) não se considera coação a ameaça do exercício normal de um direito, nem o simples temor reverencial;

c) vicia o negócio jurídico a coação exercida por terceiro se dela tivesse ou devesse ter conhecimento a parte a que aproveite e esta responderá solidariamente com aquele por perdas e danos;

d) subsistirá o negócio jurídico se a coação decorrer de terceiro sem que a parte a que aproveite dela tivesse ou devesse ter conhecimento; mas o autor da coação responderá por todas as perdas e danos que houver causado ao coacto.

2.6.10.4. Estado de perigo

O estado de perigo pode ser **conceituado** como *a assunção de obrigação excessivamente onerosa com o intuito de salvar a si ou a alguém de sua família de grave dano conhecido da outra parte*. O instituto está previsto no art. 156 do CC.

Exemplo de estado de perigo é a exigência de cheque-caução em hospital.

O ato cometido em situação de estado de perigo é anulável. Mas há corrente doutrinária que entende que o ato deveria ser válido, determinando-se apenas o ajuste das prestações.

2.6.10.5. Lesão

A lesão pode ser **conceituada** como *a assunção de prestação manifestamente desproporcional ao valor da prestação oposta por premente necessidade ou inexperiência*. O instituto está previsto no art. 157 do CC.

Exemplo de lesão é a compra de imóvel que vale R$ 500 mil por R$ 100 mil, por inexperiência de quem vende. Outro exemplo é a venda de um apartamento por 40% do seu preço de mercado para pagar resgate de sequestro não conhecido da outra parte.

O STJ reconhece a configuração do instituto em contrato no qual o advogado, aproveitando-se de desespero do cliente, firmou contrato pelo qual sua remuneração seria de 50% do benefício econômico gerado pela causa (REsp 1.155.200, DJ 02.03.2011).

O instituto requer a configuração de dois **elementos** para se caracterizar:

a) elemento objetivo: prestação manifestamente desproporcional;

b) elemento subjetivo: premente necessidade ou inexperiência.

Quanto ao requisito subjetivo "inexperiência", o Enunciado 410 das Jornadas de Direito Civil traz o seguinte entendimento: "art. 157: A inexperiência a que se refere o art. 157 não deve necessariamente significar imaturidade ou desconhecimento em relação à prática de negócios jurídicos em geral, podendo ocorrer também quando o lesado, ainda que estipule contratos costumeiramente, não tenha conhecimento específico sobre o negócio em causa."

O instituto não incide quanto a atos unilaterais, pois há de se comparar a existência de duas prestações.

Na lesão, não há necessidade de existir: a) situação de perigo; b) conhecimento da situação pela outra parte.

O ato praticado mediante lesão é anulável. Porém, o negócio pode ser mantido se a parte prejudicada receber uma compensação.

2.6.10.6. Fraude contra credores

A fraude contra credores **dá-se com** *a transmissão de bens ou remissão de dívidas feitas pelo devedor já insolvente ou por elas reduzido à insolvência*. O instituto está previsto nos arts. 158 a 165 do CC.

São **requisitos** da fraude contra credores os seguintes:

a) consilium fraudis: conluio fraudulento (elemento subjetivo); nos negócios gratuitos, o conluio é presumido; nos negócios onerosos, a existência de ações contra o alienante configuram-no;

b) evento danoso: prejuízo (elemento objetivo);

c) ação própria: pauliana ou revocatória.

Confira as diferenças entre a **fraude contra credores** e a **fraude à execução:** a) vício social X ato atentatório da Justiça; b) depende de ação própria X reconhecimento na própria execução; c) gera anulação do negócio X gera ineficácia do negócio perante o credor.

A respeito da fraude contra credores, o Código Civil traz, ainda, as seguintes regras:

a) se o adquirente dos bens do devedor insolvente ainda não tiver pagado o preço e este for, aproximadamente, o corrente, desobrigar-se-á depositando-o em juízo, com a citação de todos os interessados; se inferior, o adquirente, para conservar os bens, poderá depositar o preço que lhes corresponda ao valor real;

b) a ação poderá ser intentada contra o devedor insolvente, a pessoa que com ele celebrou a estipulação considerada fraudulenta, ou terceiros adquirentes que hajam procedido de má-fé;

c) o credor quirografário que receber do devedor insolvente o pagamento da dívida ainda não vencida ficará obrigado a repor, em proveito do acervo sobre que se tenha de efetuar o concurso de credores, aquilo que recebeu;

d) presumem-se fraudatórias dos direitos dos outros credores as garantias de dívidas que o devedor insolvente tiver dado a algum credor;

e) presumem-se, porém, de boa-fé e valem os negócios ordinários indispensáveis à manutenção de estabelecimento mercantil, rural, ou industrial, ou à subsistência do devedor e de sua família:

f) anulados os negócios fraudulentos, a vantagem resultante reverterá em proveito do acervo sobre que se tenha de efetuar o concurso de credores; se esses negócios tinham por único objeto atribuir direitos preferenciais, mediante hipoteca, penhor ou anticrese, sua invalidade importará somente na anulação da preferência ajustada.

g) Somente os credores do devedor que já o eram ao tempo do ato é que podem pleitear a anulação deste.

2.6.11. Atos nulos

São atos **nulos** os seguintes (art. 166 do CC):

a) os celebrados por pessoa absolutamente incapaz;

b) os de objeto ilícito, impossível ou indeterminável;

c) os que tiverem motivo determinante, comum a ambas as partes, ilícito;

d) os que não revestirem a forma prescrita em lei;

e) os que preterirem alguma solenidade que a lei considere essencial para sua validade;

f) os que tiverem por objeto fraudar lei imperativa;

g) os que a lei taxativamente declarar nulo, ou proibir-lhe a prática, sem cominar sanção;

h) o negócio jurídico simulado, mas subsistirá o que se dissimulou, se válido for na substância e na forma.

Qualquer interessado ou o MP, quando cabível, pode alegar a nulidade e o juiz pode pronunciá-la de ofício (art. 168 do CC).

O negócio nulo não pode ser convalidado pelo decurso do tempo e também não é suscetível à confirmação pela vontade das partes (art. 169 do CC), salvo situações excepcionais devidamente justificadas por outros valores de maior expressão protegidos pela lei.

A sanção de nulidade opera de pleno direito. Assim, a ação judicial respectiva resulta em sentença de natureza declaratória, com eficácia *ex tunc*.

Quanto à **simulação**, essa pode ser de duas espécies:

a) absoluta: *quando não se quer negócio algum* (ex.: divórcio simulado para fugir de responsabilidade civil);

b) relativa: *quando se encobre um negócio querido.*

Na simulação relativa, temos as seguintes situações:

i) **negócio simulado:** *o que se declara, mas não se quer. O negócio simulado é nulo.* Ex.: doação de um imóvel;

ii) **negócio dissimulado:** *o que se pretende de verdade.* O negócio dissimulado pode ser mantido, desde que válido na forma e na substância.

Caso um negócio jurídico seja declarado nulo por causa de simulação, o seu reconhecimento dispensa ação específica. Assim é a orientação do Enunciado 578/CJF: "Sendo a simulação causa de nulidade do negócio jurídico, sua alegação prescinde de ação própria".

2.6.12. Atos anuláveis

São atos **anuláveis** os seguintes (art. 171 do CC):

a) os praticados por relativamente incapaz;

b) os com defeito (erro, dolo, coação, estado de perigo, lesão ou fraude contra credores);

c) outros previstos em lei, como no caso de falta de legitimação.

O negócio anulável pode ser confirmado pelas partes, inclusive tacitamente (caso já tenha sido cumprido com ciência do vício), salvo direito de terceiro.

Só os interessados podem alegar a anulabilidade.

O prazo decadencial para pleitear a anulação é de 2 anos, como regra. Todavia, para anulação nos casos "a" e "b", o prazo é de 4 anos.

A sanção de anulabilidade não opera de pleno direito, dependendo de provocação da parte interessada. Assim, a sentença respectiva tem natureza constitutiva e eficácia *ex nunc*.

2.6.13. Anulabilidade X Nulidade

Para fechar o tema das invalidades no Código Civil, faz-se necessário fazer uma análise comparativa entre os institutos da anulabilidade e da nulidade. Confira a comparação, que traz, primeiro, informação sobre a anulabilidade e, depois, sobre a nulidade:

a) **interesse envolvido:** privado x público;

b) **legitimidade para alegar:** só interessados x interessados, MP e juiz de ofício;

c) **possibilidade confirmação:** admite x não admite;

d) **consequência do decurso do tempo:** convalesce (em regra: 2 anos) x não convalesce;

e) **ação cabível:** anulatória x declaratória de nulidade;

f) **efeitos da sentença:** não retroage (*ex nunc*) x retroage (*ex tunc*);

g) **possibilidade de aproveitamento:** pela *convalidação* x pela *conversão* em outro ato.

2.6.14 QUADRO SINÓTICO

1. Fato jurídico.

1.1 Conceito: todo acontecimento que produz efeitos jurídicos.

1.2 Classificação:

1.2.1 Fato jurídico em sentido estrito: é o acontecimento *natural* que produz efeitos jurídicos. Ex: nascimento, morte, decurso do tempo.

1.2.2 Ato jurídico: é o acontecimento *humano* que produz efeitos jurídicos. Podem ser:

1.2.2.1 Ato ilícito: contrários ao Direito.

1.2.2.2 Ato lícito: produzem efeitos *conforme* o Direito. Podem ser:

a) ato jurídico em sentido estrito: simples declaração de vontade com efeitos legais. Ex: tradição, reconhecimento de filho, ocupação.

b) negócio jurídico: declaração de vontade com a finalidade de alcançar um fim previsto em lei. A vontade, portanto, é qualificada, isto é, com fim específico (ex: contrato de locação). O negócio pode ser unilateral (testamento) ou bilateral (contrato).

c) ato-fato jurídico: ato material humano com efeito jurídico. Ex: achado de tesouro.

2. Requisitos de existência no negócio jurídico.

2.1 Manifestação de vontade: expressa ou tácita (inequívoca ou comportamento). O silêncio significará vontade, se os usos ou circunstâncias autorizarem, e não for necessária a vontade expressa.

2.2 Finalidade negocial: vontade de regulamentar uma relação jurídica.

2.3 Objeto: utilidade física ou ideal sobre a qual recai a vontade.

3. Requisitos de validade do negócio jurídico.

3.1 Manifestação de vontade livre: externada sem vícios (ex: erro, dolo, coação).

3.2 Agente emissor da vontade capaz: alguém com capacidade de fato ou com mediador idôneo.

3.3 Legitimação: aptidão específica para o ato.

3.4 Objeto lícito, possível e determinável.

3.5 Obediência à forma, quando prescrita em lei.

3.6 Inexistência de configuração de outras hipóteses de nulidade (ex: simulação) e de anulabilidade (ex: fraude contra credores).

Atos nulos: arts. 166 (vários casos) e 167 (simulação) do CC.

Simulação

a) absoluta: quando não se quer negócio jurídico algum (ex: divórcio simulado para fugir de responsabilidade civil).

b) relativa: quando se encobre um negócio desejado. Pode ser: i) negócio simulado – o que se declara, mas não se quer (ex: doação de um imóvel). É nulo; ii) negócio dissimulado: o que se se pretende de verdade. Ex: compra e venda do mesmo imóvel. Pode ser mantido, desde que válido na forma e a substância.

Atos anuláveis: art. 171 do CC.

a) Por incapacidade relativa do agente (4 anos);

b) Por vício resultante de erro, dolo, coação, estado de perigo, lesão ou fraude contra credores (defeitos do negócio jurídico) (4 anos);

c) Outros casos previstos em lei, como na venda de ascendente para descendente (art. 496) (2 anos).

Anulabilidade X Nulidade

a) interesse: privado X público;

b) legitimidade: interessados X interessados, MP, juiz de ofício;

c) confirmação: admite X não admite;

d) decurso do tempo: convalida (regra: 2 anos) X não convalida;

e) ação: anulatória X declaratória de nulidade;

f) efeitos da sentença: não retroage (*ex nunc*) X retroage (*ex tunc*);

g) aproveitamento: convalidação X conversão.

4. Requisitos de eficácia do negócio jurídico.

4.1 Inexistência de condição suspensiva pendente, ou seja, evento futuro e incerto que condiciona o início dos efeitos do negócio.

4.2 Inexistência de termo suspensivo pendente, ou seja, de evento futuro e certo que condiciona o início dos efeitos do negócio jurídico.

Obs.: quanto aos elementos acidentais do negócio jurídico:

a) condição: subordina o negócio a evento futuro e incerto.

b) termo: subordina o negócio a evento futuro e certo.

O termo e a condição podem ser suspensivos ou resolutivos: i) suspensivo: enquanto não acontecerem, o negócio fica com efeitos suspensos; ii) resolutivo: quando acontecerem, o negócio fica resolvido, ou seja, não produzirá mais efeito.

c) Encargo: cláusula que impõe obrigação ao beneficiário do negócio jurídico. Ex: doação com encargo. Não suspende aquisição do direito.

5. Defeitos do negócio jurídico (geram anulabilidade).

5.1 Erro ou ignorância: é o engano cometido pelo próprio agente. Deve ser substancial, escusável e real. O erro acidental (relativo a questões secundárias), não gera anulabilidade do ato nem indenização.

5.2 Dolo: erro provocado pela parte contrária ou por terceiro por meio de expediente malicioso. Deve ser: essencial, com malícia, determinante, não recíproco. O dolo acidental só enseja reparação por perdas e danos.

5.3 Coação: é a ameaça que constrange alguém à prática de um negócio. A ameaça deve ser: da parte que aproveita ou de terceiro, com conhecimento daquela; determinante; grave; injusta; iminente; relativa ao paciente, sua família ou seus bens (pessoa que não for da família, o juiz decide).

5.4 Estado de perigo: assunção de obrigação excessivamente onerosa com o intuito de salvar a si ou a alguém de sua família de grave dano conhecido da outra parte. Ex: cheque caução em hospital. Há corrente doutrinária que entende que o ato deveria ser válido, determinando-se apenas o ajuste das prestações.

5.5 Lesão: assunção de prestação manifestamente desproporcional ao valor da prestação oposta, por premente necessidade ou inexperiência. Não ocorre em atos unilaterais, não há necessidade de situação de perigo nem conhecimento da outra parte. O negócio pode ser mantido se a parte prejudicada receber uma compensação. Devem estar presentes os elementos objetivos e subjetivos.

5.6 Fraude contra credores: dá com a transmissão de bens ou remissão de dívida feitas pelo devedor já insolvente ou por elas reduzido à insolvência.

5.6.1 Requisitos:

a) *consilium fraudis*: conluio fraudulento (elemento subjetivo). Nos gratuitos é presumido. Nos onerosos, a existência de ações é que configura;

b) evento danoso: prejuízo (elemento objetivo);

c) ação própria: pauliana ou revocatória.

Diferenças com fraude de execução: a) vício social X ato atentatório da justiça; b) ação própria X reconhecimento na própria execução; c) anulação do negócio jurídico X ineficácia do negócio perante o credor.

2.7. PRESCRIÇÃO E DECADÊNCIA

2.7.1. Prescrição

2.7.1.1. Conceito

É a causa extintiva da pretensão por seu não exercício no prazo estipulado pela lei. Diz respeito às ações condenatórias.

2.7.1.2. Características

a) parte que se beneficia só pode renunciar ao direito após o decurso do prazo (art. 191 do CC). Sobre o tema é importante saber o Enunciado 581/CJF: "Em complemento ao Enunciado 295, a decretação *ex officio* da prescrição ou da decadência deve ser precedida de oitiva das partes".

b) prazos não podem ser alterados por convenção (art. 192 do CC);

c) pode-se reconhecê-la em qualquer grau de jurisdição (art. 193 do CC);

d) relativamente incapaz e PJ têm ação contra responsáveis por ela (art. 195 do CC);

e) prescrição iniciada contra uma pessoa continua a correr contra o seu sucessor (art. 196 do CC).

f) A exceção prescreve no mesmo prazo em que a pretensão.

2.7.1.3. Não corre prescrição

a) entre os cônjuges, na constância da sociedade conjugal; tendo em vista a finalidade legal, essa regra deve se estender também aos companheiros;

b) entre ascendentes e descendentes, durante o poder familiar;

c) entre tutelados ou curatelados e seus tutores ou curadores, durante a tutela ou curatela;

d) contra os incapazes de que trata o art. 3º;

e) contra os ausentes do País em serviço público da União, dos Estados ou dos Municípios;

f) contra os que se acharem servindo nas Forças Armadas, em tempo de guerra;

g) pendendo condição suspensiva;

h) não estando vencido o prazo;

i) pendendo ação de evicção.

2.7.1.4. Interrompem a prescrição (uma única vez)

a) o despacho do juiz, mesmo incompetente, que ordenar a citação, se o interessado a promover no prazo e na forma da lei processual;

b) o protesto, nas condições do item antecedente;

c) o protesto cambial;

d) a apresentação do título de crédito em juízo de inventário ou em concurso de credores;

e) qualquer ato judicial que constitua em mora o devedor;

f) qualquer ato inequívoco, ainda que extrajudicial, que importe reconhecimento do direito pelo devedor.

Observações:

a) a prescrição interrompida recomeça a correr da data do ato interruptivo ou do último ato do processo que a interrompeu;

b) a prescrição pode ser interrompida por qualquer interessado;

c) a interrupção da prescrição por um credor não aproveita aos outros; semelhantemente, a interrupção operada contra o codevedor, ou seu herdeiro, não prejudica aos demais coobrigados (art. 204);

d) exceção: interrupção por um credor solidário aproveita aos outros, assim como a interrupção efetuada contra o devedor solidário envolve os demais e seus herdeiros;

e) a interrupção operada contra um dos herdeiros do devedor solidário não prejudica os outros herdeiros ou devedores senão quando se trate de obrigações e direitos indivisíveis (acessório não segue o acessório);

f) a interrupção produzida contra o principal devedor prejudica o fiador (acessório segue o principal).

g) a prescrição intercorrente observará o mesmo prazo de prescrição da pretensão, observadas as causas de impedimento, de suspensão e de interrupção da prescrição previstas no CC e observado o disposto no art. 921 do CPC.

2.7.1.5. Prazos

2.7.1.5.1. Geral

A prescrição ocorre em 10 anos quando a lei não lhe haja fixado prazo menor (art. 205 do CC).

2.7.1.5.2. Especiais (art. 206 do CC)

a) 1 ano: pretensão de hotéis, segurado contra segurador (pedido de pagamento suspende prazo), tabeliães, peritos etc.;

b) 2 anos: prestação de alimentos, a partir dos vencimentos;

c) 3 anos: alugueres, ressarcimento por enriquecimento sem causa, reparação civil, seguro obrigatório (ex. DPVAT) etc.

d) 4 anos: pretensão relativa à tutela, da prestação de contas;

e) 5 anos: cobrança de dívidas líquidas constantes de instrumentos; pretensão de profissionais liberais, contado da conclusão dos serviços; pretensão do vencedor para haver do vencido o que despendeu em juízo.

Referente ao assunto, colaciona-se orientação do CJF:

> Enunciado 579 – Nas pretensões decorrentes de doenças profissionais ou de caráter progressivo, o cômputo da prescrição iniciar-se-á somente a partir da ciência inequívoca da incapacidade do indivíduo, da origem e da natureza dos danos causados.
>
> Enunciado 580 – É de 3 anos, pelo art. 206, § 3º, V, do CC, o prazo prescricional para a pretensão indenizatória da seguradora contra o causador de dano ao segurado, pois a seguradora sub-roga-se em seus direitos.

2.7.2. Decadência

2.7.2.1. Conceito

É a causa extintiva do direito potestativo pelo seu não exercício no prazo estipulado pela lei. Diz respeito às ações constitutivas.

2.7.2.2. Características

a) salvo disposição legal, não se aplicam os casos de impedimento, suspensão e interrupção (art. 207 do CC);

b) não corre prazo decadencial contra absolutamente incapaz (art. 208 do CC);

c) é nula a renúncia à decadência legal (art. 209 do CC), mas a decadência convencional pode ser alterada;

d) o juiz deve conhecer de ofício decadência legal (art. 210 do CC);

e) pode-se reconhecê-la a qualquer tempo (art. 211 do CC);

f) "o prazo decadencial para o ajuizamento da ação rescisória prorroga-se para o primeiro dia útil seguinte, caso venha a findar no recesso forense, sendo irrelevante a controvérsia acerca da natureza do prazo para ajuizamento da ação, se prescricional ou decadencial, pois, em ambos os casos, o termo *ad quem* seria prorrogado (EREsp 667.672-SP, DJe 26.06.2008). Desse modo, na linha do precedente da Corte Especial e outros precedentes do STJ, deve-se entender cabível a prorrogação do termo *ad quem* do prazo prescricional no caso" (STJ, REsp 1.446.608-RS, j. 21.10.2014).

2.7.3. QUADRO SINÓTICO

1. Prescrição.

1.1 Conceito: é a causa extintiva da *pretensão*, pelo seu não exercício no prazo estipulado em lei. Diz respeito a ações condenatórias.

1.2 Características:

a) parte que se beneficia só pode renunciar ao direito após o decurso do prazo (art. 191 do CC);

b) prazos não podem ser alterados por convenção (art. 192 do CC);

c) juiz pode reconhecer de ofício, ouvidas as partes (art. 487, parágrafo único NCPC);

d) pode-se reconhece-la a qualquer tempo (art. 193 do CC);

e) rel. incapaz e PJ têm ação contra responsáveis por ela (art. 195 do CC);

f) prescrição iniciada contra uma pessoa, continua a correr contra o seu sucessor (art. 196).

1.3 Não corre prescrição:

– entre os cônjuges, na constância da sociedade conjugal;

– entre ascendentes e descendentes, durante o poder familiar;

– entre tutelados e curatelados e seus tutores ou curadores, durante a tutela ou curatela;

– contra incapazes de que trata o art. 3º do CC;

– contra ausentes do País em serviço público da União, Estados ou dos Municípios;

– contra os que se acharem servindo nas Forças Armadas, em tempo de guerra;

– pendendo condição suspensiva;

– não estando vencido o prazo;

– pendendo ação de evicção.

1.4 Interrompem a prescrição:

– o despacho do juiz, mesmo que incompetente, que ordenar a citação, se o interessado a promover no prazo e na forma da lei processual;

– o protesto, nas condições do item antecedente;

– o protesto cambial;

– a apresentação do título de crédito em juízo de inventário ou em concurso de credores;

– qualquer ato judicial que constitua em mora o devedor;

– qualquer ato inequívoco, ainda que extrajudicial que importe reconhecimento do direito pelo devedor.

Obs.:

– A prescrição interrompida recomeça a correr da data do ato interruptivo ou do último ato do processo que a interrompe;

– A prescrição pode ser interrompida por qualquer interessado.

– A interrupção da prescrição por um credor não aproveita aos outros; semelhantemente, a interrupção operada contra o codevedor, ou o seu herdeiro, não prejudica aos demais coobrigados (art. 204 do CC). Exceção: interrupção por um credor solidário aproveita aos outros; assim como a interrupção efetuada contra o devedor solidário envolve os demais e seus herdeiros;

– A interrupção operada contra um dos herdeiros do devedor solidário não prejudica os outros herdeiros ou devedores, senão quando se trate de obrigações e direitos indivisíveis (acessório não segue o acessório);

– A interrupção produzida contra o principal devedor prejudica o fiador (acessório segue o principal).

1.5 Prazos

1.5.1 Geral: a prescrição ocorre em 10 anos, quando a lei não lhe haja fixado prazo menor (art. 205 do CC).

1.5.2 Especiais (art. 206 do CC).

a) 1 ano: pretensão de hotéis; seguro contra segurador (pedido de pagamento suspende prazo); tabeliães; peritos etc.;

b) 2 anos: pretensão de alimentos, dos vencimentos;

c) 3 anos: alugueres; ressarcimento por enriquecimento sem causa; reparação civil; seguro obrigatório (ex: DPVAT);

d) 4 anos: pretensão relativa à tutela, prestação de contas;

e) 5 anos: cobrança de dívidas líquidas constantes de instrumentos; pretensão de profissionais liberais, contado da conclusão dos serviços; pretensão do vencedor para haver do vencido o que despendeu em juízo.

2. Decadência

2.1 Conceito: é a causa extintiva do *direito potestativo* pelo seu não exercício no prazo estipulado pela lei.

2.2 Características:

a) salvo disposição legal, não se aplicam os casos de impedimento, suspensão e interrupção (art. 207 do CC);

b) não corre prazo decadencial contra absolutamente incapaz (art. 208 do CC);

c) é nula a renúncia à decadência legal (art. 209) mas a decadência convencional pode ser alterada;

d) o juiz deve conhecer de ofício a decadência legal (art. 210 do CC);

e) pode-se reconhecê-la a qualquer tempo (art. 211).

2.8. QUESTÕES COMENTADAS

2.8.1. Pessoas naturais

2.8.1.1. Início da personalidade e nascituro

(Ministério Público/PR) Assinale a alternativa correta:

(A) a capacidade de direito não é atribuída àqueles que, por enfermidade ou deficiência mental, não tiverem o necessário discernimento para os atos da vida civil.

(B) a incapacidade de exercício não afeta a capacidade de direito, que é atributo de todo aquele dotado de personalidade jurídica.

(C) a antecipação da maioridade derivada do casamento gera a atribuição de plena capacidade de direito àquele menor de 18 anos que contrai núpcias, embora nada afete a sua capacidade de fato.

(D) o reconhecimento da personalidade jurídica da pessoa natural a partir do nascimento com vida significa afirmar que, antes do nascimento, a pessoa é dotada de capacidade de fato, mas não tem capacidade de direito.

(E) a interdição derivada de incapacidade absoluta enseja a suspensão da personalidade jurídica da pessoa natural, uma vez que a capacidade é a medida da personalidade.

A: incorreta, pois todas as pessoas têm capacidade de direito, que consiste na *aptidão genérica conferida pela ordem jurídica para adquirir direitos e contrair deveres*; **B:** correta, conforme justificativa da alternativa A; **C:** incorreta, pois a emancipação afeta diretamente a capacidade de fato, eis que a pessoa emancipada passa a ter total capacidade de fato; **D:** incorreta, pois o nascituro não tem personalidade jurídica, mas a lei põe a salvo, desde a concepção, os direitos que ele possa ter (art. 2º do CC), ou seja, o nascituro é um sujeito de direito despersonificado, de modo que não há como falar que ele tem capacidade, que é uma aptidão genérica para contrair direitos e obrigações, visto que não existe essa aptidão GENÉRICA, mas apenas proteção de alguns direitos específicos; com o nascimento com vida a pessoa adquire personalidade jurídica e, por consequência, capacidade de direito; **E:** incorreta, pois a interdição não retira a personalidade jurídica da pessoa, que só termina com a morte.

Gabarito "B".

(Analista – TJ/ES – CESPE) Julgue o seguinte item.

(1) Apesar de não reconhecer a personalidade do nascituro, o Código Civil põe a salvo os seus direitos desde a concepção. Nesse sentido, na hipótese de interdição de mulher grávida, o curador desta será também o curador do nascituro.

1: correta, pois o art. 2º do CC estabelece que "a lei põe a salvo, desde a concepção, os direitos do nascituro"; além disso, o art. 1.779, parágrafo único, estabelece que "se a mulher estiver interditada, seu curador será o do nascituro".

Gabarito 1C.

2.8.1.2. Capacidade

(Auditor Fiscal/SC – FEPESE) Assinale a alternativa **incorreta**.

(A) A capacidade dos índios será regulada por legislação especial.

(B) Cessará para os menores a incapacidade pelo casamento.

(C) A menoridade cessa aos dezoito anos completos, quando a pessoa fica habilitada à prática de todos os atos da vida civil.

(D) A personalidade civil da pessoa começa do nascimento com vida, mas a lei põe a salvo, desde a concepção, os direitos do nascituro.

(E) A lei do país em que nascer a pessoa determina as regras sobre o começo, e o fim da personalidade, o nome, a capacidade e os direitos de família.

A: correta, art. 4º, parágrafo único, do CC; B: correta, art. 5º, parágrafo único, II, do CC; C: correta, art. 5º, *caput*, do CC; D: correta, art. 2º do CC; E: incorreta, de acordo com o art. 7º da LINDB, será a lei do país em que domiciliada a pessoa que determina as regras sobre o começo, e o fim da personalidade, o nome, a capacidade e os direitos de família.
Gabarito "E".

(Analista – STM – CESPE) Julgue o seguinte item.
(1) Com a maioridade civil, adquire-se a personalidade jurídica, ou capacidade de direito, que consiste na aptidão para ser sujeito de direito na ordem civil.

1: incorreta, pois com o nascimento com vida já se adquire a *personalidade jurídica* (art. 2º do CC), que já confere à pessoa *capacidade de direito* (art. 1º do CC); com a maioridade, a pessoa passa a ter também plena capacidade de fato, ou seja, capacidade de exercer pessoalmente direitos e deveres.
Gabarito 1E.

(Analista – TJ/ES – CESPE) Julgue o seguinte item.
(1) João formou-se em medicina aos quinze anos de idade. Nessa situação, por ser menor impúbere, o referido médico ficará impedido de exercer pessoalmente os atos de sua vida civil.

1: incorreta, pois a colação de grau em curso superior, seja qual for a idade em que essa colação se der, tem como consequência a emancipação do menor (art. 5º, parágrafo único, IV, do CC).
Gabarito 1E.

2.8.1.3. Emancipação

(Analista – TRE/TO – FCC) Marta possui dezesseis anos de idade e reside com sua mãe, Julia, já que seu pai é falecido. Julia pretende fazer cessar a incapacidade civil de Marta. Neste caso, Julia
(A) não poderá fazê-lo uma vez que Marta possui dezesseis anos de idade.
(B) deverá fazê-lo através de procedimento judicial adequado visando sentença proferida em juízo.
(C) poderá fazê-lo mediante instrumento público, independentemente de homologação judicial.
(D) poderá fazê-lo mediante instrumento público, desde que submetido à homologação judicial.
(E) não poderá fazê-lo em razão do falecimento do pai de Marta.

A: incorreta, pois a emancipação voluntária pode se dar a partir dos 16 anos (art. 5º, parágrafo único, I, do CC); B: incorreta, pois somente a emancipação de menor sob tutela depende de procedimento judicial (art. 5º, parágrafo único, I, do CC); C: correta, pois basta uma escritura pública para os pais (no caso a mãe, pois o pai já faleceu) emanciparem seus filhos que já tenham 16 anos (art. 5º, parágrafo único, I, do CC); D: incorreta, pois como visto, basta uma escritura pública; E: incorreta, pois o dispositivo legal citado deixa claro que, na falta de um dos pais, o que remanesceu poderá promover a emancipação.
Gabarito "C".

2.8.1.4. Fim da personalidade. Comoriência

(Ministério Público/RO – CESPE) Com relação a pessoas naturais, pessoas jurídicas, domicílio e fatos jurídicos, assinale a opção correta.
(A) O direito do indivíduo ao próprio corpo é indisponível, não sendo permitido, pois, que se pratiquem ações que afetem a integridade física do indivíduo.
(B) Os negócios jurídicos bifrontes são aqueles aos quais falta atribuição patrimonial.
(C) A teoria da ficção jurídica, definida por Rudolf Von Ihering como mentira técnica consagrada pela necessidade, configura um recurso técnico para se atribuir a uma categoria os efeitos jurídicos próprios de outra categoria.
(D) A comoriência ocorre quando duas ou mais pessoas da mesma família falecem simultaneamente e no mesmo lugar sem que seja possível precisar quem faleceu primeiro; não é possível a comoriência no caso de uma das mortes ser real e outra, presumida.
(E) A capacidade é conceito básico da ordem jurídica, o qual se estende a todos os homens, consagrado na legislação civil e nos direitos constitucionais de vida, liberdade e igualdade.

A: incorreta, pois há exceções em que ações que afetem a integridade física do indivíduo são permitidas; por exemplo, é possível a diminuição permanente da integridade física em caso de exigência médica ou para fins de transplante (art. 13 do CC); B: incorreta, pois os negócios jurídicos bifrontes são aqueles que podem assumir mais de uma natureza; por exemplo, o mandato, enquanto contrato, é bifronte, pois pode ser tanto unilateral (mandato não remunerado, em que só há obrigações para o mandatário), como bilateral (mandato remunerado, em que há obrigações para o mandante, que deve remunerar, e para o mandatário, que deve cumprir seus deveres decorrentes do mandato); C: correta, pois traz adequada definição da teoria da ficção jurídica; D: incorreta, pois o art. 8º não faz distinção entre a morte real e a morte presumida, para fins de aplicar a regra da comoriência; E: incorreta, pois todos os homens têm a capacidade de direito (ou de gozo), como se pode verificar do art. 1º do CC, mas nem todos os homens têm capacidade de fato (ou de exercício), como se pode verificar dos arts. 3º e 4º do CC.
Gabarito "C".

(Auditor Fiscal da Receita Federal – ESAF) Se uma pessoa, que participava de operações bélicas, não for encontrada até dois anos após o término da guerra, configurada está a:
(A) declaração judicial de morte presumida, sem decretação de ausência.
(B) comoriência.
(C) morte civil.
(D) morte presumida pela declaração judicial de ausência.
(E) morte real.

Art. 7º, II, do CC.
Gabarito "A".

2.8.2. Pessoas jurídicas

(Promotor de Justiça/RO – CESPE) A respeito das pessoas jurídicas, assinale a opção correta.
(A) A pessoa jurídica não responderá por atos que apenas aparentemente tiverem seus integrantes praticado em seu nome.
(B) A mera demonstração de insolvência da pessoa jurídica enseja a desconsideração da personalidade jurídica para atingir o patrimônio dos sócios.
(C) De acordo com o STJ, não encontra amparo legal a presunção de dissolução irregular de pessoa jurídica.
(D) Antes de registrar os atos constitutivos no cartório competente, a pessoa jurídica não será dotada de personalidade jurídica.
(E) Em se tratando de prática de ato danoso, a pessoa jurídica deve ser demandada no estabelecimento em que tiver sido praticado o ato, e não no domicílio da agência.

A: incorreta, pois a pessoa jurídica responde pelos atos de seus integrantes ou administradores (art. 47 do CC), aplicando-lhe também a denominada teoria da aparência, segundo a qual se protege o terceiro que confiou na aparência de uma situação fática, desde que não tenha havido negligência de sua parte; **B:** incorreta, pois a desconsideração da personalidade jurídica é medida excepcional e a mera insolvência não é causa suficiente para sua aplicação (art. 50 do CC); Vale ressaltar, todavia, de que no âmbito do Código de Defesa do Consumidor as hipóteses de desconsideração são mais amplas. O art. 28 do referido diploma legislativo permite a desconsideração da personalidade jurídica em virtude do mero estado de insolvência do fornecedor; **C:** incorreta, pois contrária aos termos da Súmula 435 do STJ, segundo a qual: "Presume-se dissolvida irregularmente a empresa que deixar de funcionar no seu domicílio fiscal, sem comunicação aos órgãos competentes, legitimando o redirecionamento da execução fiscal para o sócio-gerente"; **D:** correta, pois a existência legal das pessoas jurídicas de direito privado só começa a partir da inscrição do ato constitutivo no respectivo registro (art. 45 do CC); **E:** incorreta, pois a Súmula 363 do STF estabelece que: "A pessoa jurídica de direito privado pode ser demandada no domicílio da agência, ou estabelecimento, em que se praticou o ato".
Gabarito "D"

(Analista – STM – CESPE) Julgue o seguinte item.
(1) A sociedade de fato, ou irregular, na medida em que celebra negócios jurídicos para a consecução de seus fins sociais, torna-se sujeito de direito, adquirindo, com isso, personalidade jurídica.

1: incorreta, pois a personalidade jurídica de uma pessoa jurídica só nasce com a inscrição de seus atos constitutivos no respectivo registro (art. 45 do CC).
Gabarito 1E

(Analista – TJ/ES – 2011 – CESPE) Julgue o seguinte item.
(1) De acordo com a sistemática adotada pelo Código Civil, a personalidade da pessoa natural tem início com o nascimento com vida. Por outro lado, no que tange às pessoas jurídicas de direito privado, em especial as sociedades, a personalidade tem início com a formalização de seus atos constitutivos, mediante a assinatura do contrato social pelos seus sócios ou fundadores.

1: incorreta, pois, no caso das pessoas jurídicas, a personalidade tem início com a inscrição (o registro) dos atos constitutivos no respectivo Registro Público (art. 45 do CC).
Gabarito 1E

2.8.2.1. Desconsideração da personalidade jurídica

(Ministério Público/BA – CEFET) Assinale a alternativa **INCORRETA** sobre as disposições gerais acerca das pessoas jurídicas, constante do Código Civil Brasileiro:
(A) A desconsideração da personalidade jurídica poderá ser decretada em duas hipóteses: abuso da personalidade jurídica, caracterizada pelo desvio de finalidade, ou confusão patrimonial.
(B) O Ministério Público, quando lhe couber intervir no processo, poderá requerer a desconsideração da personalidade jurídica.
(C) A desconsideração da personalidade jurídica pode acarretar que os efeitos de certas e determinadas relações de obrigações sejam estendidos aos bens particulares dos administradores ou sócios da pessoa jurídica.
(D) Começa a existência legal das pessoas jurídicas de direito privado com a inscrição do ato constitutivo no respectivo registro, precedida, quando necessário, de autorização ou aprovação do Poder Executivo, averbando-se no registro todas as alterações por que passar o ato constitutivo.
(E) A proteção dos direitos da personalidade não se aplica às pessoas jurídicas.

A: assertiva correta (art. 50 do CC); **B:** assertiva correta (art. 50 do CC); **C:** assertiva correta (art. 50 do CC); **D:** assertiva correta (art. 45 do CC); **E:** assertiva incorreta, devendo ser assinalada; o art. 52 do CC dispõe que tais direitos aplicam-se, no que couber, às pessoas jurídicas.
Gabarito "E"

(Procurador do Estado/PR – PUC-PR) Assinale a alternativa **CORRETA** em relação à temática da pessoa jurídica.
(A) A desconsideração da personalidade jurídica é admitida sempre que a pessoa jurídica seja utilizada para fins fraudulentos ou diversos daqueles para os quais foi constituída e equivale à sua desconstituição para todos os efeitos.
(B) Os bens dominicais integrantes do patrimônio das pessoas jurídicas de direito público não podem ser adquiridos por usucapião nem alienados.
(C) Ao admitir que se aplica às pessoas jurídicas a proteção aos direitos da personalidade, o ordenamento jurídico o faz em total simetria com a proteção da personalidade humana.
(D) A desconsideração inversa da pessoa jurídica dá-se quando se atingem bens da pessoa jurídica para solver dívidas de seus sócios. Esse proceder é expressamente vedado pelo ordenamento jurídico brasileiro porque proporciona prejuízo aos demais participantes da sociedade.
(E) As associações públicas são pessoas jurídicas de direito público formadas por entes da Federação que se consorciam para realização de objetivos

que consagrem interesses comuns. Uma vez constituídas, as associações públicas passam a integrar a Administração Pública indireta de todos os entes federativos que participaram de sua formação.

A: incorreta, pois desconsideração não é desconstituição, mas apenas declaração de ineficácia da personalidade da pessoa jurídica para certos efeitos (art. 50 do CC); B: incorreta, pois não podem ser adquiridos por usucapião (art. 102 do CC), mas podem ser alienados (art. 101 do CC); C: incorreta, pois a lei realmente impõe a aplicação desses direitos às pessoas jurídicas, mas deixa claro que essa aplicação se dará "no que couber", aos direitos da personalidade (art. 52 do CC); D: incorreta, pois a desconsideração inversa da pessoa jurídica já vinha sendo admitida pela jurisprudência e agora está expressa no Novo CPC (art. 133, § 2º); E: correta (art. 41, IV, do CC; art. 6º, § 1º, da Lei 11.107/2005).

Gabarito "E".

(Procurador Distrital – CESPE) Julgue o seguinte item.

(1) No entendimento do STJ, não é cabível a desconsideração da personalidade jurídica denominada inversa para alcançar bens de sócio que se tenha valido da pessoa jurídica para ocultar ou desviar bens pessoais, com prejuízo a terceiros.

1: errada, pois o STJ posiciona-se a favor da desconsideração da personalidade jurídica inversa. A desconsideração da personalidade jurídica está prevista no artigo 50 do Código Civil (CC) de 2002 e é aplicada nos casos de abuso de personalidade, em que ocorre desvio de finalidade ou confusão patrimonial. Nessa hipótese, o magistrado pode decidir que os efeitos de determinadas relações de obrigações sejam estendidos aos bens particulares dos administradores ou sócios da pessoa jurídica. A desconsideração inversa, por sua vez, ocorre quando, em vez de responsabilizar o controlador por dívidas da sociedade, o juiz desconsidera a autonomia patrimonial da pessoa jurídica para responsabilizá-la por obrigação do sócio. Neste sentido, segue ementa do referido Tribunal: "Direito civil. Recurso especial. Ação de dissolução de união estável. Possibilidade. Reexame de fatos e provas. Inadmissibilidade. Legitimidade ativa. Companheiro lesado pela conduta do sócio. Artigo analisado: 50 do CC/2002. 1. Ação de dissolução de união estável ajuizada em 14.12.2009, da qual foi extraído o presente recurso especial, concluso ao Gabinete em 08.11.2011. 2. Discute-se se a regra contida no art. 50 do CC/2002 autoriza a desconsideração inversa da personalidade jurídica e se o sócio da sociedade empresária pode requerer a desconsideração da personalidade jurídica desta. 3. *A desconsideração inversa da personalidade jurídica caracteriza-se pelo afastamento da autonomia patrimonial da sociedade para, contrariamente do que ocorre na desconsideração da personalidade propriamente dita, atingir o ente coletivo e seu patrimônio social, de modo a responsabilizar a pessoa jurídica por obrigações do sócio controlador. 4. É possível a desconsideração da personalidade jurídica sempre que o cônjuge ou companheiro empresário valer-se de pessoa jurídica por ele controlada, ou de interposta pessoa física, a fim de subtrair do outro cônjuge ou companheiro direitos oriundos da sociedade afetiva.* 5. Alterar o decidido no acórdão recorrido, quanto à ocorrência de confusão patrimonial e abuso de direito por parte do sócio majoritário, exige o reexame de fatos e provas, o que é vedado em recurso especial pela Súmula 7/STJ. 6. Se as instâncias ordinárias concluem pela existência de manobras arquitetadas para fraudar a partilha, a legitimidade para requerer a desconsideração só pode ser daquele que foi lesado por essas manobras, ou seja, do outro cônjuge ou companheiro, sendo irrelevante o fato deste ser sócio da empresa. 7. Negado provimento ao recurso especial" (REsp 1236916/RS, Rel. Ministra Nancy Andrighi, Terceira Turma, julgado em 22.10.2013, *DJe* 28.10.2013).

Gabarito 1E.

(Ministério Público/SP) Assinale a alternativa correta:

(A) os pressupostos para que ocorra a desconsideração da personalidade jurídica são: existência da pessoa jurídica, podendo se tratar de sociedade de fato; exaurimento do seu patrimônio social; abuso da personalidade jurídica, caracterizado pelo desvio de finalidade, ou pela confusão patrimonial.

(B) a desconsideração da personalidade jurídica é medida excepcional, diante da autonomia patrimonial de que goza a pessoa jurídica.

(C) a desconsideração da personalidade jurídica não se aplica no Direito de Família.

(D) o Ministério Público intervindo no processo como "custos legis" não possui legitimidade para requerer ao juiz que os efeitos de certas e determinadas relações de obrigações sejam estendidos aos bens particulares dos administradores ou sócios da pessoa jurídica.

(E) o Ministério Público intervindo no processo como "custos legis" não possui legitimidade para postular a desconsideração da personalidade jurídica, salvo existindo interesse de incapaz.

A: incorreta, pois, havendo sociedade de fato, os sócios já respondem solidária e ilimitadamente pelas obrigações sociais (art. 990 do CC), sendo desnecessária a aplicação do instituto da desconsideração da personalidade; ademais, de acordo com o Enunciado 281 do CJF, "a aplicação da teoria da desconsideração, descrita no art. 50 do CC, prescinde da demonstração de insolvência da pessoa jurídica", de modo que é desnecessário ter certeza de que se exauriu todo o patrimônio social; B: correta, pois a regra é não poder ser feita a desconsideração da personalidade jurídica, para que os sócios respondam pelas obrigações da pessoa jurídica, tratando-se tal desconsideração medida excepcional, que depende, para ser aplicada, do preenchimento dos requisitos do art. 50 do CC; C: incorreta, pois o instituto se aplica com frequência no Direito de Família, mormente na modalidade de *desconsideração inversa da personalidade*, admitida pela doutrina e pela jurisprudência; nessa desconsideração, como o próprio nome diz, desconsidera-se a pessoa natural do sócio ou administrador de uma pessoa jurídica, para o fim de atingir o patrimônio da própria pessoa jurídica da qual faz parte o primeiro; um exemplo pode aclarar o instituto; imagine que alguém que deseja se separar de seu cônjuge sem ter de repartir bens que está em seu nome, passe tais bens para uma pessoa jurídica da qual é sócio, ficando esvaziado patrimonialmente, enquanto pessoa natural; nesse caso, a desconsideração inversa atua para o fim de, na separação judicial, o juiz desconsiderar a autonomia da pessoa natural em relação à pessoa jurídica, determinando que os bens que pertencem à pessoa jurídica sejam partilhados com o cônjuge prejudicado, como se fossem bens pertencentes à pessoa natural do cônjuge que perpetrou a fraude à lei; nesse sentido, o Enunciado 283 JDC/CJF defende que "é cabível a desconsideração da personalidade denominada inversa para alcançar bens de sócio que se valeu da pessoa jurídica para ocultar ou desviar bens pessoais, com prejuízo de terceiros"; D e E: incorretas, pois, segundo o art. 50 do CC, o MP pode requerer a desconsideração da personalidade sempre que lhe couber intervir no processo, a exemplo do que ocorre quando é *custos legis*.

Gabarito "B".

(Analista – TJ/ES – CESPE) Julgue o seguinte item.

(1) Nos autos de um processo judicial, restou devidamente comprovado o abuso da personalidade jurídica. Nessa situação, poderá o juiz, independentemente de requerimento da parte, decidir pela

aplicação do instituto da desconsideração da personalidade jurídica.

1: incorreta, pois, de acordo com o art. 50 do CC, o juiz pode decretar a desconsideração da personalidade jurídica "a requerimento da parte, ou do Ministério Público", de modo que é incorreto dizer que o juiz poderá fazê-lo independentemente de requerimento da parte. No mesmo sentido é o art. 133 do novo Código de Processo Civil.

Gabarito 1E

2.8.2.2. Classificações das pessoas jurídicas

(Magistratura do Trabalho – 2ª Região) Assinale a alternativa incorreta, observados os termos do Código Civil:
(A) As pessoas jurídicas são de direito público externo e interno e de direito privado.
(B) As associações, as sociedades e as organizações religiosas são pessoas jurídicas de direito privado.
(C) Os partidos políticos são pessoas jurídicas de direito público interno.
(D) A União, os Estados, o Distrito Federal, os Territórios, os Municípios, as autarquias, e as associações públicas são pessoas jurídicas de direito público interno.
(E) Os estados estrangeiros e todas as pessoas que forem regidas pelo direito internacional público são pessoas jurídicas de direito público externo.

A: correta (art. 40 do CC); **B:** correta (art. 44, I, II e IV, do CC); **C:** incorreta, devendo ser assinalada; os partidos políticos são pessoas jurídicas de direito privado (art. 44, V, do CC); **D:** correta (art. 41, I a IV, do CC); **E:** correta (art. 42 do CC).

Gabarito "C"

(Analista – TRE/AP – FCC) Considere as seguintes entidades com abrangência nacional:
I. Igreja São Marcos Divino.
II. Associação Pública "Venceremos".
III. Partido Político ABC.
IV. Autarquia XYZ.
Neste caso, são pessoas jurídicas de direito público interno, SOMENTE
(A) III e IV.
(B) II, III e IV.
(C) II e IV.
(D) I e IV.
(E) I e II.

São pessoas jurídicas de direito público interno os entes políticos, as autarquias (inclusive as associações públicas) e as demais entidades de caráter público criadas por lei (art. 41 do CC). Assim, somente a "Associação Pública Venceremos" (II) e a "Autarquia XYZ" (IV) são pessoas de direito público interno. Aproveitando o ensejo, vale lembrar que são pessoas jurídicas de direito privado as seguintes (art. 44 do CC): a) as associações; b) as sociedades; c) as fundações; d) as organizações religiosas; e) os partidos políticos; f) as empresas individuais de responsabilidade limitada (esta foi introduzida pela Lei 12.441/2011).

Gabarito "C"

2.8.2.3. Fundações

(Ministério Público/BA – CEFET) Conforme o artigo 62 do Código Civil Brasileiro, para criar uma fundação far-lhe-á o seu instituidor, por escritura pública ou testamento, dotação especial de bens livres, especificando o fim a que se destina, e declarando, se quiser, a maneira de administrá-la. Sobre o papel do Ministério Público em relação às fundações, é CORRETO afirmar que:
(A) Como se trata de ato vontade, com base no princípio que assegura a todo cidadão maior e capaz autonomia para a prática de ato jurídico, não cabe qualquer intervenção do Ministério Público.
(B) Quando a criação da fundação decorre de lei, cabe a intervenção do Ministério Público.
(C) Para criação de uma fundação é obrigatória a intervenção do Ministério Público.
(D) Para a criação de uma fundação de direito privado não é imprescindível a intervenção do Ministério Público.
(E) Caberá a intervenção do Ministério se o instituidor criar a fundação através de escritura pública.

A: incorreta, pois a lei prevê que o Ministério Público velará pelas fundações (art. 66 do CC), aprovará reforma nos estatutos da fundação, entre outras intervenções em matéria de fundações; **B:** incorreta, pois nesse caso tem-se uma fundação governamental, cuja criação e atuação a lei presume conforme a ordem jurídica; **C:** correta (art. 66 do CC); **D:** incorreta (art. 66 do CC); **E:** incorreta, pois nesse primeiro momento o Ministério Público somente intervirá nas fundações criadas por testamento, em que o estatuto não for elaborado no prazo estabelecido pelo instituidor, ou, não havendo prazo, em 180 dias (art. 65, parágrafo único do CC).

Gabarito "C"

(Ministério Público/BA – CEFET) Assinale a alternativa **CORRETA** acerca das Fundações, constante do Código Civil Brasileiro:
(A) A fundação poderá ser criada para qualquer objetivo estabelecido pelo seu instituidor no ato de sua criação.
(B) Para criar uma fundação, o seu instituidor fará, exclusivamente por escritura pública, dotação especial de bens livres, especificando o fim a que se destina, e declarando, se quiser, a maneira de administrá-la.
(C) Velará pelas fundações o Ministério Público do Estado, onde situadas.
(D) O Ministério Público deve ser ouvido nos casos em que houver alteração do estatuto da fundação, sendo vinculante sua opinião em caso de denegação.
(E) Tornando-se ilícita, impossível ou inútil a finalidade a que visa a fundação, ou vencido o prazo de sua existência, o órgão do Ministério Público, ou qualquer interessado, lhe promoverá a extinção, revertendo seu patrimônio em favor do Estado onde situada.

A: incorreta, pois só podem ser criadas para os seguintes fins: assistência social; cultura, defesa e conservação do patrimônio histórico e artístico; educação; saúde; segurança alimentar e nutricional; defesa, preservação e conservação do meio ambiente e promoção do desenvolvimento sustentável; pesquisa científica, desenvolvimento de tecnologias alternativas, modernização de sistemas de gestão, produção

e divulgação de informações e conhecimentos técnicos e científicos; promoção da ética, da cidadania, da democracia e dos direitos humanos; atividades religiosas; **B:** incorreta, pois a fundação também poderá ser criada por testamento (art. 62, *caput*, do CC); **C:** correta (art. 66, *caput*, do CC); **D:** incorreta, pois em caso de denegação do Ministério Público é possível, a pedido do interessado, que o juiz supra a vontade daquele (art. 67, III, do CC); **E:** incorreta, no caso o patrimônio da fundação será incorporado (salvo disposição em contrário no ato constitutivo ou no estatuto) em outra fundação, designada pelo juiz, que se proponha a fim igual ou semelhante (art. 69 do CC).
Gabarito "C".

(Ministério Público/ES – CESPE) Acerca de fundações, assinale a opção correta.

(A) O MPF deve velar pelas fundações que se estenderem por mais de um estado.
(B) Fica ao arbítrio do instituidor declarar a maneira de administrar a fundação por ele criada.
(C) Alterações estatutárias que não contrariem ou desvirtuem o fim da fundação prescindem da aprovação do MP.
(D) Sendo os bens insuficientes para constituir a fundação, devem ser convertidos em títulos da dívida pública.
(E) Pessoa jurídica não pode instituir fundação.

A: incorreta, pois o MPF velará pelas fundações instituídas pela União, estejam ou não localizadas no Distrito Federal, conforme ADI 2.794-8, que incidiu sobre o art. 66, § 1º, do CC; no mais, fundações em geral serão veladas pelo Ministério Público dos Estados, sendo que, se a fundação estender sua atividade por mais de um Estado, caberá o encargo, em cada um deles, ao respectivo Ministério Público (art. 66, § 2º, do CC); já Se funcionarem no Distrito Federal ou em Territórios, caberá o encargo ao Ministério Público do Distrito Federal e Territórios; **B:** correta (art. 62, *caput*, parte final, do CC); **C:** incorreta, pois toda alteração estatutária depende de aprovação do MP (art. 67, III, do CC); **D:** incorreta, pois, nesse caso, não havendo outra intenção demonstrada pelo instituidor, os bens serão incorporados em outra fundação que se proponha a fim igual ou semelhante (art. 63 do CC); **E:** incorreta, pois a instituição pode se dar por pessoa natural (por ato *inter vivos* ou *causa mortis*) ou por pessoa jurídica.
Gabarito "B".

2.8.2.4. Associações

(Ministério Público/SP) Considere o seguinte enunciado: as associações e as fundações apresentam traços que as aproximam, mas não se confundem, por terem natureza jurídica diversa. Diante disso, aponte a alternativa que demonstra a verdadeira distinção existente entre elas:
(A) As associações têm finalidade lucrativa e as fundações não possuem objetivo de lucro.
(B) As associações são pessoas jurídicas de direito privado e as fundações são pessoas jurídicas de direito público.
(C) As associações não podem exercer atividade econômica e as fundações podem ter atividade rentável.
(D) As associações, pelo objetivo social, integram o chamado Terceiro Setor e as fundações, ausente tal propósito, não desenvolvem ações de interesse social.
(E) As associações têm seu elemento principal nas pessoas e as fundações têm seu elemento essencial no patrimônio.

A: incorreta, pois as associações não tem finalidade lucrativa (art. 53, *caput*, do CC); **B:** incorreta, pois as duas são pessoas jurídicas de direito privado (art. 44, I e III, do CC); **C:** incorreta, pois as fundações também não podem ter fim lucrativo (art. 62, parágrafo único, do CC); **D:** incorreta, pois as fundações também podem desenvolver ações sociais, como Terceiro Setor; **E:** correta; a primeira é uma reunião de pessoas (art. 53, *caput*, do CC), ao passo que a segunda nasce da dotação de um patrimônio (art. 62, *caput*, do CC).
Gabarito "E".

(Magistratura/RO – PUCPR) Acerca das pessoas jurídicas, assinale a única alternativa **CORRETA**.
(A) As associações se organizam para fins não econômicos, estabelecendo em seus estatutos, entre outros, os direitos e deveres dos associados e direitos e deveres recíprocos entre a pessoa dos associados.
(B) As pessoas jurídicas elencadas no Código Civil são de direito público, interno ou externo, e de direito privado. Entre elas encontram-se as organizações religiosas.
(C) Para alterar estatuto da fundação, a reforma deverá ser deliberada por dois terços dos competentes para gerir e representá-la. Se aprovada por quatro quintos, em face da ampla maioria, ao submeter o estatuto ao órgão do Ministério Público, é desnecessário o requerimento de ciência à minoria vencida para impugná-la, se quiser.
(D) O prazo para anular a constituição das pessoas jurídicas de direito privado, por defeito do ato respectivo, decai em dois anos, contado o prazo da publicação de sua inscrição no registro.
(E) Os associados devem ter iguais direitos, vedado ao estatuto da associação instituir categorias com vantagens especiais.

A: incorreta, pois nas associações não há, entre os associados, direitos e obrigações recíprocos (art. 53, parágrafo único, do CC); **B:** correta, pois a alternativa reflete o disposto nos arts. 40 e 44, IV, do CC; **C:** incorreta, pois quando a alteração não houver sido aprovada por votação unânime, os administradores da fundação, ao submeterem o estatuto ao órgão do Ministério Público, requererão que se dê ciência à minoria vencida para impugná-la, se quiser, em dez dias (art. 68 do CC); **D:** incorreta, pois decai em três anos o direito de anular a constituição das pessoas jurídicas de direito privado, por defeito do ato respectivo, contado o prazo da publicação de sua inscrição no registro (art. 45, parágrafo único, do CC); **E:** incorreta, pois embora os associados devam ter iguais direitos, o estatuto poderá instituir categorias com vantagens especiais (art. 55 do CC).
Gabarito "B".

(Analista – TRT/14ª – FCC) No que concerne às associações, a convocação dos órgãos deliberativas deliberativos far-se-á na forma do estatuto, garantido o direito de promovê-la a
(A) 1/8 dos associados.
(B) 1/6 dos associados.
(C) 1/5 dos associados.
(D) qualquer associado individualmente.
(E) qualquer interessado.

1: correta – Art. 60 do CC.
Gabarito "C".

(Analista – TRE/AC – FCC) Considere as seguintes assertivas a respeito das Associações:
I. Constituem-se as associações pela união de pessoas que se organizem para fins não econômicos, não havendo, entre os associados, direitos e obrigações recíprocos.
II. Os associados devem ter iguais direitos, sendo que a legislação competente veda a instituição pelo estatuto de categorias com vantagens especiais.
III. A convocação dos órgãos deliberativos far-se-á na forma do estatuto, garantindo a um quinto dos associados o direito de promovê-la.
IV. A qualidade de associado é intransmissível, se o estatuto não dispuser o contrário.

De acordo com o Código Civil brasileiro, está correto o que se afirma APENAS em
(A) I e II.
(B) I, III e IV.
(C) I e IV.
(D) II, III e IV.
(E) II e IV.

I: correta (art. 53 do CC); **II:** incorreta, pois os associados devem ter iguais direitos, mas o estatuto poderá instituir categorias com vantagens especiais (art. 55 do CC); **III:** correta (art. 60 do CC); **IV:** correta (art. 56, *caput*, do CC).
Gabarito "B".

2.8.3. Domicílio

(Procurador Distrital – CESPE) Julgue o seguinte item.
(1) O domicílio do representante comercial que não possua residência fixa e habitual em nenhum local e costume se hospedar em diversos hotéis nas cidades por onde transita será a capital do estado em que ele tiver nascido.

1: errada, pois é considerado domicílio daquele que não possui residência fixa e habitual o local onde ela pode ser encontrada (art. 73 do CC). E ainda, considerando o domicílio profissional, haja vista que o representante comercial exerce sua atividade em lugares diversos, é possível dizer que cada um deles constituirá domicílio para as relações que lhe corresponderem (art. 72, parágrafo único, do CC).
Gabarito 1E.

(Juiz de Direito/RJ – VUNESP) Conforme o Código Civil, tem domicílio necessário
(A) a pessoa jurídica de direito privado, onde estiver sua sede.
(B) o marítimo, onde o navio estiver ancorado.
(C) o servidor público, no lugar onde exercer suas funções, ainda que não permanentemente.
(D) o preso, onde cumprir a sentença.

A: incorreta, pois o domicílio, nesse caso, é o lugar onde funcionarem as respectivas diretorias e administrações, ou onde elegerem domicílio especial no seu estatuto ou atos constitutivos (art. 75, IV, do CC); **B:** incorreta, pois o domicílio do marítimo é o local da matrícula do navio (art. 76, parágrafo único, do CC); **C:** incorreta, pois será considerado domicílio do servidor público o local onde exercer suas funções de forma permanente (art. 76, parágrafo único, do CC); **D:** correta, pois de pleno acordo com o disposto no art. 76, parágrafo único, do CC.
Gabarito "D".

(Magistratura/PE – FCC) A pessoa jurídica "X" que tem sede na Capital do Estado e estabelecimento em diversos municípios do interior, em um desses municípios contratou os serviços da oficina mecânica "Y" para manutenção de seus veículos mas não pagou pelos serviços prestados. Tendo "Y" de demandar a devedora no domicílio dela, é possível ajuizar a ação
(A) somente na Capital do Estado, porque nela se encontra a sede da devedora.
(B) em qualquer comarca, dentro da qual a devedora possua estabelecimento.
(C) na comarca a que pertencer o município no qual o contrato foi celebrado.
(D) apenas na comarca a que pertencer o município onde se encontrar o principal estabelecimento da devedora.
(E) em qualquer comarca do Estado, de livre escolha do credor, porque o domicílio na Capital estende seus efeitos para todo o limite territorial do Estado.

Tendo a pessoa jurídica "X" diversos estabelecimentos em lugares diferentes, cada um deles será considerado domicílio para os atos nele praticados (art. 75, § 1º, do CC). Assim, a ação será ajuizada na comarca do estabelecimento em que foi celebrado o contrato.
Gabarito "C".

(Magistratura do Trabalho – 15ª Região) Assinale a alternativa incorreta:
(A) o domicílio do incapaz é o do seu representante ou assistente;
(B) o domicílio do marítimo é o do local onde o navio estiver matriculado;
(C) o domicílio do Oficial da Marinha é o do local onde o navio estiver ancorado;
(D) o domicílio do território é o de sua capital, mas o do município é o do local onde funcione a sua administração;
(E) as empresas privadas podem eleger seu domicílio em seus estatutos ou atos constitutivos.

A e B: corretas, pois tanto o incapaz quanto o marítimo ostentam domicílio necessário fixado pela lei nos locais precisamente destacados pelas assertivas A e B (CC, art. 76, parágrafo único); **C:** incorreta, devendo ser assinalada, pois nesse caso, o domicílio é o da sede do comando ou a que se encontrar imediatamente subordinado (CC, art. 76, parágrafo único); **D:** correta, pois de pleno acordo com o CC, art. 75, II; **E:** correta, pois de acordo com o CC, art. 75, IV.
Gabarito "C".

(Analista – TRT/21ª – CESPE) Em relação a pessoas, domicílio e atos jurídicos, julgue os itens subsequentes.
(1) Embora a pessoa jurídica fixe no estatuto o seu domicílio, este não é imutável.
(2) O abuso de direito enseja responsabilidade civil, sendo suficiente, para que o sujeito possa ser responsabilizado civilmente, que haja provas da intenção de prejudicar terceiro.
(3) De acordo com o que dispõe o Código Civil, um indivíduo maior de 18 anos de idade que faz uso

eventual de entorpecente é considerado relativamente incapaz.

1: Certa, pois, de fato, não há previsão legal de que o domicílio que consta do estatuto da pessoa jurídica é imutável (art. 75, IV, do CC); **2:** Errada, pois para o sujeito ser responsabilizado civilmente há necessidade de que se comprove o dano à vítima, seja material ou moral (art. 927 do CC); **3:** Errada, pois o Código Civil considera relativamente incapaz os viciados em tóxicos e não que faça eventual uso de drogas (art. 4º, II, do CC).
Gabarito 1C, 2E, 3E

(Analista – TRE/AM – FCC) Considere as assertivas abaixo a respeito do domicílio.
I. Se a pessoa natural tiver diversas residências, onde, alternadamente, viva, considerar-se-á domicílio seu qualquer delas.
II. Ter-se-á por domicílio da pessoa natural, que não tenha residência habitual, o lugar onde for encontrada.
III. O domicílio do militar da Marinha é o local onde o navio estiver matriculado.
IV. Tendo a pessoa jurídica diversos estabelecimentos em lugares diferentes, cada um deles será considerado domicílio para os atos nele praticados.
De acordo com o Código Civil brasileiro, está correto o que se afirma APENAS em
(A) I e IV.
(B) II e III.
(C) II, III e IV.
(D) I, II e III.
(E) I, II e IV.

I: correta (art. 71 do CC); **II:** correta (art. 73 do CC); **III:** incorreta, pois o domicílio do militar será o local onde servir, e, sendo da Marinha ou da Aeronáutica, a sede do comando a que se encontrar imediatamente subordinado (art. 76, parágrafo único, do CC); **IV:** correta (art. 75, § 1º, do CC).
Gabarito "E"

2.8.4. Direitos da personalidade e nome

(Ministério Público/BA – CEFET) Assinale a alternativa **CORRETA** acerca dos direitos da personalidade:
(A) Os direitos da personalidade são sempre intransmissíveis e irrenunciáveis, não podendo seu exercício sofrer limitação voluntária, sem exceções.
(B) O cônjuge sobrevivente ou qualquer parente do morto, em linha reta, ou colateral até o quarto grau, pode exigir que cesse a ameaça, ou a lesão, a direito da personalidade, e reclamar perdas e danos, sem prejuízo de outras sanções previstas em lei.
(C) É inválida, com objetivo científico, ou altruístico, a disposição gratuita do próprio corpo, no todo ou em parte, para depois da morte.
(D) A pessoa humana pode ser constrangida a submeter-se, com risco de vida, a tratamento médico ou intervenção cirúrgica.
(E) Todas as assertivas estão incorretas.

A: incorreta, pois o art. 11 do CC faz ressalva a essa regra ao dispor que esta se dá "com exceção dos casos previstos em lei"; **B:** correta (art. 12 do CC); **C:** incorreta, pois é válida essa disposição (art. 14, caput, do CC); **D:** incorreta, pois, em caso de risco de vida, ninguém pode ser constrangido a tratamento médico ou intervenção cirúrgica (art. 15 do CC); **E:** incorreta, pois há alternativa correta.
Gabarito "B"

(Juiz de Direito/RJ – VUNESP) Assinale a alternativa contemplativa de direitos morais de autor.
(A) O direito de reivindicar, a qualquer tempo, a autoria da obra; o direito de exclusividade de reprodução; o direito de modificar a obra; o direito exclusivo de utilizar, fruir e dispor da obra literária, artística ou científica.
(B) O direito de reivindicar, a qualquer tempo, a autoria da obra; o direito de ter seu nome, pseudônimo ou sinal convencional indicado ou anunciado, como sendo o do autor, na utilização de sua obra.
(C) O direito exclusivo de utilizar, fruir e dispor da obra literária, artística ou científica e o direito de exclusividade de reprodução; o direito de retirar de circulação a obra ou de suspender qualquer forma de utilização já autorizada.
(D) O direito de conservar a obra inédita; o direito de execução musical; o direito de exposição de obras de artes plásticas e figurativas.

A: incorreta, pois o direito de reprodução é um direito patrimonial do autor (art. 29 da Lei 9.610/1998); **B:** correta, pois os direitos ali mencionados estão todos previstos no art. 24 da Lei 9.610/1998, configurando direitos morais do autor; **C:** incorreta, pois o direito de utilizar, fruir e dispor é direito patrimonial (art. 29 da Lei 9.610/1998); **D:** incorreta, pois o direito de execução e exposição é patrimonial do autor (art. 29 da Lei 9.610/1998).
Gabarito "B"

(Magistratura/RO – PUCPR) Dadas as assertivas abaixo, assinale a única **CORRETA**.
(A) Os direitos de personalidade são intransmissíveis e irrenunciáveis. Em caso de ameaça ou lesão a esses direitos, pode o interessado reclamar perdas e danos. Em se tratando de morto, terá legitimação para requerer a medida qualquer parente em linha reta ou colateral até o terceiro grau.
(B) Prescreve em três anos a pretensão de cobrança de dívidas líquidas constantes de instrumento público ou particular.
(C) No negócio jurídico, uma das hipóteses que caracteriza como substancial o erro é quando concerne à identidade ou à qualidade essencial da pessoa a quem se refira a declaração de vontade, desde que tenha influído nesta de modo relevante.
(D) É anulável o negócio jurídico quando o motivo determinante, comum a ambas as partes, for ilícito.
(E) Independentemente de autorização, a utilização da imagem de uma pessoa destinada a fins comerciais somente poderá ser proibida se atingir a sua honra, boa fama ou a respeitabilidade.

A: incorreta, pois em se tratando de morto, terá legitimação para requerer a medida prevista neste artigo o cônjuge sobrevivente (e o companheiro também, segundo a doutrina), ou qualquer parente em linha reta, ou colateral até o quarto grau (art. 12, parágrafo único, do CC); **B:** incorreta, pois prescreve em cinco anos (art. 206, § 5º, I, do CC); **C:** correta (art. 139, II, do CC); **D:** incorreta, pois é nulo o negócio jurídico quando o motivo determinante, comum a ambas as partes, for ilícito (art. 166, III, do CC); **E:** incorreta, pois salvo se

autorizadas, ou se necessárias à administração da justiça ou à manutenção da ordem pública, a exposição ou a utilização da imagem de uma pessoa poderão ser proibidas, a seu requerimento e sem prejuízo da indenização que couber, se lhe atingirem a honra, a boa fama ou a respeitabilidade, ou se se destinarem a fins comerciais (art. 20 do CC).
Gabarito "C".

(Magistratura/SP – VUNESP) Acerca da personalidade, é correto afirmar que

(A) embora não exista mais o instituto romano da morte civil, é possível renunciar-se a certos direitos da personalidade, na forma da lei.

(B) a morte pode ser real ou presumida, havendo a primeira quando cessam as funções vitais, e a segunda, somente quando alguém, desaparecido em campanha ou feito prisioneiro, não for encontrado até dois anos após o término da guerra.

(C) se dois ou mais indivíduos falecerem na mesma ocasião, não se podendo averiguar se algum dos comorientes precedeu aos outros, presume-se que a morte do mais velho precedeu a do mais jovem.

(D) não obstante a existência se extinguir com a morte, é tutelável a ameaça ou lesão aos direitos de personalidade do morto.

A: incorreta, pois os direitos da personalidade são irrenunciáveis (art. 11 do CC); **B:** incorreta, pois a morte presumida não se dá apenas no caso mencionado, mas também se for extremamente provável a morte de quem estava em perigo de vida (art. 7º, I, do CC) e nos casos em que a lei autoriza a abertura de sucessão definitiva (art. 6º do CC); **C:** incorreta, pois no caso de comoriência se presume que houve morte simultânea (art. 8º do CC); **D:** correta (arts. 12, parágrafo único, e 20, parágrafo único, ambos do CC).
Gabarito "D".

(Ministério Público/MG) Assinale a alternativa INCORRETA.

(A) O prenome é, em regra, definitivo, admitindo, no entanto, a lei, sua substituição por apelidos públicos notórios.

(B) A correção no Registro Público, em casos de evidente erro gráfico, será efetivada pelo oficial, que oficiará ao MP, dando-lhe ciência do ato.

(C) O sobrenome, em razão do princípio de ordem pública, da estabilidade do nome, só deve ser alterado em casos excepcionais, ouvido o MP.

(D) Cassada a licença ou autorização para funcionamento da pessoa jurídica, ainda assim ela subsistirá até que se conclua a liquidação.

(E) Às vezes, o MP intervém em processos de abuso da personalidade, constatado o desvio de finalidade ou pela confusão patrimonial.

A: correta (art. 58, *caput*, da Lei 6.015/1973); **B:** incorreta(e deve ser assinalada) , pois o MP não será simplesmente cientificado, devendo ser ouvido para manifestação conclusiva, que pode ser no sentido de remeter o caso para julgamento pelo juiz, caso o pedido exija maior indagação (art. 110 da Lei 6.015/1973); **C:** correta (art. 57 da Lei 6.015/1973); **D:** correta (art. 51, *caput*, do CC); **E:** correta, pois a desconsideração da personalidade pode ocorrer em processo em que caiba a intervenção do Ministério Público.
Gabarito "B".

(Ministério Público/SP) Assinale a assertiva que expressa INCORREÇÃO.

(A) O nome ou apelido de família, em regra, é imutável, mas admite-se alteração somente por exceção e desde que se justifique motivadamente sua necessidade.

(B) A alteração do nome completo da pessoa poderá ser concedida pelo juiz competente em razão de fundada coação ou ameaça decorrente de colaboração com a apuração de crime.

(C) A correção de erros que não exijam qualquer indagação poderá ser feita de ofício pelo oficial do registro civil no próprio cartório onde se encontra o assento, dispensada nesse caso a oitiva do Ministério Público.

(D) O prenome é definitivo, todavia a lei admite expressamente a sua substituição por apelidos públicos notórios, e prevê que em caso de adoção possa ser substituído por aquele que o adotante indicar.

(E) O prenome pode ser alterado, a pedido do interessado, no primeiro ano após ter atingido a maioridade civil.

A: assertiva correta, pois o princípio da imutabilidade tem exceções, que permitem a alteração do nome em casos devidamente justificados, como de erro gráfico evidente, exposição do portador do nome ao ridículo, apelido público notório, dentre outros; **B:** assertiva correta (art. 57, § 7º, da Lei de Registros Públicos); **C:** assertiva incorreta, devendo ser assinalada, pois é necessário submeter o caso do ao Ministério Público e depois ao juiz (art. 110 da Lei de Registros Públicos); **D:** assertiva correta (arts. 58 da Lei de Registros Públicos e 47, § 5º, do ECA); **E:** assertiva correta (art. 56 da Lei de Registros Públicos).
Gabarito "C".

(Ministério Público/SP) É (são) legitimado(s) para exigir a cessação de ameaça ou lesão a direitos de personalidade de uma pessoa já falecida:

(A) apenas o cônjuge sobrevivente e descendentes em linha reta.

(B) qualquer parente colateral até o quinto grau.

(C) somente parente em linha reta até o quarto grau.

(C) todos os parentes sem limitação de grau.

(E) todos os parentes colaterais até o quarto grau.

Art. 12, parágrafo único, do CC.
Gabarito "E".

(Procurador do Estado/RO – FCC) Os direitos patrimoniais do autor caducam decorridos setenta anos contados de 1º de janeiro do ano

(A) subsequente ao da publicação da obra.

(B) de seu falecimento.

(C) subsequente ao de seu falecimento.

(D) da publicação da obra.

(E) antecedente ao de seu falecimento.

Art. 41, *caput*, da Lei 9.610/1998.
Gabarito "C".

(Procurador do Município/Boa Vista-RR – CESPE) Com relação ao direito civil, julgue o item seguinte.

(1) Os direitos da personalidade caracterizam-se pela extrapatrimonialidade e a eles atribuem-se, entre

outras características, a oponibilidade *erga omnes*, a vitaliciedade e a relativa disponibilidade. Diz-se, portanto, que a personalidade goza de relativa disponibilidade porque alguns dos direitos da personalidade não admitem qualquer limitação, apesar de, em alguns casos, não haver óbice legal à limitação voluntária.

1: correta, pois corresponde às características dos direitos da personalidade, tais como sua universalidade (oponibilidade *erga omnes*), vitaliciedade e indisponibilidade, ressalvada a disponibilidade de seu exercício.
Gabarito "C"

(Procurador Federal - CESPE) Considerando as características dos direitos da personalidade, julgue o item abaixo.
(1) O titular de um direito da personalidade pode dispor desse direito, desde que o faça em caráter relativo.

1: correta, pois é possível que o *exercício* do direito possa ser transferido; assim, a título de exemplo, não se pode transmitir a um terceiro o direito moral de que conste o nome do autor numa obra de sua autoria, mas é possível que se transfira a uma editora o direito de explorar economicamente a obra, reproduzindo-a e vendendo seus exemplares; no segundo caso não se transferiu o direito como um todo, mas *parcela dos poderes* que tem o seu titular.
Gabarito "C"

(Defensor Público/AM – I. Cidades) Os direitos de personalidade ganham expressão no direito contemporâneo como consectário da afirmação histórica dos direitos humanos. Sobre esses direitos é correto afirmar:
(A) os direitos da personalidade são absolutamente indisponíveis, intransmissíveis e irrenunciáveis, não podendo seu exercício sofrer limitação voluntária.
(B) até mesmo o morto é titular desses direitos e, devidamente representado, tem legitimação para reclamar perdas e danos por violação dos seus direitos.
(C) somente a pessoa natural é titular desses direitos, podendo dispor do próprio corpo, vendendo órgãos ou membros dele, considerado o princípio da autonomia privada.
(D) o direito à intimidade da vida privada é inviolável, estando o juiz impedido de adotar medidas para impedir ou fazer cessar o ato de violação, resolvendo-se em perdas e danos.
(E) são atributos específicos da personalidade e seu titular não pode ser constrangido a submeter-se, com risco de vida, a tratamento médico ou intervenção cirúrgica.

A: incorreta, pois, nos casos previstos em lei, essa regra cede, conforme o disposto no art. 11 do CC; **B:** incorreta, pois, com a morte, a personalidade jurídica se extingue (art. 6º do CC); os familiares do morto tem têm legitimidade autônoma para reclamar perdas e danos, agindo em nome próprio, e não como mero representante do morto (art. 12, parágrafo único, do CC); **C:** incorreta, pois as pessoas jurídicas também são titulares de direitos da personalidade, no que couber (art. 52 do CC); ademais, não é possível vender órgãos ou membros dele (art. 9º da Lei 9.434/97); **D:** incorreta, pois o juiz pode, sim, adotar medidas para impedir ou fazer cessar o ato de violação (art. 21 do CC); **E:** correta (art. 15 do CC).
Gabarito "E"

(Analista – TRE/SP – FCC) João Cabral de Melo Neto é autor da grandiosa obra literária **Morte e Vida Severina**. Analisando o nome do autor, protegido pelo Código Civil brasileiro, o seu agnome é
(A) Neto.
(B) João, apenas.
(C) Cabral, apenas.
(D) João Cabral.
(E) de Melo.

Prenome é o nome do indivíduo que precede o apelido de família (sobrenome) na forma de designar as pessoas, conhecido como nome de batismo. Sobrenome ou apelido de família é a porção do nome do indivíduo que está relacionada com a sua ascendência. Agnome é usado para designar a parte do nome de um indivíduo que o diferencia de seus homônimos, como "Filho", "Neto" e "Junior".
Gabarito "A"

(Analista – TRT/22ª – FCC) Num comercial exibido na televisão, a imagem de Pedro, sem a sua autorização, aparece correndo numa esteira de academia. A utilização de sua imagem
(A) pode ser proibida a seu requerimento e enseja indenização, por se destinar a fins comerciais.
(B) pode ser proibida a seu requerimento, mas não enseja indenização, por não lhe atingir a honra.
(C) não pode ser proibida a seu requerimento, por não lhe atingir a honra, mas enseja indenização, por não ter sido autorizada.
(D) não pode ser proibida a seu requerimento, nem enseja indenização, por não lhe atingir a honra.
(E) só pode ser proibida e só gera direito à indenização se implicar e ofensa à sua boa fama e respeitabilidade.

Art. 20, parágrafo único, do CC.
Gabarito "A"

(Analista – TRT/23ª – FCC) Considere as seguintes publicações:
I. Foto de criminoso foragido, condenado e procurado pela Justiça em locais públicos e em jornais de grande circulação.
II. Imagem de sambista em anúncio, com objetivo comercial, sem a sua autorização.
III. Imagem de grupo folclórico em jornal destinado à divulgação das atividades artísticas da cidade.
Cabe proibição, a requerimento da pessoa cuja imagem foi exposta, publicada ou utilizada e sem prejuízo da indenização que couber, APENAS em
(A) II e III.
(B) I e II.
(C) I e III.
(D) II.
(E) I.

I: incorreta – não cabe proibição, pois, de acordo com o art. 20 do CC, quando a exposição da imagem ou a divulgação de escritos e palavras forem "necessárias à administração da justiça ou à manutenção da ordem pública", o interessado não terá direito de impedir a sua publicação; **II:** correta – cabe a proibição, pois a exposição de imagens com objetivo comercial não pode ser feita sem autorização do interessado (art. 20 do CC); **III:** incorreta – não cabe a proibição, pois, nesse caso, a própria exposição do grupo na cidade revela uma autorização tácita da publicação de sua imagem.

(Analista – TRE/AP – FCC) Terá legitimidade para reclamar perdas e danos a direito da personalidade de pessoa morta
(A) apenas o cônjuge sobrevivente.
(B) o cônjuge sobrevivente, ou qualquer parente em linha reta, ou colateral até o segundo grau.
(C) apenas os descendentes e ascendentes até o segundo grau.
(D) o cônjuge sobrevivente, ou qualquer parente em linha reta, ou colateral até o quarto grau.
(E) o cônjuge sobrevivente, ou qualquer parente em linha reta, ou colateral até o terceiro grau.

Art. 12, parágrafo único, do CC.

(Analista – TRE/BA – CESPE) Acerca do direito civil, julgue os itens seguintes.
(1) É válida, com objetivo científico ou altruístico, a disposição gratuita do próprio corpo, no todo ou em parte, para depois da morte, sendo tal ato irrevogável.
(2) A União, os estados, o Distrito Federal e os municípios são pessoas jurídicas de direito público interno.

1: errada, pois o ato de disposição pode ser livremente revogado a qualquer tempo (art. 14, parágrafo único, do CC); **2:** certa (art. 41, I, II e III, do CC).

(Analista – TRE/MT – CESPE) Quanto aos direitos da personalidade, assinale a opção correta.
(A) O direito à integridade física é um direito da personalidade absolutamente indisponível, que, por isso, não admite temperamentos.
(B) Quando há violação dos direitos da personalidade, deve-se pedir indenização por perdas e danos, não sendo possível propositura de ação que faça cessar a lesão.
(C) O ordenamento legal brasileiro não outorga proteção ao pseudônimo.
(D) Os direitos da personalidade, via de regra, são intransmissíveis, ou seja, não podem ser transferidos à esfera jurídica de outrem.
(E) A disposição gratuita do próprio corpo, no todo ou em parte, para depois da morte, com fins científicos ou altruísticos, é perfeitamente válida e não admite posterior revogação.

A: incorreta (art. 13 do CC); **B:** incorreta (art. 12, *caput*, do CC); **C:** incorreta (art. 19 do CC); **D:** correta (art. 11 do CC); **E:** incorreta, pois o ato de disposição pode ser livremente revogado a qualquer tempo (art. 14, parágrafo único, do CC).

2.8.5. Ausência

(Magistratura/RR – FCC) Joana e Pedro, casados sob o regime da comunhão universal de bens, tiveram apenas um filho, José. Pedro embarcou em uma aeronave que desapareceu, havendo prova de que se acidentara, mas a aeronave não foi encontrada, dando as autoridades por cessadas as buscas. Alguns meses depois, José, com trinta anos, solteiro e sem descendente, saiu em viagem, da qual voltaria em trinta dias, não deixando procurador; entretanto, não retornou, sendo considerado desaparecido pelas autoridades policiais. Pedro e José possuíam bens, e Joana, pretendendo arrecadá-los, administrá-los e neles suceder, poderá
(A) requerer a declaração de morte presumida de Pedro ao juiz, que fixará a data provável do falecimento, sendo a meação atribuída a ela e a herança a José, em processo de inventário, bem como, pedir a declaração de ausência de José, cuja sucessão provisória se abrirá decorrido um ano da arrecadação de seus bens, mas a sucessão definitiva se abrirá dez anos depois de passada em julgado a sentença que conceder a sucessão provisória.
(B) requerer a declaração de morte presumida de Pedro e de José ao juiz, que fixará as datas prováveis dos falecimentos, sendo a meação decorrente da morte do cônjuge e a herança, pela morte do filho, atribuídas a ela em processo de inventário.
(C) apenas requerer a arrecadação dos bens de José e de Pedro, sendo nomeada curadora, até que se abra a sucessão definitiva deles, dez anos depois de passada em julgado a sentença que conceder a sucessão provisória, ou quando completarem oitenta anos e fizer cinco anos das últimas notícias de cada um deles, quando, então, todos os bens serão atribuídos a Joana, em processo de inventário.
(D) somente requerer a arrecadação dos bens de José e de Pedro, sendo nomeada curadora, até que, decorridos dois anos do desparecimento da aeronave em que Pedro se encontrava e dez anos do desaparecimento de José, seja possível requerer ao juiz a abertura da sucessão definitiva de ambos, quando, então, seus bens serão atribuídos a Joana, independentemente da realização de inventário, suprido pela arrecadação.
(E) somente pedir ao juiz um alvará para administrar, como curadora, os bens de ambos e, se necessária a venda, requerer alienação judicial, porque o ausente se considera absolutamente incapaz, até que o juiz declare a morte presumida de ambos, decorridos dez anos de seus desaparecimentos, e possam abrir-se os respectivos inventários, nos quais todos os bens remanescentes serão atribuídos a Joana.

A: correta, nos termos do art. 7º, I e parágrafo único, do CC em relação à declaração de morte presumida de José; e nos termos dos arts. 6º, 22, 26 e 37 do CC em relação à declaração de ausência de José e sua sucessão provisória e definitiva, respectivamente; **B:** incorreta, pois só será fixada a data provável da morte no caso de Pedro (art. 7º, parágrafo único, do CC); no caso de José presumir-se-á sua morte apenas quando for aberta sua sucessão definitiva (arts. 6º e 37 do CC); **C, D e E:** incorretas, pois no caso de Pedro, sua esposa poderá requerer desde já ao juiz a declaração de sua morte presumida, sem necessidade de que se aguarde a decretação de sua ausência, nos termos do art. 7º do CC.

(Analista – TRT/14ª – FCC) Declarada a ausência e aberta provisoriamente a sucessão,

(A) se o ausente aparecer, ou se lhe provar a existência, depois de estabelecida a posse provisória, não cessarão as vantagens dos sucessores nela emitidos, as quais perdurarão até a entrega dos bens a seu dono.
(B) os bens do ausente poderão ser livremente alienados, sem autorização judicial, para lhes evitar a ruína.
(C) os sucessores provisórios empossados nos bens do ausente não o representarão ativa ou passivamente e contra eles não correrão as ações pendentes e as que de futuro àquele forem movidas.
(D) os ascendentes, os descendentes e o cônjuge, uma vez provada a sua qualidade de herdeiros, poderão, independentemente de garantia, entrar na posse dos bens do ausente.
(E) o descendente, ascendente ou cônjuge que for sucessor provisório do ausente deverá capitalizar, na forma de lei, metade dos frutos e rendimentos que a este couberem e prestar contas anualmente ao juiz.

A: incorreta, pois cessarão para logo as vantagens dos sucessores na posse imitidos (art. 36 do CC); B: incorreta, pois a alienação de bens do ausente depende de ordem judicial (art. 31 do CC); C: incorreta, pois os sucessores provisórios empossados nos bens do ausente o representarão, de modo que contra eles correrão as ações pendentes e as que de futuro àquele forem movidas (art. 32 do CC); D: correta (art. 30, § 2º, do CC); E: incorreta, pois somente os demais sucessores têm esse dever (art. 33 do CC), valendo salientar que o descendente, ascendente ou cônjuge que for sucessor provisório do ausente, fará seus todos os frutos e rendimentos dos bens que a este couberem.
"Gabarito "D"."

(Analista – TRT/24ª – FCC) João, com 50 anos de idade, viúvo e pai de um filho maior, desapareceu de seu domicílio. Após um ano da arrecadação, foi declarada a ausência, aberta a sucessão provisória e, cumpridas todas as formalidades legais, o sucessor entrou na posse dos bens e os conservou, recebendo os respectivos frutos e rendimentos. Seis anos após o trânsito em julgado da sentença que concedeu a sucessão provisória, João apareceu e regressou ao seu domicílio, tendo ficado provado que a ausência foi voluntária e injustificada. Nesse caso, João

(A) haverá os bens existentes no estado em que se acharem, mas terá direito a ser ressarcido dos frutos e rendimentos percebidos pelo sucessor.
(B) não receberá de volta seus bens, por ter se escoado prazo superior a 5 anos do trânsito em julgado da sentença que concedeu a sucessão provisória.
(C) haverá os bens existentes no estado em que se acharem, perdendo, em favor do sucessor, sua parte nos frutos e rendimentos.
(D) não receberá de volta seus bens, por ter ficado provado que a ausência foi voluntária e injustificada.
(E) receberá de volta a metade de seus bens e os respectivos frutos e rendimentos, sendo a outra metade atribuída ao sucessor, a título de prefixação das perdas e danos relativas por este sofridas.

Se o ausente aparecer, e ficar provado que a ausência foi voluntária e injustificada, perderá ele, em favor do sucessor, sua parte nos frutos e rendimentos (art. 33, parágrafo único, do CC).
"Gabarito "C"."

(Analista – TJ/ES – CESPE) Julgue o seguinte item.
(1) A ausência é uma causa de incapacidade reconhecida pelo Código Civil, de maneira que, se ela for declarada judicialmente, deve-se nomear curador ao ausente.

1: incorreta, pois a ausência não é mais considerada causa de incapacidade, como era considerada no Código Civil anterior; porém, é correto dizer que será nomeado curador ao ausente (art. 22 do CC).
"Gabarito "E"."

2.8.6. Bens

(Magistratura/RR – FCC) NÃO podem ser objeto de alienação:
(A) os imóveis considerados por lei como bem de família.
(B) em nenhuma hipótese, os bens públicos de uso especial e os dominicais.
(C) os frutos e produtos não separados do bem principal.
(D) a herança de pessoa viva e os bens impenhoráveis por disposição testamentária.
(E) os bens públicos de uso comum do povo e os de uso especial, enquanto conservarem legalmente essa qualificação.

A: incorreta, pois o bem de família é impenhorável, e não inalienável; B: incorreta, pois os bens dominicais são alienáveis (art. 101 do CC) e, quanto aos de uso especial, se forem desafetados, também serão alienáveis (art. 100 do CC); C: incorreta, pois a lei admite que eles sejam objeto de negócio jurídico (art. 95 do CC); D: incorreta, pois, em relação aos bens impenhoráveis por disposição testamentária, na verdade é o contrário, são os bens inalienáveis por disposição testamentária que são impenhoráveis (art. 1.911 do CC); E: correta (art. 100 do CC).
"Gabarito "E"."

(Juiz de Direito/AM – FGV) As pertenças, de acordo com o Código Civil, são definidas como
(A) os bens públicos que constituem o patrimônio das pessoas jurídicas de direito público, como objeto de direito pessoal, ou real, de cada uma dessas entidades.
(B) os bens de mero deleite ou recreio, que não aumentam o uso habitual do bem, ainda que o tornem mais agradável ou sejam de elevado valor.
(C) os bens que, não constituindo partes integrantes, se destinam, de modo duradouro, ao uso, ao serviço ou ao aformoseamento de outro.
(D) os bens que, embora reunidos, se consideram de per si, independentemente dos demais.
(E) os bens móveis cujo uso importa destruição imediata da própria substância, sendo também considerados tais os destinados à alienação.

A: incorreta, pois a definição das pertenças não guarda qualquer relação com a classificação dos bens quanto ao seu titular; B: incorreta, pois as pertenças aumentam o uso habitual do bem; C: correta, pois a assertiva reproduz com fidelidade o art. 93 do CC que conceitua pertenças; D:

incorreta, pois o enunciado define os bens singulares (art. 89 do CC); **E:** incorreta, pois a alternativa define os bens consumíveis (art. 86 do CC).
Gabarito "C"

(Juiz de Direito/AM – FGV) O Código Civil brasileiro regula, em sua Parte Geral, dentre outras matérias, os bens públicos, procurando identificá-los como bens de uso comum, bens de uso especial e bens dominicais.
Assim, ciente desta classificação, assinale a afirmativa correta.

(A) os bens dominicais são passíveis de aquisição por usucapião, pois não estão afetos à destinação pública.
(B) são bens públicos tanto aqueles pertencentes à Administração Direta, quanto aqueles que pertençam às pessoas que compõem a Administração Indireta.
(C) o uso comum dos bens públicos pode ser gratuito ou retribuído, conforme for estabelecido legalmente pela entidade a cuja administração pertencerem.
(D) os bens públicos, seja qual for a espécie, não são passíveis de alienação, mas podem ser penhorados, quando forem dominicais.
(E) consideram-se bens de uso comum aqueles que tanto podem ser utilizados pela Administração para um fim específico, como pelo particular, através de concessão ou permissão de uso.

A: incorreta, pois os bens públicos (não importando qual subespécie) não estão sujeitos a usucapião (art. 102 do CC); **B:** incorreta, pois na administração indireta há pessoas jurídicas de direito privado (ex.: empresas públicas) que não se submetem ao regime jurídico de direito público (cf. ilação retirada do inc. II do § 1º do art. 173 da CF/1988); **C:** correta, pois de pleno acordo com o art. 103 do CC; **D:** incorreta, pois os bens dominicais podem ser objetos de alienação, desde que observadas as regras e formalidades do Direito Administrativo (art. 101 do CC); **E:** incorreta, pois os bens de uso comum caracterizam-se justamente por não possuírem uma utilização específica da Administração (art. 99, I, do CC).
Gabarito "C"

(Procurador do Município/Florianópolis-SC – FEPESE) Considerando-se a classificação jurídica dos bens, pode-se afirmar que uma garrafa de vinho raro, de cuja safra restam pouquíssimos exemplares, é um bem de natureza:

(A) Fungível, consumível e divisível.
(B) Fungível, consumível e indivisível.
(C) Fungível, inconsumível e divisível.
(D) Infungível, inconsumível e divisível.
(E) Infungível, consumível e indivisível.

O bem será considerado infungível, pois não pode ser substituído por outro da mesma qualidade (pois é uma garrafa de vinho bastante rara), e também consumível, pois o seu uso importa na sua destruição, e é indivisível, pois caso fracionado, sofrerá alteração da substância, diminuição de valor e prejuízo ao uso.
Gabarito "E"

(Magistratura do Trabalho – 4ª Região) De acordo com a Lei 8.009/1990,

(A) pode ser penhorado, para pagamento de qualquer dívida trabalhista, bem de família do sócio que administre a sociedade empresária.
(B) considera-se bem de família o único imóvel da entidade familiar e o pequeno comércio de seus integrantes.
(C) o bem de família pode ser penhorado para execução de sentença penal condenatória.
(D) inclui-se na impenhorabilidade do bem de família o veículo utilizado pelos integrantes da entidade familiar.
(E) pode ser penhorado, para pagamento de qualquer dívida trabalhista, bem de família do maior cotista da sociedade empresária.

A: incorreta, pois referida exceção não encontra respaldo legal; **B:** incorreta, pois o pequeno comércio de seus integrantes não configura bem de família; **C:** correta, pois referida hipótese encontra respaldo no art. 3º, VI, da Lei 8.009/1990; **D:** incorreta, pois os veículos podem ser penhorados (Lei 8.009/1990, art. 2º); **E:** incorreta, pois referida exceção não encontra respaldo legal.
Gabarito "C"

(Magistratura do Trabalho – 8ª Região) Em relação aos bens, assinale a alternativa INCORRETA:

(A) A impenhorabilidade do bem de família legal abrange as pertenças.
(B) Não perdem o caráter de imóveis as telhas, provisoriamente separadas de um prédio, para nele se reempregarem.
(C) Consideram-se móveis para os efeitos legais, as energias que tenham valor econômico.
(D) São consumíveis os bens móveis cujo uso importe destruição imediata da própria substância, sendo também considerados tais os destinados à alienação
(E) Os frutos e produtos podem ser objeto de negócio jurídico, desde que separados do bem principal.

A: correta, pois de acordo com o CC, art. 1.712 e também de acordo com a Lei 8.009/1990, art. 1º, parágrafo único; **B:** correta, pois não perde o caráter de imóveis são "os materiais provisoriamente separados de um prédio, para nele se reempregarem" (CC, art. 81, II); **C:** correta, pois as energias com valor econômico são consideradas bens móveis (CC, art. 83, I); **D:** correta, pois ambos estão previstos no CC, art. 86 na categoria de bens consumíveis; **E:** incorreta, pois mesmo não separados do bem principal os frutos poderão ser objeto de negócio jurídico (art. 95 do CC).
Gabarito "E"

(Ministério Público do Trabalho – 14º) Consideram-se bens móveis para os efeitos legais:

(A) os materiais provisoriamente separados de um prédio, para nele se reempregarem;
(B) as energias que tenham valor econômico;
(C) o direito à sucessão aberta;
(D) as edificações que, separadas do solo, mas conservando a sua unidade, forem removidas para outro local;
(E) não respondida.

A: incorreta, pois tais materiais não perdem a natureza de bens imóveis (CC, art. 81, II); **B:** correta, pois as energias com valor econômico são consideradas bens móveis por força da lei (CC, art. 83, I); **C:** incorreta, pois o direito à sucessão aberta é um exemplo de bem imóvel por força da lei (CC, art. 80, II); **D:** incorreta, pois tais edificações são consideradas pela lei como bens imóveis (CC, art. 81, I).
Gabarito "B"

(Defensor Público/AM – I. Cidades) O domínio público constitui-se pelo conjunto de bens públicos que inclui imóveis e móveis. Da relação domínio público/bens públicos e de sua regulamentação pode-se afirmar:

(A) domínio público equivale à propriedade pública determinada pela titularidade do bem.
(B) os direitos sobre as coisas públicas, quando objeto de regulamentação em lei civil, têm caráter privatístico.
(C) em razão da titularidade, qualquer que seja sua espécie, é vedado o uso comum de bens públicos.
(D) os bens públicos dominicais podem ser alienados, observadas as exigências da lei, tendo em vista o cumprimento da função social das coisas disponíveis.
(E) a Constituição Federal assegura a penhorabilidade dos bens públicos contra o Poder Público inadimplente, em garantia à satisfação dos credores do erário.

A: incorreta, pois a noção de domínio público em sentido amplo abrange tanto os bens pertencentes ao Estado (bens públicos) como aqueles em relação aos quais sua utilização subordina-se às normas estabelecidas por este (bens particulares de interesse público) e ainda as coisas inapropriáveis individualmente, mas de fruição geral da coletividade (*res nullius*); assim, tal ideia abrange tanto o domínio patrimonial (sobre os bens públicos), como o domínio eminente (sobre todas as coisas de interesse público), entendido este como o poder político pelo qual o Estado submete à sua vontade todas as coisas de seu território, no ensinamento de Hely Lopes Meirelles; em nome do domínio eminente é que são estabelecidas as limitações administrativas, as servidões etc.; **B:** incorreta, pois, mesmo quando uma lei privada, como o Código Civil, regulamenta bens públicos, essa regulamentação não é de natureza privatística, mas de natureza pública, já que tais bens são submetidos a normas de Direito Público; **C:** incorreta, pois há espécie de bens públicos, no caso, a dos bens de uso comum do povo, que admite esse tipo de uso (art. 99, I, do CC); **D:** correta (art. 101 do CC); **E:** incorreta, pois o art. 100 da CF, que trata do assunto, não admite a penhora de bens públicos, devendo a execução em face da Fazenda Pública se consumar mediante pagamento imediato, no caso, de débitos de pequeno valor, ou por meio da expedição de precatório, com pagamento no prazo previsto na Constituição.
Gabarito "D".

(Fiscal de Rendas/RJ – FGV) Para os efeitos legais, consideram-se *bens móveis*:

(A) as energias que tenham valor econômico.
(B) as edificações que, separadas do solo, mas conservando a sua unidade, forem removidas para outro local.
(C) os materiais provisoriamente separados de um prédio, para nele se reempregarem.
(D) o direito à sucessão aberta.
(E) as coisas artificialmente incorporadas ao solo.

A: correta, art. 83, I, do CC; **B:** incorreta, trata-se de bem imóvel (art. 81, I, do CC); **C:** incorreta, trata-se de bem imóvel (art. 81, II, do CC); **D:** incorreta, trata-se de bem imóvel (art. 80, II, do CC); **E:** incorreta, trata-se de bem imóvel (art. 79 do CC).
Gabarito "A".

(Analista – TRT/14ª – FCC) A respeito dos bens públicos, considere:

I. Bens de uso comum do povo.
II. Bens de uso especial.
III. Bens dominicais.

São inalienáveis, enquanto conservarem a sua qualificação, os bens públicos indicados APENAS em

(A) I.
(B) I e II.
(C) I e III.
(D) II e III.
(E) III.

Os bens de uso comum e os bens de uso especial são inalienáveis enquanto conservarem essa qualificação (art. 100 do CC). Já os bens dominicais podem ser alienados, observadas as exigências da lei (art. 101 do CC).
Gabarito "B".

(Analista – TRT/22ª – FCC) O direito à sucessão aberta, a energia térmica e os animais incluem-se, para os efeitos legais, na categoria dos bens

(A) móveis.
(B) imóveis.
(C) imóveis, imóveis e móveis, respectivamente.
(D) imóveis, móveis e móveis, respectivamente.
(E) móveis, imóveis e móveis, respectivamente.

O direito à sucessão aberta é bem imóvel (art. 80, II, do CC), a energia térmica é bem móvel (art. 83, I, do CC) e os animais são bens móveis (art. 82 do CC).
Gabarito "D".

(Analista – TRT/23ª – FCC) Considera-se, dentre outros, bem imóvel:

(A) a energia térmica.
(B) a energia elétrica.
(C) o direito autoral.
(D) o direito hereditário.
(E) o direito de patente.

A e B: incorretas, pois as energias que tenham valor econômico são bens móveis (art. 83, I, do CC); **C:** incorreta, pois o direito de autor é considerado bem móvel (art. 3º da Lei 9.610/1998); **D:** correta, pois o direito hereditário, estando a sucessão aberta, é, de fato, bem imóvel (art. 80, II, do CC); **E:** incorreta, pois o direito de patente é considerado bem móvel (art. 5º da Lei 9.279/1996)
Gabarito "D".

(Analista – TRE/RS – FCC) De acordo com o Código Civil brasileiro, com relação aos bens públicos é INCORRETO afirmar:

(A) São públicos os bens do domínio nacional pertencentes às pessoas jurídicas de direito público interno.
(B) São bens públicos de uso comum do povo os rios, mares, estradas, ruas e praças.
(C) Os bens públicos de uso comum do povo e os de uso especial são inalienáveis, enquanto conservarem a sua qualificação, na forma que a lei determinar.
(D) O uso comum dos bens públicos pode ser gratuito ou retribuído, conforme for estabelecido legalmente pela entidade a cuja administração pertencerem.
(E) Em regra, consideram-se bem de uso especial os bens pertencentes às pessoas jurídicas de direito público, constituindo seu patrimônio, a que se tenha dado estrutura de direito privado.

A: correta (art. 98 do CC); **B:** correta (art. 99, I, do CC); **C:** correta (art. 100 do CC); **D:** correta (art. 103 do CC); **E:** incorreta, devendo ser assinalada, pois não se trata de estrutura de direito privado (art. 99, II, do CC).

Gabarito "E".

(Analista – TRE/BA – CESPE) Acerca do direito civil, julgue o item seguinte.

(1) Os bens públicos podem ser classificados em bens públicos de uso comum, de uso especial e dominicais. Todos são inalienáveis, porém os dominicais são suscetíveis de usucapião.

1: errada, pois os bens públicos não estão sujeitos a usucapião (art. 102 do CC) e os bens públicos dominicais podem ser alienados, observadas as exigências da lei (art. 101 do CC).

Gabarito 1E.

(Analista – TRE/BA – CESPE) Tendo em vista a classificação dos bens prevista no Código Civil, julgue os itens que se seguem.

(1) O uso comum dos bens públicos deve ser gratuito ou retribuído, conforme for estabelecido legalmente pela entidade a cuja administração pertencerem.

(2) Ao contrário dos bens públicos de uso comum do povo e os de uso especial, os bens públicos dominicais podem ser alienados, desde que observadas as exigências legais.

(3) Os bens públicos dominicais estão sujeitos à prescrição aquisitiva.

1: certa (art. 103 do CC); **2:** certa (art. 101 do CC); **3:** errada, pois os bens públicos não estão sujeitos a usucapião (art. 102 do CC).

Gabarito 1C, 2C, 3E.

(Analista – TRE/MT – CESPE) Quanto à matéria bens, assinale a opção correta conforme o ordenamento jurídico brasileiro.

(A) O direito à sucessão aberta obedece ao regime de bens móveis.
(B) Os bens naturalmente divisíveis podem tornar-se indivisíveis por determinação legal ou por vontade das partes.
(C) Tanto os bens públicos quanto os privados podem ser usucapidos.
(D) Os bens públicos dominicais e os de uso especial não podem ser alienados.
(E) O uso comum dos bens públicos pode ser retribuído conforme estabelecido legalmente pela entidade a cuja administração pertencem, sendo vedado seu uso gratuito.

A: incorreta, pois o direito à sucessão aberta é considerado bem imóvel (art. 80, II, do CC); **B:** correta (art. 88 do CC); **C:** incorreta, pois os bens públicos não estão sujeitos a usucapião (art. 102 do CC); **D:** incorreta, pois os bens públicos dominicais podem ser alienados, observadas as exigências da lei (art. 101 do CC); **E:** incorreta, pois o uso comum dos bens públicos pode ser gratuito ou retribuído, conforme for estabelecido legalmente pela entidade a cuja administração pertencerem (art. 103 do CC).

Gabarito "B".

(Analista – TRF/4ª – FCC) No que concerne aos Bens Reciprocamente Considerados, é INCORRETO afirmar:

(A) Em regra, os negócios jurídicos que dizem respeito ao bem principal abrangem as pertenças.
(B) Principal é o bem que existe sobre si, abstrata ou concretamente; acessório, aquele cuja existência supõe a do principal.
(C) Apesar de ainda não separados do bem principal, os frutos e produtos podem ser objeto de negócio jurídico.
(D) Não se consideram benfeitorias os melhoramentos ou acréscimos sobrevindos ao bem sem a intervenção do proprietário, possuidor ou detentor.
(E) São voluptuárias as benfeitorias de mero deleite ou recreio, que não aumentam o uso habitual do bem, ainda que o tornem mais agradável ou sejam de elevado valor.

A: incorreta, devendo ser assinalada (art. 94 do CC); **B:** correta (art. 92 do CC); **C:** correta (art. 95 do CC); **D:** correta (art. 97 do CC); **E:** correta (art. 96, § 1º, do CC).

Gabarito "A".

2.8.7. Fatos jurídicos

2.8.7.1. Espécies, formação e disposições gerais

(Defensor/PA – FMP) Assinale a alternativa CORRETA.

(A) Considera-se ato-fato jurídico o ato cuja existência a lei submete à vontade do sujeito da relação, sem permitir, no entanto, que ele disponha sobre as consequências de seu proceder.
(B) O negócio jurídico está submetido, no plano da existência, ao completamento do suporte fático, por condições e termos.
(C) A capacidade de direito do agente é elemento complementar do suporte fático de um negócio jurídico.
(D) A tradição é ato real, o qual é considerado ato negocial na classificação doutrinária dos atos e fatos jurídicos.
(E) Os negócios jurídicos e os atos jurídicos *strícto sensu* diferenciam-se pela possibilidade de disposição de vontade no plano da eficácia, presente nos primeiros, ausente nos segundos.

A: incorreta, pois aqui se tem o conceito de "ato jurídico em sentido estrito"; **B:** incorreta, pois os termos e condições dizem respeito ao plano da "eficácia" e não da "existência"; **C:** incorreta, pois a capacidade de direito é elemento de existência do negócio jurídico, pois sem esta não se fala nem em "declaração de vontade" (ou seja, da existência de uma pessoa); **D:** incorreta, pois a tradição é considerada um "ato jurídico em sentido estrito"; **E:** correta, pois no negócio jurídico as partes podem regulamentar as consequências dos atos praticados, trabalhando com questões afetas à eficácia, como termo, condição e encargo.

Gabarito "E".

(Procurador do Estado/BA – CESPE) Julgue o seguinte item.

(1) A compra e venda de merenda escolar por pessoa absolutamente incapaz constitui o que a doutrina denomina ato-fato jurídico real ou material.

1: Correta, na medida em que ato-fato jurídico é o fato jurídico qualificado por uma ação humana, por uma vontade juridicamente irrelevante. A fim de melhor elucidar a explicação, cita-se trecho de Silvio de Salvo Venosa: "Nesse caso é irrelevante para o direito se a

pessoa teve ou não a intenção de praticá-lo. O que se leva em conta é o efeito resultante do ato que pode ter repercussão jurídica, inclusive ocasionando prejuízos a terceiros. Como dissemos, toda a seara da teoria dos atos e negócios jurídicos é doutrinária, com muitas opiniões a respeito. Nesse sentido, costuma-se chamar à exemplificação os atos praticados por uma criança, na compra e venda de pequenos efeitos. Não se nega, porém, que há um sentido de negócio jurídico do infante que compra confeitos em um botequim" (VENOSA, Silvo de Salvo. Direito Civil, Parte geral. 3. ed. São Paulo, Atlas, p. 367).
Gabarito 1C

(Procurador do Estado/BA – CESPE) Julgue o seguinte item.
(1) É anulável o negócio jurídico se a lei proibir a sua prática, sem cominar sanção.

1: errada, pois trata-se de negócio jurídico nulo (art. 166, VII, do CC).
Gabarito 1E

(Procurador do Estado/BA – CESPE) Julgue o seguinte item.
(1) No negócio jurídico unilateral, está presente apenas uma declaração de vontade, sendo desnecessária a aceitação de outrem para que produza efeitos.

1: Correta, pois o negócio jurídico unilateral é aquele que se aperfeiçoa com uma única declaração de vontade, não necessitando da aceitação da outra parte para a produção de seus efeitos. Ex: testamento. O testador simplesmente declarada sua vontade para depois da morte, sendo que a eficácia desse documento não está sujeita a aceitação dos contemplados.
Gabarito 1C

(Procurador do Estado/BA – CESPE) Julgue o seguinte item.
(1) O silêncio de uma das partes pode, excepcionalmente, representar anuência, se as circunstâncias ou os usos o autorizarem e não for necessária a declaração expressa de vontade.

1: A assertiva está correta, nos termos do art. 111 do CC.
Gabarito 1C

(Magistratura/PE – FCC) Na interpretação do silêncio, como manifestação da vontade, é correto afirmar que
(A) sempre que uma das partes silenciar, quando devesse manifestar, caracteriza-se o consentimento.
(B) importa anuência, quando as circunstâncias ou os usos o autorizarem, e não for necessária a declaração de vontade expressa.
(C) vigora o adágio "quem cala consente", em qualquer circunstância.
(D) o silêncio só importará consentimento depois de ratificação expressa.
(E) não se admite o silêncio como forma de manifestação da vontade, salvo nos casos em que a ratificação tácita é prevista em lei.

Art. 111 do CC.
Gabarito "B"

(Procurador do Estado/RO – FCC) O recente terremoto ocorrido no Japão em 11 de março de 2011, sob o ponto de vista da teoria geral do direito, pode ser classificado como
(A) ato jurídico em sentido estrito.
(B) ato jurídico em sentido amplo.
(C) negócio jurídico.
(D) fato jurídico em sentido estrito.
(E) fato ilícito em sentido estrito.

Fato jurídico em sentido estrito é o acontecimento natural que produz efeitos jurídicos. Exs.: nascimento, morte, decurso do tempo, raio, temporal etc. O fato jurídico em sentido estrito pode ser tanto um fato ordinário (como a morte natural e o decurso do tempo) como um fato extraordinário (como um tufão numa dada localidade ou o terremoto descrito na questão). Assim, o terremoto é um fato jurídico em sentido estrito.
Gabarito "D"

(Magistratura do Trabalho – 3ª Região) Assinale a alternativa correta: Nos termos do Código Civil vigente, têm-se por inexistentes (mas subsiste o negócio jurídico):
(A) As condições incompreensíveis
(B) As condições impossíveis, quando resolutivas, e as de não fazer coisa impossível.
(C) As condições ilícitas, ou de fazer coisa ilícita
(D) As condições física ou juridicamente impossíveis, quando suspensivas
(E) As condições contraditórias

Há duas soluções legais para a hipótese de imperfeição nas condições. A primeira é invalidar o negócio jurídico como um todo. Isso ocorre nas hipóteses do art. 123 do CC, a saber: I – as condições física ou juridicamente impossíveis, quando suspensivas; II – as condições ilícitas, ou de fazer coisa ilícita; III – as condições incompreensíveis ou contraditórias. A segunda é invalidar apenas e tão somente a condição, mantendo válido o negócio jurídico e isso ocorre em duas hipóteses previstas no art. 124: condições impossíveis, quando resolutivas, e as de não fazer coisa impossível. Desta forma, apenas a alternativa B responde de forma satisfatória a questão.
Gabarito "B"

(Magistratura do Trabalho – 23ª Região) Com base nas disposições do Código Civil vigente assinale a alternativa correta:
(A) A incapacidade relativa de uma das partes não pode ser invocada pela outra em benefício próprio, nem aproveita aos cointeressados capazes, salvo se, neste caso, for indivisível o objeto do direito ou da obrigação comum.
(B) O silêncio será tido como anuência, sempre que as circunstâncias ou os usos o autorizarem.
(C) Nas declarações de vontade se atenderá mais à literalidade estrita da declaração do que à intenção nelas consubstanciada.
(D) Os negócios jurídicos devem ser interpretados conforme a boa-fé e os usos do lugar de sua celebração, salvo quando dependam de forma prevista em lei.
(E) Os negócios jurídicos benéficos e a renúncia interpretam-se extensivamente.

A: correta, pois de pleno acordo com o disposto no art. 105 do CC; **B:** incorreta, pois – para que o silêncio valha como anuência – a lei ainda exige que não seja necessária a declaração de vontade expressa (CC, art. 111); **C:** incorreta, pois a regra do art. 112 do Código Civil é exatamente oposta, exigindo a lei que se atenda mais a intenção do que a literalidade; **D:** incorreta, pois a lei não reproduz a exceção prevista no enunciado; **E:** incorreta, pois tais negócios devem ser interpretados restritivamente (CC, art. 113114).
Gabarito "A"

(Magistratura do Trabalho – 14ª Região) Quanto aos negócios jurídicos, assinale a alternativa incorreta.

(A) Os negócios jurídicos devem ser interpretados conforme a boa-fé e os usos do lugar do pagamento.
(B) A incapacidade relativa de uma das partes não pode ser invocada pela outra em benefício próprio, nem aproveita aos cointeressados capazes, salvo se, neste caso, for indivisível o objeto do direito ou da obrigação comum.
(C) Os negócios jurídicos benéficos e a renúncia interpretam-se estritamente.
(D) A validade da declaração de vontade não dependerá de forma especial, senão quando a lei expressamente a exigir.
(E) O silêncio importa anuência, quando as circunstâncias ou os usos o autorizarem, e não for necessária a declaração de vontade expressa.

A: incorreta, devendo ser assinalada, pois os negócios jurídicos devem ser interpretados conforme a boa-fé e os usos do lugar da CELEBRAÇÃO do negócio jurídico (CC, art. 113); **B:** correta, pois em total consonância com o CC, art. 105; **C:** correta, pois de pleno acordo com o CC, art. 114; **D:** correta, pois de pleno acordo com o CC, art. 107; **E:** correta, pois de acordo com o disposto no CC, art. 111.

2.8.7.2. Condição, termo e encargo

(Magistratura/SP – VUNESP) Assinale a alternativa correta.

(A) São vedadas as condições que sujeitam o efeito do negócio jurídico ao arbítrio de uma das partes, somente nas relações de consumo.
(B) As condições contraditórias são consideradas inexistentes, mantendo-se íntegro o negócio jurídico que lhe é subordinado.
(C) O titular de direito eventual pode praticar os atos destinados a conservá-lo, nos casos de condição suspensiva ou resolutiva.
(D) O implemento de condição resolutiva sempre extingue, para todos os efeitos, o direito a que ela se opõe.
(E) O termo inicial suspende a aquisição do direito.

A: incorreta, pois o Código Civil considera defesa a condição que sujeita o efeito do negócio jurídico ao arbítrio de uma das partes (art. 122); **B:** incorreta, pois as condições contraditórias invalidam os negócios jurídicos que lhes são subordinados (art. 123, III, do CC); **C:** correta (art. 130 do CC); **D:** incorreta, pois sobrevindo a condição resolutiva, extingue-se, para todos os efeitos, o direito a que ela se opõe; mas, se aposta a um negócio de execução continuada ou periódica, a sua realização, salvo disposição em contrário, não tem eficácia quanto aos atos já praticados, desde que compatíveis com a natureza da condição pendente e conforme aos ditames de boa-fé (art. 128 do CC); **E:** incorreta, pois o termo inicial suspende o exercício, mas não a aquisição do direito (art. 131 do CC).

(Ministério Público/MG) Assinale a alternativa INCORRETA.

(A) Quando submetido à condição resolutiva, o negócio jurídico produz, desde logo, todos os efeitos que lhe são peculiares.
(B) Implementada a condição resolutiva, os interessados retornam à situação anterior, salvo as hipóteses de execução periódica ou continuada.
(C) Computam-se os prazos, excluído o dia do começo e incluído o do vencimento; se este cair em feriado, prorroga-se para o primeiro dia útil.
(D) O encargo suspende a aquisição do direito e será considerado não escrito, se ilícito ou impossível, invalidando o negócio jurídico.
(E) Ao titular do direito eventual, nos casos da condição suspensiva, é permitido praticar os atos destinados a conservá-lo.

A: correta (art. 127 do CC); **B:** correta (art. 128 do CC); **C:** correta (art. 132, *caput*, do CC); **D:** incorreta (e deve ser assinalada) (art. 136 do CC); **E:** correta (art. 130 do CC).

(Ministério Público/PR) Acerca dos negócios jurídicos, assinale a alternativa correta:

(A) subordinar a eficácia de um negócio jurídico a uma condição suspensiva significa afirmar que, enquanto esta não se realizar, não se terá adquirido o direito subjetivo a que visa o negócio.
(B) o termo sempre suspende a aquisição do direito subjetivo, de modo que, enquanto o evento futuro e certo ali previsto não se realizar, não se aperfeiçoa o direito a que visa o negócio.
(C) a regra que impõe a interpretação dos negócios jurídicos à luz da boa-fé significa que se deve perscrutar a vontade real do declarante, uma vez que a norma está a tratar da boa-fé subjetiva.
(D) a reserva mental é uma modalidade de simulação e, como tal, é hipótese de anulabilidade dos negócios jurídicos.
(E) somente os negócios jurídicos comutativos podem ser anulados por coação, não sendo viável pretender, sob esse fundamento, obter a anulação de negócios jurídicos benéficos.

A: correta (art. 121 do CC); **B:** incorreta, pois o termo inicial suspende o exercício, mas não a aquisição do direito (art. 131 do CC); **C:** incorreta, pois a regra prescrita no art. 113 do CC trata da boa-fé objetiva; **D:** incorreta, pois a reserva mental não é espécie de simulação e só será causa de anulabilidade do negócio se o destinatário tiver conhecimento dela (art. 110 do CC); **E:** incorreta, pois a coação é causa de anulação de qualquer espécie de negócio jurídico.

(Procurador do Município/Teresina-PI – FCC) Em relação à eficácia dos negócios jurídicos, é INCORRETO afirmar:

(A) O termo inicial suspende a aquisição, mas não o exercício do direito.
(B) Se for resolutiva a condição, enquanto esta não se realizar, vigorará o negócio jurídico, desde sua conclusão podendo exercer-se o direito por ele estabelecido.
(C) Têm-se por inexistentes as condições impossíveis, quando resolutivas, e as de não fazer coisa impossível.
(D) Em geral, são lícitas todas as condições não contrárias à lei, à ordem pública ou aos bons costumes.

(E) Nos casos de condição suspensiva ou resolutiva, ao titular do direito eventual é permitido praticar os atos destinados a conservá-lo.

A: incorreta, devendo ser assinalada, pois o termo inicial suspende a aquisição e o exercício do direto (efeitos do negócio jurídico – art. 121 do CC); B: correta (art. 127 do CC); C: correta (art. 124 do CC); D: correta (art. 122 do CC); E: correta (art. 130 do CC).
Gabarito "A"

(Auditor Fiscal da Receita Federal – ESAF) A doação de um apartamento a João, jogador de golfe, se ele tiver bom desempenho no *PGA Tour*, circuito anual, com cerca de quarenta e cinco torneios masculinos de golfe, é negócio jurídico, que contém condição:
(A) simplesmente potestativa.
(B) puramente potestativa.
(C) ilícita.
(D) perplexa.
(E) resolutiva.

A condição potestativa é a que depende da vontade de um dos contraentes. Uma das partes pode provocar ou impedir sua ocorrência. A ela contrapõe-se a condição causal, a que depende do acaso, não estando, de qualquer modo, no poder de decisão dos contraentes. Nem todas as condições potestativas são ilícitas. Só aquelas cuja eficácia do negócio fica exclusivamente ao arbítrio de uma das partes, sem a interferência de qualquer fator externo. Por essa razão, a fim de espalmar dúvidas, o Código atual inseriu a expressão "puro arbítrio" na dicção legal mencionada. Distinguem-se, então, as condições potestativas simples das condições puramente potestativas. Nas primeiras, não há apenas vontade do interessado, mas também interferência de fato exterior. Por outro lado, a condição puramente potestativa depende apenas e exclusivamente da vontade do interessado. A proibição do art. 122 do CC refere-se tão só às condições puramente potestativas. As condições simplesmente potestativas exigem também a ocorrência de fato estranho ao mero arbítrio da parte, como é o caso da questão.
Gabarito "A"

(Analista – TRT/23ª – FCC) Num negócio jurídico, a parte a quem aproveitaria o seu implemento, forçou maliciosamente a ocorrência de condição. Nesse caso,
(A) reputa-se verificada a condição.
(B) considera-se não implementada a condição.
(C) o negócio jurídico é nulo para todos os efeitos legais.
(D) o negócio jurídico é anulável.
(E) a verificação da condição será retardada em 90 dias.

Art. 129 do CC. Faz todo sentido essa solução, pois se alguém forçou maliciosamente uma condição que o aproveita, nada mais justo que se repute não verificada a condição.
Gabarito "B"

(Analista – TRT/24ª – FCC) A condição
(A) maliciosamente levada a efeito por aquele a quem aproveita o seu implemento considera-se não verificada.
(B) resolutiva, enquanto não se realizar, impede a eficácia do negócio jurídico, não podendo ser exercido, desde a conclusão deste, o direito por ele estabelecido.

(C) que sujeitar o efeito do negócio jurídico ao puro arbítrio de uma das partes, em geral, é válida, em decorrência do princípio da liberdade de contratar.
(D) cujo implemento for maliciosamente obstado pela parte a quem favorecer não se reputa verificada quanto aos efeitos jurídicos.
(E) suspensiva impede que o titular do direito eventual pratique atos destinados a conservá-lo.

A: correta (art. 129 do CC); B: incorreta, pois é o contrário, ou seja, se for resolutiva a condição, enquanto esta se não realizar, vigorará o negócio jurídico, podendo exercer-se desde a conclusão deste o direito por ele estabelecido; C: incorreta, pois essas condições são defesas, proibidas (art. 122 do CC); D: incorreta, pois, nesse caso, a condição reputa-se verificada (art. 129 do CC); E: incorreta, pois, mesmo suspensa a condição, o titular do direito eventual está autorizado pela lei a conservar o seu direito (art. 130 do CC).
Gabarito "A"

(Analista – TRF/4ª – FCC) Considere as seguintes assertivas a respeito da Condição, do Termo e do Encargo:
I. Considera-se condição a cláusula que, derivando exclusivamente da vontade das partes, subordina o efeito do negócio jurídico a evento futuro e certo.
II. Se for resolutiva a condição, enquanto esta se não realizar, vigorará o negócio jurídico, podendo exercer-se desde a conclusão deste o direito por ele estabelecido.
III. O termo inicial suspende o exercício, mas não a aquisição do direito.
IV. Em regra, o encargo suspende a aquisição e o exercício do direito.
De acordo com o Código Civil, está correto o que consta APENAS em
(A) I e III.
(B) I, II e III.
(C) II, III e IV.
(D) II e III.
(E) II e IV.

I: incorreta, pois considera-se condição a cláusula que, derivando exclusivamente da vontade das partes, subordina o efeito do negócio jurídico a evento futuro e **incerto** (art. 121 do CC); II: correta (art. 127 do CC); III: correta (art. 131 do CC); IV: incorreta, pois o encargo não suspende a aquisição nem o exercício do direito, salvo quando expressamente imposto no negócio jurídico, pelo disponente, como condição suspensiva (art. 136 do CC).
Gabarito "D"

2.8.7.3. *Defeitos do negócio jurídico*

(Procurador do Estado/PR – PUC-PR) Levando em conta a temática dos defeitos do negócio jurídico, considere as seguintes asserções:
I. Suponha que Tício beneficia Caio pela doação de bem imóvel e isso acaba por desfalcar seu patrimônio de forma tal que suas dívidas passam a superar os ativos. Neste caso, os credores quirografários de Tício podem valer-se da ação pauliana visando à anulação da doação. A ação seria dirigida contra Tício e Caio, ainda que este ignorasse o fato de que a liberalidade de Tício havia reduzido-o ao estado

de insolvência, porque neste caso não se exige a comprovação da intenção de fraudar para o uso da ação revocatória.

II. Em um negócio jurídico constata-se manifesta desproporção entre prestação e contraprestação decorrente de manifesta inexperiência de uma das partes. Esta não pode invocar a própria inexperiência como causa para anulação do negócio jurídico por lesão, já que isto configuraria *venire contra factum proprium*.

III. Tício aliena um imóvel a Caio para que este o transmita a seu filho Mévio. Constatando-se que a intenção de Tício sempre fora transferir o bem a Mévio, prescindindo da autorização dos demais descendentes, a venda poderá ser invalidada por configurar negócio simulado mediante a interposição de pessoa.

Assinale a alternativa CORRETA.

(A) Somente a afirmativa III é verdadeira.
(B) Somente as afirmativas I e III são verdadeiras.
(C) Somente as afirmativas II e III são verdadeiras.
(D) Somente a afirmativa I é verdadeira.
(E) As afirmativas I, II e III são verdadeiras.

I: correta (art. 158, *caput*, do CC); II: incorreta, pois a lei admite a anulação do negócio no caso (art. 157, *caput*, do CC); III: correta (art. 167, § 1º, do CC).
Gabarito "B".

(Procurador do Estado/BA – CESPE) Julgue o seguinte item.

(1) Ocorre a lesão quando uma pessoa, em premente necessidade ou por inexperiência, se obriga a prestação manifestamente desproporcional ao valor da prestação oposta, exigindo-se, para a sua configuração, ainda, o dolo de aproveitamento, conforme a doutrina majoritária.

1: errada, pois, consoante doutrina majoritária o dolo de aproveitamento não é exigível para a configuração da lesão. Neste espeque cita-se o Enunciado 150 JDC/CJF: "A lesão de que trata o art. 157 do CC não exige dolo de aproveitamento".
Gabarito 1E.

(Juiz de Direito/AM – FGV) Em relação a negócios jurídicos realizados na vigência do Código Civil de 2002, assinale a afirmativa correta.

(A) É anulável o negócio jurídico simulado.
(B) É nulo o negócio jurídico realizado por menor relativamente incapaz.
(C) É anulável a venda de ascendente a descendente, salvo se os outros descendentes e o cônjuge do alienante expressamente houverem consentido.
(D) É nulo o negócio jurídico realizado em estado de perigo.
(E) É inadmissível, no direito brasileiro, a conversão de negócios jurídicos nulos.

A: incorreta, pois o art. 167 do CC estabelece que o negócio jurídico simulado é nulo de pleno direito; B: incorreta, pois referido negócio é meramente anulável (art. 171, I, do CC); C: correta, pois de pleno acordo com o disposto no art. 496 do CC; D: incorreta, pois qualquer negócio praticado sob vício do consentimento é considerado anulá-vel (art. 171, II, do CC); E: incorreta, pois a conversão do negócio nulo é prevista em nosso sistema (art. 170, do CC).
Gabarito "C".

(Promotor de Justiça/RO – CESPE) A respeito dos negócios jurídicos, assinale a opção correta.

(A) Embora o negócio nulo não seja suscetível de confirmação, podendo o vício ser conhecido de ofício pelo juiz, é suscetível de prescrição.
(B) Não é possível, em face da caracterização de abuso de direito, que situação de vantagem para alguém surja em razão do não exercício de determinado direito por outrem.
(C) Após a entrada em vigor do Código Civil de 2002, que atribuiu ao princípio da boa-fé objetiva condição de regra interpretativa, o silêncio passou a ser interpretado, em qualquer situação, como concordância com o negócio.
(D) O Código Civil veda a realização, pelo representante, de contrato consigo mesmo, haja vista o patente conflito de interesses entre a vontade do representante e a do representado.
(E) De acordo com a teoria da confiança, nas declarações de vontade, importa a vontade real, e não a vontade declarada.

A: incorreta, pois não há prazo para se pleitear a declaração de nulidade absoluta de um negócio jurídico. O negócio nulo é nulo para sempre (art. 169 do CC); B: incorreta, pois tal possibilidade existe. Trata-se da *surrectio*, instituto que cria uma vantagem ou prerrogativa para uma parte diante da inércia da outra parte ao exercer um direito. Um ótimo exemplo disso vem previsto no art. 330 do CC; C: incorreta, pois a par da regra geral do art. 111 do CC, o efeito do silêncio dependerá da hipótese específica. Por exemplo, na hipótese do art. 299, parágrafo único, do CC, o silêncio é tido como recusa; ao passo que na hipótese do art. 303 do CC, o silêncio é uma forma de anuência; D: incorreta, pois o art. 117 faz a ressalva de a lei permitir tal negócio consigo mesmo. Ademais, o art. 685 do CC prevê o mandato em causa própria, no qual o mandatário age como representante de uma das partes sendo – ao mesmo tempo – a "outra parte" contratante; E: correta, pois o que mais importa é a intenção das partes e não o sentido literal da linguagem (art. 112 do CC).
Gabarito "E".

(Promotor de Justiça/RO – CESPE) A respeito do ato jurídico, assinale a opção correta.

(A) O exercício de um direito não constitui ato ilícito, ainda que exceda manifestamente os limites impostos pelos bons costumes.
(B) O mero fato de dirigir em alta velocidade, com visível negligência, caracteriza ilícito civil, ainda que não haja dano ou violação de direito alheio.
(C) Destruição de coisa alheia para remover perigo iminente não constitui ato ilícito, mas pode gerar o dever de indenizar.
(D) Aquele que, ao agir em legítima defesa, pratica ato ilícito será obrigado a indenizar.
(E) O agente que cause dano a terceiro, ainda que em decorrência de ato praticado no exercício regular de um direito, deverá repará-lo.

A: incorreta, pois configura ato ilícito o direito exercido de forma abusiva e que ultrapassa os limites da boa-fé, bons costumes, fim social ou fim econômico (art. 187 do CC); **B:** incorreta, pois a própria definição de ato ilícito (art. 186 do CC) exige o dano como requisito; **C:** correta, pois o art. 188, II, do CC estabelece que tal comportamento não configura ato ilícito. Vale a ressalva, todavia, de que haverá dever de indenizar caso a vítima do dano não tenha causado o risco da situação (CC, art. 929); **D:** incorreta, pois a legítima defesa é ato lícito (art. 188, I, do CC); **E:** incorreta, pois não se configura ato ilícito aquele praticado no exercício regular de um direito (art. 188, I, do CC).

Gabarito "C".

(Juiz de Direito/AM – FGV) João, premido pela necessidade de conseguir dinheiro para purgar a mora referente a aluguéis e encargos da casa em que reside e evitar o despejo, vendeu uma joia de família a Ricardo, por R$ 5.000,00, embora o seu preço de mercado seja de aproximadamente R$ 50.000,00.

Posteriormente, não conseguindo desfazer amigavelmente o negócio realizado, propõe ação para anular a venda da joia.

De acordo com as informações apresentadas, assinale a alternativa que indica, em tese, o defeito do negócio jurídico.

(A) Lesão.
(B) Dolo.
(C) Coação.
(D) Estado de perigo.
(E) Erro.

A: correta, pois a hipótese se encaixa perfeitamente com a previsão legal da lesão, hipótese na qual uma pessoa, sob premente necessidade, se obriga a prestação manifestamente desproporcional ao valor da prestação oposta (art. 157 do CC); **B:** incorreta, pois no dolo a vítima não tem a vontade esclarecida, tendo em vista o artifício malicioso utilizado pela outra parte (art. 145 do CC); **C:** incorreta, pois na coação o mal aflige (e pressiona) a vítima a realizar determinado negócio é causado justamente pela outra parte contratante (art. 151 do CC); **D:** incorreta, pois no estado de perigo a pessoa está premida da necessidade de salvar-se ou salvar pessoa de sua família (art. 156 do CC); **E:** incorreta, pois no erro ocorre a falsa percepção da realidade, não por uma conduta maliciosa da outra parte, mas por um engano próprio da vítima (art. 138 do CC).

Gabarito "A".

(Procurador Federal – CESPE) Julgue o seguinte item.

(1) A nulidade do negócio jurídico realizado em fraude contra credores é subjetiva, de forma que, para a sua tipificação, deve ser provada a intenção de burlar o mandamento legal.

1: errada, pois fraude contra credores configura causa de anulabilidade do negócio jurídico, e não de nulidade (art. 158 do CC).

Gabarito 1E.

(Procurador do Município/Florianópolis-SC – FEPESE) No tocante aos defeitos dos negócios jurídicos, assinale a alternativa correta.

(A) O erro acidental, ao contrário do erro essencial, não é suficiente para anular o negócio jurídico.
(B) Quando há dolo bilateral na realização do negócio jurídico, a lei pune ambas as partes com a anulação do ato.
(C) Considera-se coação passível de nulidade o temor reverencial do militar em relação a seu superior hierárquico.
(D) Lesão e estado de perigo assemelham-se na dicção da lei civil, pois se tratam de hipóteses em que há perigo de vida à vítima ou alguém de sua família.
(E) Para tipificação da fraude contra credores é necessário que a prática fraudulenta seja anterior ao nascimento do direito de crédito.

A: correta, pois, segundo dispõe o art. 138 do CC, são anuláveis os negócios jurídicos, quando as declarações de vontade emanarem de **erro substancial** que poderia ser percebido por pessoa de diligência normal, em face das circunstâncias do negócio; **B:** incorreta, pois se ambas as partes procederem com dolo, nenhuma pode alegá-lo para anular o negócio, ou reclamar indenização (art. 150 do CC); **C:** incorreta, pois não se considera coação a ameaça do exercício normal de um direito, nem o simples temor reverencial (art. 153 do CC); **D:** incorreta, pois na lesão não há necessidade de se configurar perigo de vida, mas apenas premente necessidade ou inexperiência (art. 157 do CC); **E:** incorreta, pois a fraude contra credores dá-se com a transmissão ou remissão de dívida feitas pelo devedor já insolvente, ou por elas reduzido à insolvência.

Gabarito "A".

(Procurador Federal – CESPE) Com relação aos vícios do negócio jurídico, julgue o item que se segue.

(1) Se cabalmente comprovada a inexperiência do contratante, configura-se a lesão, mesmo que a desproporcionalidade entre as prestações das partes seja superveniente.

1: incorreta, pois o instituto da lesão reclama que as obrigações das partes já nasçam manifestamente desproporcionais (art. 157 do CC).

Gabarito 1E.

(Defensor Público/BA – CESPE) Julgue os próximos itens, a respeito dos defeitos e da nulidade dos negócios jurídicos.

(1) Tanto nos casos de declaração de nulidade quanto nos de decretação de anulação do negócio jurídico, ocorre o retorno das partes à situação anterior.
(2) Caso o declaratário desconheça o grave dano a que se expõe o declarante ou pessoa de sua família, não ficará caracterizado o estado de perigo.
(3) Para que se caracterize lesão ao negócio jurídico, a desproporção entre a obrigação assumida pela parte declarante e a prestação oposta deve ser mensurada no momento da constituição do negócio.

1: certa, pois nas duas hipóteses as partes retornarão ao estado anterior, com a diferença de que nos casos de anulabilidade admite-se a confirmação do negócio jurídico pelas partes (art. 172 do CC), que retroagirá à data do ato; **2:** certa, pois o artigo art. 156 do CC exige que o grave dano seja conhecido pelo declaratário: "Configura-se o estado de perigo quando alguém, premido da necessidade de salvar-se, ou a pessoa de sua família, de grave dano conhecido pela outra parte, assume obrigação excessivamente onerosa"; **3:** certa, pois o momento para a verificação da lesão é o da celebração do negócio (art. 157, § 1º, do CC).

Gabarito 1C, 2C, 3C.

(Analista – TRT/8ª – FCC) A respeito dos defeitos do negócio jurídico, considere:

I. Erro sobre a natureza do negócio.
II. Erro sobre o objeto principal da declaração.
III. Erro sobre alguma das qualidades essenciais do objeto.

IV. Erro de cálculo.
Consideram-se substanciais os indicados APENAS em:
(A) I, II e III.
(B) I e III.
(C) I e IV.
(D) II e III.
(E) II, III e IV.

I: correta (art. 139, I, do CC); II: correta (art. 139, I, do CC); III: correta (art. 139, I, do CC); IV: incorreta (art. 143 do CC).

(Analista – TRT/14ª – FCC) A respeito dos defeitos dos negócios jurídicos, é correto afirmar:
(A) Não se presumem fraudatórias dos direitos dos outros credores as garantias de dívidas que o devedor insolvente tiver dado a algum credor.
(B) Se uma pessoa, por inexperiência, se obriga a prestação manifestamente desproporcional ao valor da prestação oposta, o negócio será anulado inclusive se a parte favorecida concordar com a redução do proveito.
(C) Se ambas as partes procederem com dolo, qualquer delas poderá alegá-lo para anular o negócio, ou reclamar indenização.
(D) O falso motivo só vicia a declaração de vontade quando expresso como razão determinante.
(E) Considera-se coação a ameaça do exercício normal de um direito, bem como o simples temor reverencial.

A: incorreta, pois se presumem, sim, fraudatórias dos direitos dos outros credores as garantias de dívidas que o devedor *insolvente* tiver dado a algum credor (art. 163 do CC); B: incorreta, pois o caso em tela revela a ocorrência do instituto da "lesão" (art. 157, *caput*, do CC); assim, aplica-se o disposto no § 2º do art. 157, pelo qual "não se decretará a anulação do negócio, se for oferecido suplemento suficiente, ou se a parte favorecida concordar com a redução do proveito"; C: incorreta, pois, se ambas as partes procederem com dolo, nenhuma pode alegá-lo para anular o negócio, ou reclamar indenização" (art. 150 do CC); D: correta (art. 140 do CC); E: incorreta, pois a ameaça de fazer algo que o direito admite (ex.: a ameaça de ajuizar uma ação em face de alguém), bem como o simples temor reverencial (ex.: o respeito que o filho tem junto ao seu pai), não são considerados pelo art. 153 do CC hipóteses coação.

(Analista – TRT/24ª – FCC) João, por meio de doação gratuita, transmitiu todos os seus bens a seu filho, tornando-se insolvente. Posteriormente, celebrou contrato com José e não cumpriu, tornando-se devedor deste. Nesse caso, José
(A) poderá pleitear a anulação da doação gratuita efetivada por João por fraude contra credores porque, em razão dela, João tornou-se insolvente.
(B) não poderá pleitear a anulação da doação por fraude contra credores porque não era credor de João ao tempo em que ela foi feita.
(C) só poderá pleitear a anulação da doação gratuita efetivada por João por fraude contra credores se for credor quirografário.
(D) só poderá pleitear a anulação da doação efetivada por João por fraude contra credores se este não tiver mencionado esse fato quando da celebração do contrato.
(E) só poderá pleitear a anulação da doação efetivada por João por fraude contra credores se o contrato com ele celebrado for escrito e estiver subscrito por duas testemunhas.

No caso em tela, José não era credor de João quando este ficou insolvente, portanto não se pode falar em fraude contra *credores*. Segundo § 2º do art. 158 do CC, só os credores que já o eram ao tempo daqueles atos podem pleitear a anulação deles.

(Analista – TRE/MT – CESPE) A respeito dos negócios jurídicos, assinale a opção correta.
(A) Constitui causa de nulidade do negócio jurídico o erro substancial quanto à natureza do negócio.
(B) O contrato de compra e venda de bem móvel comprado, sob premente necessidade, por preço manifestamente superior ao seu real valor de mercado pode ser anulado por conter vício do consentimento denominado estado de perigo.
(C) O negócio jurídico eivado de dolo de terceiro poderá ser anulado ainda que não se prove que a parte a quem ele aproveita sabia da ocorrência do dolo.
(D) Mesmo que seja de natureza acidental, o dolo acarretará irremediavelmente a nulidade do ato.
(E) Não é válido o ato negocial em que ambas as partes tenham agido reciprocamente com dolo. A nenhuma delas é permitido reclamar indenização, devendo cada uma suportar o prejuízo experimentado.

A: incorreta, pois o erro substancial constitui causa de anulabilidade do negócio jurídico (art. 138 do CC); B: incorreta, pois se trata de hipótese de lesão (art. 157, *caput*, do CC); C: correta (art. 148 do CC); D: incorreta, pois o dolo acidental só obriga à satisfação de perdas e danos (art. 146 do CC); E: incorreta, pois, se ambas as partes agiram com dolo, nenhuma poderá alegá-lo para anular o negócio (art. 150 do CC).

2.8.7.4. Invalidade do negócio jurídico

(Ministério Público/BA – CEFET) Analise as assertivas abaixo e assinale a alternativa **CORRETA** sobre o fato e negócio jurídico, segundo o Código Civil Brasileiro:
I. A validade do negócio jurídico requer agente capaz, objeto lícito, possível e determinado ou determinável, além de forma prescrita ou não defesa em lei.
II. No negócio jurídico celebrado com a cláusula de não valer sem instrumento público, este é da substância do ato.
III. É nulo o negócio jurídico quando celebrado por pessoa absolutamente incapaz.
IV. O negócio jurídico nulo é suscetível de confirmação, convalescendo pelo decurso do tempo, pelo princípio da conservação dos negócios jurídicos.
V. O estado de perigo consiste na situação em que alguém, por inexperiência, se obriga a prestação manifestamente desproporcional ao valor da prestação oposta.
Estão corretas as assertivas:

(A) I, II, III, IV e V.
(B) I, II, III e IV.
(C) I, II, III e V.
(D) I, III e V.
(E) I, II e III.

I: correta (art. 104, I a III, do CC); II: correta (art. 109 do CC); III: correta (art. 166, I, do CC); IV: incorreta, pois o negócio nulo é insuscetível de confirmação e não convalesce pelo decurso do tempo (art. 169 do CC); V: incorreta, pois essa definição é de uma das modalidades da lesão (art. 157, *caput*, do CC) e não do estado de perigo (art. 156 do CC).
Gabarito "E".

(Procurador do Estado/PR – PUC-PR) Assinale a alternativa **CORRETA**.
(A) A emancipação do menor com 16 anos completos, concedida por ambos os pais por escritura pública, depende, para a sua validade, de homologação judicial.
(B) A atuação do mandatário que age extrapolando os limites da procuração que lhe foi outorgada é inválida e não produz quaisquer efeitos jurídicos.
(C) Os efeitos da declaração de nulidade do negócio jurídico retroagem ao momento da sua celebração, sendo que ele nunca convalesce, não pode ser confirmado e nem ratificado. Poderá, todavia, subsistir convertido em outro negócio jurídico cujos requisitos de validade estiverem presentes, se atingir o fim visado pelas partes.
(D) A relativa incapacidade do menor entre 16 e 18 anos autoriza-o a invocar a anulabilidade de negócio jurídico realizado sem assistência, mesmo que tenha se declarado maior no momento de sua celebração.
(E) A fixação de condição resolutiva física ou juridicamente impossível invalida todo o negócio jurídico.

A: incorreta, pois pode ser feita por escritura pública (art. 5º, parágrafo único, I, do CC); B: incorreta, pois a consequência é apenas que esses atos são ineficazes à pessoa do mandante, podendo ter efeito entre o mandatário e o terceiro, sem prejuízo também que a ineficácia perante o mandante deixe de prevalecer, caso este resolva ratificar o ato praticado pelo mandatário que tiver extrapolado de seus poderes (art. 662, *caput*, do CC); C: correta, pois a nulidade opera de pleno direito, de modo que a sentença reconhece algo que já se deu, daí seu caráter declaratório e quanto às demais disposições da alternativa estão nos arts. 169 e 179 do CC; D: incorreta, pois nesse caso a lei pressupõe malícia e experiência do menor e não permite que este se exima da obrigação que tiver contraído (art. 180 do CC); E: incorreta, pois se a condição impossível for do tipo resolutiva, a sanção não é de invalidade do negócio, mas de se considerar inexistente a condição (art. 124 do CC).
Gabarito "C".

(Ministério Público/MG) Analise as seguintes alternativas e assinale a assertiva INCORRETA.
(A) Isenta-se o incapaz por prejuízos causados a terceiro, se restar provado que a prestação priva o menor do necessário para sua subsistência.
(B) Pago ao menor uma quantia, que a aplica em poupança, e o negócio jurídico for declarado anulado, deverá o menor devolver a quantia recebida do terceiro.
(C) Se o pai do deficiente mental não tiver meios suficientes para ressarcir terceiros, o incapaz não responde pelos prejuízos que causou.
(D) Os menores com 17 anos podem praticar atos da vida civil, embora contrariando seus progenitores, como testar, aceitar mandato, assumir emprego público.

A: correta (art. 928, parágrafo único, parte final, do CC); B: correta, pois a anulação faz com que a situação das partes retorne ao estado anterior, e, no caso, o valor recebido pelo menor foi revertido em proveito deste, que, inclusive, aplicou a quantia em poupança, aplicando-se o disposto no art. 181 do CC; C: incorreta (e deve ser assinalada), pois o incapaz, nesse caso, responderá (art. 928 do CC), a não ser que a responsabilidade o prive do necessário para a sua subsistência (art. 928, parágrafo único, do CC); D: correta, pois aquele que tem entre 16 e 18 anos pode praticar alguns atos sozinho (sem assistência), como aceitar mandato (CC, art. 666), fazer testamento (CC, art. 1.860), ser testemunha em atos jurídicos (CC, art. 228, I), assumir emprego público (nesse caso, deve-se verificar os requisitos de ingresso no serviço público, mas caso alguém nessa idade possa aceitar vínculo efetivo, haverá, inclusive, emancipação legal do menor – art. 5º, parágrafo único, III, do CC).
Gabarito "C".

(Ministério Público/SP) É hipótese de anulabilidade de negócio jurídico:
(A) contrato de mútuo cujo devedor à época contava com 17 (dezessete) anos e intencionalmente omitiu idade.
(B) casamento de menor em idade núbil não autorizado por representantes legais tendo resultado gravidez da cônjuge mulher.
(C) contrato de locação que contém erro no cálculo do valor do aluguel constatado pelo locatário após o pagamento dos três primeiros meses de locação.
(D) legado deixado por testamento a pessoa que ameaçou testador de ajuizar ação de despejo por falta de pagamento.
(E) escritura de hipoteca de devedor em favor de credor não possuindo outros bens e com notório estado de insolvência.

A: incorreta, pois o CC não protege o menor entre 16 e 18 anos nesse caso (art. 180 do CC); B: incorreta, pois não se anulará o casamento, por motivo de idade, se dele resultou gravidez (art. 1.551 do CC); C: incorreta, pois o erro de cálculo não torna o negócio anulável, mas apenas autoriza a retificação da declaração de vontade (art. 143 do CC); D: incorreta, pois esse não é um caso de anulabilidade do negócio jurídico testamento; E: correta, pois esse caso é de fraude contra credores, que gera a anulabilidade do negócio (art. 163 do CC).
Gabarito "E".

(Procurador do Município/Florianópolis-SC – FEPESE) Com fundamento nas disposições legais sobre a invalidade do negócio jurídico, assinale a alternativa correta.
(A) É nulo o negócio jurídico quando celebrado por pessoa relativamente incapaz.
(B) É nulo o negócio jurídico por incapacidade relativa do agente.
(C) É de cinco anos o prazo de decadência para pleitear-se a anulação do negócio jurídico.
(D) As nulidades devem ser pronunciadas e supridas pelo juiz, independentemente de requerimento das partes.

(E) O negócio jurídico nulo não é suscetível de confirmação, nem convalesce pelo decurso do tempo.

A e B: incorretas, pois é nulo o negócio jurídico praticado por pessoa **absolutamente** incapaz (art. 166, I, do CC), e a incapacidade relativa torna o ato **anulável**, e não nulo (art. 171, I, do CC); **C:** incorreta, pois é de quatro anos o prazo de decadência para pleitear a anulação do negócio jurídico (art. 178 do CC); **D:** incorreta, pois as nulidades devem ser pronunciadas pelo juiz, quando conhecer do negócio jurídico ou dos seus efeitos e as encontrar provadas, não lhe sendo permitido supri-las, ainda que a requerimento das partes (art. 168, parágrafo único, do CC); **E:** correta (art. 169 do CC).

Gabarito "E"

(Procurador do Município/Teresina-PI – FCC) O negócio jurídico realizado por pessoa absolutamente incapaz
(A) gera a ineficácia perante terceiros, podendo ser sanado apenas entre seus partícipes.
(B) gera nulidade absoluta, portanto sem possibilidade de convalidação.
(C) gera anulabilidade, ou nulidade relativa, podendo ser convalidado.
(D) implica a inexistência desse ato, que não terá quaisquer consequências jurídicas.
(E) implica mera irregularidade, se posteriormente ratificado por seu representante legal.

Arts. 166, I, e 169, do CC.

Gabarito "B"

(Procurador do Trabalho) Quanto à teoria dos negócios jurídicos, é **CORRETO** afirmar:
(A) É nulo o negócio jurídico realizado por agente com 17 anos, sem assistência de seu representante legal.
(B) O índio integrado, ou seja, incorporado à comunhão nacional, goza de capacidade para firmar negócios jurídicos, mesmo que conserve usos, costumes e características de sua cultura.
(C) Simulação é uma declaração falsa, enganosa, da vontade, visando aparentar negócio diverso do efetivamente desejado, independente de acordo com a parte contrária ou seus destinatários.
(D) O temor reverencial se equipara à coação, pois suprime por si só qualquer consentimento ou manifestação da vontade do agente, independente de ser acompanhado de ameaças ou violências.
(E) Não respondida.

A: incorreta, pois, nesse caso, tem-se um relativamente incapaz (art. 4º, I, do CC), de modo que o negócio é anulável (art. 171, I, do CC) e não nulo; **B:** correta (arts. 4º, I, e 10 do Estatuto do Índio); **C:** incorreta, pois a simulação depende que das duas partes devem ter o mesmo intuito, ou seja, devem estar de acordo com esse negócio viciado, sob pena de se configurar algum defeito do negócio jurídico ou outro vício diverso da simulação; **D:** incorreta, pois não se considera coação o simples temor reverencial (art. 153 do CC); **E:** incorreta, pois a alternativa "a" é correta.

Gabarito "B"

(Procurador do Trabalho) Marque a alternativa CORRETA:
(A) Com exceção dos casos previstos em lei, os direitos da personalidade são intransmissíveis e irrenunciáveis e, caso a pessoa venha a óbito, mesmo assim tem legitimidade para exigir que cesse a ameaça ou a lesão a direito à personalidade, além de reclamar perdas e danos, o cônjuge sobrevivente ou qualquer parente em linha reta ou colateral até o terceiro grau.
(B) O Ministério Público deve atuar nos casos de desconsideração da pessoa jurídica, nos quais ocorre o abuso da personalidade jurídica, configurado pelo desvio de finalidade, ou confusão patrimonial, constituindo-se modalidade de intervenção obrigatória.
(C) Nos termos do Código Civil, é nulo o negócio jurídico simulado, mas subsistirá o que se dissimulou, se válido for, na substância e na forma.
(D) A anulabilidade não opera de pleno direito; logo, não tem efeito antes de julgada por sentença, nem pode ser pronunciada de ofício, somente tendo legitimidade para sua arguição os interessados, aproveitando exclusivamente aos que a alegarem, não podendo ser estendida em casos de solidariedade ou indivisibilidade.
(E) Não respondida.

A: incorreta, pois o art. 12, parágrafo único, concede tal legitimidade ao cônjuge sobrevivente ou qualquer parente em linha reta ou colateral até o quarto grau; **B:** incorreta, pois o Ministério Público só requer a desconsideração da personalidade jurídica quando lhe couber intervir no processo (CC, art. 50); **C:** correta, pois de pleno acordo com o disposto no art. 167 do CC; **D:** incorreta, pois nos casos de solidariedade ou indivisibilidade, ela aproveita também a terceiros (CC, art. 177).

Gabarito "C"

(Magistratura do Trabalho – 4ª Região) São nulos os negócios
(A) simulados.
(B) praticados sob coação e em fraude contra credores.
(C) celebrados pelos relativa e absolutamente incapazes.
(D) que possuam objeto ilícito, impossível ou determinado.
(E) praticados em fraude contra lei supletiva.

A: correta, pois o ato simulado é nulo de pleno direito (CC, art. 167); **B:** incorreta, pois nessas duas hipóteses a solução é a anulabilidade e não a nulidade (CC, art. 171, II); **C:** incorreta, pois os negócios praticados pelos relativamente incapazes são anuláveis e não nulos (CC, art. 171, I); **D:** incorreta, pois o negócio jurídico será nulo se o seu objeto for ilícito, impossível ou indeterminável (CC, art. 166, II); **E:** incorreta, pois o art. 166, VI prevê que o negócio jurídico será nulo se tiver por objetivo fraudar lei imperativa.

Gabarito "A"

(Magistratura do Trabalho – 3ª Região) Relativamente às regras gerais sobre a invalidade dos negócios jurídicos, com base no Código Civil, é correto afirmar que:
(A) A invalidade do instrumento induz necessariamente a do negócio jurídico.
(B) É anulável o negócio jurídico sempre que a lei civil proibir-lhe a prática, sem cominar sanção.
(C) Ninguém pode reclamar o que, por uma obrigação anulada, pagou a um incapaz.
(D) No caso de coação, é de cinco anos o prazo de decadência para pleitear-se a anulação do negócio jurídico, contado do dia em que ela cessar.
(E) Se o negócio jurídico nulo contiver os requisitos de outro, subsistirá este quando o fim a que visavam

as partes permitir supor que o teriam querido, se houvessem previsto a nulidade.

A: incorreta, pois a invalidade do instrumento não resultará na invalidade do negócio jurídico desde que seja possível prová-lo por outro modo (CC, art. 183); **B:** incorreta, pois tal hipótese resulta em nulidade absoluta prevista no art. 166, VII; **C:** incorreta, pois existe uma ressalva para esta hipótese, que é a prova de que tal pagamento reverteu em favor do incapaz (CC, art. 183181); **D:** incorreta, pois o prazo é de quatro anos (CC, art. 178); **E:** correta, pois a alternativa define o instituto da conversão, estabelecido no CC, art. 170.

Gabarito "E".

(Analista – TRE/AC – FCC) Segundo o Código Civil brasileiro, com relação à invalidade dos negócios jurídicos, é correto afirmar:

(A) É de dez anos o prazo de decadência para pleitear-se a anulação do negócio jurídico, contado, no caso de atos de incapazes, do dia em que cessar a incapacidade.
(B) Não serão considerados nulos ou anuláveis os negócios jurídicos em que os instrumentos particulares forem antedatados.
(C) É de dois anos o prazo de decadência para pleitear-se a anulação do negócio jurídico, contado, no caso de coação, do dia em que ela cessar.
(D) Quando a lei dispuser que determinado ato é anulável, sem estabelecer prazo para pleitear-se a anulação, será este de dois anos, a contar da data da conclusão do ato.
(E) Além dos casos expressamente declarados na lei, é nulo o negócio jurídico por incapacidade relativa do agente, bem como por vício resultante de estado de perigo, lesão ou fraude contra credores.

A: incorreta, o prazo é de quatro anos (art. 178, III, do CC); **B:** incorreta, pois se trata de simulação e, portanto, de negócio jurídico nulo (art. 167, § 1º, III, do CC); **C:** incorreta, o prazo é de quatro anos (art. 178, I, do CC); **D:** correta (art. 179 do CC); **E:** incorreta, pois, além dos casos expressamente declarados na lei, é anulável o negócio jurídico por incapacidade relativa do agente e por vício resultante de erro, dolo, coação, estado de perigo, lesão ou fraude contra credores (art. 171 do CC).

Gabarito "D".

2.8.8. Prescrição e decadência

(Magistratura/RR – FCC) A respeito da prescrição e da decadência considere as seguintes afirmações:
I. A prescrição e a decadência fixadas em lei são irrenunciáveis.
II. A decadência convencional pode ser alegada pela parte a quem aproveita somente dentro do prazo da contestação, mas a decadência legal pode ser alegada a qualquer tempo no processo e o juiz dela deverá conhecer de ofício.
III. O juiz pode, de ofício, reconhecer a prescrição, ainda que a pretensão se refira a direitos patrimoniais, mas não pode, de ofício, suprir a alegação, pela parte, de decadência convencional.
IV. Salvo disposição legal em contrário, não se aplicam à decadência as normas que impedem, suspendem ou interrompem a prescrição.
V. Não corre prescrição pendente condição suspensiva ou ação de evicção.

Está correto o que se afirma APENAS em
(A) II, III e IV.
(B) I, II e III.
(C) III, IV e V.
(D) I, II e IV.
(E) II, IV e V.

I: incorreta, pois se essa afirmação é verdadeira em relação à decadência (art. 209 do CC), é falsa em relação à prescrição, pois cabe sua renúncia depois de sua consumação (art. 191 do CC); **II:** incorreta, pois mesmo a decadência convencional pode ser alegada em qualquer grau de jurisdição (art. 211 do CC); **III:** correta (art. 211 do CC); **IV:** correta (art. 207 do CC); **V:** correta (art. 199, I e III, do CC).

Gabarito "C".

(Ministério Público/SP) O artigo 1.244 do Código Civil reza que: "Estende-se ao possuidor o disposto quanto ao devedor acerca das causas que obstam, suspendem ou interrompem a prescrição, as quais também se aplicam a usucapião." Assim, entre as alternativas apresentadas abaixo, marque aquela em que a usucapião poderá ser alegada:
(A) entre cônjuges na constância do casamento.
(B) entre tutelados e seus tutores, durante a tutela.
(C) contra os que se acharem servindo nas Forças Armadas, em tempo de guerra.
(D) contra os outros condôminos, uma vez cessado o estado de indivisão e comprovada a posse exclusiva da coisa.
(E) contra os ausentes do País em serviço público da União, dos Estados e dos Municípios.

A: incorreta, pois é caso em que não corre a prescrição (art. 197, I, do CC); **B:** incorreta, pois é caso em que não corre a prescrição (art. 197, III, do CC); **C:** incorreta, pois é caso em que não corre a prescrição (art. 198, III, do CC); **D:** correta, pois esse não é um caso que obsta, suspende ou interrompe a prescrição; **E:** incorreta, pois é caso em que não corre a prescrição (art. 198, II, do CC).

Gabarito "D".

(Defensor/PA) Assinale a alternativa INCORRETA.
(A) Na solidariedade ativa, se para um dos credores não corre a prescrição, por ser incapaz ou menor, a causa obstativa não aproveita aos demais, em nenhuma hipótese, porque se trata de causa pessoal de interrupção.
(B) A pendência de ação de evicção é causa obstativa da prescrição.
(C) As causas interruptivas da prescrição poderão surtir efeito entre o vencimento da obrigação e a perfectibilização do prazo prescricional previsto em Lei.
(D) A prescrição não é instituto aplicável a ações declaratórias, nem constitutivas, sejam, essas últimas, positivas, negativas ou modificativas.
(E) O Código Civil em vigor instituiu a unicidade da interrupção da prescrição.

A: assertiva incorreta, devendo ser assinalada (art. 204, § 1º do CC); **B:** assertiva correta (art. 199, III, do CC); **C:** assertiva correta, pois antes do vencimento da obrigação não corre prazo prescricional (art.

199, II, do CC) e após o fim do prazo prescricional não há mais que se falar em interrupção dele; **D:** assertiva correta, pois a prescrição envolve extinção de pretensões e pretensões dizem respeito às ações condenatórias; **E:** assertiva correta, pois ela só pode interromper uma única vez (art. 202, *caput*, do CC).
Gabarito "A"

(Procurador do Estado/PR – PUC-PR) Por exigências de segurança do tráfico jurídico, de certeza nas relações jurídicas e de paz social, a ordem jurídica fixa prazos prescricionais dentro dos quais o titular do direito deve exercê-lo, sob pena de ficar impedido de fazê-lo. Quanto à prescrição, é **CORRETO** afirmar:

(A) As pretensões de reparação civil contra o Estado têm prazo prescricional de três anos, conforme disposto no artigo 206, § 3º, V, do Código Civil Brasileiro.
(B) A prescrição não pode ser decretada de ofício pelo juiz, salvo no caso de interesses de incapazes.
(C) Nas relações de trato sucessivo, como o pagamento de salários ou vencimentos, o prazo prescricional conta-se a partir do ato ou omissão que gerou o pagamento a menor. Quando transcorrido tal prazo, a prescrição atinge, simultaneamente, todas as parcelas vencidas.
(D) A prescrição das dívidas passivas dos Estados só pode ser interrompida uma vez e recomeça a correr pela metade do prazo.
(E) Os prazos prescricionais são fixados por lei e só podem ser reduzidos por disposições contratuais quando versarem sobre direitos disponíveis.

A: incorreta, pois aqui se aplica o Decreto 20.910/1932, que estabelece prazo prescricional de 5 anos para acionar o Estado; já se o Estado quer acionar o particular para responsabilização civil deste, o prazo aplicável é o do Código Civil, que é de 3 anos (art. 206, § 3º, V, do CC); **B:** incorreta, pois o juiz pode reconhecer a prescrição de ofício (art. 487, II, do Novo CPC); **C:** incorreta, pois a prescrição é calculada em relação a cada parcela devida (art. 3º do Decreto 20.910/1932); **D:** correta (arts. 8º e 9º do Decreto 20.910/1932); **E:** incorreta, pois prazos prescricionais fixados por lei não podem ser alterados por acordo entre as partes (art. 192 do CC).
Gabarito "D"

(Juiz de Direito/AM) Assinale a alternativa que apresenta um prazo de natureza prescricional.
(A) Prazo para propor ação de ressarcimento de dano moral decorrente de ato ilícito
(B) Prazo para propor ação renovatória de locação de imóvel urbano destinado ao comércio.
(C) Prazo para propor ação de deserdação de herdeiro necessário
(D) Prazo para propor ação anulatória de negócio jurídico realizado por representante em conflito de interesses com o representado.
(E) Prazo para propor ação de preferência, por parte do condômino preterido na venda a terceiro de quinhão da coisa comum indivisível.

A: correta, pois o referido direito é da espécie "direitos a uma prestação", cuja violação faz nascer uma pretensão, a ser exercida no prazo estabelecido em lei, sob pena de prescrição. Na hipótese, o prazo é de três anos, conforme preceitua o art. 206, § 3º, V, do CC; **B:** incorreta, pois o direito potestativo de renovar o contrato de locação co-mercial deve ser exercido dentro do penúltimo semestre da locação (Lei 8.245/1991, art. 51), sob pena de decadência; **C:** incorreta, pois o direito potestativo de excluir herdeiro necessário que foi deserdado pelo *de cujus* é decadencial de quatro anos (art. 1.815, parágrafo único, por analogia, do CC); **D:** incorreta, pois o prazo decadencial para exercer o direito potestativo de anular referido negócio é de 180 dias a contar da conclusão do negócio ou da cessação da incapacidade (art. 119, parágrafo único, do CC); **E:** incorreta, pois o prazo decadencial para exercício do referido direito potestativo é de 180 dias, conforme art. 504 do CC.
Gabarito "A"

(Juiz de Direito/PR – UFP) No que concerne à prescrição e à decadência, assinale a alternativa INCORRETA:
(A) É possível renunciar à prescrição, de forma expressa ou tácita, mas somente será válida sendo feita sem prejuízo de terceiro e depois que o prazo prescricional se consumar.
(B) O juiz pode pronunciar de ofício a prescrição e a decadência, salvo se se tratar de decadência convencional.
(C) Salvo disposição legal em contrário, não se aplicam à decadência as normas que impedem, suspendem ou interrompem a prescrição.
(D) O despacho que ordena a citação interrompe a prescrição, salvo se o pedido contido na ação for, por sentença de mérito, ao final julgado improcedente.

A: correta, pois o Código Civil (art. 191) admite a renúncia da prescrição após a fluência total do prazo e se for feita em prejuízo de terceiros; **B:** correta, pois de acordo com as regras estabelecidas nos arts. 219, § 5º487, II, do NCPC e 210 do CC; **C:** correta, pois de acordo com a norma prevista no art. 207 do CC; **D:** incorreta (devendo ser assinalada), pois o despacho judicial interrompe a prescrição independentemente da sentença dada ao final do processo (art. 202, I, do CC).
Gabarito "D"

(Juiz de Direito/RJ – VUNESP) Assinale a alternativa correta.
(A) A prescrição iniciada contra uma pessoa não continua a correr contra o seu sucessor.
(B) A prescrição pode ser interrompida por qualquer interessado.
(C) A suspensão da prescrição em favor de um dos credores solidários não aproveitará os demais se a obrigação for indivisível.
(D) Não corre prescrição contra os que se acharem servindo nas Forças Armadas, ainda que não seja tempo de guerra.

A: incorreta, pois a prescrição iniciada contra uma pessoa continua a correr contra o seu sucessor (art. 196 do CC); **B:** correta, pois de pleno acordo com o disposto no art. 203 do CC; **C:** incorreta, pois nessa hipótese a suspensão da prescrição aproveita aos demais (art. 201 do CC); **D:** incorreta, pois a causa obstativa do art. 198, III, do CC refere-se expressamente a "tempo de guerra".
Gabarito "B"

(Promotor de Justiça/RO – CESPE) A respeito da prescrição e da decadência, assinale a opção correta.
(A) A prescrição, como fato jurídico, extingue a pretensão positiva, mas não a negativa.
(B) O prazo geral de prescrição nunca se aplica às ações reais.
(C) Protesto cambiário não interrompe a prescrição.

(D) O mero pagamento dos juros da dívida não interrompe a prescrição.

(E) É decadencial o prazo para anular venda realizada pelo ascendente ao descendente.

A: incorreta, pois a verificação da prescrição fulmina qualquer espécie de pretensão (art. 189 do CC) e até mesmo a exceção, ou seja, a possibilidade de se defender utilizando um direito prescrito (art. 190 do CC); **B:** incorreta, pois para se aplicar o prazo geral de prescrição (art. 205 do CC), basta que a lei não preveja prazo específico para o exercício do direito; **C:** incorreta, pois – alterando a regra do Direito anterior – o protesto cambial interrompe a prescrição (art. 202, III, do CC); **D:** incorreta, pois o pagamento dos juros é um "ato inequívoco, que importa reconhecimento do direito pelo devedor", o que configura a causa interruptiva prevista no art. 202, VI, do CC; **E:** correta, pois o direito potestativo de anular a venda que o ascendente fez ao descendente está sujeito a prazo decadencial de dois anos (art. 496 combinado com o art. 179, ambos do CC).

Gabarito "E".

(Magistratura/SP – VUNESP) Acerca da prescrição e da decadência, é correto afirmar-se:

(A) Na forma do disposto no art. 202 do Código Civil, a prescrição e a decadência só podem ser interrompidas uma única vez.

(B) A pretensão para haver prestações de natureza alimentar é imprescritível.

(C) Quando a lei não fixar prazo menor, a prescrição ocorre em 10 anos.

(D) A prescrição deve ser alegada pelo réu na contestação, sob pena de preclusão.

A: incorreta, pois a prescrição é que pode ser interrompida e não a decadência, nos termos do citado art. 202 do CC; **B:** incorreta, pois a prescrição da pretensão para haver prestações alimentares (e não do direito de pedir alimentos, para o qual não há prazo enquanto os alimentos puderem ser exigidos) é de 2 anos, a partir da data em que se vencerem (art. 206, § 2º, do CC); **C:** correta (art. 205 do CC); **D:** incorreta, pois a prescrição pode ser alegada em qualquer grau de jurisdição, pela parte a quem aproveita (art. 193 do CC).

Gabarito "C".

(Ministério Público/SP) Sobre as regras dispostas no Código Civil a respeito da interrupção da prescrição, assinale a proposição que está INCORRETA.

(A) A prescrição pode ser interrompida por qualquer interessado.

(B) A interrupção da prescrição por um credor não aproveita aos outros.

(C) A interrupção operada contra um dos herdeiros do devedor solidário não prejudica os outros herdeiros ou devedores, senão quando se trate de obrigações e direitos indivisíveis.

(D) A interrupção produzida contra o principal devedor não prejudica o fiador.

(E) A interrupção efetuada contra o devedor solidário envolve os demais e seus herdeiros.

A: assertiva correta (art. 203 do CC), **B:** assertiva correta (art. 204, *caput*, do CC); **C:** assertiva correta (art. 204, § 2º, do CC); **D:** assertiva incorreta, devendo ser assinalada; a interrupção produzida contra o principal devedor prejudica, sim, o fiador (art. 204, § 3º, do CC); **E:** assertiva correta (art. 204, § 1º, do CC).

Gabarito "D".

(Ministério Público/SP) A respeito dos prazos de prescrição, pode-se afirmar que:

(A) os prazos do Código de 2002 (Lei 10.406/2002) são aplicados na hipótese de haver transcorrido menos da metade do tempo estabelecido na lei revogada.

(B) os prazos do Código de 2002 (Lei 10.406/2002) são aplicados na hipótese de haver transcorrido mais da metade do tempo estabelecido na lei revogada.

(C) até janeiro de 2005, o prazo da usucapião do artigo 1.238 do Código Civil era de 15 (quinze) anos.

(D) o prazo para cobrança de alugueres de prédios urbanos é de 4 (quatro) anos.

(E) o prazo para a cobrança de honorários de árbitros é de 5 (cinco) anos.

A alternativa "b" está correta, nos termos do art. 2.028 do CC.

Gabarito "B".

(Defensoria Pública/SP – FCC) É correto afirmar que

(A) a prescrição e a decadência admitem renúncia.

(B) a renúncia ao prazo prescricional pode ser tácita ou expressa e deve ser feita por quem dela colher proveito.

(C) a decadência convencional deve ser conhecida de ofício pelo juiz, para o fim de estabilização dos negócios.

(D) os prazos prescricionais admitem dilatação ou diminuição conforme o interesse das partes.

(E) pode o juiz, com fundamento na equidade, abster-se do reconhecimento da decadência estabelecida por lei.

A: incorreta, pois a decadência legal não pode ser objeto de renúncia (art. 209 do CC); **B:** correta (art. 191 do CC); **C:** incorreta, pois o juiz só pode conhecer de ofício a decadência legal (art. 210 do CC); **D:** incorreta (art. 192 do CC); **E:** incorreta, pois o juiz tem o dever de reconhecer a decadência legal (art. 210 do CC).

Gabarito "B".

(Defensor Público/AM – I. Cidades) Assinale a alternativa correta:

(A) Os prazos de prescrição e de decadência podem ser alterados pela vontade das partes.

(B) Não corre a prescrição em face dos relativamente e absolutamente incapazes.

(C) O juiz deve conhecer de ofício a decadência legal ou convencional.

(D) A prescrição pode ser interrompida por qualquer interessado.

(E) Aquele que cumpre obrigação prescrita tem direito à repetição de indébito, pois não há renúncia tácita da prescrição.

A: incorreta, pois os prazos de prescrição não podem ser alterados por acordo das partes (art. 192 do CC); **B:** incorreta, pois a prescrição não corre em face dos **absolutamente** incapazes (art. 198, I, do CC); **C:** incorreta, pois o juiz deve conhecer de ofício somente a decadência estabelecida em lei (art. 210 do CC); **D:** correta, pois a alternativa reflete o disposto no art. 203 do CC; **E:** incorreta, pois não se pode repetir o que se pagou para solver dívida prescrita (art. 882 do CC).

Gabarito "D".

(Magistratura do Trabalho – 3ª Região) Relativamente à prescrição e à decadência, com base no Código Civil, é incorreto afirmar:
(A) Dado que não se aplicam à decadência as normas que impedem, suspendem ou interrompem a prescrição, o prazo decadencial corre contra os absolutamente incapazes.
(B) É nula a renúncia à decadência fixada em lei.
(C) Se a decadência for convencional, a parte a quem aproveita pode alegá-la em qualquer grau de jurisdição, mas o juiz não pode suprir a alegação.
(D) Os prazos de prescrição não podem ser alterados por acordo das partes.
(E) A renúncia da prescrição pode ser expressa ou tácita, e só valerá, sendo feita, sem prejuízo de terceiro, depois que a prescrição se consumar.

A: incorreta, devendo ser assinalada, pois existe previsão específica (CC, art. 208) proibindo fluência de prazo decadencial contra o absolutamente incapaz; **B:** correta, pois de acordo com o CC, art. 209; **C:** correta, pois em consonância com o disposto no art. 211 do CC; **D:** correta, pois o art. 192 do CC proíbe a alteração de prazos prescricionais; **E:** correta, pois o art. 191 do CC estabelece regra nesse sentido.
Gabarito "A".

(Magistratura do Trabalho – 4ª Região) Com relação à prescrição, é correto afirmar que
(A) se admite apenas a renúncia expressa à prescrição.
(B) não pode ser declarada de ofício.
(C) os prazos de prescrição podem ser alterados, mas desde que por acordo expresso.
(D) iniciada contra uma pessoa continua a correr contra o seu sucessor.
(E) não corre contra os relativamente incapazes.

A: incorreta, pois a renúncia da prescrição pode ser tácita (CC, art. 191); **B:** incorreta, pois o juiz pode de ofício declarar a prescrição (Novo CPC, art. 487, II); **C:** incorreta, pois os prazos de prescrição não podem ser alterados por acordo das partes (CC, art. 192); **D:** correta, pois de pleno acordo com a regra estabelecida no art. 196; **E:** incorreta, pois a prescrição não corre contra os absolutamente incapazes (CC, art. 198, I).
Gabarito "D".

(Magistratura do Trabalho – 8ª Região) NÃO prescreve em 3 (três) anos:
(A) A pretensão de reparação civil.
(B) A pretensão de ressarcimento de enriquecimento sem causa.
(C) A pretensão de cobrança de dívidas líquidas constantes de instrumento público ou particular.
(D) A pretensão relativa a alugueis de prédios urbanos ou rústicos.
(E) A pretensão para receber prestações vencidas de rendas temporárias ou vitalícias.

A: incorreta – prescreve em 3 anos (CC, art. 206, § 3º, V); **B:** incorreta – prescreve em 3 anos (CC, art. 206, § 3º, IV); **C:** correta – NÃO prescreve em 3 anos, mas em 5 (cinco) anos (CC, art. 206, § 5º, I); **D:** incorreta – prescreve em 3 anos (CC, art. 206, § 3º, I); **E:** incorreta – prescreve em 3 anos (CC, art. 206, § 3º, II).
Gabarito "C".

(Auditor Fiscal/RO – FCC) De acordo com o Código Civil brasileiro, é INCORRETO afirmar:
(A) A renúncia da prescrição pode ser expressa ou tácita, e só valerá, sendo feita, sem prejuízo de terceiro, depois que a prescrição se consumar.
(B) Prescreve em cinco anos a pretensão de ressarcimento de enriquecimento sem causa e a pretensão de reparação civil.
(C) A prescrição ocorre em dez anos, quando a lei não lhe haja fixado prazo menor.
(D) Suspensa a prescrição em favor de um dos credores solidários, só aproveitam os outros se a obrigação for indivisível.
(E) A prescrição interrompida recomeça a correr da data do ato que a interrompeu, ou do último ato do processo para a interromper.

A: correta, art. 191 do CC; **B:** incorreta, o prazo é de três anos (art. 206, § 3º, IV e V, do CC); **C:** correta, art. 205 do CC; **D:** correta, art. 201 do CC; **E:** art. 202, parágrafo único, do CC.
Gabarito "B".

(Analista – STM – CESPE) Julgue o seguinte item.
(1) Em caráter excepcional, mediante provimento judicial fundamentado, pode o juiz interromper prazo decadencial já iniciado, devendo constar da decisão o dia em que o prazo deve voltar a correr.

1: incorreta, pois os prazos decadenciais, como regra, não sofrem impedimento, suspensão ou interrupção (art. 207 do CC), diferente do que ocorre com os prazos prescricionais.
Gabarito 1E.

(Analista – TRT/8ª – FCC) A prescrição
(A) é a extinção do direito pela falta de exercício dentro do prazo prefixado, atingindo indiretamente a ação.
(B) poderá ser renunciada pelo interessado, depois que se consumar, desde que não haja prejuízo de terceiro.
(C) poderá ter seus prazos alterados por acordo das partes, em razão da liberdade de contratar.
(D) só pode ser alegada pela parte a quem aproveita até a sentença de primeira instância.
(E) suspensa em favor de um dos credores solidários aproveitará os outros se a obrigação for divisível.

A: incorreta, pois a prescrição atinge a ação e por via oblíqua faz desaparecer o direito por ela tutelado; já a decadência atinge o direito e por via oblíqua extingue a ação; **B:** correta (art. 191 do CC); **C:** incorreta (art. 192 do CC); **D:** incorreta (art. 193 do CC); **E:** incorreta (art. 201 do CC).
Gabarito "B".

(Analista – TRT/14ª – FCC) Prescreve em três anos a pretensão
(A) relativa à tutela, a contar da data da aprovação das contas.
(B) de cobrança de dívidas líquidas constantes de instrumento público ou particular.
(C) do vencedor para haver do vencido o que despendeu em juízo.
(D) dos profissionais liberais em geral pelos seus honorários, contado o prazo da conclusão dos serviços ou cessação dos respectivos contratos.

(E) do beneficiário contra o segurador e a do terceiro prejudicado, no caso de seguro de responsabilidade civil obrigatório.

A: incorreta, pois prescreve em 4 anos (art. 206, § 4º, do CC); **B:** incorreta, pois prescreve em 5 anos (art. 206, § 5º, I, do CC); **C:** incorreta, pois prescreve em 5 anos (art. 206, § 5º, III, do CC); **D:** incorreta, pois prescreve em 5 anos (art. 206, § 5º, II, do CC); **E:** correta, pois prescreve em 3 anos (art. 206, § 3º, IX, do CC).

Gabarito "E"

(Analista – TRT/20ª – FCC) Sobre prescrição e decadência, considere:

I. Pode ser renunciada pela parte, e só valerá, sendo feita, sem prejuízo de terceiro, depois da consumação.
II. Não pode ser reconhecida de ofício pelo juiz.

Tais afirmativas são, dentre outras, características da

(A) prescrição e da decadência convencional, respectivamente.
(B) decadência legal e da prescrição, respectivamente.
(C) prescrição e da decadência legal, respectivamente.
(D) decadência legal.
(E) prescrição.

I: prescrição (art. 191 do CC); II: decadência convencional, conforme interpretação *a contrario sensu* do art. 210 do CC.

Gabarito "A"

(Analista – TRE/AL – FCC) Com relação à Prescrição é correto afirmar:

(A) A prescrição suspensa em favor de um dos credores solidários aproveitará sempre os demais.
(B) Os prazos de prescrição podem ser alterados por acordo das partes.
(C) A prescrição iniciada contra uma pessoa não continua a correr contra o seu sucessor por expressa vedação legal.
(D) A exceção prescreve no mesmo prazo em que a pretensão.
(E) A renúncia da prescrição deverá ser expressa, sendo vedada a renúncia tácita.

A: incorreta, pois suspensa a prescrição em favor de um dos credores solidários, só aproveitam os outros se a obrigação for indivisível (art. 201 do CC); **B:** incorreta, pois os prazos de prescrição **não** podem ser alterados por acordo das partes (art. 192 do CC); **C:** incorreta, pois a prescrição iniciada contra uma pessoa continua a correr contra o seu sucessor (art. 196 do CC); **D:** correta (art. 190 do CC); **E:** incorreta, pois a renúncia da prescrição pode ser expressa **ou tácita** (art. 191 do CC).

Gabarito "D"

(Analista – TRE/AP – FCC) Marina, advogada, foi contratada por Gabriela para ajuizar execução de contrato particular não cumprido mediante o pagamento de honorários advocatícios no valor de R$ 7.000,00, a serem pagos até o trânsito em julgado da demanda. O mencionado processo transitou em julgado, mas Gabriela não efetuou o pagamento dos honorários de Marina. Neste caso, segundo o Código Civil brasileiro, a pretensão relativa aos honorários advocatícios de Marina prescreverá no prazo, contado do trânsito em julgado da demanda, de

(A) dois anos.
(B) um ano.
(C) cinco anos.
(D) três anos.
(E) dez anos.

Art. 206, § 5º, II, do CC.

Gabarito "C"

(Analista – TJ/ES – CESPE) Julgue o seguinte item.

(1) Não corre prescrição contra os excepcionais sem desenvolvimento mental completo.

1: incorreta, pois, segundo o art. 198, I, do CC não corre a prescrição contra os absolutamente incapazes; e os "excepcionais sem desenvolvimento completo", que eram considerados relativamente incapazes antes das modificações feitas pelo Estatuto da Pessoa com Deficiência (art. 4º, III, do CC), sequer são considerados incapazes hoje. Ou seja, essa hipótese de relativamente incapaz (os excepcionais, sem desenvolvimento mental completo) foi excluída pela alteração promovida pela Lei 13.146/2015, que tem *vacatio legis* de 180 dias, contados de 07 de julho de 2015.

Gabarito 1E

Capítulo 3
DIREITO DAS OBRIGAÇÕES

3.1. INTRODUÇÃO

3.1.1. Conceito

Obrigação *é o vínculo jurídico que confere ao credor (sujeito ativo) o direito de exigir do devedor (sujeito passivo) o cumprimento de determinada* prestação *positiva ou negativa.*

3.1.2. Elementos

3.1.2.1. Sujeitos

Trata-se do elemento subjetivo. De acordo com esse elemento, toda obrigação tem duas classes de sujeitos, o ativo (credor) e o passivo (devedor) **(devedor)**.

3.1.2.2. Objeto

Aqui temos o elemento objetivo. Toda obrigação requer um objeto, ou seja, uma *conduta humana* a ser cumprida. O objeto pode ser dividido em dois. O objeto imediato, que será dar, fazer ou não fazer. Já o objeto mediato será "o que" se vai dar, fazer ou não fazer. Por exemplo, quem tem uma dívida de R$ 500 está diante de uma obrigação cujo objeto imediato é "dar" e o objeto mediato é o "dinheiro". Para que o negócio seja válido, seu objeto (tanto o imediato como o mediato) deve ser lícito, possível jurídica e fisicamente, e determinável (art. 166, II, do CC). Assim, se um contrato estipular a obrigação de entregar a herança de pessoa viva, esse negócio será nulo, pois seu objeto é impossível juridicamente.

3.1.2.3. Vínculo jurídico

Não basta a existência de sujeitos e de um objeto para que se constitua uma obrigação. Se duas pessoas estiverem simplesmente conversando e uma delas estiver com um livro nas mãos, não terá se formado obrigação alguma. Agora, se essas pessoas combinarem a venda do livro, aí sim ter-se-á criado um vínculo jurídico, com obrigações para as duas partes, inclusive. Um fica obrigado a entregar o livro; o outro, a pagar um preço.

3.1.3. Fontes das obrigações

Como seu viu, para se criar uma obrigação não bastam sujeitos e objeto. Há de se ter um fato jurídico apto, ou seja, um acontecimento do mundo fenomênico que faça nascer a obrigação. Quais seriam, então, essas fontes das obrigações? Em última análise, a lei é sempre a fonte, pois é ela que estabelecerá os fatos que fazem nascer uma obrigação. Mas que tipos de fatos a lei considera aptos para nascer uma obrigação?

São fontes de obrigações os *atos ilícitos* (geram obrigações de indenizar, normalmente), os *contratos* (geram obrigações variadas, como entregar uma coisa, pagar um preço), as *declarações unilaterais de vontade* (*vide* a respeito a promessa de recompensa, a gestão de negócios, o pagamento indevido e o enriquecimento sem causa) e *outros fatos ou situações rotuladas especificamente pela lei* (como a obrigação de pagar tributo, a obrigação de pagamento de alimentos a parentes e a obrigação de indenizar por fato de terceiro).

3.2. CLASSIFICAÇÃO DAS OBRIGAÇÕES

3.2.1. Quanto à possibilidade de exigência

3.2.1.1. Obrigação civil

É aquela que pode ser exigida por meio de ação judicial. São exemplos a obrigação de entregar uma coisa, na compra venda, e a obrigação de pagar alugueres, na locação.

3.2.1.2. Obrigação natural

É aquela que não pode ser exigida por meio de ação judicial, mas, caso cumprida voluntariamente, não pode ser repetida. Ou seja, o devedor não é obrigado a cumpri-la, mas, se o fizer, o credor não é obrigado a devolver o que recebeu. A retenção (*soluti retentio*) é único efeito da obrigação natural. São exemplos as obrigações relativas a dívidas prescritas (art. 882 do CC) e dívidas de jogo (art. 814 do CC). *Vide* também art. 564, III, do CC. A obrigação natural diz respeito a uma dívida inexigível, portanto, não passível de compensação.

3.2.2. Quanto à extensão

3.2.2.1. Obrigação de resultado

É aquela em que o devedor se compromete a atingir determinado fim, sob pena de responder pelo insucesso. São exemplos a obrigação do vendedor de entregar a coisa vendida, a obrigação do transportador de levar o passageiro são e salvo ao destino e a obrigação do cirurgião plástico em cirurgias de natureza estética.

3.2.2.2. Obrigação de meio

É aquela em que o devedor se compromete a empregar seus conhecimentos e técnicas com vistas a alcançar determinando fim, pelo qual não se responsabiliza. São exemplos as obrigações dos médicos e dos advogados. Tais profissionais se obrigam a fazer o melhor, mas não se obrigam, por exemplo, a curar, no primeiro caso, e a ganhar uma ação, no segundo.

Essa classificação é importante em matéria de responsabilidade civil contratual.

3.2.3. Quanto aos elementos acidentais

3.2.3.1. Obrigação pura e simples

É aquela que produz efeitos normalmente, por não estar sujeita a condição, termo ou encargo.

3.2.3.2. Obrigação condicional

É aquela cujos efeitos estão subordinados a evento futuro e incerto.

3.2.3.3. Obrigação a termo

É aquela cujos efeitos estão subordinados a evento futuro e certo.

3.2.3.4. Obrigação com encargo ou modal

É aquela que estabelece um gravame a ser cumprido pelo credor.

3.2.4. Quanto ao momento do cumprimento

3.2.4.1. Obrigação de execução instantânea ou momentânea

É aquela que se cumpre imediatamente após a sua constituição. Um exemplo é a obrigação de pagamento à vista.

3.2.4.2. Obrigação de execução diferida

É aquela que se cumpre em um só ato, mas em momento futuro. Por exemplo, quando se combina que a entrega será feita 60 dias após a constituição da obrigação.

3.2.4.3. Obrigação de execução continuada, periódica ou de trato de sucessivo

É aquela que se cumpre por meio de atos reiterados e protraídos no tempo. Um exemplo é a obrigação de pagar parcelas de um financiamento.

Essa classificação é importante para efeito de aplicação da regra da imprevisão (arts. 317 e 478 do CC).

3.2.5. Quanto à liquidez

3.2.5.1. Obrigação líquida

É aquela cujo objeto está determinado. Por exemplo, quando alguém se obriga a pagar R$ 500. Está-se diante de uma obrigação líquida.

3.2.5.2. Obrigação ilíquida

É aquela cujo objeto não está determinado. Por exemplo, quando alguém atropela uma pessoa, que sofre danos materiais diversos e morais. De início, a obrigação de indenizar não é líquida.

Essa classificação é importante em matéria de configuração da mora (o art. 397 do CC considera em mora, de pleno direito, o devedor que descumpre obrigações positivas e líquidas); de compensação (o art. 369 dispõe que esta só é possível entre dívidas vencidas, de coisas fungíveis e líquidas); e de imputação do pagamento (o art. 352 exige, para que o devedor indique a dívida que está pagando, que esta seja vencida e líquida).

3.2.6. Quanto à existência por si só

3.2.6.1. Obrigação principal

É aquela que existe por si só. São exemplos as decorrentes do contrato de compra e venda (de entregar uma coisa e de pagar um preço).

3.2.6.2. Obrigação acessória

É aquela cuja existência depende da existência da principal. São exemplos a multa (cláusula penal) e juros de mora.

Essa classificação é importante para efeito de aplicação da seguinte regra: "o acessório segue o principal". Por exemplo, a nulidade do principal leva à nulidade do acessório. O contrário não ocorre, claro. Nosso Código acolhe tal regra em vários dispositivos, como nos arts. 92, 184, 233 e 364.

3.2.7. Quanto à natureza do direito

3.2.7.1. Obrigação correspondente a direito pessoal

É aquela travada diretamente entre pessoas, em que o patrimônio do devedor fica sujeito ao seu cumprimento.

3.2.7.2. Obrigação correspondente a direito real

É aquela em que todas as pessoas ficam sujeitas a respeitar a relação entre uma pessoa e uma coisa. Também é chamada de *ônus real*.

3.2.7.3. Obrigação propter rem

É aquela à qual o titular de direito sobre uma coisa, exatamente por estar nessa situação jurídica, fica sujeito. Trata-se de uma obrigação híbrida. Recai sobre uma pessoa (direito pessoal), mas por força de um direito real. São exemplos a obrigação do possuidor de uma coisa de não prejudicar a segurança, o sossego e a saúde de um prédio vizinho (art. 1.277 do CC), a obrigação dos donos de imóveis confinantes de concorrerem para as despesas de tapumes divisórios (art. 1.297, § 1º, do CC), a obrigação de um condômino de contribuir para as despesas de conservação da coisa (art. 1.315 do CC), a obrigação do titular da coisa de arcar com os débitos tributários a ela pertinentes (art. 130 do CTN). Repare, no caso das despesas condominiais e tributárias, que o novo proprietário da coisa, tenha ou não dado causa à dívida contraída para o seu uso, fica sujeito ao seu pagamento, com possível penhora da coisa com vistas à satisfação do crédito. É por isso que a obrigação também é denominada *ambulatorial*.

3.2.8. Quanto aos seus elementos

3.2.8.1. Obrigação simples

É aquela que só tem um sujeito ativo, um sujeito passivo e um objeto. Por exemplo, a obrigação de "A" entregar um carro a "B".

3.2.8.2. Obrigação composta ou complexa

É aquela que tem mais de um sujeito ativo, de um sujeito passivo ou de um objeto. Por exemplo, obrigações com vários credores ou com vários devedores (pluralidade subjetiva). Nesses casos podem-se ter obrigações divisíveis, indivisíveis ou solidárias, o que será visto a seguir. Outro exemplo é a obrigação de "A" entregar a "B" uma casa e um carro, ou uma casa ou um carro (pluralidade objetiva). No primeiro caso temos obrigação cumulativa (ou conjuntiva). No segundo, obrigação alternativa (ou disjuntiva).

3.3. MODALIDADES DAS OBRIGAÇÕES

3.3.1. Obrigação de dar

3.3.1.1. Conceito

É aquela de *entregar ou restituir uma coisa*. Na compra e venda, temos a *entrega* da coisa. No comodato, a *restituição*. Essas duas formas de dar são espécies do gênero *tradição*.

No nosso direito, só se adquire a propriedade de uma coisa móvel com a *tradição*, de modo que, enquanto essa não se der, o devedor da coisa (vendedor) permanece proprietário dela. Isso gera as seguintes consequências (art. 237 do CC): a) a coisa perece para o dono (*res perit domino*); b) os melhoramentos e acrescidos na coisa até a tradição beneficiam o dono, que poderá exigir aumento no preço.

3.3.1.2. Regras para o caso de perecimento da coisa (perda total)

a) *se ocorrer antes da tradição ou pendente condição suspensiva, sem culpa do devedor*, resolve-se a obrigação retornando as partes ao estado anterior. Por exemplo, se, por força maior, um carro a ser entregue pelo vendedor tem perda total em virtude de uma inundação. Eventual valor pago pelo comprador será devolvido pelo vendedor. No caso de pender condição suspensiva a situação é a mesma. Um exemplo é a disposição "se passar no vestibular, te dou este carro". Se antes da aprovação no vestibular o carro perecer sem culpa do devedor, a obrigação ficará resolvida. Vide art. 234 do CC;

b) *se ocorrer antes da tradição ou pendente condição suspensiva, com culpa do devedor*, o credor tem direito a receber o equivalente em dinheiro, mais perdas e danos. Por se exemplo, se, por imprudência do vendedor, esse, após ter vendido ou prometido carro, envolve-se em batida com perda total do veículo. Terá de devolver ao comprador o dinheiro que eventualmente receber, além de indenizá-lo por perdas e danos. No caso daquele que recebeu a promessa, terá de dar a ele o equivalente em dinheiro, mais perdas e danos. Vide arts. 234 e 236 do CC;

c) *se ocorrer antes da tradição e a obrigação for de restituir*, a obrigação ficará resolvida. São casos como o dever de restituir que cabe ao comodatário e ao depositário. Como se viu, a coisa perece para o dono, ou seja, o comodante e o depositando suportarão a perda. Todavia, se aquele que recebeu a coisa para restituir agir com culpa, responderá pelo equivalente em dinheiro, mais perdas e danos. Muitas vezes, inclusive, a culpa é presumida. Vide arts. 235 e 236 do CC;

d) *se ocorrer após a tradição*, o problema é do credor, pois a coisa perece para o dono. Mas há exceções. Por exemplo, se a coisa vier a perecer por já estar com problema quando da sua entrega (ex.: cavalo com moléstia respiratória). O devedor responderá por esse vício redibitório.

3.3.1.3. Regras para o caso de deterioração da coisa (perda parcial)

Um exemplo de deterioração da coisa é a perda do estepe do carro. As regras são semelhantes. Se não houver culpa do devedor, a obrigação fica resolvida, ressalvada a possibilidade de o credor ficar com a coisa, com abatimento no preço (art. 235 do CC). Já se houver culpa do devedor, poderá o credor exigir o equivalente em dinheiro mais perdas e danos, ou aceitar a coisa no estado, mais perdas e danos (art. 236). Quanto à deterioração da coisa nas obrigações de restituição, o credor a receberá no estado em que se encontre. Já se houver culpa do devedor, este responderá pelo equivalente, mais perdas e danos (art. 240).

3.3.1.4. Coisa certa ou incerta

A coisa incerta há de ser pelo menos determinável, de modo que a lei exige a indicação, pelo menos, do **gênero** e da **quantidade** da coisa. Se faltar um ou outro, o objeto será indeterminável. Então, se for indicado que a coisa é "laranja" e que a quantidade é "50 quilos" não haverá problema. A qualidade será determinada quando houver a escolha das laranjas pelo devedor. Esse, todavia, não pode escolher a de pior qualidade. Deve escolher pelo menos a de meio-termo. A escolha da coisa também tem o nome de **concentração** e, salvo estipulação em contrário, compete ao devedor. Feita a escolha e cientificado o credor, acaba a incerteza, a coisa torna-se certa, determinada. Antes da escolha, não pode o devedor alegar perda ou deterioração da coisa (art. 246 do CC), pois o gênero nunca perece (*genuns nunquam perit*). Ficaria estranho mesmo dizer que não há laranjas e que a obrigação não pode ser cumprida. Se o devedor não as possui mais, que as consiga com terceiro. Só se pode fazer esse tipo de alegação se se tratar de gênero limitado, ou seja, restrito a certo lugar. Por exemplo, quando se combina de entregar laranjas de certo sítio e elas não existirem mais.

3.3.2. Obrigação de fazer

3.3.2.1. Conceito

É aquela em que o devedor presta atos ou serviços.

3.3.2.2. Espécies

a) personalíssima (*intuitu personae*, infungível ou imaterial), em que só o devedor pode cumprir a obrigação, seja porque assim se estabeleceu (o contrato diz que o devedor cumprirá pessoalmente a obrigação), seja porque sua própria natureza impede a substituição do devedor (por exemplo, na contratação de um cantor para um show ou de um artista plástico para fazer uma escultura);

b) impessoal (fungível ou material), em que não é necessário que o devedor cumpra pessoalmente a obrigação, ou seja, para o credor o importante é que o objeto seja prestado, ainda que por terceiro.

Há também obrigação de fazer no contrato preliminar (*pacto de contrahendo*), que é aquele em que se faz uma promessa de fazer contrato futuro. É o caso do compromisso de compra e venda, por exemplo.

3.3.2.3. Regras em caso de não cumprimento da obrigação de fazer

a) *Se a obrigação for personalíssima e se tornar impossível sem culpa do devedor,* ficará resolvida (art. 248 do CC). Por exemplo, se o cantor não conseguir chegar a tempo ao show por ter ficado preso na estrada em virtude de deslizamento de terra na pista (*impossibilidade*);

b) *se a obrigação for personalíssima e se tornar impossível por culpa do devedor,* ficará transformada em obrigação de indenizar por perdas e danos (art. 248). Por exemplo, se o cantor sair com muito atraso para fazer o show e não chegar a tempo (*impossibilidade*);

c) *se a obrigação for personalíssima e houver recusa do devedor,* ficará transformada em obrigação de indenizar por perdas e danos (art. 247). Por exemplo, se o cantor, por vontade própria, avisar, a uma semana do show, que não irá comparecer para a apresentação (*recusa*). Repare que, nesse caso, a obrigação ainda não se tornou impossível. A solução dada pelo CC para o caso (perdas e danos) não é a única. O CC parte do pressuposto de que não se pode constranger fisicamente o devedor a cumprir a obrigação. Por outro lado, o NCPC, no art. 499, dispõe que a obrigação somente se converterá em perdas e danos se o autor o requerer ou se impossível a tutela específica ou a obtenção de tutela pelo resultado prático correspondente. No caso, sem forçar fisicamente o devedor, é possível valer-se de instrumento de coação indireta, a cominação de multa diária (*astreinte*) para fazê-lo cumprir a obrigação. Nesse sentido é também o art. 84 do CDC. Ou seja, há duas saídas para o caso: c1) pleitear a transformação da obrigação de fazer em obrigação de indenizar perdas e danos; c2) exigir judicialmente o cumprimento da obrigação, por meio de demanda cominatória, sem prejuízo de indenização por demais perdas e danos;

d) *se a obrigação for impessoal e se tornar impossível sem culpa do devedor,* ficará resolvida (art. 248 do CC). Por exemplo, se o eletricista não puder comparecer para fazer um reparo nas instalações elétricas de uma casa de show por ter ficado preso na estrada que dá acesso ao local em virtude de deslizamento de terra na pista;

e) *se a obrigação for impessoal e se tornar impossível por culpa do devedor,* ficará transformada em obrigação de indenizar por perdas e danos (art. 248). Por exemplo, se o eletricista não puder comparecer para fazer um reparo nas instalações elétricas de uma casa de show por ter saído com muito atraso e não chegar a tempo;

f) *se a obrigação for impessoal e houver recusa ou mora do devedor,* o credor tem três opções: f1) pleitear a transformação da obrigação de fazer em obrigação de indenizar perdas e danos; f2) exigir judicialmente o cumprimento da obrigação, por meio de demanda cominatória, sem prejuízo de indenização por demais perdas e danos; f3) fazer executar a obrigação por terceiro à custa do devedor (art. 249 do CC). A novidade está na terceira possibilidade, pois o atual Código faculta ao credor, em caso de urgência, executar ou mandar executar o fato independentemente de autorização judicial, sendo depois ressarcido (art. 249, parágrafo único). Por exemplo, se um encanador é contratado para comparecer num determinado dia para consertar um vazamento numa casa e, passado tal dia, e mesmo já tendo recebido, ele não comparecer e a casa ficar inundada ou na iminência de sê-lo, pode o credor contratar outro encanador, ressarcindo-se depois com o primitivo contratado;

g) *se a obrigação for de emitir declaração de vontade,* o credor poderá se aproveitar do disposto no art. 501 do NCPC. Se se tratar de imóvel, cabe a ação de adjudicação compulsória (Dec.-lei 58/1937; Lei 649/1949; Lei 6.766/1979).

3.3.3. Obrigação de não fazer

3.3.3.1. Conceito

É aquela em que o devedor deve se abster de praticar um ato ou uma atividade. Também é chamada de *obrigação negativa* ou *obrigação de abstenção*. São exemplos a obrigação de não construir acima de certa altura ou de não divulgar determinado segredo.

3.3.3.2. Regras para o caso de não cumprimento da obrigação de não fazer, ou seja, caso se faça o que se combinara não fazer

a) *Se a obrigação se tornar impossível sem culpa do devedor*, ficará resolvida (art. 250 do CC). Tal ocorre quando se tornar impossível a abstenção do ato. Por exemplo, se alguém que se obrigou a não construir um muro for obrigado pelo Município a fazê-lo;

b) *se a obrigação se tornar impossível por culpa do devedor*, ficará transformada em obrigação de indenizar por perdas e danos (art. 248, por analogia);

c) *se o devedor praticar o ato a cuja abstenção se obrigara*, o credor terá duas opções: c1) pleitear a transformação da obrigação de não fazer em obrigação de indenizar por perdas e danos; c2) exigir judicialmente o cumprimento da obrigação, por meio de demanda cominatória, sem prejuízo de indenização por demais perdas e danos;

d) *se o devedor praticar o ato por culpa sua*, ficará transformada em obrigação de indenizar por perdas e danos (art. 248, por analogia).

O inadimplemento da obrigação de não fazer poderá ser absoluto ou relativo. Será absoluto nas obrigações de execução instantânea, hipótese em que haverá sub-rogação de prestação original por indenização. Será relativo quando o cumprimento da obrigação implicar em prestações de execução continuada ou permanente e ainda útil ao credor (Enunciado 647 CJF). É relevante tal consideração, uma vez que no caso de inadimplemento relativo será possível a preservação do vínculo obrigacional originário, com o retorno ao estado anterior, a fim de que se restabeleça a abstenção, cuja execução é contínua e permanente.

3.3.4. Obrigação alternativa

3.3.4.1. Conceito

É a aquela que tem dois ou mais objetos e que se extingue com a prestação de um deles. Há previsão de mais de um objeto, mas o devedor se exonera cumprindo apenas um deles. Por exemplo, uma pessoa se obriga a entregar seu carro ou sua moto. Entregando um ou outro, está exonerado da obrigação.

3.3.4.2. Escolha

Compete ao devedor como regra (*favor debitoris*). Mas as partes podem estipular que a escolha compete ao credor ou a terceiro. A escolha só se considera feita após comunicação à parte contrária. O não exercício do direito de escolha no prazo acarreta decadência para o seu titular.

3.3.4.3. Impossibilidade de uma das prestações

Subsiste o débito em relação à(s) outra(s). Se houver culpa do devedor e a escolha couber ao credor, caso esse tenha interesse na obrigação que se impossibilitou, terá direito ao valor dela com perdas e danos.

3.3.4.4. Impossibilidade de ambas as prestações

Se não houver culpa do devedor, a obrigação será extinta. Se houver culpa e competir a ele a escolha, pagará o valor da que se impossibilitou por último, mais perdas e danos; e se competir ao credor a escolha, esse poderá reclamar o valor de qualquer das obrigações, mais perdas e danos.

3.3.4.5. Obrigação alternativa x obrigação facultativa

Na segunda, existe faculdade para o devedor de substituir o objeto da prestação. Por exemplo, uma pessoa se obriga a entregar seu carro, podendo substituí-lo pela entrega de sua moto. A diferença é que se trata de obrigação simples (só tem um objeto). Se o carro perecer, a obrigação fica extinta. O credor só pode exigir o cumprimento da obrigação principal.

3.3.5. Obrigações divisíveis e indivisíveis

3.3.5.1. Conceito de obrigação divisível

É aquela em que cada um dos devedores só está obrigado a cumprir sua cota-parte da dívida e cada um dos credores só pode exigir sua parte do crédito. Por exemplo, se "A" e "B" (devedores) devem R$ 1.000,00 a "C" (credor), "A" está obrigado a pagar R$ 500 para "C".

3.3.5.2. Conceito de obrigação indivisível

É aquela em que, por conta da impossibilidade de divisão do objeto, cada devedor está obrigado pela totalidade da prestação e cada credor pode exigi-la por inteiro. Por exemplo, se "A" e "B" (devedores) devem um carro a "C", esse pode exigir de "A" ou de "B" a coisa, independentemente de cada um ser responsável por parte do débito. Aquele que cumprir a obrigação sub-roga-se no direito do credor em relação aos outros coobrigados. Se houver mais de um credor, o devedor deverá a todos conjuntamente. A indivisibilidade pode ser das seguintes espécies: a) física ou natural (ex.: animal vivo); b) legal (ex.: menor fração de imóvel rural); c) por motivo econômico (ex.: pedra preciosa); e d) por motivo determinante do negócio (ex.: terreno adquirido para construção de um shopping). A obrigação indivisível difere da solidária, pois, caso a primeira se converta em perdas e danos, cada devedor ficará obrigado apenas pela sua cota-parte.

3.3.6. Obrigação solidária

3.3.6.1. Conceito

É aquela em que há mais de um credor ou mais de um devedor, cada um com direito, ou obrigado, à dívida toda. Por exemplo, se "A" e "B" (devedores) devem R$ 1.000,00 a "C" e "D", os últimos podem exigir, juntos ou isoladamente, os R$ 1.000,00 integrais só de "A" ou só de "B". A solidariedade pode recair só sobre os devedores (solidariedade passiva), só sobre os credores (solidariedade ativa) ou sobre ambos os polos (solidariedade mista).

3.3.6.2. Formação da obrigação solidária

A solidariedade não se presume. Ela decorre da lei (solidariedade legal) ou da vontade das partes (solidariedade convencional).

3.3.6.3. Solidariedade ativa

É aquela em que qualquer um dos credores pode exigir sozinho a totalidade da obrigação junto ao devedor. Por exemplo, os titulares de uma conta-corrente. Eles são credores solidários dos valores depositados, podendo exigir do banco a entrega de todo o numerário. O devedor pode se exonerar da dívida pagando-a a qualquer dos credores. No entanto, se já tiver sido demandado por algum deles (é necessário citação), só poderá a esse pagar em razão do princípio da prevenção. O credor que tiver recebido a prestação responderá perante os outros. Com a morte do credor solidário, desaparece a solidariedade em relação aos herdeiros isoladamente considerados. Se a prestação for convertida em perdas e danos, subsiste a solidariedade.

3.3.6.4. Solidariedade passiva

É aquela em que cada um dos devedores pode ser demandado a cumprir a totalidade da obrigação junto ao credor. Com a morte de um dos devedores solidários, só se pode cobrar de um herdeiro, isoladamente, a quota correspondente ao seu quinhão hereditário. Se houver impossibilidade da obrigação por culpa de um dos devedores, todos continuam solidários pelo valor da coisa em dinheiro, mas pelas perdas e danos só responde o culpado. Se houver inexecução da obrigação, todos respondem pelos juros solidariamente, mas o culpado deverá ressarcir os demais. As defesas comuns (ex.: prescrição) podem ser alegadas por qualquer devedor solidário. Já as defesas pessoais (ex.: erro, coação) só podem ser alegadas pelo devedor a que disserem respeito. O credor pode renunciar à solidariedade total (em relação a todos os devedores) ou parcialmente (em relação a um deles, por exemplo). O devedor que tiver pagado a obrigação terá direito de regresso contra os demais. A presunção é a de que as cotas de cada devedor são iguais. Se um dos codevedores for insolvente, sua quota será dividida igualmente por todos.

3.3.6.5. Aspectos processuais

No processo de conhecimento, cabe ao devedor solidário valer-se do chamamento ao processo. Já no processo de execução, quando couber, é possível alegar o benefício de ordem, que é a faculdade de o executado indicar à penhora bens livres de outro devedor solidário.

3.4. TRANSMISSÃO DAS OBRIGAÇÕES

3.4.1. Introdução

O tema diz respeito à alteração no aspecto subjetivo da obrigação, no caso a substituição dos sujeitos que ocupam um dos polos da relação obrigacional. Aqui, não se fala em alteração nos demais elementos da obrigação (objeto e vínculo).

3.4.2. Cessão de crédito

3.4.2.1. Conceito

É o negócio jurídico bilateral pelo qual o credor transfere a outrem, a título oneroso ou gratuito, os seus direitos na relação obrigacional. Há três figuras: o cedente (credor que transmite o crédito), o cessionário (terceiro que recebe o crédito) e o cedido (o que continua devedor).

3.4.2.2. Limites materiais

Como regra, qualquer crédito pode ser objeto de cessão, salvo por impossibilidade decorrente: a) da natureza da obrigação (ex.: alimentos de direito de família); b) da lei (ex.: crédito penhorado); e c) da convenção com o devedor (*pacto de non cedendo*).

3.4.2.3. Forma

Como regra, cabe qualquer forma admitida em lei. Todavia, se a cessão tiver por objeto direito que só pode ser transmitido por escritura pública, há de se obedecer a esta forma (ex.: cessão de direitos hereditários).

3.4.2.4. Eficácia perante terceiros

Para que tenha eficácia frente a terceiros, a cessão deverá ser feita por instrumento público ou por instrumento particular com as formalidades da procuração e com registro no Cartório de Títulos e Documentos.

3.4.2.5. Eficácia perante o devedor cedido

Para tanto, a cessão depende de notificação do devedor ou de sua ciência manifestada por escrito. Antes da notificação, o devedor pode pagar ao cedente, exonerando-se da dívida. Depois, só se exonera se pagar ao cessionário. É no momento da ciência da cessão que o devedor deve alegar as exceções pessoais de que disponha em relação ao cedente, como a compensação, sob pena de se presumir que delas tenha aberto mão.

Sobre o tema é importante atentar-se para o conteúdo do Enunciado 618 CJF: O devedor não é terceiro para fins de aplicação do art. 288 do Código Civil, bastando a notificação prevista no art. 290 para que a cessão de crédito seja eficaz perante ele.

3.4.2.6. Responsabilidade do cedente

Se a cessão for a título oneroso, o cedente fica responsável pelo seguinte: a) pela existência do crédito quando da cessão; b) pela sua qualidade de credor; e c) pela validade da obrigação. Já se for a título gratuito, o cedente só responde pela existência do crédito se tiver procedido de má-fé. Em qualquer caso, só haverá responsabilidade pelo débito se o cedente tiver assumido expressamente a responsabilidade pela solvência do cedido. Nesse caso teremos a cessão pro solvendo, e a responsabilidade é apenas pelo que o cedente tiver recebido do cessionário, acrescido de juros e despesas com a cessão.

3.4.3. Assunção de dívida (cessão de débito)

3.4.3.1. Conceito

É o negócio jurídico bilateral pelo qual um terceiro (assuntor) assume a posição de devedor. O que ocorre é tão somente a substituição no plano passivo, sem que haja extinção da dívida, de modo que não se confunde com a novação subjetiva passiva, em que nasce uma obrigação nova.

3.4.3.2. Espécies

a) Expromissão: *é o contrato entre o credor e o terceiro, pelo qual esse assume a posição de novo devedor, sem a participação do devedor originário;*

b) Delegação: *é o contrato entre o devedor originário (delegante) e o terceiro (delegatário), com a concordância do credor.*

3.4.3.3. Efeitos

a) Liberatórios: o devedor originário fica desvinculado do pagamento da dívida. Essa é a regra;

b) cumulativos: o devedor originário continua vinculado, servindo a assunção de reforço da dívida, com solidariedade entre os devedores. A doutrina também chama a hipótese de adesão, coassunção ou adjunção à dívida. Trata-se de caso que depende de convenção expressa. Essa hipótese não se confunde com a fiança, pois o novo devedor responde por dívida própria.

3.5. ADIMPLEMENTO E EXTINÇÃO DAS OBRIGAÇÕES

3.5.1. Introdução

As obrigações podem ser extintas de dois modos. O modo satisfatório ocorre quando o credor recebe a prestação ou tira algum proveito. A satisfação pode ser direta (ex.: pagamento) ou indireta (ex.: compensação). O modo não satisfatório ocorre quando a obrigação fica extinta sem qualquer proveito para o credor (ex.: remissão, prescrição, novação etc.).

3.5.2. Pagamento

3.5.2.1. Conceito

É o efetivo cumprimento da prestação. O termo "pagamento" vale para designar o cumprimento de qualquer modalidade obrigação (de dar, fazer ou não fazer).

3.5.2.2. Elementos essenciais

a) Existência de obrigação que justifique o pagamento, sob pena de se tratar de pagamento indevido, possibilitando repetição de indébito;

b) intenção de pagar (*animus solvendi*), sob pena de se tratar de pagamento por engano, também possibilitando repetição;

c) cumprimento da prestação;

d) presença de sujeito que paga (*solvens*);

e) presença daquele a quem se paga (*accipens*).

3.5.2.3. Quem deve pagar

Qualquer interessado na extinção da obrigação pode pagar. Assim, além do devedor, pode pagar o terceiro interessado, ou seja, aquele que poderia ter seu patrimônio atingido caso a dívida não fosse paga (ex.: fiador, avalista, sócio, adquirente de imóvel hipotecado etc.). Nesse caso, o *solvens* (terceiro interessado) fica sub-rogado nos direitos do credor originário. Já o pagamento feito por terceiro não interessado (por interesse moral ou afetivo, por exemplo), em nome próprio, apenas autoriza esse a reembolsar-se do que pagar, sem sub-rogação nos direitos do credor. A obrigação original fica extinta, nascendo obrigação nova. Se o terceiro não interessado agir em nome do devedor, terá feito uma liberalidade, ficando a obrigação resolvida, sem direito de regresso em face daquele. Por fim, é importante destacar que, se o devedor tinha meios de impedir a cobrança do credor, o terceiro que pagar sem sua autorização não terá direito a qualquer reembolso.

3.5.2.4. A quem se deve pagar

O pagamento deve ser feito ao credor, ao seu representante ou aos seus sucessores. O pagamento feito a qualquer outra pessoa não tem efeito liberatório. O devedor, apesar de poder acionar quem receber indevidamente, continuará obrigado ao pagamento. Porém, há situações em que o pagamento feito a terceiro desqualificado tem valor: a) se houver ratificação pelo credor; b) se reverter em proveito do credor; c) se for feito de boa-fé ao credor putativo, ou seja, àquele que parecia, objetivamente, ser o credor (ex.: herdeiro aparente). De outra parte, há situações em que o pagamento feito ao credor não terá valor: a) se for feito ao credor incapaz de dar quitação, salvo se reverteu em seu proveito; b) se o devedor tiver sido intimado da penhora e mesmo assim pagar ao credor.

3.5.2.5. Objeto do pagamento

O pagamento deve coincidir com a coisa devida. Assim, o credor não é obrigado a receber prestação diversa da pactuada, ainda que mais valiosa. Da mesma forma, só se pode constranger o credor a receber o todo, não em partes. As dívidas em dinheiro deverão ser pagas no vencimento, em moeda corrente (real) e pelo valor nominal. Quanto ao valor nominal, a própria lei admite a convenção de aumento progressivo de prestações sucessivas, dando força à ideia de dívida de valor (e não de dívida de dinheiro). O reajuste automático de prestação tem o nome de cláusula de escala móvel. A Lei 10.192/2001 considera nula de pleno direito a estipulação de reajuste em periodicidade inferior a um ano. Também admite-se a revisão da obrigação "quando, por motivos imprevisíveis, sobrevier desproporção manifesta entre o valor da prestação devida e o do momento de sua execução" (art. 317 do CC). Adotou-se a teoria da imprevisão. Outrossim, são nulas as convenções de pagamento em ouro ou em moeda estrangeira. A ideia é preservar o curso forçado da moeda nacional. Há exceções no Dec.-Lei 857/1969 e na Lei 6.423/1977 (ex.: importação e exportação). Presumem-se a cargo do devedor as despesas com o pagamento e a quitação.

3.5.2.6. Lugar do pagamento

É aquele onde o devedor deve cumprir a obrigação e o credor exigir seu cumprimento. A regra é o domicílio do devedor (dívida quesível ou *quérable*). Mas por motivo legal, convencional ou circunstancial é possível que a obrigação tenha de ser cumprida no domicílio do credor (dívida portável ou *portable*). Se o pagamento consistir na tradição de um imóvel ou em prestações relativas a imóvel, far-se-á no lugar onde estiver situado o bem. Será válido o pagamento feito em lugar diverso se houver motivo grave que justifique isso e não haja prejuízo para o credor. Vale ressaltar que o pagamento reiteradamente feito em outro lugar faz presumir que o credor renunciou à previsão respectiva feita em contrato. Trata-se da aplicação do princípio da boa-fé objetiva e da eticidade, por meio dos institutos da *supressio*, consistente na possibilidade de supressão de uma obrigação contratual pelo não exercício pelo credor, gerando uma legítima expectativa no devedor de que essa abstenção se prorrogará no tempo, e da *surrectio*, consistente na obtenção de um direito que não existia, face à reiterada prática de conduta diversa pelas partes.

3.5.2.7. Tempo do pagamento

Salvo disposição legal ou contratual em contrário, pode o credor exigir imediatamente o pagamento. O credor poderá cobrar a dívida antes do vencimento se: a) o devedor cair em falência ou concurso de credores; b) os bens do devedor, hipotecados ou empenhados, forem penhorados em execução por outro credor; c) cessarem, ou se tornarem insuficientes, as garantias do débito, fidejussórias ou reais, e o devedor, intimado, negar-se a reforçá-las.

3.5.3. Pagamento em consignação

3.5.3.1. Conceito

Forma especial de pagamento, por meio de depósito judicial ou em estabelecimento bancário, cabível quando houver mora do credor ou risco para o devedor na realização do pagamento direto. Serve para a entrega de qualquer objeto, só não se admite para a obrigação de fazer ou não fazer. Se for feito por processo de conhecimento, a sentença tem natureza declaratória. Para que o devedor fique exonerado da obrigação, a consignação deve cumprir os mesmos requisitos exigidos para a validade do pagamento quanto às pessoas, ao objeto, modo, tempo e lugar. O depósito em estabelecimento bancário só é admitido quando a prestação for em dinheiro.

3.5.3.2. Cabimento

a) Se o credor não puder, ou, sem justa causa, recusar receber o pagamento, ou dar quitação na devida forma;

b) se o credor não for, nem mandar receber a coisa no lugar, tempo e condição devidos;

c) se o credor for incapaz de receber, for desconhecido, declarado ausente, ou residir em lugar incerto ou de acesso perigoso ou difícil;

d) se ocorrer dúvidas sobre quem deva legitimamente receber o objeto do pagamento;

e) se pender litígio sobre o objeto do pagamento.

3.5.4. Pagamento com sub-rogação

3.5.4.1. Conceito

É a operação pela qual a dívida se transfere a terceiro que a pagou, com todos os seus acessórios. Tem-se aqui uma sub-rogação subjetiva, uma vez que há troca de devedor. Extingue-se a obrigação com relação ao credor original. Por outro lado, transferem-se ao novo credor todos os direitos, ações, privilégios e garantias do primitivo em relação à dívida.

3.5.4.2. Espécies

a) Legal ou automática: *é a que opera de pleno direito,* em favor:

a1) do credor que paga a dívida do devedor comum; aqui temos um devedor com dois credores, sendo que um desses paga o outro para evitar o fim do patrimônio do devedor, por exemplo;

a2) do adquirente do imóvel hipotecado, que paga o credor hipotecário, bem como do terceiro que efetiva o pagamento para não ser privado de direito sobre o imóvel;

a3) do terceiro interessado, que paga a dívida pela qual era ou podia ser obrigado, no todo ou em parte;

b) convencional: *é a que decorre da vontade das partes* e que se verifica nos seguintes casos:

b1) quando o credor recebe o pagamento de terceiro e expressamente lhe transfere todos os seus direitos;

b2) quando terceira pessoa empresta ao devedor a quantia precisa para solver a dívida, sob a condição de ficar o mutuante sub-rogado nos direitos do credor satisfeito. Ex.: contratos de mútuo pelo Sistema Financeiro da Habitação.

3.5.5. Imputação do pagamento

3.5.5.1. Conceito

É a indicação ou determinação da dívida a ser quitada quando uma pessoa obrigada por dois ou mais débitos, líquidos e vencidos, da mesma natureza e com o mesmo credor só pode pagar um deles.

3.5.5.2. Regra geral

Cabe ao devedor indicar, no ato do pagamento, qual dívida deseja saldar.

3.5.5.3. Ausência de indicação pelo devedor

Nesse caso, o credor fará a indicação por meio da quitação. Se a indicação não for feita, dar-se-á a imputação legal:

a) o pagamento será imputado primeiro nos juros vencidos e depois no capital;

b) o pagamento será imputado primeiro nas dívidas vencidas há mais tempo;

c) se todas forem vencidas no mesmo tempo, imputa-se na mais onerosa;

d) se todas forem iguais, imputa-se proporcionalmente.

Por fim, é importante trazer à colação a orientação fixada pela Súmula 464 do STJ: "a regra de imputação de pagamentos estabelecida no art. 354 do CC não se aplica às hipóteses de compensação tributária".

3.5.6. Dação em pagamento

3.5.6.1. Conceito

É o acordo de vontades por meio do qual o credor aceita receber prestação diversa da que lhe é devida. Na dação o que é alterado na relação obrigacional é apenas o objeto, sendo que credor e devedor permanecem os mesmos. Por exemplo, uma pessoa devia R$ 1.000,00 e combina com o credor que pagará com a entrega de uma bicicleta. Trata-se de contrato real, pois só se aperfeiçoa com a tradição. Se for determinado o preço da coisa dada em pagamento, as relações entre as partes regular-se-ão pelas normas do contrato de compra e venda.

3.5.6.2. Efeitos

Extingue a obrigação original. Todavia, se houver evicção, ficará restabelecida a prestação primitiva, ficando sem efeito a quitação dada.

3.5.7. Novação

3.5.7.1. Conceito

É a criação de obrigação nova para extinguir a anterior. Trata-se, ao mesmo tempo, de causa extintiva e geradora de obrigações. Decorre da vontade dos interessados, não da lei.

3.5.7.2. Requisitos de validade

a) Existência de obrigação anterior: assim, não podem ser objeto de novação obrigações nulas ou extintas. Todavia, sujeitam-se a novação as obrigações anuláveis, haja vista que esta pode ser confirmada pela novação;

b) constituição de nova dívida: há de ser algo efetivamente novo e válido. Se a nova dívida for nula será restabelecida a obrigação anterior;

c) intenção de novar ou *animus novandi*: o CC aduz que o ânimo de novar pode ser expresso ou tácito, porém deve ser *inequívoco*. Se assim não o for a segunda obrigação simplesmente confirma a primeira. Trata-se de requisito subjetivo, muitas vezes de difícil demonstração, mormente no que tange à forma tácita. Assim, o ideal é que a manifestação seja exarada de forma expressa para que não restem dúvidas.

3.5.7.3. Espécies

a) objetiva ou real: quando houver modificação no próprio objeto da obrigação. Por exemplo, substitui-se obrigação em dinheiro para obrigação de não fazer;

b) subjetiva ou pessoal: quando houver substituição de um dos sujeitos da obrigação anterior; não se confunde com a cessão de crédito e a assunção de dívida, pois na novação o vínculo anterior é extinto e cria-se um novo. Pode ser:

b1) **ativa:** quando houver substituição do credor, formando-se nova dívida entre devedor e terceiro;

b2) **passiva:** quando houver substituição do devedor. Será chamada novação por expromissão quando o devedor é substituído sem o seu consentimento; se for por ordem do devedor, chama-se delegação, sendo necessária a anuência do credor.

c) mista ou subjetiva-objetiva: quando, ao mesmo tempo, houver substituição do objeto e de algum dos sujeitos da obrigação anterior.

3.5.8. Compensação

3.5.8.1. Conceito

É a extinção das obrigações entre duas pessoas que são, ao mesmo tempo, credora e devedora uma da outra. As obrigações ficam extintas até onde se compensarem. Por exemplo, se "A" deve R$ 1.000,00 a "B" e este, R$ 800 a "A", pela compensação, a segunda obrigação fica extinta, remanescendo uma dívida de R$ 200 de "A" para "B".

3.5.8.2. Espécies

a) Legal: é a que decorre da lei, automaticamente. Nesse caso, o devedor poderá alegar a compensação na contestação (exceção de compensação) ou em embargos do devedor. Por se tratar de questão dispositiva, o juiz não pode pronunciá-la de ofício, salvo em relação a honorários advocatícios fixados na própria sentença;

b) Convencional: é a que decorre da vontade das partes.

3.5.8.3. Requisitos da compensação legal

a) Reciprocidade das obrigações; a exceção é a situação do fiador, que poderá opor compensação de crédito do devedor para com o credor;

b) prestações líquidas e vencidas; dívida prescrita não pode ser oposta, pois, de acordo com o art. 190 do CC, a exceção prescreve no mesmo prazo que a pretensão;

c) coisas fungíveis; ou seja, as coisas a serem compensadas devem ser do mesmo gênero e qualidade.

3.5.8.4. Impedimentos à compensação

Tanto a vontade (impedimento convencional) como a lei (impedimento legal) podem estabelecer restrições à compensação. São casos de impedimento legal:

a) se uma das dívidas provier de furto, roubo ou esbulho (atos ilícitos);

b) se uma das dívidas se originar de comodato (bem infungível), depósito (bem infungível) ou alimentos (crédito incompensável);

c) se uma das dívidas for de coisa não suscetível de penhora (bem fora do comércio);

d) se a compensação se der em prejuízo de terceiros (boa-fé objetiva).

Em relação a débitos fiscais, a legislação especial é que trata do tema.

3.5.9. Confusão

Confusão é a extinção da obrigação pela reunião, em uma única pessoa, das qualidades de credora e devedora na relação jurídica. A confusão pode ser total ou parcial. O processo será extinto, sem julgamento de mérito. Um exemplo é um herdeiro que recebe de herança um crédito contra si mesmo.

3.5.10. Remissão das dívidas

Consiste na exoneração da dívida do devedor, por liberalidade do credor. A lei exige concordância do devedor. Assim, trata-se de negócio jurídico bilateral. A remissão não pode prejudicar terceiros. Se isso ocorrer, pode ser configurada a fraude contra credores. A remissão pode ser expressa, tácita (ex.: quitação total após pagamento parcial) ou presumida (ex.: devolução voluntária do título).

3.6. INADIMPLEMENTO DAS OBRIGAÇÕES

3.6.1. *Introdução*

Nem sempre a obrigação é cumprida como estipulado entre o credor e o devedor. Nesses casos, fala-se em inadimplemento, que pode ser absoluto (ou definitivo) ou relativo (ou mora). Aliás, o descumprimento de deveres acessórios, anexos e instrumentais (decorrentes do princípio da boa-fé objetiva) também podem configurar o inadimplemento.

O **inadimplemento absoluto** *ocorre na hipótese do credor estar impossibilitado de receber a prestação devida, seja porque é impossível o cumprimento, seja porque a prestação já não lhe é útil.* Será total quando a prestação por inteiro não puder ser cumprida e parcial se apenas uma parte da prestação não puder ser cumprida. O critério para distinguir o inadimplemento absoluto da mora não é só a impossibilidade da prestação. Também ocorre o primeiro quando a prestação já não for útil ao credor. Assim, se o vestido de uma noiva chega após o casamento, não se tem simples mora, mas inadimplemento absoluto. O descumprimento de obrigação de não fazer acarreta, sempre, inadimplemento absoluto, uma vez que não há mais como cumprir o que foi combinado.

O **inadimplemento relativo** *ocorre na hipótese em que ainda for possível e útil a realização da prestação, apesar da inobservância do tempo, do lugar e da forma devidos.* No exemplo anterior, caso o vestido de noiva devesse ser entregue vinte dias antes do casamento, mas isso só ocorrer dez dias antes do evento, estar-se-á diante de mora, não de inadimplemento absoluto. A distinção entre a primeira e o segundo é importante, pois esse enseja cobrança de perdas e danos, sem direito à prestação, ao passo que aquela enseja cobrança de perdas e danos, bem como da própria prestação.

O **inadimplemento culposo** (absoluto ou relativo) faz com que o devedor tenha de responder por perdas e danos, juros, atualização monetária e honorários de advogado (caso tenha sido contratado um). É importante consignar que, na responsabilidade civil contratual ou negocial, a culpa é presumida. Assim, se alguém deixar de cumprir uma obrigação contratual, presume-se que agiu com culpa. Basta o credor fazer a prova do inadimplemento, não sendo necessário que prove algum fato imputável ao devedor. Esse só fica exonerado da responsabilidade se demonstrar alguma excludente, como o caso fortuito ou de força maior ou a culpa exclusiva de terceiro. Já na responsabilidade civil extracontratual subjetiva (culposa), o credor é que tem o ônus da prova da culpa do causador do dano. Nos contratos benéficos ou gratuitos, aquele que pratica a liberalidade só responde se agir com dolo. Assim, na doação pura e simples, o doador só responde pela impossibilidade de entrega da coisa doada caso tenha agido com dolo (ex.: se tiver destruído a coisa).

O **inadimplemento fortuito** não gera, em princípio, obrigação de indenizar. Segundo o art. 393 do CC, o devedor não responde pelos prejuízos resultantes do caso fortuito ou força maior, salvo se expressamente houver por eles se responsabilizado. Assim, só haverá responsabilidade no fortuito se o devedor assumir essa obrigação.

Dívida x responsabilidade: não se deve confundir as duas. A primeira é o elemento pessoal (*Schuld*), ao passo que a segunda, o patrimonial (*Haftung*). Um devedor, enquanto estiver em dia, tem uma dívida. Quando incorrer em inadimplência, passa a ter uma responsabilidade, ou seja, todos os seus bens passam a ser a garantia do pagamento da dívida, salvo bens impenhoráveis. O Direito coloca à disposição do credor meios para que este consiga satisfazer de modo específico seu crédito. Não sendo possível isso, a obrigação converte-se em perdas e danos, ficando o patrimônio do devedor sujeito a esse pagamento.

3.6.2. Mora

3.6.2.1. Conceito

Quanto ao devedor, consiste no não pagamento, e quanto ao credor, na não aceitação do pagamento no tempo, lugar e forma devidos. É importante ressaltar que a diferença entre mora e inadimplemento absoluto é que, na primeira, a obrigação ainda pode ser cumprida.

3.6.2.2. Mora do devedor (mora solvendi ou debitoris)

3.6.2.2.1. Espécies

a) Mora *ex re* (ou de pleno direito): *é aquela em que o fato que a ocasiona está previsto objetivamente na lei.* Assim, a mora é automática. Basta que ocorra o fato para que se configure a mora. Ex.: quando a obrigação tem data de vencimento. O CC estabelece que "o inadimplemento da obrigação, positiva e líquida, no seu termo, constitui de pleno direito em mora o devedor" (art. 397 do CC). Trata-se das chamadas obrigações impuras, em que se aplica a regra do *dies interpellat pro homine*. Caso não haja termo, a mora se constitui mediante interpelação judicial ou extrajudicial (art. 397, parágrafo único, do CC). Neste passo, o Enunciado 619 CJF aduz que: A interpelação extrajudicial de que trata o parágrafo único do art. 397 do Código Civil admite meios eletrônicos como e-mail ou aplicativos de conversa on-line, desde que demonstrada a ciência inequívoca do interpelado, salvo disposição em contrário no contrato. Outra regra de mora automática é a seguinte: "nas obrigações provenientes de ato ilícito, considera-se o devedor em mora, desde que o praticou" (art. 398 do CC);

b) mora *ex persona* (ou por ato da parte): *é aquela que depende de providência por parte do credor para que se caracterize.* Por exemplo, a que depende de interpelação judicial ou extrajudicial, protesto ou mesmo citação do devedor. Aliás, caso ainda não esteja configurada a mora num dado caso, a citação válida terá sempre esse efeito segundo o art. 240 do NCPC. O CC estabelece que "não havendo termo, a mora se constitui mediante interpelação judicial ou extrajudicial" (art. 397, parágrafo único). Trata-se das chamadas obrigações perfeitas, em que, por não haver vencimento, a mora depende de notificação. Mas há casos em que, mesmo havendo termo (vencimento) estabelecido, a lei determina que a mora só se configurará após notificação extrajudicial ou judicial. É o caso dos compromissos de compra de venda e da alienação fiduciária em garantia.

Ressalta-se que a cobrança de encargos e parcelas indevidas ou abusivas impede a caracterização da mora do devedor (Enunciado 354 JDC/CJF).

3.6.2.2.2. Pressupostos

a) Exigibilidade da prestação; ou seja, termo vencido ou condição suspensiva implementada;

b) inexecução culposa; assim, se o devedor conseguir provar que a inexecução ocorreu por caso fortuito ou força maior, fica excluída a mora;

c) viabilidade do cumprimento tardio; ou seja, não se estará diante de mora se a inexecução da obrigação tornar inútil ao credor seu cumprimento posterior; nesse caso tem-se inadimplemento absoluto.

Vale observar que a "simples propositura da ação de revisão de contrato não inibe a caracterização da mora do autor" (Súmula 380 do STJ).

3.6.2.2.3. Efeitos

Caracterizada a mora, o credor tem duas opções:

a) exigir o cumprimento da obrigação, mais o pagamento de todos os prejuízos que a mora causar, incluindo perdas e danos, juros, atualização monetária e honorários de advogado;

b) enjeitar a prestação, exigindo a satisfação de todas as perdas e danos, caso a prestação, devido à mora, tornar-se inútil aos seus interesses.

Obs.: estando o devedor em mora, esse responderá, inclusive, pela impossibilidade da prestação. Trata-se do efeito que a doutrina chama de perpetuação da obrigação (*perpetuatio obligationis*). O devedor responde mesmo que a impossibilidade decorra de caso fortuito ou de força maior. Só não responderá se provar que o dano teria ocorrido mesmo que tivesse cumprido a prestação a termo (*exceção de dano inevitável*).

3.6.2.3. *Mora do credor (*mora accipiendi *ou* credendi*)*

3.6.2.3.1. Pressupostos

a) Vencimento da obrigação; o credor não é obrigado a receber antes do tempo; todavia, se o vencimento já tiver ocorrido e o credor não quiser receber, estará configurada sua mora, independentemente de culpa do credor; se não houver vencimento, o devedor deverá notificar para constituição em mora;

b) efetiva oferta da prestação pelo devedor ao credor;

c) recusa injustificada em receber; assim, não se configura a mora se o credor tem justo motivo para não aceitar o pagamento, como no caso de haver diferença entre o que deveria ser cumprido e o que é oferecido.

Obs.: o ônus da prova da mora do credor é do devedor. É por isso que o devedor deve propor ação de consignação em pagamento, exonerando-se da obrigação e evitando a incidência de penalidades e indenizações.

3.6.2.4. Purgação da mora

É a atitude voluntária da parte que tem por finalidade sanar o cumprimento defeituoso da obrigação pelo seu efetivo adimplemento. O devedor em mora deve oferecer a prestação mais a importância dos prejuízos decorrentes do dia da oferta. O credor em mora deve oferecer o recebimento, sujeitando-se aos efeitos da mora até a mesma data.

3.6.3. Perdas e danos. Características

a) Incidem quando há inadimplemento obrigacional;

b) dependem da existência de dano;

c) incluem os *danos emergentes* (o que efetivamente se perdeu) e os *lucros cessantes* (o que razoavelmente se deixou de lucrar);

d) incluem os danos materiais (ou patrimoniais) e os danos morais (ou de natureza extrapatrimonial);

e) só incluem os prejuízos efetivos e os lucros cessantes por efeito direto e imediato (nexo de causalidade entre os danos sofridos pelo credor e o inadimplemento do devedor);

f) quando se trata de dívida em dinheiro, as perdas e danos incluem os *danos emergentes* (a própria prestação + atualização monetária + custas e honorários de advogado) e os *lucros cessantes* (juros de mora); o juiz pode conceder *indenização suplementar*, quando for provado que os juros de mora não cobrem o prejuízo e não houver pena convencional;

g) os juros de mora são contados desde a citação; isso não ocorre nas indenizações por ato ilícito e nos casos de mora *ex re*.

Acerca dos lucros cessantes, o STJ decidiu que "o atraso na entrega do imóvel enseja pagamento de indenização por lucros cessantes durante o período de mora do promitente vendedor, sendo presumido o prejuízo do promitente comprador" (EREsp 1.341.138-SP, DJe 22.05.2018). Da mesma forma, "É devida indenização por lucros cessantes pelo período em que o imóvel objeto de contrato de locação permaneceu indisponível para uso, após sua devolução pelo locatário em condições precárias." (STJ, REsp 1.919.208/MA, j. 20/04/2021).

3.6.4. Juros legais

A lei usa a expressão juros legais no capítulo que trata dos juros moratórios. Como se sabe, juros moratórios são aqueles que têm caráter indenizatório pelo retardamento no cumprimento da obrigação. Esses juros também têm caráter punitivo. Não se deve confundir os juros moratórios com os juros remuneratórios (ou compensatórios). Esses são devidos como forma de remunerar o capital emprestado (ex.: taxa de juros do cheque especial). A lei estabelece as seguintes regras para os juros moratórios:

a) as partes podem convencionar os juros moratórios no percentual de até 12% ao ano;

b) se as partes não convencionarem os juros moratórios, estes serão fixados "segundo a taxa que estiver em vigor para a mora do pagamento de impostos devidos à Fazenda Nacional", ou seja, segundo a taxa Selic; o STJ vem entendendo que se aplica a taxa Selic, não incidindo, cumulativamente, correção monetária, uma vez que ela já embute essa correção (EResp 727.842/SP, DJ 20.11.2008).

c) ainda que não se alegue prejuízo, o devedor é obrigado ao pagamento de juros moratórios, inclusive quando não se deve dinheiro, fixando-se, nesse caso, valor pecuniário para o cálculo dos juros devidos.

3.6.5. Cláusula penal

3.6.5.1. Conceito

É a obrigação acessória que incide caso uma das partes deixe de cumprir a obrigação principal. Por exemplo, fixa-se o pagamento de uma multa de 10% caso o aluguel não seja pago em dia. Decorre de convenção entre as partes. Essa cláusula pode ser estipulada tanto para a mora como para o inadimplemento absoluto.

3.6.5.2. Finalidades

a) **meio de coerção:** trata-se incentivo ao fiel cumprimento da obrigação;

b) **prefixação de perdas e danos:** ou seja, independentemente de provar a existência de danos, o credor pode exigi-la do devedor em caso de não cumprimento da obrigação.

3.6.5.3. Indenização suplementar

Como regra, a cláusula penal é *substitutiva* (ou *disjuntiva*), ou seja, o credor não poderá pedir indenização suplementar. Todavia, caso haja previsão de que a cláusula penal é apenas uma indenização mínima, o credor poderá pedir a complementação, hipótese em que teremos a *clausula penal cumulativa*.

Amenizando um pouco a regra, o Enunciado 430 das Jornadas de Direito Civil entende que, em se tratando de contrato de adesão, não há necessidade de convenção prevendo a possibilidade de indenização suplementar caso o valor do dano supere o valor da cláusula penal. Nesse sentido, confira: "art. 416, parágrafo único: no contrato de adesão, o prejuízo comprovado do aderente que exceder ao previsto na cláusula penal compensatória poderá ser exigido pelo credor independentemente de convenção".

3.6.5.4. Espécies

a) **compensatória:** *é a estipulada para a hipótese de total inadimplemento da obrigação*; nesse caso, o credor só poderá exigir a multa, uma vez que a prestação já não pode mais ser cumprida;

b) **moratória ou compulsória:** *é a estipulada para evitar o retardamento culposo no cumprimento da obrigação ou para dar segurança especial a uma cláusula determinada*; nesse caso, o credor poderá exigir a prestação e a multa.

Sobre COVID e a moratória de planos de saúde, confira a seguinte decisão do STF:

"Por usurpar a competência da União para legislar privativamente sobre direito civil e política de seguros, é formalmente inconstitucional lei estadual que estabelece a possibilidade de o Poder Executivo proibir a suspensão ou o cancelamento de planos de saúde por falta de pagamento durante a situação de emergência do novo coronavírus (Covid-19)." (STF, ADI 6441/RJ, j. 14.05.21).

3.6.5.5. Limites da cláusula penal

a) valor: a multa não pode exceder o valor da obrigação principal, ou seja, seu valor máximo é de 100%. Já no CDC, a multa é de até 2% sobre o valor da prestação no fornecimento de crédito; a Lei de Usura limita a multa em 10% para os contratos de mútuo; a legislação que regula compromissos de compra e venda de imóveis também a limita em 10%; em relação às despesas de condomínio, a taxa máxima é de 2%;

b) redução equitativa: se a obrigação principal tiver sido cumprida em parte, ou se o montante da penalidade for manifestamente excessivo, a penalidade deve ser reduzida equitativamente pelo juiz (art. 413 do CC). Neste ponto colaciona-se o Enunciado 649 CJF que prevê "O art. 421-A, inc. I, confere às partes a possibilidade de estabelecerem critérios para a redução da cláusula penal, desde que não seja afastada a incidência do art. 413."

3.6.6. Arras ou sinal

3.6.6.1. Conceito

É o bem entregue por um dos contratantes a outro como confirmação do contrato e princípio de pagamento. Trata-se de pacto acessório e contrato real (só se aperfeiçoa com a entrega do dinheiro ou da coisa).

3.6.6.2. Espécies

a) confirmatórias: *são as utilizadas para confirmar o negócio.* Se quem pagar as arras desistir do contrato, ficará sem elas em favor da outra parte. Já se quem recebeu as arras desistir do contrato, deverá devolvê-las em dobro, com atualização monetária, juros e honorários de advogado; sobre essa devolução em dobro, segue entendimento do STJ: "Da inexecução contratual imputável, única e exclusivamente, àquele que recebeu as arras, estas devem ser devolvidas mais o equivalente." (STJ, REsp 1.927.986-DF, Dje 25/06/2021). As arras confirmatórias servem de prefixação das perdas e danos. Se os prejuízos superarem seu valor, pode-se pedir indenização suplementar;

b) penitenciais: *são as utilizadas para a prefixação das perdas e danos, no caso de qualquer das partes desistir do contrato.* A regra é igual à das arras confirmatórias. A diferença é que aqui não cabe pedido de indenização suplementar.

Segundo o STJ, na hipótese de inexecução do contrato, revela-se inadmissível a cumulação das arras com a cláusula penal compensatória, sob pena de ofensa ao princípio do *non bis in idem*, sem prejuízo de a parte prejudicada pelo inadimplemento culposo exigir indenização suplementar, provando maior prejuízo, valendo as arras como taxa mínima (REsp 1.617.652-DF, Rel. Min. Nancy Andrighi, por unanimidade, julgado em 26/09/2017, DJe 29/09/2017).

3.7. QUADRO SINÓTICO

1. Conceito de obrigação: é o vínculo jurídico que confere ao credor (sujeito ativo) o direito de exigir do devedor (sujeito passivo) o cumprimento de determinada prestação.

– Obrigação: vínculo entre pessoas.

– Responsabilidade: sujeição do patrimônio do devedor ao cumprimento da obrigação.

2. Fontes das obrigações:

a) atos ilícitos;

b) contratos;

c) declarações unilaterais de vontade (ex: promessa);

d) outros fatos previstos em lei (ex: tributos).

3. Classificação das obrigações.

3.1 Quanto a exigência:

a) civil: aquela que pode ser exigida em juízo;

b) natural: aquela que não pode ser exigida em juízo, mas uma vez cumprida, não pode ser repetida. Ex: dívida prescrita, dívida de jogo.

3.2 Quanto a extensão:

a) de resultado: aquela em que o devedor se compromete a atingir o fim, sob pena de responder. Ex: cirurgia plástica;

b) de meio: aquela em que o devedor se compromete a fazer o melhor, mas sem garantir o resultado. Ex: defesa em ação judicial.

3.3 Quanto a natureza do direito:

a) de direito pessoal: aquela travada entre as pessoas. Ex: obrigação de pagar determinada quantia;

b) de direito real: aquela em que todas as pessoas ficam obrigadas a respeitar relação que vincula a pessoa à coisa. Ex: obrigação de respeitar a propriedade;

c) *propter rem*: aquela em que alguém, pelo simples fato de ser titular de um direito real sobre uma coisa, fica obrigado a cumprir. Ex: obrigação de pagar dívida de condomínio ou dívida tributária; obrigação de proprietários de prédios confinantes dividirem despesas de tapumes provisórios.

4. Modalidade das obrigações.

4.1 Obrigação de dar.

4.1.1 Conceito: de entregar ou de restituir alguma coisa.

4.1.2 Regras em caso de perecimento (perda total).

a) se ocorrer **antes da tradição, sem culpa** do devedor, resolve-se a obrigação. Ex: inundação destrói a coisa;

b) se ocorrer **antes da tradição, com culpa** do devedor, o credor recebe o equivalente em $ + perdas e danos. Ex: vendedor bate o carro antes de entregar;

c) se ocorrer **após a tradição**, o problema é do credor pois a coisa perece para o dono, salvo se a coisa já estava com problema. Ex: cavalo com problema respiratório.

Obs.: se for deterioração (perda parcial), o credor pode ficar com a coisa, com abatimento no preço.

4.2 Obrigação de fazer.

4.2.1 Conceito: de prestar atos ou serviços.

4.2.2 Regras em caso de não cumprimento:

a) Se a obrigação for **personalíssima**: i) impossível sem culpa do devedor, ficará resolvida; ii) impossível com culpa do devedor, transforma-se em perdas e danos. Obs.: pode ser que meios suasórios judiciais possam conseguir o cumprimento da obrigação;

b) Se a obrigação for **impessoal**: i) impossível sem culpa do devedor, ficará resolvida; ii) impossível com culpa do devedor, transforma-se em perdas e danos; iii) não cumprida por recusa ou mora do devedor, cabe perdas e danos OU ação cominatória + perdas e danos OU executar a obrigação por terceiro, à custa do devedor (urgência).

4.3 Obrigação alternativa.

4.3.1 Conceito: tem 2 ou + objetos e se extingue com a prestação de um deles. Ex: entregar carro ou moto.

4.3.2 Escolha: compete ao devedor, salvo acordo diverso.

4.3.3 Impossibilidade de 1 prestação: subsiste débito em relação à outra; salvo culpa do devedor se credor escolhe.

4.3.4 Impossibilidade de 2 ou mais prestações: sem culpa, resolve-se; com culpa, ver a quem cabe a escolha, que pagará o equivalente em $ + perdas e danos.

4.3.5 Alternativa X Facultativa.

a) alternativa: tem 2 ou + objetos principais. Ex: carro ou moto;

b) facultativa: tem 1 objeto principal. Ex: carro, mas na hora de cumprir, pode o devedor substituí-lo por outra coisa.
Importância: se o carro perecer, obrigação facultativa fica extinta.

4.4 Obrigação solidária.

4.4.1 Conceito: aquela em que há mais de um credor ou mais de um devedor, cada um tem direito ou é obrigado à dívida toda.

4.4.2 Formação da solidariedade:

a) Solidariedade não se presume;

b) Solidariedade decorre de LEI ou VONTADE DAS PARTES.

4.4.3 Solidariedade ativa:

a) conceito: cada credor pode cobrar sozinho toda a obrigação;

b) efeitos: devedor se exonera da dívida pagando a qualquer credor; morrendo um credor, herdeiros <u>sozinhos</u> não têm benefícios.

4.4.4 Solidariedade passiva:

a) Conceito: cada devedor deve a obrigação por inteiro;

b) Efeitos: i) morrendo o devedor solidário, herdeiros só podem ser cobrados isoladamente no correspondente a seu quinhão; ii) se houver impossibilidade da obrigação por culpa de um dos devedores, todos continuam solidários pelo valor da coisa em $, mas só o culpado responde por danos; se a obrigação for em $, solidariedade permanece quanto aos juros; iii) defesas pessoais só podem ser alegadas pelo devedor pertinente; iv) credor pode renunciar à solidariedade total ou parcialmente; v) devedor que pagar: direito de regresso contra os outros.

5. Transmissão das obrigações.

5.1 Cessão de crédito.

5.1.1 Conceito: transferência de posição de credor.

– cedente: credor que transmite o crédito;

– cessionário: terceiro que recebe o crédito;

– cedido: sujeito que continue como devedor.

5.1.2 Eficácia perante o devedor: cessão depende de notificação do devedor ou de ciência manifestada por escrito.

5.1.3 Responsabilidade do cedente:

– Se a cessão for onerosa, responde pela existência do crédito, pela sua qualidade de credor e pela validade da dívida;

– Se for gratuita, só responde pela existência, se de má-fé;

– Em qualquer caso, responsabilidade pelo débito só se cedente assumir responsabilidade pela solvência do cedido.

5.2 Assunção de dívida (cessão de débito).

5.2.1 Conceito: transferência de posição do devedor. A dívida não fica extinta, diferentemente da novação subjetiva.

5.2.2 Espécies:

a) Expromissão: contrato entre credor e 3°, em que este passa a ser devedor, sem a participação do originário;

b) Delegação: contrato entre devedor originário (delegante) e 3° (delegatário), com a concordância do credor.

5.2.3 Efeitos:

a) liberatórios: o devedor originário fica desvinculado do pagamento da dívida. Esta é a regra.

b) cumulativos: o devedor originário continua vinculado, servido a assunção de reforço da dívida, com solidariedade entre os devedores. Depende de convenção.

6. Extinção das obrigações.

6.1 Pagamento.

6.1.1 Quem deve pagar: qualquer interessado na extinção da dívida pode pagar, ficando sub-rogado nos direitos do credor originário. O terceiro não interessado só fica sub-rogado quanto ao valor pago.

6.1.2 A quem se deve pagar: pagamento só tem efeito liberatório se feito ao credor, representante, sucessor ou a credor putativo (havendo boa-fé).

6.1.3 Objeto: credor não é obrigado a receber coisa diversa ainda que mais valiosa.

6.1.4 Lugar: regra é domicílio do devedor (div. quesível), mas por lei/convenção pode ser do credor (div. portável).

6.1.5 Tempo: credor pode cobrar antes do vencimento se devedor cair em insolvência ou garantia ficar insuficiente.

6.2 Consignação em pagamento.

6.2.1 Conceito: forma especial de pagamento, por meio de depósito judicial ou em estabelecimento bancário, cabível quando houver mora do credor ou risco para o devedor na realização do pagamento direto.

6.2.2 Cabimento:

a) se o credor não puder, ou, sem justa causa, recusar receber o pagamento, ou dar quitação na devida forma;

b) se o credor não for, nem mandar receber a coisa no lugar, tempo e condição devidos;

c) se o credor for incapaz de receber, for desconhecido, declarado ausente, ou residir em local incerto ou difícil;

d) se ocorrem dúvidas sobre quem deva legitimamente receber o objeto do pagamento;

e) se pender litígio sobre o objeto do pagamento.

6.3 Imputação do pagamento.

6.3.1 Conceito: é a indicação ou determinação da dívida a ser quitada quando, uma pessoa obrigada por dois ou mais débitos da mesma natureza e com o mesmo credor só pode pagar parte deles.

6.3.2 Cabimento: cabe ao devedor indicar, no ato do pagamento, qual dívida deseja saldar.

6.3.3 Ausência de indicação do devedor: credor fará a indicação, que, não feita, importará na imputação legal:

a) primeiro nos juros vencidos e depois no capital;

b) primeiro nas dívidas vencidas há mais tempo;

c) se todas forem vencidas no mesmo tempo, imputa-se na mais onerosa;

d) se todas forem iguais, imputa-se proporcionalmente.

6.4 Dação em pagamento.

6.4.1 Conceito: é o acordo de vontades por meio do qual o credor aceita receber prestação diversa da que lhe é devida.

6.4.2 Efeitos:

a) Extingue a obrigação principal;

b) se houver evicção, ficará restabelecida a obrigação primitiva, ficando sem efeito a quitação dada.

6.5 Novação.

6.5.1 Conceito: é a criação de obrigação nova para extinguir a anterior.

6.5.2 Requisitos: a) existência da obrigação anterior; b) constituição de nova dívida; c) intenção de novar.

6.5.3 Espécies:

a) objetiva ou real: modificação no próprio objeto da obrigação. Ex: substitui-se obrigação em $ por obrigação de fazer;

b) subjetiva ou pessoal: substituição de um dos sujeitos da obrigação anterior, com extinção da obrigação. Pode ser ativa (do credor) ou passiva (do devedor). Será chamada de novação por expromissão quando não há conhecimento e por delegação, se há ausência do devedor;

c) mista ou subjetiva-objetiva: substituição, ao mesmo tempo, do objeto e de algum dos sujeitos da obrigação.

6.6 Compensação.

6.6.1 Conceito: é a extinção das obrigações entre duas pessoas que são, ao mesmo tempo, credora e devedora uma da outra. As obrigações ficam extintas até onde se compensarem.

6.6.2 Requisito de compensação legal:
a) reciprocidade das obrigações;
b) prestações líquidas e vencidas;
c) coisas fungíveis.

6.6.3 Impedimentos à compensação:
a) se uma das dívidas provier de furto, roubo ou esbulho;
b) se uma das dívidas originar de comodato/depósito/alimentos;
c) se uma das dívidas for de coisa não suscetível de penhora;
d) se a compensação se der em prejuízo de terceiros.
Em relação a débitos fiscais aplica-se legislação especial.

6.7 Confusão.
6.7.1 Conceito: é a extinção da obrigação pela reunião, em uma única pessoa, das qualidades de credora e devedora na relação jurídica.

6.7.2 Outras questões:
a) a confusão pode ser total ou parcial;
b) o processo será extinto sem julgamento do mérito.

6.8 Remissão de dívida.
6.8.1 Conceito: consiste na exoneração da dívida do devedor, por liberalidade do credor.

6.8.2 Outras questões:
a) a lei exige concordância do devedor (negócio bilateral);
b) a remissão não pode prejudicar terceiros.

7. Inadimplemento das obrigações.

7.1 Espécies.
7.1.1 Inadimplemento absoluto: inexecução da obrigação que impossibilita o credor de receber a prestação. Ex: vestido de noiva chega após o casamento.

7.1.2 Inadimplemento relativo: inexecução da obrigação que não impossibilita o credor de receber a prestação, que continua útil para este apesar da inobservância do tempo, do lugar e da forma devidos. Ex: vestido de noiva que chega só um dia antes do casamento.

Importância da distinção:
– absoluto: enseja cobrança de perdas e danos sem direito à prestação;
– relativo: enseja cobrança de perdas e danos + cobrança da própria prestação.

7.1.3 Inadimplemento culposo: é a inexecução da obrigação por culpa ou dolo do devedor. Ex: fotógrafo esquece dia do casamento.

– Obrigações negociais e contratuais: a culpa é presumida;
– Contratos benéficos: aquele a quem não se aproveita só responde se houver dolo;
– Excludentes: o devedor fica exonerado da responsabilidade se demonstrar alguma excludente, como o caso fortuito e a força maior, ou a culpa excludente de terceiro;
– Reforço da responsabilidade: no fortuito, o devedor responde se expressamente houver se responsabilizado pelo caso fortuito ou de força maior.

8. Espécies e mora.
8.1 Mora *ex re* (ou de plano direito): é aquela em que há data de vencimento. Aplica-se a regra "dies interpellat pro homine". Também há mora automática nos casos de ato ilícito.

8.2 Mora *ex persona* ("por ato da parte"): é aquela que depende de providência por parte do credor para que se caracterize. Depende de interpelação judicial/extrajudicial, protesto e citação. O CC estabelece que "não havendo termo, a mora se constitui mediante interpelação judicial ou extrajudicial". Há casos em que, mesmo havendo termo (vencimento), a lei determina que a mora só se configurará com interpelação.

9. Perdas e danos

a) danos emergentes: o que efetivamente se perdeu;

b) lucros cessantes: o que razoavelmente se deixou de lucrar;

c) incluem danos morais;

d) quando se trata de dívida em dinheiro;

– danos emergentes: a própria prestação + atualização monetária + custas + honorários de advogado.

– lucros cessantes: juros de mora;

– o juiz pode conceder **indenização suplementar**, quando for provado que os juros de mora não cobrem e prejuízo e **não houver pena convencional;**

– os juros de mora são contados desde a citação; isso não ocorre nas indenizações por ato ilícito e nos casos de mora *ex re*.

10. Juros legais.

10.1 Natureza: tem caráter punitivo e indenizatório. Já os **juros compensatórios** têm caráter remuneratório.

10.2 Características:

a) as partes podem convencionar os juros moratórios no percentual de até 12% ao ano;

b) se as partes não convencionarem os juros moratórios, estes serão fixados "segundo a taxa que estiver em vigor para a mora do pagamento de impostos devidos à Fazenda Nacional". Ou seja, segundo a taxa SELIC (STJ, Corte Especial, Emb. De divergência no RE 727.842);

c) ainda que não se alegue prejuízo, o devedor é obrigado ao pagamento e juros moratórios.

11. Cláusula Penal.

11.1 Conceito: é a obrigação acessória que incide caso uma das partes deixe de cumprir a obrigação principal. Pode ser estipulada para mora e inadimplemento absoluto.

11.2 Finalidades:

a) meio de coerção: incentivo ao fiel cumprimento da obrigação;

b) préfixação de danos: ou seja, independentemente de provar a existência de danos, o credor pode exigi-la.

11.3 Indenização suplementar:

– credor **não pode** pedir indenização suplementar – **cláusula penal substitutiva (ou disjuntiva);**

– exceção: caso haja previsão de que a cláusula penal é apenas uma indenização mínima, o credor poderá pedir indenização suplementar – **cláusula penal cumulativa.**

11.4 Limites da cláusula penal.

11.4.1 Valor:

– a multa não pode exceder o valor da obrigação principal; ou seja, seu valor máximo é de 100%;

– já no CDC, a multa é de 2% sobre o valor da prestação no fornecimento de crédito;

– a Lei de Usura limita a multa em 10% para o mútuo;

– a legislação que regula compromissos de compra e venda de imóveis também a limita a 10%;

– quanto às cotas condominiais, a taxa máxima é de 2%.

11.4.2 Redução equitativa: se a obrigação principal tiver sido cumprida em parte, ou se o montante da penalidade for **manifestamente excessivo**, a penalidade deve ser reduzida equitativamente pelo juiz.

12. Arras ou sinal.

12.1 Conceito: é o bem entregue por um dos contratantes, como confirmação do contrato e princípio de pagamento.

12.2 Espécies:

a) Confirmatórias: utilizadas para confirmar o negócio:

– Se quem pagar arras desistir do contrato, ficará sem elas;

– Se quem receber arras desistir o contrato, deverá devolvê-las em dobro, com atualização monetária/juros/honorários;

– Servem de prefixação das perdas e danos; se os prejuízos superarem seu valor, pode-se pedir indenização suplementar.

b) Penitenciais: utilizadas para a prefixação das perdas e danos, no caso de qualquer das partes desistir do contrato:

– A regra é igual a das arras confirmatórias. A diferença é que aqui não cabe indenização suplementar.

3.8. QUESTÕES COMENTADAS

3.8.1. Introdução, classificação e modalidades das obrigações

(Magistratura/SC – FCC) A indústria de cerâmica X celebrou contrato de fornecimento de carvão mineral, durante um ano, com empresa mineradora estabelecendo o instrumento que o produto deveria ser apropriado para a combustão, contudo sem fixar percentual máximo de cinza, sabendo-se que melhor será a combustão, quanto menor a quantidade de cinza. Ao fazer a primeira entrega do produto, o adquirente verificou que a quantidade de cinza era muito alta e que seu concorrente recebia carvão com quantidade de cinza muito baixa. Notificada, a mineradora esclareceu que, no contrato firmado com a concorrente, ficara estabelecido aquele percentual mínimo, o que não figurava no contrato firmado com a Cerâmica X e, por isso, entregava o carvão de pior qualidade. A indústria X ajuizou ação, com pedido de antecipação de tutela, para que a Mineradora Y lhe entregasse o carvão de melhor qualidade. O juiz, após a contestação, e tendo sido comprovada a existência de um produto intermediário, deferiu a liminar, determinando que este fosse o objeto da entrega. Ambas as partes interpuseram agravo de instrumento, pedindo a ré que fosse a liminar revogada e a autora, que fosse a decisão reformada para que a agravada lhe entregasse o carvão de melhor qualidade. Considerando a disposição específica de direito material, nesse caso,

(A) ambos os recursos devem ser providos parcialmente, para que a ré seja compelida a, alternadamente, entregar o produto melhor, o intermediário e o pior.
(B) ambos os agravos devem ser improvidos, porque o devedor não poderá dar a coisa pior, nem será obrigado a prestar a melhor.
(C) deve ser provido o agravo do réu, porque não resultando o contrário do título da obrigação, a escolha pertence ao devedor.
(D) deve ser provido o recurso da autora, porque, não resultando o contrário do título da obrigação, a escolha pertence ao credor.
(E) deve ser provido o recurso da autora, porque a ré violou o dever de boa-fé.

A, C, D e E: incorretas, pois, de acordo com o art. 244 do CC, nas obrigações determinadas pelo gênero e pela quantidade, a escolha de fato pertence ao devedor (salvo disposição em contrário no contrato), mas este "não poderá dar a coisa pior, nem será obrigado a prestar a melhor"; **B:** correta (art. 244 do CC).
Gabarito "B".

(Magistratura/SC – FCC) A obrigação natural é judicialmente
(A) inexigível, mas se for paga, não comporta repetição.
(B) exigível, exceto se o devedor for incapaz.
(C) exigível e só comporta repetição se for paga por erro.
(D) exigível e em nenhuma hipótese comporta repetição.
(E) inexigível e se for paga comporta repetição, independentemente de comprovação de erro no pagamento.

A: correta, pois a obrigação natural é aquela que não pode ser exigida por meio de ação judicial, mas, caso cumprida voluntariamente, não pode ser repetida; ou seja, o devedor não é obrigado a cumpri-la, mas, se o fizer, o credor não é obrigado a devolver o que recebeu; **B, C e D:** incorretas, pois a obrigação natural é aquela que não pode ser exigida por meio de ação judicial (é *inexigível*, portanto), mas, caso cumprida voluntariamente, não pode ser repetida; **E:** incorreta, pois se a obrigação for cumprida o credor não é obrigado a devolver o que recebeu.
Gabarito "A".

(Procurador Distrital – CESPE) Julgue o seguinte item.
(1) Quando as partes fixarem o momento para o cumprimento das obrigações, mas as condutas praticadas por uma delas revelarem que não será adimplente ao tempo convencionado, entender-se-á viável o exercício do direito resolutório de forma antecipada.

1: correta, nos termos do art. 333 do CC. Neste passo, a Lei traz algumas hipóteses que autorizam o credor a cobrar antecipadamente a dívida, quando verificar indícios de que o devedor provavelmente não irá lhe pagar (vide incisos do art. 333 do CC). Assim, a obrigação restará extinta em decorrência do pagamento, ou ocorrerá o seu inadimplemento, caso em que o contrato ficará resolvido e o devedor poderá ser executado de acordo com o procedimento adequado.
Gabarito 1C.

(Procurador do Estado/BA – CESPE) Julgue o seguinte item.
(1) Em regra, as obrigações pecuniárias somente podem ser quitadas em moeda nacional e pelo seu valor nominal.

1: correta, nos termos do art. 315 do CC.
Gabarito 1C.

(Magistratura/PB – CESPE) Em relação às obrigações, assinale a opção correta.
(A) Tratando-se de solidariedade passiva legal, admite-se a renúncia tácita da solidariedade pelo credor em relação a determinado devedor.
(B) Se, na transmissão das obrigações, o cedente, maliciosamente, realizar a cessão do mesmo crédito a diversos cessionários, a primeira cessão promovida deverá prevalecer em relação às demais.
(C) Estipulada cláusula penal para o caso de total inadimplemento da obrigação, o credor poderá exigir cumulativamente do devedor a pena convencional e o adimplemento da obrigação.
(D) Nas denominadas obrigações *in solidum*, embora os liames que unem os devedores aos credores sejam independentes, a remissão da dívida feita em favor de um dos credores beneficia os outros.
(E) Se, na obrigação de restituir coisa certa, sobrevierem melhoramentos ou acréscimos à coisa restituível por acessão natural, o credor deverá pagá-los ao devedor.

A: correta (art. 282, *caput*, do CC); **B:** incorreta, pois, ocorrendo várias cessões do mesmo crédito, prevalece a que se completar com a tradição do título do crédito cedido (art. 291 do CC); **C:** incorreta, pois em caso de total inadimplemento, converter-se-á em alternativa a benefício do credor (art. 410 do CC); **D:** incorreta. As obrigações *in solidum* são originadas de uma mesma causa, porém com prestações distintas. Embora concorram vários devedores, os liames que

os unem ao credor são totalmente distintos, embora decorram de único fato. Ocorrendo tal situação no polo ativo, cada credor tem direito de exigir prestações diversas. Ocorrendo no polo passivo, cada devedor é adstrito ao cumprimento de uma prestação. Assim, a remissão da dívida feita em favor de um dos credores não beneficia os outros; **E**: incorreta, pois se sobrevier melhoramento ou acréscimo à coisa, sem despesa ou trabalho do devedor, lucrará o credor, desobrigado de indenização (art. 241 do CC).
Gabarito "A".

(Magistratura/SP – VUNESP) Caio, Tício e Pompeu se fazem devedores solidários de um Credor pela quantia de R$ 3 milhões, sendo que esta obrigação interessa igualmente a todos os devedores, e todos são solventes. Considerada essa hipótese, assinale a opção correta.
(A) Paga a integralidade da dívida por Caio, nada poderá cobrar de Tício ou de Pompeu.
(B) Paga a integralidade da dívida por Caio, poderá cobrar R$ 2 milhões tanto de Tício quanto de Pompeu.
(C) Qualquer dos 3 codevedores pode, ao dele se exigir a integralidade da dívida, opor ao Credor tanto as exceções que lhe forem pessoais quanto as exceções pessoais aos outros codevedores não demandados.
(D) Paga a integralidade da dívida por Caio, poderá ele cobrar R$ 1 milhão de Tício e R$ 1 milhão de Pompeu.

A: incorreta, pois, segundo o art. 283 do CC, "o devedor que satisfez a dívida por inteiro tem direito a exigir de cada um dos codevedores a sua quota"; **B**: incorreta, pois o art. 283 do CC, em sua parte final, complementa a regra dispondo "presumindo-se iguais, no débito, as partes de todos os codevedores"; assim, Caio poderá cobrar R$ 1 milhão de Tício e R$ 1 milhão de Pompeu; **C**: incorreta, pois cada devedor só pode opor suas exceções pessoais e as exceções comuns a todos, não podendo alegar exceções pessoais de outro codevedor (art. 281 do CC); **D**: correta, nos termos do art. 283 do CC.
Gabarito "D".

(Ministério Público/ES – CESPE) Carlos, Pedro e Gustavo, irmãos, maiores de idade, casados e com filhos, contrataram os serviços de uma empresa para o fornecimento das bebidas a serem servidas na festa de aniversário de seu pai. Pagaram metade do valor combinado no ato da contratação, ficando acertado que o restante seria pago após a prestação do serviço, convencionando-se a solidariedade dos devedores. Com base na situação hipotética acima apresentada, assinale a opção correta.
(A) A morte de um dos irmãos terá o poder de romper a solidariedade.
(B) O credor não pode exigir parte da dívida de cada um dos devedores separadamente, sob pena de configurar renúncia à solidariedade.
(C) Se Carlos pagar um terço do restante da dívida, a solidariedade continuará entre os outros dois irmãos.
(D) Caso a empresa não preste o serviço na data avençada, será caracterizada a mora.
(E) Se pagar a dívida, o pai dos devedores se sub-rogará nos direitos da empresa.

A: incorreta, pois subsiste a solidariedade entre os dois irmãos sobreviventes, valendo lembrar que os herdeiros do falecido, se acionados conjuntamente, também continuam respondendo solidariamente, no lugar do morto (art. 276 do CC); **B**: incorreta, pois a solidariedade permite, justamente, acionar-se qualquer dos devedores pela dívida por inteiro, não havendo renúncia à solidariedade caso se acione apenas um dos devedores (art. 275 do CC); **C**: correta, pois o pagamento parcial feito por um dos devedores não aproveita aos outros, que continuam respondendo solidariamente, mas apenas pela quantia que faltar (art. 277 do CC); **D**: incorreta, pois nesse caso não há mera mora, mas verdadeiro inadimplemento absoluto, vez que a festa já terá acontecido; **E**: incorreta, pois como o pai dos devedores não era obrigado à dívida (art. 346, III, do CC), a sub-rogação não é automática, dependendo da aquiescência dos devedores (seus filhos).
Gabarito "C".

(Procurador do Trabalho – MPT – 17º Concurso) Marque a alternativa INCORRETA:
(A) O fiador continua com o seu benefício de ordem ou de excussão ainda que se declare devedor solidário, porém perde o direito ao benefício, quando o devedor for insolvente ou falido.
(B) A solidariedade é excepcional, não podendo ser presumida, vigorando como regra o fracionamento das obrigações.
(C) A suspensão da prescrição em favor de um dos credores solidários apenas aproveita aos outros se a obrigação for indivisível.
(D) A pretensão em juízo de um dos credores julgada improcedente, seja por exceção pessoal ou comum, não atinge os demais cocredores que podem ajuizar ações em prol dos seus créditos posteriormente.
(E) Não respondida.

A: incorreta, devendo ser assinalada, pois o fiador perde o benefício de ordem quando se obrigar como devedor solidário e também quando o devedor se tornar insolvente ou falido (CC, art. 828); **B**: correta, pois esta é uma das regras mais importantes do direito obrigacional brasileiro, prevista no art. 265 do CC; **C**: correta, pois "A solidariedade não se presume; resulta da lei ou da vontade das partes"; **C**: correta, pois esta regra vem prevista taxativamente no art. 201 do CC; **D**: correta, pois de acordo com o disposto no art. 274 do CC.
Gabarito "A".

(Procurador do Trabalho – MPT – 17º Concurso) Marque a alternativa INCORRETA:
(A) o prazo de 4 (quatro) anos para se pleitear a anulação do negócio jurídico é decadencial, contado no caso de coação do dia em que cessar, e, no caso de erro, do dia em que se realizou o negócio jurídico.
(B) contam-se os juros de mora desde a citação inicial.
(C) nas obrigações de fazer fungíveis, o credor no exercício da autoexecutoriedade e operabilidade, em caso de urgência na obtenção da obrigação, pode executar ou mandar executar o fato, sendo depois ressarcido.
(D) a novação subjetiva passiva é a substituição do antigo devedor por um novo, sendo que a legislação civil adotou somente a novação por delegação, na qual há a substituição do devedor independentemente de seu consentimento.
(E) não respondida.

A: correta. Os prazos para se pleitear anulação do negócio jurídico são sempre decadenciais e os termos iniciais referidos no enunciado estão de pleno acordo com o disposto no CC, art. 178; **B:** correta, pois em perfeita consonância com o art. 405 do CC; **C:** correta, pois de acordo com a regra estabelecida pelo art. 249, parágrafo único do CC; **D:** incorreta, devendo ser assinalada, pois a novação implica na extinção de uma obrigação visando a criação de uma nova. Ademais, o CC contemplou tanto a novação por delegação, quanto a por expromissão. Nesta última não há necessidade do consentimento do devedor original (CC, art. 362).

Gabarito "D".

(Magistratura do Trabalho – 4ª Região) No que tange às obrigações solidárias, é correto afirmar

(A) o credor de obrigação solidária pode exigir que apenas um dos devedores pague totalmente a dívida comum.

(B) importa renúncia à solidariedade a propositura de ação contra apenas um dos devedores.

(C) convertendo-se a prestação em perdas e danos, deixa de existir a solidariedade.

(D) a solidariedade decorre da lei ou das circunstâncias do negócio jurídico.

(E) a elas se aplicam todas as disposições referentes às obrigações indivisíveis

A: correta, pois esta é a regra básica da solidariedade passiva. O credor pode exigir que qualquer um dos devedores pague a dívida inteira (CC, art. 275); **B:** incorreta, pois "Não importará renúncia da solidariedade a propositura de ação pelo credor contra um ou alguns dos devedores" (CC, art. 275, parágrafo único); **C:** incorreta, pois a solidariedade é um vínculo entre sujeitos de um mesmo polo obrigacional. Assim, a perda ou deterioração do objeto não afeta esse vínculo; **D:** incorreta, pois a solidariedade decorre da lei ou da vontade das partes (CC, art. 265); **E:** incorreta, pois as regras das obrigações indivisíveis são diferentes das previstas para as obrigações solidárias.

Gabarito "A".

(Ministério Público do Trabalho – 15º) Assinale a alternativa INCORRETA:

(A) a obrigação de dar coisa certa abrange seus acessórios, mesmo que não mencionados, salvo se o contrário resultar das circunstâncias do caso ou do título;

(B) nas obrigações alternativas, como regra geral, a escolha cabe ao credor;

(C) quando a obrigação alternativa for de prestações periódicas, a faculdade de escolha poderá ser exercida em cada período;

(D) em caso de obrigação alternativa, se uma das duas prestações não puder ser objeto de obrigação ou se tornar inexequível, subsistirá o débito quanto à outra;

(E) não respondida.

A: correta, pois de acordo com a regra da gravitação prevista no CC, art. 233; **B:** incorreta, devendo ser assinalada, pois, como regra, a escolha cabe ao devedor e não ao credor (CC, art. 252); **C:** correta, pois a cada prestação o devedor terá a prerrogativa da escolha (CC, art. 252, § 2º); **D:** correta, pois nessa hipótese a obrigação do devedor se concentra na remanescente (CC, art. 253).

Gabarito "B".

(Auditor Fiscal/SC – FEPESE) Assinale a alternativa **incorreta**.

(A) Nas obrigações alternativas, a escolha cabe ao credor, se outra coisa não se estipulou.

(B) O credor pode renunciar à dívida em favor de um, de alguns, ou de todos os devedores.

(C) Havendo mais de um devedor ou mais de um credor em obrigação divisível, esta presume-se dividida em tantas obrigações, iguais e distintas, quantos os credores ou devedores.

(D) Há solidariedade quando na mesma obrigação concorre mais de um devedor e mais de um credor, cada um com um direito, ou obrigado à dívida toda.

(E) O credor que tiver remitido a dívida ou recebido o pagamento responderá aos outros pela parte que lhes caiba.

A: incorreta, pois nas obrigações alternativas a escolha caberá ao devedor (art. 252, *caput*, do CC); **B:** art. 282 do CC; **C:** art. 257 do CC; **D:** art. 264 do CC; **E:** art. 272 do CC.

Gabarito "A".

(Analista – TRT/14ª – FCC) Nas obrigações

(A) de dar coisa certa, se a obrigação for de restituir coisa certa e esta, sem culpa do devedor, se perder antes da tradição, sofrerá o credor a perda, e a obrigação se resolverá, ressalvados os seus direitos até o dia da perda.

(B) solidárias, havendo solidariedade ativa, convertendo-se a prestação em perdas e danos, extingue-se, para todos os efeitos, a solidariedade.

(C) divisíveis, se um dos credores remitir a dívida, a obrigação ficará extinta para com os outros.

(D) de fazer, se o fato puder ser realizado por terceiro, será livre ao credor mandá-lo executar à custa do devedor, havendo recusa ou mora deste, o que o isentará da responsabilidade por perdas e danos.

(E) alternativas, se o título deferir a opção a terceiro, e este não quiser, ou não puder exercê-la, a escolha caberá ao credor.

A: correta (art. 238 do CC); **B:** incorreta, pois a solidariedade permanece (art. 271 do CC); **C:** incorreta, pois, como a obrigação é divisível, se o credor remitir (perdoar) um dos devedores, somente este se aproveitará disso (art. 262 do CC); por exemplo, se há dois devedores de R$ 100,00 e o credor perdoar um dos devedores, o outro (o não perdoado), continuará devendo os R$ 50 que já devia, por conta da possibilidade de se dividir as obrigações em dinheiro; **D:** incorreta, pois é *sem* prejuízo da indenização cabível, a ser paga pelo devedor faltoso (art. 249 do CC); **E:** incorreta, pois, nesse caso, não havendo acordo entre as partes, caberá ao juiz a escolha (art. 252, § 4º, do CC).

Gabarito "A".

(Analista – TRT/14ª – FCC) Numa obrigação há três credores solidários e apenas um devedor. Nesse caso,

(A) o julgamento contrário a um dos credores solidários não atinge os demais.

(B) convertendo-se a prestação em perdas e danos, desaparece, para todos os efeitos, a solidariedade.

(C) cada um dos credores solidários poderá exigir do devedor o cumprimento de até um terço da obrigação.

(D) se apenas um dos credores solidários demandar o devedor, este poderá pagar a qualquer um dos três, em razão da solidariedade.

(E) o credor que houver remitido a dívida não responderá aos outros pela parte que lhes caiba.

A: correta (art. 274 do CC); **B:** incorreta, pois subsiste a solidariedade (art. 271); **C:** incorreta, pois cada um dos credores solidários poderá exigir do devedor a prestação por inteiro (art. 267 do CC); **D:** incorreta, pois isso só pode acontecer enquanto algum credor solidário não tiver acionado o devedor ainda (art. 268 do CC); uma vez que um credor solidário tiver acionado o devedor, este deverá pagar àquele que o demandou; **E:** incorreta, pois o credor solidário que tiver perdoado a dívida responderá, sim, aos outros, pela parte que lhes caiba (art. 272 do CC).
Gabarito "A".

(Analista – TRE/AC – FCC) Com relação às obrigações solidárias, na solidariedade passiva,

(A) no caso de rateio entre os codevedores, contribuirão também os exonerados da solidariedade pelo credor, pela parte que na obrigação incumbia ao insolvente.

(B) o pagamento parcial feito por um dos devedores e a remissão por ele obtida aproveita aos outros devedores, independentemente da quantia paga ou relevada.

(C) o credor não pode renunciar a solidariedade em favor de um ou de alguns dos devedores.

(D) todos os devedores respondem pelos juros da mora, com exceção da ação que tenha sido proposta somente contra um.

(E) na impossibilidade da prestação por culpa de um dos devedores solidários, subsiste para todos o encargo de pagar o equivalente, bem como as perdas e danos.

A: correta (art. 284 do CC); **B:** incorreta, pois o pagamento parcial feito por um dos devedores e a remissão por ele obtida **não** aproveitam aos outros devedores, senão até à concorrência da quantia paga ou relevada (art. 277 do CC); **C:** incorreta, pois o credor pode renunciar à solidariedade em favor de um, de alguns ou de todos os devedores (art. 282, *caput*, do CC); **D:** incorreta, pois todos os devedores respondem pelos juros da mora, **ainda que a ação tenha sido proposta somente contra um; mas o culpado responde aos outros pela obrigação acrescida** (art. 280 do CC); **E:** incorreta, pois impossibilitando-se a prestação por culpa de um dos devedores solidários, subsiste para todos o encargo de pagar o equivalente; **mas pelas perdas e danos só responde o culpado** (art. 279 do CC).
Gabarito "A".

3.8.2. Transmissão, adimplemento e extinção das obrigações

(Promotor de Justiça/RO – CESPE) João assinou nota promissória em garantia a empréstimo tomado de Carlos, no valor de R$ 5.000,00. Não tendo conseguido pagar a dívida no prazo acordado, João solicitou a sua irmã, Cláudia, que assinasse nova nota promissória, comprometendo-se a realizar o pagamento do débito em sessenta dias. Carlos concordou com o negócio e o título assinado por João foi inutilizado.
Nessa situação, houve

(A) assunção de dívida.
(B) cessão de crédito.
(C) novação.

(D) imputação do pagamento.
(E) pagamento com sub-rogação.

A hipótese mencionada revela a extinção de uma obrigação visando criar uma nova obrigação, no mesmo valor, mas com novo devedor. Tal hipótese encaixa-se no conceito de novação subjetiva passiva.
Gabarito "C".

(Promotor de Justiça/PR) Assinale a alternativa incorreta:

(A) A obrigação de dar coisa certa sempre abrange os acessórios dela;

(B) Nas obrigações de dar coisa incerta, a coisa será indicada, ao menos, pelo gênero e quantidade;

(C) O pagamento feito a um dos credores solidários extingue a dívida até o montante do que foi pago;

(D) Nas obrigações solidárias passivas, o credor pode renunciar à solidariedade em favor de um, de alguns ou de todos os devedores;

(E) Se a dívida solidária interessar exclusivamente a um dos devedores, este responderá por toda ela para com aquele que pagou.

A: incorreta (devendo ser assinalada), pois a referida regra pode ser afastada pelas circunstâncias do caso ou pela vontade das partes (art. 233 do CC); **B:** correta, pois de pleno acordo com a definição dada pelo art. 243 do CC; **C:** correta, pois de pleno acordo com o disposto no art. 269 do CC; **D:** correta, pois tal prerrogativa do credor encontra amparo no art. 282 do CC; **E:** correta, pois de pleno acordo com a regra estatuída no art. 285 do CC. É o que ocorre, por exemplo, quando fiador e devedor principal são solidários na obrigação. O pagamento integral feito pelo fiador obriga o devedor principal a restituí-lo na sua integralidade.
Gabarito "A".

(Magistratura/PE – FCC) O pagamento efetuar-se-á

(A) no domicílio do credor, salvo convenção em contrário.

(B) no local convencionado, mas o pagamento feito reiteradamente em outro local faz presumir renúncia do credor relativamente ao previsto no contrato.

(C) sempre no domicílio do devedor, salvo, apenas, disposição legal em sentido contrário.

(D) onde melhor atender o interesse do credor, salvo convenção em sentido contrário.

(E) onde for menos oneroso para o devedor, salvo convenção em sentido contrário.

A, C, D e E: incorretas, pois efetuar-se-á o pagamento no domicílio do devedor, salvo se as partes convencionarem diversamente, ou se o contrário resultar da lei, da natureza da obrigação ou das circunstâncias (art. 327, *caput*, do CC); **B:** correta (art. 330 do CC).
Gabarito "B".

(Magistratura/SP – VUNESP) A respeito da mora, é certo afirmar que

(A) estando o devedor em mora, o credor só poderá dele exigir os encargos dela decorrentes, não se lhe facultando rejeitar a prestação em atraso se o devedor quiser adimpli-la.

(B) a caracterização da mora do devedor não dispensa a existência de culpa, mas prescinde da demonstração de prejuízo efetivo.

(C) nas obrigações de pagamento em dinheiro com data certa de vencimento, o inadimplemento constitui o devedor de pleno direito em mora; nas obrigações de dar e de fazer, ainda que líquidas e não cumpridas no termo estipulado, a constituição em mora dependerá de interpelação ao devedor, judicial ou extrajudicial.

(D) nas obrigações provenientes de ato ilícito, reputa-se o devedor em mora desde a citação do réu da ação de ressarcimento.

A: incorreta, pois o credor pode rejeitar a prestação caso esta não lhe seja mais útil (art. 395, parágrafo único, do CC); **B:** correta; segundo o art. 394 do CC, basta que não haja o pagamento para que se tenha mora, não sendo necessário que se demonstre prejuízo, daí porque está correto dizer que a caracterização da mora "prescinde da demonstração de prejuízo efetivo"; quanto à questão da mora, de fato ela não dispensa a existência de culpa, por força do disposto no art. 396 do CC, pelo qual "não havendo fato ou omissão imputável ao devedor, não incorre este em mora"; **C:** incorreta, pois, havendo termo de obrigação positiva e líquida, pouco importa se obrigação de pagamento em dinheiro ou se outra obrigação de dar ou obrigação de fazer, o inadimplemento da obrigação no termo (na data marcada) constitui de pleno direito em mora o devedor (art. 397, *caput*, do CC); a interpelação judicial ou extrajudicial só é necessária nos casos previstos em lei e quando não há termo (data para cumprimento da obrigação) estipulado entre as partes (art. 397, parágrafo único, do CC); **D:** incorreta, pois nesses casos considera-se o devedor em mora desde a data da prática do ato ilícito (art. 398 do CC).

Gabarito "B".

(Magistratura/SP – VUNESP) No que se refere à compensação, pode-se afirmar que

(A) apesar da regra geral de que o devedor somente pode compensar com o credor o que este lhe dever, ao fiador é permitido compensar sua dívida com a de seu credor ao afiançado.

(B) tendo o art. 369 do Código Civil instituído a compensação legal, nula será a disposição contratual que não dê a uma das partes desse ajuste o direito de recorrer à compensação, mantendo-a, todavia, facultada à outra parte.

(C) se duas partes são reciprocamente credoras de quantias líquidas, mas uma das dívidas não é exigível ainda, enquanto a outra já o é, o credor da dívida exigível não poderá cobrá-la enquanto a outra não se tornar exigível.

(D) se Caio deve a Tício R$ 100,00 por conta de um mútuo que este fez àquele, e Caio ganhou aposta de Tício no mesmo valor, a compensação entre os débitos não poderá ser recusada nem por um e nem por outro.

A: correta (art. 371 do CC); **B:** incorreta, pois o art. 375 do CC dispõe que "não haverá compensação quando as partes, por mútuo acordo, a excluírem, ou no caso de renúncia prévia de uma delas"; **C:** incorreta, pois se uma das dívidas já é exigível, não há proibição legal a que seja cobrada pelo simples fato de o devedor também ter um crédito quanto à outra parte, mas crédito esse ainda não exigível e que, portanto, não passível sequer de compensação, que exige que as duas dívidas sejam vencidas (art. 369 do CC); **D:** incorreta, pois a segunda dívida é de jogo, tratando-se, assim, de obrigação natural, a qual não pode ser exigida (art. 814, *caput*, do CC).

Gabarito "A".

(Magistratura/SP – VUNESP) Assinale a alternativa correta.

(A) Pode haver compensação entre dívidas líquidas, vencidas e de coisas fungíveis de qualidades distintas.

(B) Os prazos de favor obstam a compensação.

(C) Uma dívida proveniente de esbulho pode ser compensada com outra, de causa diversa.

(D) O fiador pode compensar sua dívida com a de seu credor ao afiançado.

(E) Duas dívidas não podem se compensar se não forem pagáveis no mesmo lugar.

A: incorreta, pois não se compensarão verificando-se que se diferem na qualidade (art. 370 do CC); **B:** incorreta, pois os prazos de favor não obstam a compensação (art. 372 do CC); **C:** incorreta, pois se uma das dívidas provier de esbulho, não poderá ser compensada com outra de causa diversa (art. 373, I, do CC); **D:** correta (art. 371 do CC); **E:** incorreta, pois não existe essa previsão legal, bastando que as dívidas sejam líquidas, vencidas e de coisas fungíveis (art. 369 do CC).

Gabarito "D".

(Magistratura/SP – VUNESP) Assinale a alternativa correta a respeito de novação.

(A) Se o novo devedor for insolvente, o credor que o aceitou pode ajuizar ação regressiva contra o primeiro, se houve má-fé deste na substituição.

(B) A novação extingue, em todos os casos, os acessórios e garantias da dívida.

(C) A novação por substituição do devedor depende do consentimento deste.

(D) Permanece a obrigação do fiador, ainda que a novação feita com o devedor principal tenha ocorrido sem o consentimento daquele.

(E) As obrigações anuláveis não podem ser objeto de novação.

A: correta (art. 363 do CC); **B:** incorreta, pois a novação extingue os acessórios e garantias da dívida, <u>sempre que não houver estipulação em contrário</u> (art. 364 do CC); **C:** incorreta, pois a novação por substituição do devedor pode ser efetuada independentemente de consentimento deste (art. 362 do CC); **D:** incorreta, pois importa exoneração do fiador a novação feita sem seu consenso com o devedor principal (art. 366 do CC); **E:** incorreta, pois não podem ser objeto de novação as obrigações nulas ou extintas (art. 367 do CC).

Gabarito "A".

(Procurador do Estado/SC – FEPESE) No que concerne à transmissão das obrigações, assinale a alternativa incorreta, de acordo com o Código Civil Brasileiro.

(A) Ocorrendo várias cessões do mesmo crédito, prevalece, via de regra, a que se completar por último.

(B) Na assunção de dívida, o novo devedor não pode opor ao credor as exceções pessoais que competiam ao devedor primitivo.

(C) Na cessão de crédito, o devedor pode opor ao cessionário as exceções que lhe competirem, bem como as que, no momento em que veio a ter conhecimento da cessão, tinha contra o cedente.

(D) O cessionário de crédito hipotecário tem o direito de fazer averbar a cessão no registro do imóvel.

(E) Independentemente do conhecimento da cessão pelo devedor, pode o cessionário exercer os atos conservatórios do direito cedido.

A: incorreta, devendo ser assinalada, pois prevalecerá a que se completar com a tradição do título do crédito cedido (art. 291 do CC); **B:** correta (art. 302 do CC); **C:** correta (art. 294 do CC); **D:** correta (art. 289 do CC); **E:** correta (art. 293 do CC).
Gabarito "A".

(Procurador do Trabalho – MPT – 17º Concurso) À luz do Código Civil, assinale a assertiva INCORRETA:
(A) A compensação é um modo de extinção da obrigação.
(B) O devedor que paga tem direito a quitação regular, e pode reter o pagamento, enquanto não lhe seja dada.
(C) A compensação efetua-se entre dívidas líquidas, vencidas e de coisas fungíveis; no entanto, em qualquer caso, as coisas fungíveis objeto das duas prestações não se compensarão, quando se verificar que diferem na qualidade.
(D) Salvo nos casos taxativamente previstos, a diferença de causa nas dívidas não impede a compensação.
(E) Não respondida.

A: correta, pois "se duas pessoas forem ao mesmo tempo credor e devedor uma da outra, as duas obrigações extinguem-se, até onde se compensarem" (CC, art. 368); **B:** correta, pois esta antiga regra encontra respaldo no art. 319 do CC; **C:** incorreta, devendo ser assinalada, pois referida proibição de compensação somente se aplica quando prevista no contrato (CC, art. 370); **D:** correta, pois – como regra – a diferença de causas não impede compensação (CC, art. 373).
Gabarito "C".

(Magistratura do Trabalho – 2ª Região) Nos termos da legislação civil aplicável em relação à extinção das obrigações não é correto afirmar:
(A) A novação subjetiva passiva, ou seja, aquela que ocorre por substituição do devedor, pode ser efetuada independentemente da anuência deste.
(B) Na dação em pagamento, se o credor for evicto da coisa recebida em pagamento, não se restabelecerá a obrigação primitiva, mas ao evicto cabe o direito de reclamar perdas e danos.
(C) Não haverá compensação quando as partes, por mútuo acordo, a excluírem, ou no caso de renúncia prévia de uma delas.
(D) O pagamento reiteradamente feito em outro local diverso daquele originariamente combinado faz presumir renúncia do credor em relação ao previsto inicialmente no contrato.
(E) A remissão da dívida, aceita pelo devedor, extingue a obrigação, mas sem prejuízo de terceiro.

A: correta, pois a novação subjetiva passiva por expromissão ocorre sem anuência do devedor (CC, art. 362); **B:** incorreta, devendo ser assinalada, pois nesse caso a obrigação será restabelecida (CC, art. 359); **C:** correta, pois as partes podem ajustar o afastamento da compensação (CC, art. 375); **D:** correta, pois a regra é prevista no CC, art. 330 e guarda fundamento no brocardo segundo o qual *venire contra factum proprium non potest*, o qual proíbe comportamentos contraditórios; **E:** correta, pois de pleno acordo com a regra disposta no CC, art. 385.
Gabarito "B".

(Magistratura do Trabalho – 15ª Região) Assinale a alternativa correta:
(A) o credor pode ceder o seu crédito, se a isso não se opuser a natureza da obrigação, a lei, ou a convenção com o devedor; a cláusula proibitiva da cessão não poderá ser oposta ao cessionário de boa-fé, se não constar do instrumento da obrigação;
(B) o crédito, uma vez penhorado, não pode mais ser transferido pelo credor que tiver conhecimento da penhora, mas o devedor que o pagar fica exonerado, subsistindo somente contra o credor os direitos de terceiro, tendo ou não notificação da penhora;
(C) o cedente não responde pela solvência do devedor, ainda que haja estipulação em contrário;
(D) se a substituição do devedor vier a ser anulada, restaura-se o débito, com todas as suas garantias salvo as garantias prestadas por terceiros, sendo irrelevante se este conhecia o vício que inquinava a obrigação;
(E) ocorrendo várias cessões do mesmo crédito não há critério de prevalência entre elas.

A: correta, pois de pleno acordo com a regra contida no art. 286 do CC; **B:** incorreta, pois o devedor que o pagar ficará exonerado caso não tenha sido notificado da penhora do crédito (CC, art. 298); **C:** incorreta, pois, havendo disposição nesse sentido, o cedente responde pela solvência do devedor (CC, art. 296); **D:** incorreta, pois, caso os terceiros tenham conhecimento do vício que inquina a obrigação, as garantias por estes prestadas ficam restauradas também (CC, art. 301); **E:** incorreta, pois, ocorrendo várias cessões do mesmo crédito, prevalece a que se completar com a tradição do título do crédito cedido (CC, art. 291).
Gabarito "A".

(Analista – TRE/AL – FCC) Considere as seguintes assertivas a respeito da transmissão das obrigações:
I. Ocorrendo várias cessões do mesmo crédito, prevalece a primeira cessão formalmente e legalmente realizada independentemente da tradição.
II. Independentemente do conhecimento da cessão pelo devedor, pode o cessionário exercer os atos conservatórios do direito cedido.
III. Salvo estipulação em contrário, o cedente não responde pela solvência do devedor.
IV. Em regra, consideram-se extintas, a partir da assunção da dívida, as garantias especiais originariamente dadas pelo devedor primitivo ao credor.

De acordo com o Código Civil Brasileiro está correto o que se afirma APENAS em
(A) I, II e III.
(B) I e IV.
(C) II e III.
(D) II e IV.
(E) II, III e IV.

I: incorreta, pois, ocorrendo várias cessões do mesmo crédito, prevalece a que se completar com a tradição do título do crédito cedido (art. 291 do CC); **II:** correta (art. 293 do CC); **III:** correta (art. 296 do CC); **IV:** correta (art. 300 do CC).
Gabarito "E".

(Analista – TJ/ES – CESPE) Julgue o seguinte item.
(1) O crédito é um direito que pode ser cedido pelo seu titular (credor). Entretanto, a cessão de crédito, em regra, dependerá da anuência tanto do cessionário quanto do devedor.

1: incorreta, pois a cessão de crédito não depende da anuência do devedor, mas tão somente da notificação deste acerca da cessão efetuada (art. 290 do CC).

Gabarito 1E

(Analista – TRT/20ª – FCC) A compensação
(A) pode ocorrer entre dívida proveniente de esbulho e dívida decorrente de comodato.
(B) efetua-se entre dívidas líquidas e vencidas de coisas infungíveis.
(C) não pode ser feita se o credor concedeu prazo de favor ao devedor.
(D) da dívida do fiador pode ser feita com a de seu credor ao afiançado.
(E) de dívida de pessoa que se obrigou por terceiro pode ser feita com a que o credor dele lhe dever.

A: incorreta; apesar de a diferença na causa das dívidas não impedir a compensação, essa regra cede em caso de dívidas decorrentes de esbulho e de comodato (art. 373, I e II, do CC); **B:** incorreta, pois a compensação efetua-se entre dívidas líquidas, vencidas e de coisas *fungíveis* (art. 369 do CC); **C:** incorreta, pois pode ser feita inclusive nesse caso (art. 372 do CC); **D:** correta (art. 371, parte final, do CC); **E:** incorreta (art. 371, parte inicial376, do CC).

Gabarito "D"

(Analista – TRE/CE – FCC) No tocante ao adimplemento e extinção das obrigações, segundo o Código Civil brasileiro, é certo que
(A) é lícito convencionar o aumento progressivo de prestações sucessivas.
(B) sendo a quitação do capital sem reserva dos juros, estes não se presumem pagos.
(C) a entrega do título ao devedor, em regra, não firma a presunção do pagamento.
(D) em regra, quando o pagamento for em quotas periódicas, a quitação da última não estabelece a presunção de estarem solvidas as anteriores.
(E) o devedor que paga tem direito a quitação regular, mas não pode reter o pagamento, enquanto não lhe seja dada.

A: correta, nos termos do art. 316 do CC; **B:** incorreta, pois nesse caso os juros presumem-se pagos, nos termos do art. 323 do CC; **C:** incorreta, pois a entrega do título ao devedor firma a presunção do pagamento, nos termos do art. 324 do CC; **D:** incorreta, pois quando o pagamento for em quotas periódicas, a quitação da última estabelece, até prova em contrário, a presunção de estarem solvidas as anteriores, nos termos do art. 322 do CC; **E:** incorreta, pois o devedor que paga tem direito a quitação regular, e pode reter o pagamento, enquanto não lhe seja dada, nos termos do art. 319 do CC.

Gabarito "A"

(Analista – TRE/TO – FCC) Considere as seguintes assertivas a respeito do pagamento:
I. É lícito convencionar o aumento progressivo de prestações sucessivas.
II. Sendo a quitação do capital sem reserva dos juros, estes não se presumem pagos.
III. A entrega do título ao devedor firma a presunção do pagamento, mas ficará sem efeito a quitação assim operada se o credor provar, em sessenta dias, a falta do pagamento.
IV. Se o pagamento se houver de fazer por medida, ou peso, entender-se-á, no silêncio das partes, que não aceitaram os do lugar da execução.
De acordo com o Código Civil brasileiro está correto o que se afirma APENAS em
(A) I, II e III.
(B) I, II e IV.
(C) I e III.
(D) II e IV.
(E) III e IV.

I: correta (art. 316 do CC); **II:** incorreta, pois os juros se presumem pagos sim (art. 323 do CC); **III:** correta (art. 324 do CC); **IV:** incorreta, pois entender-se-á que aceitaram sim os do lugar da execução (art. 326 do CC).

Gabarito "C"

(Analista – TRF/4ª – FCC) Considere as seguintes assertivas a respeito do pagamento:
I. O terceiro não interessado, que paga a dívida em seu próprio nome, tem direito a reembolsar-se do que pagar; mas não se sub-roga nos direitos do credor.
II. O pagamento feito de boa-fé ao credor putativo é válido, ainda provado depois que não era credor.
III. Não vale o pagamento cientemente feito ao credor incapaz de quitar, se o devedor não provar que em benefício dele efetivamente reverteu.
IV. É ilícito convencionar o aumento progressivo de prestações sucessivas, por expressa vedação legal.
De acordo com o Código Civil brasileiro, está correto o que consta APENAS em
(A) I e II.
(B) II, III e IV.
(C) I, II e III.
(D) II e III.
(E) I, III e IV.

I: correta (art. 305, *caput*, do CC); **II:** correta (art. 309 do CC); **III:** correta (art. 310 do CC); **IV:** incorreta, pois é lícito convencionar o aumento progressivo de prestações sucessivas (art. 316 do CC).

Gabarito "C"

3.8.3. Inadimplemento das obrigações

(Magistratura/RR – FCC) Ao discorrer sobre as obrigações sem prazo, Agostinho Alvim exemplifica: *...se o devedor confessa dever certa soma que restituirá quando lhe fôr pedida, ou no caso da doação de um terreno, tendo o donatário aceito o encargo de construir, sem que entretanto se haja estipulado prazo. Em tais casos, a obrigação não se vence pelo decurso do tempo, por mais longo que êle seja* (**Da Inexecução das Obrigações e suas consequências.** p. 123. 4. ed. Saraiva, 1972).
Não obstante isso, pôde ele concluir que

(A) o remédio do credor está na interpelação, notificação ou protesto, para dar início à mora do devedor.
(B) nesses casos o negócio jurídico é nulo, por faltar-lhe elemento essencial.
(C) a obrigação é impossível.
(D) apesar de a dívida não achar-se vencida pode ela ser cobrada imediatamente e sem necessidade de interpelação, notificação ou protesto, com base nos contratos celebrados.
(E) o credor somente poderá demandar o devedor com base no princípio que veda o enriquecimento sem causa, porque os contratos celebrados são ineficazes.

A: correta (art. 397, parágrafo único, do CC); **B, C e E:** incorretas, pois a lei admite que não haja termo na obrigação (art. 397, parágrafo único, do CC); **D:** incorreta, pois a lei exige, para a configuração da mora no caso, que haja interpelação (art. 397, parágrafo único, do CC).
Gabarito "A".

(Ministério Público/SP) Sobre o caso fortuito ou de força maior, assinale a alternativa que contém afirmação incorreta:
(A) O devedor não responde pelos prejuízos resultantes de caso fortuito ou força maior, se expressamente não se houver por eles responsabilizado.
(B) O devedor em mora responde pela impossibilidade da prestação, embora essa impossibilidade resulte de caso fortuito ou de força maior, se estes ocorrerem durante o atraso, exceto se provar isenção de culpa ou que o dano sobreviria ainda que a obrigação tivesse sido cumprida oportunamente.
(C) Se, não obstante proibição do mandante, o mandatário se fizer substituir na execução do mandato, responderá ao seu constituinte pelos prejuízos ocorridos sob a gerência do substituto, ainda que provenientes de caso fortuito ou de força maior.
(D) Os casos fortuitos, ocorrentes no ato de contar, marcar ou assinalar coisas, que comumente se recebem, contando, pesando, medindo ou assinalando, e que já tiverem sido postas à disposição do comprador, correrão por conta deste.
(E) Nas obrigações de dar coisa incerta, não poderá o devedor, antes da escolha, alegar a perda ou deterioração da coisa, ainda que por força maior ou caso fortuito.

A: assertiva correta (art. 393, *caput*, do CC); **B:** assertiva correta (art. 399 do CC); **C:** assertiva incorreta, devendo ser assinalada; isso porque não responderá no caso se provar que o caso teria sobrevindo, ainda que não tivesse havido substabelecimento (art. 667, § 1º, do CC); **D:** assertiva correta (art. 492, § 1º, do CC); **E:** assertiva correta (art. 246 do CC).
Gabarito "C".

(Defensor/PA – FMP) Assinale a alternativa INCORRETA.
(A) A boa-fé objetiva configura norma impositiva de limites ao exercício de direitos subjetivos, configurando, assim, importante critério de mensuração da ocorrência do adequado adimplemento e dos limites do enriquecimento ilícito.
(B) O adimplemento substancial deriva do postulado ou princípio da boa-fé objetiva e obsta o direito à resolução do contrato, como exceção ao princípio da exatidão do dever de prestar, em contratos bilaterais ou comutativos.
(C) O terceiro não interessado que paga a dívida em seu próprio nome se sub-roga no direito do credor.
(D) A falência do devedor é causa legal de vencimento antecipado da obrigação, que não atinge devedores solidários solventes.
(E) A cláusula penal tem natureza de obrigação acessória.

A: assertiva correta (v., por exemplo, arts. 309 e 422 do CC); **B:** assertiva correta, pois se o inadimplemento, ainda que não completo, foi substancial, não está de boa-fé quem aproveita desse detalhe com vistas a buscar a resolução do contrato; **C:** assertiva incorreta, devendo ser assinalada (art. 305 do CC); de fato, é necessário que se trate de terceiro interessado para que haja a sub-rogação de pleno direito do crédito (art. 346, III, do CC); **D:** assertiva correta (art. 333, I e parágrafo único, do CC); **E:** assertiva correta, pois ela depende da existência de uma obrigação principal (art. 412 do CC).
Gabarito "C".

(Procurador do Estado/PR – PUC-PR) Observe as assertivas a seguir:
I. Mesmo que se constate a ocorrência de motivos imprevisíveis e supervenientes que alterem o equilíbrio da relação contratual, o juiz só pode alterar o valor das prestações mediante requerimento do interessado.
II. A cessão de crédito opera-se entre credor cedente e terceiro cessionário, produzindo efeitos entre eles assim que concluído o negócio, independentemente do consentimento do devedor. Mas se o devedor pagar ao cedente antes de ter sido notificado da cessão de crédito, ele ficará desobrigado, já que a cessão de crédito não tinha ainda eficácia perante o devedor.
III. As pessoas jurídicas integrantes da Administração Pública tomadoras de serviços de mão de obra terceirizada são solidariamente responsáveis pelos créditos trabalhistas dos empregados das empresas prestadoras de serviços no que se refere ao período em que estes empregados prestaram serviços em suas sedes.
IV. Adimplemento substancial é o adimplemento parcial em nível suficiente a afastar as consequências da mora e liberar o devedor do pagamento das prestações residuais, tendo em vista que a obrigação, apesar de não ter sido cumprida de modo integral, atendeu à sua função social.

Assinale alternativa que apresenta a sequência CORRETA, de cima para baixo (considere V para verdadeira, e F para falsa):
(A) V–V–V–F.
(B) F–V–V–F.
(C) V–F–V–V.
(D) F–V–F–F.
(E) V–V–F–F.

I: correta, pois a lei dá essa faculdade ao "devedor" (art. 478 do CC); **II:** correta (art. 292 do CC); **III:** incorreta, pois a responsabilidade é subsidiária (Súmula 331 do TST); **IV:** incorreta, pois a o adimplemento substancial, corretamente definido, afasta as consequências mais graves da mora, mas não libera o devedor de cumprir o que falta da prestação.

(Juiz de Direito/PR – UFPR) No que se refere à cláusula penal, assinale a alternativa correta:

(A) É a cominação que se estabelece em um contrato, por meio de disposição específica e pela qual se atribui ao inadimplente da obrigação principal o pagamento de determinada quantia, ou a entrega de um bem, ou a realização de um serviço, ou seja, pacto acessório por meio do qual se estipula uma pena, em dinheiro ou outra utilidade.

(B) É a cláusula em que incorre o devedor que, culposamente, deixe de cumprir a obrigação, desde que tenha sido devidamente constituído em mora por meio de notificação, interpelação ou citação em processo judicial.

(C) Trata-se do acréscimo que se impõe à obrigação principal para apenar os efeitos da mora, substituindo os encargos habituais consistentes em correção monetária e juros, respectivamente, a partir da propositura da ação e da citação válida.

(D) É a imposição legal decorrente da prática de ato ilícito, que tem como fundamento indenizar a vítima pelos prejuízos derivados do ato lesivo concebido por culpa ou dolo, variando de acordo com a sua intensidade.

A: correta, pois aborda os aspectos principais da definição adequada da cláusula penal; **B:** incorreta, pois a cláusula penal não exige notificação, interpelação ou citação em processo judicial; **C:** incorreta, pois a cláusula penal não substitui correção monetária e juros; **D:** incorreta, pois a cláusula penal não é concebida para as práticas de ato ilícito.

(Procurador do Estado/SC – FEPESE) Sobre o inadimplemento das obrigações, pode-se afirmar que:

(A) Para se exigir o cumprimento da pena convencional, o credor deverá demonstrar o prejuízo sofrido.

(B) No inadimplemento da obrigação, positiva e líquida, no seu termo, a mora se constitui mediante protesto judicial ou extrajudicial.

(C) Os juros moratórios fluem a partir do evento danoso, em caso de responsabilidade extracontratual.

(D) Na sistemática adotada pelo Código Civil, apenas o devedor pode incidir em estado de mora.

(E) A cláusula penal, quando convencionada em separado e por meio de manifestação expressa, pode exceder ao valor da obrigação principal.

A: incorreta, pois a pena convencional se aplica de pleno direito, independentemente de demonstração de prejuízo (art. 408 do CC); **B:** incorreta, pois o inadimplemento da obrigação, positiva e líquida, no seu termo, constitui de pleno direito em mora o devedor; o protesto judicial ou extrajudicial só é necessário quando não há termo fixado (art. 397 do CC); **C:** correta (Súmula 54 do STJ); **D:** incorreta, pois o credor que não quiser receber no tempo, lugar e forma devidos também incide em mora (art. 394 do CC); **E:** incorreta, pois o valor da cláusula penal não pode exceder o da obrigação principal (art. 412 do CC).

(Magistratura do Trabalho – 2ª Região) No tocante à inexecução das obrigações, marque a alternativa correta.

(A) O devedor poderá purgar a mora quando a coisa devida por força do contrato já tiver perecido.

(B) Na mora "accipiendi", se não houver termo certo para a execução da relação obrigacional, a mora se dá desde o dia em que o devedor executou o ato do qual deveria se abster.

(C) O devedor não responde pelos prejuízos resultantes de caso fortuito ou força maior, se expressamente não se houver por eles responsabilizado.

(D) A mora do credor ("creditoris" ou "credendi") pressupõe a existência de uma dívida vencida, que tanto pode ser líquida, como ilíquida.

(E) Purga-se a mora por parte do credor, oferecendo-se este a receber o pagamento, não estando obrigado a o receber por estimativa mais favorável ao devedor, se o seu valor oscilar entre o dia estabelecido para o pagamento e o da sua efetivação.

A: incorreta, pois nesse caso já não há mais mora e sim inadimplemento absoluto, haja visto que o objeto da obrigação já não mais interessa ao credor; **B:** incorreta, pois não se trata de mora *accipiendi*, mas sim de mora *solvendi*; **C:** correta, pois o devedor só responderá por prejuízos resultantes de fortuito ou força maior caso já esteja em mora ou caso tenha expressamente se responsabilizado por eles (CC, art. 393); **D:** incorreta, pois apenas a dívida líquida (certa quanto ao seu valor) é que pode configurar a mora do credor que não a recebe; **E:** incorreta, pois uma das consequências da mora do credor é justamente a obrigação dele aceitar o pagamento pela estimativa mais favorável ao devedor, caso ocorra oscilação no preço entre o dia do vencimento e o do efetivo pagamento.

(Magistratura do Trabalho – 2ª Região) Assinale a alternativa correta:

(A) A cláusula penal poderá ter qualquer valor, a critério e com a expressa concordância das partes.

(B) A invalidade da obrigação principal implica a das acessórias, a destas induz a da obrigação principal.

(C) O credor para exigir a pena convencional deverá alegar prejuízo.

(D) A penalidade não poderá ser reduzida equitativamente pelo juiz se a obrigação principal tiver sido cumprida em parte.

(E) Nenhuma das alternativas anteriores é correta.

A: incorreta, pois o valor da cláusula penal não pode exceder o da obrigação principal; assim, se a obrigação é de pagar R$ 100, a maior multa possível é de R$ 100; porém, é bom lembrar que há diversas leis criando limites menores para cláusula penal; um exemplo é o CDC, aplicável apenas às relações de consumo, que traz como cláusula penal máxima o montante de 2% do valor da prestação (CDC, art. 52, § 1º); **B:** incorreta, pois a invalidade das obrigações acessórias não induz a invalidade da obrigação principal (CC, art. 184); apenas o contrário é que é verdadeiro; **C:** incorreta, pois para exigir a pena convencional, NÃO é necessário que o credor alegue prejuízo; **D:** incorreta, pois a penalidade pode, sim, ser reduzida equitativamente pelo juiz se a obrigação principal tiver sido cumprida em parte, ou se o montante da penalidade for manifestamente excessivo, tendo-se em vista a natureza e a finalidade do negócio (CC, art. 413); **E:** correta, pois todas as alternativas anteriores são incorretas.

(Magistratura do Trabalho – 16ª Região) Assinale a alternativa INCORRETA:

(A) O valor previsto como cláusula penal não pode superar o valor da obrigação principal.

(B) A resolução do negócio jurídico por onerosidade excessiva, visando a manutenção do equilíbrio econômico do contrato, com abrandamento do princípio 'pacta sunt servanda' em face da cláusula 'rebus sic stantibus', permite ao juiz integralizar o negócio jurídico a partir de situação fática, sem previsão contratual.

(C) O privilégio especial só compreende os bens sujeitos, por expressa disposição de lei, ao pagamento do crédito que ele favorece, e o geral, todos os bens não sujeitos a crédito real nem a privilégio especial.

(D) Nos contratos benéficos, somente responde por dolo o contratante a quem o contrato aproveite, e por simples culpa aquele a quem não favoreça.

(E) A cláusula penal prevista em negócio jurídico deve ser reduzida equitativamente pelo juiz se a obrigação principal tiver sido cumprida em parte, ou se o montante da penalidade for manifestamente excessivo, tendo-se em vista a natureza e a finalidade do negócio.

A: correta, pois de acordo com a limitação do CC, art. 412; **B:** correta; o atual Código Civil trouxe uma série de cláusulas gerais (exs: arts. 317, 421 e 422), que conferem ao juiz discricionariedade, para, no caso concreto, reconhecer a violação de certas diretrizes legais, bem como buscar a providência jurídica que melhor atenda aos objetivos das partes e da lei; nesse mister, o juiz, boa parte das vezes, terá de fazer integração de eventual lacuna contratual, de maneira que a alternativa "b" está correta; **C:** correta (CC, art. 963); **D:** incorreta, devendo ser assinalada. Aquele que se aproveita do contrato responde por culpa ou dolo, ao passo que aquele que não se aproveita do contrato só responde se agir com dolo (CC, art. 392); **E:** correta, pois é dever do juiz reduzir equitativamente o montante da cláusula penal se a obrigação tiver sido cumprida parcialmente (CC, art. 413). Gabarito "D".

Capítulo 4
DIREITO DOS CONTRATOS

4.1. CONCEITO, NATUREZA JURÍDICA, EXISTÊNCIA, VALIDADE, EFICÁCIA, FORMAÇÃO, ESTIPULAÇÃO EM FAVOR DE TERCEIRO E PROMESSA POR FATO DE TERCEIRO E CONTRATO COM PESSOA A DECLARAR

4.1.1. Conceito de contrato

Contrato *é o acordo de vontades para o fim de adquirir, resguardar, modificar ou extinguir direitos*, conforme lição de Clóvis Bevilaqua. Trata-se de uma das fontes humanas geradoras de obrigações. As outras são: a) as declarações unilaterais da vontade; b) os atos ilícitos. Esse conceito abrange tanto os contratos principais como os acessórios. O Direito Romano distinguia *contrato* de *convenção*. Essa era o gênero, que tinha como espécies o *contrato* e o *pacto* (hoje chamado contrato acessório).

4.1.2. Natureza jurídica do contrato

O contrato tem a seguinte natureza jurídica:

a) é **fato jurídico** (e não fato simples), pois o contrato é um acontecimento que gera *efeitos jurídicos*;

b) é **fato jurídico em sentido amplo** (e não fato jurídico em sentido estrito), pois o contrato é um fato jurídico *humano* e não da natureza;

c) é **ato lícito** (e não ato ilícito), pois o contrato produz efeitos *desejados* pelo agente;

d) é **negócio jurídico** (e não ato jurídico em sentido estrito), pois o contrato tem *fim negocial*, de regulamentar uma dada situação, não se tratando de mera intenção, como a escolha de um domicílio;

f) é **negócio jurídico bilateral ou plurilateral** (e não negócio jurídico unilateral), pois a *formação* de um contrato depende de mais de uma vontade, e não de apenas uma, como o testamento.

4.1.3. Existência, validade e eficácia

O negócio jurídico pode ser avaliado em três planos: da existência, da validade e da eficácia.

O **plano da existência** analisa os requisitos necessários para a *formação* do contrato. Não preenchidos quaisquer dos elementos de existência do contrato, o acontecimento sequer tem repercussão na esfera jurídica. Por exemplo, se uma pessoa não autoriza outra a prestar um serviço de manutenção de seu carro, o contrato respectivo não se formou, não existe na esfera jurídica.

O **plano da validade** analisa os requisitos necessários para que o contrato *não sofra as sanções* de nulidade ou de anulabilidade, sanções essas que podem impedir que o contrato produza efeitos.

O **plano da eficácia** analisa os momentos em que o contrato regular *inicia e termina a produção de seus efeitos*.

4.1.3.1. Elementos de existência do contrato

4.1.3.1.1. Exteriorização de vontade

Consiste na manifestação de vontade expressa ou tácita. A manifestação expressa é aquela exteriorizada de modo inequívoco. Pode ser verbal, escrita ou gestual. A manifestação tácita é aquela que decorre de um *comportamento*. Por exemplo, uma pessoa recebe uma proposta para ganhar um bem em doação e, sem nada dizer, recolhe o imposto de transmissão de bens, aceitando tacitamente a doação.

4.1.3.1.2. Acordo de vontades (consentimento)

Consiste na coincidência de vontades no sentido da formação do contrato. Assim, para existir um contrato, não basta a exteriorização de uma vontade. São necessárias duas vontades coincidentes. Não se admite, portanto, a existência do autocontrato ou contrato consigo mesmo. O que pode haver é que um mandatário celebre contrato figurando, de um lado, em nome do mandante e, de outro, em nome próprio. Por exemplo, "A" celebra um contrato com "B", sendo que "A" recebeu uma procuração de "B" para atuar em nome desse. Não é sempre que o Direito autoriza uma situação dessas. O art. 117 do CC, inclusive, dispõe que, "salvo se o permitir a lei ou o representado, é anulável o negócio jurídico que o representante, no seu interesse ou por conta de outrem, celebrar consigo mesmo".

4.1.3.1.3. Finalidade negocial

Consiste na vontade de regulamentar uma dada relação jurídica, o que difere da simples intenção manifestada por uma determinada vontade. Assim, quem celebra um contrato de compra e venda busca regulamentar uma dada relação jurídica, celebrando um *negócio jurídico*. Já aquele que muda de domicílio manifesta apenas uma intenção, sem buscar a regulamentação de uma relação jurídica em especial.

4.1.3.1.4. Apreciação pecuniária

Consiste na existência de um elemento econômico no acordo de vontades. A patrimonialidade é considerada, pela doutrina, como ínsita a todo e qualquer tipo de contrato, ainda que existente apenas no caso de descumprimento do dever principal.

4.1.3.1.5. Elementos especiais

Há determinados contratos que exigem, para sua formação, a presença de outros elementos. É o caso dos contratos reais, que exigem, para a sua existência, a entrega da coisa. Por exemplo, o mútuo (empréstimo de coisa fungível) só passa a existir quando há tradição.

4.1.3.2. Pressupostos de validade do contrato

4.1.3.2.1. Vontade livre

Consiste na vontade externada sem vícios. O pressuposto não é preenchido, por exemplo, se a vontade resulta de erro, dolo ou coação, situações em que o contrato será considerado anulável (art. 171, II, CC).

4.1.3.2.2. Capacidade das partes

Consiste na aptidão genérica para, pessoalmente, praticar os atos da vida civil. O incapaz, para que seja parte de um contrato válido, deve ser assistido (se relativamente incapaz) ou representado (se absolutamente incapaz), sob pena de o ato ser anulável (art. 171, I, do CC) ou nulo (art. 166, I, do CC), respectivamente.

4.1.3.2.3. Legitimação das partes

Consiste na aptidão específica para a prática de certos atos da vida civil. O cônjuge que aliena bem imóvel sem a anuência de seu consorte, salvo no regime de separação absoluta, não tem legitimação. O ato por ele praticado é considerado anulável (art. 1.647, I, c/c art. 1.649, do CC).

4.1.3.2.4. Obediência à forma, quando prescrita em lei

Trata-se de requisito que só incidirá se houver forma imposta por lei. Se a lei civil nada dispuser sobre a forma, essa será de livre escolha das partes. Normalmente, um contrato de compra e venda de móvel não requer forma especial; já um contrato de compra e venda de imóvel sempre requer forma especial, no caso a forma escrita. Aliás, se o imóvel for de valor superior a 30 salários mínimos, a forma é ainda mais especial, uma vez que é exigida escritura pública. A desobediência à forma torna o contrato nulo (art. 166, IV, do CC), salvo se se tratar de forma estabelecida em lei apenas para efeito probatório.

4.1.3.2.5. Objeto lícito, possível e determinável

Tanto o objeto *imediato*, ou seja, a obrigação de dar, fazer ou não fazer, como o objeto *mediato* da obrigação, isto é, o bem econômico sobre o qual ele recai (coisa ou serviço), devem respeitar tais imposições. **Objeto lícito** *é aquele que não atenta contra a ordem jurídica como um todo.* Um exemplo de contrato com objeto ilícito é o contrato de sociedade para a exploração de prostituição. **Objeto possível juridicamente** *é aquele que não está proibido expressamente pela lei.* Um exemplo de contrato impossível juridicamente é o que trata de herança de pessoa viva (art. 426 do CC). **Objeto determinável** *é aquele indicado ao menos pelo gênero e pela quantidade.* O contrato com objeto ilícito, impossível ou indeterminável é considerado nulo (art. 166, II, do CC).

4.1.3.2.6. Inexistência de configuração de outras hipóteses legais de ato anulável ou nulo

Além dos casos mencionados, a lei estabelece outras hipóteses que geram invalidade. São exemplos de ato anulável os casos de **fraude contra credores** (arts. 158 e ss. do CC) e de ato nulo os **contratos que tiverem como objetivo fraudar lei imperativa** (ex.: contratos que violarem o princípio da função social) e os que **a lei taxativamente declarar nulo, ou proibir a sua prática, sem cominar sanção** (art. 166, VI e VII, do CC).

4.1.3.3. Pressupostos de eficácia do contrato

4.1.3.3.1. Inexistência de termo suspensivo pendente

Termo suspensivo *é o evento futuro e certo que condiciona o início dos efeitos do contrato*. Por exemplo, um contrato de locação que traz uma cláusula estabelecendo que o locatário só poderá adentrar ao imóvel após dez dias de sua celebração.

4.1.3.3.2. Inexistência de condição suspensiva pendente

Condição suspensiva *é o evento futuro e incerto que condiciona o início dos efeitos do contrato*. Por exemplo, um contrato de doação que prevê que o donatário só será proprietário da coisa se vier a se casar com determinada pessoa.

4.1.4. Formação dos contratos

4.1.4.1. Introdução

Antes de se formar, o contrato passa por uma fase, a fase pré-contratual, que também é chamada de fase de puntuação, de tratativas ou de negociações preliminares. Em seguida, as partes podem fazer um contrato preliminar (que é aquele que acerta a celebração de um contrato futuro), podem fazer um contrato definitivo ou podem não fazer contrato algum.

Portanto, há de se separar bem três situações: a) fase de negociações preliminares à formação do contrato; b) contrato preliminar; c) contrato definitivo.

A fase de negociações preliminares não gera, como regra, obrigações entre aqueles que negociam. Todavia, a doutrina e a jurisprudência evoluíram no sentido de dar mais responsabilidade aos envolvidos nessa fase. Com base no princípio da boa-fé, vem se entendendo que, se na fase das negociações preliminares forem criadas fortes expectativas em um dos negociantes, gerando inclusive despesas de sua parte, o outro negociante deverá responder segundo a chamada responsabilidade pré-contratual, instituto jurídico que se aplica apenas à fase de negociações preliminares, daí o nome "pré-contratual". Nesse sentido, vale transcrever trecho da obra de Maria Helena Diniz sobre o assunto: "todavia, é preciso deixar bem claro que, apesar de faltar obrigatoriedade aos entendimentos preliminares, pode surgir, excepcionalmente, a responsabilidade civil para os que deles participam, não no campo da culpa contratual, mas no da aquiliana. Portanto, apenas na hipótese de um dos participantes criar no outro a expectativa de que o negócio será celebrado, levando-o a despesas, a não contratar com terceiro ou a alterar planos de sua atividade imediata, e depois desistir, injustificada e arbitrariamente, causando-lhe sérios prejuízos, terá, por isso, a obrigação de ressarcir todos os danos. Na verdade, há uma responsabilidade pré-contratual, que dá certa relevância jurídica aos acordos preparatórios, fundada não só no princípio de que os interessados deverão comportar-se de boa-fé, prestando informações claras e adequadas sobre as condições do negócio (...), mas também nos arts. 186 e 927 do Código Civil, que dispõem que todo aquele que, por ação ou omissão, dolosa ou culposa, causar prejuízo a outrem fica obrigado a reparar o dano" (*Curso de Direito Civil Brasileiro*, vol. 3, 26ª ed., São Paulo: Saraiva, p. 42, 2010).

Nada obstante, entre a fase de tratativas e a celebração do contrato em si, há atos com consequência jurídica relevante. Tais atos são a "oferta" e a "aceitação", essenciais à formação do contrato.

4.1.4.2. Oferta, proposta ou policitação

A oferta pode ser **conceituada** como *a declaração de vontade pela qual o proponente (policitante) leva ao conhecimento do oblato os termos para a conclusão de um contrato.*

Para que vincule, a oferta deve ter os seguintes **requisitos**:

a) seriedade: não pode ser brincadeira;

b) clareza: não pode ser ambígua;

c) completude: deve indicar todos os aspectos essenciais do contrato (preço e coisa);

d) com destinatário: deve ser dirigida a alguém ou ao público.

O **efeito** da oferta é *obrigar* o proponente aos seus termos, **salvo se**:

a) o contrário dela resultar;

b) a natureza ou as circunstâncias levarem a outra conclusão;

c) seus termos evidenciarem a falta de obrigatoriedade.

Ademais, a oferta **deixa de ser obrigatória** nos seguintes casos (art. 428 do CC):

a) *se feita sem prazo à pessoa presente, não for imediatamente aceita*; considera-se presente a pessoa que contrata por telefone ou outro meio semelhante; cuidado, pois, no CDC, o orçamento, caso não estipule prazo de validade, terá prazo de 10 dias;

b) *se feita sem prazo a pessoa ausente, tiver decorrido tempo suficiente para chegar a resposta ao conhecimento da outra parte (prazo moral)*; é exemplo de ausência a oferta feita por e-mail ou correspondência;

c) *se feita com prazo a pessoa ausente, não tiver sido expedida a resposta no tempo estipulado*;

d) *se houver retratação anterior ou simultânea à chegada da proposta ao conhecimento da outra parte.*

4.1.4.3. Aceitação

A aceitação pode ser **conceituada** como *a adesão integral do oblato à proposta formulada.*

Para que a aceitação leve à formação do contrato são necessários os seguintes **requisitos** (arts. 431 e 432 do CC):

a) deve ser expedida no prazo;

b) não deve conter adições, restrições ou modificações;

c) deve ser expressa.

A aceitação **tácita** só se admite se há costume entre as partes (art. 111 do CC) ou nos casos legais (ex.: silêncio do donatário em face de doação oferecida por alguém – art. 539 do CC).

Uma vez que a aceitação foi feita cumprindo os requisitos legais, seu **efeito** jurídico será a criação do vínculo contratual.

No entanto, o vínculo não será criado nos seguintes casos:

a) se houver retratação (art. 433 do CC); nesse caso, a retratação deve chegar ao conhecimento do proponente junto ou antes da aceitação;

b) se, embora expedida a tempo, por motivo imprevisto, a aceitação chegar tarde ao conhecimento do proponente (ex.: por problema nos correios), conforme art. 430 do CC; nesse caso, o proponente ficará liberado, mas deverá comunicar imediatamente o fato ao aceitante, sob pena de responder por perdas e danos.

4.1.4.4. Teorias sobre o momento da conclusão dos contratos entre ausentes

De acordo com o **sistema da informação (ou cognição)**, o contrato se forma no momento em que o policitante toma conhecimento da aceitação pelo oblato. O problema é que nunca se sabe exatamente quando isso ocorre.

Já o sistema da **agnição (declaração)** contempla as seguintes **espécies**:

a) declaração propriamente dita: o contrato se forma assim que se faz a declaração de aceitação, ou seja, assim que o oblato escreve a resposta com a aceitação; o problema é que essa resposta pode ser rasgada logo em seguida;

b) recepção: o contrato se forma no momento em que o proponente recebe a declaração de aceitação; também é complicada essa espécie, pois não há como o aceitante ter certeza do momento em que o proponente recebe a declaração de aceitação;

c) expedição: o contrato se forma no momento em que a declaração de aceitação é expedida; essa espécie é mais aceita, pois traz um dado mais objetivo; ademais, está prevista expressamente no *caput* do art. 434 do CC.

Porém, os contratos não se formarão nos seguintes casos (art. 434 do CC):

a) se houver retratação da aceitação;

b) se for estipulado prazo para chegar à aceitação e essa não chegar;

c) se for estipulado que o proponente deseja esperar a resposta (recepção).

Quanto ao contrato eletrônico, não há previsão expressa a respeito no Código Civil. Porém, a doutrina aponta que ele se forma com a recepção (Enunciado JDC/CJF 173).

4.1.5. Estipulação em favor de terceiro (arts. 436 a 438 do CC)

A estipulação em favor de terceiro pode ser **conceituada** como *o contrato pelo qual uma pessoa (estipulante) convenciona em seu próprio nome com outra (promitente) uma obrigação a ser prestada em favor de terceiro (beneficiário).*

São exemplos desse contrato o seguro de vida, a doação com encargo em favor de terceiro e os divórcios consensuais, nos quais se fazem estipulações em favor de filhos.

Esse contrato tem as seguintes características:

a) é uma exceção ao princípio da relatividade dos contratos;

b) contraentes devem ter capacidade de fato, mas, quanto aos beneficiários, basta que tenham capacidade de direito e legitimação (ex.: o concubino de alguém casado não tem legitimidade para ser beneficiário de contrato de seguro estipulado por esse);

c) o estipulante pode substituir o beneficiário, ou seja, o terceiro designado no contrato, independentemente da sua anuência e da do outro contratante;

d) o estipulante pode exigir o cumprimento da obrigação estipulada em favor de terceiro;

e) ao terceiro, em favor de quem se estipulou a obrigação, também é permitido exigi-la, ficando, todavia, sujeito às condições e normas do contrato, se a ele anuir.

4.1.6. Promessa de fato de terceiro (arts. 439 e 440 do CC)

A promessa de fato de terceiro pode ser **conceituada** como *o contrato pelo qual uma das partes se compromete a conseguir o consentimento de terceiro para a prática de um ato*.

Um **exemplo** desse tipo de promessa é uma produtora de eventos prometer que um cantor fará um show.

O **objeto** desse tipo de contrato é a *obrigação de conseguir o consentimento do outro*. Trata-se, então, de obrigação de *fazer*, do tipo obrigação de *resultado*.

O **descumprimento** do contrato pelo promitente gera perdas e danos. Não é possível fazer execução específica, pois é uma obrigação que envolve ato de terceiro, não havendo como obrigar o terceiro a cumprir o que não acertou.

Todavia, o promitente não terá de arcar com perdas e danos nos seguintes casos:

a) se a prestação se tornar impossível (ex.: pelo falecimento do cantor);

b) se o promitente tiver se obrigado a conseguir a anuência de seu cônjuge e, por conta do descumprimento, o cônjuge ficar sujeito ao pagamento das perdas e danos (ex.: promitente promete conseguir que a esposa assine contrato de fiança).

Quanto à situação do **terceiro**, há duas possibilidades:

a) num primeiro momento, o terceiro não tem obrigação alguma, pois não prometeu nada a ninguém;

b) porém, caso o terceiro venha a anuir com a promessa feita pelo promitente, o terceiro passa a ser devedor único, ao passo que o promitente, devedor primário, ficará liberado.

4.1.7. Contrato com pessoa a declarar (arts. 467 a 471 do CC)

O contrato com pessoa a declarar pode ser **conceituado** como *o contrato pelo qual uma pessoa (nomeante) reserva-se a faculdade de indicar outra (nomeado) para adquirir os direitos e assumir as obrigações respectivas*.

Esse contrato é muito comum em leilões de objeto de grande valor. Nesses casos, o verdadeiro comprador, não querendo revelar sua identidade, combina que uma outra pessoa irá fazer os lances e arrematar a coisa, podendo, depois, indicar o verdadeiro comprador para a assinatura dos documentos definitivos.

Em matéria de compromisso de compra e venda esse tipo de cláusula também é comum. Por exemplo, alguém faz um compromisso de compra e venda para comprar um terreno e consegue uma cláusula contratual pela qual o promitente vendedor, uma vez pagas todas as parcelas, deverá passar o imóvel em nome do compromissário comprador ou em nome de pessoa por esse indicada. Tal também ocorre quando um particular vende um carro numa loja de veículos, ficando estipulado que o carro será passado para o nome da pessoa indicada pela loja de automóveis. Nesses dois últimos exemplos, esse tipo de cláusula é utilizada para diminuir despesas com tributos e outras obrigações.

Essa **indicação deve ser comunicada** à outra parte no prazo de cinco dias da conclusão do contrato se outro não tiver sido estipulado.

A **aceitação** da pessoa nomeada deve cumprir os seguintes **requisitos**: a) deve ser expressa; b) deve se revestir da mesma forma que as partes usaram para o contrato originário.

Uma vez **aceita a nomeação**, a pessoa nomeada adquire os direitos e assume as obrigações decorrentes do contrato, a partir do momento em que esse foi celebrado, ou seja, a aceitação **retroage** à data do contrato originário.

Porém, se a **nomeação não for aceita**, o contrato **permanece** entre os contratantes originários.

Aliás, o contrato permanecerá entre contratantes originários nos seguintes casos:

a) se não houver indicação (nomeação) de alguma pessoa no prazo fixado;

b) se não houver aceitação pelo nomeado;

c) se for indicado um incapaz;

d) se for indicado um insolvente no momento da nomeação.

4.2. PRINCÍPIOS DOS CONTRATOS

4.2.1. Princípio da autonomia da vontade

É aquele que assegura a liberdade de contratar, consistente na escolha entre celebrar ou não um contrato e na faculdade de escolher com quem, o que e como contratar.

A liberdade contratual será exercida nos limites da função social do contrato. Nas relações contratuais privadas, prevalecerão o princípio da intervenção mínima e a excepcionalidade da revisão contratual (art. 421).

A Lei 13.874/2019 (Lei da Liberdade Econômica) introduziu um novo dispositivo para reforçar o princípio da autonomia da vontade, criando uma presunção relativa de paridade e simetria nos contratos civis empresariais, com o nítido objetivo de frear o exagero nas modificações contratuais judiciais com base em outros princípios do CC. Confira:

> "Art. 421-A. Os contratos civis e empresariais presumem-se paritários e simétricos até a presença de elementos concretos que justifiquem o afastamento dessa presunção, ressalvados os regimes jurídicos previstos em leis especiais, garantido também que:
>
> I – as partes negociantes poderão estabelecer parâmetros objetivos para a interpretação das cláusulas negociais e de seus pressupostos de revisão ou de resolução;
>
> II – a alocação de riscos definida pelas partes deve ser respeitada e observada; e
>
> III – a revisão contratual somente ocorrerá de maneira excepcional e limitada."

Confira um exemplo de aplicação prática desse princípio pelo STF: "A cláusula que desobriga uma das partes a remunerar a outra por serviços prestados na hipótese de rescisão contratual não viola a boa-fé e a função social do contrato quando presente equilíbrio entre as partes contratantes no momento da estipulação. Em se tratando de contrato de prestação de serviços firmado entre dois particulares os quais estão em pé de igualdade no momento de deliberação sobre os termos do contrato, considerando-se a atividade econômica por eles desempenhada, inexiste legislação específica apta a conferir tutela diferenciada para este tipo de relação, devendo prevalecer a determinação do art. 421, do Código

Civil." REsp 1.799.039-SP, Rel. Min. Moura Ribeiro, Rel. Acd. Min. Nancy Andrighi, Terceira Turma, por maioria, julgado em 04/10/2022, DJe 07/10/2022 (Informativo n. 754).

Corroborando com este princípio, colaciona-se o Enunciado 582 CJF, que trata da liberdade das partes em instituir garantias atípicas no contrato: "Com suporte na liberdade contratual e, portanto, em concretização da autonomia privada, as partes podem pactuar garantias contratuais atípicas".

4.2.2. Princípio da força obrigatória (obrigatoriedade, intangibilidade)

É aquele pelo qual o contrato faz lei entre as partes. Esse princípio decorre do anterior e estabelece a ideia de *pacta sunt servanda*. Em virtude dele, as partes são obrigadas a cumprir o combinado e não podem modificar unilateralmente o contrato.

4.2.3. Princípio da relatividade

É aquele pelo qual os efeitos dos contratos só são produzidos entre as partes. Decorre do princípio da autonomia da vontade.

4.2.4. Princípio da função social dos contratos

Aquele que só legitima e protege contratos que objetivam trocas úteis, justas e não prejudiciais ao interesse coletivo. Tal princípio é inspirado na diretriz de sociabilidade do atual Código Civil, que, traduzida para o plano contratual, impõe que o ele seja instrumento de adequado convívio social.

Consequências do princípio:

a) Os contratos devem ser **úteis**, ou seja, devem ser de interesse das partes. Assim, não é útil o contrato que estabelece a venda casada, em que um comerciante, por exemplo, é obrigado a adquirir cervejas e refrigerantes, quando seu interesse é apenas adquirir refrigerantes;

b) os contratos devem ser **justos**, ou seja, devem ser equilibrados. O contrato deve ser meio de negociação sadia de interesses e não meio de opressão. As cláusulas não podem ser abusivas, leoninas. Esse princípio impõe respeito à solidariedade, à justiça social e à dignidade da pessoa humana. Assim, não é justo o contrato que estabelece prestações exageradas ou desproporcionais, como, por exemplo, o contrato que estabelece que um contratante fica exonerado de qualquer responsabilidade pelo serviço prestado ou que estabelece que o comprador deve renunciar à indenização por benfeitorias necessárias que fizer no imóvel que tiver de ser devolvido.

c) os contratos devem **respeitar o interesse coletivo**, ou seja, não podem prejudicar os interesses difusos e coletivos, tais como o direito ao meio ambiente ecologicamente equilibrado. O próprio art. 170 da CF dispõe que um dos princípios da ordem econômica é a defesa do meio ambiente. A ideia central aqui é a promoção de um *desenvolvimento sustentável*.

O juiz, diante dessa cláusula geral, deverá se valer das *regras de experiência* e das *conexões sistemáticas*, ou seja, da utilização de regras previstas em outros diplomas legislativos que estabeleçam valores concernentes ao equilíbrio contratual.

4.2.5. Princípio da boa-fé objetiva

Aquele que impõe aos contratantes guardar em todas as fases que envolvem o contrato o respeito à lealdade.

Consequências do princípio:

a) Os contratantes devem ser **leais**, ou seja, devem agir com honestidade, retidão, respeito, cuidado e probidade.

b) deve-se analisar a conduta dos contratantes segundo os parâmetros da **boa-fé objetiva**, ou seja, o que se entende como atitude de boa-fé na sociedade. Trata-se da concepção ética de boa-fé e não da concepção individual, subjetiva, de boa-fé. Assim, não se verifica o que pensa um dos contratantes sobre o que é agir de boa-fé. Verifica-se o que pensa a sociedade sobre isso. O juiz, diante dessa cláusula geral, também deverá se valer das *regras de experiência* e das *conexões sistemáticas*, ou seja, da utilização de regras previstas em outros diplomas legislativos que estabeleçam valores concernentes à boa-fé.

Exemplo de aplicação prática do princípio é o trazido no Enunciado 432 das Jornadas de Direito Civil, *in verbis*: "art. 422: Em contratos de financiamento bancário, são abusivas cláusulas contratuais de repasse de custos administrativos (como análise do crédito, abertura de cadastro, emissão de fichas de compensação bancária etc.), seja por estarem intrinsecamente vinculadas ao exercício da atividade econômica, seja por violarem o princípio da boa-fé objetiva".

O princípio se aplica desde a fase das tratativas contratuais, passando pela fase de celebração, execução, extinção e até após o contrato. E o juiz também usará o princípio para interpretar, corrigir e até declarar nulas uma cláusula contratual ou todo o contrato se, depois de todo esforço interpretativo, não puder mantê-lo.

O princípio da boa-fé objetiva também é fundamentado, hoje, na imposição de reparação de danos originados na fase pré-contratual. Com efeito, quando pessoas estão em tratativas para celebrar um contrato, mas tal tratativa é de tal monta que gera expectativa legítima de que o contrato vá ser concluído, havendo rompimento das tratativas e prejuízo material a alguma das partes, de rigor, em homenagem ao princípio da boa-fé objetiva, o reconhecimento da responsabilidade civil em desfavor da parte infratora.

O princípio da boa-fé objetiva também faz com que fique vedado às partes comportamento contraditório, ou seja, o chamado *venire contra factum proprium*, fazendo valer o dever de confiança e lealdade entre as partes.

4.3. CLASSIFICAÇÃO DOS CONTRATOS

4.3.1. Quanto aos efeitos (ou quanto às obrigações)

4.3.1.1. Contratos unilaterais

São aqueles em que há obrigações para apenas uma das partes. São exemplos a doação pura e simples, o mandato, o depósito, o mútuo (empréstimo de bem fungível – dinheiro, p. ex.) e o comodato (empréstimo de bem infungível). Os três últimos são unilaterais, pois somente se formam no instante em que há entrega da coisa (são contratos reais). Entregue o dinheiro, por exemplo, no caso do mútuo, esse contrato estará formado e a única parte que terá obrigação será o mutuário, a de devolver a quantia emprestada (e pagar os juros, se for mútuo feneratício).

4.3.1.2. Contratos bilaterais

São aqueles em que há obrigações para ambos os contratantes. Também são chamados de sinalagmáticos. A expressão "sinalagma" confere a ideia de reciprocidade às obrigações. São exemplos a prestação de serviços e a compra e venda.

4.3.1.3. Contratos bilaterais imperfeitos

São aqueles originariamente unilaterais, que se tornam bilaterais por uma circunstância acidental. São exemplos o mandato e o depósito não remunerados. Assim, num primeiro momento, o mandato não remunerado é unilateral (só há obrigações para o mandatário), mas, caso esse incorra em despesas para exercê-lo, o mandante passará também a ter obrigações, no caso a de ressarcir o mandatário.

4.3.1.4. Contratos bifrontes

São aqueles que originariamente podem ser unilaterais ou bilaterais. São exemplos o mandato e o depósito. Se for estipulada remuneração em favor do mandatário ou do depositário, estar-se-á diante de contrato bilateral, pois haverá obrigações para ambas as partes. Do contrário, será unilateral, pois haverá obrigações apenas para o mandatário ou para o depositário.

Importância da classificação: a classificação é utilizada, por exemplo, para distinguir contratos em que cabe a exceção de contrato não cumprido. Apenas nos contratos bilaterais é que uma parte pode alegar a exceção, dizendo que só cumpre a sua obrigação após a outra cumprir a sua. Nos contratos unilaterais, como só uma das partes tem obrigações, o instituto não se aplica. Isso vale tanto para a inexecução total (hipótese em que se alega a *exceptio non adimplecti contractus*) como para a inexecução parcial (hipótese em que se alega a *exceptio non rite adimplecti contractus*), previstas no art. 476 do CC, e ainda para a exceção de insegurança, prevista no art. 477 do CC.

4.3.2. Quanto às vantagens

4.3.2.1. Contratos gratuitos

São aqueles em que há vantagens apenas para uma das partes. Também são chamados de benéficos. São exemplos a doação pura e simples, o depósito não remunerado, o mútuo não remunerado e o comodato.

4.3.2.2. Contratos onerosos

São aqueles em que há vantagens para ambas as partes. São exemplos a compra e venda, a prestação de serviços, o mútuo remunerado (feneratício) e a doação com encargo.

Não se deve confundir a presente classificação com a trazida anteriormente e achar que todo contrato unilateral é gratuito e que todo contrato bilateral é oneroso. Como exemplo de contrato unilateral e oneroso pode-se trazer o mútuo feneratício.

Importância da classificação: a) os institutos da evicção e dos vícios redibitórios somente são aplicados aos contratos onerosos; b) na fraude contra credores, em se tratando de contratos gratuitos celebrados por devedor insolvente ou reduzido à insolvência, o *consilium fraudis* é presumido. Nos contratos onerosos, por sua vez, tal *consilium* deve ser provado; c) na responsabilidade civil, essa se configura por mera culpa de qualquer das partes em contratos onerosos, ao passo que, nos contratos gratuitos, quem detém o benefício só responde se agir com dolo; d) na interpretação dos contratos, essa será estrita (não ampliativa) nos contratos gratuitos ou benéficos.

4.3.3. Quanto ao momento de formação

4.3.3.1. Contrato consensual

É aquele que se forma no momento do acordo de vontades. São exemplos a compra e venda e o mandato. Nesse tipo de contrato, a entrega da coisa (tradição) é mera execução.

4.3.3.2. Contrato real

É aquele que somente se forma com a entrega da coisa. São exemplos o comodato, o depósito e o mútuo. Nesses contratos a entrega da coisa é requisito para a formação, a existência do contrato.

4.3.4. Quanto à forma

4.3.4.1. Contratos não solenes

São aqueles de forma livre. São exemplos a compra e venda de bens móveis, a prestação de serviços e a locação. A regra é ter o contrato forma livre (art. 107 do CC), podendo ser verbal, gestual ou escrito, devendo obedecer a uma forma especial apenas quando a lei determinar.

4.3.4.2. Contratos solenes

São aqueles que devem obedecer a uma forma prescrita em lei. São exemplos a compra e venda de imóveis (deve ser escrita, e, se de valor superior a 30 salários mínimos, deve ser por escritura pública), o seguro e a fiança.

A forma, quando trazida na lei, costuma ser essencial para a validade do negócio (forma *ad solemnitatem*). Porém, em algumas situações, a forma é mero meio de prova de um dado negócio jurídico (forma *ad probationem tantum*).

4.3.5. Quanto às qualidades pessoais dos contratantes

4.3.5.1. Contratos impessoais

São aqueles em que a prestação pode ser cumprida, indiferentemente, pelo devedor ou por terceiro. Em obrigações de dar, por exemplo, não importa se é o próprio devedor ou terceiro quem cumpre a obrigação, mas sim que essa seja cumprida.

4.3.5.2. Contratos personalíssimos

São aqueles celebrados em razão de qualidades pessoais de pelo menos um dos contratantes, não podendo a respectiva prestação ser cumprida por terceiro. Também são chamados de contratos *intuitu personae*. Geralmente, nesse tipo de contrato, há obrigações de fazer. Os elementos confiança, qualidade técnica e qualidade artística são primordiais. São exemplos a contratação de um pintor renomado para realizar uma obra de arte e a contratação de um cantor para se apresentar numa casa de espetáculos. Nesses dois exemplos, a *pessoalidade* é da natureza do contrato. Entretanto, é possível que, por vontade dos contratantes, fique estipulado o caráter personalíssimo desse.

Importância da classificação: a) em caso de não cumprimento da obrigação, em se tratando de contrato impessoal, o credor tem, pelo menos, duas opções, quais sejam, mandar executar a obrigação por terceiro à custa do devedor ou simplesmente requerer indenização por perdas e danos; no caso de contrato personalíssimo, todavia, a obrigação não cumprida se converte em obrigação de pagar perdas e danos, já que só interessa seu cumprimento pelo devedor e não por terceiro; b) em caso de falecimento do devedor, em se tratando de contrato impessoal, a obrigação fica transmitida aos herdeiros, que deverão cumpri-la nos limites das forças da herança; no caso de contrato personalíssimo, por sua vez, o falecimento do devedor antes de incorrer em mora importa a extinção do contrato, não transferindo as obrigações respectivas aos herdeiros daquele. De acordo como STJ, em razão da natureza personalíssima do contrato entre o cliente e o advogado, "Não é possível a estipulação de multa no contrato de honorários para as hipóteses de renúncia ou revogação unilateral do mandato do advogado, independentemente de motivação, respeitado o direito de recebimento dos honorários proporcionais ao serviço prestado" (REsp 1.346.171-PR, DJe 07.11.2016).

4.3.6. Quanto à existência de regramento legal

4.3.6.1. Contratos típicos (ou nominados)

São os que têm regramento legal específico. O CC traz pelo menos vinte contratos típicos, como a compra e venda, a doação e o mandato. Leis especiais trazem diversos outros contratos dessa natureza, como o de locação de imóveis urbanos (Lei 8.245/1991), de incorporação imobiliária (Lei 4.561/1964) e de alienação fiduciária (Decreto-Lei 911/1969).

4.3.6.2. Contratos atípicos (ou inominados)

São os que não têm regramento legal específico, nascendo da determinação das partes. Surgem da vida cotidiana, da necessidade do comércio. São exemplos o contrato de cessão de clientela, de agenciamento matrimonial, de excursão turística e de feiras e exposições. Apesar de não haver regulamentação legal desses contratos, o princípio da autonomia da vontade possibilita sua celebração, observados alguns limites impostos pela lei. O art. 425 do CC dispõe que "é lícito às partes estipular contratos atípicos, observadas as normas gerais fixadas neste Código". Assim, as pessoas podem criar novas figuras contratuais, desde que respeitem os seguintes preceitos do CC: os da parte geral (ex.: o objeto deve ser lícito, possível e determinável) e os da teoria geral das obrigações e dos contratos (ex.: deve atender ao princípio da função social dos contratos). De qualquer modo, nesse tipo de contrato as partes devem trazer maiores detalhes acerca de seu regramento, dada a inexistência de regulação legal da avença.

4.3.6.3. Contratos mistos

São os que resultam da fusão de contratos nominados com elementos particulares, não previstos pelo legislador, criando novos negócios contratuais. Exemplo é o contrato de exploração de lavoura de café, em que se misturam elementos atípicos com contratos típicos, como a locação de serviços, a empreitada, o arrendamento rural e a parceria agrícola.

4.3.7. Quanto às condições de formação

4.3.7.1. Contratos paritários

São aqueles em que as partes estão em situação de igualdade, podendo discutir efetivamente as condições contratuais.

O art. 421-A prevê que os contratos civis e empresariais presumem-se paritários e simétricos até a presença de elementos concretos que justifiquem o afastamento dessa presunção, ressalvados os regimes jurídicos previstos em leis especiais, garantido também que: 1) as partes negociantes poderão estabelecer parâmetros objetivos para a interpretação das cláusulas negociais e de seus pressupostos de revisão ou de resolução; 2) a alocação de riscos definida pelas partes deve ser respeitada e observada; e a revisão contratual somente ocorrerá de maneira excepcional e limitada.

4.3.7.2. Contratos de adesão

São aqueles cujas cláusulas são aprovadas pela autoridade competente ou estabelecidas unilateralmente sem que o aderente possa modificar ou discutir substancialmente seu conteúdo. Exemplos: contratos de financiamento bancário, seguro e telefonia. A lei estabelece que a inserção de uma cláusula no formulário não desnatura o contrato, que continua de adesão.

Importância da classificação: Os contratos de adesão têm o mesmo regime jurídico dos contratos paritários, mas há algumas diferenças pontuais. Se o contrato de adesão for regido pelo Direito Civil, há duas regras aplicáveis: a) as cláusulas ambíguas devem ser interpretadas favoravelmente ao aderente (art. 423 do CC); b) a cláusula que estipula a renúncia antecipada do aderente a direito resultante da natureza do contrato é nula (art. 424 do CC). Já se o contrato de adesão for regido pelo CDC, há duas regras peculiares a esse contrato (art. 54 do CDC): a) os contratos de adesão admitem cláusula resolutória, mas essas são alternativas, cabendo a escolha ao consumidor, ou seja, é ele quem escolhe se deseja purgar a mora e permanecer com o contrato ou se prefere a sua resolução; b) as cláusulas limitativas de direito devem ser redigidas com destaque, permitindo sua imediata e fácil identificação, sendo que o desrespeito a essa regra gera a nulidade da cláusula (art. 54, § 4º, c/c o art. 51, XV, do CDC).

4.3.8. Quanto à definitividade

4.3.8.1. Contratos definitivos

São aqueles que criam obrigações finais aos contratantes. Os contratos são, em sua maioria, *definitivos*.

4.3.8.2. Contratos preliminares

São aqueles que têm como objeto a realização futura de um contrato definitivo. Um exemplo é o compromisso de compra e venda. Os contratos preliminares devem conter os requisitos essenciais do contrato a ser celebrado, salvo quanto à forma. Assim, enquanto a compra e venda definitiva de um imóvel deve ser por escritura pública, o compromisso de compra e venda pode ser por escritura particular. Além disso, o contrato preliminar deve ser levado a registro para ter eficácia perante terceiros. Assim, um compromisso de compra e venda não precisa ser registrado para ser válido, mas sem a formalidade não há como impedir que um terceiro o faça antes, pois, não registrando, carregará esse ônus. De qualquer forma, o compromissário comprador, uma vez pagas todas as parcelas do compromisso, tem direito à adjudicação compulsória, independentemente da apresentação do instrumento no Registro de Imóveis. O compromissário deve apenas torcer para que alguém não tenha feito isso antes. As regras sobre o contrato preliminar estão nos artigos 462 e 463 do CC:

a) consequência imediata do contrato preliminar: desde que não conste cláusula de arrependimento, qualquer das partes pode exigir a celebração do contrato definitivo, assinalando prazo à outra. É importante ressaltar que, em matéria de imóveis, há diversas leis impedindo a cláusula de arrependimento;

b) consequência mediata do contrato preliminar: esgotado o prazo mencionado sem a assinatura do contrato definitivo, a parte prejudicada pode requerer ao Judiciário que supra a vontade do inadimplente, conferindo caráter definitivo ao contrato preliminar, salvo se a isso se opuser a natureza da obrigação.

4.3.9. Quanto ao conhecimento prévio das prestações

4.3.9.1. Contrato comutativo

É aquele em que as partes, de antemão, conhecem as prestações que deverão cumprir. Exs.: compra e venda, prestação de serviços, mútuo, locação, empreitada etc. A maior parte dos contratos tem essa natureza.

4.3.9.2. Contrato aleatório

É aquele em que pelo menos a prestação de uma das partes não é conhecida de antemão. Ex.: contrato de seguro.

4.3.10. Quanto ao momento de execução

4.3.10.1. Contratos instantâneos

São aqueles em que a execução se dá no momento da celebração. Um exemplo é a compra e venda de pronta entrega e pagamento.

4.3.10.2. Contratos de execução diferida

São aqueles em que a execução se dá em ato único, em momento posterior à celebração. Constitui exemplo a compra e venda para pagamento em 120 dias.

4.3.10.3. Contratos de trato sucessivo ou de execução continuada

São aqueles em que a execução é distribuída no tempo em atos reiterados. São exemplos a compra e venda em prestações, a locação e o financiamento pago em parcelas.

Importância da classificação: para efeito de discernir que tipo de contrato está sujeito à regra da imprevisão. Tal instituto, previsto nos arts. 478 a 480 do CC, só é aplicável aos contratos de execução diferida e de execução continuada, visto que não se pode conceber que uma prestação possa se tornar excessivamente onerosa por um fato novo em contratos em que a execução se dá no mesmo instante de sua celebração.

4.4. ONEROSIDADE EXCESSIVA

4.4.1. Introdução

A Primeira Guerra Mundial trouxe sérias consequências à execução dos contratos, principalmente os de longo prazo. Isso fez com que ganhasse força a ideia de que está implícita em todo pacto uma cláusula pela qual a obrigatoriedade de seu cumprimento pressupõe a inalterabilidade da situação de fato que deu origem à sua formação. Tratava-se da chamada cláusula *rebus sic stantibus* ("enquanto as coisas estão assim"). Enquanto as condições fáticas existentes quando da celebração do contrato estiverem inalteradas, as disposições desse serão obrigatórias. Modificadas tais condições, causando desequilíbrio entre os contratantes, há de se alterar suas disposições. No Brasil, houve certa resistência a essa ideia, uma vez que o país acabara de ganhar um novo Código Civil (o de 1916), que não fazia referência ao assunto. Isso fez com que a ideia do *rebus sic stantibus* acabasse sendo aceita desde que os novos fatos fossem extraordinários e imprevisíveis, daí porque entre nós ganhou o nome de Teoria da Imprevisão. Mesmo assim, era só uma teoria. Algumas leis até trataram da questão, mas sempre de modo pontual. São exemplos a Lei de Alimentos, a Lei de Locações e a Lei de Licitações e Contratos Administrativos. Sobreveio o Código de Defesa do Consumidor, que inovou ao permitir a revisão contratual por onerosidade excessiva, independentemente de fato imprevisível. E em 2003, com a entrada em vigor do atual CC, previu-se para qualquer contrato regido pelo Direito Civil o instituto da "resolução por onerosidade excessiva", contudo novamente vinculada à ocorrência de fatos imprevisíveis. Como se verá, o CC adotou um nome infeliz ("resolução"), pois, em caso de onerosidade excessiva por fato imprevisível, deve-se, em primeiro lugar, buscar a revisão contratual e não a extinção do contrato.

4.4.2. Requisitos para aplicação da regra da imprevisão

O CC exige o seguinte para que se tenha direito à revisão ou à resolução do contrato:

a) o contrato deve ser de execução continuada ou diferida;

b) a prestação de uma das partes deve se tornar excessivamente onerosa;

c) a outra parte deve ficar com extrema vantagem;

d) o desequilíbrio deve ser decorrência de acontecimentos extraordinários e imprevisíveis.

O primeiro requisito é óbvio, pois num contrato de execução instantânea não há tempo para que a prestação fique excessivamente onerosa.

O segundo requisito impõe que a perda seja razoável. Pequenas perdas não possibilitam a revisão contratual.

O requisito de extrema vantagem para a outra parte vem sendo atenuado pela doutrina. Em virtude do princípio da função social dos contratos, basta que uma das partes fique com a prestação excessivamente onerosa para que possa pleitear a revisão contratual.

Por fim, exige-se acontecimento extraordinário e imprevisível. O requisito afasta acontecimentos ordinários, como é o caso da inflação. O problema é que, no mundo moderno e na realidade brasileira, quase tudo é previsível e quase tudo acontece com uma certa frequência. A inflação é previsível. O aumento do dólar também. Assim, num primeiro momento, somente situações extremas, como a guerra ou a ocorrência de uma catástrofe causada pela natureza, preencheriam o requisito. Isso fez com que a doutrina flexibilizasse a regra, apontando que os "motivos imprevisíveis" que autorizam a revisão contratual podem estar relacionados tanto com uma causa imprevisível (guerra, ciclone etc.) como um resultado imprevisível (o quanto aumenta o dólar, por exemplo).

4.4.3. Consequência da configuração do instituto

O devedor poderá pedir em juízo a resolução do contrato, retroagindo os efeitos da sentença para a data da citação (art. 478 do CC). Trata-se de consequência extremamente radical e que fere os princípios da conservação dos contratos, da função social, da boa-fé objetiva e da proibição de exercício abusivo dos direitos, bem como das disposições dos arts. 317 e 480 do CC. Assim, deve-se buscar, em primeiro lugar, a revisão contratual, que só não será efetivada se for inviável, para só então partir-se para a resolução do contrato.

Se a parte prejudicada ingressar diretamente com pedido de resolução do contrato, o art. 479 do CC dispõe que a medida poderá ser evitada se o réu se oferecer a modificar equitativamente as condições do pacto. O juiz analisará se a proposta é ou não equitativa, verificando se há ou não boa-fé dos contratantes.

4.4.4. Revisão no CDC

O CDC não exige fato extraordinário e imprevisível para que haja o direito de revisão contratual. Basta um fato superveniente que gere uma excessiva onerosidade (art. 6º, V, do CDC). Nesse particular, é bom lembrar que não se deve confundir o direito de *revisão* com o de *modificação contratual*. Essa existirá quando a cláusula contratual for originariamente desproporcional, ou seja, quando já nascer abusiva; e aquela existirá quando o contrato nascer equilibrado e se tornar excessivamente oneroso.

4.4.5. Revisão na locação de imóvel urbano

A revisão do aluguel requer apenas dois requisitos: a) aluguel fora do valor de mercado; b) 3 (três) anos de vigência do contrato ou de acordo anterior (arts. 19, 68, 69 e 70, da Lei do Inquilinato).

Durante a fase mais grave da pandemia do Covid-19 também foi admitida pelo STF a revisão contratual em uma situação específica de locação não residencial. Confira: "É cabível revisão judicial de contrato de locação não residencial – empresa de coworking – com redução proporcional do valor dos aluguéis em razão de fato superveniente decorrente da pandemia da Covid-19". REsp 1.984.277-DF, Rel. Min. Luis Felipe Salomão, Quarta Turma, por unanimidade, julgado em 16/08/2022.

4.5. EVICÇÃO

4.5.1. Conceito

É a perda da coisa adquirida onerosamente, em virtude de decisão judicial ou administrativa que a atribui a outrem por motivo anterior à aquisição. A expressão vem do latim *evincere*, que significa ser vencido. O exemplo comum é daquele que adquire onerosamente um bem de quem não é dono, vindo a perdê-lo por uma ação movida pelo verdadeiro proprietário da coisa. Quem aliena direito sobre o bem tem, assim, o dever de garantir que era seu titular e que a transferência o atribuirá realmente ao adquirente. Trata-se da garantia quanto a defeitos do direito, diferente da garantia concernente aos vícios redibitórios, que diz respeito ao uso e gozo da coisa. O instituto da evicção tem três personagens, quais sejam, o **alienante** (aquele que transferiu o direito sobre a coisa, e que não era seu verdadeiro titular), o **evicto** (aquele que adquiriu o direito sobre a coisa, mas foi vencido numa demanda promovida por terceiro, verdadeiro titular de tal direito) e o **evictor** ou **evencente** (terceiro reivindicante da coisa, que vence a demanda que promoveu contra o adquirente).

4.5.2. Incidência

O instituto incide tanto na perda da posse como na perda do domínio sobre a coisa; a perda pode ser parcial ou total; deve se tratar de contrato oneroso; a garantia subsiste mesmo na compra feita em hasta pública; a privação da coisa, configuradora da evicção, pode se dar tanto por decisão judicial, como por decisão administrativa.

4.5.3. Garantia

Ocorrendo a evicção, o evicto se voltará contra o alienante para fazer valer os seguintes direitos:

a) de *restituição integral do preço ou das quantias pagas*; o preço será o do valor da coisa na época em que se evenceu;

b) de *indenização dos frutos que tiver sido obrigado a restituir*;

c) de *indenização pelas despesas dos contratos e pelos prejuízos que diretamente resultarem da evicção*; assim, as despesas contratuais com escritura pública, registro e imposto de transmissão, bem como qualquer outra que decorra diretamente da perda da coisa, como a correção monetária e os juros, deverão ser indenizadas;

d) de *ressarcimento das custas judiciais e dos honorários do advogado por ele constituído*;

e) de *pagamento das benfeitorias necessárias ou úteis que fizer, não abonadas pelo reivindicante*.

Observação: no caso de a evicção ser parcial, mas considerável, como na hipótese de o evicto perder setenta por cento do bem que comprou, ele terá duas opções. Além de poder pedir a restituição da parte do preço correspondente ao desfalque sofrido, pode optar pela rescisão do contrato, com a devolução total do preço pago. Deve-se deixar claro, todavia, que, além de parcial, deve ser considerável a evicção (art. 455).

Segundo o STJ, "a pretensão deduzida em demanda baseada na garantia da evicção submete-se ao prazo prescricional de três anos." (REsp 1.577.229-MG, DJe 14.11.2016).

4.5.4. Possibilidades de alteração da garantia

4.5.4.1. Possibilidades

Segundo o art. 448 do CC, é facultado às partes, desde que por cláusula expressa, reforçar, diminuir ou excluir a responsabilidade pela evicção.

Assim, pode-se estipular expressamente que, em caso de evicção, o adquirente terá direito à devolução do preço com um acréscimo de cinquenta por cento, por exemplo, punição que reforça a garantia.

Pode-se também diminuir e até excluir a responsabilidade pela evicção, estipulando-se expressamente que, em caso de perda da coisa, o adquirente não terá direito à devolução do preço por inteiro (diminuição) ou do valor total pago (exclusão).

Entretanto, o art. 449 do CC dispõe que, mesmo havendo cláusula excluindo a garantia contra evicção (a chamada cláusula genérica de exclusão ou cláusula de irresponsabilidade), se esta vier a ocorrer, o evicto ainda assim terá direito ao pagamento do preço pago pela coisa, salvo se tiver ciência do risco da evicção e assumido expressamente esse risco. Há, portanto, dois tipos de exclusão estabelecidos em lei: a exclusão parcial e a exclusão total.

4.5.4.2. Exclusão parcial

Dá-se quando há mera cláusula que exclui a garantia (ex.: fica excluída a garantia que decorre da evicção). Neste caso, o evicto continuará tendo direito à devolução do preço pago pela coisa, ficando excluídos somente os demais direitos que decorrem da evicção (indenização dos frutos, despesas, prejuízos, sucumbência e benfeitorias). Tal limitação da autonomia da vontade decorre da necessidade de dar guarida ao princípio do não enriquecimento sem causa. Aqui temos uma *cláusula genérica de exclusão da garantia*.

4.5.4.3. Exclusão total

Dá-se quando presentes três requisitos. O primeiro deles consiste na a) existência de uma cláusula de exclusão da garantia, como aquela dada anteriormente como exemplo. Além disso, é necessário que b) o evicto tenha ciência do risco da evicção, como na hipótese em que é informado que corre uma demanda reivindicatória promovida por terceiro em face do alienante. Por fim, é imprescindível que, ciente do risco de perda da coisa, c) o evicto o tenha assumido, vale dizer, é necessário assunção do risco por parte do adquirente. Trata-se da chamada *cláusula específica de exclusão da garantia*. O art. 449 do CC não impõe textualmente que os dois últimos requisitos (ciência e assunção do risco da evicção) estejam expressos numa cláusula contratual, de modo que se pode admitir sua comprovação de outra forma.

4.5.5. Requisitos para exercer a garantia que decorre da evicção

a) *perda total ou parcial* do domínio, da posse ou do uso da coisa alienada;

b) *onerosidade da aquisição*, salvo a doação para casamento com certa e determinada pessoa;

c) *inexistência de cláusula de irresponsabilidade.* Caso exista, só se terá direito ao preço pago.

d) *anterioridade do direito do evictor.* O alienante não responderá se o direito do evictor sobre a coisa só se der após sua transferência ao adquirente.

e) *denunciação da lide ao alienante.* Segundo o revogado art. 456 do CC, "para poder exercer o direito que da evicção lhe resulta o adquirente notificará do litígio o alienante imediato, ou qualquer dos anteriores, quando e como lhe determinarem as leis do processo". Tal notificação se dá por meio da denunciação da lide (art. 70, I, do antigo CPC, atual art. 125, I, do NCPC). Ao sofrer a ação por parte de terceiro, deveria o adquirente denunciar da lide ao alienante para que este possa conhecer da demanda e coadjuvá-lo na defesa do direito. Na vigência do dispositivo revogado ficava a dúvida se, não feita a denunciação da lide, teria o evicto algum direito. Num primeiro momento a resposta seria negativa, eis que tanto o CC quanto o antigo CPC dispunham que tal notificação (ou denunciação) era obrigatória para "poder exercer o direito que da evicção resulta". A explicação para tal obrigatoriedade, sob pena de perda do direito, encontrava-se no fato de que o alienante não pode sofrer os efeitos de uma demanda da qual não teve ciência. Nada obstante, no plano do direito processual, tem-se entendido que a obrigatoriedade existe para que se possa exercitar o direito de regresso no próprio processo. O STJ entende que a obrigatoriedade da denunciação é tão somente para exercer o direito de regresso no mesmo processo, não impedindo que se ingresse com ação autônoma em seguida, para o fim de fazer valer diante do alienante os direitos que decorrem da evicção, entendimento que encontra arrimo no princípio que veda o enriquecimento sem causa. A revogação do art. 456 do CC junto com o texto do NCPC sobre a denunciação da lide, dispondo que ela agora é "admissível" (e não mais "obrigatória") reforçam o entendimento que o STJ já tinha a respeito, tornando o requisito em questão apenas necessário quando se quiser aproveitar o próprio processo originário para resolver a questão.

4.6. VÍCIOS REDIBITÓRIOS

4.6.1. Conceito

São problemas ocultos presentes em coisas recebidas em virtude de contrato comutativo, que as tornem impróprias ao uso a que são destinadas ou lhes diminuam o valor. O instituto está previsto nos arts. 441 a 446 do CC. São exemplos um carro com motor ruim e um apartamento com infiltração, vícios que o comprador nem sempre pode perceber. O fundamento do instituto é o princípio da garantia quanto à coisa. Não se deve confundir o instituto dos vícios redibitórios com o do erro e do dolo. O vício é um problema na coisa, ao passo que o erro e o dolo são problemas na vontade. Além disso, o vício possibilita a redibição do contrato ou o abatimento no preço, ao passo que o erro e o dolo ensejam a anulação do contrato.

Neste passo, prevê o Enunciado 583/CJF que as disposições do art. 441 devem ser estendidas também aos contratos aleatórios: "O art. 441 do Código Civil deve ser interpretado no sentido de abranger também os contratos aleatórios, desde que não inclua os elementos aleatórios do contrato".

4.6.2. Requisitos para a configuração do instituto

a) prejuízo sensível ao uso ou ao valor da coisa;

b) problema imperceptível à diligência ordinária do adquirente (vício oculto);

c) problema já existente ao tempo da entrega da coisa;

d) contrato oneroso e comutativo.

4.6.3. Efeitos

Configurado o vício, o adquirente poderá ingressar com uma das seguintes ações (denominadas ações edilícias):

4.6.3.1. Ação redibitória

É aquela que objetiva a rescisão do contrato. Nesta ação pede-se a extinção do contrato, com a devolução do valor recebido e o pagamento das despesas do contrato. Se o alienante sabia do vício, o adquirente pode também pedir indenização por perdas e danos.

4.6.3.2. Ação estimatória (quanti minoris)

É aquela que tem por finalidade a obtenção do abatimento do preço.

Observação: o prazo para ingressar com as ações acima é decadencial, uma vez que nos dois casos estamos diante de prazo previsto na Parte Especial do CC, bem como de pretensões de natureza constitutiva (rescisão e modificação do contrato, respectivamente).

4.6.4. Prazo para ingressar com a ação

a) se a coisa for móvel: 30 dias.

b) se a coisa for imóvel: 1 ano.

4.6.5. Termo a quo

Conta-se o prazo da (do):

4.6.5.1. Data da entrega efetiva

Quando o adquirente não estava na posse da coisa.

4.6.5.2. Data da alienação

Quando o adquirente estava na posse da coisa. Nesse caso, o prazo fica reduzido à metade.

4.6.5.3. No momento em que o adquirente tiver ciência do vício

Quando este, além de oculto, só poderá ser conhecido mais tarde, dada a sua natureza. Neste caso, a lei estipula um prazo máximo para *ciência* do vício. Esse prazo é de 180 dias para móvel e de 1 ano para imóvel. Assim, se uma pessoa comprar um carro com esse tipo de vício e vier a descobri-lo 170 dias depois, cumpriu o primeiro prazo, qual seja, o prazo de 180 dias para a tomada de ciência do problema na coisa. Em seguida, começará o segundo prazo, o de *garantia* para ingressar com uma das ações mencionadas. No caso, o prazo será de 30 dias, por se tratar de móvel. Mas, se a pessoa só tem ciência do vício 190 dias após a aquisição, o *prazo para ciência* do vício terá terminado, ficando prejudicado o direito. Nessa hipótese, nem se começa a contar o *prazo de garantia*.

Confira a respeito o seguinte acórdão do STJ: "Quando o vício oculto, por sua natureza, só puder ser conhecido mais tarde (art. 445, § 1º, CC), o adquirente de bem móvel terá o prazo de trinta dias (art. 445, *caput*, do CC), a partir da ciência desse defeito, para exercer o direito de obter a redibição ou abatimento no preço, desde que o conhecimento do vício ocorra dentro do prazo de cento e oitenta dias da aquisição do bem." (REsp 1.095.882-SP, DJ 19.12.2014).

4.6.6. Garantia contratual

O CC estabelece que "não correrão os prazos da garantia legal na constância da garantia contratual" (art. 446). Isso significa que, havendo garantia voluntária (ex.: até a próxima Copa do Mundo), primeiro se conta o prazo dela, para só depois se contar o prazo da garantia legal. Todavia, a lei dispõe que, havendo garantia voluntária (= a garantia contratual), o adquirente deve denunciar eventual defeito que a coisa tiver ao alienante no prazo de 30 dias após seu descobrimento, sob pena de decadência. Ou seja, a lei dá com uma mão (diz que os prazos de garantia voluntária e legal devem ser somados), mas tira com a outra (estabelece um procedimento diferente, que obriga o adquirente a avisar a ocorrência do defeito ao alienante 30 dias após essa descoberta), prazo independente do de garantia. Aqui temos o chamado "prazo de aviso". De qualquer forma, nunca haverá decadência em prazo menor que o próprio prazo de garantia legal (30 dias para móvel e 1 ano para imóvel).

4.6.7. Vício redibitório no CC X Vício no CDC

Abaixo elencamos 11 (onze) diferenças básicas entre o vício redibitório (instituto do Código Civil) e o vício (instituto do CDC):

a) O CC trata de vícios em coisas; o CDC, de vício em produto ou serviço;

b) No CC, o vício tem de ser oculto; no CDC, pode ser oculto ou aparente;

c) No CC, a doutrina exige sensível prejuízo; no CDC, não há essa exigência;

d) No CC, a garantia é de 30 dias para móvel e de 1 ano para imóvel; no CDC, de 90 dias para produto durável e de 30 dias para produto não durável;

e) No CC, o termo *a quo* do prazo pode ser as datas da entrega (vício oculto simples), da alienação (adquirente já na posse da coisa) e da ciência do vício (vício oculto de conhecimento tardio); no CDC, as datas da entrega (vício aparente) e da ciência do vício (vício oculto);

f) No CC, há prazo máximo para tomar ciência de vício oculto de conhecimento tardio (180 dias para móvel e 1 ano para imóvel) e prazo para avisar o defeito quando há garantia contratual (30 dias); no CDC, não existem tais prazos;

g) No CC, o prazo de garantia é para entrar com ação redibitória ou estimatória; no CDC, é para pedir o conserto da coisa aos fornecedores (o fornecedor terá 30 dias para consertar), salvo se a coisa for essencial ou o conserto puder comprometê-la, quando se autoriza pedir diretamente outra coisa;

h) No CC, o prazo de garantia não se suspende, nem se interrompe; no CDC, com a reclamação (comprovada) pedindo o conserto da coisa, o prazo de garantia fica suspenso, voltando a correr com a recusa em consertar, quando então o prazo restante passa a ser para entrar com uma ação contra o fornecedor;

i) No CC, cabem as ações redibitória (extinção do contrato) e estimatória (abatimento do preço); no CDC, as ações redibitória, estimatória e a ação para substituição do produto por outro da mesma espécie;

j) No CC, o adquirente só tem direito a perdas e danos se o alienante sabia do vício; no CDC, todo dano deve ser indenizado, independentemente da ciência do vício pelo fornecedor (responsabilidade objetiva);

k) No CC, é possível diminuir ou excluir a garantia, se houver circunstância justificável; no CDC, só é possível a limitação da garantia e, mesmo assim, se o consumidor for pessoa jurídica.

4.7. EXTINÇÃO DOS CONTRATOS

4.7.1. Execução

Esta é a forma normal de extinção dos contratos. Na compra e venda a execução se dá com a entrega da coisa (pelo vendedor) e com o pagamento do preço (pelo comprador).

4.7.2. Invalidação

O contrato anulável produz seus efeitos enquanto não for anulado pelo Poder Judiciário. Uma vez anulado (decisão constitutiva), o contrato fica extinto com efeitos "ex nunc". Já o contrato nulo recebe do Direito uma sanção muito forte, sanção que o priva da produção de efeitos desde o seu início. A parte interessada ingressa com ação pedindo uma decisão declaratória, decisão que deixa claro que o contrato nunca pode produzir efeitos, daí porque essa decisão tem efeitos "ex tunc". Se as partes acabaram cumprindo "obrigações", o juiz as retornará ao estado anterior.

4.7.3. Resolução

Confira as hipóteses de extinção do contrato pela resolução:

4.7.3.1. Por inexecução culposa

É aquela que decorre de culpa do contratante. Há dois casos a considerar:

a) se houver cláusula resolutiva expressa (pacto comissório), ou seja, previsão no próprio contrato de que a inexecução deste gerará sua extinção, a resolução opera de pleno direito, ficando o contrato extinto. Presente a cláusula resolutiva expressa, o credor que ingressar com ação judicial entrará apenas com uma ação declaratória, fazendo com que a sentença tenha efeitos *ex tunc*. A lei protege o devedor em alguns contratos, estabelecendo que, mesmo existindo essa cláusula, ele tem o direito de ser notificado para purgar a mora (fazer o pagamento atrasado) no prazo estabelecido na lei.

b) se não houver cláusula resolutiva expressa, a lei estabelece a chamada **"cláusula resolutiva tácita"**, disposição que está implícita em todo contrato, e que estabelece que o seu descumprimento permite que a outra parte possa pedir a resolução do contrato. Neste caso, a resolução dependerá de interpelação judicial para produzir efeitos, ou seja, ela não ocorre de pleno direito. Repare que não basta mera interpelação extrajudicial. Os efeitos da sentença judicial serão "ex nunc".

É importante ressaltar que a parte lesada pelo inadimplemento (item *a* ou *b*) tem duas opções (art. 474 do CC): a) pedir a resolução do contrato; ou b) exigir o cumprimento do contrato. Em qualquer dos casos, por se tratar de inexecução culposa, caberá pedido de indenização por perdas e danos. Se houver cláusula penal, esta incidirá independentemente de prova de prejuízo (art. 416 do CC). Todavia, uma indenização suplementar dependerá de convenção no sentido de que as perdas e os danos não compreendidos na cláusula penal também serão devidos.

Quanto à resolução do contrato quando há cláusula resolutiva expressa, mesmo não havendo previsão legal a respeito, havia há uma tendência jurisprudencial de se exigir ação judicial para operar a resolução do contrato em casos que envolvessem imóveis. Porém, o art. 474 do CC não traz essa exigência, que também não existe em diversas leis, como a de loteamentos. De um tempo para cá, cada vez mais o Judiciário tem se posicionado para não exigir uma ação judicial para operar a mora e a resolução do contrato nesses casos, especialmente se há notificação prévia da parte infratora, com prazo para purgar a mora. Confira algumas decisões:

– "É possível o manejo de ação possessória, fundada em cláusula resolutiva expressa, decorrente de inadimplemento contratual do promitente comprador, sendo desnecessário o ajuizamento de ação para resolução do contrato." (STJ, REsp 1.789.863-MS, j. 10/08/2021);

– "A constituição em mora para fins de rescisão de contrato de compromisso de compra e venda de imóvel em loteamento, sujeito à disciplina da Lei n. 6.766/1979, pode se dar por carta com aviso de recebimento, desde que assinado o recibo pelo próprio devedor, nos termos do art. 49 da norma mencionada" (STJ, REsp 1.745.407-SP, DJe 14/05/2021); iii) Direitos do comprador.

Importante tecer algumas palavras sobre o adimplemento substancial, que é a hipótese em que o contrato já foi cumprido quase que em sua totalidade. O exemplo típico é o de alienação fiduciária, onde o devedor da obrigação de pagar as parcelas ajustadas encontra-se em débito perante o credor (banco), este credor terá a possibilidade de se valer de outras vias jurídicas, como a ação de cobrança ou de execução, ao invés de se utilizar da busca e apreensão do veículo, que é o meio mais gravoso e que gera na resolução do contrato pactuado. Neste ponto, o Enunciado 586 CJF traz algumas balizas determinando critérios para se identificar a hipótese em questão: "Para a caracterização do adimplemento substancial (tal qual reconhecido pelo Enunciado 361 da IV Jornada de Direito Civil – CJF), levam-se em conta tanto aspectos quantitativos quanto qualitativos".

4.7.3.2. Por inexecução involuntária

É aquela que decorre da impossibilidade da prestação. Pode decorrer de caso fortuito ou força maior, que são aqueles fatos necessários, cujos efeitos não se consegue evitar ou impedir. Esta forma de inexecução exonera o devedor de responsabilidade (art. 393 do CC), salvo se este expressamente assumiu o risco (art. 393 do CC) ou se estiver em mora (art. 399 do CC).

4.7.3.3. Por onerosidade excessiva

Conforme vimos, no caso de onerosidade excessiva causada por fato extraordinário e imprevisível, cabe revisão contratual. Não sendo esta possível, a solução deve ser pela resolução do contrato, sem ônus para as partes. A resolução por onerosidade excessiva está prevista no art. 478 do CC.

4.7.4. Resilição

4.7.4.1. Conceito

É a extinção dos contratos pela vontade de um ou de ambos contratantes. A palavra-chave é *vontade*. Enquanto a resolução é a extinção por inexecução contratual ou onerosidade excessiva, a resilição é a extinção pela vontade de uma ou de ambas as partes.

4.7.4.2. Espécies

a) bilateral, *que é o acordo de vontades para pôr fim ao contrato* (**distrato**). A forma para o distrato é a mesma que a lei exige para o contrato. Assim reforça o Enunciado 584 CJF: "Desde que não haja forma exigida para a substância do contrato, admite-se que o distrato seja pactuado por forma livre". Por exemplo, o distrato de uma compra e venda de imóvel deve ser por escritura, pois esta é a forma que a lei exige para o contrato. Já o distrato de um contrato de locação escrito pode ser verbal, pois a lei não exige documento escrito para a celebração de um contrato de locação. É claro que não é recomendável fazer um distrato verbal no caso, mas a lei permite esse procedimento.

> ENUNCIADO 584 – Desde que não haja forma exigida para a substância do contrato, admite-se que o distrato seja pactuado por forma livre.

b) unilateral, *que é a extinção pela vontade de uma das partes* (**denúncia**). Essa espécie de resilição só existe por exceção, pois o contrato faz lei entre as partes. Só é possível a denúncia unilateral do contrato quando: i) houver previsão contratual ou ii) a lei expressa ou implicitamente autorizar. Exemplos: em contratos de execução continuada com prazo indeterminado, no mandato, no comodato e no depósito (os três últimos são contratos feitos na base da confiança), no arrependimento de compra feita fora do estabelecimento comercial (art. 49 do CDC) e nas denúncias previstas na Lei de Locações (arts. 46 e 47 da Lei 8.245/1991). A lei exige uma formalidade ao denunciante. Este deverá notificar a outra parte, o que poderá ser feito extrajudicialmente. O efeito da denúncia é "ex tunc". Há uma novidade no atual CC, que é o "aviso prévio legal". Esse instituto incide se alguém denuncia um contrato prejudicando uma parte que fizera investimentos consideráveis. Nesse caso, a lei dispõe que a denúncia unilateral só produzirá efeitos após um prazo compatível com a amortização dos investimentos (art. 473, parágrafo único).

4.7.5. Morte

Nos contratos impessoais, a morte de uma das partes não extingue o contrato. Os herdeiros deverão cumpri-lo segundo as forças da herança. Já num contrato personalíssimo (contratação de um advogado, contratação de um cantor), a morte da pessoa contratada extingue o contrato.

4.7.6. Rescisão

A maior parte da doutrina encara a rescisão como gênero, que tem como espécies a resolução, a resilição, a redibição etc.

4.7.7. QUADRO SINÓTICO

1. Conceito de contrato: é o acordo de vontades para o fim de adquirir, resguardar, modificar ou extinguir direitos.

2. Natureza jurídica: fato jurídico em sentido amplo, ato lícito e negócio jurídico bilateral ou plurilateral.

3. Pressupostos de existência, validade e eficácia:
a) existência: exteriorização de vontade, acordo e vontades, finalidade negocial, apreciação pecuniária, elementos especiais, quando o caso (ex: mútuo e contratos reais);
b) validade: vontade livre, capacidade das partes, legitimação das partes, obediência à forma, quando prescrita em lei, objeto lícito, possível e determinável, inexistência de configuração de outras hipóteses legais de ato nulo ou anulável;
c) eficácia: inexistência de termo e condição suspensiva pendente.

4. Formação:
1ª etapa: oferta (proposta ou policitação) séria, clara, completa e com destinatário. Regra: vincula o proponente, salvo hipóteses dos arts. 427, parte final e 428 do CC.
2ª etapa: aceitação: i) deve ser expedida no prazo; ii) sem adições, restrições e modificações; iii) deve ser expressa.
Efeito jurídico: cria o vínculo contratual. Exceção: arts. 430 e 433 do CC.
Conclusão do contrato entre ausentes: expedição da declaração do aceitante. Exceções: art. 434 do CC.

5. Estipulação em favor de terceiro
É o contrato pelo qual uma pessoa (estipulante) convenciona em seu próprio nome com outra (promitente) uma obrigação a ser prestada em favor de terceiro (beneficiário). Ex: seguro de vida, doação com encargo em favor de terceiro.

6. Promessa de fato de terceiro.
É o contrato pelo qual uma das partes se compromete a conseguir o consentimento de terceiro para a prática de um ato. Ex: uma produtora de eventos promete que um cantor fará um show.

7. Contrato com pessoa a declarar.
É o contrato pelo qual uma pessoa (nomeante) reserva-se a faculdade de indicar outra (nomeado) para adquirir os direitos e assumir as obrigações respectivas. Ex: contrato em leilão de objetos de grande valor.

8. Princípios:
a) força obrigatória (obrigatoriedade, intangibilidade);
b) relatividade;
c) função social dos contratos;
d) boa-fé objetiva.

9. Classificação:
a) Quanto aos efeitos (ou quanto às obrigações): i) unilaterais; ii) bilaterais; iii) bilaterais imperfeitos; iv) bifrontes;
b) Quanto às vantagens: i) gratuitos; ii) onerosos;
c) Quanto ao momento de formação: i) consensual; ii) real;
d) Quanto à forma: i) não solene; ii) solene;
e) Quanto às qualidades pessoais dos contratantes: i) impessoais; ii) personalíssimo;
f) Quanto à existência de regramento legal: i) típicos (nominados); ii) atípicos (inominados); iii) mistos;
g) Quanto às condições de formação: i) paritários; ii) de adesão;
h) Quanto à definitividade: i) definitivos; ii) preliminares;
i) Quanto ao conhecimento prévio das prestações: i) comutativo; ii) aleatório;
j) Quanto ao momento da execução: i) instantâneo; ii) execução diferida; iii) trato sucessivo ou execução continuada.

10. Onerosidade excessiva.

10.1 Conceito: Enquanto as condições fáticas existentes quando da celebração do contrato estiverem inalteradas, as disposições desses serão obrigatórias. Modificadas tais condições, causando desequilíbrio entre os contratantes, há de se alterar suas disposições.

– Teoria da imprevisão.
– *Cláusula rebuc sic stantibus* ("enquanto as coisas estiverem assim").

10.2 Requisitos para aplicação:

a) Contrato de execução continuada ou diferida;

b) Prestação de uma das partes deve se tornar excessivamente onerosa;

c) A outra parte deve ficar com extrema vantagem;

d) desequilíbrio em decorrência de acontecimentos extraordinários e imprevisíveis;

e) natureza do objeto (doutrina – En. CJF 439).

10.3 Consequência: revisão ou extinção do contrato.

10.4 Revisão no CC: não exige fato extraordinário e imprevisível.

11. Evicção.

11.1 Conceito: é a perda da coisa adquirida onerosamente, em virtude de decisão judicial ou administrativa que a atribui a outrem por motivo anterior a aquisição.

11.2 Personagens: a) alienante: aquele que vendeu a coisa; b) evicto: aquele que foi vencido em demanda e perdeu a coisa; c) evictor ou evencente: o real proprietário a coisa que venceu a demanda.

11.3 Garantias (direitos do evicto):

a) restituição integral do preço ou das quantias pagas;

b) indenização dos frutos que tiver sido obrigado a restituir;

c) indenização pelas despesas dos contratos e pelos prejuízos que diretamente resultarem da evicção;

d) ressarcimento de custas judiciais e honorários de advogados por ele constituído;

e) pagamentos de benfeitorias úteis ou necessárias que fizer, não abonadas pelo depositante.

11.4 Requisitos para exercer a garantia:

a) perda total ou parcial do domínio, da posse ou do uso a coisa alienada;

b) onerosidade da aquisição;

c) inexistência de cláusula de inalienabilidade;

d) anterioridade do direito do evictor;

e) denunciação da lide ao alienante.

11.5 Possibilidade de exclusão da garanta: a) exclusão total; b) exclusão parcial.

12. Vício Redibitório.

12.1 Conceito: São problemas ocultos presentes em coisas recebidas em virtude de contrato comitativo, que as tornem impróprias ao uso a que são destinadas ou lhes diminuam o valor.

12.2 Requisitos:

a) prejuízo sensível ao uso ou valor da coisa;

b) problema imperceptível a diligência ordinária do adquirente (vício oculto);

c) problema já existente ao tempo da entrega da coisa;

d) contrato oneroso e comutativo.

12.3 Efeitos: a) ação redibitória (rescisão); b) ação estimatória ou *quanti minoris* (abatimento).

12.4 Prazo para entrar com a ação: a) coisa móvel: 30 dias; b) coisa imóvel: 1 ano.

12.5 Contagem do prazo:

a) data da entrega: quando o adquirente não estava na posse da coisa;

b) data da alienação: quando o adquirente estava na posse da coisa. Nesse caso, o prazo fica reduzido pela metade;

c) no momento em que o adquirente tiver ciência do vício: quando este, além de oculto, só puder ser conhecido mais tarde, dada sua natureza.

13. Extinção: a) execução; b) invalidação; c) resolução (inexecução culposa; inexecução involuntária; onerosidade excessiva); d) resilição (unilateral/bilateral); e) morte; f) rescisão.

4.8. COMPRA E VENDA

4.8.1. Introdução

Na fase primitiva da civilização havia apenas troca ou permuta de objetos. Isso porque não havia denominador comum de valores. Em seguida, algumas mercadorias passaram a ser utilizadas como padrão monetário (ouro, prata, cabeça de gado). Aliás, cabeça de gado chamava *pecus*, o que deu origem à palavra pecúnia. Até que surgiu o papel-moeda, que é um elemento representativo de um padrão monetário. Isso possibilitou grande circulação de riqueza, tornando o contrato de compra e venda o mais comum dos contratos.

4.8.2. Conceito

É o contrato pelo qual um dos contratantes (vendedor) se obriga a transferir o domínio de coisa corpórea ou incorpórea, e outro (comprador), a pagar-lhe certo preço em dinheiro ou valor fiduciário equivalente. Ou seja, um dá uma coisa (um alimento, um móvel, um eletrodoméstico) e o outro dá dinheiro ou outro valor fiduciário (cheque, por exemplo). Perceba que compra e venda não transfere a propriedade da coisa, mas apenas obriga uma das partes a transferir a coisa a outro.

4.8.3. Sistemas

Quanto aos efeitos dos contratos de compra e venda, existem três:

4.8.3.1. Francês

Nesse sistema o contrato tem o poder de transferir o domínio da coisa. Ou seja, celebrado o contrato de compra e venda, independentemente da tradição (na coisa móvel) ou do registro (na coisa imóvel), a propriedade dela já é do comprador.

4.8.3.2. Romano

Nesse sistema o contrato apenas cria obrigações. O descumprimento do contrato gera perdas e danos.

4.8.3.3. Brasileiro

Adotamos o sistema romano, com poucas exceções. Assim, o contrato de compra e venda gera obrigações e não transferência direta da propriedade.

4.8.4. Classificação

O contrato de compra e venda é bilateral, consensual, oneroso, comutativo e não solene (salvo os direitos reais sobre imóveis).

4.8.5. Elementos

4.8.5.1. Consentimento

a) deve recair sobre uma coisa e um preço (elemento de existência);

b) deve recair sobre a natureza do contrato e sobre o objeto (elemento de validade); não recaindo, pode-se estar diante de erro ou dolo;

c) deve ser livre e espontâneo (elemento de validade); não o será se houver coação;

d) deve surgir de agente capaz (elemento de validade).

4.8.5.2. Preço

a) deve ter peculiaridade (ser ou representar dinheiro), seriedade (ser verdadeiro, real, sob pena de ser simulação) e certeza (certo ou determinável);

b) a lei admite o preço segundo: i) acordo entre os contratantes; ii) arbítrio de terceiro escolhido pelas partes; iii) tabelamento oficial; iv) taxa de mercado ou bolsa em certo dia e lugar; v) índices ou parâmetros (p. ex.: valor do petróleo);

c) a lei admite, excepcionalmente, convenção de venda sem fixação de preço, desde que essa seja a intenção das partes, hipótese em que se considera o tabelamento oficial ou o preço corrente das vendas habituais do vendedor;

d) o preço é livre, mas existem alguns temperamentos, que podem tornar o contrato anulável, como, por exemplo, em "Negócios da China" (aplicação do instituto da lesão – art. 157 do CC) e no estado de perigo (art. 156 do CC).

4.8.5.3. Coisa

a) pode ser corpórea (móveis e imóveis) ou incorpórea (ações, direito de autor, créditos);

b) deve ser existente, ainda que de modo potencial; se for inexistente por ter perecido (ex.: casa destruída), a venda é nula; se for sobre coisa futura sem assunção de risco, a venda é sob condição; se for coisa futura com assunção de risco, a venda é aleatória;

c) deve ser individuada, ou seja, determinada ou determinável; se for coisa incerta, deve ser indicada ao menos quanto ao gênero e à quantidade; o devedor escolherá, pelo menos, a de termo médio;

d) deve ser disponível, ou seja, alienável natural, legal e voluntariamente (não pode conter cláusula de inalienabilidade) e pertencente ao vendedor. Neste caso, não sendo o vendedor dono da coisa, a venda poderá ser convalidada se ele vier a adquiri-la posteriormente e estiver de boa-fé (art. 1.268 do CC).

4.8.6. Efeitos da compra e venda

4.8.6.1. Principais

a) gera obrigações recíprocas de entregar a coisa e pagar o preço;

b) gera responsabilidades por vícios redibitórios e pela evicção.

4.8.6.2. Secundários

a) responsabilidade pelos riscos da coisa: até a tradição, é do vendedor; se houver mora no recebimento, é do comprador; se for entregue ao transportador indicado ao vendedor, é do comprador;

b) responsabilidade pelos riscos do preço: até o pagamento, é do comprador; após o pagamento e em caso de mora em receber, é do vendedor;

c) responsabilidade pelas despesas de escritura e registro: é do comprador, salvo convenção diversa;

d) responsabilidade pela tradição: é do vendedor, salvo convenção diversa;

e) responsabilidade pelas dívidas pretéritas que gravam a coisa até a tradição: é do vendedor, salvo convenção diversa; se a obrigação for *propter rem*, o comprador terá direito de regresso contra o vendedor;

f) direito de retenção da coisa: até o pagamento, o vendedor não é obrigado a entregar a coisa, salvo nas vendas a crédito e convenção em contrário.

4.8.7. Limitações à compra e venda

4.8.7.1. *Venda de ascendente a descendente*

É anulável, salvo se houver consentimento dos outros descendentes e do cônjuge. A ideia é impedir vendas por preços mais baixos, prejudicando herdeiros. Repare que isso só ocorre na venda. A doação não precisa do consentimento. Porém, o donatário deverá colacionar os bens recebidos em vida, no inventário do doador, quando este falecer, salvo se houver dispensa disso.

4.8.7.2. *Aquisição por pessoa encarregada de zelar pelos interesses do vendedor*

É nula. Exemplos: aquisição pelo tutor, curador, administrador, juiz, servidor público etc.

4.8.7.3. *Venda de fração ideal de coisa indivisível em condomínio*

Os consortes terão direito de preferência. Um exemplo é de três pessoas donas de um mesmo imóvel. Caso uma delas queira vender sua parte, deverá oferecer às outras, que terão preferência na aquisição. Não respeitada tal preferência, o prejudicado poderá depositar o preço dentro de 180 dias da transmissão. Se os dois consortes prejudicados tiverem interesse na coisa, tem primazia o que tiver benfeitorias de maior valor na coisa, o que tiver maior quinhão e o que fizer o primeiro depósito, nessa ordem.

4.8.7.4. *Venda entre cônjuges*

Só é possível em relação a bens excluídos da comunhão.

4.8.8. Venda ad mensuram

4.8.8.1. *Conceito*

Aquela em que o preço estipulado é feito com base nas dimensões do imóvel. Ex.: alguém compra um terreno em que se deixou claro que os 360 m² têm o valor de R$ 50 mil.

4.8.8.2. *Consequência*

A área do imóvel deverá efetivamente corresponder às dimensões dadas.

4.8.8.3. Tolerância

A lei admite uma diferença de até 1/20 da área total enunciada.

4.8.8.4. Exclusão da tolerância

a) se houver exclusão expressa no contrato;

b) se o comprador provar que não teria realizado o negócio se soubesse da diferença.

4.8.8.5. Direitos do comprador

Poderá pedir o complemento da área (ação *ex empto* ou *ex vendito*). Não sendo possível, terá a opção entre pedir a resolução do contrato ou o abatimento proporcional do preço. Vale salientar que "Na hipótese em que as dimensões de imóvel adquirido não correspondem às noticiadas pelo vendedor, cujo preço da venda foi estipulado por medida de extensão (venda *ad mensuram*), aplica-se o prazo decadencial de 1 (um) ano, previsto no art. 501 do CC/2002, para exigir o complemento da área, reclamar a resolução do contrato ou o abatimento proporcional do preço" (STJ, REsp 1.890.327/SP, j. 20/04/2021)".

4.8.9. Venda ad corpus

4.8.9.1. Conceito

Aquela em que o imóvel é vendido como coisa certa e discriminada, sendo meramente enunciativa eventual referência às suas dimensões. Ex.: consta do contrato que a área tem mais ou menos 20.000 m².

4.8.9.2. Consequência

Pouco importa a área efetiva do imóvel. Não haverá complemento ou devolução do preço.

4.8.10. Retrovenda

4.8.10.1. Conceito

Cláusula pela qual o vendedor reserva-se o direito de reaver o imóvel que está sendo alienado, em certo prazo, restituindo o preço mais despesas feitas pelo comprador (art. 505 do CC). Ou seja, é aquela situação em que alguém vende um imóvel, mas assegura o direito de recomprá-lo em certo prazo, pelo mesmo preço da venda anterior. Infelizmente esse instituto é muito utilizado na agiotagem. O Judiciário vem reconhecendo a simulação quando o intuito da retrovenda é servir de garantia para uma dívida.

4.8.10.2. Direito de retrato

O prazo máximo para esse direito é de 3 anos. Trata-se de prazo decadencial.

4.8.11. Preferência

4.8.11.1. Conceito

Convenção em que o comprador se obriga a oferecer ao vendedor a coisa que aquele vai vender, para que este use seu direito de prelação na compra, tanto por tanto (art. 513). Por exemplo, é aquela situação em que alguém compra um andar de um prédio comercial para instalar sua empresa e, já pensando no futuro crescimento, estabelece com o vendedor, que é dono da sala vizinha, que quer preferência na aquisição da segunda sala, caso o vendedor queira vendê-la no futuro.

4.8.11.2. Exercício do direito

Havendo interesse em vender a coisa, o vendedor deverá notificar o titular do direito de preferência para que este diga se tem interesse em adquiri-la, no mínimo, pelo mesmo valor da proposta recebida pelo vendedor. Não havendo prazo estipulado, o titular do direito de preferência terá 3 dias, se a coisa for móvel, e 60 dias, se a coisa for imóvel, para manifestar-se, sob pena de decadência. O prazo máximo que pode ser convencionado para esse tipo de manifestação é de 180 dias, se a coisa for móvel, e de 2 anos, se imóvel.

4.8.11.3. Descumprimento do direito

A preferência contratual, se preterida, enseja apenas direito de o prejudicado pedir perdas e danos ao ofensor. Não há direito de perseguir a coisa. Por isso, não se deve confundir esse direito de preferência com outros direitos de preferência que decorrem da lei, que admitem a persecução da coisa, como no caso da preferência que existe entre coproprietários de um bem indivisível, quando um deles deseja vender sua fração ideal. Outra situação em que a ação não precisa se converter em perdas e danos é aquela prevista no art. 519 do CC, que prevê a hipótese de desvio indevido de finalidade da coisa expropriada, a chamada tredestinação ilícita, onde o expropriado tem preferência na aquisição do bem pelo preço atual. Caso esse direito não seja respeitado, ele pode reivindicar a coisa para si. Vejamos: ENUNCIADO CJF 592: "O art. 519 do Código Civil derroga o art. 35 do Decreto-Lei n. 3.365/1941 naquilo que ele diz respeito a cenários de tredestinação ilícita. Assim, ações de retrocessão baseadas em alegações de tredestinação ilícita não precisam, quando julgadas depois da incorporação do bem desapropriado ao patrimônio da entidade expropriante, resolver-se em perdas e danos".

4.8.12. QUADRO SINÓTICO

1. Conceito: é o contrato pelo qual um dos contratantes (vendedor) se obriga a transferir o domínio de coisa corpórea ou incorpórea, e outro (comprador), a pagar-lhe preço certo em dinheiro ou valor fiduciário correspondente.

Não transfere a propriedade da coisa, mas apenas obriga uma das partes a transferir a coisa a outro (sistema romano). No sistema francês é diferente, pois o contrato tem o poder de transferir o domínio da coisa.

2. Classificação: bilateral, consensual, onerosa, comutativa, não solene (salvo direitos reais sobre imóveis).

3. Elementos

3.1 Consentimento

3.2 Preço:

a) deve ter **pecuniaridade, seriedade** (ser verdadeiro, sob pena de ser simulação) e **certeza** (certo ou determinável);

b) a lei admite o **preço segundo**: i) acordo entre os contratantes; ii) arbítrio de terceiros escolhidos pelas partes; iii) tabelamento oficial; iv) taxa de mercado ou bolsa em certo dia a lugar; v) índices ou parâmetros (ex: valor do petróleo);

c) a lei admite a venda **sem a fixação de preço**, hipótese em que se considera a tabela oficial ou o preço corrente;

d) o preço é livre, mas há alguns limites (ex: lesão – art. 157 do CC).

3.3 Coisa

a) deve ser **existente**, ainda que de modo potencial; se já pereceu, a venda é nula; se for sobre coisa futura sem assunção de risco, a venda é sob condição; se for coisa futura com assunção de risco, a venda é aleatória;

b) deve ser **individuada**: determinada ou determinável; se for incerta, deve ser indicada quanto ao gênero e à qualidade; o devedor escolherá, pelo menos e de termo médio;

c) deve ser **disponível**, alienável natural, legal e voluntariamente, e pertencente ao vendedor. Neste caso, não sendo o vendedor dono da coisa, a venda poderá ser convalidada se ele vier a adquiri-la posteriormente e estiver de boa-fé (art. 1.268 do CC).

4. Efeitos da compra e venda.

4.1 Principais: a) gera obrigações recíprocas de entregar a coisa e pagar o preço; b) gera responsabilidades por vícios redibitórios e pela evicção.

4.2 Secundários:

a) responsabilidade pelos riscos da coisa: até a tradição, é do vendedor; se houver mora no recebimento, é do comprador; se for entregue ao transportador indicado pelo comprador, é do comprador;

b) responsabilidade pelos riscos do preço: até o pagamento, é do comprador; após o pagamento e em caso de mora em receber, é do vendedor;

c) responsabilidades pelas despesas de escritura a registro: é do comprador, salvo convenção diversa;

d) responsabilidade pela tradição: é do vendedor, salvo convenção diversa;

e) responsabilidade pelas dívidas pretéritas que gravam a coisa até a tradição: é do vendedor, salvo convenção diversa; se a obrigação for *propter rem*, o comprador terá direito de regresso contra o vendedor;

f) direito de retenção da coisa: até o pagamento, o vendedor não é obrigado a entregar a coisa, salvo nas vendas a crédito e em caso de convenção em contrário.

5. Limitação a compra e venda.

5.1 Venda de ascendente a descendente: é anulável, salvo se houver consentimento dos outros descendentes e do cônjuge. A doação não precisa do consentimento. Porém, o donatário deverá colacionar os bens recebidos em vida, no inventário do doador, salvo se houver dispensa disso.

5.2 Aquisição por pessoa encarregada de zelar pelos interesses do vendedor: é nula. Exemplos: aquisição pelo tutor, curador, administrador, juiz, servidor público etc.

5.3 Venda de fração ideal de coisa indivisível em condomínio: consortes terão direito de preferência; ex:

– três pessoas donas de um mesmo imóvel. Caso uma delas queira vender sua parte, deverá oferecer às outras, que terão preferência na aquisição;

– não respeitada tal preferência, o prejudicado poderá depositar o preço dentro de 180 dias da transmissão;

– se os dois consortes prejudicados tiverem interesse na coisa, tem primazia: i) o que tiver benfeitorias de maior valor na coisa; ii) o que tiver maior quinhão; iii) o que fizer o primeiro depósito, nessa ordem.

5.4 Venda entre cônjuges: só é possível em relação a bens excluídos da comunhão.

6. Venda *ad mensuram*.

6.1 Conceito: aquela em que o preço estipulado é feito com base nas dimensões do imóvel. Ex: "vendo terreno de 360m² por 70 mil reais"

6.2 Consequência: área deve corresponder à promessa.

6.3 Tolerância: lei admite diferença de até 1/20 da área total enunciada (5%).

6.4 Exclusão da tolerância: a) se houver exclusão expressa no contrato; b) se o comprador provar que não teria realizado o negócio se soubesse da diferença.

6.5 Direitos do comprador: pedir complemento da área (ação *ex empto* ou *ex vendito*). Não sendo possível, deve optar entre a resolução do contrato e abatimento do preço.

7. Venda *ad corpus*.

7.1 Conceito: aquela em que o imóvel é vendido como coisa certa e discriminada, sendo meramente enunciativa eventual referência às suas dimensões. Ex: consta do contrato que "a área tem mais ou menos 20.000m²".

7.2 Consequência: pouco importa a área efetiva do imóvel. Não haverá complemento ou devolução do preço.

8. Retrovenda

8.1 Conceito: cláusula pela qual o vendedor reserva-se o direito de reaver o imóvel que está sendo alienado, em certo prazo, restituindo o preço, mais despesas feitas pelo comprador (art. 505 do CC).

– Ou seja, alguém vende imóvel, mas assegura direito de recomprá-lo em certo prazo, pelo mesmo preço da venda anterior;

– Infelizmente esse instituto é muito usado na agiotagem;

– O Judiciário vem reconhecendo a simulação quando o intuito da retrovenda é servir de garantia para uma dívida.

8.2 Direito de retrato: o prazo máximo para esse direito é de 3 anos. Trata-se de prazo decadencial.

9. Preferência

9.1 Conceito: convenção em que o comprador se obriga a oferecer ao vendedor a coisa que vai vender, para que este use seu direito de prelação na compra, tanto por tanto.

9.2 Exercício do direito:

– Comprador deve notificar vendedor para este dizer se tem interesse em adquirir a coisa pelo preço da proposta atual;

– Não havendo prazo estipulado, o vendedor terá 3 dias, se a coisa for móvel, e 60 dias, se a coisa for imóvel, para manifestar-se, sob pena de decadência;

– O prazo máximo que pode ser convencionado para esse tipo de manifestação é de 180 dias, se a coisa for móvel, e 2 anos se imóvel.

9.3 Descumprimento do direito:

– A preferência contratual, se preterida, enseja apenas o direito de o prejudicado pedir perdas e danos ao ofensor (direito pessoal);

– Não há direito de perseguir a coisa (direito real);

– Há outros direitos de preferência previstos na lei que estabelecem direito real; por exemplo, o caso de preferência que existe entre coproprietários de um bem indivisível, quando um deles deseja vender sua fração ideal.

4.9. CONTRATO ESTIMATÓRIO (VENDA EM CONSIGNAÇÃO)

O contrato estimatório pode ser **conceituado** como *aquele em que o consignante entrega bens móveis ao consignatário, para que este os venda, pagando àquele o preço ajustado, ou restitua a coisa ao consignante no prazo ajustado.*

Trata-se da famosa **venda em consignação**, muito comum nas vendas de carros, livros, joias, obra de arte, artesanato, bebidas. Atualmente, há muitas lojas de veículo consignado. O dono do veículo leva o automóvel à loja, deixando-o lá, em consignação, para que a loja tente vender o veículo. Uma vez vendido o veículo, o valor mínimo combinado será entregue ao dono do veículo, ficando o valor pago a mais com a loja de veículos.

A vantagem desse contrato é que o vendedor final (ex.: a loja de veículos) não precisar ter um grande capital de giro, pois não tem que comprar bens para revender.

Quanto à **coisa consignada**, há de se observar as seguintes regras:

a) não pode ser objeto de constrição em favor dos credores do consignatário, enquanto não pago integralmente o preço (art. 536 do CC); isso ocorre, pois o consignatário (ex.: loja de veículos consignados) não é dono da coisa, mas apenas a mantém para tentar vendê-la a terceiro;

b) não pode ser alienada pelo consignante antes de lhe ser restituída ou de ser comunicada restituição (art. 537 do CC); ou seja, o consignante (dono da coisa) deve respeitar a posição do consignatório; porém, o consignante pode pedir a coisa de volta, sendo que, uma vez restituída a coisa, o consignante poderá vendê-la a quem bem entender;

c) se não puder ser restituída, ainda que por fato não imputável ao consignatário, este deverá pagar o preço (art. 535 do CC); por exemplo, se o carro, que estava na loja de carros, vier a se perder, o consignatário (loja de veículos) deverá pagar o preço da coisa ao consignante (dono do carro).

Quanto à **classificação**, o contrato é *típico, bilateral, oneroso* e *real*.

O contrato estimatório tem, ainda, as seguintes **características**:

a) transfere-se a posse e o poder de disposição (e não a propriedade);

b) a propriedade continua com o consignante, até que seja vendida a terceiro ou adquirida pelo consignatário, mas o consignante não pode alienar a coisa antes de ser devolvida ou comunicada a sua restituição (art. 537 do CC);

c) o consignante fixa **preço de estima**, ou seja, o preço mínimo que ele deseja receber pela coisa consignada; esse preço deve ser abaixo do de mercado e o consignatário deve pagar esse preço, ficando com a diferença do valor pago a maior;

d) o consignatário, findo o contrato, pode devolver o bem, ficar com ele (pagando o preço estimado) ou vendê-lo a terceiro (pagando o preço estimado);

e) decorrido o prazo sem entrega da coisa pelo consignatário, cabe reintegração de posse;

f) o consignante, caso não receba o valor pela coisa vendida pelo consignatário, não deve acionar o terceiro, mas o consignatário.

Quanto ao **consignatário**, temos as seguintes regras:

a) tem poderes de posse e de disposição (ou seja, tem um *mandato* para vender a coisa);

b) tem por obrigação principal uma obrigação alternativa, qual seja, de vender a coisa, de ficar com a coisa ou de devolver a coisa no prazo combinado, sendo que, nos dois últimos casos, deve pagar o preço estimado;

c) tem por obrigação acessória arcar com as despesas de custódia e venda da coisa, salvo acordo entre as partes.

Quanto ao **consignante**, temos as seguintes regras:

a) tem poderes de fixar o preço de estima;

b) tem poder de propriedade compatível com o poder do consignatário; tem a posse indireta apenas, podendo retomar após o decurso do prazo; notificado o consignatário sem que este devolva a coisa, caberá reintegração de posse;

c) tem por obrigação não poder dispor da coisa no curso do contrato.

4.10. DOAÇÃO

O contrato de doação pode ser **conceituado** como *o contrato em que uma pessoa, por liberalidade, transfere de seu patrimônio bens ou vantagens para o de outra, mediante aceitação desta* (art. 538 do CC).

Quanto à **classificação**, a doação é contrato:

a) gratuito: há vantagem apenas para uma das partes;

b) unilateral: há obrigação apenas para uma das partes, salvo na doação com encargo (contrato bilateral);

c) consensual: constitui-se com o mero acordo de vontades, não sendo necessária a entrega da coisa, ou seja, não é contrato *real*;

d) solene/formal: ou seja, há forma prescrita em lei, que deve ser obedecida; no caso, o art. 541, *caput*, e parágrafo único, do CC impõe forma escrita (pública ou privada), salvo bens móveis e de pequeno valor, se lhes seguir incontinenti a tradição. Para a análise do que seja bem de pequeno valor, nos termos do que consta do art. 541, parágrafo único, do Código Civil, deve-se levar em conta o patrimônio do doador (Enunciado 622 CJF).

São **características** do contrato de doação as seguintes:

a) a contratualidade: trata-se de contrato "inter vivos", não se confunde com o testamento, que é ato "causa mortis"; ademais, a doação gera direitos pessoais, direitos típicos de um contrato;

b) o "animus donandi": a doação depende da existência de intenção de praticar uma liberalidade;

c) a transferência de bens ou direitos do patrimônio do doador ao patrimônio do donatário; ou seja, é necessário que haja enriquecimento de um lado e empobrecimento de outro;

d) a necessidade de aceitação do donatário: ou seja, a doação não se aperfeiçoa enquanto beneficiário não a aceitar (art. 539 do CC); a aceitação pode ser das seguintes espécies:

d1) expressa: por exemplo, a feita no próprio instrumento de doação; na doação com encargo só cabe aceitação expressa;

d2) tácita: é aquela que decorre de comportamento do donatário; por exemplo, se o donatário recolhe imposto de transmissão, é sinal que aceitou tacitamente a doação;

d3) presumida: é aquela em que o doador fixa prazo para aceitação ou não da doação, sendo que o donatário é notificado das condições e do prazo para aceitação, deixando transcorrer o prazo "in albis".

No contrato de doação, há **casos particulares**, em que se têm regras específicas:

a) absolutamente incapaz: dispensa-se aceitação, se a doação for pura e simples (art. 543 do CC), já que, nesse tipo de doação, presume-se o benefício para o incapaz; porém, na doação com encargo, o representante legal deve aceitar ou não a doação;

b) nascituro: nesse caso a aceitação será feita pelo representante legal deste (art. 542 do CC);

c) doação em contemplação de casamento futuro: não pode ser impugnada por falta de aceitação; ficará sem efeito se o casamento não se realizar (art. 546 do CC).

Vejamos, agora, aos **requisitos especiais** da doação:

a) subjetivos:

Os **absoluta ou relativamente incapazes** não podem, em regra, doar, nem por seu representante.

Os **cônjuges** não podem doar sem autorização (salvo no regime de separação absoluta. Reforçando esse entendimento cita-se o Enunciado 654 CJF: "Em regra, é válida a doação celebrada entre cônjuges que vivem sob o regime da separação obrigatória de bens"), salvo doações remuneratórias de móveis (serviço prestado), doações módicas, doações *propter nuptias* (art. 1.647, parágrafo único, do CC) e doação de bens próprios (salvo imóveis – art. 1.642, II, do CC).

O **cônjuge adúltero** não pode fazer doação a seu cúmplice, sob pena de anulabilidade.

Art. 550 do CC; aliás, "a doação do cônjuge adúltero ao seu cúmplice pode ser anulada pelo outro cônjuge, ou por seus herdeiros necessários, até dois anos depois de dissolvida a sociedade conjugal".

A doação entre **consortes** não é possível, se casados pelo regime de comunhão universal, mas é possível nos demais casos, sendo que essa doação importará em adiantamento do que cabe ao cônjuge donatário, na herança.

O falido não pode doar porque não está na administração da coisa, além do que a doação seria lesiva; é cabível, em alguns casos, a ação pauliana (fraude contra credores – art. 158 do CC).

O ascendente pode doar a **descendente**, mas tal doação importará em adiantamento da legítima (art. 544 do CC), devendo o valor da doação ser colacionado no inventário (arts. 2.002 do CC e 639 do NCPC), salvo se o doador, no instrumento de doação ou por testamento, dispensar a colação, dispondo que a doação está saindo da metade disponível (arts. 1.847, 2.005 e 2.006 do CC).

Cabe doação a **sociedade não constituída** (entidade futura), mas tal doação caducará se a entidade não for criada em dois anos da liberalidade (art. 554 do CC).

b) objetivos:

Só podem ser doadas as coisas *in commercio*; partes do corpo não podem ser doadas, portanto; salvo excepcionalmente, nos casos previstos em lei;

É nula a **doação universal**, ou seja, a doação de todos os bens, sem reserva de parte do patrimônio ou renda suficiente para subsistência do doador (art. 548 do CC). A finalidade da regra é evitar a penúria do doador, garantindo-lhe a dignidade (art. 1º, III, da CF). É possível evitar a sanção de nulidade, fazendo-se reserva de usufruto em favor do doador.

É nula a doação inoficiosa, ou seja, de parte excedente à de que o doador poderia dispor em testamento no momento em que doa (art. 549 do CC).

c) requisito formal:

A doação deve ser escrita, podendo ser verbal nos casos já mencionados.

Confira, agora, as **espécies** de doação:

a) pura e simples: é a doação feita por mera liberalidade, sem condição, termo, encargo ou outra restrição. Não perdem esse caráter as doações meritórias (p. ex., para um grande cientista) e a doação remuneratória ou gravada, no que exceder o valor dos serviços ou gravame.

b) modal ou com encargo (ou onerosa): é a doação em que o doador impõe ao donatário uma incumbência específica em benefício próprio (ex.: cuidar do doador), de terceiro (ex.: cuidar do tio doente do doador) ou do interesse geral (ex.: construir uma escola). Se o encargo for ilícito ou impossível, deve ser ignorado. Havendo encargo, é interessante que haja um prazo para o seu cumprimento. Não havendo, deve-se notificar o donatário, assinando prazo razoável para cumprir (art. 562 do CC). Podem exigir o cumprimento o doador, seus herdeiros, os beneficiários do encargo e o Ministério Público, neste caso, se o encargo for do interesse geral, desde que depois da morte do doador, sem que este tenha agido. Em caso de mora no cumprimento da obrigação, o doador pode, ainda, revogar a doação.

c) doação remuneratória: é a doação em que, sob aparência de liberalidade, há firme propósito do doador de pagar serviços prestados pelo donatário ou alguma vantagem que haja recebido deste. Não perde caráter de liberalidade no valor excedente ao valor dos serviços remunerados.

d) doação condicional: é a doação que produz ou deixa de produzir efeitos segundo evento futuro e incerto.

e) doação em forma de subvenção periódica: essa doação parece com a prestação de alimentos (art. 545 do CC), ficando extinta com a morte do doador, salvo se este dispôs de modo diverso, ou seja, que a subvenção periódica continuará.

f) doação com cláusula de reversão: é aquela doação em que o doador estipula a volta dos bens ao seu patrimônio se sobreviver ao donatário (art. 547 do CC). A venda da coisa, estando ainda vivo o doador, é anulável.

g) doação a termo: é aquela doação que tem termo final ou inicial. Ex.: pelo prazo de 10 anos.

h) doação conjuntiva: é a doação feita em comum a mais de uma pessoa. A lei presume que a doação é distribuída por igual. Haverá direito de acrescer, caso venha a faltar um dos donatários, apenas no caso de doação para marido e mulher, subsistindo na totalidade a doação para o cônjuge sobrevivo (art. 551 do CC).

Quanto à **revogação da doação**, pode ser por ingratidão ou por inexecução da obrigação.

Vejamos primeiro a revogação por **ingratidão**.

O art. 556 do CC dispõe que não se pode renunciar antecipadamente ao direito de revogar uma doação, por ingratidão.

Confira as **hipóteses** de **revogação da doação por ingratidão** (art. 557 do CC):

a) se o donatário atentou contra a vida do doador ou cometeu crime de homicídio doloso contra ele;

b) se cometeu contra ele ofensa física;

c) se o injuriou gravemente ou o caluniou;

d) se, podendo ministrá-los, recusou ao doador os alimentos de que este necessitava.

A revogação também é possível se as ofensas mencionadas se derem contra o cônjuge, ascendente, descendente, ainda que adotivo, ou irmão do doador (art. 558 do CC).

O prazo decadencial para ingressar com ação com vistas à revogação da doação é de 1 ano, contado da chegada ao conhecimento do doador o fato que autorizar a sua autoria (art. 559 do CC).

A **legitimidade ativa** para ingressar com essa ação é apenas do doador (trata-se de ação personalíssima), não se transmitindo aos herdeiros, que podem, no máximo, prosseguir na ação intentada pelo doador, caso este venha a falecer.

No caso de homicídio doloso a ação caberá aos herdeiros do doador, salvo perdão por parte deste (art. 561 do CC).

Já a **legitimidade passiva** para a ação visando à revogação da doação é do donatário.

A revogação por ingratidão não prejudica os direitos adquiridos por **terceiros**, nem obriga o donatário a restituir os frutos percebidos antes da citação válida; mas o sujeita a pagar os posteriores, e, quando não possa restituir em espécie as coisas doadas, a indenizá-la pelo meio-termo do seu valor (art. 563 do CC).

Não se revogam por ingratidão (art. 564 do CC):

a) as doações puramente remuneratórias;

b) as oneradas com encargo já cumprido;

c) as que se fizerem em cumprimento de obrigação natural;

d) as feitas para determinado casamento.

Passemos agora ao estudo da revogação da doação por **inexecução do encargo** se o donatário incorrer em mora (art. 562 do CC). Não havendo prazo para o cumprimento, o doador poderá notificar judicialmente o donatário, assinando-lhe prazo razoável para que cumpra a obrigação assumida. Podem exigir o cumprimento do encargo o doador, os herdeiros, os beneficiários do encargo e o Ministério Público (se o encargo for de interesse geral, depois da morte do doador, se este nada tiver feito – art. 553 do CC).

4.11. EMPRÉSTIMO

O empréstimo é o gênero, que tem como espécies o *comodato* e o *mútuo*.

O empréstimo permite que alguém utilize coisa alheia, com o dever de restituir a coisa ao final.

4.11.1. Comodato

O comodato pode ser **conceituado** como *o empréstimo gratuito de coisas não fungíveis* (art. 579 do CC).

Outro conceito de comodato é o seguinte: *é o contrato pelo qual uma pessoa entrega a outra, gratuitamente, coisa não fungível para que a utilize e depois restitua.*

O comodato é um *empréstimo de uso*, já que a coisa é devolvida depois, ao passo que o mútuo é um *empréstimo de consumo*, já que a coisa (fungível) acaba sendo consumida, devolvendo-se o equivalente.

O comodato tem as seguintes **características**:

a) é unilateral: ou seja, gera obrigações apenas para o comodatário, já que é um contrato que se forma apenas com a entrega da coisa; acidentalmente, o comodato pode gerar obrigações para o comodante, hipótese em que se terá um contrato bilateral imperfeito;

b) é gratuito: ou seja, somente o comodatário aufere vantagens; se for estipulada remuneração, desfigura-se para aluguel; não desfigura o contrato a existência de pequeno encargo, como cuidar das plantas, dos pássaros, ou seja, não pode ser uma contraprestação;

c) é real: ou seja, perfaz-se com a tradição do objeto (art. 579, 2ª parte, do CC); na falta de entrega não se tem comodato, mas no máximo contrato preliminar (promessa de comodato);

d) é não solene: ou seja, não há forma especial para sua validade.

O comodato tem os seguintes **requisitos**:

a) subjetivos:

administradores de bens alheios, especialmente de incapazes (tutores, curadores), não podem dá-los em comodato, pois não seria administração normal a cessão gratuita do uso; nesses casos, o comodato só seria possível mediante autorização judicial;

não há necessidade de que o comodante seja proprietário da coisa dada em comodato; por exemplo, o usufrutuário pode dar a coisa em comodato; porém, o locatário não pode assim agir, sob pena de despejo.

b) objetivos:

Deve se tratar de coisa não fungível, podendo ser móvel ou imóvel.

Quanto à **duração**, o contrato de comodato tem as seguintes características:

a) é temporário; se fosse perpétuo, seria uma doação;

b) possibilidades:

b1) se não tiver prazo convencional (duração indeterminada), tem-se o comodato "ad usum" ou com "tempo presumido"; nesse caso presumir-se-lhe-á pelo tempo necessário para o uso concedido (art. 581 do CC); exs.: empréstimo para fazer um curso em São Paulo por 6 meses ou empréstimo de um trator para uma colheita; a retomada antes do prazo, nesse caso, só será possível em caso de necessidade imprevista e urgente reconhecida pelo juiz, como quando o comodante fique doente e precise fazer um tratamento na cidade onde se encontra o imóvel dado em comodato;

b2) se tiver prazo convencional certo, deve-se respeitá-lo; a retomada antes do termo final só será possível em caso de necessidade imprevista e urgente (art. 581 do CC).

Quanto às **obrigações do comodatário**, temos as seguintes:

a) como obrigação principal, deve *conservar* a coisa como se sua fosse (art. 582 do CC); não basta o cuidado elementar; correndo risco o objeto, o comodatário deve dar preferência à coisa comodada no salvamento (art. 583 do CC), mas não é necessário que arrisque a própria vida;

b) *não usar* a coisa, senão de acordo com o contrato ou a natureza dela (art. 582 do CC; não é possível cedê-la a terceiro, mudar a sua destinação (ex.: de residencial para comercial), sob pena de responsabilidade por perdas e danos;

c) arcar com as *despesas* normais com uso e gozo da coisa emprestada (ex.: limpeza, condomínio, tributos), não podendo recobrá-las do comodante (art. 584 do CC); porém, o comodatário não responde por despesas extraordinárias (ex.: infiltração, problemas na fundação), mas, se urgentes, deve reparar e depois cobrar do comodante;

d) restituir a coisa "in natura", o que deverá ser feito no prazo ajustado ou, na falta, quando lhe for reclamado, ressalvado o tempo necessário ao uso concedido (finalidade), ou, ainda, em caso de necessidade imprevista e urgente (art. 581 do CC); não restituída a coisa, deve-se constituir em mora o comodatário (por meio de notificação), com posterior ingresso com ação de reintegração de posse; constituído o comodatário em mora, este responderá, até restituir a coisa, pelo aluguel desta que for arbitrado pelo comodante (art. 582 do CC);

e) responder pelo dano à coisa, por culpa ou dolo; responderá também por caso fortuito ou de força maior se, correndo risco o objeto dado em comodato, salvar seus bens primeiro (art. 583 do CC) ou se estiver em mora (arts. 582 e 399 do CC);

f) responder solidariamente se houver mais de um comodatário simultaneamente sobre uma coisa (arts. 585 e 275 a 285, do CC).

São **obrigações do comodante**:

a) reembolsar o comodatário pelas despesas extraordinárias e urgentes que este fizer, ressalvado o direito de retenção em favor deste; porém, o comodante não tem obrigação de restituir as despesas normais e o valor das benfeitorias úteis e voluptuárias não autorizadas por ele;

b) indenizar o comodatário pelos vícios ocultos que escondeu dolosamente e não preveniu.

O comodato fica **extinto** nas seguintes hipóteses:

a) com o advento do termo convencionado;

b) pela resolução, por iniciativa do comodante, em caso de descumprimento de suas obrigações;

c) por sentença, a pedido do comodante, provada a necessidade imprevista e urgente;

d) pela morte do comodatário, se o contrato for "intuito personae"; ex.: morte de paralítico que recebeu cadeira de rodas;

e) pelo distrato;

f) pela alienação da coisa emprestada.

4.11.2. Mútuo

O mútuo pode ser **conceituado** como o *empréstimo de coisas fungíveis* (art. 586 do CC).

Trata-se de contrato pelo qual uma das partes transfere uma coisa fungível a outra, obrigando-se esta a restituir-lhe coisa do mesmo gênero, da mesma qualidade e na mesma quantidade.

Diferentemente do comodato, que é um empréstimo de uso, o mútuo é um empréstimo de consumo.

Um exemplo é o empréstimo de dinheiro, já que este é coisa fungível. O dinheiro emprestado será consumido pelo mutuário, que, mais tarde, devolverá a mesma quantia, mas não necessariamente o mesmo dinheiro que recebeu.

Outro exemplo é empréstimo de café que um vizinho faz para o outro. Quem recebe o café irá consumi-lo. Em seguida, deverá restituir o café, procurando comprar outro da mesma marca e na mesma quantidade emprestada.

Por conta dessa característica do mútuo (empréstimo de consumo), a doutrina aponta que esse contrato transfere a propriedade da coisa emprestada, o que pode ser visualizado com tranquilidade no exemplo do empréstimo de café. O café a ser devolvido em seguida será outro.

O mútuo tem as seguintes **características**:

a) é unilateral: ou seja, gera obrigações apenas para o mutuário; isso ocorre, pois o mútuo só se forma com a entrega da coisa, e, uma vez formado, somente o mutuário tem deveres;

b) é gratuito, se não houver remuneração para o mutuante; e é oneroso, se houver remuneração para o mutuante; o mútuo oneroso é denominado mútuo feneratício; em caso de mútuo destinado a fins econômicos (empréstimo de dinheiro feito em favor de uma empresa) presumem-se devidos juros (art. 591 do CC), vale dizer, presume-se que se trata de mútuo oneroso; mútuo destinado a fins econômicos é aquele não feito por amizade, cortesia ou espírito de solidariedade;

c) é real, pois somente passa a existir com a tradição da coisa; assim, o empréstimo de dinheiro somente se perfaz quando há a entrega do dinheiro; mesmo que já haja um contrato de mútuo assinado, enquanto não houver a entrega de dinheiro, o contrato não é considerado existente, tratando-se, nessa fase, de mera promessa de mutuar;

d) é não solene: ou seja, não se exige forma especial.

O mútuo tem os seguintes **requisitos**:

a) subjetivos:

o mutuante deve estar habilitado a obrigar-se;

o mutuário também deve estar habilitado; por exemplo, no caso de mútuo feito a pessoa menor, sem prévia autorização do representante legal, o valor emprestado não pode ser reavido nem do mutuário nem de seus fiadores (art. 588 do CC); trata-se de proteção contra a exploração gananciosa da sua inexperiência; porém, deixa-se de aplicar a pena nos seguintes casos (art. 589 do CC): i) se o representante ratificar posteriormente; ii) se o menor, ausente o representante, contrair empréstimo para seus alimentos habituais; iii) se o menor tiver bens ganhos com seu trabalho, de modo a que eventual execução futura não ultrapasse as forças do patrimônio do menor; iv) se o empréstimo reverter em benefício do menor; v) se o menor entre 16 e 18 anos tiver obtido o empréstimo maliciosamente (art. 180 do CC).

b) objetivos:

É necessário que a coisa seja fungível e de propriedade do mutuante.

Quanto à **duração**, o contrato de mútuo tem as seguintes características (arts. 590 e 592 do CC):

a) a restituição da coisa emprestada deve ser feita no prazo convencionado, que, inexistindo, dá ensejo às seguintes regras:

a1) se for produtos agrícolas: devolve-se até a próxima colheita;

a2) se for dinheiro: o prazo do mútuo será de 30 dias, pelo menos;

a3) se for outra coisa fungível: o mútuo se dará pelo período de tempo que declarar mutuante; ou seja, este, a todo tempo, poderá intimar o devedor para restituir no prazo razoável que estipular;

a4) se o mutuário sofrer notória mudança em sua situação econômica: pode-se exigir a restituição antes do vencimento (art. 590 do CC).

São **obrigações do mutuário:**

a) restituir o que recebeu, em coisas do mesmo gênero, qualidade e quantidade, no prazo estipulado (art. 586 do CC); é válida a cláusula de devolver a coisa equivalente ou seu valor no momento da restituição; em relações de consumo, a restituição total ou parcial do valor emprestado antes do prazo definido no contrato acarreta a redução proporcional dos juros e demais acréscimos (art. 52, § 2º, do CDC); não sendo possível a devolução do gênero, por causa não imputável ao devedor, substitui-se pelo equivalente pecuniário; indenização por perdas e danos só se houver culpa do mutuário;

b) pagar juros, se convencionados, ou se se trata de mútuo com fins econômicos; não se deve confundir os juros compensatórios (remuneração do capital) com os juros moratórios ou legais (pela mora); os juros legais são devidos desde a citação; quanto aos limites legais aos juros compensatórios, o art. 591 do CC estabelece que estes não podem exceder a taxa estipulada no art. 406 do CC (taxa dos juros legais), que é a Taxa Selic, a qual já contém correção monetária e juros; a capitalização de juros é vedada, salvo se feita anualmente e expressamente prevista em contrato (REsp 1.388.972-SC, DJe 13.03.2017); a cumulação de juros compensatórios com juros moratórios é possível, pois cada um tem sua origem, mas não é possível cumulá-los com comissão de permanência; todavia, a regra de limitação de juros e de proibição de capitalização de juros não se aplica às instituições financeiras, inclusive às administradoras de cartão de crédito (Medida Provisória 2.170-36/2001); o conceito de instituição financeira pode ser encontrado no art. 17 da Lei 4.595/1964 e na LC 105/2001);

c) pagar correção monetária, também chamada de cláusula de escala móvel; essa correção não se confunde com os juros; porém, quando aplicada a Taxa Selic, é importante observar que essa taxa já embute juros e correção monetária; porém, se os juros e a correção monetária forem estipulados especificamente, há de se tomar cuidado para que os juros estejam dentro dos limites (salvo instituição financeira), bem como se a correção monetária também está dentro dos limites, valendo salientar que a Lei do Plano Real (Lei 10.192/2001) considera nula a estipulação de correção monetária em periodicidade inferior a um ano;

d) responder pelos riscos da coisa desde a tradição (art. 587 do CC).

Em acréscimos às informações dadas sobre o mútuo praticado por **instituições financeiras** (item "b" acima vale trazer alguns entendimentos do STJ a esse respeito:

a) são inaplicáveis aos juros remuneratórios dos contratos de mútuo bancário as disposições do art. 591 c/c o art. 406 do CC/2002. (AgRg no AREsp 602087/RS, DJE 07.08.2015);

b) as instituições financeiras não se sujeitam à limitação dos juros remuneratórios estipulada na Lei de Usura (Decreto 22.626/1933) (AgRg no REsp 1543201/SC, DJE 09.10.2015);

c) as cooperativas de crédito e as sociedades abertas de previdência privada são equiparadas a instituições financeiras, inexistindo submissão dos juros remuneratórios cobrados por elas às limitações da Lei de Usura. (AgRg no REsp 1264108/RS, DJE 19.03.2015);

d) as empresas administradoras de cartão de crédito são instituições financeiras e, por isso, os juros remuneratórios por elas cobrados não sofrem as limitações da Lei de Usura. (Súmula 283/STJ) (AgRg no AREsp 387999/RS, DJE 12.02.2015);

e) É inviável a utilização da taxa referencial do Sistema Especial de Liquidação e Custódia – SELIC como parâmetro de limitação de juros remuneratórios dos contratos bancários (AgRg no AREsp 287604/RS, DJE 0.12.2014);

f) O simples fato de os juros remuneratórios contratados serem superiores à taxa média de mercado, por si só, não configura abusividade. (AgRg no AgRg no AREsp 602850/MS, DJE 11.09.2015);

g) É admitida a revisão das taxas de juros remuneratórios em situações excepcionais, desde que caracterizada a relação de consumo e que a abusividade (capaz de colocar o consumidor em desvantagem exagerada – art. 51, § 1 º, do CDC) fique cabalmente demonstrada, ante às peculiaridades do julgamento em concreto. (AgRg no AREsp 720099/MS, DJE 11.09.2015);

h) Nos contratos bancários, na impossibilidade de comprovar a taxa de juros efetivamente contratada – por ausência de pactuação ou pela falta de juntada do instrumento aos autos –, aplica-se a taxa média de mercado, divulgada pelo Bacen, praticada nas operações da mesma espécie, salvo se a taxa cobrada for mais vantajosa para o devedor. (Súmula 530/STJ) (REsp 1545140/MS, DJE 05/10/2015; AgRg no REsp 1380528/RS, DJE 15.09.2015);

i) Nos contratos bancários, é vedado ao julgador conhecer, de ofício, da abusividade das cláusulas. (Súmula 381/STJ) (AgRg no REsp 1419539/RS, DJE 07.05.2015);

j) Os empréstimos com desconto em folha de pagamento (consignação facultativa/voluntária) devem limitar-se a 30% (trinta por cento) dos vencimentos do trabalhador, ante a natureza alimentar do salário e do princípio da razoabilidade. (AgRg no AREsp 435294/MG, DJE 08.10.2015);

k) Podem as partes convencionar o pagamento do Imposto sobre Operações Financeiras e de Crédito (IOF) por meio de financiamento acessório ao mútuo principal, sujeitando-o aos mesmos encargos contratuais. (AgRg no REsp 1532484/PR, DJE 11.09.2015);

l) É possível a cobrança de comissão de permanência durante o período da inadimplência, à taxa média de juros do mercado, limitada ao percentual previsto no contrato, e desde que não cumulada com outros encargos moratórios. (Súmula 472/STJ) (AgRg no AREsp 722857/PR, DJE 24.09.2015).

4.12. CONTRATOS COM INCORPORADORAS E LOTEADORAS

A Lei 13.768, publicada em 27.12.2018, e com entrada imediata em vigor imediatamente, disciplina a resolução de contratos por inadimplemento do adquirente de unidade imobiliária em incorporação imobiliária e também em parcelamento de solo urbano, alterando as leis 4.591/1964 e 6.766/1979.

Essa lei se dirige então a negócios que envolvam a aquisição de apartamentos, casas e terrenos, desde que comprados de incorporadoras ou de loteadores e é aplicada quando o comprador ou promitente comprador ficar inadimplente e, assim, tiver que devolver o imóvel comprado e arcar com as consequências financeiras daí decorrentes.

De acordo com a nova lei, os contratos de compra e venda, promessa de venda, cessão ou promessa de cessão de unidades autônomas integrantes de INCORPORAÇÃO IMOBILIÁRIA serão iniciados por quadro-resumo, que deverá conter, entre outras obrigações legais, as seguintes disposições:

I – o preço total;

II – o valor da entrada e os percentuais sobre o valor total do contrato;

III – o valor da corretagem, condições de pagamento e a identificação precisa de seu beneficiário;

IV – a forma de pagamento do preço, com indicação clara dos valores e vencimentos das parcelas;

V – os índices de correção monetária aplicáveis ao contrato;

VI – as consequências do desfazimento do contrato, por distrato ou por resolução contratual por inadimplemento do adquirente ou do incorporador, com destaque negritado para as penalidades aplicáveis e para os prazos para devolução de valores; sendo que a efetivação dessas consequências dependerá de anuência prévia e específica do adquirente a seu respeito, mediante assinatura junto a essas cláusulas;

VII – as taxas de juros, se mensais ou anuais, se nominais ou efetivas, o seu período de incidência e o sistema de amortização;

VIII – as informações do direito de arrependimento previsto no art. 49 do CDC para contratos feitos fora de estabelecimento comercial.

Caso o contrato não traga essas informações e as demais previstas em lei ele não será nulo ou passível de resolução imediatamente. Primeiro será concedido prazo de 30 dias para aditamento e saneamento da omissão, findo o qual, se não sanada, caracterizará justa causa para rescisão contratual por parte do adquirente.

A lei também protege o incorporador para atrasos de até 180 dias na conclusão do empreendimento após o prazo fixado no contrato, dispondo que havendo expressa menção dessa possibilidade no contrato não haverá direito à resolução contratual ou penalidade em favor do adquirente.

Já se a entrega do imóvel ultrapassar esse prazo, poderá ser promovida pelo adquirente a resolução do contrato, sem prejuízo da devolução da integralidade de todos os valores pagos e da multa estabelecida, em até 60 dias corridos contados da resolução, corrigidos. Todavia, "optando o adquirente pela resolução antecipada de contrato de compra e venda por atraso na obra, eventual valorização do imóvel não enseja indenização por perdas e danos" (STJ, REsp 1.750.585-RJ, j. 01/06/2021).

Outra opção, caso o adquirente queira ficar com o imóvel é receber, por ocasião da entrega da unidade, indenização de 1% (um por cento) do valor efetivamente pago à incorporadora, para cada mês de atraso, *pro rata die*, corrigido.

Nos casos em que o adquirente não quiser prosseguir com o contrato este pode ser desfeito por distrato ou resolução por inadimplemento, sendo que o adquirente fará jus à restituição das quantias que houver pago ao incorporador, atualizadas. Porém esse dinheiro que o adquirente receberá de volta terá os seguintes abatimentos:

I – da comissão de corretagem;

II – da pena convencional, sendo que tal multa não poderá exceder a 25% da quantia paga, não sendo necessário que o incorporador alegue prejuízo; quando a incorporação estiver submetida ao regime do patrimônio de afetação, a lei admite multa de até 50%; a jurisprudência até essa mudança legislativa somente aceitava retenção de multa de até 10% da quantia paga, tratando-se, assim, de uma importante modificação legal.

III – caso o adquirente já tenha recebido o imóvel, arcará ainda com: a) os impostos e condomínios ou contribuições do imóvel; b) o valor correspondente à fruição do imóvel, equivalente à 0,5% (cinco décimos por cento) sobre o valor atualizado do contrato, *pro rata die*.

Tais débitos poderão ser pagos mediante compensação com a quantia a ser restituída.

Por outro lado, esses descontos e retenções estão limitados aos valores efetivamente pagos pelo adquirente, salvo em relação às quantias relativas à fruição do imóvel.

Como regra, a restituição de valores ao adquirente será realizada em parcela única, após o prazo de 180 dias, contado da data do desfazimento do contrato. Já quando a incorporação estiver submetida ao regime do patrimônio de afetação a restituição se dará até 30 dias após o habite-se ou documento equivalente.

Quando o adquirente é quem dá causa ao desfazimento do contrato, a lei dá a ele a oportunidade de não ter que pagar a multa contratual (25% ou 50%). Basta que ele encontre um comprador substituto que o sub-rogue nos direitos e obrigações originalmente assumidos, com a devida anuência do incorporador e a aprovação dos cadastros e da capacidade financeira e econômica do comprador substituto.

A lei também permite que as partes entrem num acordo sobre as condições para o desfazimento do contrato. Basta entrar num acordo e fazer um distrato.

No que concerne aos LOTEAMENTOS, os contratos de compra e venda, cessão ou promessa de cessão também devem ser iniciados por quadro-resumo, que deverá conter regras semelhantes às da incorporação, como preço total a ser pago pelo imóvel, beneficiário da corretagem, forma de pagamento, correção, juros etc.

Há também aquela regra que concede prazo de 30 dias para o aditamento contratual para saneamento de omissões.

E quanto à resolução contratual por culpa do adquirente, deverão ser restituídos os valores pagos por ele, atualizados, podendo ser descontados desses valores os seguintes itens:

I – o valor de eventual fruição do imóvel, até 0,75% sobre o valor atualizado do contrato, cujo prazo será contado a partir da data da transmissão da posse do imóvel ao adquirente até sua restituição ao loteador;

II – o montante devido por cláusula penal e despesas administrativas, inclusive arras ou sinal, limitado a um desconto de 10% do valor atualizado do contrato;

III – os encargos moratórios relativos às prestações pagas em atraso pelo adquirente;

IV – os débitos de impostos, contribuições condominiais e associativas;

V – a comissão de corretagem.

O pagamento da restituição ocorrerá em até 12 (doze) parcelas mensais, com início após o seguinte prazo de carência:

I – em loteamentos com obras em andamento: até 180 dias após o prazo previsto em contrato para conclusão das obras;

II – em loteamentos com obras concluídas: até 12 (doze) meses após a formalização da rescisão contratual.

Para garantir que o loteador irá cumprir a lei e devolver as quantias pagas pelo adquirente, a lei estabelece que somente será efetuado um novo registro de um contrato de nova venda se for comprovado o início da restituição do valor pago pelo vendedor ao titular do registro cancelado na forma e condições pactuadas no distrato, dispensada essa comprovação nos casos em que o adquirente não for localizado ou não tiver se manifestado.

Outra garantia para o adquirente é a de que, se ocorrer o cancelamento do registro por inadimplemento do contrato, e tiver sido realizado o pagamento de mais de 1/3 do preço ajustado, o oficial do registro de imóveis mencionará esse fato e a quantia paga no ato do cancelamento, e somente será efetuado novo registro relativo ao mesmo lote, mediante apresentação do distrato assinado pelas partes e a comprovação do pagamento da parcela única ou da primeira parcela do montante a ser restituído ao adquirente, ao titular do registro cancelado, ou mediante depósito em dinheiro à sua disposição.

4.13. CONTRATO DE ADMINISTRAÇÃO FIDUCIÁRIA DE GARANTIAS

O contrato de administração fiduciária de garantias trata-se de uma inovação no sistema jurídico brasileiro sem precedentes. Tem o objetivo de proporcionar maior garantia e eficiência na gestão de ativos garantidores.

O artigo 853-A CC prevê a figura do agente de garantia que será designado pelos credores da obrigação a fim de constituir, registrar, gerir e executar a garantia. O agente atuará em nome próprio, mas em benefício dos credores, inclusive em ações judiciais que envolvam discussões sobre a existência, a validade ou a eficácia do ato jurídico do crédito garantido, vedada qualquer cláusula que afaste essa regra em desfavor do devedor ou, se for o caso, do terceiro prestador da garantia.

Esse contrato permite a criação de um concurso de garantias preexistentes, sob a gestão do agente de garantia, viabilizando maleabilidade na inclusão e exclusão de operações com diversos credores.

O agente de garantia poderá valer-se ainda da execução extrajudicial da garantia, quando houver previsão na legislação especial aplicável à modalidade de garantia. Exemplo disso pode ocorrer na alienação fiduciária de imóveis.

Perante os credores da obrigação o agente de garantia terá dever fiduciário e responderá por todos os seus atos. Inclusive poderá ser substituído, a qualquer tempo, por decisão do credor único ou dos titulares que representarem a maioria simples dos créditos garantidos, reunidos em assembleia. Ressalta-se, porém, que a substituição do agente de garantia somente será eficaz após ter sido tornada pública pela mesma forma por meio da qual tenha sido dada publicidade à garantia.

O produto da realização da garantia, enquanto não transferido para os credores garantidos, constitui patrimônio separado daquele do agente de garantia e não poderá responder por suas obrigações pelo período de até 180 (cento e oitenta) dias, contado da data de recebimento do produto da garantia. Essa medida visa assegurar que os recursos dos credores estarão protegidos até a sua transferência a eles, que deverá ser feita no prazo máximo de até 10 (dez) dias úteis após o recebimento do valor do produto da garantia.

Além desta relação contratual com os credores, o agente de garantia também pode manter contratos com o devedor para: pesquisa de ofertas de crédito mais vantajosas entre os diversos fornecedores, auxílio nos procedimentos necessários à formalização de contratos de operações de crédito e de garantias reais, intermediação na resolução de questões relativas aos contratos de operações de crédito ou às garantias reais e outros serviços não vedados em lei devendo agir sempre com estrita boa-fé perante o devedor.

4.14. QUESTÕES COMENTADAS

4.14.1. Conceito, pressupostos, formação e princípios dos contratos

(Magistratura/SC – FCC) *O princípio da boa-fé, no Código Civil Brasileiro, não foi consagrado, em artigo expresso, como regra geral, ao contrário do Código Civil Alemão. Mas o nosso Código Comercial incluiu-o como princípio vigorante no campo obrigacional e relacionou-o também com os usos de tráfico (23). Contudo, a inexistência, no Código Civil, de artigo semelhante ao § 242 do BGB não impede que o princípio tenha vigência em nosso direito das obrigações, pois se trata de proposição jurídica, com significado de regra de conduta. O mandamento engloba todos os que participam do vínculo obrigacional e estabelece, entre eles, um elo de cooperação, em face do fim objetivo a que visam* (Clóvis V. do Couto e Silva. A obrigação como processo. José Bushatsky, Editor, 1976, p. 29-30). Esse texto foi escrito na vigência do Código Civil de 1916. O Código Civil de 2002

(A) trouxe, porém, mandamento de conduta, tanto ao credor como ao devedor, estabelecendo entre eles o elo de cooperação referido pelo autor.
(B) trouxe disposição análoga à do Código Civil alemão, mas impondo somente ao devedor o dever de boa-fé.
(C) também não trouxe qualquer disposição semelhante à do Código Civil alemão estabelecendo elo de cooperação entre credor e devedor.
(D) trouxe disposição semelhante à do Código Civil alemão, somente na parte geral e como regra interpretativa dos contratos.
(E) trouxe disposição análoga à do Código civil alemão, mas impondo somente ao credor o dever de boa-fé.

A: correta (art. 422 do CC); **B e E:** incorretas, pois o dever é de todos os contratantes (art. 422 do CC); **C:** incorreta, pois a disposição está no art. 422 do CC; **D:** incorreta, pois a disposição não está parte geral do Código, mas na parte que trata dos Contratos.
Gabarito "A"

(Magistratura/RR – FCC) Roberto e Marieta possuem os filhos Marcos, com vinte e cinco anos, Antonio, com vinte anos e Mônica, com doze anos de idade. Os pais, pretendendo vender um imóvel para Marcos,

(A) terão de pedir a venda judicial, em que Marcos poderá exercer o direito de preferência.
(B) deverão obter o consentimento de Antonio, sem o qual a venda será nula, mas não precisarão do consentimento de Mônica, que é absolutamente incapaz.
(C) não poderão realizar o negócio enquanto Mônica for absolutamente incapaz, devendo aguardar que ela complete dezesseis anos para ser emancipada e consentir na venda, juntamente com Antonio.
(D) deverão obter o consentimento de Antonio e de Mônica, sendo que, para esta, terá de ser dado curador especial pelo juiz.
(E) poderão fazê-lo livremente, se o valor desse imóvel não exceder o disponível, mas se o exceder dependerão do consentimento de Antonio, que, necessariamente, figurará na escritura como curador especial de Mônica.

A: incorreta, pois não há previsão legal nesse sentido; **B e E:** incorretas, pois o consentimento de todos os ascendentes é necessário (art. 496, *caput*, do CC); **C:** incorreta, pois a nomeação de um curador especial no caso é suficiente para resolver a questão sem que tenha de se esperar a maioridade de Mônica; **D:** correta, pois no caso haveria conflito de interesses se os pais pudessem dar autorização representando sua filha em benefício deles mesmos.
Gabarito "D"

(DPE/PE – CESPE) A respeito de obrigações e contratos, julgue o item abaixo, de acordo com a jurisprudência do STJ.

(1) Os deveres secundários da prestação obrigacional vinculam-se ao correto cumprimento dos deveres principais, como ocorre com a conservação da coisa até a tradição. Por sua vez, os deveres acessórios ou laterais são diretamente relacionados ao correto processamento da relação obrigacional, tais como os de cooperação, de informação, de sigilo e de cuidado.

1: correta, pois traz a exata definição dos deveres secundários, de um lado, e dos deveres acessórios ou laterais (como o dever de respeitar a boa-fé, de outro. Vide a decisão do STF no REsp 1.237.054-PR, j. 22.04.2014

Gabarito 1C

(Juiz de Direito/PR – UFPR) Reza o art. 447, do Código Civil Brasileiro: "Nos contratos onerosos, o alienante responde pela evicção. Subsiste esta garantia ainda que a aquisição se tenha realizado em hasta pública."

No que concerne à evicção, é correto afirmar:

(A) É vedado às partes reforçar, diminuir ou excluir a responsabilidade pela evicção, pois decorre de lei.
(B) O preço, seja a evicção total seja parcial, será o do valor da coisa na época do contrato, atualizada monetariamente pelos índices oficiais.
(C) Se parcial, mas considerável, for a evicção, poderá o evicto optar entre a rescisão do contrato e a restituição da parte do preço correspondente ao desfalque sofrido. Se não for considerável, caberá somente direito a indenização.
(D) Pode o adquirente demandar pela evicção, mesmo sabendo que a coisa era litigiosa ao tempo da alienação. Não poderá, no entanto, se sabia que a coisa era alheia.

A: incorreta, pois as partes podem reforçar, diminuir ou até mesmo excluir a responsabilidade pela evicção (art. 448 do CC); B: incorreta, pois o preço será o do valor da coisa na época em que se envenceu (art. 450, parágrafo único, do CC); C: correta, pois de pleno acordo com o disposto no art. 455 do CC; D: incorreta, pois o adquirente não poderá demandar pela evicção se sabia que a coisa era litigiosa ou alheia (art. 457 do CC).

Gabarito "C".

(Magistratura/PE – FCC) Indo-se mais adiante, aventa-se a ideia de que entre o credor e o devedor é necessária a colaboração, um ajudando o outro na execução do contrato. A tanto, evidentemente, não se pode chegar, dada a contraposição de interesses, mas é certo que a conduta, tanto de um como de outro, subordina-se a regras que visam a impedir dificulte uma parte a ação da outra.

(**Contratos**, p. 43, 26ª edição, Forense, 2008, Coordenador: Edvaldo Brito, Atualizadores: Antonio Junqueira de Azevedo e Francisco Paulo de Crescenzo Marino).

Pode-se identificar o texto acima com o seguinte princípio aplicável aos contratos:

(A) da intangibilidade.
(B) do consensualismo.
(C) da força obrigatória.
(D) da boa-fé.
(E) da relatividade das obrigações pactuadas.

O princípio da boa-fé objetiva (art. 422 do CC) impõe que os contratantes ajam de forma leal, proba, honesta, respeitosa e colaborativa. Essa conduta deve se dar em todas as fases que envolvem o contrato, tais como tratativas, celebração, execução, extinção e pós-extinção do contrato. A ideia de "colaboração, um ajudando o outro na execução do contrato" diz respeito ao dever de boa-fé na fase de execução do contrato, de modo que a alternativa "d" está correta.

Gabarito "D".

(Ministério Público/PR) A respeito dos contratos, assinale a alternativa correta.

(A) a responsabilidade por vícios redibitórios é característica de todo e qualquer contrato translativo do domínio, seja ele comutativo ou aleatório, oneroso ou benéfico.
(B) a violação de deveres laterais derivados da boa-fé objetiva pode caracterizar a denominada violação positiva do contrato.
(C) conforme expressa disposição legal, a resolução do contrato por fatos supervenientes, extraordinários e imprevisíveis que tornem a prestação de uma das partes excessivamente onerosa somente é admitida em favor do devedor que não estiver em mora.
(D) O direito de arrependimento é ínsito à natureza do contrato preliminar, que não pode, assim, ser objeto de execução específica.
(E) são nulos os contratos onerosos do devedor insolvente, quando a insolvência for notória, ou houver motivo para ser conhecida do outro contratante

A: incorreta, pois é característica dos contratos comutativos e onerosos (art. 441 do CC); B: correta, pois a doutrina denomina de violação positiva do contrato a violação dos deveres anexos aos contratos (ou laterais), que decorrem do princípio da boa-fé objetiva; por conta desse princípio, que está no art. 422 do CC, cada contrato será regido não só pelas cláusulas acertadas pelas partes, mas também pelos deveres de lealdade, probidade e respeito, que decorrem do princípio da boa-fé objetiva; segundo a doutrina, a violação desses deveres anexos aos contratos constitui espécie de inadimplemento, independentemente de culpa (Enunciado CJF 24); C: incorreta, pois a lei não traz disposição nesse sentido; aliás, o art. 399 do CC vem sendo usando para justificar justamente o contrário, ou seja, que o devedor em mora não tem direito de se beneficiar pela regra da imprevisão, prevista nos arts. 478 a 480 do CC; D: incorreta, pois o contrato preliminar é um CONTRATO e, como tal, impõe que as partes celebrem o contrato definitivo; somente quando há cláusula expressa que admite o arrependimento, é que este poderá se dar, sem qualquer consequência, por parte de qualquer dos contratantes (art. 463 do CC); E: incorreta, pois esses contratos caracterizam a fraude contra credores e são anuláveis (art. 159 do CC), e não nulos.

Gabarito "B".

(Procurador do Estado/SC – FEPESE) Assinale a alternativa correta, de acordo com o Código Civil Brasileiro.

(A) Nas coisas vendidas conjuntamente, o defeito oculto de uma autoriza a rejeição de todas.
(B) A proposta de contrato aceita fora do prazo, com adições, restrições, ou modificações, importará nova proposta.
(C) Não é lícito às partes celebrarem contratos atípicos; contudo, em decorrência do princípio da liberdade contratual, elas podem eleger qualquer uma das espécies contratuais reguladas pelo Código Civil e pelas leis especiais.
(D) O vendedor de coisa imóvel pode reservar-se o direito de recobrá-la no prazo máximo de decadência de 5 (cinco) anos.
(E) Não se permite em hipótese alguma a venda de ascendente a descendente.

A: incorreta, pois o defeito oculto de uma coisa vendida em conjunto com outras, não autoriza a rejeição de todas (art. 503 do CC); B: correta (art. 431 do CC); C: incorreta, pois é lícito às partes estipular contratos atípicos (art. 425 do CC); **D:** incorreta, pois o prazo é de três anos (art. 505 do CC); **E:** incorreta, pois não será anulável se os outros descendentes e o cônjuge do alienante (se não for casado no regime de separação obrigatória de bens) houverem consentido (art. 496 do CC).

Gabarito "B"

(Ministério Público do Trabalho – 15º) Leia com atenção as assertivas abaixo:

I. a proposta de contrato não obriga o proponente quando o contrário resulta da própria natureza do negócio proposto;

II. como regra, a oferta ao público equivale à proposta quando encerra os requisitos essenciais ao contrato;

III. ainda que o proponente tenha se comprometido a esperar resposta, tornar-se-á perfeito o contrato entre ausentes desde a expedição da aceitação.

Assinale a alternativa CORRETA:

(A) apenas as assertivas I e II estão corretas;
(B) apenas as assertivas II e III estão corretas;
(C) apenas as assertivas I e III estão corretas;
(D) todas as assertivas estão corretas;
(E) não respondida.

I: correta, pois o art. 427 do CC estipula regra nesse exato sentido; **II:** correta, pois de acordo com o art. 429 do CC; **III:** incorreta, pois se o proponente se comprometeu a esperar resposta, não se aplica a regra de que o contrato se torna perfeito desde a expedição da aceitação (CC, art. 434, II).

Gabarito "A"

(Analista – TRT/23ª – FCC) Os contratos atípicos

(A) são anuláveis, mesmo se os que os pretendam celebrar sejam capazes e o objeto seja lícito e possível, se a forma não estiver prescrita em lei.

(B) são nulos de pleno direito, mesmo que os pretendam celebrar sejam capazes e o objeto seja lícito e possível, porque a forma não é prescrita em lei.

(C) são válidos, desde que os agentes que os pretendam celebrar sejam capazes, o objeto seja lícito e possível e a forma não seja defesa em lei.

(D) só têm validade se os que pretendam celebrar sejam capazes, o objeto seja lícito e possível e tenha havido prévia homologação judicial.

(E) só têm validade se os que pretendam celebrar sejam capazes, o objeto seja lícito e possível e tenha havido prévia aprovação pelo Ministério Público.

Segundo o art. 425 do CC é lícito celebrar contratos atípicos, observadas as normas gerais fixadas no próprio CC. Assim, é possível (válido) que duas pessoas celebrem um contrato ainda não regulamentado pela lei (atípico, inominado), desde que obedeçam as normas gerais do CC, como as normas que determinam que o agente seja capaz, o objeto seja lícito e possível, e a forma não seja defesa em lei. Dessa forma, somente a alternativa "c" está correta.

Gabarito "C"

(Analista – TJ/ES – CESPE) Julgue o seguinte item.

(1) Nos contratos escritos, é permitido às partes pactuar acerca do foro de eleição para modificar a competência relativa.

1: correta (art. 78 do CC).

Gabarito 1C

4.14.2. Classificação dos contratos

(Procurador Distrital – CESPE) Julgue o seguinte item.

(1) É possível a revisão ou a resolução dos contratos aleatórios por sua onerosidade excessiva, desde que o evento gerador da revisão ou resolução, superveniente, extraordinário e imprevisível, não se relacione com a própria álea assumida no contrato.

1: Correta. A assertiva está correta, pois o risco assumido em um contrato aleatório possui limites determinados. Dentro desse âmbito, a parte que assumiu o risco deverá arcar com ele durante a execução do contrato. Por outro lado, poderá alegar onerosidade excessiva quanto àquilo que extrapolar a álea predefinida, pois neste caso o contexto inicialmente previsto para o cumprimento foi alterado por fatos supervenientes, extraordinários e imprevisíveis, sendo perfeitamente possível a revisão, conforme art. 478 do CC.

Gabarito 1C

(Procurador do Estado/BA – CESPE) Julgue o seguinte item.

(1) A teoria do adimplemento substancial impõe limites ao exercício do direito potestativo de resolução de um contrato.

1: correta. A afirmação está correta, pois a depender da quantidade de parcelas que o devedor tenha pagado, o credor não pode simplesmente resolver o contrato no caso de inadimplemento. A jurisprudência tem se posicionado pela manutenção da avença e cobrança do saldo remanescente. Logo, o direito potestativo do credor sofre restrições quanto a resolução. Neste sentido, encarta-se julgado do STJ: "Direito civil. Contrato de arrendamento mercantil para aquisição de veículo (*leasing*). Pagamento de trinta e uma das trinta e seis parcelas devidas. Resolução do contrato. Ação de reintegração de posse. Descabimento. Medidas desproporcionais diante do débito remanescente. Aplicação da *teoria do adimplemento substancial*.1. É pela lente das cláusulas gerais previstas no Código Civil de 2002, sobretudo a da boa-fé objetiva e da função social, que deve ser lido o art. 475, segundo o qual "[a] parte lesada pelo inadimplemento pode pedir a resolução do contrato, se não preferir exigir-lhe o cumprimento, cabendo, em qualquer dos casos, indenização por perdas e danos". 2. Nessa linha de entendimento, *a teoria do substancial adimplemento visa a impedir o uso desequilibrado do direito de resolução por parte do credor, preterindo desfazimentos desnecessários em prol da preservação da avença, com vistas à realização dos princípios da boa-fé e da função social do contrato*. 3. No caso em apreço, é de se aplicar a da teoria do adimplemento substancial dos contratos, porquanto o réu pagou: "31 das 36 prestações contratadas, 86% da obrigação total (contraprestação e VRG parcelado) e mais R$ 10.500,44 de valor residual garantido". O mencionado descumprimento contratual é inapto a ensejar a reintegração de posse pretendida e, consequentemente, a resolução do contrato de arrendamento mercantil, medidas desproporcionais diante do substancial adimplemento da avença.4. Não se está a afirmar que a dívida não paga desaparece, o que seria um convite a toda sorte de fraudes. Apenas se afirma que o meio de realização do crédito por que optou a instituição financeira não se mostra consentâneo com a extensão do inadimplemento e, de resto, com os ventos do Código Civil de 2002. Pode, certamente, o credor valer-se de *meios menos gravosos* e proporcionalmente mais adequados à persecução do crédito remanescente, como, por exemplo, a execução do título.5. Recurso especial não conhecido" (REsp 1051270/RS, Rel. Ministro Luis Felipe Salomão, Quarta Turma, julgado em 04.08.2011, *DJe* 05.09.2011).

Gabarito 1C

(Procurador do Estado/BA – CESPE) Julgue o seguinte item.

(1) De acordo com o entendimento do STJ, havendo cláusula de arrependimento em compromisso de

compra e venda, a devolução do sinal, por quem o deu, ou a sua restituição em dobro, por quem o recebeu, exclui indenização maior a título de perdas e danos, salvo os juros moratórios e os encargos do processo.

1: correta, nos termos do julgado exarado pelo STJ: "Promessa de venda e arguição de coisa julgada. Inexiste coisa julgada se, na demanda precedente, não se examinou o "meritum causae", restrita que ficou a decisão ali proferida a matéria de natureza processual. *Tratando-se de arras penitenciais, a restituição em dobro do sinal, devidamente corrigido, pelo promitente-vendedor, exclui indenização maior a título de perdas e danos*. Sum. 412-STF e precedentes do STJ. Recurso especial não conhecido" (REsp 34.793/SP, Rel. Ministro Barros Monteiro, Quarta Turma, julgado em 09.12.1997, DJ 30.03.1998, p. 66). Ademais, referido posicionamento reflete literalmente o teor da súmula 412 do STF, conforme mencionado no acórdão.
Gabarito 1C

(Procurador Federal – CESPE) Julgue o seguinte item.

(1) Os contratos são passíveis de revisão judicial, ainda que tenham sido objeto de novação, quitação ou extinção, haja vista não ser possível a validação de obrigações nulas.

1: correta, pois as obrigações nulas não convalescem pelo decurso do tempo e não se confirmam pela vontade das partes (art. 169 do CC). Assim, é plenamente possível a revisão judicial do contrato, ainda que tenha havido novação, quitação ou extinção haja vista que, eventual vício não se sanará pela ocorrência de tais fatos.
Gabarito 1C

(Procurador do Município/Teresina-PI – FCC) É INCORRETO afirmar que

(A) o contrato preliminar, exceto quanto à forma, deve conter todos os requisitos essenciais ao contrato a ser celebrado.

(B) na conclusão do contrato, bem como em sua execução, os contratantes devem guardar os princípios da probidade e da boa-fé.

(C) a oferta ao público equivale a proposta quando encerra os requisitos essenciais ao contrato, a não ser que o contrário resulte das circunstâncias ou dos usos.

(D) o adquirente de coisa viciada pode, em vez de rejeitá-la, redibindo o contrato, reclamar abatimento no preço.

(E) o alienante, nos contratos onerosos, responde pela evicção, salvo se a aquisição se tenha realizado em hasta pública.

A: correta (art. 462 do CC); **B:** correta (art. 422 do CC); **C:** correta (art. 429, *caput*, do CC); **D:** correta (art. 442 do CC); **E:** incorreta, pois subsiste essa garantia ainda que a aquisição se tenha realizado em hasta pública (art. 447 do CC).
Gabarito "E".

(Ministério Público do Trabalho – 15º) Assinale a alternativa INCORRETA:

(A) nos contratos benéficos, responde por simples culpa o contratante, a quem o contrato aproveite;

(B) nos contratos onerosos, responde cada uma das partes por culpa, salvo as exceções previstas em lei;

(C) a mora se constitui mediante interpelação judicial ou extrajudicial quando não houver termo para a obrigação;

(D) ocorrendo caso fortuito ou força maior durante a mora do devedor, este não responderá pela impossibilidade da prestação;

(E) não respondida.

A: correta, pois num contrato no qual apenas uma das partes obtenha proveito (o comodatário, por exemplo), ela responderá por culpa e por dolo. Já a outra parte (comodante, por exemplo) responde apenas se agir de forma dolosa (CC, art. 392); **B:** correta, pois nos contratos com vantagens recíprocas cada um responderá por sua própria culpa *lato sensu* (CC, art. 392); **C:** correta, pois a assertiva refere-se à mora *ex personae*, na qual é necessário interpelar a outra parte para lhe configurar na condição jurídica da mora (CC, art. 397, parágrafo único); **D:** incorreta, devendo ser assinalada. Estando na condição jurídica da mora, o devedor tem sua responsabilidade ampliada e passa a responder também pelo fortuito ou força maior (CC, art. 399).
Gabarito "D".

(Analista – TJ/ES – CESPE) Julgue o seguinte item.

(1) Os negócios jurídicos bilaterais são onerosos, pois ambas as partes auferem benefícios. Nesse sentido, é correto afirmar que a exceção de contrato não cumprido é aplicável a todo negócio jurídico oneroso.

1: incorreta, pois a classificação dos negócios em unilaterais e bilaterais leva em conta critério do número de vontades necessárias para a formação do contrato; quando, para a formação deste, faz-se necessário apenas uma vontade (ex: testamento), o negócio é unilateral; ao contrário, o negócio pode ser bilateral (duas vontades) ou plurilateral (mais de duas vontades); uma doação sem encargo, por exemplo, é negócio jurídico bilateral, pois é necessária a emissão de duas declarações de vontade para a formação desse contrato; porém, na doação sem encargo apenas uma das partes aufere benefício, o que demonstra a incorreção da afirmação; já classificação dos contratos em unilaterais e bilaterais leva em conta outro critério, qual seja, quais partes têm obrigações; o contrato é unilateral quando apenas uma das partes têm obrigações, e bilateral, quando ambas as têm; a exceção de contrato não cumprido só se aplica a contratos bilaterais, não havendo relação com o negócio jurídico oneroso ou não.
Gabarito 1E

4.14.3. Onerosidade excessiva

(Defensor/PA – FMP) Assinale a alternativa CORRETA.

(A) No sistema do Código Civil, a onerosidade excessiva é exceção que impõe revisão do contrato, em atenção ao princípio da conservação dos atos jurídicos, motivo pelo qual não está autorizada a resolução da avença.

(B) A exceção por onerosidade excessiva é aplicável a qualquer espécie contratual.

(C) A impossibilidade inicial do objeto do negócio jurídico pode ser classificada em absoluta ou relativa. A classificação não tem valor no que concerne aos efeitos, porque, em quaisquer dos casos, a repercussão da eiva se dará no plano da eficácia dos negócios jurídicos.

(D) *Exceptio non rite adimpleti contractus* é a exceção do cumprimento defeituoso do contrato.

(E) A cláusula resolutiva expressa exige interpelação judicial para produzir efeitos.

A: incorreta, pois há resolução da avença se não for possível a manutenção do ajuste sem solução do problema (art. 478 do CC); **B:** incorreta, pois deve-se tratar de contrato de execução continuada ou diferida (art. 478 do CC); **C:** incorreta, pois a impossibilidade inicial do objeto não invalida o negócio se for relativa ou se cessar antes de realizada a condição a que ele estiver subordinado (art. 106 do CC); já se for uma impossibilidade absoluta no negócio, será nulo (art. 104, II, do CC); **D:** correta, pois aqui se tem um cumprimento parcial ("riti"), diferentemente da *exceptio no adimpleti contractus*, em que se faz a exceção pelo não cumprimento total do contrato pela outra parte; **E:** incorreta, pois essa cláusula, quando expressa, opera de pleno direito (art. 474 do CC).

Gabarito "D".

(Magistratura do Trabalho – 15ª Região) Em relação aos contratos é incorreto afirmar que:
(A) se a prestação de uma das partes se tornar excessivamente onerosa, com extrema vantagem para a outra, em decorrência de acontecimentos extraordinários e imprevisíveis, o devedor poderá pedir a sua resolução,
(B) no caso da prestação de uma das partes se tornar excessivamente onerosa, os efeitos da sentença que decretar a resolução contratual retroagirão à data em que ocorreu o acontecimento extraordinário e imprevisível;
(C) no caso da prestação de uma das partes se tornar excessivamente onerosa, a resolução poderá ser evitada caso o réu se proponha a modificar equitativamente as condições do contrato;
(D) se as obrigações couberem a apenas uma das partes, ela poderá pleitear que sua prestação seja reduzida, ou alterada o modo de executá-la, fim de evitar a onerosidade excessiva;
(E) nos contratos bilaterais, nenhum dos contratantes pode, antes de cumprida sua obrigação, exigir o implemento da do outro.

A: correta, tendo em vista que a assertiva disciplina justamente a possibilidade de resolução do contrato por onerosidade excessiva, prevista no art. 478 do CC; **B:** incorreta, devendo ser assinalada, pois os efeitos da sentença que decretar a resolução do contrato retroagirão à data da citação e não à data do evento extraordinário (CC, art. 478); **C:** correta, pois a hipótese de conservação do contrato oneroso vem estabelecida no art. 479 do CC; **D:** correta, pois a regra prevê a onerosidade excessiva para contratos unilaterais (CC, art. 480); **E:** correta, pois a regra encontra respaldo na ideia de que num contrato bilateral uma obrigação é causa da outra. Logo, para se exigir uma deve-se cumprir a outra (CC, art. 476).

Gabarito "B".

4.14.4. Evicção

(Magistratura/GO – FCC) Renato adquiriu imóvel e assinou contrato no âmbito do qual foi excluída, por cláusula expressa, a responsabilidade pela evicção. A cláusula é
(A) válida, mas, se Renato restar evicto, terá direito de receber o preço que pagou pelo imóvel, ainda que soubesse do risco da evicção.
(B) válida, excluindo, em qualquer caso, o direito de Renato receber quaisquer valores em caso de evicção.
(C) nula, porque fere preceito de ordem pública.
(D) válida, mas, se Renato restar evicto, terá direito de receber o preço que pagou pelo imóvel, se não soube do risco da evicção ou se, dele informado, não o assumiu.
(E) válida, mas, se Renato restar evicto, terá direito de receber o preço que pagou pelo imóvel mais indenização pelos prejuízos decorrentes da evicção, tais como despesas de contrato e custas judiciais, se não soube do risco da evicção ou se, dele informado, não o assumiu.

A: incorreta, pois, excluída a responsabilidade por evicção (que é uma cláusula válida) e estando o adquirente ciente do risco e assumindo esse risco, não terá direito de receber o preço que pagou pelo imóvel (art. 449 do CC); **B:** incorreta, pois caso Renato não tenha ciência do risco da evicção ou, dele informado, não tenha assumido o risco, terá direito sim ao menos ao valor que tiver pagado pela coisa (art. 449 do CC); **C:** incorreta, pois a cláusula de exclusão da garantia contra a evicção é considerada válida pela lei (art. 448 do CC); **D:** correta (art. 449 do CC); **E:** incorreta, pois no caso citado, em que há exclusão contratual expressa da garantia, o adquirente só terá direito de receber de volta o preço que tiver pagado pelo imóvel (art. 449 do CC), não tendo direto às demais despesas e custas, direito este que só teria se não houvesse cláusula excluindo a garantia contra a evicção (art. 450 do CC).

Gabarito "D".

(Procurador do Estado/SC – FEPESE) Assinale a alternativa correta, de acordo com o Código Civil Brasileiro.
(A) Não atendendo o alienante à denunciação da lide, e sendo manifesta a procedência da evicção, pode o adquirente deixar de oferecer contestação, ou usar de recursos.
(B) Verificada a evicção, o contrato será declarado nulo de pleno direito, devendo o alienante restituir o preço integral correspondente ao desfalque sofrido pelo adquirente, acrescido de juros e correção monetária.
(C) A fim de exercer o direito que da evicção lhe resulta, o adquirente pode, apenas, denunciar a lide ao alienante imediato.
(D) A garantia contra a evicção não abrange a aquisição que se tenha realizado em hasta pública.
(E) A doação, mesmo que típica, está sujeita às disposições pertinentes aos vícios redibitórios.

A: correta (art. 456, parágrafo único, do CC); **B:** incorreta, pois, verificada a evicção, o evicto tem os seguintes direitos: i) receber o preço da coisa, considerando a época em que se deu a perda (ou seja, não se trata da restituição do preço integral da coisa); ii) receber indenização pelos frutos que tiver sido obrigado a restituir; iii) receber indenização pelas despesas dos contratos e pelos prejuízos que diretamente resultarem da evicção; iv) receber as custas judiciais e os honorários advocatícios; **C:** incorreta, pois o adquirente pode denunciar da lide o alienante imediato, ou qualquer dos anteriores; **D:** incorreta, pois essa garantia abrange as aquisições feitas em hasta pública; **E:** incorreta, pois somente os contratos onerosos estão sujeitos à disciplina dos vícios redibitórios; a doação pura simples não está sujeita, mas a doação onerosa está (art. 441, parágrafo único, do CC).

Gabarito "A".

4.14.5. Vícios redibitórios

(Ministério Público/MS – FADEMS) Assinale a alternativa incorreta.

(A) Na venda ad corpus o vendedor aliena o imóvel como corpo certo e determinado; logo, o comprador não poderá exigir o implemento da área, pois o adquiriu pelo conjunto e não em atenção à área declarada, que assume caráter meramente enunciativo;

(B) A prescrição iniciada contra o de cujus continuará a correr contra seus sucessores, sem distinção entre singulares e universais; logo, continuará a correr contra o herdeiro, o cessionário ou o legatário, salvo se for absolutamente incapaz;

(C) A ação redibitória e a estimatória devem ser propostas dentro do prazo de 01 (um) ano, contados da tradição da coisa móvel, ou de 02 (dois) anos, se se tratar de bem imóvel, computado da data da sua efetiva entrega, mas se já se encontrava na posse do adquirente, tal prazo contar-se-á da alienação, reduzido à metade;

(D) A anulabilidade não tem efeito antes de julgada por sentença, nem se pronuncia de ofício; só os interessados a podem alegar, e aproveita exclusivamente aos que a alegarem, salvo o caso de solidariedade ou indivisibilidade;

(E) A validade dos atos e negócios jurídicos celebrados antes de 11.01.2003, data da entrada em vigor do CC, obedece ao disposto nas leis anteriores – CC/1916 e parte primeira do CCom –, mas os seus efeitos, produzidos depois da vigência do CC, aos preceitos dele se subordinam, salvo se houver sido prevista pelas partes determinada forma de execução.

A: correta (art. 500 do CC); **B:** correta (art. 196 do CC c.c 198, I); **C:** incorreta (e deve ser assinalada), pois o prazo é de 30 dias, se a coisa for móvel, e de 1 ano, se for imóvel (art. 445 do CC); **D:** correta (art. 177 do CC); **E:** correta (art. 2.035 do CC).
Gabarito "C".

(Analista – TRT/14ª – FCC) Se a coisa recebida em virtude de contrato comutativo apresentar defeitos ocultos que a tornem imprópria ao uso a que é destinada ou lhe diminuam o valor,

(A) o alienante sabendo do vício ou defeito da coisa, deverá devolver ao comprador o dobro do que recebeu e o dobro das perdas e danos.

(B) o alienante desconhecendo o vício ou defeito da coisa, deverá devolver ao comprador o valor recebido, as despesas do contrato, além de perdas e danos.

(C) o adquirente decai do direito de obter a redibição ou abatimento no preço, no prazo de um ano, se a coisa for imóvel, contado da entrega efetiva.

(D) a responsabilidade do alienante não subsiste se a coisa perecer em seu poder por vício oculto já existente ao tempo da tradição.

(E) o prazo para o adquirente obter a redibição ou abatimento no preço conta-se da alienação, ficando reduzido a um terço se já estava na posse da coisa.

A: incorreta, pois o alienante, sabendo do vício da coisa, restituirá o que recebeu e pagará perdas e danos (art. 443 do CC); **B:** incorreta, pois o alienante, não sabendo do vício da coisa, estará sujeito à redibição do contrato (extinção deste, com devolução do valor pago, mais despesas do contrato) ou a ter de fazer um abatimento no preço da coisa (arts. 441 e 442 do CC); **C:** correta (art. 445 do CC); **D:** incorreta, pois a responsabilidade subsiste sim nesse caso (art. 444 do CC); **E:** incorreta, pois fica reduzido à metade nesse caso (art. 445, caput do CC).
Gabarito "C".

(Analista – TRT/20ª – FCC) Tício vendeu uma coleção de livros jurídicos a Cícero, sendo que, três meses depois, o comprador descobriu que um dos livros apresentava defeito oculto e estava em branco. Nesse caso, Cícero

(A) não poderá rejeitar a coleção porque já foi ultrapassado o prazo máximo de trinta dias da data da celebração do contrato.

(B) poderá rejeitar a coleção e reclamar abatimento no preço.

(C) só poderá rejeitar a coleção se o alienante conhecia o vício e não avisou o comprador no ato da venda.

(D) não poderá rejeitar a coleção, porque o defeito oculto de uma das coisas vendidas em conjunto não autoriza a rejeição de todas.

(E) poderá rejeitar a coleção e pleitear indenização por perdas e danos.

A: incorreta, pois quando o vício, por sua natureza, for daqueles que só podem ser conhecido mais tarde, o prazo contar-se-á do momento em que o comprador dele tiver ciência, até o prazo máximo de 180 dias, em se tratando de bem móvel (art. 445, § 1º, do CC); **B:** incorreta, porque se deve escolher uma coisa ou outra (arts. 441 e 442 do CC); **C:** incorreta, pois o fato de o alienante saber do vício não é necessário para a configuração dos direitos do comprador, tratando-se de mera situação de agravamento da situação do alienante, que terá, também, de arcar com perdas e danos (art. 443 do CC); **D:** correta, não sendo razoável que haja a rejeição de tudo, sob pena de abuso de direito; **E:** incorreta, pois as perdas e danos só são devidas se o alienante sabe do vício da coisa, circunstância não relatada no enunciado da questão.
Gabarito "D".

4.14.6. Extinção dos contratos

(Procurador do Município/Florianópolis-SC – FEPESE) Sobre as formas de desfazimento da relação contratual, assinale a alternativa incorreta.

(A) A resilição é forma de desfazimento voluntário do contrato.

(B) A quitação é um direito de que paga do solvens.

(C) Salvo disposição em contrário, o distrato opera efeitos a partir de sua ultimação.

(D) Os efeitos da sentença que decretar a resolução do contrato correrão a partir de sua publicação.

(E) A exceção de contrato não cumprido implica, nos contratos bilaterais, a impossibilidade de exigir o implemento da obrigação alheia, antes de cumprida a obrigação própria.

A: correta, pois a resilição é a extinção do contrato pela vontade dos contratantes; quando a vontade é de apenas um dos contratantes, tem-se a resilição unilateral (denúncia), ao passo que se a extinção se dá pela vontade de ambos os contraentes, tem-se a resilição bilateral (distrato), estando o instituto da resilição regulamentado nos arts. 472 e 473 do CC; **B:** correta, pois o *solvens* é a pessoa que deve pagar, ou seja, o devedor; uma vez que o devedor paga, ele tem direito à quitação (art. 319 do CC); aliás, o devedor que está para pagar pode até reter o pagamento, enquanto não lhe seja dada a quitação regular; **C:** correta, já que é a partir do distrato que o contrato deixa de produzir efeitos (efeito *ex nunc*), podendo, as partes, se quiserem, estabelecer outra data para que o contrato deixe de produzir efeitos; **D:** incorreta, devendo ser assinalada; na verdade, caso haja cláusula resolutiva expressa, os efeitos da resolução se darão a partir da inexecução do contrato, ao passo que, não havendo cláusula resolutiva expressa, os efeitos da resolução se darão a partir de interpelação judicial (art. 474 do CC); **E:** correta (art. 476 do CC).

Gabarito "D".

4.14.7. Compra e venda

(Magistratura/PB – CESPE) A respeito das disposições aplicáveis a contratos de compra e venda, assinale a opção correta.

(A) Na venda com reserva de domínio, o Código Civil estabelece que o vendedor somente pode executar a referida cláusula após a constituição do comprador em mora, mediante protesto de título ou interpelação judicial ou extrajudicial.

(B) O direito de retrato não é suscetível de cessão por ato *inter vivos*, mas é cessível e transmissível por ato *causa mortis*, podendo os herdeiros e legatários exercê-lo somente no prazo decadencial de três anos, contado da conclusão da compra e venda.

(C) Nesse tipo de contrato, a fixação do preço pode ser deixada ao arbítrio de terceiro designado pelos contratantes ou de uma das partes.

(D) Na venda *ad corpus*, não havendo correspondência entre a área efetivamente encontrada e as dimensões constantes do documento, o comprador lesado poderá exigir o implemento da área ou abatimento no preço.

(E) Denomina-se venda a contento a cláusula que sujeita o contrato a condição suspensiva, produzindo efeitos somente após o comprador se assegurar de que a coisa realmente possui as qualidades garantidas pelo vendedor.

A: incorreta, pois a constituição em mora só pode se dar por protesto do título ou por interpelação judicial, não podendo se dar por interpelação extrajudicial (art. 525 do CC); **B:** correta (arts. 507 e 505 do CC, respectivamente); **C:** incorreta, pois a fixação do preço pode ser deixada a arbítrio de terceiro, desde que este seja escolhido por ambas as partes (art. 485 do CC); **D:** incorreta, pois, nesse caso, não haverá complemento de área, nem devolução de excesso (art. 500, § 3º, do CC); **E:** incorreta, pois essa é a definição de *venda sujeita à prova* (art. 510 do CC); na venda a contento também existe uma condição suspensiva, que é o adquirente manifestar o seu agrado (o seu contento) com a coisa (art. 509 do CC); um exemplo é quando alguém pede um vinho num restaurante e o garçom serve um pouco do vinho para ver se está do agrado de quem pediu; se estiver, a venda, que estava sob a condição suspensiva do agrado (ou contento), passa a produzir efeitos.

Gabarito "B".

(Magistratura/PE – FCC) Sobre o contrato de compra e venda analise os itens abaixo:

I. Transfere o domínio da coisa mediante o pagamento de certo preço em dinheiro, independente de tradição.

II. Não pode ter por objeto coisa futura.

III. É anulável a venda de ascendente a descendente, salvo se os outros descendentes e o cônjuge do alienante expressamente houverem consentido.

IV. É lícita a compra e venda entre cônjuge, com relação a bens excluídos da comunhão.

V. Na venda ad corpus, presume-se que a referência às dimensões foi simplesmente enunciativa, quando a diferença encontrada não exceder de um vigésimo da área total enunciada.

Está correto APENAS o que se afirma em

(A) I, II e III.
(B) I, III e V.
(C) II, III e IV.
(D) II, IV e V.
(E) III, IV e V.

I: incorreta, pois a compra e venda não tem o condão de transferir o domínio da coisa, mas apenas de criar a obrigação de entrega da coisa (art. 481 do CC); vale lembrar que apenas com a entrega da coisa (que tem natureza jurídica de *execução* do contrato) é que o domínio é transferido; **II:** incorreta, pois cabe compra e venda de coisa futura (art. 483 do CC); **III:** correta (art. 496 do CC); **IV:** correta (art. 499 do CC); **V:** correta (art. 500, §§ 1º e 3º, do CC).

Gabarito "E".

(Magistratura/SP – VUNESP) A respeito do contrato de compra e venda, é certo afirmar que

(A) nulo é o contrato de compra e venda quando se atrela o preço exclusivamente a taxas de mercado ou bolsa.

(B) o direito de preferência que tem o vendedor de uma coisa de adquiri-la do comprador é personalíssimo, não se podendo ceder e nem passar aos herdeiros.

(C) o contrato de compra de safra futura ficará sem efeito se esta, por razões climáticas, vier a se perder, sendo nula, nessa hipótese, a cláusula que permita ao vendedor ficar com o preço já recebido.

(D) será nula a venda feita sem a observância de direito de preferência estipulado em favor de terceiro.

A: incorreta, pois o Código Civil admite o contrato em que as partes deixam a fixação do preço à taxa de mercado e bolsa, desde que em certo e determinado lugar (art. 486 do CC); **B:** correta, pois, segundo o art. 520 do CC, "o direito de preferência não se pode ceder nem passa aos herdeiros"; **C:** incorreta, pois no caso de o adquirente das coisas ou fatos futuros assumir o "risco de não virem a existir", terá o alienante direito de receber integralmente o que lhe foi prometido, desde que não tenha agido com culpa ou dolo (art. 458 do CC); **D:** incorreta, pois o desrespeito ao direito de preferência impõe apenas a responsabilização por perdas e danos do comprador que alienar a coisa sem a sua observância (art. 518 do CC).

Gabarito "B".

(Magistratura do Trabalho – 8ª Região) Acerca dos contratos no Código Civil de 2002, assinale a alternativa INCORRETA:

(A) O contrato de execução continuada ou diferida pode ser resolvido, por decisão judicial, cujos efeitos retroagirão à data do ajuizamento da ação, no caso de a prestação de uma das partes tornar-se excessivamente onerosa, com extrema vantagem para a outra, em virtude de acontecimentos extraordinários e imprevisíveis.

(B) Não pode um condômino em coisa indivisível vender a sua parte a estranhos, se outro consorte a quiser, tanto por tanto. O condômino, a quem não se der conhecimento da venda, poderá, depositando o preço, haver para si a parte vendida a estranhos, se o requerer no prazo de cento e oitenta dias, sob pena de decadência.
(C) A retrovenda consiste na possibilidade de o vendedor de coisa imóvel reservar-se o direito de recobrá-la no prazo máximo de decadência de três anos, restituindo o preço recebido e reembolsando as despesas do comprador, inclusive as que, durante o período de resgate, se efetuaram com a sua autorização escrita, ou para a realização de benfeitorias necessárias.
(D) Podem ser revogadas por ingratidão as doações se o donatário injuriar gravemente ou caluniar o doador, exceto se a doação se fizer em cumprimento de obrigação natural.
(E) Não se tendo convencionado expressamente, o prazo do mútuo será do espaço de tempo que declarar o mutuante, se for de qualquer coisa fungível, exceto de produtos agrícolas, assim para o consumo, como para semeadura, e de dinheiro.

A: incorreta, devendo ser assinalada; os efeitos da sentença que decretar a resolução do contrato retroagirão à data da CITAÇÃO, e não à data do AJUIZAMENTO da ação (CC, art. 478); **B:** correta, pois de acordo com o direito de preferência titularizado pelos condôminos de coisa indivisível (CC, art. 504); **C:** correta, pois a cláusula de retrovenda confere ao vendedor o direito potestativo de recomprar a coisa nas condições descritas pela assertiva (CC, art. 505); **D:** correta, pois de acordo com as hipóteses de revogação da doação por ingratidão do donatário (CC, arts. 557, III, e art. 564, III); **E:** correta, pois de acordo com os prazos legais estabelecidos pelo art. 592, I e III do CC.
Gabarito "A".

(Analista – STM – CESPE) Julgue o seguinte item.
(1) O contrato de promessa de compra e venda tem caráter preliminar, não obrigando as partes à transferência, salvo após a quitação integral do preço.

1: correta, pois a promessa de compra e venda só se concretizará numa compra e venda definitiva no momento em que o compromissário comprador pagar o preço, ocasião em que terá direito à outorga de escritura definitiva (art. 1.418 do CC).
Gabarito 1C.

(Analista – TRE/AP – FCC) Na compra e venda, salvo cláusula em contrário, ficarão as despesas de escritura e registro e as da tradição a cargo
(A) do comprador e vendedor, respectivamente.
(B) do comprador.
(C) do vendedor.
(D) de 50% para cada parte.
(E) do vendedor e comprador, respectivamente.

Art. 490 do CC.
Gabarito "A".

4.14.8. Compromisso de compra e venda

(Magistratura/RR – FCC) Mediante promessa de compra e venda de imóvel, em que se não pactuou arrependimento, celebrado por instrumento particular, o promitente comprador

(A) adquire direito real à sua aquisição, desde que seja imitido na posse.
(B) não poderá adquirir direito real à sua aquisição, pois é necessária a escritura pública.
(C) adquire legalmente direito real à sua aquisição se o instrumento foi registrado no Cartório de Registro de Imóveis.
(D) não adquirirá direito real à aquisição do imóvel antes que ocorra o pagamento integral do preço.
(E) adquire direito real à sua aquisição a partir do registro do instrumento no Cartório de Registro de Títulos e Documentos, porque com essa providência o contrato se presume conhecido por terceiros.

A: incorreta, pois a lei não exige a imissão na posse para gerar esse direito (art. 1.417 do CC); **B:** incorreta, pois a lei admite esse direito sendo o instrumento público ou particular (art. 1.417 do CC); **C:** correta (art. 1.417 do CC); **D:** incorreta, pois a lei não faz essa exigência (art. 1.417 do CC), em que pese, na prática o direito, que já existe em potencial, deve ser exercido no que tange à exigência da atribuição da propriedade ao promitente comprador apenas quando ele tiver efetuado o pagamento integral da sua dívida; **E:** incorreta, pois o cartório adequado é o de Registro de Imóveis.
Gabarito "C".

4.14.9. Doação

(Juiz de Direito/RJ – VUNESP) É correto afirmar que a doação feita a nascituro
(A) deve ser considerada nula tanto nos casos de natimorto como nos casos de nascimento com deficiência mental.
(B) deve ser considerada inexistente no caso de natimorto e nula nos casos de nascimento com vida, ainda que haja aceitação por seu representante legal.
(C) é nula de pleno direito, já que a personalidade civil começa apenas com o nascimento com vida, independentemente de aceitação por seu representante legal.
(D) desde que seja aceita por seu representante legal, é válida, ficando, porém, sujeita a condição, qual seja, o nascimento com vida.

A doação feita ao nascituro encontra regulamentação no art. 542 do CC. Referido dispositivo exige apenas a aceitação do representante legal para que a mesma seja válida. Como qualquer direito patrimonial do nascituro, ela fica subordinada ao evento futuro e incerto do nascimento com vida para que produza seus regulares efeitos jurídicos.
Gabarito "D".

(Magistratura/SP – VUNESP) Assinale a alternativa correta.
(A) O silêncio do donatário quanto à aceitação da doação pura faz presumir que a recusou.
(B) A doação remuneratória perde o caráter de liberalidade, se não exceder o valor do serviço prestado.
(C) A doação de bem imóvel de qualquer valor pode ser feita por instrumento particular.
(D) A doação feita ao nascituro dispensa a aceitação.
(E) A doação em forma de subvenção periódica ao beneficiado transmite-se aos herdeiros do donatário.

A: incorreta, pois o silêncio do donatário quanto à aceitação da doação pura faz presumir sua aceitação (art. 539 do CC); **B:** correta, pois a **doação remuneratória** é a doação em que, sob aparência de liberalidade, há firme propósito do doador de pagar serviços prestados pelo donatário ou alguma vantagem que haja recebido deste. Não perde o caráter de liberalidade no valor excedente ao valor dos serviços remunerados (art. 540 do CC); **C**: incorreta, pois a doação de bem imóvel com valor acima de 30 vezes o salário-mínimo deve ser feita por instrumento público, nos termos dos arts. 108 e 541 do CC; **D**: incorreta, pois a doação feita ao nascituro valerá, sendo aceita pelo seu representante legal (art. 542 do CC); **E**: incorreta, pois a doação em forma de subvenção periódica ao beneficiado extingue-se morrendo o doador, salvo se este outra coisa dispuser, mas não poderá ultrapassar a vida do donatário (art. 545 do CC).

Gabarito "B".

(**Ministério Público/MG**) Analise as seguintes alternativas e assinale a assertiva INCORRETA.
(A) As doações feitas ao filho, cujos encargos já foram cumpridos, não podem ser revogadas, embora o filho tenha praticado atos de ingratidão.
(B) O doador pode fixar prazo ao donatário para declarar se aceita ou não a liberalidade pura e simples. Se este ficar silente, presume-se que não aceitou a doação prometida.
(C) A inalienabilidade de legado de imóvel, sem justificativa, é permitida pela legislação brasileira, que não restringe a livre vontade do testador.
(D) Se a doação constar de subvenção periódica, extinguir-se-á, morrendo o doador, salvo disposição testamentária em contrário, mantendo-a.

A: correta (art. 564, II, do CC); **B**: incorreta (e deve ser assinalada), pois o silêncio, na doação sem encargo, presume a aceitação (art. 539, parte final, do CC); **C**: correta, pois a necessidade de justificativa da cláusula restritiva só se faz necessário quanto aos bens da legítima (art. 1.848, caput, do CC), ou seja, da parte indisponível da herança, pertencente aos herdeiros necessários (art. 1.846 do CC); **D**: correta (art. 545 do CC).

Gabarito "B".

(**Ministério Público/SP - PGMP**) Relativamente à revogação de doação, assinale abaixo a assertiva INCORRETA.
(A) O direito de revogar a doação não se transmite aos herdeiros do doador, nem prejudica os do donatário, mas os herdeiros podem prosseguir na ação iniciada pelo doador, continuando-a contra os herdeiros do donatário, se este falecer depois de ajuizada a lide.
(B) A doação pura poderá ser revogada se o donatário cometeu ofensa física contra o doador.
(C) A doação pura poderá ser revogada se o donatário recusou os alimentos que poderia ministrar ao doador, que deles necessitava.
(D) Se o donatário cometeu ofensa física contra a esposa do doador, sendo a doação onerada com encargo e se este já tiver sido cumprido, a doação não é passível de revogação por ingratidão.
(E) Se o donatário cometeu ofensa física contra ascendente do doador, tratando-se de doação puramente remuneratória, pode ser revogada por ingratidão.

A: assertiva correta (art. 560 do CC), **B**: assertiva correta (art. 557, II, do CC); **C**: assertiva correta (art. 557, IV, do CC); **D**: assertiva correta (art. 564, II, do CC); **E**: assertiva incorreta, devendo ser assinalada; não é possível revogação por ingratidão de doação puramente remuneratória (art. 564, I, do CC).

Gabarito "E".

(**Magistratura do Trabalho – 2ª Região**) No caso da doação, marque a alternativa correta.
(A) Admite-se o aceite tácito da doação pelo donatário, mesmo que a doação seja sujeita a encargo.
(B) A doação verbal será válida se, versando sobre bens móveis de qualquer valor, seguir-se incontinenti a tradição.
(C) É inválida a doação feita ao nascituro, mesmo sendo aceita pelo seu representante legal.
(D) É válida cláusula de reversão dos bens doados em favor de terceiro, se o doador sobreviver ao donatário.
(E) O doador não é obrigado a pagar juros moratórios, nem é sujeito às consequências do vício redibitório.

A: incorreta, pois o silêncio do donatário é considerado aceitação desde que tal doação não seja sujeita a encargo (CC, art. 539); **B**: incorreta, pois tal doação verbal é admitida apenas quando o bem doado for móvel e de pequeno valor (CC, art. 541, parágrafo único); **C**: incorreta, pois tal doação é válida, desde que aceita pelo representante legal (CC, art. 542); **D**: incorreta, pois a chamada doação com cláusula de reversão somente admite reversão em favor do doador, não de terceiros (CC, art. 547, parágrafo único); **E**: correta. Tendo em vista que só o doador tem obrigações no contrato, a lei é mais benevolente com ele (CC, art. 552).

Gabarito "E".

(**Analista – TRT/22ª – FCC**) Paulo entregou a Pedro, através de doação sem encargo, dez ovelhas para reprodução. No entanto, todas elas eram estéreis. Nesse caso, Pedro
(A) poderá exigir que o doador substitua os animais doados, uma vez que eram impróprios ao uso a que se destinavam.
(B) poderá rejeitar os animais pelos defeitos ocultos que os tornavam impróprios ao uso a que se destinavam, redibindo o contrato.
(C) poderá pedir ao doador indenização pela depreciação do valor dos animais doados, uma vez que eram impróprios ao uso a que se destinavam.
(D) poderá pedir ao doador indenização pelas crias que não conseguirá obter em razão da esterilidade das ovelhas doadas.
(E) não poderá rejeitar os animais pelos defeitos ocultos que os tornavam impróprios ao uso a que se destinavam porque os recebeu através de doação não onerosa.

Art. 441, parágrafo único, do CC.

Gabarito "E".

(**Analista – TRE/AP – FCC**) João é casado com Maria, com a qual possui dois filhos, Tício e Tobias. Maria, Tobias e Tício descobriram que João doou um bem particular seu para sua amante, Bárbara, com quem possui um relacionamento amoroso. Esta doação poderá ser anulada
(A) por Maria, Tobias e Tício, até seis meses depois de dissolvida a sociedade conjugal.
(B) apenas por Maria, até dois anos depois de dissolvida a sociedade conjugal.
(C) por Maria, Tobias e Tício, até cinco anos depois de dissolvida a sociedade conjugal.

(D) apenas por Tício e Tobias, até cinco anos depois de dissolvida a sociedade conjugal.
(E) por Maria, Tobias e Tício, até dois anos depois de dissolvida a sociedade conjugal.

Art. 550 do CC.
Gabarito "E".

(Analista – TRE/SP – FCC) Minotauro, empresário milionário, celebrou contrato de doação com seu amigo de infância Aquiles. Através do referido contrato Minotauro doou para Aquiles uma pequena propriedade imóvel, onde ele pudesse organizar seu comitê eleitoral, já que pretende se candidatar nas próximas eleições municipais. O contrato de doação, em regra, é
(A) oneroso, bilateral e solene.
(B) gratuito, bilateral e de natureza real.
(C) gratuito, unilateral e de natureza real.
(D) gratuito, bilateral e de caráter pessoal.
(E) gratuito, unilateral e de caráter pessoal.

A alternativa E está correta pela definição de contrato de doação, que é um contrato gratuito (que apenas uma das partes aufere benefício ou vantagem), unilateral (que cria obrigação unicamente para uma das partes) e de caráter pessoal (celebrados em razão das qualidades pessoais do donatário).
Gabarito "E".

(Analista – TRE/TO – FCC) Na doação não sujeita a encargo, se o doador fixar prazo ao donatário para declarar se aceita ou não a liberalidade e este, ciente do prazo, não a fizer,
(A) deverá o doador celebrar aditivo contratual e notificar por escrito o donatário para que se manifeste dentro de trinta dias.
(B) entender-se-á que aceitou.
(C) entender-se-á que não aceitou.
(D) deverá o doador notificar por escrito o donatário para que se manifeste no prazo improrrogável de 24 horas.
(E) deverá o doador notificar por escrito o donatário para que se manifeste no prazo improrrogável de 48 horas.

Art. 539 do CC.
Gabarito "B".

4.14.10. Mútuo, comodato e depósito

(Magistratura/GO – FCC) O comodato é o empréstimo de bem
(A) fungível, a exemplo do dinheiro, aperfeiçoando-se com a tradição, tal como ocorre com o mútuo.
(B) fungível, a exemplo de obra de arte autografada por seu autor, aperfeiçoando-se com a tradição, diferentemente do que ocorre com o mútuo.
(C) infungível, a exemplo do dinheiro, aperfeiçoando-se com o acordo de vontades, tal como ocorre com o mútuo.
(D) infungível, a exemplo de obra de arte autografada por seu autor, aperfeiçoando-se com o acordo de vontades, tal como ocorre com o mútuo.
(E) infungível, a exemplo de obra de arte autografada por seu autor, aperfeiçoando-se com a tradição, tal como ocorre com o mútuo.

A e B: incorretas, pois o comodato é empréstimo de coisas infungíveis (art. 579 do CC); **C:** incorreta, pois dinheiro é bem fungível; **D:** incorreta, pois o comodato só se aperfeiçoa com a entrega da coisa (art. 579 do CC); **E:** correta (art. 579 do CC).
Gabarito "E".

(Magistratura/GO – FCC) Henrique afiançou ilimitadamente contrato de mútuo feneratício por meio do qual Carlos emprestou R$ 10.000,00 a Cláudio, que se opôs à fiança. A fiança é
(A) existente e válida, porém ineficaz, porque celebrada contra a vontade do devedor.
(B) juridicamente inexistente, porque celebrada contra a vontade do devedor.
(C) existente, válida e eficaz, abrangendo o principal e os juros que houverem de ser pagos a Henrique.
(D) inválida, porque celebrada contra a vontade do devedor.
(E) existente, válida e eficaz, abrangendo o principal mas não os juros que houverem de ser pagos a Henrique, tendo em vista que o mútuo se presume gratuito.

A, B, D e E: incorretas, pois, de acordo com o art. 820 do CC, é possível estipular fiança mesmo sem o consentimento do devedor ou contra a sua vontade; **C:** correta (art. 820 do CC).
Gabarito "C".

(Juiz de Direito/PR – UFPR) Com relação ao contrato de empréstimo, podemos dizer que pode ser gratuito ou oneroso, do qual são espécies o mútuo e o comodato. Neste, certo é que "O comodatário é obrigado a conservar, como se sua própria fora, a coisa emprestada, não podendo usá-la senão de acordo com o contrato ou a natureza dela, sob pena de responder por perdas e danos" (Código Civil, art. 582).
A partir daí, tendo em vista as normas civis que disciplinam o comodato, é correto afirmar:
(A) O comodato é contrato que se caracteriza como o empréstimo de coisas fungíveis ou infungíveis, desde que gratuito, ou seja, o comodatário recebe e pode usar a coisa independente de pagamento de aluguel, arrendamento ou verba equivalente.
(B) Se, correndo risco o objeto do comodato juntamente com outros do comodatário, antepuser este a salvação dos seus abandonando o do comodante, responderá pelo dano ocorrido, ainda que se possa atribuir a caso fortuito ou força maior.
(C) O comodatário poderá recobrar do comodante as despesas feitas com o uso e gozo da coisa emprestada.
(D) Não constando do contrato o prazo do comodato, presume-se estabelecido por prazo indeterminado, qualquer que seja a natureza do uso concedido, podendo o comodante pedir a restituição da coisa a qualquer tempo, desde que mediante comunicação prévia e inequívoca, assinalando prazo de 30 dias.

A: incorreta, pois o comodato é o empréstimo gratuito de coisas não fungíveis (art. 579 do CC); **B:** correta, pois de pleno acordo com a regra estabelecida art. 583 do CC; **C:** incorreta, pois o comodatário não poderá jamais recobrar do comodante as despesas feitas com o uso e gozo da coisa emprestada (art. 584 do CC); **D:** incorreta, pois se o comodato não tiver prazo convencional, presumir-se-lhe-á o necessário para o uso concedido (art. 581 do CC).

Gabarito "B".

(Procurador do Estado/RO – FCC) A prisão civil do inadimplente em se tratando de alienação fiduciária em garantia
(A) nunca foi admitida pelo Supremo Tribunal Federal, porquanto sempre se reconheceu a inconstitucionalidade superveniente do Decreto-Lei 911/1969.
(B) é possível, haja vista que a Constituição Federal de forma expressa equipara o alienante fiduciário à figura do depositário infiel, conforme sedimentado pela Súmula Vinculante no 25.
(C) não é mais admissível em razão de entendimento sumulado de forma vinculante pelo Supremo Tribunal Federal.
(D) é admitida pelo Supremo Tribunal Federal, haja vista que o Decreto-Lei 911/1969 não pode ser oposto ao texto expresso da Constituição Federal que admite a responsabilidade corporal do depositário infiel.
(E) é possível, haja vista a recepção do disposto no Decreto-Lei 911/1969, o qual equipara o devedor à figura do depositário infiel, conforme entendimento sumulado pelo Supremo Tribunal Federal.

A alternativa "c" está correta, pois, em 23 de dezembro de 2009, o Supremo Tribunal Federal editou a Súmula Vinculante 25: "é ilícita a prisão civil de depositário infiel, qualquer que seja a modalidade do depósito".

Gabarito "C".

(Magistratura do Trabalho – 2ª Região) No tocante ao comodato, observe as assertivas e ao final responda.
I. É empréstimo de coisas fungíveis ou infungíveis, perfazendo-se com a tradição do objeto, sempre a título gratuito.
II. O comodatário constituído em mora, além de por ela responder, pagará, até restituí-la, o aluguel da coisa que for arbitrado pelo comodante.
III. Se, correndo risco o objeto do comodato juntamente com outros do comodatário, antepuser este à salvação dos seus abandonando os do comandante, responderá pelo dano ocorrido, exceção feita se o dano decorrer de caso fortuito ou força maior.
IV. O comodatário não poderá jamais recobrar do comodante as despesas feitas com o uso e gozo da coisa emprestada.
V. Se duas ou mais pessoas forem simultaneamente comodatárias de uma coisa, a que causar dano ao comodante responderá como devedora principal, respondendo as demais subsidiariamente apenas.
Estão corretas apenas as assertivas:
(A) I e II;
(B) I e III;
(C) III e V;
(D) IV e V;
(E) II e IV.

I: incorreta, pois o comodato é o empréstimo de coisas infungíveis. O mútuo é o empréstimo de coisas fungíveis (CC, arts. 579 e 586); II: correta, pois de acordo com o art. 582 do CC. A hipótese é de um aluguel-sanção; III: incorreta, pois nessa específica hipótese o como-

datário responderá mesmo pelo fortuito ou força maior; **IV:** correta, pois de pleno acordo com o art. 584 do CC; **V:** incorreta, pois nessa hipótese existirá solidariedade entre ambas (CC, art. 585).

Gabarito "E".

(Magistratura do Trabalho – 2ª Região) No tocante ao depósito, marque a alternativa INCORRETA:
(A) As despesas de restituição da coisa correm por conta do depositante.
(B) Ainda que o contrato fixe prazo para restituição, o depositário poderá se recusar a fazê-lo se houver motivo razoável para suspeitar que a coisa foi obtida dolosamente, caso em que requererá que se recolha o objeto ao Depósito Público.
(C) O depositário não se furta a restituir a coisa sob a única alegação de que a mesma não pertence ao depositante.
(D) O depósito voluntário provar-se-á por escrito.
(E) Depósito irregular é o realizado em razão de calamidade pública, como por exemplo, inundação ou incêndio.

A: correta, pois de pleno acordo com o art. 631 do CC; **B:** correta, pois de acordo com a hipótese prevista nos arts. 633 e 634 do CC; **C:** correta, pois em consonância com a hipótese prevista no art. 638 do CC; **D:** correta, pois em consonância com a hipótese prevista no art. 646 do CC; **E:** incorreta, devendo ser assinalada, pois o depósito irregular é aquele cujo objeto é fungível e no qual o depositário se obriga a restituir objetos do mesmo gênero, qualidade e quantidade. A ele aplicam-se as regras do mútuo (CC, art. 645).

Gabarito "E".

(Analista – STM – CESPE) Julgue o seguinte item.
(1) No contrato de empréstimo, na modalidade de comodato, os riscos de deterioração ou destruição da coisa objeto do contrato correm por conta do comodatário, desde o momento do registro.

1: incorreta, pois o comodato é um contrato real, ou seja, um contrato que só passa a existir com a tradição do objeto (art. 579 do CC); assim, o comodatário passa a responder a partir do momento da tradição, e não do momento do registro do contrato.

Gabarito 1E.

(Analista – TRE/AP – FCC) Mário celebrou contrato de mútuo com Hortência emprestando-lhe a quantia de R$ 15.000,00 em dinheiro. Segundo as normas estabelecidas pelo Código Civil brasileiro, considerando que Mário e Hortência não convencionaram expressamente o prazo do mútuo, este será de pelo menos
(A) quarenta e cinco dias.
(B) dez dias.
(C) quinze dias.
(D) trinta dias.
(E) sessenta dias.

Art. 592, II, do CC.

Gabarito "D".

4.14.11. Empreitada

(Magistratura do Trabalho – 8ª Região) Acerca dos contratos no Código Civil de 2002, assinale a alternativa INCORRETA:

(A) Sendo a empreitada unicamente de lavor, se a coisa perecer antes de entregue, sem mora do dono nem culpa do empreiteiro, este perderá a retribuição, se não provar que a perda resultou de defeito dos materiais e que, em tempo, reclamara contra a sua quantidade ou qualidade.

(B) A prestação de serviço não poderá ser contratada por mais de quatro anos, ainda que o contrato tenha por causa o pagamento de dívida do contratado, ou que se destine à execução de certa e determinada obra, resolvendo-se ainda que não concluída esta.

(C) O depósito é contrato, em regra, oneroso, ficando o depositário obrigado a ter, na guarda e conservação da coisa depositada, o cuidado e a diligência que costuma com o que lhe pertence, bem como a restituí-la, com todos os frutos e acrescidos, quando o exija o depositante.

(D) O maior de dezesseis e menor de dezoito anos não emancipado pode ser mandatário, mas o mandante não tem ação contra ele senão de conformidade com as regras gerais, aplicáveis às obrigações contraídas por menores.

(E) É nula a transação a respeito do litígio decidido por sentença passada em julgado, se dela não tinha ciência algum dos transatores, ou quando, por título ulteriormente descoberto, se verificar que nenhum deles tinha direito sobre o objeto da transação.

A: correta. Na empreitada unicamente de lavor, o empreiteiro contribui com a obra apenas com a mão de obra (CC, art. 610). Nesse caso, se a coisa perecer antes de entregue, sem mora do dono nem culpa do empreiteiro, este perderá a retribuição, se não provar que a perda resultou de defeito dos materiais e que em tempo reclamara (CC, art. 613); **B:** correta, pois tal limitação temporal está prevista no CC, art. 598; **C:** incorreta, devendo ser assinalada; o contrato de depósito, em regra, é gratuito (CC, art. 628); **D:** correta, pois de conformidade com a regra estabelecida pelo art. 666 do CC; **E:** correta, pois referida nulidade absoluta vem prevista no art. 850 do CC.

Gabarito "C."

(Ministério Público do Trabalho – 14º) Complete com a opção CORRETA.

Em relação à empreitada, o que se mediu presume-se verificado se, em _____ dias, a contar da medição, não forem denunciados os vícios ou defeitos pelo dono da obra ou por quem estiver incumbido da sua fiscalização.

(A) 10;
(B) 15;
(C) 20;
(D) 30;
(E) não respondida.

O art. 614, § 2º, do CC estabelece regra no sentido de que – após a medição pelo dono da obra – o transcurso do prazo de 30 dias firma presunção de que a obra foi verificada.

Gabarito "D."

4.14.12. Locação

(Magistratura/SC – FCC) Uma pessoa jurídica de direito privado, que atua na área de supermercados, celebrou com outra pessoa jurídica, que se dedica a atividades no ramo imobiliário, contrato pelo qual esta se comprometeu a adquirir um terreno indicado por aquela e a construir um prédio a fim de que lhe fosse locado pelo prazo de vinte anos, sendo que, se a locatária denunciasse o contrato antes do termo final, ficaria sujeita a multa equivalente à soma dos valores dos aluguéis a receber até o fim do prazo da locação.

I. É um contrato atípico, porque não disciplinado especificamente em lei, vigorando apenas as condições livremente pactuadas entre as partes.
II. A multa contratual devida pela denúncia do contrato será sempre proporcional ao período de cumprimento do contrato, sendo nula a cláusula que estipulou multa equivalente à soma dos valores dos aluguéis a receber até o termo final da locação.
III. Nele poderá ser convencionada a renúncia ao direito de revisão do valor dos aluguéis durante o prazo de sua vigência.
IV. É uma operação imobiliária conhecida como *built to suit*, mas disciplinada na lei que dispõe sobre as locações dos imóveis urbanos.
V. É modalidade de locação residencial ou não residencial para a qual a lei estabelece regras especiais entre as quais a de que o prazo será sempre determinado.

Acerca desse contrato, é correto o que se afirma APENAS em:

(A) III e V.
(B) I e II.
(C) III e IV.
(D) I e III.
(E) II e IV.

I: incorreta, pois esse contrato está previsto no art. 54-A da Lei 8.245/1991; **II:** incorreta, pois é válida a cláusula pela qual a multa poderá ser equivalente à somatória dos valores dos aluguéis a receber até o termo final da locação (art. 54-A, § 2º, da Lei 8.245/1991); **III:** correta (art. 54-A, § 1º, da Lei 8.245/1991); **IV:** correta (art. 54-A da Lei 8.245/1991); **V:** incorreta, pois no caso o prazo deve ser determinado (art. 54-A, *caput*, da Lei 8.245/1991).

Gabarito "C."

(DPE/PE – CESPE) Julgue o seguinte item.

(1) Se um contrato de locação de imóvel urbano residencial for estipulado com prazo de duração de trinta e seis meses, findo esse prazo, deverá o locador notificar o locatário para que se opere a resolução do contrato.

1: incorreta, pois nas locações ajustadas por escrito e por prazo igual ou superior a 30 meses, findo o prazo estipulado a resolução do contrato se dará de pleno direito (art. 46, *caput*, da Lei 8.245/1991).

Gabarito 1E.

(Procurador Distrital – CESPE) Acerca da locação de imóveis urbanos, julgue os próximos itens.

(1) Nos contratos de locação, não é válida a cláusula de renúncia à indenização das benfeitorias e ao direito de retenção, uma vez que tais garantias são fixadas no Código Civil e na Lei de Locações, respectivamente.

(2) Celebrado contrato de locação de imóvel, violará o princípio da boa-fé objetiva o locatário que, após exercer a posse direta do imóvel, alegar que o locador, por não ser o proprietário do imóvel, não tem legitimidade para o ajuizamento de eventual ação de despejo nas hipóteses em que a lei não exija essa condição do demandante.

(3) Em contrato de locação ajustado por prazo determinado antes da vigência da nova Lei de Locação, o fiador somente responderá pelos débitos locatícios contraídos no período da prorrogação por prazo indeterminado caso tenha previamente anuído no contrato, em fazê-lo.

1: Errada, pois a locação de imóveis urbanos é regida pela Lei 8.245/1991, a qual permite a expressamente a renúncia à indenização pelas benfeitorias e ao direito de retenção (art. 35 da Lei 8.245/1991); **2:** correta, pois a partir do momento que a boa-fé objetiva traduz o "agir como a sociedade espera", o locatário que, após obter a posse direta faz esse tipo de alegação estaria indo contra a conduta de lealdade e probidade para com o locador. Teria ele agido de modo ardiloso e oportunista, violando frontalmente referido princípio; **3:** correta, pois antes da Lei 12.112/2009 era necessária prévia anuência expressa do fiador para que ele se responsabilizasse pela garantia locatícia em caso de prorrogação do contrato por prazo indeterminado. O silêncio representava recusa. Atualmente a regra é outra, nos termos do art. 39, *in verbis*: *Salvo disposição contratual em contrário, qualquer das garantias da locação se estende até a efetiva devolução do imóvel, ainda que prorrogada a locação por prazo indeterminado, por força desta Lei*. Portanto, hoje o silêncio representa aceitação.
Gabarito 1E, 2C, 3C

(Juiz de Direito/AM - FGV) No que se refere à locação predial urbana, assinale a afirmativa correta.

(A) O locatário tem a obrigação de pagar os impostos e as taxas que incidam ou venham a incidir sobre o imóvel, assim como as despesas de telefone, luz, gás, água e esgoto.

(B) O locatário pode devolver o imóvel alugado, durante o prazo estipulado para a duração do contrato, pagando o valor dos aluguéis correspondentes ao período que falta para o término do contrato.

(C) Em caso de óbito do locatário, ficarão sub-rogados nos seus direitos e obrigações, nas locações residenciais, o cônjuge sobrevivente ou o companheiro e, sucessivamente, os descendentes, ascendentes e os colaterais até o terceiro grau.

(D) As benfeitorias necessárias e úteis introduzidas pelo locatário, salvo expressa disposição contratual em contrário, ainda que não autorizadas pelo locador, serão indenizáveis e permitem o exercício do direito de retenção.

(E) O locador, em locação por temporada, poderá receber de uma só vez e antecipadamente os aluguéis e encargos.

A: incorreta, pois a obrigação de pagar impostos e taxas é do locador (art. 22, VIII, da Lei 8.245/1991); **B:** incorreta, pois nessa hipótese o locatário deverá pagar a multa pactuada e não os aluguéis correspondentes ao período remanescente (art. 4º da Lei 8.245/1991); **C:** incorreta, pois nesse caso ficarão sub-rogados nos seus direitos e obrigações: "o cônjuge sobrevivente ou o companheiro e, sucessivamente, os herdeiros necessários e as pessoas que viviam na dependência econômica do *de cujus*, desde que residentes no imóvel" (art. 11, I, da Lei 8.245/1991); **D:** incorreta, pois quanto às benfeitorias úteis, elas demandam autorização do locador (art. 35 da Lei 8.245/1991); **E:** correta, pois de pleno acordo com o disposto no art. 49 da Lei 8.245/1991.
Gabarito 1E

(Juiz de Direito/AM - FGV) Com relação aos contratos de locação, analise as afirmativas a seguir.

I. O fiador, ainda que solidário, ficará desobrigado se, sem consentimento seu, o credor conceder moratória ao devedor.

II. O fiador, ainda que solidário, ficará desobrigado se, por fato do credor, for impossível a sub-rogação nos seus direitos e preferências.

III. O fiador, ainda que solidário, ficará desobrigado se o credor, em pagamento da dívida, aceitar amigavelmente do devedor objeto diverso do que este era obrigado a lhe dar, ainda que depois venha a perdê-lo por evicção.

Assinale:

(A) se somente a afirmativa I estiver correta.
(B) se somente a afirmativa II estiver correta.
(C) se somente a afirmativa III estiver correta.
(D) se somente as afirmativas II e III estiverem corretas.
(E) se todos as afirmativas estiverem corretas.

Todas as assertivas estão corretas. Elas reproduzem (inclusive respeitando a ordem estabelecida) os três incisos do art. 838 do CC.
Gabarito 1E

(Procurador do Município/Boa Vista-RR - CESPE) Com relação ao direito civil, julgue o item seguinte.

(1) Segundo a jurisprudência sumulada do Supremo Tribunal Federal (STF), a empresa locadora de veículo não responde, nem civil nem solidariamente com o locatário, pelos danos por este causados a terceiro, no uso do carro locado.

1: incorreta, pois a empresa locadora de veículos responde, sim, civil e solidariamente, com o locatário, pelos danos por este causados a terceiro, nos uso do carro locado (Súmula 492 do STF).
Gabarito 1E

(Analista - TRT/20ª - FCC) De acordo com o Código Civil brasileiro, no contrato de locação de coisas

(A) a locação por tempo determinado não cessa de pleno direito findo o prazo estipulado, exigindo que o locatário seja notificado.

(B) se o locatário empregar a coisa em uso diverso do ajustado, ou do a que se destina, poderá o locador, além de rescindir o contrato, exigir perdas e danos.

(C) a locação por tempo determinado cessa de pleno direito se ocorrer a morte do locador ou do locatário.

(D) se, findo o prazo, o locatário continuar na posse da coisa alugada, sem oposição do locador, presumir-se-á prorrogada a locação pelo mesmo aluguel e pelo mesmo prazo.

(E) em se tratando de imóvel alienado durante a locação, o locador só poderá despejar o locatário e reaver o imóvel observado o prazo de trinta dias após a notificação.

A: incorreta, pois cessa de pleno direito, não dependendo de notificação ou aviso (art. 573 do CC); **B:** correta (art. 570 do CC); **C:** incorreta, pois, nesse caso, a locação transfere-se aos herdeiros do locador ou locatário por prazo determinado (art. 577 do CC); **D:** incorreta, pois se presumirá prorrogada a locação pelo mesmo aluguel, mas sem o prazo determinado (art. 574 do CC); **E:** incorreta, pois o novo locador só terá direito de despejar o locatório antes do prazo se do contrato de locação não constar cláusula de vigência, e não constar registro; além disso, cumprido o requisito, o locatário observará prazo de 90 dias, e não de 30 dias (art. 576, *caput* e § 2°, do CC).

Gabarito "B".

4.14.13. Prestação de serviço

(Ministério Público/SP) Considere as assertivas a seguir:

I. decorridos 4 (quatro) anos, o Contrato de Prestação de Serviços é considerado findo, independentemente da conclusão dos serviços;
II. o mandato outorgado por meio de instrumento público somente admite substabelecimento por instrumento público;
III. na doação sujeita a encargo, o silêncio do donatário, no prazo fixado pelo doador, não implica aceitação da doação.

É verdadeiro o que se afirma em
(A) I apenas.
(B) I e II apenas.
(C) I e III apenas.
(D) II e III apenas.
(E) I, II e III.

I: correta (art. 598 do CC); **II:** incorreta, pois ainda quando se outorgue mandato por instrumento público, pode substabelecer-se mediante instrumento particular (art. 655 do CC); **III:** correta (art. 539 do CC).

Gabarito "C".

(Analista – TRE/TO – FCC) O contrato de prestação de serviços regulado pelo Código Civil brasileiro, quando qualquer uma das partes não souber ler, nem escrever o instrumento
(A) deverá obrigatoriamente ser celebrado em cartório através de documento público assinado na presença de duas testemunhas.
(B) poderá ser assinado a rogo e subscrito por duas testemunhas.
(C) deverá ser assinado por um terceiro, maior e capaz, designado pelo analfabeto, na presença de três testemunhas.
(D) deverá ser assinado por um terceiro, maior e capaz e submetido à homologação judicial.
(E) deverá obrigatoriamente ser celebrado com assistência de familiar do analfabeto na presença de duas testemunhas, com posterior registro do documento em cartório.

Art. 595 do CC.

Gabarito "B".

4.14.14. Mandato

(Magistratura/GO – FCC) Já muito idosa, porém lúcida, Vera outorgou mandato para que seu filho José passasse a realizar, em seu nome, negócios em geral. Na posse do instrumento de mandato, José alienou bem imóvel de propriedade de Vera, partilhando o produto da venda com seus irmãos. Em relação a Vera, o ato é
(A) ineficaz, salvo ratificação expressa, que retroagirá à data do ato.
(B) eficaz apenas se a partilha entre os filhos tiver se dado por igual.
(C) eficaz, pois estava lúcida no momento da outorga do mandato.
(D) ineficaz e não passível de ratificação.
(E) ineficaz, salvo ratificação expressa, que produzirá efeitos a partir dela.

A: correta, pois o mandato para negócios gerais só confere ao mandatário poderes de administração, ficando este proibido de alienar um bem dessa natureza (art. 661, *caput* e § 1°, do CC), sendo que os a alienação nessas condições é considerada pela lei ineficaz em relação ao mandante (art. 662, *caput*, do CC), mas podem ser ratificada por este, hipótese em que retroagirá à data do ato (art. 662, parágrafo único, do CC); **B e C:** incorretas, pois essa alienação é ineficaz em relação ao mandante (art. 662, *caput*, do CC); **D e E:** incorretas, pois pode ser ratificada e esta produzirá efeitos a partir da data do ato e não da data da ratificação (art. 662, parágrafo único, do CC).

Gabarito "A".

(Magistratura/SP – VUNESP) Assinale a alternativa correta.
(A) A outorga de mandato por instrumento público exige que o substabelecimento seja feito pela mesma forma.
(B) O mandato pode ser verbal, ainda que o ato deva ser celebrado por escrito.
(C) Se os mandatários forem declarados conjuntos, qualquer deles poderá exercer os poderes outorgados.
(D) Sendo omissa a procuração quanto ao substabelecimento, o procurador será responsável se o substabelecido proceder culposamente.
(E) Se tiver ciência da morte do mandante, o mandatário não tem poderes para concluir o negócio já começado, ainda que haja perigo na demora, pois o mandato cessa com a morte.

A: incorreta, pois ainda quando se outorgue mandato por instrumento público, pode substabelecer-se mediante instrumento particular (art. 655 do CC); **B:** incorreta, pois não se admite mandato verbal quando o ato deva ser celebrado por escrito (art. 657 do CC); **C:** incorreta, pois se os mandatários forem declarados conjuntos, não terá eficácia o ato praticado sem interferência de todos, salvo havendo ratificação, que retroagirá à data do ato (art. 672 do CC); **D:** correta (art. 667, § 4°, do CC); **E:** incorreta, pois embora ciente da morte do mandante, deve o mandatário concluir o negócio já começado, se houver perigo na demora (art. 674 do CC).

Gabarito "D".

(Ministério Público/SE – CESPE) No que concerne ao contrato de mandato, assinale a opção correta de acordo com o Código Civil.
(A) O mandatário que exceder os poderes do mandato será considerado mero gestor de negócios enquanto o mandante não ratificar os atos.
(B) O mandato outorgado por instrumento público não poderá ser substabelecido por instrumento particular.
(C) Para recebimento do que for devido em decorrência do mandato, o mandatário não poderá reter o objeto da operação que lhe for cometida.

(D) O maior de 16 anos e menor de 18 anos de idade, desde que emancipado, poderá ser mandatário, mas o mandante, em regra, não terá ação contra ele.

(E) Se o mandatário tiver ciência da morte ou interdição do mandante, não deverá concluir o negócio já iniciado, mesmo em caso de perigo na demora.

A: correta (art. 665 do CC); B: incorreta (art. 655 do CC); C: incorreta (art. 664 do CC); D: incorreta, pois o mandante tem ação contra o mandatário menor mesmo não emancipado (art. 666 do CC); E: incorreta (art. 674 do CC).

(Analista – TRT/8ª – FCC) No contrato de mandato, o mandante não está obrigado a

(A) adiantar ao mandatário as despesas necessárias à execução do mandato, devendo ressarci-las posteriormente.

(B) pagar ao mandatário as despesas da execução do mandato se o negócio, sem culpa do mandatário, não surtiu o esperado efeito.

(C) ressarcir ao mandatário as perdas que este sofrer com a execução do mandato, se tiverem resultado de culpa sua ou de excesso de poderes.

(D) pagar ao mandatário a remuneração ajustada se o negócio, sem culpa do mandatário, não surtiu o esperado efeito.

(E) pagar ao mandatário os juros das somas adiantadas pelo mandatário para a execução do mandato, desde a data do desembolso.

A: incorreta (art. 675 do CC); B: incorreta (art. 676 do CC); C: correta (art. 676 do CC); D: incorreta (art. 676 do CC); E: incorreta (art. 677 do CC).

4.14.15. Seguro

(Magistratura/RR – FCC) A respeito de contratos de seguro, considere as seguintes assertivas:

I. Nos seguros de dano, a garantia prometida não pode ultrapassar o valor do interesse segurado no momento da contratação e a indenização não pode ultrapassar o valor do interesse segurado no momento do sinistro.

II. Nos seguros de pessoas, o capital segurado é livremente estipulado pelo proponente, que pode contratar mais de um seguro sobre o mesmo interesse, com o mesmo ou diversos seguradores.

III. Salvo disposição em contrário, não se admite a transferência do contrato de seguro de dano a terceiro com a alienação ou cessão do interesse segurado.

IV. No seguro de vida, só podem figurar como beneficiárias pessoas que estejam sob a dependência econômica do segurado, exceto se se tratar de cônjuge ou companheiro.

V. No seguro de vida ou de acidentes pessoais para o caso de morte, o capital estipulado, para o caso de morte, não está sujeito às dívidas do segurado, nem se considera herança.

Está correto o que se afirma APENAS em

(A) III, IV e V.
(B) I, III e IV.
(C) II, III e V.
(D) I, II, e V.
(E) I, III e V.

I: correta (art. 778 do CC); II: correta (art. 789 do CC); III: incorreta, pois, salvo disposição em contrário, admite-se sim essa transferência (art. 785, *caput*, do CC); IV: incorreta, pois não há essa limitação na lei (arts. 789 a 802 do CC); V: correta (art. 794 do CC).

(Magistratura/SP – VUNESP) Acerca do contrato de seguro, é correto afirmar que

(A) os credores do devedor insolvente que vem a falecer podem penhorar o capital estipulado em seguro de vida por ele próprio contratado e pago, independentemente de quem seja o beneficiário.

(B) por meio desse contrato, que se prova mediante a exibição da apólice ou bilhete de seguro, o segurado, mediante a paga de uma contraprestação, faz jus, na hipótese de se verificar determinado evento, a receber indenização denominada prêmio.

(C) no seguro de responsabilidade civil, o segurado não pode reconhecer sua responsabilidade sem anuência expressa do segurador.

(D) ao segurado que agrava intencionalmente o risco objeto do contrato a lei impõe multa e redução da garantia prevista na apólice.

A: incorreta, pois, de acordo com o art. 794 do CC, "no seguro de vida ou de acidentes pessoais para o caso de morte, o capital estipulado não está sujeito às dívidas do segurado, nem se considera herança para todos os efeitos de direito"; B: incorreta, pois o segurado paga o "prêmio" e a segurada paga a "indenização" (arts. 757 e 763 do CC); C: correta (art. 787, § 2º, do CC); D: incorreta, pois o segurado que agravar intencionalmente o risco perderá o direito à garantia (art. 768 do CC).

(Analista – TRE/AP – FCC) No caso de sinistro parcial, salvo disposição em contrário, o seguro de um interesse por menos do que valha

(A) acarreta a redução proporcional da indenização.
(B) não gera qualquer redução ou amortização da indenização devida.
(C) acarreta a redução legal e prefixada de, no máximo, 10% da indenização.
(D) acarreta a redução legal e prefixada de, no máximo, 15% da indenização.
(E) acarreta a redução legal e prefixada de, no máximo, 50% da indenização.

Art. 783 do CC.

(Analista – TRE/TO – FCC) Em regra, no seguro de dano, a transferência do contrato a terceiro com a alienação ou cessão do interesse segurado é

(A) admitida, sendo que se o instrumento contratual é nominativo, a transferência produz efeitos em relação ao segurador após dez dias úteis da efetivação da transferência, sendo desnecessário aviso escrito.

(B) vedada pelo Código Civil brasileiro em atenção aos princípios da transparência e da boa-fé objetiva.

(C) admitida, sendo que, se o instrumento contratual é nominativo, a transferência produz efeitos em rela-

ção ao segurador imediatamente, sendo desnecessário aviso escrito.
(D) admitida, sendo que a apólice ou o bilhete à ordem se transfere por endosso em branco.
(E) admitida, sendo que a apólice ou o bilhete à ordem só se transfere por endosso em preto, datado e assinado pelo endossante e pelo endossatário.

Art. 785, *caput* e § 2º, do CC.
Gabarito "E".

4.14.16. Fiança

(Magistratura/SP – VUNESP) Assinale a alternativa correta.
(A) A estipulação da fiança depende do consentimento do devedor.
(B) A fiança deve ser de valor igual ou superior ao da obrigação principal.
(C) O fiador não poderá exonerar-se da fiança se a prestou sem limitação de tempo.
(D) A obrigação do fiador extingue-se com sua morte e a responsabilidade da fiança não se transmite aos herdeiros.
(E) O fiador ficará desobrigado se, sem o seu consentimento, o credor conceder moratória ao devedor.

A: incorreta, pois é possível estipular a fiança, ainda que sem consentimento do devedor ou contra a sua vontade (art. 820 do CC); **B:** incorreta, pois a fiança pode ser de valor inferior ao da obrigação principal (art. 823 do CC); **C:** incorreta, pois o fiador poderá exonerar-se da fiança que tiver assinado sem limitação de tempo, sempre que lhe convier, ficando obrigado por todos os efeitos da fiança, durante sessenta dias após a notificação do credor (art. 835 do CC); **D:** incorreta, pois a obrigação do fiador passa aos herdeiros; mas a responsabilidade da fiança se limita ao tempo decorrido até a morte do fiador, e não pode ultrapassar as forças da herança (art. 836 do CC); **E:** correta (art. 838, I, do CC).
Gabarito "E".

(Ministério Público/SP) Um cônjuge, casado sob o regime de comunhão parcial de bens e em estado de solvência, firma contrato de fiança em favor de terceiro, sem a necessária outorga uxória. Pode(m) pedir a decretação de anulabilidade:
(A) ambos os cônjuges e o afiançado.
(B) o cônjuge que não firmou o contrato.
(C) o cônjuge que firmou o contrato.
(C) o cônjuge que firmou o contrato e o afiançado.
(E) os credores do cônjuge que firmou o contrato.

A alternativa "b" está correta, pois conforme o art. 1.650 do CC.
Gabarito "B".

(Analista – TJ/ES – CESPE) Julgue o seguinte item.
(1) Em face de sua natureza benéfica, o contrato de fiança deve ser interpretado estritamente.

1: correto (arts. 114 e 819 do CC).
Gabarito 1C

Capítulo 5
RESPONSABILIDADE CIVIL

5.1. INTRODUÇÃO

Esse tema é dividido em duas partes. A primeira referente às pessoas que têm a obrigação de indenizar, bem como as hipóteses em que a indenização é devida. E a segunda referente à própria indenização, em temas como a extensão do valor da indenização e as características das indenizações por danos morais, materiais e estéticos.

Não se deve confundir o regime de responsabilidade civil previsto no Código Civil, com o regime previsto no Código de Defesa do Consumidor e em outras leis especiais em relação ao primeiro código. Se uma dada situação fática se caracterizar como relação de consumo, o que pressupõe a existência de um fornecedor, de um lado, e um consumidor destinatário final, de outro, aplica-se o regime do CDC, que é diferente do regime do Código Civil.

5.2. RESPONSABILIDADE SUBJETIVA

5.2.1. Hipótese de incidência (art. 186)

De acordo com o art. 186 do Código Civil, aquele que, por ação ou omissão voluntária, negligência ou imprudência, violar direito e causar dano a outrem, ainda que exclusivamente moral, comete ato ilícito.

Essa é hipótese de incidência da responsabilidade subjetiva. Ou seja, aquele cuja conduta se subsumir na hipótese legal mencionada, que traz elementos subjetivos para se configurar (dolo ou culpa ou sentido estrito), terá de indenizar a pessoa que sofrer o dano respectivo.

Observe que o texto legal traz, assim, os seguintes pressupostos para configuração dessa responsabilidade:

conduta + culpa *lato sensu* (culpa *stricto sensu*/dolo) + nexo de causalidade + dano

a) Conduta humana comissiva ou omissiva; naturalmente que a omissão só será juridicamente relevante se o agente tinha o dever jurídico de agir, pois ninguém é obrigado a fazer ou deixar de fazer algo senão em virtude de lei;

b) Culpa *lato sensu*; ou seja, a presença de dolo (ação ou omissão voluntária, ou seja, intencional) ou culpa em sentido estrito, podendo esta se tratar de negligência (deixar de agir com cuidado), imprudência (agir sem cuidado) ou imperícia (falta de observância das regras técnicas);

c) Nexo de causalidade: é a relação entre a conduta do agente e ao dano experimentado pela vítima.

d) Dano: é o prejuízo efetivamente sofrido, podendo ser de ordem material, estética ou moral.

5.2.2. Consequência (art. 927)

Aquele que cometer ato ilícito, ou seja, aquele que praticar ato que se enquadra na hipótese de incidência mencionada, *fica obrigado a reparar dano*. Trata-se do dever de indenizar, previsto como consequência legal da prática de um ato ilícito, no bojo do art. 927 do CC.

Sobre esse assunto:

ENUNCIADO 587 CJF – O dano à imagem restará configurado quando presente a utilização indevida desse bem jurídico, independentemente da concomitante lesão a outro direito da personalidade, sendo dispensável a prova do prejuízo do lesado ou do lucro do ofensor para a caracterização do referido dano, por se tratar de modalidade de dano *in re ipsa*.

ENUNCIADO 588 CJF – O patrimônio do ofendido não pode funcionar como parâmetro preponderante para o arbitramento de compensação por dano extrapatrimonial.

ENUNCIADO 589 CJF – A compensação pecuniária não é o único modo de reparar o dano extrapatrimonial, sendo admitida a reparação *in natura*, na forma de retratação pública ou outro meio.

ENUNCIADO 658 CJF – Arts. 402 e 927: As perdas e danos indenizáveis, na forma dos arts. 402 e 927, do Código Civil, pressupõem prática de atividade lícita, sendo inviável o ressarcimento pela interrupção de atividade contrária ao Direito.

Referente ao Enunciado 658 é importante aclarar que o Judiciário por vezes se depara com pleitos de indenização por perdas e danos/lucros cessantes fundamentados na interrupção da prática de atividade ilícita ou sem a necessária licença estatal para que a prática seja regular/lícita. O STJ, ao analisar pleito indenizatório relacionado à extração de areia e seixo sem a licença necessária, posicionou-se pela impossibilidade de reconhecer a indenização (STJ, 3ª T, REsp 1021556-TO, Min. Vasco Della Giustina, j. 21/9/2010), pois a prática se traduz em "ato clandestino, alheio a qualquer amparo no ordenamento vigente".

5.3. RESPONSABILIDADE OBJETIVA

Diferentemente da responsabilidade subjetiva, que depende de dolo ou de culpa em sentido estrito para se configurar, a responsabilidade objetiva se configura sem esses elementos subjetivos, bastando, assim, a presença dos seguintes requisitos: a) conduta humana; b) nexo de causalidade; c) dano.

O nexo de causalidade também é necessário na responsabilidade objetiva. Confira um exemplo disso: "A proprietária, na qualidade de arrendadora de aeronave, não pode ser responsabilizada civilmente pelos danos causados por acidente aéreo, quando há o rompimento do nexo de causalidade [no caso, conduta culposa do piloto], afastando-se o dever de indenizar." (STJ, REsp 1.414.803-SC, j. 04/05/2021).

Cada vez mais nosso ordenamento jurídico há hipóteses legais de responsabilidade objetiva, muitas delas inclusive previstas como regras específicas no próprio Código Civil. Também se verifica importantes hipóteses dessa responsabilidade nos direitos administrativo, ambiental e do consumidor, entre outros.

Confira, agora, casos em que se tem ou responsabilidade objetiva no Código Civil.

5.3.1 Casos previstos em lei

5.3.1.1. Produtos postos em circulação (art. 931)

De acordo com o art. 931 do CC, os empresários individuais e as empresas respondem independentemente de culpa pelos danos causados pelos **produtos** postos em circulação.

Tem-se aqui típica responsabilidade objetiva. Um exemplo é o dano causado por insumo vendido a uma indústria. Repare que essa hipótese até se parece com a prevista nos arts. 12 e 14 do CDC, mas há diferença. A primeira é que no CDC a regra vale tanto para produto, como para serviço. E no CC só vale para produto. Outra diferença é que, em se tratando de uma relação regida pelo CC, somente empresários individuais e empresas respondem dessa forma, o mesmo não acontecendo se for outro tipo de pessoa, tais como meras pessoas naturais, pessoas jurídicas não empresariais e entes despersonalizados.

5.3.1.2. Responsabilidade pelo fato de 3º (arts. 932 e 933)

Aqui tem-se a chamada responsabilidade **indireta**. Trata-se daquela situação em que alguém não fez nada, mas acaba respondendo pelo ato de alguém que causou um dano a outrem, daí porque se fala em responsabilidade pelo fato de terceiro. Nesses casos, cujas hipóteses já serão vistas, o verdadeiro causador do dano geralmente pode responder por este, mas a lei permite que se acione um responsável no seu lugar.

Vejamos as hipóteses:

a) Pais por filhos menores sob sua autoridade e companhia; para o STJ, a emancipação voluntária não exclui responsabilidade do pai. Ainda, conforme orientação do CJF, não obstante a responsabilidade seja objetiva, deve-se demonstrar que o filho poderia ser responsabilizado, caso imputável fosse: ENUNCIADO 590: "A responsabilidade civil dos pais pelos atos dos filhos menores, prevista no art. 932, inc. I, do Código Civil, não obstante objetiva, pressupõe a demonstração de que a conduta imputada ao menor, caso o fosse a um agente imputável, seria hábil para a sua responsabilização";

Neste contexto de responsabilidade dos pais pelos atos dos filhos o Enunciado 660 CJF prevê a supressão do Enunciado 41 da I Jornada de Direito Civil do Conselho da Justiça Federal. ("A única hipótese em que poderá haver responsabilidade solidária do menor de 18 anos com seus pais é ter sido emancipado nos termos do art. 5º, parágrafo único, inc. I, do novo Código Civil"). Isso porque o Enunciado 41 da I Jornada de Direito Civil considerava exclusivamente a emancipação como causa de responsabilidade solidária dos menores de 18 anos, o que se considerou contraditório ao Enunciado 40 da mesma Jornada, que reconheceu que o menor é devedor principal no caso de atos infracionais com medida protetiva de reparação do dano. Ademais, havendo mais de um causador do dano, e sendo o adolescente também devedor principal, este deve ser considerado devedor solidário, conforme art. 942, parte final, do Código Civil.

b) Tutor e curador nos mesmos casos;

ENUNCIADO 662 CJF: "A responsabilidade civil indireta do curador pelos danos causados pelo curatelado está adstrita ao âmbito de incidência da curatela tal qual fixado na sentença de interdição, considerando o art. 85, *caput* e § 1º, da Lei n. 13.146/2015".

c) Empregador por empregados, no exercício do trabalho; para o STF, é presumida a culpa do patrão (Súmula 341); para o STJ, o tomador de serviço não responde por empresa terceirizada;

d) Dono de hotel por hóspedes;

e) Partícipe de crime, sem ganho, até o limite de sua participação.

5.3.1.3. Dono ou detentor de animal (art. 936)

De acordo com o art. 936 do CC, o *dono ou detentor* do animal ressarcirá o dano por este causado, se não provar culpa da vítima ou força maior.

De acordo com o Enunciado 452 JDC/CJF, a responsabilidade no caso é objetiva, admitindo duas excludentes, quais seja, culpa exclusiva da vítima e força maior.

5.3.1.4. Prédio em ruína (art. 937)

De acordo com o art. 937 do CC, *o dono de edifício ou construção responde pelos danos que resultarem de sua ruína se esta provier de falta de reparos, cuja necessidade fosse manifesta.*

5.3.1.5. Coisas caídas ou lançadas (art. 938)

De acordo com o art. 938 do CC, *aquele que habitar prédio, ou parte dele, responde pelo dano proveniente das coisas que dele caírem ou forem lançadas em lugar indevido.*

5.3.2. Atividade de risco (art. 927, parágrafo único)

Também se tem hipótese de responsabilidade objetiva no CC a decorrente da atividade de risco. Todavia, pela sua importância, de rigor tratar em item separado.

Com efeito, o art. 927, parágrafo único, do CC dispõe que *quando a atividade normalmente desenvolvida pelo autor do dano implicar, por sua natureza, risco para os direitos de outrem, haverá obrigação de reparar o dano, independentemente de culpa.*

Importante consignar que a expressão "direitos de outrem" abrange não apenas a vida e a integridade física, mas também outros direitos, de caráter patrimonial ou extrapatrimonial (Enunciado 555 JDC/CJF).

Um exemplo dessa situação é um acidente com um helicóptero particular, matando terceiros. Repare que não há uma relação de consumo no caso, de modo que não se aplica a responsabilidade objetiva prevista no CDC. Porém, em se tratando o ato de andar de helicóptero uma conduta que, por sua natureza, traz riscos para terceiros, a responsabilidade no caso é objetiva e sequer é necessário que o autor da ação indenizatória tenha de provar que houve dolo ou culpa em sentido estrito no caso.

De acordo com os Enunciados 38 e 448 do JDC/CJF, configura-se o risco quando a atividade causar a pessoa determinada um ônus maior do que aos demais membros da coletividade ou sempre que a atividade normalmente desenvolvida, mesmo sem defeito e não essencialmente perigosa, induza, por sua natureza, risco especial e diferenciado aos direitos de outrem, salientando-se que são critérios de avaliação desse risco, entre outros, a estatística, a prova técnica e as máximas de experiência.

Seguem mais exemplos da aplicação dessa modalidade de responsabilidade objetiva, baseada na teoria do risco criado:

a) dano causado em passageiro de trem decorrente de ato de vandalismo que resulta no rompimento de cabos elétricos de vagão de trem; em virtude da aplicação dessa teoria, o ato de vandalismo não exclui a responsabilidade da concessionária/transportadora, pois cabe a ela cumprir protocolos de atuação para evitar tumulto, pânico e submissão dos passageiros a mais situações de perigo (REsp 1.786.722-SP, DJe 12/06/2020);

b) falecimento de advogado nas dependências do fórum, por disparos de arma de fogo efetuados por réu em ação criminal; trata-se de omissão estatal em atividade de risco anormal (REsp 1.869.046-SP, DJe 26/06/2020);

c) acerca da responsabilidade civil objetiva e acidente de trabalho, o STF exarou importantíssima decisão no sentido de que o art. 927, parágrafo único, do CC é compatível com o art. 7º, XXVIII, da CF, sendo constitucional a responsabilização objetiva do empregador por danos decorrentes de acidentes de trabalho nos casos especificados em lei ou quando a atividade normalmente desenvolvida, por sua natureza, apresentar exposição habitual a risco especial, com potencialidade lesiva, e implicar ao trabalhador ônus maior do que aos demais membros da coletividade. (RE 828040/DF, j. em 12.3.2020);

d) "Convite para cobertura jornalística. Benefício econômico para empresa. Fornecimento de transporte e hospedagem. Acidente automobilístico. Falecimento de jornalista. Responsabilidade civil objetiva. Teoria do risco. Incidência. Art. 927 do Código Civil. A empresa que expede convites a jornalistas para a cobertura e divulgação de seu evento, ou seja, em benefício de sua atividade econômica, e se compromete a prestar o serviço de transporte destes, responde objetivamente pelos prejuízos advindos de acidente automobilístico ocorrido quando de sua prestação". STJ, REsp 1.717.114-SP, Rel. Min. Marco Aurélio Bellizze, Terceira Turma, por unanimidade, julgado em 29/03/2022.

5.3.3. Ato ilícito por abuso de direito (art. 187)

Outro caso importante de responsabilidade objetiva, apesar de se ter um ato definido pela lei como "ato ilícito" (tradicionalmente associado com a responsabilidade subjetiva), é o da responsabilidade por abuso de direito.

De acordo com o art. 187 do CC, *"também comete ato ilícito o titular de um direito que, ao exercê-lo, excede manifestamente os limites impostos pelo seu fim econômico ou social, pela boa-fé ou pelos bons costumes"*.

E, como se sabe, quem comete ato ilícito, tem o dever de reparar o dano.

Porém, repare que na definição de abuso de direito a lei em momento algum exige conduta dolosa ou culposa em sentido estrito daquele que propicia o dano, de modo que a doutrina aponta que se tem, no caso, responsabilidade objetiva, conforme já mencionado.

O abuso de direito também é chamado de **ato emulativo.**

Como exemplos dessa conduta, temos os seguintes:

excesso na liberdade de informação;

excesso no exercício da propriedade (direito de vizinhança);

excesso na legítima defesa.

Acerca da temática do abuso de direito, confira, ainda, os seguintes enunciados das Jornadas de Direito Civil:

a) 413 – Art. 187: Os bons costumes previstos no art. 187 do CC possuem natureza subjetiva, destinada ao controle da moralidade social de determinada época, e objetiva, para permitir a sindicância da violação dos negócios jurídicos em questões não abrangidas pela função social e pela boa-fé objetiva.

b) 414 – Art. 187: A cláusula geral do art. 187 do Código Civil tem fundamento constitucional nos princípios da solidariedade, devido processo legal e proteção da confiança, e aplica-se a todos os ramos do direito.

Um caso interessante de reconhecimento de abuso de direito se deu quando um pai, ao registrar o nome do filho, acabou registrando com nome diferente do combinado com a mãe. A consequência foi a seguinte: "É admissível a exclusão de prenome da criança na hipótese em que o pai informou, perante o cartório de registro civil, nome diferente daquele que havia sido consensualmente escolhido pelos genitores" (STJ, REsp 1.905.614-SP, DJe 06/05/2021).

c) 617 – Art. 187: O abuso do direito impede a produção de efeitos do ato abusivo de exercício, na extensão necessária a evitar sua manifesta contrariedade à boa-fé, aos bons costumes, à função econômica ou social do direito exercido.

5.4. EXCLUDENTES DE RESPONSABILIDADE EM GERAL

As excludentes de responsabilidade são as hipóteses previstas expressa ou implicitamente na lei que afastam a responsabilidade civil, ou seja, o dever de indenizar. Confira-se:

5.4.1. Legítima defesa

Consiste naquela situação atual ou iminente de injusta agressão a si ou terceiro, propiciando que o agente use dos meios necessários para repelir essa agressão. Um exemplo é aquela situação em que uma pessoa atira em outro que está apontando contra si uma arma de fogo e ameaçando atirar. Naturalmente que o agente que agir em legítima defesa terá sua responsabilidade afastada, salvo se agir com excesso, pelo qual responderá.

5.4.2. Exercício regular de direito

Consiste na conduta de alguém que, mesmo causando um prejuízo a outrem, é considerada regular pela lei, não se enquadrando em hipótese de legítima defesa ou de estado de necessidade. Por exemplo, se você protestar um devedor que não lhe pagar um título protestável, naturalmente estará causando um prejuízo ao devedor, mas este não terá direito de ser indenizado pelo simples fato de você estar atuando no exercício regular de um direito.

5.4.3. Estrito cumprimento de dever legal

Consiste na conduta de alguém que tem o dever legal de atuar, mesmo causando um dando a outrem. Um exemplo é o do policiar que prende alguém em flagrante pela prática de um crime. Naturalmente que a pessoa que está sendo presa sofre um prejuízo, mas não se trata de um dano indenizável.

5.4.4. Estado de necessidade

Consiste em deteriorar ou distribuir coisa alheia, ou mesmo em causar uma lesão a uma pessoa, *a fim de remover perigo iminente*. A lei considera que esse ato *será legítimo quando as circunstâncias o tornarem absolutamente necessário, não excedendo os limites do indispensável para a remoção do perigo*. Porém, se o terceiro atingido não for o causador do perigo, o agente responde perante esse terceiro, com direito de ação regressiva contra verdadeiro culpado pela situação que o levou a agir premido do estado de necessidade. Um exemplo é o seguinte: "A", fechado por "B", desvia carro, batendo em um terceiro ("C") para não atropelar alguém; "A", apesar do estado de necessidade, responderá perante o terceiro ("C"), podendo ingressar com ação de regresso contra "B", culpado por tudo.

5.4.5. Caso fortuito ou de força maior

Consiste no fato necessário, cujos efeitos não são passíveis de se evitar ou impedir (art. 393, parágrafo único, do CC). Um exemplo é de um tornado de grande expressão ou de um terremoto, que venha a causar danos a certas pessoas.

De acordo com o Enunciado 443 das Jornadas de Direito Civil, "o caso fortuito e a força maior somente serão considerados como excludentes da responsabilidade civil quando o fato gerador do dano não for conexo à atividade desenvolvida".

Por conta disso, para o STJ, roubo em posto de gasolina é considerado força maior, excluindo a responsabilidade do estabelecimento. Já roubo em agência bancária é evento previsível e esperado em se tratando desse tipo de atividade (bancária), não caracterizando, assim, força maior, ou seja, não afastando a responsabilidade de indenizar por parte do banco.

Outro entendimento importante é o fixado na Súmula 479 do STJ: "As instituições financeiras respondem objetivamente pelos danos gerados por fortuito interno relativo a fraudes e delitos praticados por terceiros no âmbito de operações bancárias".

5.4.6. Culpa exclusiva da vítima

Consiste em dano casado exclusivamente por conduta da vítima deste, sem que haja qualquer tipo de liame necessário entre a conduta de terceiros e o dano causado. Ex.: alguém se joga na frente de um carro e é atropelado.

Vale observar que se o caso envolver a chamada culpa concorrente (ou seja, ao mesmo tempo há culpa da vítima e do ofensor), não se estará diante de excludente de responsabilidade, mas apenas de uma hipótese de alteração do valor da indenização.

5.4.7. Fato de terceiro

Consiste em dano causado exclusivamente por conduta de terceiro, sem que haja qualquer tipo de liame necessário entre a conduta de alguém que se deseja imputar e o dano causado. Ex.: arremesso de pedra em ônibus, ferindo passageiro (STJ). Vale salientar que a extinção da punibilidade criminal não acarreta exoneração da responsabilidade, salvo negativa de autoria ou do fato.

5.5. SUJEITOS PASSIVOS DO DIREITO À INDENIZAÇÃO

5.5.1. Autores e coautores da ofensa

5.5.2. Responsáveis indiretos

a) Responsáveis por atos de terceiros (arts. 932 e 933);

b) Súmula STJ 130: a **empresa responde, perante o cliente, pela reparação de dano/furto em seu estacionamento;**

c) Súmula STF 492: empresa **locadora** de veículos responde civil e solidariamente com o locatário pelos danos por este causados a terceiro, no uso do carro locado;

d) Súmula STJ 132: a ausência de registro da transferência não implica responsabilidade do antigo dono resultante de acidente que envolva o **veículo alienado**.

5.5.3. Solidariedade

Se a ofensa tiver mais de um autor, todos responderão solidariamente pela reparação (art. 942).

Um exemplo de solidariedade está na Súmula STJ 221: são civilmente responsáveis pelo ressarcimento de dano, decorrente de publicação pela imprensa, tanto o autor do escrito quanto o proprietário do veículo de divulgação.

Porém, essa súmula não se aplica em relação aos provedores de internet e redes sociais. Nesse sentido, se um usuário de rede social posta conteúdo ofensivo a terceiro, este não poderá pedir indenização por danos materiais e morais junto à empresa provedora daquele portal. Tal empresa só poderá ser acionada se, mesmo após ter sido comunicada a respeito da mensagem ofensiva, não a tiver excluído.

Outro exemplo de solidariedade é o trazido pelo STJ, no REsp 343.649, quando se decidiu que, quem permite que terceiro conduza seu veículo, é responsável solidário pelos danos culposamente causados por este.

5.6. SUJEITOS ATIVOS DO DIREITO À INDENIZAÇÃO

5.6.1. Vítima direta

Ex.: aquele que sofreu o acidente.

5.6.2. Vítima indireta

Ex.: os familiares próximos da vítima do acidente.

Tem-se no caso danos morais **reflexos** ou por **ricochete**. Neste passo, ressalta-se que no plano patrimonial, a manifestação do dano reflexo ou por ricochete não se restringe às hipóteses previstas no art. 948 do Código Civil (Enunciado n. 560 JDC/CJF).

Trata-se do *préjudice d'affection*, pois o instituto é fundado no princípio da afeição.

O STJ admite o dano indireto, sendo comum fixar-se indenização por danos morais em favor de pessoas muito próximas da vítima de um homicídio, tais como pais, filhos, irmãos, cônjuge e companheiro.

5.7. REPARAÇÃO DOS DANOS

5.7.1. Regra

De acordo com o art. 942 do Código Civil, "Os bens do responsável pela ofensa ou violação do direito de outrem ficam sujeitos à reparação do dano causado; e, se a ofensa tiver mais de um autor, todos responderão solidariamente pela reparação".

Repare que essa regra vale para qualquer tipo de responsabilidade civil, seja ela objetiva ou subjetiva.

Uma vez fixada essa vinculação entre os bens do responsável pela ofensa e o direito do ofendido em ver o seu dano reparado, de rigor entender como se fixará a indenização.

A primeira regra a ser considerada é a seguinte: a indenização mede-se pela extensão do dano. Parece óbvio, mas é regra fundamental. Trata-se do princípio da reparação integral dos danos. Exemplo de aplicação prática do princípio é a Súmula 281 do STJ, que impede a tarifação do dano moral.

Todavia, há exceções a essa regra, que serão vistas agora.

5.7.2. Exceções ao princípio da reparação integral

a) Se houver **excessiva desproporção** entre a *gravidade da culpa* e o *dano* o juiz pode reduzir equitativamente a indenização (art. 944, parágrafo único);

b) Se houver **culpa recíproca**, a indenização será *proporcional*, levando em conta os graus de culpa. Neste assunto segue orientação esclarecedora do CJF: "Culpas não se compensam. Para os efeitos do art. 945 do Código Civil, cabe observar os seguintes critérios: (i) há diminuição do *quantum* da reparação do dano causado quando, ao lado da conduta do lesante, verifica-se ação ou omissão do próprio lesado da qual resulta o dano, ou o seu agravamento, desde que (ii) reportadas ambas as condutas a um mesmo fato, ou ao mesmo fundamento de imputação, conquanto possam ser simultâneas ou sucessivas, devendo-se considerar o percentual causal do agir de cada um"(Enunciado 630);

c) O **incapaz** responde *subsidiária* e *equitativamente*.

Neste último caso responde subsidiariamente, pois só terá a obrigação de indenizar se o seu responsável não responder ou não dispuser de meios. E responde **equitativamente,** pois, caso o incapaz responda, o valor da indenização não poderá privá-lo do necessário para a sua subsistência. Um exemplo de situação que abarca os dois requisitos é caso de um incapaz rico, cujo curador não tenha meios para responder. Adotou-se na hipótese a **Teoria do Patrimônio Mínimo,** de modo a garantir sempre um patrimônio para o incapaz, criando a **Responsabilidade Mitigada e Subsidiária**. Por fim, importante mencionar que há entendimento doutrinário no sentido de que pais, tutores e curadores também se beneficiam dessa limitação quando o pagamento da indenização puder prejudicar a subsistência do incapaz (Enunciado CJF 39).

O comportamento da vítima também deve ser levado em consideração quando se fixar o valor da indenização. Neste sentido é o Enunciado 629 CJF: A indenização não inclui os prejuízos agravados, nem os que poderiam ser evitados ou reduzidos mediante esforço razoável da vítima. Os custos da mitigação devem ser considerados no cálculo da indenização.

5.7.3. Espécies de danos

5.7.3.1. Dano material

O dano a material pode ser classificado nas seguintes espécies:

a) danos emergentes: *o que efetivamente se perdeu;* ex.: conserto do veículo, medicamentos, tratamentos;

b) lucros cessantes: *o que razoavelmente se deixou de lucrar;* ex.: renda que profissional liberal deixa de auferir por ficar 30 dias sem trabalhar;

c) decorrente da "Perda de uma Chance": aquele decorrente da possibilidade de buscar posição jurídica mais vantajosa que **muito provavelmente** ocorreria; ex.: voo atrasado a impedir posse de aprovado em concurso. De acordo com o Enunciado 444 das Jornadas de Direito Civil, "a responsabilidade civil pela perda de chance não se limita à categoria de danos extrapatrimoniais, pois, conforme as circunstâncias do caso concreto, a chance perdida pode apresentar também a natureza jurídica de dano patrimonial. A chance deve ser séria e real, não ficando adstrita a percentuais apriorísticos". O STJ reconheceu a aplicabilidade dessa teoria no seguinte caso: "Tem direito a ser indenizada, com base na teoria da perda de uma chance, a criança que, em razão da ausência do preposto da empresa contratada por seus pais para coletar o material no momento do parto, não teve recolhidas as células-tronco embrionárias. No caso, a criança teve frustrada a chance de ter suas células embrionárias colhidas e armazenadas para, se eventualmente fosse preciso, fazer uso delas em tratamento de saúde. (...) Essa chance perdida é, portanto, o objeto da indenização" (REsp 1.291.247-RJ, J. em 19.08.2014).

5.7.3.2. Dano estético

Consiste em modalidade de dano própria das situações de alteração corporal que causa desagrado e repulsa, tais como cicatrizes, marcas e aleijões. Sobre esse dano o STJ editou a Súmula 387, dispondo o dano estético é cumulável com o dano moral.

5.7.3.3. Dano moral

O dano moral, que será adiante visto com mais vagar, além de cumulável com o dano estético, conforme visto, é cumulável com o dano material, conforme Súmula 37 do STJ.

5.7.4. Na demanda antes de vencida a dívida (art. 939)

Nesse caso o credor ficará obrigado a i) esperar o tempo que faltava para o vencimento; ii) descontar os juros correspondentes, embora estipulados; iii) pagar as custas em dobro.

5.7.5. Na demanda por dívida já paga (art. 940)

Nesse caso o credor ficará obrigado a pagar ao devedor o dobro do que houver cobrado.

5.7.6. Na demanda com pedido maior que o devido (art. 940)

Nesse caso o credor ficará obrigado a pagar ao devedor o equivalente do que dele exigir. Porém, há uma **excludente**: as penas previstas nos arts. 939 e 940 não se aplicarão quando o autor **desistir** da ação antes de contestada a lide, salvo ao réu o direito de haver indenização por algum prejuízo que prove ter sofrido.

5.7.7. Homicídio (art. 948)

Nesse caso, os familiares que ingressarem com ação contra o ofensor para requerer:
a) despesas com tratamento da vítima, seu funeral e o luto da família (ex.: médico + enterro + dano moral);

b) alimentos às pessoas a quem o morto os devia, levando-se em conta a duração provável da vida da *vítima*, tratando-se da famosa "pensão".

5.7.8. Lesão à saúde (art. 949)

Nesse caso, a vítima pode ingressar com ação contra o ofensor para requerer:

a) despesas do tratamento e dos lucros cessantes até ao fim da convalescença, além de prejuízos provados (art. 949);

b) se resultar defeito impedindo o ofendido de exercer profissão ou diminuindo sua capacidade de trabalho, a indenização incluirá pensão correspondente à importância do trabalho para quem se inabilitou ou da depreciação sofrida (art. 950);

c) o prejudicado, se preferir, poderá exigir que a indenização seja arbitrada e paga de uma só vez, em vez de pensão.

O disposto nos arts. 948 a 950 aplica-se ao caso de danos causados no exercício de atividade profissional.

5.7.9. Esbulho (art. 952)

Nesse caso, a vítima pode ingressar com ação contra o ofensor para requerer:

a) havendo usurpação ou esbulho do alheio, indenização, que abrange: i) valor das deteriorações; ii) lucros cessantes;

b) faltando a coisa, reembolsa-se o equivalente pelo preço ordinário e de afeição, desde que este não supere àquele.

5.7.10. Injúria, difamação e calúnia (art. 953)

Nesse caso, a vítima pode ingressar com ação contra o ofensor para requerer:

a) indenização, que consistirá na reparação do dano que delas resulte ao ofendido.

b) se o ofendido não puder provar prejuízo material, o juiz fixará, equitativamente, o valor da indenização.

5.7.11. Ofensa à liberdade pessoal (art. 954)

Nesse caso tem-se dano causado por cárcere privado e prisão ilegal (por denúncia falsa ou má-fé). A indenização consistirá no pagamento das perdas e danos que sobrevierem ao ofendido, e, se este não provar prejuízo, juiz fixará equitativamente o valor da indenização.

5.8. DANO MORAL

5.8.1. Conceito

*Consiste na **ofensa ao patrimônio moral** de pessoa, tais como o nome, a honra, a fama, a imagem, a intimidade, a credibilidade, a respeitabilidade, a liberdade de ação, a autoestima, o respeito próprio e a afetividade.*

5.8.2. Sujeitos passivos do dano moral

a) Pessoas naturais; qualquer pessoa natural pode sofrer dano moral e, mesmo que essa pessoa venha a falecer, o direito à ser indenizado é transmitido aos herdeiros da vítima; nesse sentido confira a Súmula STJ 642: "O direito à indenização por danos morais transmite-se com o falecimento do titular, possuindo os herdeiros da vítima legitimidade ativa para ajuizar ou prosseguir a ação indenizatória"

b) Pessoas jurídicas (Súmula 227 do STJ), sendo que, nesse caso, o dano moral advém da ofensa à honra **objetiva** da pessoa jurídica. A honra objetiva consiste na reputação, no conceito que a sociedade possui acerca do sujeito; ex.: difamação do nome de um restaurante da cidade; já no caso do condomínio é diferente; este, por ser uma massa patrimonial, não possui honra objetiva apta a sofrer dano moral (REsp 1.736.593-SP, DJe 13/02/2020); as pessoas jurídicas de direito público também têm essa proteção: "Pessoa Jurídica de Direito Público tem direito à indenização por danos morais relacionados à violação da honra ou da imagem, quando a credibilidade institucional for fortemente agredida e o dano reflexo sobre os demais jurisdicionados em geral for evidente" (STJ, REsp 1.722.423-RJ, DJe 18/12/2020);

c) Coletividade: o STJ está dividido sobre essa possibilidade, apesar de haver disposição legal expressa acerca do cabimento de indenização por dano moral em caso de danos coletivos ou difusos (art. 6º, VII, do CDC).

5.8.3. Prova do dano moral

a) Pessoa natural: a simples lesão ao patrimônio moral da pessoa natural caracteriza o dano moral, não sendo necessário prova da ocorrência desse dano; ex.: mãe não precisa demonstrar que sentiu morte do filho; na inexecução de um contrato não existe tal presunção;

b) Pessoa jurídica: o fato lesivo deve ser devidamente demonstrado para caracterizar o dano moral (Enunciado 189/CJF).

c) Dano moral *in re ipsa*: para o STJ, determinadas condutas geram dano moral, sem necessidade de demonstração ou prova da ocorrência deste, mesmo quando a vítima for pessoa jurídica; por exemplo, a inscrição indevida em cadastro de inadimplentes e a publicação não autorizada da imagem de pessoa, com fins econômicos ou comerciais (Súmula STJ 403).

5.8.4. Exemplos de casos em que cabe dano moral

Súmula STJ 388
A simples devolução indevida de cheque caracteriza dano moral.

Súmula STJ 370
Caracteriza dano moral a apresentação antecipada de cheque pré-datado.

Súmula STJ 227
A pessoa jurídica pode sofrer dano moral.

Outros casos são os seguintes: a) de abandono afetivo; vide, por exemplo, STJ, REsp 1.159.242, j. 24.04.2012; b) de ocultação da verdade, por cônjuge, quanto à paternidade biológica; vide, por exemplo, STJ, REsp 922.462, j. 04.04.2013. Na mesma decisão em que se reconheceu a responsabilidade do cônjuge infiel, afastou-se a responsabilidade do cúmplice ("amante"); c) abandono material (REsp 1.087.561-RS, Rel. Min. Raul Araújo, por unanimidade, julgado em 13.06.2017, DJe 18.08.2017).

5.8.5. Exemplos de casos em que não cabe dano moral

Súmula STJ 385
Anotação irregular em cadastro de crédito não gera dano moral se já existe legítima inscrição.

Informativo 350 STJ
Descumprimento de contrato, por si só, não gera dano moral.

Outro caso em que não cabe dano moral é aquele em que um produto é comprado e, por ter problema, precisa ir ao conserto, sendo certo que esse mero dissabor, salvo situações excepcionais, não enseja indenização por dano moral.

5.8.6. Critérios para fixação da indenização

Nessa difícil tarefa o juiz deve ter em vista que a condenação por danos morais atende um critério reparador à vítima ao mesmo tempo que deve ter cunho pedagógico-punitivo ao autor da lesão. Não obstante a existência de tais parâmetros, o tema sobre a fixação do *quantum* indenizatório ainda é bastante controvertido na jurisprudência e costuma levar em conta parâmetros como os seguintes:

a) Reflexos pessoais e sociais da ação ou omissão;

b) Possibilidade de superação física ou psicológica;

c) Extensão e duração dos efeitos da ofensa;

d) Situação social, política e econômica dos envolvidos;

e) Condições em que ocorreu a ofensa ou prejuízo moral;

f) Intensidade do sofrimento ou humilhação;

g) Grau de dolo ou culpa;

h) Existência de retratação espontânea;

i) Esforço efetivo para minimizar a ofensa;

j) Perdão, tácito ou expresso.

5.8.7. Valores médios fixados pelo STJ

a) falecimento: R$ 200 mil em favor de filhos, pais, cônjuges, companheiros e irmãos;

b) lesão grave, gerando incapacidade irreversível: R$ 150 mil em favor da vítima direta, R$ 50 mil em favor de pais ou cônjuge e R$ 10 mil para irmão;

c) **prisão indevida**: R$ 100 mil;

d) **publicação de notícia inverídica:** R$ 22,5 mil;

e) **recusa em cobrir tratamento médico:** R$ 20 mil;

f) **protesto indevido:** R$ 10 mil;

g) **cancelamento injustificado de voo:** R$ 8 mil.

Ressalta-se, contudo, que trata-se apenas de valores médios, pois consoante Enunciado 550 JDC/CJF a quantificação da reparação por danos extrapatrimoniais não deve estar sujeita a tabelamento ou a valores fixos.

Vale citar que o STJ vem **reformando** decisões que fixam indenização em valor não aproximado dos valores médios por ele praticados.

5.8.8. Encargos de condenação

a) **correção monetária:** é devida desde a data da fixação da indenização por dano moral (sentença ou acórdão); segundo a Súmula 362 do STJ, "A correção monetária do valor da indenização do dano moral incide desde a data do arbitramento";

b) **juros moratórios:** são devidos desde a data do evento danoso (Súmula STJ 54);

c) **honorários:** incidem também sobre o valor fixado a título de danos morais.

5.9. PENSÃO SEGUNDO O STJ

Seguem alguns parâmetros para a fixação de pensão em caso de falecimento no âmbito do STJ:

5.9.1. Falecimento de pai/mãe, com filhos menores

Pensão devida até 25 anos do filho, quando presumidamente este terá concluído sua formação.

5.9.2. Falecimento de cônjuge ou companheiro

Pensão devida até quando a vítima fizesse 70 anos.

5.9.3. Falecimento de filho menor em família de baixa renda

Pensão devida desde quando a vítima tivesse 14 anos, até quando fizesse 65 anos; valor cairá à metade quando vítima fizesse 25, pois se presume que teria contraído família e não mais poderia ajudar tanto os pais.

5.9.4. Falecimento de filho maior que ajudava família

Pensão devida vitaliciamente à família, diminuindo o valor quando a vítima fizesse 25 anos.

5.9.5. Encargos de condenação

a) **correção monetária:** é devida desde o evento danoso;

b) juros moratórios: são devidos desde a data do evento danoso (Súmula STJ 54);

c) honorários: incidem sobre as parcelas vencidas e 12 parcelas vincendas.

5.10. CUMULAÇÃO DE INDENIZAÇÃO POR DANOS MATERIAIS OU MORAIS COM PENSÃO PREVIDENCIÁRIA

A jurisprudência do STJ é pacífica no sentido de que "o benefício previdenciário é diverso e independente da indenização por danos materiais ou morais, porquanto, ambos têm origens distintas. Este, pelo direito comum; aquele, assegurado pela Previdência. A indenização por ato ilícito é autônoma em relação a qualquer benefício previdenciário que a vítima receba" (AgRg no AgRg no REsp 1.292.983-AL, DJe 07.03.2012) (REsp 776.338-SC, J. 06.05.2014).

5.11. CLÁUSULA DE NÃO INDENIZAR

Se a obrigação for indeterminada, e não houver na lei ou no contrato disposição fixando a indenização devida pelo inadimplente, apurar-se-á o valor das perdas e danos na forma que a lei processual determinar (art. 946 CC). A fim de aclarar este dispositivo, prevê o Enunciado 631 CJF: Como instrumento de gestão de riscos na prática negocial paritária, é lícita a estipulação de cláusula que exclui a reparação por perdas e danos decorrentes do inadimplemento (cláusula excludente do dever de indenizar) e de cláusula que fixa valor máximo de indenização (cláusula limitativa do dever de indenizar).

5.12. QUADRO SINÓTICO

1. Responsabilidade subjetiva.

1.1 Hipótese de incidência (art. 186 do CC): aquele que, por ação ou omissão voluntária, negligência ou imprudência, violar direito e causar dano a outrem, ainda que exclusivamente moral, comete ato ilícito.

Conduta + culpa *lato sensu* + dano + nexo causal.

1.2 Consequência (art. do CC): aquele que cometer ato ilícito fica obrigado a reparar o dano.

1.3 Excludentes de ilicitude:

a) legítima defesa;

b) exercício regular do direito e estrito cumprimento do dever legal;

c) estado de necessidade (neste caso, o terceiro não culpado será indenizado pelo agressor).

2. Responsabilidade objetiva.

conduta + dano + nexo causal

2.1 Ato ilícito por abuso de direito (art. 187 do CC): também comete ato ilícito o titular de um direito que, ao exercê-lo, excede manifestamente os limites impostos pelo seu fim econômico ou social, pela boa-fé ou pelos bons costumes.

– trata-se do chamado ato emulativo;

– Enunciado 37/CJF considera objetiva a responsabilidade no caso, ou seja, não é necessário culpa ou dolo;

– Exemplos: i) excesso na liberdade de informação; ii) excesso na liberdade de propriedade; iii) excesso na legítima defesa.

2.2 Atividade de risco (art. 927, p. único): quando a atividade normalmente desenvolvida pelo autor do dano implicar, por sua natureza, risco para os direitos de outrem.

– Exs: acidente em loja de fogos; acidente com helicóptero matando terceiros;

– Configura-se quando a atividade causar à pessoa determinado ônus maior do que os demais membros da coletividade (En. 39/CJF).

2.3 Produtos postos em circulação (art. 931 do CC): os empresários individuais e as empresas respondem independentemente de culpa pelos danos causados pelos **produtos** postos em circulação. Ex: dano causado por insumo vendido a uma indústria.

2.4 Responsabilidade pelo fato de terceiro (arts. 932/933 do CC).

– Responsabilidade **indireta;**

– **Não afasta** a responsabilidade do causador do dano;

– Se agente praticante do ato responder (o que requer culpa ou dolo, como regra), o responsável também responderá, mas sem necessidade de dolo ou culpa *in vigilando/in elegendo.*

– Hipóteses:

a) pais por filhos menores sob sua autoridade e companhia. STJ: emancipação voluntária não exclui responsabilidade do pai;

b) curador e tutor nos mesmos casos;

c) empregador por empregados, no exercício do trabalho. STF: é presumida a culpa do patrão (Sum. 341). STJ: tomador de serviços não responde por empresa terceirizada;

d) dono do hotel por hóspedes;

e) partícipe de crime, sem ganho até participação.

3. Outros casos de obrigação de indenizar.

3.1 Dono ou detentor de animal (art. 936 do CC): Responsabilidade objetiva: o dono ou detentor do animal ressarcirá o dano por este causado, se não provar culpa da vítima ou força maior.

3.2 Prédio em ruína (art. 937 do CC): responsabilidade objetiva. O dono do edifício ou construção responde pelos danos que resultarem de sua ruína, se esta provier de falta de reparos, cuja necessidade fosse manifesta.

3.3 Coisas caídas ou lançadas (art. 938 do CC): responsabilidade objetiva. Aquele que habitar prédio, ou parte dele, responde pelo dano proveniente das coisas que dele caírem ou forem lançadas em lugar indevido.

4. Excludentes da responsabilidade em geral.

4.1 Legítima defesa.

– Situação atual/iminente de injusta agressão a si ou a 3º. Ex: atira-se em pessoa que está para matar outra

4.2 Exercício regular do direito.

– Ex: ingresso com ação judicial; protesto.

4.3 Estrito cumprimento do dever legal.

– Ex: prestação de informações às autoridades fiscais.

4.4 Estado de necessidade.

– Dano à coisa ou à pessoa para remover perigo iminente.

– Se 3º atingido não causar o perigo, o agente **responde**, com ação regressiva contra o verdadeiro culpado. Ex: "A", fechado por "B", desvia o carro, batendo em 3º ("C"), para não cair num rio; "A", apesar do estado de necessidade, responderá perante "C", podendo ingressar com ação de regresso contra "B", culpado por tudo.

4.5 Caso fortuito ou força maior: é o fato necessário, cujos efeitos não são possíveis evitar ou impedir (art. 393 do CC). Ex: um tornado de grande expressão, um terremoto.

– Para o STJ, roubo em posto de gasolina é considerado força maior, excluindo a responsabilidade do estabelecimento.

– Já o roubo em agência bancária é evento previsível, não caracterizando força maior.

4.6 Culpa exclusiva da vítima.

– Ex: alguém se joga na frente de um carro e é atropelado.

Obs.: culpa concorrente da vítima só altera o valor indenizatório.

4.7 Fato de terceiro.

– Ex: arremesso de pedra em ônibus, ferindo passageiro (STJ).

–Já se houver acidente de ônibus causado por terceiro, o transportador responde perante os passageiros, com regresso contra o terceiro.

Obs.: extinção da punibilidade criminal não acarreta exoneração da responsabilidade, salvo nos casos de: i) negativa de autoria; ii) inexistência material do fato.

5. Sujeitos passivos do direito a indenização.

5.1 Autores e coautores da ofensa.

5.2 Responsáveis indiretos:

a) responsáveis por atos de terceiros (arts. 932/933 do CC);

b) Súmula STJ 130: a empresa responde, perante o cliente, pela reparação do dano/furto em seu **estabelecimento;**

c) Súmula STF 492: a empresa locadora de veículos responde civil e solidariamente com o locatário, pelos danos por este causados a terceiro, no uso do carro locado;

d) Súmula STJ 132: a ausência de registro da transferência não implica responsabilidade do antigo dono resultante de acidente que envolva veículo alienado.

5.3 Solidariedade

– Se a ofensa tiver mais de um autor, todos responderão solidariamente pela reparação (art. 942 do CC);

– Súmula STJ 221: são civilmente responsáveis pelo ressarcimento de dano, decorrente de publicação pela imprensa, tanto o autor do escrito quanto o proprietário do veículo de divulgação;

– STJ: quem permite que terceiro conduza seu veículo é responsável solidário pelos danos culposamente causados por este.

6. Sujeitos ativos do direito a indenização.

6.1 Vítima direta. Ex: aquele que sofreu o acidente.

6.2 Vítima indireta.

– Ex: os familiares próximos da vítima do acidente;

– Tem-se no caso danos morais **reflexos** ou por **ricochete;**

– Trata-se de *préjudice d'affection*, pois o instituto é fundado no princípio da afeição;

– O STJ admite o dano indireto, sendo comum fixar-se indenização por danos morais em favor de pessoas muito próximas da vítima de um homicídio, tais como pais, filhos, irmãos, cônjuge ou companheiro.

7. Reparação de danos.

7.1 Regra: a indenização mede-se pela extensão do dano.

– Trata-se do princípio da reparação integral dos danos.

– Ex. de aplicação prática do princípio é a Súmula 281 do STJ, que impede a tarifação do dano moral.

7.2 Exceções ao princípio da reparação integral:

a) se houver **excessiva desproporção** entre a gravidade da culpa e o dano, o juiz pode reduzir equitativamente a indenização (art. 944, p. un., do CC);

b) se houver **culpa recíproca**, a indenização será proporcional, levando em conta os graus de culpa (art. 945 do CC);

c) o **incapaz** responde subsidiaria e equitativamente:

– **subsidiariamente**: pois só responde se o responsável não responder ou não dispuser de meios. Ex: curador de um incapaz rico, que não tiver meios;

– **equitativamente**: pois, caso o incapaz responda, o valor não poderá privá-lo do necessário para a sua subsistência.

– Adotou-se a **teoria do Patrimônio Mínimo.**

7.3 Espécies de danos:

7.3.1 Dano material:

a) **danos emergentes:** o que efetivamente se perdeu. Ex: conserto de veículo, medicamentos, tratamentos;

b) **lucros cessantes:** o que razoavelmente se deixou de lucrar. Ex: renda que profissional liberal deixa de auferir por ficar 30 dias sem trabalhar;

c) **decorrentes da "Perda de Uma Chance":** dano decorrente de possibilidade de se buscar posição jurídica mais vantajosa que **muito provavelmente** ocorreria. Ex: voo atrasado a impedir posse de aprovado em concurso.

7.3.2 Dano estético:

– Cicatrizes, marcas, aleijão;

– STJ: dano estético é cumulável com dano moral (STJ 387).

7.3.3 Dano moral: cumulável com dano material (STJ 37).

7.4 Demanda antes de vencida a dívida (art. 939 do CC).

Credor ficará obrigado a: i) esperar o tempo que faltava para o vencimento; ii) descontar os juros correspondentes, embora estipulados; iii) pagar as custas em dobro.

7.5 Demanda por dívida já paga (art. 940 do CC).

Credor pagará ao devedor o equivalente do que ele exigir.

Obs1: **excludente** – essas penas não se aplicarão se o credor **desistir** da ação antes de contestada a lide, ressalvada ao réu indenização por prejuízos comprovados.

Obs2: STJ admite cobrança da indenização na contestação.

7.6 Homicídio (art. 948 do CC):

a) despesas com tratamento da vítima, seu funeral e luto da família (ex: médico + enterro + dano moral);

b) alimentos às pessoas a quem o morto os devia, levando-se em conta a duração provável da vida da vítima – PENSÃO.

7.7 Lesão à saúde (art. 949 do CC):

a) despesas do tratamento e dos lucros cessantes até ao fim da convalescença, além dos prejuízos provados (art. 949 do CC);

b) se resultar defeito prejudicando o exercício de profissão, a indenização incluirá a pensão correspondente (art. 950 do CC).

8. Dano moral.

8.1 Conceito: consiste na ofensa ao patrimônio moral da pessoa, tal como o nome, a honra, a fama, a imagem, a intimidade, a credibilidade, a respeitabilidade, a liberdade de ação, a autoestima, o respeito próprio e a afetividade.

8.2 Sujeitos passivos do dano moral:

a) pessoas naturais. Ex: atropelamento da esposa de alguém, causando a morte;

b) pessoas jurídicas (Súmula 227 STJ), sendo que, nesse caso, o dano moral exsurge da ofensa à honra objetiva da pessoa jurídica. Ex: difamação do nome de um restaurante da cidade;

c) coletividade: STJ está dividido sobre essa posição.

8.3 Prova do dano moral:

a) pessoa natural: a simples lesão ao patrimônio moral da pessoa natural caracteriza o dano moral, não sendo necessária prova da ocorrência desse dano. Ex: mãe não precisa demonstrar que sentiu pela morte do filho. Obs.: na inexecução de um contrato não existe tal presunção;

b) pessoa jurídica: o fato lesivo deve ser devidamente demonstrado para caracterizá-lo (En. 189 CJF);

c) dano moral "in re ipsa": para o STJ determinadas condutas geram dano moral, sem necessidade de demonstração ou prova da ocorrência deste, mesmo quando a vítima for pessoa jurídica. Ex: i) inscrição indevida em cadastro de inadimplente; ii) publicação não autorizada da imagem de pessoa com fins econômicos ou comerciais (Sum. 403 STJ).

8.4 Encargos de condenação do dano moral:

a) correção monetária: é devida desde a data da fixação da indenização por dano moral (sentença ou acordão);

b) juros moratórios: são devidos desde a data do evento danoso (Sum. 54 STJ);

c) honorários: incidem também sobre o valor fixado a título de danos morais.

5.13. QUESTÕES COMENTADAS

5.13.1. Obrigação de indenizar

(Magistratura/RR – FCC) Os menores Joaquim, com dezessete anos e João, com dezesseis anos de idade, causaram lesões corporais em um transeunte, quando praticavam esporte violento, tendo o pai deles, Manoel, sido condenado a pagar os danos. Nesse caso, Manoel

(A) só poderá reaver de João, depois que ele atingir a maioridade, metade do que pagou, porque era relativamente incapaz quando praticou o ato ilícito.
(B) não poderá reaver dos filhos o que pagou a título de indenização, mesmo depois de eles atingirem a maioridade.
(C) poderá reaver de ambos o que pagou a título de indenização, mas não incidirá correção monetária, nem vencerão juros, até que cada um deles atinja a maioridade.
(D) não poderá reaver o que pagou a título de indenização, mas esses filhos terão de trazer à colação o que o pai despendeu, se houver outro irmão, a fim de se igualarem as legítimas.
(E) poderá reaver de ambos os filhos o que pagou a título de indenização com correção monetária, mas sem acréscimo de juros, mesmo depois que atingirem a maioridade.

A, C, D e E: incorretas, pois nesse caso a lei entende que o ascendente não poderá reaver o que tiver pagado tanto junto ao descendente relativamente incapaz, como junto ao descendente absolutamente incapaz (art. 934 do CC), não havendo norma relativa à colação que determine que esta seja feito em juízo por um fato desses; **B:** correta (art. 934 do CC).
Gabarito "B".

(Ministério Público/BA – CEFET) Assinale a alternativa **INCORRETA** sobre a responsabilidade civil, segundo o Código Civil Brasileiro:

(A) Aquele que, por ato ilícito, causar dano a outrem fica obrigado a repará-lo.
(B) O incapaz pode ser responsabilizado pelos prejuízos que causar se as pessoas por ele responsáveis não tiverem obrigação de fazê-lo ou não dispuserem de meios suficientes.
(C) A responsabilidade civil é independente da criminal, não se podendo questionar mais sobre a existência do fato, ou sobre quem seja o seu autor, quando estas questões se acharem decididas no juízo criminal.
(D) O direito de exigir a reparação se transmite com a herança, mas não a obrigação de prestá-la.
(E) Aquele que ressarcir o dano causado por outrem pode reaver o que houver pago daquele por quem pagou, salvo se o causador do dano for descendente seu, absoluta ou relativamente incapaz.

A: assertiva correta (art. 927, *caput*, do CC); **B:** assertiva correta (art. 928, *caput*, do CC); **C:** assertiva correta (art. 935 do CC); **D:** assertiva incorreta, devendo ser assinalada; tanto direito de exigir a reparação como a obrigação de prestá-la transmitem-se com a herança (art. 943 do CC); **E:** assertiva correta (art. 934 do CC).
Gabarito "D".

(Procurador Distrital – CESPE) Julgue o seguinte item.

(1) Não ensejará reparação por danos morais o uso não autorizado da imagem de atleta em cartaz de propaganda de evento esportivo, sem finalidade lucrativa ou comercial, salvo se houver comprovação, pelo atleta, da ocorrência de prejuízo a ele.

1: A assertiva está incorreta, pois o direito de imagem é constitucionalmente protegido, garantindo-se o direito a indenização em caso de violação (art. 5º, X, da CF). Ainda que não haja finalidade lucrativa, o uso da imagem alheia apenas pode ser feito mediante autorização ou se necessárias à administração da justiça ou à manutenção da ordem pública (art. 20 do CC). Fora dessas hipóteses o prejuízo àquele que foi exposto é presumido, ensejando o direito de exigir reparação por dano moral.
Gabarito 1E.

(Procurador Federal – CESPE) Julgue o seguinte item.

(1) Embora os direitos da personalidade não possuam prazo para o seu exercício em razão de serem imprescritíveis, a pretensão de reparação por dano moral sofrido sujeita-se a prazo prescricional.

1: Correta, pois os direitos da personalidade não estão sujeitos à prescrição ou decadência em decorrência do seu não exercício. Assim, preserva-se o direito ao exercício do uso do nome, por exemplo, por tempo indefinido. Contudo, a *reparação pela violação* de um direito da personalidade, em regra, possui prazo prescricional de três anos para ser exercida (art. 206, § 3º, V, do CC). Ressalta-se o STJ reconhece exceção à prescritibilidade nos casos de violação aos direitos da personalidade ocorrida durante o regime militar. Neste sentido: "Processual civil. Agravo regimental no recurso especial. Ação ordinária. Responsabilidade civil. Danos morais causados durante regime militar. Perseguição política. Imprescritibilidade. 1. Na hipótese dos autos, o recorrido propôs ação ordinária visando à condenação da União ao pagamento de indenização dos danos morais que suportou com as diversas sessões de tortura e com seu banimento para o Chile durante o regime da ditadura militar, porém o Tribunal de origem extinguiu com julgamento de mérito ao reconhecer a ocorrência de prescrição. 2. Ocorre que segundo a jurisprudência do STJ, *em face do caráter imprescritível das pretensões indenizatórias dos danos a direitos da personalidade ocorridos durante o regime militar, não há que se falar em aplicação de prazos prescricionais*. Precedentes: AgRg no Ag 1.337.260/PR, 1ª Turma, Rel. Min. Benedito Gonçalves, *DJe* 13.09.2011; AgRg no Ag 1392493/RJ, 2ª Turma, Rel. Min. Castro Meira, *DJe* 01.07.2011; AgRg no REsp 893.725/PR, 2ª Turma, Rel. Min. Humberto Martins, *DJe* 08.05.2009. 3. Logo, com razão a decisão agravada, que afastou a ocorrência da prescrição declarada pela Corte *a quo*. 4. Agravo regimental não provido" (AgRg no REsp 1280101/RJ, Rel. Ministro Mauro Campbell Marques, Segunda Turma, julgado em 02.08.2012, *DJe* 09.08.2012).
Gabarito 1C.

(Procurador Federal – CESPE) Julgue o seguinte item.

(1) De acordo com o STJ, as empresas concessionárias de energia elétrica respondem objetivamente pelos danos causados a terceiros, em suas instalações, em virtude do risco excepcional que envolve o fornecimento de energia elétrica.

1: Correta, pois trata-se de caso de responsabilidade objetiva amparada pelo CDC (art. 22, *caput* c.c art. 14). O STJ reforça esse entendimento: "Recurso especial. Responsabilidade civil. Concessionária de serviço público. *Transmissão de energia elétrica. Atividade de alta periculosidade. Teoria do risco. Responsabilidade objetiva.* Conservação inadequada da rede de transmissão. Inversão do ônus da prova. Culpa da empresa reconhecida pela instância de origem.

Recurso especial não conhecido. 1. *A empresa que desempenha atividade de risco e, sobretudo, colhe lucros desta, deve responder pelos danos que eventualmente ocasione a terceiros, independentemente da comprovação de dolo ou culpa em sua conduta.* 2. Os riscos decorrentes da geração e transmissão de energia elétrica, atividades realizadas em proveito da sociedade, devem, igualmente, ser repartidos por todos, ensejando, por conseguinte, a responsabilização da coletividade, na figura do Estado e de suas concessionárias, pelos danos ocasionados. 3. Não obstante amparar-se na Teoria do Risco, invocando a responsabilidade objetiva da concessionária, a instâncias ordinárias também reconheceram existência de culpa em sua conduta: a queda de fios de alta tensão era constante na região, mesmo assim a empresa não empreendeu as necessárias medidas de conservação da rede, expondo a população a risco desnecessário. 4. Não se conhece do recurso no tocante à redução da pensão mensal, porquanto os danos materiais foram fixados na sentença, sem que a parte ora recorrente impugnasse tal ponto em seu recurso de apelação, conformando-se com o *decisum*. 5. O valor fixado nas instâncias locais para a indenização por danos morais não se apresenta exorbitante ou ínfimo, de modo a afrontar os princípios da razoabilidade e da proporcionalidade, incidindo na espécie o enunciado 7 da Súmula do STJ 6. Ressalva do entendimento do e. Ministro Aldir Passarinho Júnior, que não conheceu do recurso especial, adotando exclusivamente o fundamento relativo à culpa da concessionária demonstrada nas instâncias ordinárias, o que enseja sua responsabilidade subjetiva por omissão. 7. Recurso especial não conhecido" (REsp 896.568/CE, Rel. Ministro Fernando Gonçalves, Rel. p/ Acórdão Ministro Luis Felipe Salomão, Quarta Turma, julgado em 19.05.2009, *DJe* 30.06.2009).

(Promotor de Justiça/RO – CESPE) No que concerne à responsabilidade civil, assinale a opção correta.

(A) O antigo proprietário de veículo alienado somente será solidariamente responsável por dano resultante de acidente que envolva o veículo no caso de ausência de registro da transferência.

(B) Sendo objetiva a responsabilidade dos pais em relação aos filhos menores, caso um adolescente menor de dezesseis anos de idade cause, no período de aulas, dano a aluno da escola onde estuda, têm os pais o dever de indenizá-lo, isentando-se de responsabilidade a escola.

(C) Para a vítima de acidente de carro provocado por motorista menor de dezoito anos de idade sem habilitação haver a indenização dos pais do motorista, basta a comprovação da culpa *in vigilando* dos pais.

(D) Não havendo, entre locadora e locatário, relação de preposição, uma locadora de veículos não responde pelos danos causados pelo locatário quando da utilização de um veículo.

(E) A responsabilidade do proprietário de veículo automotor é solidária à do indivíduo que tome o veículo emprestado e, conduzindo-o, cause danos a terceiros.

A: incorreta, pois segundo a Súmula 132 do STJ: "A ausência de registro da transferência não implica a responsabilidade do antigo proprietário por dano resultante de acidente que envolva o veículo alienado"; **B:** incorreta, pois nessa hipótese a escola não se ausenta de responsabilidade (art. 932 do CC); **C:** incorreta, pois a responsabilidade dos pais pelos atos dos filhos menores é objetiva, ou seja, não há que se demonstrar a culpa dos pais; **D:** incorreta, pois a empresa locadora de veículos responde, civil e solidariamente, com o locatá-

rio, pelos danos por este causados a terceiro, no uso do carro locado (Súmula 492 do STF); **E:** correta, pois pode-se concluir que nesse caso há culpa *in eligendo* e também *in vigilando*. Assim posicionou-se o STJ: "Contra o proprietário de veículo dirigido por terceiro considerado culpado pelo acidente conspira a presunção *iuris tantum* de culpa *in eligendo* e *in vigilando*, não importando que o motorista seja ou não seu preposto, no sentido de assalariado ou remunerado, em razão do que sobre ele recai a responsabilidade pelo ressarcimento do dano que a outrem possa ter sido causado" (REsp 5.756/RJ, Rel. Ministro Cesar Asfor Rocha, 4.ª T., julgado em 08.10.1997, *DJ* 30.03.1998, p. 65).

(Juiz de Direito/PR – UFPR) De acordo com as regras que orientam os atos jurídicos e a responsabilidade civil, marque as assertivas como verdadeiras (V) ou falsas (F).

( ) Aquele que, por ação ou omissão voluntária, negligência ou imprudência, violar direito e causar dano a outrem, ainda que exclusivamente moral, comete ato ilícito.

( ) O incapaz responde pelos prejuízos que causar, se as pessoas por ele responsáveis não tiverem obrigação de fazê-lo ou não dispuserem de meios suficientes. A indenização será, contudo, equitativa, e não terá lugar se privar do necessário o incapaz ou as pessoas que dele dependem.

( ) Não há responsabilidade sem que concorra ato ou fato lesivo culposo ou doloso.

( ) Aquele que, por ato ilícito, causar dano a outrem, fica obrigado a repará-lo.

Assinale a alternativa que apresenta a sequência correta, de cima para baixo:

(A) V – V – F – V.
(B) F – F – V – V.
(C) F – V – V – F.
(D) V – F – F – F.

A primeira assertiva é verdadeira, pois a assertiva limita-se a reproduzir o texto do art. 186 do CC, que define – em nosso sistema – o ato ilícito; a segunda assertiva é verdadeira, pois a afirmação reproduz a regra contida no art. 928 do CC, segundo a qual é possível – excepcionalmente – condenar o próprio incapaz a responder com seu patrimônio pelos atos ilícitos praticados; a terceira afirmação é falsa, pois quando se tratar de responsabilidade objetiva não há análise de dolo ou culpa. Isso ocorre quando a lei expressamente determinar ou nos casos nos quais a atividade normalmente desenvolvida pelo autor do dano implicar risco para os direitos de outrem (art. 927, parágrafo único, do CC); a quarta afirmação é verdadeira, pois a obrigação de reparar o dano é a consequência jurídica direta da prática do ato ilícito (art. 927, *caput*, do CC).

(Ministério Público/PR) Assinale a alternativa correta:

(A) é subjetiva, por culpa presumida *in eligendo*, a responsabilidade civil do empregador pelos atos praticados pelo empregado no exercício de suas funções.

(B) é possível impor a um incapaz o dever, ainda que subsidiário, de indenizar pelos danos que ele causar a outrem.

(C) a responsabilidade civil do empregador e do empregado pelos danos que este último causar a outrem é solidária e, por isso mesmo, a obrigação de indenizar será indivisível.

(D) a responsabilidade objetiva somente ocorre nas hipóteses taxativamente descritas no Código Civil e na legislação especial, em rol exauriente.
(E) a responsabilidade civil derivada do abuso de direito deverá, necessariamente, advir de conduta culposa ou dolosa.

A: incorreta, pois a responsabilidade pelo fato de terceiro é objetiva (art. 933 do CC); B: correta (art. 928 do CC); C: incorreta, pois a solidariedade não gera a indivisibilidade; aliás, como a obrigação de indenizar envolve dinheiro, e o dinheiro é divisível, não há que se falar em indivisibilidade no caso; D: incorreta, pois há também casos de responsabilidade objetiva na Constituição Federal, como é o caso da responsabilidade patrimonial do Estado por danos causados por seus agentes, nessa qualidade, a terceiros (art. 37, § 6º, da CF) ; E: incorreta, pois a responsabilidade civil advinda do abuso de direito é objetiva, ou seja, independe de culpa (art. 187 do CC), conforme entendimento doutrinário (Enunciado CJF 37: "A responsabilidade civil decorrente do abuso do direito independe de culpa e fundamenta-se somente no critério objetivo-finalístico").
Gabarito "B".

(Ministério Público/SP – PGMP) Em tema de responsabilidade civil, assinale a assertiva INCORRETA.
(A) A empresa locadora de veículos não responde civilmente pelos prejuízos causados pelo locatário a terceiros, no uso do carro locado.
(B) São responsáveis pela reparação civil o empregador ou comitente, por conduta de seus empregados, serviçais e prepostos, no exercício do trabalho que lhes competir ou em razão dele.
(C) São responsáveis pela reparação civil o tutor e o curador, pelos pupilos e curatelados que estiverem sob sua autoridade ou em sua companhia.
(D) O dono, ou detentor, do animal ressarcirá o dano por este causado, se não provar culpa da vítima ou força maior.
(E) São responsáveis pela reparação civil os pais, pelos atos de filhos menores que estiverem sob sua autoridade e em sua companhia.

A: assertiva incorreta, devendo ser assinalada; de acordo com a Súmula STF n. 492, a empresa locadora de veículos responde civil e solidariamente com o locatário pelos danos por este causados a terceiro, no uso do carro locado; B: assertiva correta (art. 932, III, do CC); C: assertiva correta (art. 932, II, do CC); D: assertiva correta (art. 936 do CC); E: assertiva correta (art. 932, I, do CC).
Gabarito "A".

(Procurador Federal – CESPE) A respeito da responsabilidade contratual, julgue os itens a seguir.
(1) Em caso de acidente automotivo, a responsabilidade da transportadora ficará afastada se comprovado que os danos sofridos pelo passageiro decorreram de falha mecânica do veículo.
(2) Se o contrato celebrado for de obrigação de resultado, o inadimplemento se presumirá culposo.

1: incorreta, pois a responsabilidade da transportadora é objetiva; 2: correta, pois, na obrigação de resultado, a culpa pelo não atingimento deste é presumida.
Gabarito 1E, 2C

(Procurador do Trabalho – MPT) Sobre a responsabilidade civil do empregador, analise os itens abaixo:

I. Consoante jurisprudência uniforme do STJ, é lícita a cumulação das indenizações por dano moral e por dano estético decorrentes de um mesmo fato, desde que passíveis de identificação autônoma.
II. A teoria da perda de uma chance pode ser aplicada às relações de trabalho.
III. Para que reste caracterizada culpa exclusiva da vítima, é preciso que não haja culpa do empregador em nenhum grau.
Marque a alternativa **CORRETA**:
(A) todas as assertivas estão corretas;
(B) apenas as assertivas II e III estão corretas;
(C) apenas as assertivas I e III estão corretas;
(D) apenas a assertiva I está correta;
(E) não respondida.

I: correta (Súmula STJ n. 387); II: correta, pois a perda de uma chance consiste num dano decorrente da possibilidade de buscar posição jurídica mais vantajosa que muito provavelmente ocorreria; desde que se trate de uma chance séria e real, danos causados em situações como a mencionada dão ensejo à devida indenização mesmo em relações de trabalho; III: correta, pois, do contrário, teríamos culpa concorrente e não culpa exclusiva da vítima.
Gabarito "A".

(Magistratura do Trabalho – 4ª Região) De acordo com o Código Civil,
(A) por expressa disposição, a configuração do abuso do direito demanda a comprovação de culpa.
(B) a regra geral é a da responsabilidade objetiva, sendo excepcional a responsabilidade subjetiva.
(C) o incapaz nunca responde pelos prejuízos que causar.
(D) a ofensa à boa-fé objetiva, quando implicar danos, dá azo a obrigação de indenizar.
(E) os empresários individuais e as sociedades empresárias respondem somente nos casos de culpa pelos danos causados pelos produtos postos em circulação.

A: incorreta, pois a responsabilidade civil decorrente do ato ilícito previsto no art. 187 (abuso de direito) independe de culpa e fundamenta-se somente no critério objetivo-finalístico (Enunciado 37 do Conselho da Justiça Federal); B: incorreta, pois a regra em nosso sistema é a responsabilidade subjetiva. A responsabilidade objetiva terá lugar nas específicas hipóteses previstas em lei e também na hipótese de a atividade normalmente desenvolvida pelo autor do dano implicar, por sua natureza, risco para os direitos de outrem (CC, art. 927, parágrafo único); C: incorreta, pois o art. 928 do CC prevê duas específicas hipóteses nas quais o incapaz responderá diretamente pelos prejuízos que causar (se as pessoas por ele responsáveis não tiverem obrigação de fazê-lo ou não dispuserem de meios suficientes); D: correta, pois a violação do referido princípio enseja obrigação de indenizar sempre que dela resultar danos; E: incorreta, pois o art. 931 do CC prevê responsabilidade civil objetiva para tais casos.
Gabarito "D".

(Defensoria Pública da União – CESPE) No que se refere à disciplina do abuso de direito, julgue os itens a seguir.
(1) A proibição de comportamento contraditório é aplicável ao direito brasileiro como modalidade do abuso de direito e pode derivar de comportamento tanto omissivo quanto comissivo.

(2) A exemplo da responsabilidade civil por ato ilícito em sentido estrito, o dever de reparar decorrente do abuso de direito depende da comprovação de ter o indivíduo agido com culpa ou dolo.

(3) O pagamento realizado reiteradamente pelo devedor em local diverso do ajustado em contrato é um exemplo do que se denomina *supressio*.

1: correta, pois a doutrina, ao interpretar o art. 187 do CC, que regula o abuso de direito, entende que a proibição de comportamento contraditório funda-se nesse instituto (Enunciado 362 do CJF: " A vedação do comportamento contraditório – *venire contra factum proprium* - funda-se na proteção da confiança, tal como se extrai dos arts. 187 e 422 do Código Civil"); **2:** incorreta, pois a responsabilidade civil decorrente do abuso de direito é objetiva (Enunciado 37 do CJF: "A responsabilidade civil decorrente do abuso do direito independe de culpa e fundamenta-se somente no critério objetivo-finalístico"); **3:** correta, pois a *supressio* consiste na redução do conteúdo obrigacional pela inércia de uma das partes em exercer direitos ou faculdades, gerando na outra legítima expectativa, situação que ocorre quando o devedor, reiteradamente, realiza pagamento em local diverso do ajustado, ficando o devedor na legítima expectativa que possa continuar efetuando o pagamento no lugar que sempre efetuou; a *supressio* não se confunde com a *surrectio*, que consiste na ampliação do conteúdo obrigacional (e não na redução do conteúdo obrigacional).
Gabarito 1C, 2E, 3C

(Defensor Público/GO – I. Cidades) A respeito da ilicitude e da responsabilidade civil, o Código Civil dispõe que

(A) a responsabilidade civil é independente da criminal, razão pela qual é possível questionar sobre a existência do fato, ou sobre quem seja o seu autor, mesmo quando essas questões já se acharem decididas, com trânsito em julgado, no juízo criminal.

(B) o dono ou detentor do animal responde civilmente pelo dano por este causado, não se exonerando de tal responsabilidade em virtude de força maior.

(C) o titular de um direito que, ao exercê-lo, excede manifestamente os limites impostos pelo seu fim econômico ou social, pela boa-fé ou pelos bons costumes, comete abuso de direito, que, apesar de ser um ato lícito, pode ensejar responsabilidade civil.

(D) constitui ato ilícito a deterioração ou destruição da coisa alheia, ou a lesão à pessoa, a fim de remover perigo iminente.

(E) se houver excessiva desproporção entre a gravidade da culpa e do dano, poderá o juiz reduzir, equitativamente, a indenização.

A: incorreta, pois a responsabilidade civil é independente da criminal, **não** se podendo questionar mais sobre a existência do fato, ou sobre quem seja o seu autor, quando estas questões se acharem decididas no juízo criminal (art. 935 do CC); **B:** incorreta, pois o dono, ou detentor, do animal ressarcirá o dano por este causado, **se não provar culpa da vítima ou força maior** (art. 936 do CC); **C:** incorreta, pois **comete ato ilícito** o titular de um direito que, ao exercê-lo, excede manifestamente os limites impostos pelo seu fim econômico ou social, pela boa-fé ou pelos bons costumes (art. 187 do CC); **D:** incorreta, pois **não** constitui ato ilícito a deterioração ou destruição da coisa alheia, ou a lesão à pessoa, a fim de remover perigo iminente (art. 188, II, do CC); **E:** correta, pois a alternativa reflete o disposto no art. 944, par. ágrafo único, do CC.
Gabarito "E"

(Fiscal de Rendas/RJ – FGV) Com relação à *responsabilidade civil*, analise as afirmativas a seguir.

I. A responsabilidade civil do empregador ou comitente por seus empregados, serviçais e prepostos, no exercício do trabalho que lhes competir, ou em razão dele depende de culpa in eligendo ou in vigilando, a qual é, no entanto, presumida juris tantum.

II. O incapaz não pode ser responsabilizado pelos prejuízos que causar, recaindo sempre o dever de indenizar apenas sobre as pessoas por ele responsáveis.

III. Mesmo tendo agido licitamente, no caso de prejuízo causado para remoção de perigo iminente, o autor do dano fica obrigado a indenizar a vítima, caso esta não seja culpada pelo perigo.

Assinale:
(A) se somente as afirmativas I e II estiverem corretas
(B) se somente as afirmativas II e III estiverem corretas.
(C) se somente as afirmativas I e III estiverem corretas.
(D) se somente a afirmativa II estiver correta.
(E) se somente a afirmativa III estiver correta.

I: incorreta (art. 932, III, do CC); II: incorreta (art. 928, *caput*, do CC); III: correta (art. 929 do CC).
Gabarito "E"

(Analista – TRE/BA – CESPE) Acerca do instituto da responsabilidade civil, julgue os itens seguintes.

(1) O incapaz responde pelos prejuízos que causar, se as pessoas responsáveis por ele não tiverem obrigação de fazê-lo ou não dispuserem de meios suficientes para tal ação.

(2) Os partidos políticos são pessoas jurídicas e, nessa qualidade, estão sujeitos a sofrer danos morais em sua denominada honra objetiva, sujeitando o ofensor à reparação civil dos danos causados.

(3) Comete ato ilícito e está sujeito à reparação civil a pessoa que, sendo titular de um direito, ao exercê-lo, excede manifestamente os limites impostos pelo seu fim econômico ou social, pela boa-fé ou pelos bons costumes.

1: certa (art. 928, *caput*, do CC); **2:** certa (arts. 44, V e 52, do CC); **3:** certa (art. 187 do CC).
Gabarito 1C, 2C, 3C

5.13.2. Indenização

(Procurador do Estado/BA – CESPE) Acerca da responsabilidade civil, julgue os itens subsequentes, à luz da jurisprudência dominante do STJ.

(1) Na hipótese de indenização por danos morais ou materiais do falecimento de ente querido, o termo inicial da contagem do prazo prescricional é a data do óbito, independentemente da data da ação ou da omissão.

(2) O espólio tem legitimidade para postular indenização pelos danos materiais e morais supostamente experimentados pelos herdeiros.

1: Correta, pois o prazo prescricional começa a correr da data da violação do direito, no caso o evento morte. Neste sentido: "Direito civil. Dano moral. Morte. Prescrição. Contagem do prazo. Data do falecimento, não do acidente que o motivou. 1. Diferentemente do que ocorre em direito penal, que considera o momento do crime a data em que é praticada a ação ou omissão que lhe deu causa, no direito civil *a prescrição é contada da data do "violação do direito"*. 2. Na hipótese em que se discute dano moral decorrente do falecimento de ente querido, *é a data do óbito o prazo inicial da contagem da prescrição*, ainda que o acidente tenha ocorrido dias antes. Não é possível considerar que a pretensão a indenização em decorrência da morte nasça antes do evento que lhe deu causa. 3. Não é possível revisar, em sede de recurso especial, a interpretação dada pelo acórdão recorrida recorrido quanto a matéria fática. Enunciado 7 da Súmula/STJ. 4. Recurso especial improvido" (REsp 1318825/SE, Rel. Ministra Nancy Andrighi, Terceira Turma, julgado em 13.11.2012, *DJe* 21.11.2012); **2**: incorreta, pois a jurisprudência majoritária do STJ é no sentido de não atribuir legitimidade ativa ao espólio para postular indenização por danos materiais e morais supostamente suportados pelos herdeiros. Isso porque a legitimidade ad *causam* exsurge, em regra, da identidade subjetiva entre a relação de direito material e a de direito processual, e, por isso, sua ausência acarreta a extinção do processo sem resolução do mérito, por carência de ação, de sorte que não se trata de formalidade que pode ceder em função dos escopos do processo, em homenagem à instrumentalidade, mas de regra cujo descumprimento fulmina o próprio processo. Neste sentido: "Administrativo e direito civil. Responsabilidade civil do estado. Buracos na via pública. Falecimento de indenização por danos morais sofridos pelos herdeiros. *Ilegitimidade ativa do espólio*. Precedente da corte especial. Divergência não demonstrada. Decisão mantida. 1. *O espólio não tem legitimidade ativa ad causam para pleitear indenização por danos morais sofridos pelos herdeiros em decorrência do óbito de seu genitor*. Precedente: EREsp 1.292.983/AL, Rel. Ministra Nancy Andrighi, Corte Especial, julgado em 01.08.2013, *DJe* 12.08.2013. 2. É incognoscível o recurso especial pela divergência se o entendimento *a quo* está em conformidade com a orientação desta Corte. Aplicação da Súmula 83/STJ. Agravo regimental improvido" (AgRg no REsp 1396627/ES, Rel. Ministro Humberto Martins, Segunda Turma, julgado em 19.11.2013, *DJe* 27.11.2013).

Gabarito "C"

(Ministério Público/RO – CESPE) O dano causado a outrem, decorrente de ato ilícito, implica o dever de reparação civil mediante indenização. Acerca desse assunto, assinale a opção correta.

(A) O grau de culpa do ofensor não pode constituir critério para se fixar a indenização patrimonial.

(B) No que se refere a danos materiais, a obrigação de indenizar e o direito de se obter indenização não se transmitem com a herança.

(C) A obrigação de indenizar não pode decorrer da responsabilidade civil objetiva.

(D) Para se definir a indenização pelo evento danoso, deve-se considerar se a vítima concorreu ou não, culposamente, para a ocorrência do dano.

(E) A decisão, no juízo criminal, quanto à existência do fato ou quanto a sua autoria é irrelevante para a indenização civil.

A: incorreta, pois o grau de culpa pode alterar a indenização em caso de excessiva desproporção entre a gravidade da culpa e o dano (art. 944, parágrafo único, do CC) e quando se está diante do caso de culpa concorrente (art. 945 do CC); **B**: incorreta, pois a obrigação inteira se transfere com a herança (art. 943 do CC); **C**: incorreta, pois há vários casos de responsabilidade objetiva previstos no Código Civil (exs: arts. 927, parágrafo único, 931 e 933);

D: correta (art. 945 do CC); **E**: incorreta, pois a absolvição criminal por negativa de autoria ou por inexistência material do fato exclui a responsabilização civil.

Gabarito "D"

(Ministério Público/SP) Assinale a alternativa incorreta:

(A) o Código Civil adota como regra a responsabilidade civil subjetiva.

(B) o chamado "dano remoto" não é indenizável.

(C) a responsabilidade civil do incapaz é subsidiária e a indenização correspondente é equitativa.

(D) a responsabilidade civil do curador, tutor e pais em razão de atos praticados, respectivamente, pelos curatelados, pupilos e filhos menores, restringe-se aos danos materiais por estes causados a terceiros.

(E) a indenização por dano moral prescinde da comprovação do dano material.

A: correta, pois a regra no Código Civil, ainda, é de responsabilidade subjetiva (art. 186 do CC), estando a responsabilidade objetiva presente apenas quando houver previsão de que a responsabilidade se dará independentemente de culpa (art. 927, parágrafo único, do CC); **B**: correta, pois o dano há de ser certo; **C**: correta (art. 928, *caput* e parágrafo único, respectivamente, do CC); **D**: incorreta (e deve ser assinalada), pois também abrangem todos os danos, não havendo limitação nesse sentido nos arts. 932 e 933 do CC; **E**: correta, pois as duas indenizações são independentes, cada qual tendo seu fundamento.

Gabarito "D"

(Magistratura do Trabalho – 4ª Região) Ao arbitrar indenização decorrente de responsabilidade civil,

(A) no caso de lesão ou outra ofensa à saúde, o ofensor indenizará o ofendido das despesas do tratamento e dos lucros cessantes, até ao fim da convalescença, excluídos os demais prejuízos que tenha sofrido.

(B) o grau de culpa jamais interfere no valor da indenização.

(C) se da ofensa resultar defeito pelo qual o ofendido não possa exercer seu ofício ou profissão, ou se lhe diminua a capacidade de trabalho, a indenização, além das despesas do tratamento e lucros cessantes, incluirá pensão correspondente à importância do trabalho para que se inabilitou, a qual deverá, necessariamente, ser paga mensal e periodicamente.

(D) no caso de homicídio, a indenização consiste, sem excluir outras reparações, na prestação de alimentos às pessoas a quem o morto os devia, a serem pagos até a morte dos alimentados.

(E) se a vítima tiver concorrido culposamente para o evento danoso, o juiz poderá reduzir o valor da indenização.

A: incorreta, pois o art. 949 do CC determina que se inclua os demais prejuízos que a vítima tenha sofrido; **B**: incorreta, pois o parágrafo único do art. 944 do CC determina que "Se houver excessiva desproporção entre a gravidade da culpa e o dano, poderá o juiz reduzir, equitativamente, a indenização"; **C**: incorreta, pois a lei não exige o pagamento mensal e periódico (CC, art. 950); **D**: incorreta, pois nesse caso a indenização consiste "na prestação de alimentos às pessoas a quem o morto os devia, levando-se em conta a duração provável da vida da vítima" (CC, art. 948, II); **E:** correta, pois de acordo com o art. 945 do CC.

Gabarito "E"

(Procurador do Município/Teresina-PI – FCC) No tocante à responsabilidade civil,

(A) o incapaz responde pelos prejuízos que causar, de modo subsidiário e desde que a indenização não o prive do necessário, ou às pessoas que dele dependam.

(B) a pessoa jurídica pode sofrer dano material, mas não moral.

(C) mediante apuração de culpa, as empresas e empresários individuais respondem pelos danos causados pelos produtos postos em circulação.

(D) a gravidade da culpa do agente é irrelevante na fixação da indenização, importando apenas a extensão do dano.

(E) importa aferir o nexo causal somente na responsabilidade subjetiva, mas não na responsabilidade objetiva, para cuja caracterização bastam o ilícito e o dano correspondente.

A: correta (art. 928 do CC); **B:** incorreta, pois a pessoa jurídica pode sofrer dano moral também (Súmula 227 do STJ); **C:** incorreta, pois a responsabilidade, no caso, é objetiva (art. 931 do CC); **D:** incorreta, pois a regra é outra; a regra é que a indenização será calculada conforme a extensão do dano; apenas excepcionalmente é que o grau de culpa poderá gerar efeitos sobre o valor da indenização (arts. 944 e 945 do CC); **E:** incorreta, pois na responsabilidade objetiva é necessário aferir conduta, dano e o nexo de causalidade também; a única diferença em relação à responsabilidade subjetiva, é que não será necessário discutir se a conduta é dolosa ou culposa.

Gabarito "A"

(Analista – TRT/8ª – FCC) A indenização decorrente da responsabilidade civil por ato ilícito

(A) no caso de homicídio consiste exclusivamente no pagamento das despesas de tratamento médico, funeral e luto.

(B) mede-se pela extensão do dano, não podendo, em nenhuma hipótese, ser reduzida pelo juiz.

(C) não pode ser reduzida se a vítima tiver concorrido culposamente para o evento danoso.

(D) pode ser reduzida equitativamente pelo juiz quando houver excessiva desproporção entre a gravidade da culpa e o dano.

(E) no caso de lesão corporal engloba as despesas de tratamento do ofendido, mas não inclui os lucros cessantes até o final da convalescença.

A: incorreta, pois, no caso de homicídio, a indenização consiste, **sem excluir outras reparações**, no pagamento das despesas de tratamento médico, funeral e luto (art. 948, *caput*, do CC); **B:** incorreta, pois, se houver excessiva desproporção entre a gravidade da culpa e o dano, poderá o juiz reduzir, equitativamente, a indenização (art. 944 do CC); **C:** incorreta, pois não existe essa vedação legal (art. 945 do CC); **D:** correta (art. 944, parágrafo único, do CC); **E:** incorreta (art. 949 do CC).

Gabarito "D"

Capítulo 6
DIREITO DAS COISAS

6.1. INTRODUÇÃO

Para formar uma relação jurídica são necessários três elementos: a) *sujeitos de direito*, b) *bens* e um c) *fato* que faça nascer a relação. Para visualizarmos esses três elementos, vamos imaginar um contrato de compra e venda, que é uma das principais relações jurídicas de que trata o Direito. Esse contrato requer a existência de um vendedor e de um comprador (*sujeito de direito*), de uma coisa de expressão econômica (*bem*) e de um acordo de vontade sobre o preço da coisa (*fato que faz nascer a relação jurídica*).

A Parte Geral do Direito Civil trata da capacidade dos *sujeitos de direito*. Cuida ainda das classificações e do regime jurídico básico dos *bens*. E também cuida de trazer regulamentação básica acerca dos *fatos e negócios jurídicos*.

O Direito das Obrigações e o Direito Contratual focam na relação jurídica obrigacional formada. Tratam principalmente dos direitos e deveres das *pessoas* que entabulam negócios jurídicos. Repare que o objetivo maior aqui é regulamentar **direitos pessoais**, ou seja, *direitos e deveres entre pessoas determinadas, em que uma pode exigir uma prestação da outra*.

Já o Direito das Coisas tem como objetivo maior regulamentar relações jurídicas em que o elemento marcante é uma coisa corpórea (a posse, por exemplo), bem como relações que estabeleçam **direito reais**, que *são direitos que estabelecem um poder jurídico, direto e imediato, do titular sobre a coisa, com exclusividade e contra todos*.

Em suma, no Direito das Coisas estuda-se a **posse** (de bens móveis ou imóveis) e os **direitos reais**, ou seja, aqueles direitos que se têm sobre uma coisa, com exclusividade e contra todos (propriedade, superfície, servidão, usufruto, uso, habitação, penhor, hipoteca e anticrese).

Nossa primeira tarefa será tratar da posse para em seguida tratar dos direitos reais sobre coisas móveis e imóveis.

6.2. POSSE

6.2.1. Conceito de posse

É o exercício, pleno ou não, de algum dos poderes inerentes à propriedade (art. 1.196 do CC). É a *exteriorização da propriedade*, ou seja, a *visibilidade da propriedade*. Os poderes inerentes à propriedade são *usar*, *gozar* e *dispor* da coisa, bem como *reavê-la* (art. 1.228). Assim, se alguém estiver, por exemplo, *usando* uma coisa, como o locatário e o comodatário, pode-se dizer que está exercendo *posse* sobre o bem.

6.2.2. Teoria adotada

Há duas teorias sobre a posse. A primeira é a **Teoria Objetiva** (de Ihering), para a qual a posse se configura como a mera *conduta de dono*, pouco importando a apreensão física da coisa e a vontade de ser dono dela. Já a segunda, a **Teoria Subjetiva** (de Savigny), entende que a posse só se configura se houver a apreensão física da coisa (*corpus*), mais a vontade de tê-la como própria (*animus domini*). Nosso CC adotou a Teoria Objetiva de Ihering, pois não trouxe como requisito para a configuração da posse a apreensão física da coisa ou a vontade de ser dono dela, mas apenas que se tenha uma conduta de proprietário. Assim, uma pessoa que paga os impostos de um sítio e coloca um caseiro para cuidar da área, mesmo não tendo apreensão física sobre a coisa por inteiro e que não tenha em sua cabeça um ânimo de dono, exerce posse, pois sua conduta revela uma conduta de proprietário, ou seja, uma exteriorização da propriedade.

6.2.3. Detenção

É aquela situação em que alguém conserva a posse em nome de outro e em cumprimento às suas ordens e instruções. É muito importante entender o instituto da detenção, pois ele traz exceções ao conceito de posse. Um exemplo típico é o do caseiro. Quem olhasse de longe poderia chegar à conclusão de que um caseiro exerce posse sobre um imóvel de que cuida. Em geral, caseiros usam e cuidam da coisa, exteriorizando um dos poderes da propriedade. Todavia, o próprio art. 1.198 do CC exclui do conceito de posse a situação em que se encontra um detentor. Assim, o caseiro em relação a imóvel de que cuida e o funcionário público em relação aos móveis da repartição têm mera *detenção* sobre a coisa, não recebendo os direitos típicos daquele que exerce *posse*.

6.2.4. Classificação da posse

6.2.4.1. Posse direta e indireta

Quanto ao campo de seu exercício (art. 1.197 do CC).

a) posse indireta: *é aquela exercida por quem cedeu, temporariamente, o uso ou o gozo da coisa a outra pessoa*. São exemplos as exercidas pelo locador, nu-proprietário, comodante e depositante. O possuidor indireto ou mediato pode se valer da proteção possessória.

b) posse direta: *é aquela exercida por quem recebeu o bem, temporariamente, para usá-lo ou gozá-lo, em virtude de direito pessoal ou real*. Vale lembrar que o possuidor direto ou imediato também pode se valer de proteção possessória, inclusive contra o proprietário da coisa que exerça a posse indireta e que perturbe a sua posse.

6.2.4.2. Posse individual e composse

Quanto à simultaneidade de seu exercício (art. 1.199 do CC).

a) posse individual: *é aquela exercida por apenas uma pessoa*.

b) composse: *é a posse exercida por duas ou mais pessoas sobre coisa indivisa*. São exemplos a posse dos cônjuges sobre o patrimônio comum e dos herdeiros antes da partilha. Na composse *pro diviso* há uma divisão de fato da coisa.

6.2.4.3. Posse justa e injusta

Quanto à existência de vícios objetivos (art. 1.200 do CC).

a) posse justa: *é aquela que não for violenta, clandestina ou precária.* Assim, é justa a posse não adquirida pela força física ou moral (não violenta), não estabelecida às ocultas (não clandestina) e não originada do abuso de confiança por parte de quem recebe a coisa com o dever de restituí-la (não precária). Perceba que os vícios equivalem, no Direito Penal, aos crimes de roubo, furto e apropriação indébita.

b) posse injusta: *é aquela originada do esbulho.* Em caso de violência ou clandestinidade, a posse só passa a existir após a cessação da violência ou da clandestinidade (art. 1.208 do CC). Já em caso de precariedade (ex.: um comodatário passa a se comportar como dono da coisa), a posse deixa de ser justa e passa a ser injusta diretamente. É importante ressaltar que, cessada a violência ou a clandestinidade, a posse passa a existir, mas o vício que a inquina faz com que o Direito a considere injusta. E, mesmo depois de um ano e dia, a posse continua injusta, só deixando de ter essa característica se houver aquisição da coisa, o que pode acontecer pela usucapião, por exemplo. A qualificação de posse injusta é relativa, valendo apenas em relação ao anterior possuidor da coisa. Em relação a todas as outras pessoas, o possuidor injusto pode defender a sua posse.

6.2.4.4. Posse de boa-fé e de má-fé

Quanto à existência de vício subjetivo (art. 1.201 do CC).

a) posse de boa-fé: *é aquela em que o possuidor ignora o vício ou o obstáculo que impede a aquisição da coisa.* É de boa-fé a posse daquele que crê que a adquiriu de quem legitimamente a possuía. Presume-se de boa-fé o possuidor com **justo título**, ou seja, *aquele título que seria hábil para transferir o direito à posse, caso proviesse do verdadeiro possuidor ou proprietário da coisa.*

b) posse de má-fé: *é aquela em que o possuidor tem ciência do vício ou do obstáculo que impede a aquisição da coisa.* A posse de boa-fé pode se transmudar em posse de má-fé em caso de ciência posterior do vício. A citação para a demanda que visa à retomada da coisa tem o condão de alterar o caráter da posse.

Obs.: saber se a posse de alguém é de boa-fé ou de má-fé interfere no direito à indenização pelas benfeitorias feitas, no direito de retenção, no direito aos frutos, no prazo de prescrição aquisitiva (usucapião), na responsabilidade por deterioração da coisa etc.

6.2.4.5. Posse nova e velha

Quanto ao tempo da posse.

a) posse nova: *é aquela de menos de ano e dia.*

b) posse velha: *é aquela de mais de ano e dia.* Essa classificação, prevista no CC anterior, não tem correspondente no atual CC.

Não se deve confundir esse conceito com os de **ação de força nova** (que é a ação possessória promovida dentro de ano e dia da turbação ou do esbulho) e **ação de força velha** (que é a ação possessória promovida após ano e dia do esbulho). Esses conceitos decorrem do art. 558 do NCPC, que estabelece que na ação de força velha o autor da demanda não poderá se valer do rito especial possessório, que prevê a concessão de liminar. Deve o interessado ingressar com ação pelo procedimento comum, nada impedindo, todavia, que seja beneficiado com tutela de urgência, preenchidos seus requisitos, conforme vem entendendo o STJ.

6.2.4.6. Posse natural e jurídica

Quanto à origem.

a) posse natural: *é a que decorre do exercício do poder de fato sobre a coisa.*

b) posse civil ou jurídica: *é que decorre de um título,* não requerendo atos físicos ou materiais.

6.2.5. Aquisição da posse

6.2.5.1. Conceito

Adquire-se a posse desde o momento em que se torna possível o exercício, em nome próprio, de qualquer dos poderes inerentes à propriedade (art. 1.204).

6.2.5.2. Aquisição originária

É aquela que não guarda vínculo com a posse anterior. Ocorre nos casos de: **a) Apreensão,** *que consiste na apropriação unilateral da coisa sem dono* (abandonada – res derelicta, ou de ninguém – res nullius) ou na retirada da coisa de outrem sem sua permissão (cessadas a violência ou a clandestinidade); **b) Exercício do direito,** como no caso da servidão constituída pela passagem de um aqueduto em terreno alheio; **c) Disposição,** que consiste em alguém dar uma coisa ou um direito, situação que revela o exercício de um poder de fato (posse) sobre a coisa.

6.2.5.3. Aquisição derivada

É aquela que guarda vínculo com a posse anterior. Nesse caso, a posse vem gravada dos eventuais vícios da posse anterior. Essa regra vale para a sucessão a título universal (art. 1.206 do CC), mas é abrandada na sucessão a título singular (art. 1.207 do CC). Ocorre nos casos de **tradição**, *que consiste na transferência da posse de uma pessoa para outra, pressupondo acordo de vontades.* A tradição pode ser de três tipos:

a) Tradição real: *é aquela em que há a entrega efetiva, material da coisa.* Ex.: entrega de um eletrodoméstico para o comprador. No caso de aquisição de grandes imóveis não há necessidade de se colocar fisicamente a mão sobre toda a propriedade, bastando a referência a ela no título. Trata-se da chamada ***traditio longa manu***.

b) Tradição simbólica: *é aquela representada por ato que traduz a entrega da coisa.* Exemplo: entrega das chaves de uma casa.

c) Tradição consensual: é aquela decorrente de contrato, de acordo de vontades. Aqui temos duas possibilidades. A primeira é a ***traditio brevi manu***, que *é aquela situação em que um possuidor em nome alheio passa a possuir a coisa em nome próprio.* É o caso do locatário que adquire a coisa. Já a segunda é o **constituto possessório**, *que é aquela situação em que um possuidor em nome próprio passa a possuí-la em nome de outro, adquirindo a posse indireta da coisa.* É o caso do dono que vende a coisa e passa a nela ficar como locatário ou comodatário.

6.2.6. Perda da posse

6.2.6.1. Conceito

Perde-se a posse quando cessa, embora contra a vontade do possuidor, o poder sobre o bem. É importante ressaltar, quanto ao ausente (no sentido de não ter presenciado o esbulho), que este só perde a posse quando, tendo notícia desta, abstém-se de retomar a coisa ou, tentando recuperá-la, é violentamente repelido (art. 1.224).

6.2.6.2. Hipóteses de perda posse

a) Abandono: *é a situação em que o possuidor renuncia à posse, manifestando voluntariamente a intenção de largar o que lhe pertence;* ex.: quando alguém atira um objeto na rua;

b) Tradição com intenção definitiva: *é a entrega da coisa com o ânimo de transferi-la definitivamente a outrem;* se a entrega é transitória, não haverá perda total da posse, mas apenas perda temporária da posse direta, remanescendo a posse indireta;

c) Destruição da coisa e sua colocação fora do comércio;

d) Pela posse de outrem: nesse caso a perda da posse se dá por esbulho, podendo a posse perdida ser retomada.

6.2.7. Efeitos da posse

Aquele que exerce posse tem uma série de direitos. Esses direitos vão variar de acordo com o tempo de posse (usucapião), o fato de ser de boa-fé ou não, dentre outras variáveis. Confira-se os efeitos:

6.2.7.1. Percepção dos frutos

Quando o legítimo possuidor retoma a coisa de outro possuidor, há de se resolver a questão dos frutos percebidos ou pendentes ao tempo da retomada. De acordo com o caráter da posse (de boa ou de má-fé) haverá ou não direitos para aquele que teve que entregar a posse da coisa. Antes de verificarmos essas regras, vale trazer algumas definições.

6.2.7.1.1. Conceito de frutos

São utilidades da coisa que se reproduzem (frutas, verduras, filhotes de animais, juros etc.). Diferem dos **produtos**, que *são as utilidades da coisa que não se reproduzem* (minerais, por exemplo).

6.2.7.1.2. Espécies de frutos quanto à sua natureza

a) civis (como os alugueres e os juros), b) naturais (como as maçãs de um pomar) e c) industriais (como as utilidades fabricadas por uma máquina).

6.2.7.1.3. Espécies de frutos quanto ao seu estado

a) pendentes (são os ainda unidos à coisa que os produziu); b) percebidos ou colhidos (são os já separados da coisa que os produziu); c) percebidos por antecipação (são os separados antes do momento certo); d) percipiendos (são os que deveriam ser colhidos e não o foram); e) estantes (são os já separados e armazenados para fim de venda); f) consumidos (são os que não existem mais porque foram utilizados).

6.2.7.1.4. Direitos do possuidor de boa-fé

Tem direito aos frutos que tiver percebido enquanto estiver de boa-fé (art. 1.214).

6.2.7.1.5. Inexistência de direitos ao possuidor de boa-fé

Não tem direito às seguintes utilidades: **a)** aos frutos pendentes quando cessar a sua boa-fé; **b)** aos frutos percebidos antecipadamente, estando já de má-fé no momento em que deveriam ser colhidos; **c)** aos produtos, pois a lei não confere esse direito, como faz com os frutos. De qualquer forma, é importante ressaltar que nos casos dos itens "a" e "b", apesar de ter que restituir os frutos colhidos ou o seu equivalente em dinheiro, terá direito de deduzir do que deve as despesas com a produção e o custeio.

6.2.7.1.6. Situação do possuidor de má-fé

Este responde por todos os frutos colhidos e percebidos, bem como pelos que, por sua culpa, deixou de perceber, desde o momento em que se constituiu de má-fé. Todavia, tem direito às despesas de produção e custeio (art. 1.216 do CC), em virtude do princípio do não enriquecimento sem causa.

6.2.7.2. Responsabilidade por perda ou deterioração da coisa

Quando o legítimo possuidor retoma a coisa de outro possuidor, também há de se resolver a questão de eventual perda ou destruição da coisa, bem como de eventual deterioração ou degradação da coisa, que passa a ter seu valor diminuído.

6.2.7.2.1. Responsabilidade do possuidor de boa-fé

Não responde pela perda ou deterioração às quais não der causa (art. 1.217 do CC).

6.2.7.2.2. Responsabilidade do possuidor de má-fé

Como regra, responde pela perda ou deterioração da coisa, só não tendo esse dever se provar que de igual modo esses acontecimentos se dariam, caso a coisa estivesse com o reivindicante dela (art. 1.218 do CC). Um exemplo de exoneração da responsabilidade é a deterioração da coisa em virtude de um raio que cai sobre a casa.

6.2.7.3. Indenização por benfeitorias e direito de retenção

Outra questão importante de se verificar quando o legítimo possuidor retoma a coisa de outro possuidor é a de eventual benfeitoria feita pelo segundo. De acordo com o caráter da posse (de boa ou de má-fé) haverá ou não direitos para aquele que teve que entregar a posse da coisa. Antes de verificarmos essas regras, é imperativo trazer algumas definições.

6.2.7.3.1. Conceito de benfeitorias

São os melhoramentos feitos em coisa já existente. São bens acessórios. Diferem da **acessão**, que *é a criação de coisa nova*. Uma casa construída no solo é acessão, pois é coisa nova, já uma garagem construída numa casa pronta é benfeitoria, pois é um melhoramento em coisa já existente.

6.2.7.3.2. Espécies de benfeitorias

a) **benfeitorias necessárias** são as que se destinam à conservação da coisa (ex.: troca do forro da casa, em virtude do risco de cair); b) **benfeitorias úteis** são as que aumentam ou facilitam o uso de uma coisa (ex.: construção de mais um quarto numa casa pronta); c) **benfeitorias voluptuárias** são as de mero deleite ou recreio (ex.: construção de uma fonte luminosa na entrada de uma casa).

6.2.7.3.3. Direitos do possuidor de boa-fé

Tem direito à **indenização** pelas benfeitorias necessárias e úteis que tiver feito, podendo, ainda, levantar as benfeitorias voluptuárias, desde que não deteriore a coisa. A indenização se dará pelo valor atual da benfeitoria. Outro direito do possuidor de boa-fé é o de retenção da coisa, enquanto não for indenizado por benfeitorias úteis e necessárias que tiver realizado na coisa (art. 1.219 do CC). Significa que o possuidor não é obrigado a entregar a coisa enquanto não for ressarcido. O direito deve ser exercido no momento da contestação da ação que visa à retomada da coisa, devendo o juiz se pronunciar sobre a sua existência. Trata-se de um excelente meio de coerção para recebimento da indenização devida. Constitui verdadeiro direito real, pois é direito que não se converte em perdas e danos. Segundo o STJ, nos contratos de locação, é válida a cláusula de renúncia à indenização das benfeitorias e ao direito de retenção (REsp 1411420/DF, REPDJE 01.02.2016). Ademais, aplicam-se, por analogia, os direitos de indenização e retenção previstos no art. 35 da Lei de Locações às acessões edificadas no imóvel locado (REsp 1411420/DF, REPDJE 01.02.2016).

6.2.7.3.4. Direitos do possuidor de má-fé

Tem direito apenas ao ressarcimento das benfeitorias necessárias que tiver feito, não podendo retirar as benfeitorias voluptuárias (art. 1.220 do CC). Trata-se de uma punição a esse possuidor, que só é ressarcido pelas benfeitorias necessárias, pois são despesas que até o possuidor legítimo teria que fazer. O retomante escolherá se pretende indenizar pelo valor atual ou pelo custo da benfeitoria. O possuidor de má-fé não tem direito de retenção da coisa enquanto não for indenizado pelas benfeitorias necessárias que eventualmente tiver realizado.

6.2.7.4. *Usucapião*

A posse prolongada, e que preenche outros requisitos legais, dá ensejo a outro efeito da posse, que é a aquisição da coisa pela usucapião.

6.2.7.5. *Proteção possessória*

A posse também tem por efeito o de gerar direito de o possuidor defendê-la contra a perturbação e a privação de seu exercício, provocadas por terceiro.

6.3. DIREITOS REAIS

6.3.1. Conceito de direito real

É o poder, direto e imediato, do titular sobre a coisa, com exclusividade e contra todos. Perceba que esses direitos envolvem os seguintes elementos: a) sujeito ativo, que pode ser qualquer pessoa; b) sujeito passivo, que é toda a coletividade, ou seja, todos nós temos que respeitar os direitos reais das pessoas; em caso de violação do direito real, passa-se a ter um sujeito passivo determinado; c) bem: é a coisa de expressão econômica sobre a qual o titular do direito tem poder; d) poder direto e imediato sobre a coisa. O direito real difere do direito pessoal, pois este gera uma relação entre pessoas determinadas (princípio da relatividade) e, em caso de sua violação, converte-se em perdas e danos. No direito real, ao contrário, seu titular pode perseguir a coisa sobre a qual tem poder, não tendo que se contentar com a conversão da situação em perdas e danos.

6.3.2. Princípios do direito real

6.3.2.1. Princípio da aderência

Aquele pelo qual se estabelece um vínculo entre o sujeito e a coisa, independentemente da colaboração do sujeito passivo. No direito pessoal, o vínculo depende da colaboração de pelo menos duas pessoas, ou seja, o gozo do direito depende da intermediação de outra pessoa.

6.3.2.2. Princípio do absolutismo

Aquele pelo qual os direitos reais são exercidos contra todos ("erga omnes"). Por exemplo, quando alguém é proprietário de um imóvel, todos têm que respeitar esse direito. Daí surge o *direito de sequela* ou o *jus persequendi*, pelo qual, violado o direito real, a vítima pode perseguir a coisa, em vez de ter de se contentar com uma indenização por perdas e danos.

6.3.2.3. Princípio da publicidade (ou visibilidade)

Aquele pelo qual os direitos reais só se adquirem depois do registro do título na matrícula (no caso de imóvel) ou da tradição (no caso de móvel). Por ser o direito real oponível *erga omnes*, é necessária essa publicidade para que sejam constituídos. Os direitos pessoais, por sua vez, seguem o consensualismo, ou seja, basta o acordo de vontades (o consenso) para que sejam constituídos.

6.3.2.4. Princípio da taxatividade

Aquele pelo qual o número de direitos reais é limitado pela lei. Assim, por acordo de vontades não é possível criar uma nova modalidade de direito real, que são *numerus clausus*. São direitos que afetam terceiros, daí a necessidade de previsão legal. Os direitos pessoais, por sua vez, não são taxativos, podendo ser criados pelas partes interessadas (art. 425 do CC), daí porque são chamados *numerus apertus*.

6.3.2.5. Princípio da tipificação

Aquele pelo qual os direitos reais devem respeitar os tipos existentes em lei. Assim, o acordo de vontades não tem o condão de modificar o regime jurídico básico dos direitos reais.

6.3.2.6. Princípio da perpetuidade

Aquele pelo qual os direitos reais não se perdem pelo decurso do tempo, salvo as exceções legais. Esse princípio se aplica ao direito de propriedade. Os direitos pessoais, por sua vez, têm a marca da transitoriedade.

6.3.2.7. Princípio da exclusividade

Aquele pelo qual não pode haver direitos reais, de igual conteúdo, sobre a mesma coisa. Por exemplo, o nu-proprietário e o usufrutuário não têm direitos iguais quanto ao bem objeto do usufruto. No caso de condomínio (duas ou mais pessoas proprietárias de um bem), cada uma tem porção ideal na coisa, exclusivas e distintas.

6.3.2.8. Princípio do desmembramento

Aquele que permite o desmembramento do direito matriz (propriedade), constituindo-se direitos reais sobre coisas alheias. Ou seja, pelo princípio é possível desmembrar um direito real (propriedade, por exemplo) em outros direitos reais (uso, por exemplo).

6.3.3. Espécies de direito real

Propriedade, superfície, servidão, usufruto, uso, habitação, direito do promitente comprador de imóvel, penhor, hipoteca e anticrese, a concessão de uso especial para fins de moradia, a concessão de direito real de uso, a laje, os direitos oriundos da imissão provisória na posse, quando concedida à União, aos Estados, ao Distrito Federal, aos Municípios ou às suas entidades delegadas e a respectiva cessão e promessa de cessão.

6.4. PROPRIEDADE

6.4.1. Características gerais

6.4.1.1. Conceito

É o direito real que faculta ao seu titular (o proprietário) os poderes de usar, gozar e dispor da coisa, bem como de reavê-la de quem quer que injustamente a possua ou detenha (art. 1.228 do CC).

6.4.1.2. Função social da propriedade

O direito de propriedade deve ser exercido em consonância com as suas finalidades econômicas e sociais e de modo que sejam preservados, de conformidade com o estabelecido em lei especial, a flora, a fauna, as belezas naturais, o equilíbrio ecológico e o patrimônio histórico e artístico, bem como evitada a poluição do ar e das águas (art. 1.228, § 1º).

6.4.1.3. Vedação ao abuso de direito

São defesos os atos que não trazem ao proprietário qualquer comodidade, ou utilidade, e sejam animados pela intenção de prejudicar outrem (art. 1.228, § 2º).

6.4.1.4. Extensão física da propriedade do solo

Abrange a do espaço aéreo e subsolo correspondentes, em altura e profundidade úteis ao seu exercício. Todavia, essa propriedade não abrange os recursos minerais (salvo os de emprego imediato na construção civil, desde que não submetidos a transformação industrial) e os potenciais de energia hidráulica (arts. 1.229 e 1.230).

6.4.2. Formas de aquisição da propriedade imóvel

A propriedade imóvel pode ser adquirida por diversas formas. O modo corrente é a aquisição pelo **registro** do título (escritura de compra e venda, escritura de doação) na matrícula. É possível também a aquisição pela **usucapião**, pela **acessão**, pela **sucessão** *causa mortis* e pela **desapropriação**.

6.4.2.1. Registro na matrícula do imóvel

6.4.2.1.1. Conceito

Consiste no ato de registrar o título translativo da alienação do imóvel (escritura de compra e venda ou de doação) na matrícula existente no Registro de Imóveis (art. 1.245 do CC).

O Enunciado 593 CJF prevê solução caso determinado imóvel não tenha matrícula aberta: "É indispensável o procedimento de demarcação urbanística para regularização fundiária social de áreas ainda não matriculadas no Cartório de Registro de Imóveis, como requisito à emissão dos títulos de legitimação da posse e de domínio".

6.4.2.1.2. Momento da aquisição da propriedade imóvel

No Direito Brasileiro, a propriedade imóvel não se adquire com o contrato de compra e venda ou de doação. Enquanto o contrato não for registrado na matrícula do imóvel, o comprador não adquirirá a propriedade do bem (art. 1.245, § 1º, do CC). Isso porque o Brasil adotou o sistema romano-germânico. No sistema francês, a propriedade imóvel é adquirida no momento da conclusão do contrato de compra e venda ou de doação.

O ENUNCIADO 591 CJF traz uma interessante situação: "A ação de reintegração de posse nos contratos de alienação fiduciária em garantia de coisa imóvel pode ser proposta a partir da *consolidação da propriedade do imóvel* em poder do credor fiduciário e não apenas após os leilões extrajudiciais previstos no art. 27 da Lei 9.514/1997".

6.4.2.1.3. Presunção de veracidade do Registro Público

Nosso Direito estabelece a presunção de veracidade nas informações constantes do Registro de Imóveis. Assim, enquanto não há ação para a decretação da invalidade do registro, e o respectivo cancelamento, o adquirente continua a ser considerado dono do imóvel (art. 1.245, § 2º, do CC).

Se o teor do registro não exprimir a verdade, poderá o interessado reclamar que se retifique ou anule (art. 1.247 CC). De acordo com o Enunciado 624 CJF, "a anulação do registro não autoriza a exclusão dos dados invalidados do teor da matrícula".

6.4.2.1.4. Início dos efeitos do registro

O registro é eficaz desde o momento em que se apresentar o título ao oficial do registro e este prenotar no protocolo. Esse efeito só não existirá se o interessado tiver de complementar a documentação apresentada e não o fizer no prazo de trinta dias (art. 1.246 do CC; art. 188 da Lei de Registros Públicos).

6.4.2.2. Usucapião

6.4.2.2.1. Conceito

É a forma de aquisição originária da propriedade, pela posse prolongada no tempo e o cumprimento de outros requisitos legais. A usucapião também é chamada de prescrição aquisitiva. Essa forma de aquisição da propriedade independe de registro no Registro de Imóveis. Ou seja, cumpridos os requisitos legais, o possuidor adquire a propriedade da coisa. Assim, a sentença na ação de usucapião é meramente declaratória da aquisição da propriedade, propiciando a expedição de mandado para registro do imóvel em nome do adquirente, possibilitando conhecimento de todos da nova situação. A aquisição é originária, ou seja, não está vinculada ao título anterior. Isso faz com que eventuais restrições que existirem na propriedade anterior não persistam quanto ao novo proprietário.

6.4.2.2.2. Requisitos

São vários os requisitos para a aquisição da propriedade pela usucapião. Vamos enumerar, neste item, apenas os requisitos que devem ser preenchidos em todas as modalidades de usucapião, deixando os requisitos específicos de cada modalidade para estudo nos itens abaixo respectivos. Os requisitos gerais são os seguintes:

a) **posse prolongada no tempo:** não basta mera detenção da coisa, é necessária a existência de posse, e mais, de posse que se prolongue no tempo, tempo esse que variará de acordo com o tipo de bem (móvel ou imóvel) e outros elementos, como a existência de boa-fé, a finalidade da coisa etc.;

b) **posse com *animus domini*:** não basta a mera posse; deve se tratar de posse com ânimo de dono, com intenção de proprietário; essa circunstância impede que se considere a posse de um locatário do bem, como hábil à aquisição da coisa;

c) **posse mansa e pacífica:** ou seja, posse sem oposição; assim, se o legítimo possuidor da coisa se opôs à posse, ingressando com ação de reintegração de posse, neste período não se pode considerar a posse como mansa e pacífica, como sem oposição;

d) **posse contínua:** ou seja, sem interrupção; não é possível computar, por exemplo, dois anos de posse, uma interrupção de um ano, depois mais dois anos e assim por diante; deve-se cumprir o período aquisitivo previsto em lei sem interrupção.

Importante consignar que, conforme prevê o Enunciado 596/CJF "O condomínio edilício pode adquirir imóvel por usucapião".

6.4.2.2.3. Usucapião extraordinário – Requisitos

a) **tempo:** 15 anos; o prazo ficará reduzido para 10 anos se o possuidor houver estabelecido no imóvel a sua moradia habitual, <u>ou</u> nele realizado obras ou serviços de caráter produtivo (art. 1.238, *caput* e parágrafo único, do CC);

b) **requisitos básicos:** posse "mansa e pacífica" (sem oposição), "contínua" (sem interrupção) e com "ânimo de dono".

6.4.2.2.4. Usucapião ordinário – Requisitos

a) tempo: 10 anos; o prazo ficará reduzido para 5 anos se preenchidos dois requisitos: a) se o imóvel tiver sido adquirido onerosamente com base no registro constante do respectivo cartório; b) se os possuidores nele tiverem estabelecido a sua moradia ou realizado investimentos de interesse social e econômico (art. 1.242, *caput* e parágrafo único, do CC);

b) requisitos básicos: posse "mansa e pacífica" (sem oposição), "contínua" (sem interrupção) e com "ânimo de dono";

c) boa-fé e justo título: como o prazo aqui é menor, exige-se do possuidor, no plano subjetivo, a boa-fé, e no plano objetivo, a titularidade de um título hábil, em tese, para transferir a propriedade.

6.4.2.2.5. Usucapião especial urbano – Requisitos

a) tempo: 5 anos (art. 1.240 do CC);

b) requisitos básicos: posse "mansa e pacífica" (sem oposição), "contínua" (sem interrupção) e com "ânimo de dono";

c) tipo de imóvel: i) área urbana; ii) tamanho de até 250 m2;

d) finalidade do imóvel: utilização para a moradia do possuidor ou de sua família;

e) requisitos negativos: i) que o possuidor não seja proprietário de outro imóvel urbano ou rural; ii) que o possuidor não tenha já sido beneficiado pelo direito à usucapião urbana.

De acordo com o STJ, "não obsta o pedido declaratório de usucapião especial urbana o fato de a área do imóvel ser inferior à correspondente ao "módulo urbano" (a área mínima a ser observada no parcelamento de solo urbano por determinação infraconstitucional). Isso porque o STF, após reconhecer a existência de repercussão geral da questão constitucional suscitada, fixou a tese de que, preenchidos os requisitos do artigo 183 da CF, cuja norma está reproduzida no art. 1.240 do CC, o reconhecimento do direito à usucapião especial urbana não pode ser obstado por legislação infraconstitucional que estabeleça módulos urbanos na respectiva área em que situado o imóvel (dimensão do lote)" (RE 422.349-RS, DJe 27.05.2016).

6.4.2.2.6. Usucapião urbano coletivo – Requisitos

a) tempo: 5 anos (art. 10 da Lei 10.257/2001 – Estatuto da Cidade);

b) requisitos básicos: posse "mansa e pacífica" (sem oposição), "contínua" (sem interrupção) e com "ânimo de dono";

c) tipo de imóvel: a) área urbana; b) tamanho superior a 250 m2;

d) finalidade do imóvel: a) utilização para a moradia; b) população de baixa renda;

e) requisitos negativos: i) que o possuidor não seja proprietário de outro imóvel urbano ou rural; ii) que seja impossível identificar o terreno ocupado por cada possuidor.

6.4.2.2.7. Usucapião especial rural – Requisitos

a) tempo: 5 anos (art. 1.239 do CC);

b) requisitos básicos: posse "mansa e pacífica" (sem oposição), "contínua" (sem interrupção) e com "ânimo de dono";

c) **tipo de imóvel:** i) área de terra em zona rural; ii) tamanho de até 50 hectares;

d) **finalidade do imóvel:** i) utilização para a moradia do possuidor ou de sua família; ii) área produtiva pelo trabalho do possuidor ou de sua família;

e) **requisito negativo:** a terra não pode ser pública.

Eis Enunciado do CJF sobre a usucapião especial rural:

ENUNCIADO 594 – É possível adquirir a propriedade de área menor do que o módulo rural estabelecido para a região, por meio da usucapião especial rural.

6.4.2.2.8. Usucapião especial urbana familiar – Requisitos (introduzida pela Lei 12.424/2011)

a) **tempo:** 2 anos (art. 1.240-A do CC);

b) **requisitos básicos:** posse "mansa e pacífica" (sem oposição), "contínua" (sem interrupção) e com "ânimo de dono";

c) **tipo de imóvel:** a) área urbana; b) tamanho de até 250 m^2;

d) **finalidade do imóvel:** utilização para a moradia do possuidor ou de sua família;

e) **tipo de posse:** posse direta, com exclusividade;

f) **requisito específico:** imóvel cuja propriedade o possuidor dividia com ex-cônjuge ou ex-companheiro que tenha abandonado o lar;

g) **requisitos negativos:** i) que o possuidor não seja proprietário de outro imóvel urbano ou rural; ii) que o possuidor não tenha já sido beneficiado pelo direito ao usucapião urbano;

h) **consequência:** o possuidor abandonado adquire o domínio integral do imóvel.

Confira agora alguns Enunciados das Jornadas de Direito Civil sobre a usucapião especial urbana familiar:

a) "498 – A fluência do prazo de 2 (dois) anos previsto pelo art. 1.240-A para a nova modalidade de usucapião nele contemplada tem início com a entrada em vigor da Lei 12.424/2011";

b) "500 – A modalidade de usucapião prevista no art. 1.240-A do Código Civil pressupõe a propriedade comum do casal e compreende todas as formas de família ou entidades familiares, inclusive homoafetivas";

c) "501 – As expressões "ex-cônjuge" e "ex-companheiro", contidas no art. 1.240-A do Código Civil, correspondem à situação fática da separação, independentemente de divórcio";

d) "502 – O conceito de posse direta referido no art. 1.240-A do Código Civil não coincide com a acepção empregada no art. 1.197 do mesmo Código".

e) ENUNCIADO 595 – O requisito "abandono do lar" deve ser interpretado na ótica do instituto da usucapião familiar como abandono voluntário da posse do imóvel somado à ausência da tutela da família, não importando em averiguação da culpa pelo fim do casamento ou união estável. Revogado o Enunciado 499.

f) ENUNCIADO 664 – Art. 1.240-A: O prazo da usucapião contemplada no art. 1.240-A só iniciará seu curso caso a composse tenha cessado de forma efetiva, não sendo suficiente, para tanto, apenas o fim do contato físico com o imóvel.

6.4.2.3. Posse pro labore (desapropriação privada)

O atual CC criou nova hipótese que dá ensejo à aquisição forçada da propriedade. Essa hipótese prevê, de um lado, que o possuidor que sofra a reivindicação da coisa tenha utilizado esta em obras e serviços de relevante interesse social e econômico, e que, de outro, tenha interesse em pagar indenização para o proprietário da área. Tanto a doutrina como a jurisprudência já se manifestaram no sentido de que esta modalidade de desapropriação é constitucional (Enunciado 82 JDC/CJF).

6.4.2.3.1. Conceito

Consiste no direito de o possuidor de extensa área permanecer/adquirir compulsoriamente a coisa, pagando justa indenização ao proprietário do imóvel, desde que preenchidos os demais requisitos legais.

6.4.2.3.2 Requisitos

a) posse ininterrupta por mais de 5 anos; b) boa-fé do possuidor; c) extensa área; d) considerável número de possuidores; e) realização de obras e serviços considerados pelo juiz de interesse social e econômico relevante. Perceba que, diferentemente da usucapião coletiva, a desapropriação privada não requer moradia, mas requer boa-fé e pagamento de justa indenização.

6.4.2.3.3. Operacionalização

Por ocasião da reivindicação da coisa, os interessados deverão requerer ao juiz a fixação de justa indenização devida ao proprietário, que, paga, ensejará registro da sentença no Registro de Imóveis para o fim de atribuir a propriedade aos possuidores (art. 1.228, §§ 4º e 5º).

6.4.2.4. Acessão

6.4.2.4.1. Conceito

É modo originário de aquisição da propriedade, pelo qual fica pertencendo ao proprietário tudo quanto se une ou se incorpora ao seu bem (art. 1.248 do CC).

6.4.2.4.2. Espécies

a) natural: consiste na união do acessório ao principal advinda de acontecimento natural (formação de ilhas, aluvião, avulsão e abandono);

b) artificial (industrial): resulta de trabalho humano.

6.4.2.4.3. Requisitos

a) conjunção entre duas coisas, até então separadas;

b) caráter acessório de uma das duas, em confronto com a outra; uma é principal (coisa acedida) e a outra, acessória (coisa acedente).

6.4.2.4.4. Princípios básicos para a solução de problemas quando o acessório vem de terceiro

a) princípio de que o acessório segue o principal: assim, normalmente o dono da coisa principal fica com a coisa acessória vinda do bem de terceiro.

b) princípio do não enriquecimento sem causa: faz com que, sempre que possível, o proprietário prejudicado tenha direito à indenização pela incorporação de coisa sua a um bem de outra pessoa.

6.4.2.4.5. Formação de ilhas em rios não navegáveis (art. 1.248, I, do CC, e art. 23 do Código de Águas)

a) conceito: *depósito paulatino de materiais (trazidos pela corrente) ou rebaixamento de águas, deixando descoberta e a seco parte do fundo ou do leito.*

b) titularidade: a área de terras formada passa a ser do proprietário ribeirinho, a depender de sua formação.

c) ilha formada no meio do rio: passa a pertencer aos proprietários ribeirinhos fronteiros, na proporção de suas testadas.

d) ilha formada entre a linha que divide o álveo: quando a ilha se forma na metade mais próxima a uma das margens, esta pertencerá ao proprietário ribeirinho do lado da formação.

e) ilha formada pelo desdobramento de um novo braço do rio: nesse caso, os proprietários das margens que perderam o braço serão donos da área.

6.4.2.4.6. Aluvião (art. 1.250 do CC)

a) conceito: *acréscimo natural e imperceptível de terras às margens dos rios.* Ocorre quando a terra vai se depositando em uma margem do rio, formando um novo pedaço de terra. A doutrina denomina aluvião imprópria aquela situação em que esse pedaço de terra se forma pelo afastamento de águas, que descobrem parte do álveo, ou seja, parte da área coberta pelas águas.

b) titularidade: essa nova área de terra passa a ser do proprietário dos terrenos marginais, na proporção de suas testadas.

6.4.2.4.7. Avulsão (art. 1.251 do CC)

a) conceito: *deslocamento de uma porção de terra de um prédio a outro por força natural violenta.*

b) consequências: i) o dono do outro prédio adquire propriedade do acréscimo se indenizar ou não houver reclamação em 1 ano; ii) se não houver o pagamento da indenização reclamada, o dono do prédio deve aquiescer na remoção do acréscimo.

6.4.2.4.8. Abandono de álveo (art. 1.252 do CC)

a) conceito: *é o rio que seca ou que se desvia em virtude de fenômeno natural.* O álveo é a superfície coberta pelas águas, de modo que o abandono de álveo é a seca do rio, que fica descoberto, abandonado.

b) titularidade: a área formada pertencerá aos proprietários ribeirinhos das duas margens, ficando, cada um, proprietário até o local onde se tinha a linha média do álveo.

6.4.2.4.9. Acessões artificiais

a) conceito: *são as que resultam de um comportamento humano.* São exemplos as construções e as plantações.

b) características: i) dá-se de móveis a imóveis; ii) a acessão existente em terreno presume-se feita pelo proprietário e à sua custa, até prova em contrário; iii) fazendo ou não a acessão, como regra, o proprietário do bem principal fica dono do acessório (da acessão); iv) não pode haver enriquecimento sem causa.

c) acessão em terreno próprio com elementos alheios: por exemplo, planta em seu terreno com semente alheia; nesse caso o proprietário do terreno adquire a propriedade da semente, mas deve pagar ao dono do material o seu valor, bem como pagar perdas e danos, se agiu de má-fé (art. 1.254 do CC).

d) acessão com elementos próprios em terreno alheio: por exemplo, uma pessoa planta sementes suas no terreno de alguém ou edifica com materiais próprios no terreno de outrem; nesse caso, o proprietário das sementes ou dos materiais os perde para o proprietário do terreno, tendo direito de indenização pelo valor dos elementos, caso esteja de boa-fé. Se o valor da acessão exceder consideravelmente o valor do terreno e aquele que plantou ou edificou estiver de boa-fé, este poderá adquirir a propriedade do solo se pagar indenização (art. 1.255 do CC).

e) construção em solo próprio, que invade solo alheio: é o caso de alguém que constrói em terreno próprio, mas que acaba por invadir parte de terreno alheio. A lei permite que o construtor de boa-fé que invadiu área de até um vigésimo do solo alheio fique dono da parte invadida, desde que o valor da construção exceda o dessa parte e que pague indenização que represente o valor da área perdida e a desvalorização da área remanescente. O possuidor de má-fé só terá o mesmo direito na hipótese de não ser possível demolir a porção invasora sem grave prejuízo à sua construção, desde que paguem indenização correspondente a dez vezes o valor que pagaria se estivesse de boa-fé. Para o caso de construções que excedam um vigésimo do terreno alheio, o invasor de má-fé pagará indenização em dobro, ao passo que o possuidor de boa-fé tem direito de adquirir a área invadida se também pagar o valor que a invasão acrescer à sua construção (arts. 1.258 e 1.259).

6.4.3. Perda da propriedade imóvel

6.4.3.1. Alienação

6.4.3.1.1. Conceito

Consiste na venda, na doação, na troca ou na dação em pagamento.

6.4.3.1.2. Efeitos

Os efeitos da perda da propriedade são subordinados ao registro do título translatício no Registro de Imóvel (art. 1.275, parágrafo único, do CC).

6.4.3.2. Renúncia

6.4.3.2.1. Conceito

Ato unilateral pelo qual o proprietário declara expressamente o seu intuito de abrir mão da coisa. Tem como condição não acarretar prejuízos a terceiro.

6.4.3.2.2. Efeitos

Os efeitos da perda da propriedade dependem do registro do ato renunciativo, que deverá se consubstanciar numa escritura pública (art. 108 do CC) ou num termo judicial (art. 1.806 do CC – herança).

6.4.3.3. Abandono

6.4.3.3.1. Conceito

Ato unilateral pelo qual o proprietário se desfaz da coisa, a partir de conduta que revela não mais querer conservá-la em seu patrimônio.

> ENUNCIADO 597 CJF – A posse impeditiva da arrecadação, prevista no art. 1.276 do Código Civil, é efetiva e qualificada por sua função social.

6.4.3.3.2. Presunção absoluta da intenção de abandonar

O atual CC presumiu o abandono de forma absoluta na hipótese de o proprietário da coisa a) cessar os atos de posse sobre ela e b) deixar de satisfazer os ônus fiscais (deixar de pagar o IPTU ou o ITR). Nesse caso, não se encontrando o imóvel na posse de outrem, deverá ser arrecadado como bem vago, passando, três anos depois, à propriedade do Município onde se encontrar, se se tratar de imóvel urbano, ou à propriedade da União, se se tratar de imóvel rural.

6.4.3.4. Perecimento do imóvel

6.4.3.4.1 Conceito

Consiste na sua destruição por ato voluntário ou involuntário. Exemplo do primeiro caso é o incêndio proposital. E, do segundo, o raio, o furacão e o terremoto.

6.4.3.4.2. Efeitos

Em última análise, o dono da construção ou da plantação continua proprietário do solo.

6.4.3.5. Desapropriação

6.4.3.5.1. Conceito

Consiste no despojamento compulsório do proprietário do imóvel por parte do Poder Público, que fica obrigado a pagar justa indenização.

6.4.3.5.2. Efeitos

A desapropriação só se consuma com o pagamento integral da indenização devida. Até este momento, o Poder Público poderá desistir da aquisição da área. Não desistindo e havendo o pagamento da indenização, o juiz determina o registro da sentença respectiva no Registro de Imóveis.

6.4.3.6. Outras hipóteses

Também se perde a propriedade pela usucapião, pela dissolução da sociedade conjugal, pela sentença em ação reivindicatória, pelo implemento de condição resolutiva, pelo confisco (art. 243 da CF) e pela desapropriação privada (art. 1.228, §§ 4º e 5º, CC), dentre outros casos.

6.4.4. Aquisição da propriedade móvel

6.4.4.1. Ocupação

6.4.4.1.1. Conceito

Modo de aquisição originário da propriedade de coisa móvel e sem dono, por não ter sido ainda apropriada ("res nullius") ou por ter sido abandonada ("res derelicta") (art. 1.263 do CC).

6.4.4.1.2. Ocupação x Descoberta

A descoberta difere da ocupação, por se referir a coisa perdida pelo seu proprietário. O regime jurídico da **descoberta** determina que aquele que ache coisa alheia perdida há de restituí-la ao dono ou legítimo possuidor. Se não o encontrar, entregará a coisa achada à autoridade competente. Aquele que restituir terá direito a uma recompensa não inferior a 5% do seu valor, e à indenização pelas despesas que houver feito, se o dono não preferir abandoná-la. Decorridos sessenta dias da divulgação da notícia pela autoridade por imprensa ou edital, não se apresentando quem comprove a propriedade da coisa, será esta vendida em hasta pública e, deduzidas do preço as despesas, mais a recompensa do descobridor, pertencerá o remanescente ao Município onde se achou o objeto perdido. Sendo a coisa de pequeno valor, o Município poderá dá-la a quem a achou (art. 1.233 a 1.237 do CC). A doutrina chama a recompensa pela entrega da coisa de "achádego" e o descobridor de "inventor".

6.4.4.2. Achado do tesouro

6.4.4.2.1. Conceito de tesouro

Consiste no depósito antigo de coisas preciosas, oculto e de cujo dono não haja memória (art. 1.264 do CC).

6.4.4.2.2. Conceito do achado do tesouro

Consiste na descoberta casual desse depósito antigo.

6.4.4.2.3. Consequências possíveis

a) será dividido por igual entre o proprietário do prédio e aquele que achar a coisa; b) pertencerá por inteiro ao proprietário do prédio se foi quem achou, se foi quem determinara a pesquisa para encontrá-lo ou se achado por terceiro não autorizado a procurar; c) havendo enfiteuse, este terá o direito que corresponde ao proprietário da coisa.

6.4.4.3. Usucapião

6.4.4.3.1. Conceito

Modo originário de aquisição da propriedade pela posse prolongada da coisa. Também se aplicam à usucapião de bem móvel as regras dos arts. 1.243 e 1.244 do CC.

6.4.4.3.2. Usucapião ordinário

Requer posse ininterrupta e sem oposição por três anos, além de boa-fé e justo título (art. 1.260 do CC).

6.4.4.3.3. Usucapião extraordinário

Requer apenas posse ininterrupta e sem oposição por cinco anos (art. 1.261 do CC).

6.4.4.4. Tradição

6.4.4.4.1. Conceito

Consiste na entrega da coisa móvel ao adquirente, com a intenção de lhe transferir o domínio, em razão de título translativo da propriedade. Aqui, vale a mesma observação feita para a aquisição de bens imóveis pelo registro na matrícula, ou seja, vale lembrar que o simples acordo de vontades (contrato) não transfere a propriedade da coisa móvel, sendo necessária a tradição, que é o que dá visibilidade, publicidade ao negócio, daí o fato de o Direito estabelecer que só ela tem o condão de transferir a propriedade (art. 1.267 do CC).

6.4.4.4.2. Espécies de tradição

Vide aquisição e perda da posse (itens 6.2.5 e 6.2.6).

6.4.4.4.3. Tradição por quem não é proprietário

Nesse caso, não há alienação da propriedade, exceto se forem preenchidos os seguintes requisitos: a) a coisa for oferecida ao público (em leilão público ou estabelecimento comercial); b) a coisa for transferida em circunstâncias tais que, ao adquirente de boa-fé, pareça que o alienante é dono da coisa. Outra possibilidade de o negócio valer é o vendedor adquirir posteriormente a propriedade, estando o adquirente de boa-fé (art. 1.268 do CC).

6.4.4.4.4. Tradição decorrente de negócio nulo

O CC dispõe que não transfere a propriedade a tradição, quando tiver por título um negócio nulo. Um exemplo é a entrega de um bem vendido por um absolutamente incapaz (art. 1.268, § 2º, do CC).

6.4.4.5. Especificação

6.4.4.5.1. Conceito

É modo de aquisição da propriedade pela transformação de coisa móvel em espécie nova, em virtude de trabalho ou indústria do especificador, desde que não seja possível reduzi-la à forma primitiva (art. 1.269 do CC). Um exemplo é o trabalho feito por artesão em matéria-prima da qual não é dono. O fundamento do instituto é a valorização do trabalho e da função social da propriedade.

6.4.4.5.2. Requisitos

a) bem móvel; b) matéria-prima alheia; c) impossibilidade de retorno ao estado anterior.

6.4.4.5.3. Consequências

a) especificador de boa-fé: vira proprietário da coisa se o valor da coisa especificada exceder consideravelmente o da matéria-prima; deve indenizar o prejudicado; se o valor da coisa especificada não exceder o da matéria-prima, o possuidor de boa-fé tem direito de ser indenizado.

b) especificador de má-fé: a coisa especificada pertencerá ao dono da matéria-prima, sem direito de indenização em favor do especificador.

6.4.4.6. Confusão/Comissão/Adjunção

6.4.4.6.1. Incidência dos institutos

Nas situações em que coisas pertencentes a pessoas diversas se mesclarem, sem possibilidade de separá-las (art. 1.272, § 1º, do CC).

6.4.4.6.2. Confusão

É a mistura entre coisas líquidas. Ex.: água e álcool.

6.4.4.6.3. Comissão

É a mistura entre coisas secas ou sólidas. Ex.: açúcar e farinha.

6.4.4.6.4. Adjunção

É a justaposição de coisas, sem possibilidade de destacar acessório do principal. Ex.: duas coisas coladas.

6.4.4.6.5. Consequências

a) se for possível a separação: não haverá problema, bastando a entrega de cada coisa ao seu proprietário;

b) se não for possível a separação ou esta exigir gasto excessivo: nasce um condomínio forçado, cabendo, a cada um, quinhão proporcional ao valor da coisa que entrou para a mistura.

c) se uma das coisas for principal: o dono dela ficará proprietário de tudo, indenizando os outros.

d) se a mescla foi operada de má-fé: aquele que estiver de boa-fé decidirá se pretende ou não ficar com a coisa, assegurado, em qualquer caso, o direito de receber uma indenização.

6.5. CONDOMÍNIO

6.5.1. Conceito

É o direito de propriedade de mais de uma pessoa sobre a mesma coisa, cabendo a cada uma delas a totalidade dos poderes inerentes ao domínio, sendo que o exercício desses poderes é limitado pelos direitos dos demais (art. 1.314 do CC).

6.5.2. Direitos e exercício dos direitos

No plano qualitativo, todos os condôminos podem usar, reivindicar e gravar a coisa, bem como alhear parte ideal dela; por outro lado, não podem alterar a destinação da coisa e dar posse a estranhos; já no plano quantitativo, os condôminos devem dividir as despesas proporcionalmente, deliberar sobre a administração da coisa pela maioria e dividir os frutos na proporção de seus quinhões.

6.5.3. Classificação

6.5.3.1. Quanto à origem

a) **convencional (voluntário):** *é o resultante do acordo de vontades*, como a aquisição conjunta de um bem; b) **incidental (eventual):** *é o resultante de causas alheias à vontade dos condôminos*, como a herança deixada para vários herdeiros; c) **forçado (legal):** *é o resultante de imposição da ordem jurídica*, como consequência do estado de indivisão da coisa, como as paredes, cercas, muros e valas.

6.5.3.2. Quanto à forma

a) **pro diviso:** é aquele em que a comunhão existe juridicamente, mas não de fato, dado que cada condômino exerce atos sobre parte certa e determinada do bem; b) **pro indiviso:** é aquele em que a comunhão existe de fato e de direito.

6.5.4. Quota ideal

6.5.4.1. Conceito.

É a fração que, no bem indiviso, cabe a cada consorte. Repare que o direito recai sobre o bem todo, mas com algumas limitações quantitativas em relação a alguns poderes de proprietário.

6.5.4.2. Consequências

a) possibilita o cálculo do montante das vantagens e ônus atribuíveis a cada um dos comunheiros;

b) possibilita direitos plenos (de usar e reivindicar, por exemplo) e direitos limitados (aos frutos, à repartição de despesas e a deliberações);

c) a fração deve zzestar no título; no silêncio, presumem-se iguais os quinhões.

6.5.5. Direitos dos condôminos

6.5.5.1. Usar da coisa conforme sua destinação e sobre ela exercer todos os direitos compatíveis com a indivisão

Assim, não é possível impedir ou atrapalhar o uso por parte do outro, nem mudar a destinação do bem, muito menos dar posse, uso ou gozo a estranhos, sem autorização dos demais.

6.5.5.2. Reivindicar os bens de terceiros

O condômino pode ingressar sozinho com a ação reivindicatória ou reintegratória de posse.

6.5.5.3. Alhear ou gravar sua parte

A alienação deve respeitar o direito de preferência em favor dos demais condôminos (art. 504 do CC); já o gravame (instituição de hipoteca, por exemplo) só incidirá sobre a parte ideal pertencente ao condômino.

6.5.5.4. Direito de pedir a divisão

6.5.6. Deveres dos condôminos

1. **Concorrer para as despesas** de conservação e divisão da coisa, na proporção de sua parte.

2. **Responder pelas dívidas** contraídas em proveito da comunhão, presumindo-se o rateio na proporção dos quinhões.

3. **Responder pelos frutos** que percebeu da coisa e pelo **dano** que lhe causou.

6.5.7. Extinção do condomínio

6.5.7.1. Regra geral

A todo tempo será lícito ao condomínio exigir a divisão da coisa comum (art. 1.320 do CC).

6.5.7.2. Exceções

a) existindo pacto de não dividir, cujo prazo máximo é de cinco anos, suscetível de prorrogação posterior; b) pela vontade do doador ou do testador; c) por determinação judicial, se houver graves razões aconselhando.

6.5.7.3. Meios

a) **Coisa divisível:** divide-se fisicamente, de acordo com os quinhões.

b) **Coisa indivisível:** a) verifica-se se um dos consortes tem interesse em adjudicar tudo para si, com a concordância de todos; não sendo possível, b) vende-se e reparte-se o apurado, sendo que há direito de preferência do condômino em relação a estranhos. Frise-se que a preferência é em relação a *estranhos*, e não a coproprietários. Assim prevê o Enunciado 623 CJF: Ainda que sejam muitos os condôminos, não há direito de preferência na venda da fração de um bem entre dois coproprietários, pois a regra prevista no art. 504, parágrafo único, do Código Civil, visa somente a resolver eventual concorrência entre condôminos na alienação da fração a estranhos ao condomínio. É importante ressaltar que as regras do direito de preferência em caso de venda voluntária de fração ideal (art. 504 do CC) são diferentes das regras do mesmo direito em caso de divisão forçada (art. 1.322 do CC).

6.5.8. Administração do condomínio

6.5.8.1. Escolha do administrador

A maioria escolherá o administrador, que pode ser estranho ao condomínio (art. 1.323 do CC).

6.5.8.2. Poderes do administrador

Este não poderá praticar atos que exigem poderes especiais, como alienar, por exemplo.

6.5.8.3. Quorum para deliberações

Estas serão tomadas pela maioria absoluta; a maioria será calculada pelo valor dos quinhões. Em caso de empate, decidirá o juiz, a requerimento de qualquer condômino, ouvidos os outros (art. 1.325, §§ 1º e 2º, do CC).

6.5.9. Condomínio edilício

6.5.9.1. Conceito

É o condomínio caracterizado pela existência de uma propriedade comum ao lado de uma propriedade privativa (art. 1.331 do CC). Nesse caso temos a) *unidades autônomas*, tais como apartamentos, escritórios, salas, lojas e garagens; e b) *partes comuns*, tais como o terreno, a estrutura do edifício, o telhado, os corredores, as escadas, as áreas de lazer.

6.5.9.2. Natureza

É um sujeito de direito despersonificado, já que a lei autoriza sua atuação em juízo, bem como a contratação de serviços e de funcionários.

6.5.9.3. Instituição

Ocorre com o a) **Ato de Instituição**, que discrimina e individualiza as unidades, e nasce de ato *inter vivos* ou de testamento, registrado no Registro de Imóveis (art. 1.332, *caput* e I, do CC); b) **Convenção**, que, aprovada por 2/3 das frações ideais, traz os direitos e deveres dos condôminos, devendo ser também registrada no Registro Imobiliário para ser oponível contra terceiros. c) **Regulamento** (ou Regimento Interno), que consiste no documento que completa a convenção, tecendo minúcias sobre o funcionamento do condomínio edilício. O quórum para alteração do regimento interno do condomínio edilício pode ser livremente fixado na convenção (Enunciado 248 JDC/CJF). A alteração da convenção depende do voto de 2/3 dos condôminos.

6.5.9.4. Estrutura interna do condomínio

a) **Unidades autônomas:** nenhuma unidade pode ser privada de saída para a via pública; o proprietário pode alugar, ceder ou gravar sua unidade, independente de autorização dos outros condôminos, que também não têm direito de preferência na aquisição da unidade do vizinho; o direito de preferência só existe no caso de o condômino resolver alugar sua garagem a estranhos; para efeitos tributários, cada unidade é prédio isolado; vale salientar que, de acordo com a alteração promovida pela lei 12.607/2012 junto ao art. 1.331, § 1º, do CC, os abrigos para veículos só poderão ser alienados ou alugados a pessoas estranhas ao condomínio se houver autorização expressa na convenção de condomínio;

b) **Áreas comuns:** cada consorte pode utilizá-las sem dano, incômodo ou embaraço aos demais; são insuscetíveis de divisão e de alienação.

6.5.9.5. Deveres e sujeições dos condôminos

a) contribuir para as despesas na proporção de sua fração ideal, salvo disposição em contrário na convenção, não podendo votar na assembleia se não estiver quite;

b) pagar juros de 1% ao mês e multa de até 2% caso não pague sua contribuição; quanto à multa, o Enunciado 505 das Jornadas de Direito Civil entende que "é nula a estipulação que, dissimulando ou embutindo multa acima de 2%, confere suposto desconto de pontualidade no pagamento da taxa condominial, pois configura fraude à lei (Código Civil, art. 1336, § 1º), e não redução por merecimento";

c) não alterar a fachada;

d) preservar o sossego, a salubridade, a segurança e os bons costumes;

e) pagar multa correspondente até o quíntuplo do valor atribuído à contribuição para as despesas condominiais, se não cumprir reiteradamente os seus deveres perante o condomínio, conforme a gravidade das faltas e a reiteração, independentemente das perdas e danos que se apurem, mediante deliberação de três quartos dos condôminos restantes. O condômino ou o possuidor que, por seu comportamento antissocial gerar incompatibilidade de convivência com os demais condôminos ou possuidores poderá ser compelido a pagar multa de até dez vezes o valor de sua contribuição, de acordo com as disposições legais e convencionais aplicáveis ao caso concreto; o Enunciado 508 das Jornadas de Direito Civil entende que "verificando-se que a sanção pecuniária mostrou-se ineficaz, a garantia fundamental da função social da propriedade (arts. 5º, XXIII, da CRFB e 1.228, § 1º, do CC) e a vedação ao abuso do direito (arts. 187 e 1.228, § 2º, do CC) justificam a exclusão do condômino antissocial, desde que a ulterior assembleia prevista na parte final do parágrafo único do art. 1.337 do Código Civil delibere a propositura de ação judicial com esse fim, asseguradas todas as garantias inerentes ao devido processo legal.

Seguem algumas decisões jurisprudenciais do STJ a respeito:

a) o prazo prescricional aplicável à pretensão de cobrança de taxas condominiais é de cinco anos, de acordo com art. 206, § 5º, I, do Código Civil (AgInt no AREsp 883973/DF, DJE 20.06.2016);

b) havendo compromisso de compra e venda não levado a registro, a responsabilidade pelas despesas de condomínio pode recair tanto sobre o promitente vendedor quanto sobre o promissário comprador, dependendo das circunstâncias de cada caso concreto. (AgInt no AREsp 733185/SP, DJE 01.06.2016);

c) as cotas condominiais possuem natureza *propter rem*, razão pela qual os compradores de imóveis respondem pelos débitos anteriores à aquisição (AgRg no AREsp 215906/RO, DJE 28.03.2016);

d) é possível a penhora do bem de família para assegurar o pagamento de dívidas oriundas de despesas condominiais do próprio bem (AgRg no AgRg no AREsp 198372/SP, DJE 18.12.2013);

e) "o condomínio, independentemente de previsão em regimento interno, não pode proibir, em razão de inadimplência, condômino e seus familiares de usar áreas comuns, ainda que destinadas apenas a lazer. Isso porque a adoção de tal medida, a um só tempo, desnatura o instituto do condomínio, a comprometer o direito de propriedade afeto à própria unidade imobiliária, refoge das consequências legais especificamente previstas para a hipótese de inadimplemento das despesas condominiais e, em última análise, impõe ilegítimo constrangimento ao condômino (em mora) e aos seus familiares, em manifesto descompasso com o princípio da dignidade da pessoa humana" (REsp 1.564.030-MG, DJe 19.08.2016).

f) "acerca da regulamentação da criação de animais pela convenção condominial, podem surgir três situações: a) a convenção não regula a matéria; b) a convenção veda a permanência de animais causadores de incômodos aos demais condôminos e c) a convenção proíbe a criação e guarda de animais de quaisquer espécies. Na primeira hipótese, o condômino pode criar animais em sua unidade autônoma, desde que não viole os deveres previstos nos arts. 1.336, IV, do CC/2002 e 19 da Lei n. 4.591/1964. Se a convenção veda apenas a permanência de animais causadores de incômodos aos demais moradores, a norma condominial não apresenta, de plano, nenhuma ilegalidade. Contudo, se a convenção proíbe a criação e a guarda de animais de quaisquer espécies, a restrição pode se revelar desarrazoada, haja vista determinados animais não apresentarem risco à incolumidade e à tranquilidade dos demais moradores e dos frequentadores ocasionais do condomínio. O impedimento de criar animais em partes exclusivas se justifica na preservação da segurança, da higiene, da saúde e do sossego. Por isso, a restrição genérica contida em convenção condominial, sem fundamento legítimo, deve ser afastada para assegurar o direito do condômino, desde que sejam protegidos os interesses anteriormente explicitados" (REsp 1.783.076-DF, DJe 24/05/2019);

g) "Existindo na Convenção de Condomínio regra impondo destinação residencial, é indevido o uso de unidades particulares para fins de hospedagem. É possível, no entanto, que os próprios condôminos deliberarem em assembleia, por maioria qualificada, permitir a utilização das unidades condominiais para fins de hospedagem atípica, por intermédio de plataformas digitais ou outra modalidade de oferta, ampliando o uso para além do estritamente residencial. (...) Existindo na Convenção de Condomínio regra impondo destinação residencial, mostra-se inviável o uso das unidades particulares que, por sua natureza, implique o desvirtuamento daquela finalidade residencial (CC/2002, arts. 1.332, III, e 1.336, IV). Com isso, fica o condômino obrigado a "dar às suas partes a mesma destinação que tem a edificação" (CC, art. 1.336, IV), ou seja, destinação residencial, carecendo de expressa autorização para dar destinação diversa, inclusive para a relativa à hospedagem remunerada, por via de contrato atípico." (STJ, REsp 1.819.075-RS, j. 20/04/2021).

6.5.9.6. Administração do condomínio

a) Exercício: dá-se pelo síndico, cujo mandato é de até dois anos, permitida a reeleição.

b) Competência do síndico: representa ativa e passivamente o condomínio, em juízo ou fora dele; pode ser condômino ou pessoa natural ou jurídica estranha.

c) Assembleia: a Geral Ordinária tem por objeto aprovar, por maioria dos presentes, o orçamento das despesas, a contribuição dos condôminos e a prestação de contas. Já a Extraordinária é convocada pelo síndico ou por 1/4 dos condôminos.

d) Quórum: salvo quando exigido quórum especial, as deliberações da assembleia serão tomadas, em primeira convocação, por maioria dos votos dos condôminos presentes que representem pelo menos metade das frações ideais. Em segunda votação, a assembleia poderá deliberar por maioria dos votos presentes. Depende da aprovação de 2/3 dos votos dos condôminos a alteração da convenção. A mudança de destinação do edifício ou da unidade imobiliária dependia antes da unanimidade, mas agora também depende de apenas 2/3 dos votos dos condôminos, nos termos da nova redação dada ao art. 1.351 do CC.

Segue decisão importante sobre a administração do condomínio na fase mais difícil do Covid-19: "Autorização para entrar em unidade condominial. Direito de propriedade. Pandemia da Covid-19. Medidas para evitar a disseminação da doença. Competência do síndico. Proibição absoluta ao proprietário de acessar sua unidade condominial. Conflito de direitos fundamentais. Existência de outras medidas menos gravosas igualmente adequadas. Indevida restrição ao direito de propriedade. – A medida adotada por síndico de condomínio, ao vedar totalmente o acesso do prédio aos proprietários, em razão da disseminação da covid-19, é indevida e restringe o direito de propriedade". STJ, REsp 1.971.304-SP, Rel. Min. Nancy Andrighi, Terceira Turma, por unanimidade, julgado em 14/06/2022, DJe 21/06/2022.

6.5.9.7. Condomínio de lotes

A Lei 13.465/2017 introduziu o art. 1.358-A no Código Civil, o qual estabeleceu que pode haver, em terrenos, partes designadas de lotes que são propriedade exclusiva e partes que são propriedade comum dos condôminos.

Essa disposição é importante para regularizar os chamados "condomínios fechados de casas", cuja ausência de uma melhor regulamentação em lei federal propiciou que alguns municípios proibissem esse tipo de condomínio, gerando enormes problemas a empreendedores e pessoas que querem morar num condomínio fechado de casas.

Além de resolver de vez essa questão, permitindo esse tipo de condomínio, que pode ser ou não fechado, essa lei também resolveu uma outra questão, que é acerca de qual lei deve ser aplicar na relação entre os moradores desse condomínio. No caso, a nova lei estabeleceu expressamente que se aplica, no que couber, ao condomínio de lotes o disposto sobre condomínio edilício no Código Civil, respeitada a legislação urbanística. Aplica-se também ao condomínio de lotes, no que couber, o regime jurídico das incorporações imobiliárias de que trata o Capítulo I do Título II da Lei nº 4.591/1964, equiparando-se o empreendedor ao incorporador quanto aos aspectos civis e registrários. Para fins de incorporação imobiliária, a implantação de toda a infraestrutura ficará a cargo do empreendedor.

Uma questão importante decorrente dessa lei é a das associações de moradores e a cobranças de taxas do moradores locais. Confira a seguinte decisão do STF a respeito:

"É inconstitucional a cobrança por parte de associação de taxa de manutenção e conservação de loteamento imobiliário urbano de proprietário não associado até o advento da Lei nº 13.465/17, ou de anterior lei municipal que discipline a questão, a partir da qual se torna possível a cotização dos proprietários de imóveis, titulares de direitos ou moradores em loteamentos de acesso controlado, que i) já possuindo lote, adiram ao ato constitutivo das entidades equiparadas a administradoras de imóveis ou (ii) sendo novos adquirentes de lotes, o ato constitutivo da obrigação esteja registrado no competente Registro de Imóveis." (STF, RE 695911/SP, 15.12.20).

De acordo com a nova lei, a fração ideal de cada condômino poderá ser proporcional à área do solo de cada unidade autônoma, ao respectivo potencial construtivo ou a outros critérios indicados no ato de instituição.

Por fim, a lei também estabeleceu que, para fins de incorporação imobiliária, a implantação de toda a infraestrutura ficará a cargo do empreendedor.

6.5.10. Condomínio em Multipropriedade

A Lei 13.777, publicada em 21 de dezembro de 2018, regulamentou um instituto muito comum nos Estados Unidos e que já se tentava praticar no Brasil há algum tempo, mas com muitas dificuldades, em razão da ausência de regulamentação legal da matéria, que, por envolver direitos reais, reclama previsão em lei, em função do princípio da taxatividade de direitos dessa natureza.

Apesar de haver algumas decisões judiciais admitindo essa prática, a insegurança jurídica decorrente fez com que a questão fosse levada ao processo legislativo e, enfim, agora temos uma lei regulamentando com detalhe essa matéria.

A nova lei veio sem período de *vacatio legis*, de modo que entrou em vigor imediatamente com a sua publicação.

Esse novo instituto com previsão em nosso Código Civil, tem o nome de **condomínio em multipropriedade** e pode ser conceituado como "o regime de condomínio em que cada um dos proprietários de um mesmo imóvel é **titular de uma fração de tempo**, à qual corresponde a faculdade de uso e gozo, com exclusividade, da totalidade do imóvel, a ser exercida pelos proprietários de forma alternada" (art. 1.358-C do Código Civil; g.n.).

Em outras palavras, o instituto consiste na existência de vários proprietários de um mesmo imóvel, mas, cada um deles, proprietário de uma fração de tempo de uso e gozo exclusivo da totalidade desse imóvel.

Trata-se, assim, de um compartilhamento de propriedade no tempo, daí porque o instituto também é conhecido pelo nome de *time-sharing*.

Um exemplo concreto aclarará mais a sua importância prática.

Imagine que você deseja ter uma casa na praia, mas saiba de antemão que só terá interesse em usar essa casa uma vez por ano, pelo período de 1 mês. Nesse caso você pode adquirir a propriedade dessa fração de tempo de 1 mês por ano do imóvel e, no período destinado à sua fração de tempo, você terá direito ao uso e gozo exclusivo daquele imóvel.

Quanto aos outros 11 meses de fração de tempo daquele imóvel é possível que haja mais 11 proprietários ou *até mais* de 11 proprietários com períodos menores, ou mesmo *menos* de 11 proprietários com períodos maiores. Tudo vai depender do tamanho de cada fração de tempo estabelecida para aquele único imóvel.

Vale dizer que a lei estabelece apenas um requisito quanto à **duração de cada fração de tempo** nesse condomínio, qual seja, cada uma delas será de, no mínimo, 7 dias, seguidos ou intercalados, e poderá ser:

"I – fixo e determinado, no mesmo período de cada ano;

II – flutuante, caso em que a determinação do período será realizada de forma periódica, mediante procedimento objetivo que respeite, em relação a todos os multiproprietários, o princípio da isonomia, devendo ser previamente divulgado; ou

III – misto, combinando os sistemas fixo e flutuante." (art. 1.358-E)".

O § 2º do art. 1.358-E acrescenta que "todos os multiproprietários terão direito a uma mesma quantidade mínima de dias seguidos durante o ano, podendo haver a aquisição de frações maiores que a mínima, com o correspondente direito ao uso por períodos também maiores".

O que vai definir o tamanho da fração de tempo de cada proprietário é o **tamanho do investimento** que ele está disposto a fazer. Quem investir mais conseguirá adquirir uma fração de tempo maior ou mesmo várias frações de tempo de um mesmo imóvel.

De qualquer forma, **cada fração de tempo instituída é indivisível**, não sendo possível que se tente no futuro buscar a sua divisão (art. 1.358-E, *caput*).

De rigor dizer ainda que o **imóvel objeto da multipropriedade também é indivisível**, não se sujeitando a ação de divisão ou de extinção de condomínio, bem como que esse imóvel inclui as instalações, os equipamentos e o mobiliário destinados a seu uso e gozo (art. 1.358-D).

Bom, imagine agora que uma incorporadora tenha um imóvel à venda e deseja fazer essa venda no regime do novo instituto. Ela, como instituidora desse condomínio em multipropriedade, fará essa instituição por **testamento** ou **escritura** registrados no cartório de imóveis, devendo constar do ato a duração dos períodos de cada fração de tempo (art. 1.358-F).

Essa mesma incorporadora poderá estabelecer quantas frações de tempo ela deseja vender em relação ao imóvel, valendo lembrar que cada fração de tempo deve ter no mínimo 7 dias, que equivale a 1 semana.

Partindo dessa fração mínima de 7 dias e considerando que 1 ano tem 52 semanas, imaginemos, hipoteticamente, que a incorporadora institua e coloque à venda 52 frações de tempo em relação a um imóvel. Em qualquer caso, uma mesma pessoa poderá comprar mais de uma fração de tempo. E mesmo que uma pessoa só acabe por comprar todas as frações de tempo, a multipropriedade não se extinguirá automaticamente (art. 1.358-C, parágrafo único), pois pode ser que essa pessoa queira no futuro vender parte das frações de tempo que tem ou mesmo alugar ou dar em comodato uma parte delas.

Mas voltando ao exemplo, imagine ainda que uma pessoa tenha comprado uma fração de tempo de 7 dias desse imóvel. Essa pessoa é a proprietária dessa fração de tempo, que pode ser de dias fixos do ano ou de dias flutuantes, respeitando a isonomia e também a critérios objetivos (um sorteio de dias, por exemplo). Uma vez proprietária dessa fração de tempo esse multiproprietário tem várias opções. Pode simplesmente *usar e gozar* por si mesmo o imóvel no período a que tem direito (art. 1.358-I, I). Pode também *ceder* a fração de tempo em locação ou comodato (art. 1.358-I, II). E pode até mesmo **alienar** e **onerar** essa fração de tempo (art. 1.358-I, III).

Vale salientar que a *transferência* do direito de multipropriedade e a sua produção de efeitos perante terceiros não depende da anuência ou cientificação dos demais multiproprietários, não havendo direito de preferência em favor dos demais multiproprietários, salvo se essa preferência tiver sido estabelecida no instrumento de instituição ou na convenção do condomínio em multipropriedade em favor dos demais multiproprietários ou mesmo do instituidor do condomínio em multipropriedade (art. 1.358-L, § 1º).

Uma vez instituído o condomínio em multipropriedade, há de estabelecer a **convenção de condomínio**, que trará, além de outras cláusulas que os multiproprietários estipularem, as seguintes disposições (art. 1.358-G):

I – os poderes e deveres dos multiproprietários, especialmente em matéria de instalações, equipamentos e mobiliário do imóvel, de manutenção ordinária e extraordinária, de conservação e limpeza e de pagamento da contribuição condominial;

II – o número máximo de pessoas que podem ocupar simultaneamente o imóvel no período correspondente a cada fração de tempo;

III – as regras de acesso do administrador condominial ao imóvel para cumprimento do dever de manutenção, conservação e limpeza;

IV – a criação de fundo de reserva para reposição e manutenção dos equipamentos, instalações e mobiliário;

V – o regime aplicável em caso de perda ou destruição parcial ou total do imóvel, inclusive para efeitos de participação no risco ou no valor do seguro, da indenização ou da parte restante;

VI – as multas aplicáveis ao multiproprietário nas hipóteses de descumprimento de deveres.

De acordo com o art. 1.358-H, o instrumento de instituição da multipropriedade ou a convenção de condomínio em multipropriedade poderá estabelecer o **limite máximo de frações de tempo no mesmo imóvel** que poderão ser detidas pela mesma pessoa natural ou jurídica, sendo que, em caso de instituição da multipropriedade para posterior venda das frações de tempo a terceiros, o atendimento a eventual limite de frações de tempo por titular estabelecido no instrumento de instituição será obrigatório somente após a venda das frações.

Além dos direitos de usar/gozar, ceder, alienar e onerar sua fração de tempo, o multiproprietário também tem o **direito de participar e votar**, pessoalmente ou por intermédio de representante ou procurador, desde que esteja quite com as obrigações condominiais, em (art. 1.358-I, IV):

a) assembleia geral do condomínio em multipropriedade, e o voto do multiproprietário corresponderá à quota de sua fração de tempo no imóvel;

b) assembleia geral do condomínio edilício, quando for o caso, e o voto do multiproprietário corresponderá à quota de sua fração de tempo em relação à quota de poder político atribuído à unidade autônoma na respectiva convenção de condomínio edilício.

Confira agora as **obrigações do multiproprietário**, além daquelas previstas no instrumento de instituição e na convenção de condomínio em multipropriedade (art. 1.358-J):

I – pagar a contribuição condominial do condomínio em multipropriedade e, quando for o caso, do condomínio edilício, ainda que renuncie ao uso e gozo, total ou parcial, do imóvel, das áreas comuns ou das respectivas instalações, equipamentos e mobiliário;

II – responder por danos causados ao imóvel, às instalações, aos equipamentos e ao mobiliário por si, por qualquer de seus acompanhantes, convidados ou prepostos ou por pessoas por ele autorizadas;

III – comunicar imediatamente ao administrador os defeitos, avarias e vícios no imóvel dos quais tiver ciência durante a utilização;

IV – não modificar, alterar ou substituir o mobiliário, os equipamentos e as instalações do imóvel;

V – manter o imóvel em estado de conservação e limpeza condizente com os fins a que se destina e com a natureza da respectiva construção;

VI – usar o imóvel, bem como suas instalações, equipamentos e mobiliário, conforme seu destino e natureza;

VII – usar o imóvel exclusivamente durante o período correspondente à sua fração de tempo;

VIII – desocupar o imóvel, impreterivelmente, até o dia e hora fixados no instrumento de instituição ou na convenção de condomínio em multipropriedade, sob pena de multa diária, conforme convencionado no instrumento pertinente;

IX – permitir a realização de obras ou reparos urgentes.

X – conforme previsão que deverá constar da respectiva convenção de condomínio em multipropriedade, estar sujeito a: multa, no caso de descumprimento de qualquer de seus deveres; multa progressiva e perda temporária do direito de utilização do imóvel no período correspondente à sua fração de tempo, no caso de descumprimento reiterado de deveres.

XI – responsabilizar-se pelas despesas referentes a reparos no imóvel, bem como suas instalações, equipamentos e mobiliário, sendo essa responsabilidade de todos os multiproprietários, quando decorrentes do uso normal e do desgaste natural do imóvel; e exclusivamente do multiproprietário responsável pelo uso anormal, sem prejuízo de multa, quando decorrentes de uso anormal do imóvel.

De acordo com o art. 1.358-K, para os efeitos direitos e obrigações, são **equiparados aos multiproprietários** os promitentes compradores e os cessionários de direitos relativos a cada fração de tempo.

Quanto à **administração da multipropriedade**, a administração do imóvel e também de todas as suas instalações, equipamentos e mobiliário será de responsabilidade da pessoa indicada no instrumento de instituição ou na convenção de condomínio em multipropriedade, ou, na falta de indicação, de pessoa escolhida em assembleia geral dos condôminos (art. 1.358-M, *caput*).

Já quanto ao **administrador em si da multipropriedade**, a lei estabelece as seguintes atribuições a ele, além de outras previstas no instrumento de instituição e na convenção de condomínio (art. 1.358-M, § 1º):

I – coordenação da utilização do imóvel pelos multiproprietários durante o período correspondente a suas respectivas frações de tempo;

II – determinação, no caso dos sistemas flutuante ou misto, dos períodos concretos de uso e gozo exclusivos de cada multiproprietário em cada ano;

III – manutenção, conservação e limpeza do imóvel;

IV – não havendo disposição em contrário na convenção de condomínio, troca ou substituição de instalações, equipamentos ou mobiliário, inclusive:

a) determinar a necessidade da troca ou substituição;

b) providenciar os orçamentos necessários para a troca ou substituição;

c) submeter os orçamentos à aprovação pela maioria simples dos condôminos em assembleia;

V – elaboração do orçamento anual, com previsão das receitas e despesas;

VI – cobrança das quotas de custeio de responsabilidade dos multiproprietários;

VII – pagamento, por conta do condomínio edilício ou voluntário, com os fundos comuns arrecadados, de todas as despesas comuns.

Tudo o que escrevemos até agora vale tanto para condomínio em multipropriedade em imóvel em geral, como também para condomínio em multipropriedade relativos às unidades autônomas de condomínios edilícios, como são, por exemplo, os prédios de apartamentos residenciais.

Porém, para que um **condomínio edilício** adote o regime de multipropriedade em parte ou na totalidade de suas unidades autônomas, será necessário (art. 1.358-O):

I – previsão no instrumento de instituição do condomínio edilício; ou

II – deliberação da maioria absoluta dos condôminos, caso já instituído o condomínio edilício.

Vale salientar que as convenções dos condomínios edilícios, os memoriais de loteamentos e os instrumentos de venda dos lotes em loteamentos urbanos poderão limitar ou impedir a instituição da multipropriedade nos respectivos imóveis, vedação que também somente poderá ser *alterada* no mínimo pela maioria absoluta dos condôminos (art. 1.358-U).

Essa regulamentação é importante, pois muitos condomínios edilícios no Brasil proíbem a locação de imóveis por períodos curtos, inviabilizando, por exemplo, a locação via aplicativos como o "Airbnb".

Porém, instituída a multipropriedade num condomínio edilício, ao menos quanto às unidades desse condomínio que permitem esse regime, a princípio não haverá como se proibir a locação via "Airbnb", considerando que a até mesmo a propriedade do imóvel se dá em frações de tempo, com diversos proprietários e cessionários da fração de tempo se alternando, o que colocaria por terra o argumento usado para proibir locações via "Airbnb", no sentido de que a alta rotatividade de pessoas diferentes no imóvel atrapalha na tranquilidade e na segurança dos titulares das demais unidades do condomínio.

Aliás, é da essência do condomínio em multipropriedade essa rotatividade não só dos proprietários dessas frações de tempo, como também dos locatários dessas respectivas frações de tempo, sendo que uma das poucas limitações previstas na nova lei que atingirá diretamente a locação do imóvel via "Airbnb" é quanto a possibilidade de o regimento interno do condomínio edilício estipular o número máximo de pessoas que podem ocupar simultaneamente o imóvel no período correspondente a cada fração de tempo (art. 1.358-Q, V), limitação essa que nos parece inclusive bem razoável.

Bom, mas instituído o condomínio em multipropriedade num condomínio edilício, além da observância às regras da convenção de condomínio e instituição do condomínio previstas nos artigos 1.332 e 1.334 (típicas do condomínio edilício), e às regras do art. 1.358-G (típicas do condomínio em multipropriedade), **a convenção de condomínio edilício** deve ainda conter as seguintes regulamentações (art. 1.358-P):

I – a identificação das unidades sujeitas ao regime da multipropriedade, no caso de empreendimentos mistos;

II – a indicação da duração das frações de tempo de cada unidade autônoma sujeita ao regime da multipropriedade;

III – a forma de rateio, entre os multiproprietários de uma mesma unidade autônoma, das contribuições condominiais relativas à unidade, que, salvo se disciplinada de forma diversa no instrumento de instituição ou na convenção de condomínio em multipropriedade, será proporcional à fração de tempo de cada multiproprietário;

IV – a especificação das despesas ordinárias, cujo custeio será obrigatório, independentemente do uso e gozo do imóvel e das áreas comuns;

V – os órgãos de administração da multipropriedade;

VI – a indicação, se for o caso, de que o empreendimento conta com sistema de administração de intercâmbio, na forma prevista no § 2º do art. 23 da Lei 11.771, de 17 de setembro de 2008, seja do período de fruição da fração de tempo, seja do local de fruição, caso em que a responsabilidade e as obrigações da companhia de intercâmbio limitam-se ao contido na documentação de sua contratação;

VII – a competência para a imposição de sanções e o respectivo procedimento, especialmente nos casos de mora no cumprimento das obrigações de custeio e nos casos de descumprimento da obrigação de desocupar o imóvel até o dia e hora previstos;

VIII – o quórum exigido para a deliberação de adjudicação da fração de tempo na hipótese de inadimplemento do respectivo multiproprietário;

IX – o quórum exigido para a deliberação de alienação, pelo condomínio edilício, da fração de tempo adjudicada em virtude do inadimplemento do respectivo multiproprietário.

Já o **regimento interno** de condomínio edilício com multipropriedade, que poderá ser instituído por escritura pública ou por instrumento particular, deve prever o seguinte (art. 1.358-Q):

I – os direitos dos multiproprietários sobre as partes comuns do condomínio edilício;

II – os direitos e obrigações do administrador, inclusive quanto ao acesso ao imóvel para cumprimento do dever de manutenção, conservação e limpeza;

III – as condições e regras para uso das áreas comuns;

IV – os procedimentos a serem observados para uso e gozo dos imóveis e das instalações, equipamentos e mobiliário destinados ao regime da multipropriedade;

V – o número máximo de pessoas que podem ocupar simultaneamente o imóvel no período correspondente a cada fração de tempo;

VI – as regras de convivência entre os multiproprietários e os ocupantes de unidades autônomas não sujeitas ao regime da multipropriedade, quando se tratar de empreendimentos mistos;

VII – a forma de contribuição, destinação e gestão do fundo de reserva específico para cada imóvel, para reposição e manutenção dos equipamentos, instalações e mobiliário, sem prejuízo do fundo de reserva do condomínio edilício;

VIII – a possibilidade de realização de assembleias não presenciais, inclusive por meio eletrônico;

IX – os mecanismos de participação e representação dos titulares;

X – o funcionamento do sistema de reserva, os meios de confirmação e os requisitos a serem cumpridos pelo multiproprietário quando não exercer diretamente sua faculdade de uso;

XI – a descrição dos serviços adicionais, se existentes, e as regras para seu uso e custeio.

Outro ponto interessante sobre a instituição da multipropriedade em condomínio edilício é que a lei, dada a complexidade das relações daí advindas, determina que nesse caso necessariamente haverá um **administrador profissional** para o condomínio (art. 1.358-R), sendo que a duração do contrato de administração será livremente convencionada.

Vale ressaltar que o administrador do condomínio será nesse caso também o administrador de todos os condomínios em multipropriedade de suas unidades autônomas, tratando-se do mandatário legal de todos os multiproprietários, exclusivamente para a realização dos atos de gestão ordinária da multipropriedade, incluindo manutenção, conservação e limpeza do imóvel e de suas instalações, equipamentos e mobiliário.

Considerando a possibilidade de haver esse tipo de regime jurídico em *flats* ou mesmo em hotéis com regime de condomínio, o administrador pode ser ou não um prestador de serviços de hospedagem.

Na hipótese de **inadimplemento**, por parte do multiproprietário, da obrigação de custeio das despesas ordinárias ou extraordinárias, é cabível, na forma da lei processual civil, a **adjudicação** ao condomínio edilício da fração de tempo correspondente (art. 1.358-S). Essa previsão pode facilitar muito o ressarcimento do condomínio em caso de inadimplência reiterada de cotas condominiais.

Outra previsão interessante é a possibilidade de o multiproprietário **renunciar de forma translativa** a seu direito de multipropriedade em favor do condomínio edilício (art. 1.358-T), desde que esteja em dia com as contribuições condominiais, com os tributos imobiliários e, se houver, com o foro ou a taxa de ocupação.

6.5.11. Fundo de investimento

O assunto merece destaque, pois sofreu consideráveis alterações pela Lei 13.874/2019. Quanto ao **conceito**, o fundo de investimento é uma comunhão de recursos, constituído sob a forma de condomínio de natureza especial, destinado à aplicação em ativos financeiros, bens e direitos de qualquer natureza (art. 1.368-C). Não se aplica ao fundo de investimento as regras gerais do condomínio voluntário e do condomínio edilício.

Compete a Comissão de Valores Mobiliários (CVM) disciplinar as regras referente ao fundo. Quanto ao **regulamento** do fundo de investimento, apenas o seu registro na CVM já é suficiente para garantir a sua publicidade e a oponibilidade de efeitos em relação a terceiros.

O regulamento do fundo poderá estabelecer: 1) a limitação da responsabilidade de cada investidor ao valor de suas cotas; 2) a limitação da responsabilidade, bem como parâmetros de sua aferição, dos prestadores de serviços do fundo de investimento, perante o condomínio e entre si, ao cumprimento dos deveres particulares de cada um, sem solidariedade; e 3) classes de cotas com direitos e obrigações distintos, com possibilidade de constituir patrimônio segregado para cada classe.

No que se refere a **responsabilidade**, os fundos de investimento respondem diretamente pelas obrigações legais e contratuais por eles assumidas, e os prestadores de serviço não respondem por essas obrigações, mas respondem pelos prejuízos que causarem quando procederem com dolo ou má-fé (art. 1.368-E). Se o fundo de investimento com limitação de responsabilidade não possuir patrimônio suficiente para responder por suas dívidas, aplicam-se as regras de insolvência capituladas nos arts. 955 a 965, isto é, das preferências e privilégios creditórios. Se o fundo de investimento for constituído sem a adoção da responsabilidade limitada, mas depois resolver adotar a responsabilidade limitada, essa mudança apenas abrangerá fatos ocorridos após a respectiva alteração em seu regulamento. Quanto a avaliação de responsabilidade dos prestadores de serviço, esta deverá levar sempre em consideração os riscos inerentes às aplicações nos mercados de atuação do fundo de investimento e a natureza de obrigação de meio de seus serviços

6.6. DIREITOS REAIS DE FRUIÇÃO

6.6.1. Introdução

Os direitos reais sobre coisas alheias podem ser de gozo ou fruição (superfície, servidão, usufruto, uso, habitação), de garantia (penhor, hipoteca, anticrese) ou de aquisição (compromisso de compra e venda). Os direitos reais estudados neste capítulo consistem no desmembramento do direito de propriedade para permitir que o beneficiário do direito use e/ou goze da coisa alheia.

6.6.2. Superfície

6.6.2.1. Conceito

Direito real pelo qual o proprietário concede a outrem, por tempo determinado, gratuita ou onerosamente, a faculdade de construir ou de plantar em seu terreno (art. 1.369 do CC, e arts. 21 a 24 da Lei 10.257/2001).

6.6.2.2. Instituição

Mediante escritura pública devidamente registrada no Registro de Imóvel; não é possível por meio de testamento.

6.6.2.3. Direitos do proprietário do solo (fundieiro ou concedente)

a) pode receber quantia (à vista ou parceladamente), caso se combine a onerosidade do direito de superfície; o nome do pagamento é "solarium";

b) pode adquirir a construção ou a plantação, extinto o direito, independentemente de indenizar o superficiário, salvo convenção em contrário;

c) tem direito de preferência na alienação do direito de superfície.

6.6.2.4. Direitos do superficiário

a) pode plantar ou construir no terreno; não se autoriza obra no subsolo, salvo se inerente ao objeto da concessão;

b) pode transferir o direito a terceiros, e, por morte, a herdeiros; não há a figura do laudêmio, comissão devida ao dono da coisa, na enfiteuse;

c) tem direito de preferência na alienação do imóvel.

6.6.2.5. Deveres do superficiário

a) deve pagar o "solarium", se onerosa;

b) responde pelos encargos e tributos incidentes sobre o imóvel.

c) deve manter a destinação para o qual foi prevista.

6.6.2.6. Extinção

a) pela consolidação, que ocorre pela fusão, na mesma pessoa, do direito de superfície e do direito de propriedade; b) por ter se dado destinação diversa da estabelecida pelo bem; c) pelo advento do termo; d) pela renúncia do superficiário; e) pelo distrato; f) pelo perecimento do bem gravado; g) pelo não uso do direito de construir, no prazo convencionado; h) pela desapropriação do solo ou do direito.

6.6.2.7. Diferenças em relação à enfiteuse

Esta se constitui por testamento; o enfiteuta tem direito ao resgate da coisa, preenchidos requisitos legais; a enfiteuse confere todos os poderes inerentes ao domínio; a enfiteuse é perpétua, ao passo que a superfície é temporária; a enfiteuse prevê pagamento de laudêmio (comissão) ao proprietário, em caso de venda do direito.

6.6.2.8. Diferenças em relação ao direito de superfície do Estatuto da Cidade (EC)

Este vale para imóveis urbanos, ao passo que o do CC, para imóveis rurais; o previsto no EC pode ser por tempo determinado ou indeterminado; abrange o direito de usar o solo, o subsolo e o espaço aéreo; não limita o direito à feitura de construção ou plantação.

6.6.3. Servidão

6.6.3.1. Conceito

É o direito real de gozo que proporciona utilidade para o prédio dominante e grava o prédio serviente, que pertence a dono diverso (art. 1.378). Um exemplo é a servidão pela qual um prédio fica proibido de construir acima de certa altura, a fim de beneficiar outro. Outro exemplo é a servidão de passagem, em que um prédio que não tem entrada para a rua (prédio dominante) se beneficia com a possibilidade de utilização do prédio vizinho (prédio serviente) para passagem de pessoas e veículos. É importante ressaltar que o direito só recai sobre imóveis, bem como que não se liga a uma pessoa, mas a um prédio. O dono deste fica adstrito apenas pelo fato de ser proprietário da coisa. O imóvel que se beneficia com a servidão leva o nome de *dominante*, ao passo que o que recebe o gravame é chamado *serviente*.

6.6.3.2. Finalidade

Proporcionar valorização do prédio dominante, tornando-o mais útil, agradável ou cômodo. O instituto é muito utilizado para corrigir desigualdades naturais entre prédios ou para estabelecer padrões estéticos ou de comodidade entre imóveis.

6.6.3.3. Características do direito de servidão

a) perpétuo: tem duração indefinida, como regra. Mas é possível instituir servidão a termo ou com condição (servidão *ad tempus*).

b) indivisível: mesmo no caso de divisão do prédio dominante ou do prédio serviente, a restrição continua a gravar cada uma das partes do prédio serviente, salvo se a restrição perder sentido (art. 1.386 do CC).

c) inalienável: como a restrição é feita pela necessidade do prédio dominante, não há que se falar em transferência da restrição, por alienação, a outro prédio.

6.6.3.4. Classificação quanto ao modo de exercício

a) servidões contínuas: *são as que subsistem e se exercem independentemente de ato humano direto*. São exemplos as servidões de passagem de água (aqueduto), de energia elétrica (passagem de fios, cabos ou tubulações), de iluminação (postes) e de ventilação.

b) servidões descontínuas: *são as que dependem de ação humana atual para seu exercício e subsistência*. São exemplos a servidão de trânsito, de tirar água de prédio alheio e de pastagem em prédio alheio. Essas servidões podem ser positivas ou negativas. Serão **positivas** quando o proprietário dominante tem direito a uma utilidade do serviente (exs.: servidão de passagem ou de retirada de água). Serão **negativas** quando o proprietário dominante tiver simplesmente o direito de ver o proprietário serviente se abster de certos atos (ex.: servidão de não edificar em certo local ou acima de dada altura).

6.6.3.5. Classificação quanto à exteriorização

a) servidões aparentes: *são as que se revelam por obras ou sinais exteriores, visíveis e permanentes*. São exemplos a servidão de trânsito e de aqueduto.

b) servidões não aparentes: *são as que não se revelam externamente*. São exemplos as de não construir em certo local ou acima de dada altura.

Obs.: a classificação é importante, pois somente as servidões aparentes podem ser adquiridas por usucapião (art. 1.379 do CC).

6.6.3.6. Classificação quanto à origem

a) servidões legais: *são as que decorrem de lei*. Ex.: passagem forçada.

b) servidões materiais: *são as que derivam da situação dos prédios*. Ex.: servidão para escoamento de águas.

c) servidões convencionais: *são as que resultam da vontade das partes*. Ex.: as constituídas por contrato ou testamento, com posterior registro no Registro de Imóveis.

6.6.3.7. Constituição das servidões

As servidões se constituem por **negócio jurídico** (contrato ou testamento) registrado no Registro de Imóveis; por **sentença judicial** (em ação de divisão, para possibilitar a utilização dos quinhões partilhados – arts. 596 e 597 do NCPC) e por **usucapião**.

6.6.3.8. Ações judiciais

a) **ação confessória:** *é a que visa ao reconhecimento da existência da servidão;* é promovida pelo dono do prédio dominante; b) **ação negatória:** *é a que visa à negativa da existência da servidão;* é promovida pelo dono do prédio serviente; c) **manutenção ou reintegração de posse:** *promovidas para reprimir algumas violações ao exercício da servidão.*

6.6.3.9. Extinção da servidão

a) pela **renúncia**; b) pela **cessação da utilidade**; c) pelo **resgate**, pelo dono do prédio serviente; d) pela **confusão** (dono dos dois prédios passa a ser uma pessoa só); e) pela **usucapião**, nas servidões aparentes; f) pelo **perecimento** da coisa; g) pelo **decurso do prazo ou da condição**; h) pela **desapropriação**.

6.6.3.10. Passagem forçada

a) **conceito:** *direito assegurado ao proprietário do prédio encravado (sem acesso para a via pública) de, mediante pagamento de indenização, constranger vizinho a lhe dar passagem* (art. 1.285 do CC).

b) **finalidade:** *atender a função econômica e social da propriedade.*

c) **sujeito passivo:** normalmente, é o proprietário contíguo; porém, se não for suficiente a colaboração deste, pode-se atingir o vizinho não imediato; procura-se o imóvel que mais natural e facilmente se preste à passagem.

d) **requisitos:** i) **encravamento natural**, que é aquele não provocado pelo dono do prédio encravado (ex.: não tem esse direito quem vendeu a área que possibilitava sua passagem, salvo contra quem tiver comprado a área – art. 1.285, § 2º, do CC); ii) **encravamento absoluto**, que é aquele em que não há outra saída, ainda que uma saída difícil e penosa; iii) **menor ônus possível ao serviente**, ou seja, procura-se a passagem junto ao vizinho cujo imóvel mais natural e facilmente se prestar ao intento, bem como a passagem que menos atrapalhe o vizinho no uso de seu imóvel; iv) **pagamento de indenização**, ou seja, o vizinho que tiver que dar a passagem deverá ser indenizado pelos danos que suportar com essa medida forçada.

e) **extinção:** a passagem forçada fica extinta i) no caso de abertura de estrada que passe ao lado da divisa do prédio encravado, bem como ii) no caso de a área encravada ser anexada a outra não encravada.

f) **diferenças entre "servidão de passagem ou de trânsito" e "passagem forçada":** a primeira decorre de negócio jurídico, ao passo que a segunda decorre da lei; a primeira nem sempre decorre de um imperativo (pode ser instituída apenas para mais comodidade ou facilidade), ao passo que a segunda decorre de um imperativo, já que se tem um prédio encravado; na primeira não se fala em indenização (pode até envolver pagamento, pois muitas vezes decorre de um contrato), já na segunda a indenização decorre da própria lei; a primeira está regulada no âmbito dos direitos reais, ao passo que a segunda, mesmo encerrando as características de direito real, está no âmbito do direito de vizinhança.

6.6.4. Usufruto

6.6.4.1. Conceito

É o direito real conferido a alguém de retirar temporariamente de coisa alheia os frutos e as utilidades que ela produz, sem alterar-lhe a substância (art. 1.390 do CC). Repare que o usufrutuário pode não só *usar* a coisa (por exemplo, habitar uma casa dada em usufruto), como também pode *fruir*, tirar os frutos da coisa (no mesmo exemplo, pode alugar a coisa para terceiro, tirando renda dela). O proprietário da coisa é chamado *nu-proprietário*, ao passo que o beneficiário do usufruto e denominado *usufrutuário*.

6.6.4.2. Características

a) temporário: o usufruto extingue-se no prazo ajustado ou com a morte do usufrutuário; no caso da pessoa jurídica, a lei traz com prazo máximo o de 30 anos do início do exercício do usufruto (art. 1.410, III, do CC).

b) direito real: diferente do comodato, que é um empréstimo de coisa infungível que gera mero direito pessoal, no usufruto tem-se um direito real, ou seja, um direito que é oponível *erga omnes*.

c) inalienável: não é possível ceder o <u>direito</u> ao usufruto; todavia, o mero <u>exercício do direito</u> ao usufruto pode ser transmitido, de modo gratuito ou oneroso (art. 1.393 do CC); assim, se "A" for titular de um usufruto, não poderá passar esse direito para "B". "A" será sempre o usufrutuário da coisa. Mas poderá passar o exercício desse direito, possibilitando, por exemplo, que "B" possa usar e fruir da coisa na qualidade de locatário dela, por exemplo. Em virtude da inalienabilidade do direito ao usufruto, não é possível penhorá-lo para vender o *direito ao usufruto* a terceiro. Todavia, pode o juiz penhorar o *exercício do direito ao usufruto*, por exemplo, nomeando um administrador para alugar a coisa a terceiro, de modo a gerar renda para pagamento da dívida exequenda. Quando a dívida toda tiver sido paga, será levantada a penhora sobre o *exercício do direito ao usufruto*, e o titular do *direito ao usufruto* volta a gozar integralmente da coisa.

6.6.4.3. Constituição do usufruto

O usufruto se constitui por **determinação legal** (ex.: a lei estabelece o usufruto dos pais sobre os bens do filho menor – art. 1.689, I, do CC); por **negócio jurídico** (contrato ou testamento) registrado no Registro de Imóveis; e por **usucapião**.

6.6.4.4. Objeto

O usufruto pode recair sobre a) um ou mais bens **móveis** ou **imóveis** (assim, pode recair até sobre títulos de crédito); ou sobre b) a totalidade ou parte de um **patrimônio**.

6.6.4.5. Classificação quanto à origem

a) usufruto legal: *é o que decorre da lei*. Ex.: dos pais em relação aos bens dos filhos menores;

b) usufruto convencional: *é o que decorre de negócio jurídico*. Ex.: o pai doa imóveis aos seus filhos, mas estipula que ficará com usufruto desses bens.

6.6.4.6. Classificação quanto à duração

a) usufruto temporário: *é o que tem prazo certo de vigência.*

b) usufruto vitalício: *é o que perdura até a morte do usufrutuário ou enquanto não sobrevier causa legal extintiva.*

6.6.4.7. Classificação quanto ao objeto

a) usufruto próprio: *é o que tem por objeto coisas inconsumíveis, cujas substâncias são conservadas, podendo ser restituídas ao nu-proprietário.*

b) usufruto impróprio: *é o que incide sobre bens consumíveis.* Com a extinção do usufruto, devolve-se coisa equivalente.

6.6.4.8. Classificação quanto aos titulares

a) usufruto simultâneo: *é o constituído em favor de duas ou mais pessoas, ao mesmo tempo, extinguindo-se gradativamente em relação a cada uma das que falecerem, salvo expressa estipulação de direito de acrescer.* Assim, a regra é que, instituído usufruto em favor de mais de duas pessoas, com o falecimento de uma delas, a sua parte não vai para quem continuar vivo. A parte da pessoa falecida só será acrescida aos que sobreviverem se houver estipulação expressa desse direito de acrescer (art. 1.411 do CC) ou no caso de legado de usufruto (art. 1.946 do CC).

b) usufruto sucessivo: *é o constituído em favor de uma pessoa, para que depois de sua morte transmita a terceiro. É vedado pela lei.*

6.6.4.9. Direitos do usufrutuário

a) de posse, uso, administração e percepção dos frutos da coisa; b) de transferir o exercício do direito ao usufruto, gratuita ou onerosamente.

6.6.4.10. Deveres do usufrutuário

a) inventariar, antes de assumir o usufruto, os bens que receber, determinando o estado em que se acham; b) dar caução (fidejussória ou real) se lhe exigir o dono da coisa; se o usufrutuário não der caução, não poderá administrar a coisa; no caso de doação em que o doador reserva a si o usufruto da coisa doada (ex.: pai doa ao filho, mantendo o usufruto da coisa), não haverá obrigação de prestar caução; c) velar pela conservação dos bens e entregá-los, findo o usufruto; d) pagar as despesas ordinárias de conservação, bem como prestação e tributos devidos pela posse ou rendimento da coisa usufruída; e) dar ciência ao dono de qualquer lesão contra a posse da coisa, ou contra o direito do usufrutuário.

6.6.4.11. Extinção

O usufruto fica extinto com a) a renúncia ou desistência do direito; b) a morte do usufrutuário; c) o advento do termo final; d) a extinção da pessoa jurídica ou, se ela perdurar, após o decurso de 30 anos; e) a cessação do motivo que deu origem ao direito; f) a destruição da coisa (salvo se for consumível); g) a consolidação da propriedade e do usufruto na mesma pessoa; h) a culpa do usufrutuário prevista no art. 1.410, VII, do CC; i) pelo não uso, a não fruição da coisa.

6.6.5. Uso

6.6.5.1. Conceito

É o direito real que, a título gratuito ou oneroso, autoriza uma pessoa a retirar temporariamente de coisas alheias todas as utilidades para atender às suas próprias necessidades e às de sua família (art. 1.412 do CC). Repare que *direito real de uso* autoriza não só o uso da coisa, como também a percepção de frutos dela. Nesse sentido, é instituto que se aproxima do usufruto. A diferença é que o *usuário* não pode retirar os frutos além das necessidades próprias e de sua família. Essas necessidades serão avaliadas segundo a condição social e o lugar onde viver o *usuário*. É também chamado de *usufruto restrito*.

6.6.5.2. Características

É temporário, indivisível, intransmissível e personalíssimo (ou seja, deve ser exercido pessoalmente pelo *usuário* e sua família).

6.6.5.3. Objeto

O uso pode recair sobre bens móveis ou imóveis.

6.6.5.4. Constituição

Corre por negócio jurídico (contrato ou testamento), sentença judicial ou usucapião.

6.6.5.5. Regime jurídico

É o previsto acima, aplicando-se, no que couber, as disposições relativas ao usufruto.

6.6.6. Habitação

6.6.6.1. Conceito

É o direito real temporário de ocupar gratuitamente coisa alheia, para morada do titular e de sua família (art. 1.414 do CC). Perceba que é ainda mais restrito que o uso, pois só permite a *morada* do titular do direito e de sua família. Outra diferença é que é gratuito, ou seja, não há contrapartida em favor do dono da coisa.

6.6.6.2. Características

É temporário, indivisível, intransmissível, personalíssimo e gratuito.

6.6.6.3. Objeto

A habitação só pode recair sobre "casa", cujo conceito abrange apartamentos.

6.6.6.4. Constituição

Corre por negócio jurídico (contrato ou testamento) ou lei (*vide* art. 1.831 do CC – cônjuge sobrevivente).

6.6.6.5. Regime jurídico

É o previsto anteriormente, aplicando-se, no que couber, as disposições relativas ao usufruto. É importante ressaltar que o habitador não pode alugar ou emprestar a coisa, mas tão somente morar nela.

6.6.7. Laje

A Lei 13.465/2017 inseriu no rol de direitos reais do Código Civil a **laje**, regulamentada nos arts. 1.510-A e seguintes.

Esse direito real consiste em o proprietário de uma construção-base ceder a superfície superior ou inferior de sua construção a fim de que o titular da laje mantenha unidade distinta daquela originalmente construída sobre o solo, contemplando o espaço aéreo ou o subsolo de terrenos públicos ou privados, tomados em projeção vertical, como unidade imobiliária autônoma, e não contemplando as demais áreas edificadas ou não pertencentes ao proprietário da construção-base.

Confira outras características desse direito real:

a) o titular do direito real de laje responderá pelos encargos e tributos que incidirem sobre a sua unidade;

b) os titulares da laje, unidade imobiliária autônoma constituída em matrícula própria, poderão dela usar, gozar e dispor;

c) é expressamente vedado ao titular da laje prejudicar com obras novas ou com falta de reparação a segurança, a linha arquitetônica ou o arranjo estético do edifício, observadas as posturas previstas em legislação local;

d) O CJF emitiu entendimento de que o Direito de Laje pode ser usucapido (ENUNCIADO 627: O direito real de laje é passível de usucapião).

6.7. DIREITOS REAIS EM GARANTIA

6.7.1. Introdução

Como se viu, os direitos reais sobre coisas alheias podem ser de gozo ou fruição (superfície, servidão, usufruto, uso, habitação), de garantia (penhor, hipoteca, anticrese) ou de aquisição (compromisso de compra e venda). Os direitos reais estudados neste capítulo têm por objeto servir de garantia especial para o recebimento de créditos. Todo credor tem direito de cobrar a dívida do devedor, com penhora de bens deste para satisfação do crédito. Mas muitas vezes os credores têm interesse em convencionar segurança especial para o recebimento do crédito. Essa garantia pode ser pessoal (fidejussória) ou real. Exemplo de garantia pessoal é o aval ou a fiança. O problema é que essa garantia não é tão segura como a real, pois o fiador ou o avalista podem ficar sem patrimônio, caso em que o credor não terá como satisfazer o seu crédito. Já a garantia real, que será estudada agora, é muito mais segura, pois, independentemente de quem estiver com a coisa dada em garantia, o credor com garantia real poderá persegui-la para satisfação do seu crédito. Ou seja, a garantia real é muito mais eficaz, pois o bem dado em garantia fica vinculado ao pagamento da dívida. Como os direitos reais em garantia estão sempre ligados a uma dívida, sua natureza é de direitos reais *acessórios*.

6.7.2. Efeitos

Os direitos reais em garantia geram os seguintes efeitos:

a) **direito de preferência:** os credores hipotecários (de hipoteca) e pignoratícios (de penhor) têm preferência no pagamento de seus créditos, em relação a outros credores que não tiverem o mesmo direito (art. 1.422 do CC). Uma vez arrematada em juízo a coisa, o credor com garantia real receberá primeiro, e, havendo sobras, serão pagos os demais credores. Havendo mais de uma hipoteca, terá preferência aquele que tiver prioridade na inscrição, ou seja, aquele que tiver a garantia mais antiga.

b) direito de sequela: consiste no poder de o credor com garantia real perseguir e reclamar a coisa dada em garantia de qualquer pessoa.

c) direito de excussão: consiste no poder de promover a venda judicial da coisa dada em garantia, após o vencimento da dívida. Esse direito é diferente na anticrese.

d) indivisibilidade: o pagamento de uma ou mais prestações da dívida não importa em exoneração da garantia, salvo convenção entre as partes.

6.7.3. Requisitos para a validade da garantia

a) **Capacidade geral** para os atos da vida civil; b) **Capacidade especial para alienar**; c) **Legitimidade** (ex.: presença de outorga uxória); d) **Existência de bem suscetível de alienação** (ex.: não pode ser dado em garantia um bem público).

6.7.4. Requisitos para a constituição e a eficácia da garantia

a) **especialização**, que consiste na descrição pormenorizada do bem, do valor do crédito, do prazo para pagamento e da taxa de juros; b) **publicidade**, que consiste no Registro de Imóveis (para hipoteca, anticrese e penhor rural) ou no Registro de Títulos e Documentos (para penhor convencional).

6.7.5. Cláusula comissória

Consiste na estipulação que autoriza o credor a ficar com a coisa dada em garantia, caso a dívida não seja paga. Nosso direito proíbe essa cláusula, considerando nula estipulação nesse sentido. Assim, deixando o devedor de pagar em dia sua dívida, estará sujeito à execução judicial da coisa, e não à perda automática dela (art. 1.428 do CC). O objetivo da lei é evitar a agiotagem.

Neste ponto, há que se fazer menção ao pacto marciano, que é aquele que consiste na permissão para que o credor adquira o bem dado em garantia, condicionada à avaliação do seu valor de mercado de forma independente por um terceiro à época do vencimento da dívida garantida. Com isso, permite-se ao credor o pagamento da diferença entre o valor de avaliação e o saldo devedor. Embora não haja expressa previsão legal sobre o Pacto Marciano, já existem doutrina e jurisprudência sobre o assunto, ainda que escassas, permitindo a sua estipulação em contratos de alienação fiduciária. Sobre o tema, ENUNCIADO 626 CJF: Não afronta o art. 1.428 do Código Civil, em relações paritárias, o pacto marciano, cláusula contratual que autoriza que o credor se torne proprietário da coisa objeto da garantia mediante aferição de seu justo valor e restituição do supérfluo (valor do bem em garantia que excede o da dívida).

6.7.6. Penhor

Esse direito real em garantia recai sobre coisa **móvel** e fica constituído de acordo com a **tradição**, a transferência efetiva da posse da coisa ao credor (art. 1.431 do CC), que passa a ser depositário da coisa. No penhor rural, industrial, mercantil e de veículos as coisas empenhadas ficam na posse do devedor, que as deve guardar e conservar.

Por se tratar de contrato solene, deverá ser levado a registro, sendo que no penhor comum este se dará no Cartório de Títulos de Documentos.

Extingue-se o penhor extinguindo-se a obrigação, perecendo a coisa, renunciando o credor, com a confusão, com a adjudicação judicial, a remissão ou a venda da coisa empenhada.

6.7.7. Hipoteca

Esse direito real em garantia recai sobre os **imóveis** e seus acessórios, o domínio direto, o domínio útil, as estradas de ferro, os navios, as aeronaves, a propriedade superficiária, dentre outros. A hipoteca abrange as ações e melhoramentos feitos posteriormente no imóvel (arts. 1.473 e 1.474 do CC).

A hipoteca deve ser registrada no cartório do lugar do imóvel.

A lei considera nula a cláusula que proíbe o proprietário alienar a coisa, mas o adquirente terá de suportar a garantia que recai sobre o bem.

O dono do imóvel hipotecado pode constituir outra hipoteca sobre ele, mediante novo título, em favor do mesmo ou de outro credor, respeitada a prioridade da primeira hipoteca.

Salvo o caso de insolvência do devedor, o credor da segunda hipoteca, embora vencida, não poderá executar o imóvel antes de vencida a primeira. Não se considera insolvente o devedor por faltar ao pagamento das obrigações garantidas por hipotecas posteriores à primeira. O inadimplemento da obrigação garantida por hipoteca faculta ao credor declarar vencidas as demais obrigações de que for titular garantidas pelo mesmo imóvel.

O credor hipotecário que efetuar o pagamento, a qualquer tempo, das dívidas garantidas pelas hipotecas anteriores sub-rogar-se-á nos seus direitos, sem prejuízo dos que lhe competirem contra o devedor comum. Se o primeiro credor estiver promovendo a execução da hipoteca, o credor da segunda depositará a importância do débito e as despesas judiciais".

A hipoteca poderá, por requerimento do proprietário, ser posteriormente estendida para garantir novas obrigações em favor do mesmo credor, mantidos o registro e a publicidade originais, mas respeitada, em relação à extensão, a prioridade de direitos contraditórios ingressos na matrícula do imóvel. A extensão da hipoteca não poderá exceder ao prazo e ao valor máximo garantido constantes da especialização da garantia original. A extensão objeto de averbação subsequente na matrícula do imóvel, assegurada a preferência creditória em favor da: obrigação inicial, em relação às obrigações alcançadas pela extensão da hipoteca; obrigação mais antiga, considerando-se o tempo da averbação, no caso de mais de uma extensão de hipoteca.

Na hipótese de superveniente multiplicidade de credores garantidos pela mesma hipoteca estendida, apenas o credor titular do crédito mais prioritário poderá promover a execução judicial ou extrajudicial da garantia, exceto se convencionado de modo diverso por todos os credores.

Extingue-se a hipoteca pela extinção da obrigação principal, pelo perecimento da coisa, pela resolução da propriedade, pela renúncia do credor, pela remição, pela arrematação ou adjudicação, e pela averbação do cancelamento do registro.

6.7.8. Anticrese

Pode-se conceituar a anticrese *como o direito real em garantia em que o devedor entrega imóvel ao credor, que recebe o direito de perceber os frutos e rendimentos da coisa, para compensação da dívida* (art. 1.506 do CC).

O credor anticrético pode administrar os bens dados em anticrese e fruir seus frutos e utilidades, mas deverá apresentar anualmente balanço, exato e fiel, de sua administração.

6.8. QUADRO SINÓTICO

1.Conceito: é o exercício, pleno ou não, de algum dos poderes inerentes à propriedade (art. 1.196 do CC). É a exteriorização da propriedade. Ex: locatário, comodatário.

– Teoria adotada: objetiva da Ihering – basta conduta de dono (não são necessários *corpus* e *animus* – apreensão e vontade de dono – Savigny).

– Detenção é aquela situação em que alguém conserva a posse em nome de outro e em cumprimento às suas ordens e instruções. Ex: caseiro.

1.1 Classificação da posse.

1.1.1 Quanto à existência de vício objetivo:

a) posse justa: é aquela não obtida de forma violenta, clandestina ou precária (art. 1.200 do CC).

– Não tem força, ocultação ou abuso de confiança.

b) posse injusta: é aquela originada de esbulho.

– **Nasce** com a cessação da violência ou da clandestinidade (art. 1.208 do CC), na precariedade a passagem é direta.

– Cuidado: após ano e dia continua injusta; a injustiça cessa com a aquisição da coisa.

– A posse só é injusta com **relação** ao anterior possuidor.

1.1.2 Quanto à existência de vício subjetivo:

a) posse de boa-fé: é aquela em que o possuidor ignora vício ou obstáculo à aquisição da coisa (art. 1.201 do CC).

– presunção: está de boa-fé quem tem **justo título**, que é aquele hábil a transferir, se proviesse do verdadeiro possuidor/dono.

b) posse de má-fé: é aquela em que o possuidor tem ciência do vício/obstáculo para a aquisição da coisa.

– Posse de boa-fé pode se transmudar em de má-fé, com a ciência do vício. Ex: citação em reintegração.

1.2 Efeitos da posse

Os direitos ou obrigações do possuidor que tiver perdido a posse são os seguintes:

a) Indenização por benfeitorias.

– boa-fé: possuidor será indenizado por benfeitorias necessárias e úteis (valor atual) e poderá levantar as voluptuárias;

– má-fé: possuidor só será ressarcido pelas benfeitorias necessárias.

b) direito de retenção da coisa enquanto não indenizado por benfeitorias: só o possuidor de boa-fé tem esse direito, até ser indenizado.

–Deve requerer na contestação da ação para a retomada da coisa.

c) direito aos frutos.

– de boa-fé: possuidor tem direito aos frutos percebidos no momento certo, enquanto de boa-fé.

– má-fé: possuidor indenizará os frutos percebidos e os que deixou de perceber por sua culpa; mas tem direito às despesas de produção.

d) responsabilidade por deterioração da coisa: possuidor de boa-fé não responde; mas o de má-fé sim, salvo se demonstrar que o fato ocorreria de qualquer maneira.

e) direito à usucapião.

f) direito à ação possessória.

2. Proteção possessória.

2.1 Conceito: direito do possuidor de defender sua posse contra ameaças ou intervenções provocadas por terceiro.

2.2 Espécies:

a) autoproteção: movida pelo próprio possuidor.

– legítima defesa da posse, em caso de perturbação.

– desforço imediato, em caso de esbulho; nesse caso o possuidor deve "agir logo", ou seja, fazer no calor dos acontecimentos; se ausente, deve fazer logo que tomar conhecimento.

b) heterocomposição: promovida pelo Judiciário, a pedido do possuidor.

2.3 Características dos interditos possessórios:

a) fungibilidade: juiz pode outorgar comando diferente do pedido;

b) cumulação de pedidos: possessório + perdas e danos + cominação de pena + desfazimento;

c) caráter dúplice: o réu pode pedir proteção possessória na contestação;

d) impossibilidade de discussão de domínio: art. 1.210, § 2º, CC e 557 NCPC, ganha a ação quem provar que detinha a posse anteriormente.

– exceção: quando ambos disputam a posse sob alegação de domínio (Súmula 487 STF).

2.4 Espécies de interditos possessórios:

a) interdito proibitório: ação cominatória para impedir agressões iminentes; ação preventiva. O juiz fixa a pena para o caso de descumprimento da ordem.

b) manutenção de posse: ação destinada a reprimir turbação da posse.

– Turbação: todo ato que embaraça o livre exercício da posse; ex: o vizinho colhe frutos do imóvel do outro.

– Expede-se mandado para a manutenção da posse.

c) reintegração de posse: ação destinada a reprimir esbulho.

– Ação de força espoliativa, com as seguintes regras:

– requisitos: prova da posse, do esbulho, da data do esbulho e da perda da posse;

– legitimidade ativa: do possuidor, que pode agir sozinho, se houver outros possuidores; não se exige autorização do cônjuge;

– legitimidade passiva: é do autor do esbulho; se se tratar de terceiro que não sabe do esbulho, melhor é a reivindicatória (domínio);

– ordem judicial: de reintegração; outras ordens dependem de pedido específico (pena, perdas e danos, desfazimento);

– liminar: se a ação for promovida dentro de ano e dia do esbulho, o rito é especial e o juiz dará liminar independentemente de *periculum in mora*; se após ano e dia, o rito é ordinário e cabe tutela antecipada.

3. Reivindicatória

3.1 Conceito: ação de natureza real promovida pelo proprietário da coisa para retomá-la de quem injustamente a possua.

3.2 Pressupostos:

a) titularidade do domínio: há de existir registro na matrícula; compromissário comprador só pode ajuizar se mostrar que compromisso era irrevogável e que pagou tudo;

b) individuação da coisa: descrição atualizada do bem (limites, confrontações);

c) demonstração de posse justa do réu: não é necessário demonstrar esbulho; basta demonstrar posse sem causa jurídica;

d) impossibilidade de ser movida na constância de ação possessória.

3.3 Outras características:

a) é imprescritível;

b) é improcedente se houver usucapião (Súmula 237 do STF admite alegação de usucapião em defesa); aliás, o Estatuto da Cidade, no art. 10, dispõe que se o juiz reconhecer a usucapião especial urbana alegada na defesa, pode determinar diretamente o registro do Registro de Imóveis;

c) é indispensável a autorização do cônjuge (art. 73 NCPC);

d) cada condômino deve reivindicar individualmente (art. 1.314 do CC).

4. Usucapião

4.1 Conceito: é a forma de aquisição originária da propriedade pela posse prolongada no tempo e pelo cumprimento de outros requisitos legais.

– A sentença é declaratória.

– A aquisição da propriedade é originária.

4.2 Requisitos básicos:

a) posse prolongada no tempo: não basta mera detenção da coisa;

b) posse com *animus domini*: com intenção de proprietário; isso impede que locatário adquira a coisa;

c) posse mansa e pacífica: posse sem oposição; se teve reintegração no período, o requisito não fica preenchido;

d) posse contínua: sem interrupção.

4.3 Usucapião extraordinária – requisitos:

a) Tempo: 15 anos.

– O prazo será reduzido para 10 anos se o possuidor houver estabelecido no imóvel a sua moradia habitual, ou nele realizado obras ou serviços de caráter produtivo (art. 1.238, p. un., do CC).

+

b) Requisitos básicos:

– Posse com "ânimo de dono".

– Posse "mansa e pacífica" (sem oposição).

– Posse "contínua" (sem interrupção).

4.4 Usucapião ordinária – requisitos:

a) tempo: 10 anos.

– O prazo será reduzido para 5 anos se preenchido dois requisitos: i) se o imóvel tiver sido adquirido onerosamente com base no registro constante do respectivo cartório; ii) se os possuidores nele tiverem estabelecido a sua moradia ou realizado investimentos de interesse social e econômico (art. 1.242, p. un., do CC).

+

b) requisitos básicos.

+

c) boa-fé e justo título.

4.5 Usucapião especial urbana –requisitos:

a) tempo: 5 anos (art. 1.240, CC) (art. 183 CF) (art. 9º EC).

+

b) requisitos básicos.

+

c) tipo de imóvel: área urbana, tamanho de até 250m²; ECJF 85: cabe em unidade autônoma de condomínio edilício.

d) finalidade do imóvel: moradia do possuidor/família.

e) requisitos negativos: que o possuidor não seja proprietário de outro imóvel ou já beneficiado.

f) outras características:

– rito sumário, com MP fiscal da lei;

– associação de moradores tem legitimidade extraordinária;

– autor tem benefício da justiça gratuita e da assistência judiciária gratuita, inclusive perante RI (art. 12. Est. da Cidade).

4.6 Usucapião especial urbana FAMILIAR.

– requisitos:

a) tempo: 2 anos (art. 1.240-A, CC) (Lei 12.424/2011).

+

b) requisitos básicos.

+

c) tipo de imóvel: urbano de até 250m².

d) finalidade do imóvel: moradia do possuidor/família.

e) tipo de posse: posse direta, com exclusividade.

f) requisito específico: imóvel cuja propriedade divida com ex-cônjuge ou ex-companheiro que abandonou o lar.

g) requisitos negativos: que o possuidor não seja proprietário de outro imóvel.

4.7 Usucapião urbana coletiva – requisitos:
a) tempo: 5 anos (art. 10 EC).

+

b) requisitos básicos.

+

c) tipo de imóvel: área urbana; superior a 250 m².

– Juiz atribui fração ideal do terreno para cada possuidor, salvo acordo.

d) finalidade do imóvel: moradia, população de baixa renda.

e) requisitos negativos: que o possuidor não seja proprietário de outro imóvel urbano ou rural; que seja impossível identificar o terreno ocupado por cada um dos possuidores.

4.8 Usucapião especial rural – requisitos: 191 da CF
a) tempo: 5 anos (art. 1.239 do CC).

+

b) requisitos básicos.

+

c) tipo de imóvel: área de terra em zona rural, de até 50 hectares.

d) finalidade do imóvel: moradia do possuidor ou de sua família + área produtiva pelo trabalho dele.

e) requisito negativo: a terra não pode ser pública.

5. Posse "pro labore" ("desapropriação privada").

5.1 Conceito: direito do possuidor de extensa área de adquirir compulsoriamente a coisa, pagando justa indenização ao proprietário do imóvel.

5.2 Requisitos: a) posse ininterrupta por mais de 5 anos; b) boa-fé do possuidor; c) extensa área; d) considerável número de possuidores; e) realização de obras e serviços considerados pelo juiz de relevante interesse social e econômico.

– Diferentemente da usucapião coletiva, não requer moradia, mas boa-fé e pagamento de justa indenização.

5.3 Operacionalização: por ocasião da reinvindicação da coisa, interessados devem requerer ao juiz fixação de justa indenização ao proprietário, que, paga, ensejará registro de sentença do Registro de Imóveis, para o fim de atribuir a propriedade aos possuidores (art. 1.228, §§4º e 5º, CC).

6. Direito Real.

6.1 Conceito: é o poder, direto e imediato, do titular sobre a coisa, com exclusividade e contra todos.

– Direito pessoal (é diferente).

– Gera uma relação entre pessoas determinadas.

– Violado, converte-se em perdas e danos.

– Direito real.

– Gera uma relação oponível em face de todos.

– Violado, permite perseguição da coisa.

– Em regra, adquire-se com a tradição (móvel) ou registro (imóvel).

6.2 Formas e aquisição da propriedade imóvel:
a) registro do título na matrícula;

b) usucapião;

c) acessão: "passa a pertencer ao proprietário tudo o que se une ou se incorpora ao seu bem".

– exs: acessões artificiais; álveo abandonado, aluvião, avulsão, formação de ilhas.

6.3 Formas de aquisição da propriedade móvel:
a) ocupação, achado de tesouro, especificação, confusão, comissão, adjunção;

b) tradição, que pode ser real, simbólica ou consensual (ex: constituto possessório, em que possuidor proprietário passa a ter apenas a posse direta da coisa).

7. Direitos reais de fruição.
7.1 Superfície
7.1.1 Conceito: é o direito real pelo qual o proprietário concede a outrem, por tempo determinado, gratuita ou onerosamente, a faculdade de construir ou de plantar em seu terreno.

– Art. 1.369 do CC, e arts. 21 a 24 da Lei 10.257/2001.

7.1.2 Características:

a) superficiário paga *solarium* ao concedente (fundieiro);

b) fundiário só usa o solo, e não o subsolo.

7.2 Servidão
7.2.1 Conceito: é o direito real de gozo que proporciona utilidade para o prédio dominante e grava o prédio serviente, que pertence a dono diverso (art. 1.378 do CC). Ex: convenção estabelecendo recuos para construção.

7.2.2. Características:

a) perpétua: tem duração indefinida, como regra; mas cabe servidão *ad tempus*;

b) indivisível: mesmo se dividido prédio dominante ou serviente, a restrição continua a gravar cada parte;

c) inalienável: como a restrição é feita pela necessidade do prédio dominante, não há que se falar em transferência da restrição, por alienação, a outro prédio.

7.2.3 Ações judiciais

a) ação confessória: visa ao reconhecimento da existência da servidão; promovida pelo dono do prédio dominante;

b) ação negatória: visa à negativa da existência da servidão; é promovida pelo dono do prédio serviente;

c) manutenção ou reintegração de posse: promovidas para reprimir violação ao exercício da servidão.

7.2.4 Servidão de passagem X passagem forçada.

a) a 1ª decorre de negócio jurídico; a 2ª, de lei;

b) a 2ª decorre de um imperativo (prédio cravado);

c) a 2ª impõe indenização;

d) a 1ª está regulada no âmbito dos direitos reais, ao passo que a 2ª, mesmo encerrando as características de direito real, está no âmbito do direito de vizinhança.

7.3 Usufruto
7.3.1 Conceito: é o direito real de retirar temporariamente da coisa alheia os frutos e as utilidades que ela produz, sem alterar-lhe a substância (art. 1.390, CC).

– USAR + FRUIR.

– Nu-proprietário (proprietário) X Usufrutuário (beneficiário).

7.3.2 Características:

a) temporário: extingue-se no prazo ou com morte de usufrutuário; se pessoa jurídica, prazo máximo é de 30 dias;

b) direito real: diferente do comodato, que é pessoal;

c) inalienável: não é possível ceder o direito ao usufruto, mas apenas o exercício do direito, assim o usufrutuário pode alugar a coisa, mas não ceder ao usufruto desta.

7.4 Uso

7.4.1 Conceito: o direito real que, a título gratuito ou oneroso, autoriza uma pessoa a retirar temporariamente de coisa alheia todas as utilidades para atender às suas próprias necessidades e as de sua família (art. 1.412, CC).

– USAR + FRUIR PARA MANUTENÇÃO DA FAMÍLIA.

7.4.2 Características: é temporário, indivisível, intransmissível e personalíssimo; aplica-se, no que couber, as disposições relativas ao usufruto.

7.5 Habitação (art. 1.414, CC).

– Conceito: direito real temporário de ocupar gratuitamente coisa alheia, para morada do titular e de sua família.

– OCUPAR CASA PARA MORAR (só isso!).

– GRATUITO.

6.9. QUESTÕES COMENTADAS

6.9.1. Posse

6.9.1.1. Posse e sua classificação

(Procurador Federal – CESPE) Julgue o seguinte item.

(1) Quando o proprietário de um bem imóvel, efetivando uma relação jurídica negocial com terceiro, transfere-lhe o poder de fato sobre esse bem, ocorre a composse, de forma que qualquer dos dois poderá defender a posse contra terceiros.

1: Errada, pois a composse configura-se como a posse exercida por duas ou mais pessoas sobre coisa indivisa (art. 1.199 do CC). Logo, não há que se falar em desmembramento da posse. O direito de posse permanece íntegro, porém exercido por mais de um possuidor. Situação diferente é aquela em que há um negócio jurídico, por meio do qual a posse é desmembrada. Atribuir o poder de fato sobre determinado bem a alguém, nada mais significa do que lhe conceder a posse direta, preservando-se a posse indireta para si, sendo que uma não anula a outra (art. 1.197 do CC). Exemplo disso é o contrato de comodato, em que o comodante possui a posse indireta e o comodatário a posse direta do bem.

Gabarito 1 E

(Promotor de Justiça/RO – CESPE) Considerando o disposto no Código Civil sobre direitos reais, assinale a opção correta.

(A) A servidão predial é ônus imposto coativamente ao proprietário do prédio serviente, que perderá o exercício de algum dos direitos dominicais sobre o seu prédio.

(B) Sendo o direito de habitação concedido a mais de uma pessoa, a que habitar o imóvel deverá pagar à outra aluguel proporcional.

(C) A aluvião, mesmo sendo fenômeno da natureza, obriga o favorecido a pagar indenização ao prejudicado, ante a vedação do enriquecimento sem causa.

(D) Como a superfície é direito diverso do direito de propriedade, a sua aquisição não depende de registro de escritura pública.

(E) Assim como o proprietário, o usufrutuário possui direito de sequela, podendo perseguir o imóvel nas mãos de quem quer que injustamente o detenha.

A: incorreta, pois a servidão não é coercitiva, mas decorre de ato jurídico (que poderá ser entre vivos ou *causa mortis*), de sentença judicial quando for indispensável em ações de divisão (art. 979596, II, NCPC), e de usucapião (nas servidões aparentes); **B:** incorreta, pois o direito real de habitação é gratuito; **C:** incorreta, pois não há indenização no acréscimo territorial decorrente da aluvião (art. 1.250 do CC); **D:** incorreta, pois o registro da superfície no Cartório de Registro de Imóveis é essencial à validade do ato (art. 1.369 do CC); **E:** correta, pois o direito de sequela é inerente aos direitos reais, verificando-se tanto na propriedade, quanto nos direitos reais sobre coisas alheias.

Gabarito "E"

(Promotor de Justiça/PR) Assinale a alternativa incorreta:

(A) A bipartição da posse em posse direta e indireta pode ter origem em direito real ou pessoal;

(B) A posse adquirida por violência é considerada detenção enquanto não cessar a violência;

(C) No direito brasileiro, a aquisição da propriedade imóvel por sucessão exige a transcrição ou registro do título (formal de partilha) no Registro de Imóveis;

(D) A construção existente em um terreno presume-se feita pelo proprietário e à sua custa, mas esta presunção é relativa;

(E) A usucapião de bem móvel pressupõe posse contínua e incontestada por três anos, desde que haja justo título e boa-fé.

A: correta, pois a bipartição decorre tanto de direitos pessoais quanto reais. No campo dos direitos pessoais, por exemplo, o locatário, o sublocatário e o comodatário ostentam a posse direta; já no campo dos direitos reais, o usufrutuário, o usuário, o habitante são bons exemplos de possuidores diretos; **B:** correta, pois segundo o art. 1.208 do CC os atos violentos não autorizam a aquisição da posse, senão quando cessada a violência. É possível, portanto, afirmar que posse violenta não é posse, mas mera detenção; **C:** incorreta (devendo ser assinalada), pois o Código Civil adotou o princípio de *saisine*, segundo o qual "aberta a sucessão, a herança transmite-se, desde logo, aos herdeiros legítimos e testamentários" (art. 1.784 do CC). Nesse caso, a partilha e o registro terão efeitos meramente declaratórios; **D:** correta, pois a assertiva reproduz integralmente a regra contida no art. 1.253 do Código Civil; **E:** correta, pois há duas espécies de usucapião de bem móvel. A usucapião ordinária (art. 1.260 do CC) apresenta o prazo trienal e exige justo título e boa-fé; Já a usucapião extraordinária (que não demanda justo título e boa-fé) exige um prazo de cinco anos (art. 1.261 do CC).

Gabarito "C"

(Juiz de Direito/AM – FGV) Em relação ao possuidor de má-fé, assinale a afirmativa correta.

(A) Ele responde por todos os frutos colhidos e percebidos, responde pela perda ou deterioração da coisa, ainda que acidentais e não pode levantar as benfeitorias voluptuárias.
(B) Ele não responde pelos frutos colhidos e percebidos, responde pela perda ou deterioração da coisa, ainda que acidentais e não pode levantar as benfeitorias voluptuárias.
(C) Ele responde por todos os frutos colhidos e percebidos, responde pela perda ou deterioração da coisa, ainda que acidentais e pode levantar as benfeitorias voluptuárias.
(D) Ele responde por todos os frutos colhidos e percebidos, não responde pela perda ou deterioração da coisa, se acidentais e não pode levantar as benfeitorias voluptuárias.
(E) Ele responde por todos os frutos colhidos e percebidos, não responde pela perda ou deterioração da coisa, se acidentais e pode levantar as benfeitorias voluptuárias.

O possuidor de má-fé não tem direito a frutos percebidos ou pendentes (art. 1.216 do CC); no que se refere à perda ou deterioração da coisa, ele responde por dolo, culpa e até mesmo pelo fortuito, salvo se provar que o dano ocorreria ainda que a coisa não estivesse em seu poder (art. 1.218 do CC) e não tem o direito de levantar as benfeitorias voluptuárias (art. 1.220 do CC).
Gabarito "A".

(Juiz de Direito/PR – UFPR) Com relação à posse, pode merecer diversas classificações. Interessando aqui o que se denomina posse direta e posse indireta, assinale a alternativa correta:
(A) A posse direta, de quem tem a coisa em seu poder, temporariamente, em virtude de direito pessoal ou real, suspende a indireta enquanto perdurar o vínculo contratual que a autorizou.
(B) Na posse direta, o possuidor tem o exercício de uma das faculdades do domínio, em virtude de uma obrigação ou do direito.
(C) O possuidor direto, que a recebe por força de contrato, não tem ação para defender sua posse contra terceiros, salvo se o fizer em concurso com o possuidor indireto.
(D) Coexistindo a posse direta e a indireta, não pode existir disputa possessória entre os respectivos titulares.

A: incorreta, pois a divisão em posse direta e indireta apresenta justamente como principal característica a coexistência de ambas, legitimando tanto um quanto outro a defender a posse de terceiros ou mesmo de um em relação ao outro; B: correta, pois é justamente um direito ou obrigação que gera a posse direta, proporcionando a uma das partes o exercício de uma das faculdades do domínio; C: incorreta, pois o possuidor direto pode defender a posse em relação a terceiros; D: incorreta, pois possuidor direto pode defender a posse em relação ao possuidor indireto e vice-versa.
Gabarito "B".

(Magistratura/SP – VUNESP) Em relação à posse, é correto afirmar que
(A) o locatário não tem a posse direta do imóvel que ele aluga, mas sim a indireta.

(B) o motorista de um caminhão da empresa para a qual trabalha tem a posse ad usucapionem desse bem.
(C) o possuidor direto tem direito de lançar mão dos interditos contra turbação, esbulho e violência iminente, se tiver justo receio de ser molestado, inclusive contra o possuidor indireto.
(D) o possuidor responde pela perda da coisa, ainda que de boa-fé e sem ter dado causa à perda.

A: incorreta, pois a posse do locatário é direta, ao passo que do proprietário é indireta; vale lembrar que tanto o possuidor direto, como o possuidor indireto tem têm direito à proteção possessória; B: incorreta, pois falta o ânimo de dono; ademais, o motorista, por agir em nome do proprietário da coisa, não chega a ter posse, mas mera detenção; C: correta (art. 1.197, parte final, do CC); D: incorreta, pois o possuidor da coisa não responde pela perda desta quando não tiver dado causa à perda e estiver de boa-fé (art. 1.217 do CC).
Gabarito "C".

(Ministério Público/SP) Assinale a alternativa correta:
(A) são exemplos de possuidor direto: o usufrutuário, o locador, o credor pignoratício.
(B) o compossuidor só pode exercer atos possessórios sobre a sua parte ideal no bem.
(C) o sucessor universal e o sucessor singular continuam de direito a posse do seu antecessor.
(D) a posse turbada ou esbulhada pode ser autotutelada, sendo requisitos indispensáveis de tal espécie de defesa a imediatidade e a proporcionalidade.
(E) o possuidor direto não pode defender sua posse contra o possuidor indireto.

A: incorreta, pois o locador é possuidor indireto, pois não tem a posse direta da coisa, que está com o locatário; B: incorreta (art. 1.199 do CC); C: incorreta (art. 1.207 do CC); D: correta (art. 1.210, § 1º, do CC); E: incorreta (art. 1.197, parte final, do CC).
Gabarito "D".

(Analista – TRE/CE – FCC) Com relação à Posse, considere:
I. As benfeitorias não se compensam com os danos, e só obrigam ao ressarcimento se, ao tempo da evicção, ainda existirem.
II. O possuidor pode intentar a ação de esbulho, ou a de indenização, contra o terceiro, que recebeu a coisa esbulhada sabendo que o era.
III. Ao possuidor de má-fé serão ressarcidos somente as benfeitorias necessárias.
IV. O possuidor de boa-fé tem direito, enquanto ela durar, aos frutos percebidos.
De acordo com o Código Civil brasileiro, está correto o que se afirma APENAS em
(A) II e IV.
(B) I, II e III.
(C) I e III.
(D) III e IV.
(E) II, III e IV.

I: incorreta, pois, de acordo com o disposto no art. 454 do CC, se as benfeitorias abonadas ao que sofreu a evicção tiverem sido feitas pelo alienante, o valor delas será levado em conta na restituição devida. Além disso, o Código não estabelece que só obrigará ao ressarcimento se, ao tempo da evicção, ainda existirem; II:

correta, nos termos do art. 1.212 do CC; **III:** correta, nos termos do art. 1.220 do CC; **IV:** correta, nos termos do art. 1.214, *caput*, do CC.

Gabarito "E".

6.9.1.2. Aquisição e perda da posse

(Ministério Público/SE – CESPE) Adquire-se a posse

(A) pelo próprio interessado, seu representante ou procurador, terceiro sem mandato (independentemente de ratificação) e pelo constituto possessório.

(B) pelo próprio interessado, seu representante ou procurador, terceiro sem mandato (dependendo de ratificação) e pelo constituto possessório.

(C) pelo próprio interessado e pelo constituto possessório, apenas.

(D) pelo próprio interessado, seu representante ou procurador (dependendo de ratificação), terceiro sem mandato e pelo constituto possessório.

(E) pelo próprio interessado, seu representante ou procurador e por terceiro sem mandato (dependendo de ratificação), apenas.

Art. 1.205 c/c art. 1.267, parágrafo único, ambos do CC.

Gabarito "B".

6.9.1.3. Efeitos da posse

(Magistratura/PR – PUC/PR) Aponte se as frases a seguir são verdadeiras (V) ou falsas (F) e assinale a alternativa CORRETA:

I. O possuidor indireto pode exercitar o direito de sequela.
II. O direito à percepção dos frutos requer que estes tenham sido separados e o possuidor faz jus à percepção até que ocorra a cessação da má-fé.
III. Benfeitorias voluptuárias, se agregam valor à coisa, são passíveis de indenização ao possuidor de boa-fé e conferem direito de retenção caso não se as possa levantar sem detrimento da coisa.
IV. É nulo o casamento do incapaz de consentir ou manifestar, de modo inequívoco, o consentimento.

(A) V, V, F, F
(B) F, F, V, V
(C) V, F, F, F
(D) F, V, F, F

I: verdadeira, pois o possuidor indireto também pode perseguir a coisa; **II:** falsa, pois o possuidor faz jus à percepção até que ocorra a cessação da boa-fé (art. 1.214 do CC); **III:** falsa, pois as benfeitorias voluptuárias, se não pagas ao possuidor de boa-fé, só podem ser levantadas por este (art. 1.219 do CC); **IV:** falsa, pois o casamento, nessas condições, é anulável (art. 1.550, IV, do CC).

Gabarito "C".

(Magistratura/RO – PUCPR) Acerca do Direito das Coisas, avalie as assertivas abaixo:

I. Os interditos possessórios previstos em nosso ordenamento são a Ação de Reintegração de Posse, a Ação de Manutenção de Posse, o Interdito Proibitório e a Ação Reivindicatória.

II. Não induzem posse os atos de mera permissão ou tolerância, mas quando o detentor exerce poderes de fato sobre a coisa é considerado possuidor para todos os fins.
III. É de boa-fé a posse quando o possuidor, embora não ignore os vícios ou obstáculos que impedem a aquisição da coisa, está comprometido em sanar o vício ou remover os obstáculos em um prazo determinado.
IV. O direito à indenização por benfeitorias necessárias é devido ao possuidor de má-fé.

Está(ão) CORRETA(S):
(A) Apenas as assertivas I e IV.
(B) Apenas as assertivas II e III.
(C) Apenas a assertiva I.
(D) Apenas a assertiva IV.
(E) Todas as assertivas.

I: incorreta, pois a ação reivindicatória não é forma de interdito possessório, mas de proteção da propriedade; **II:** incorreta, pois não induzem posse os atos de mera permissão ou tolerância assim como não autorizam a sua aquisição os atos violentos, ou clandestinos, senão depois de cessar a violência ou a clandestinidade (art. 1.208 do CC); **III:** incorreta, pois é de boa-fé se o possuidor ignora os vícios ou obstáculos (art. 1.201 do CC); **IV:** correta (art. 1.220 do CC).

Gabarito "D".

(Magistratura/SC) Assinale a alternativa correta:

I. O possuidor de boa-fé tem direito de indenização pelas benfeitorias necessárias e úteis, mas apenas pode exercer direito de retenção pelas necessárias.
II. O possuidor de boa-fé tem direito de pedir indenização pelas benfeitorias voluptuárias, mas não pode exercer direito de retenção.
III. O possuidor de má-fé tem direito de indenização tanto das benfeitorias necessárias quanto das úteis, em razão da vedação ao enriquecimento sem causa.
IV. O valor de indenização das benfeitorias será, em qualquer caso, o valor de custo e não o atual.

(A) Todas as proposições estão incorretas.
(B) Somente as proposições I e III estão incorretas.
(C) Somente as proposições II e IV estão incorretas.
(D) Somente as proposições III e IV estão incorretas.
(E) Somente as proposições I e II estão incorretas.

I: incorreta, pois o possuidor de boa-fé tem direito de retenção também pelas benfeitorias úteis (art. 1.219 do CC); **II:** incorreta, pois o possuidor de boa-fé tem direito de retenção pelas benfeitorias necessárias e úteis (art. 1.219 do CC); **III:** incorreta, pois o possuidor de má-fé não tem direito de indenização pelas benfeitorias úteis retenção (art. 1.220 do CC); **IV:** incorreta, pois se o possuidor for de boa-fé caberá a indenização pelo valor atual, e se for de má-fé caberá ao reivindicante optar entre o seu valor atual e o seu custo (art. 1.222 do CC).

Gabarito "A".

6.9.2. Propriedade imóvel

(Defensor/PA – FMP) Assinale a alternativa INCORRETA.

(A) A acessão induz presunção relativa de ter sido feita pelo proprietário e à sua custa.

(B) Avulsão é o modo de aquisição da propriedade por acessão e se dá pelo deslocamento brusco, por força natural violenta, que destaca uma porção de terra de um prédio e o acrescenta a outro, importando, por força maior, o acréscimo ao patrimônio do proprietário do prédio acrescido, de imediato e independentemente de indenização.
(C) A propriedade das coisas não se transfere pelos negócios jurídicos antes da tradição.
(D) A promessa de compra e venda constitui direito real se for registrada no registro de imóveis e não contiver cláusula de arrependimento.
(E) O usufruto pode extinguir-se pelo não uso da coisa sobre a qual recai.

A: assertiva correta (art. 1.248, V, c/c art. 1.253, ambos do CC); **B:** assertiva incorreta, devendo ser assinalada; isso porque a aquisição não se dá sem indenização, já que o dono do prédio que recebe o acréscimo só adquirirá a propriedade deste se indenizar o dono do primeiro prédio ou, sem indenização, se, em um ano, ninguém houver reclamado; vale acrescentar que na hipótese de recusar o pagamento de indenização, o dono do prédio acrescido deverá aquiescer a que se remova a parte acrescida. (art. 1.251 do CC); **C:** assertiva correta (art. 1.267, *caput*, do CC), lembrando que a expressão "coisas" está no sentido de bem "móvel"; **D:** assertiva correta (art. 1.417 do CC); **E:** assertiva correta (art. 1.410, VIII, do CC).
Gabarito "B".

(Procurador do Estado/PR – PUC-PR) Quanto à aquisição da propriedade, é **CORRETO** afirmar que:
(A) É possível a usucapião familiar de imóvel urbano de até 250m² cuja propriedade era dividida com ex-cônjuge ou ex-companheiro que se afastou do lar, mas continua cumprindo suas responsabilidades familiar e parental. Para tanto é necessário que o adquirente, sem ser proprietário de outros imóveis, exerça, por dois anos, ininterruptamente e sem oposição, posse direta, com exclusividade e para fins de moradia própria ou da família.
(B) Se o credor fiduciário se tornar proprietário pleno do bem por efeito de realização da garantia, ele só passa a ser responsável pelo pagamento dos tributos sobre a propriedade consolidada a partir da data em que for imitido na posse direta do bem.
(C) A União e os Estados-membros podem desapropriar, por interesse social, para fins de reforma agrária, imóvel rural que não esteja cumprindo sua função social, mediante prévia e justa indenização em títulos da dívida agrária.
(D) O art. 1.784 do Código Civil tem a *saisine* como modo exclusivo de sucessão hereditária. Na falta de herdeiros testamentários, legatários, familiares ou parentes sucessíveis, desde a morte do *de cujus*, os bens passam ao domínio do Estado-membro.
(E) Na ausência de interesse público na aquisição de bens integrantes de herança vacante, a Fazenda Pública pode renunciar à herança total ou parcialmente.

A: incorreta, pois essa hipótese de usucapião familiar depende, para se configurar, que o ex-cônjuge ou ex-companheiro tenha abandonado o lar, conceito mais forte do que simplesmente se afastar do lar, já que interfere diretamente nas responsabilidades familiares e parentais (art.

1.240-A, *caput*, do CC); **B:** correta (art. 1.368-B, parágrafo único, do CC); **C:** incorreta, pois a desapropriação-sanção de imóvel rural (ou seja, aquela paga com títulos da dívida agrária) é de competência apenas da União (art. 184, *caput*, da CF); **D:** incorreta, pois "os bens arrecadados passarão ao domínio do Município ou do Distrito Federal, se localizados nas respectivas circunscrições, incorporando-se ao domínio da União quando situados em território federal" (art. 1.822 do CC); **E:** incorreta, pois não há tal previsão no Código Civil, previsão que, se existisse, feriria o princípio da indisponibilidade do interesse público.
Gabarito "B".

(Analista – TRE/MT – CESPE) De acordo com o Código Civil, as formas de aquisição da propriedade móvel incluem
(A) usucapião e ocupação.
(B) acessão e ocupação.
(C) especificação e acessão.
(D) tradição e acessão.
(E) usucapião e registro.

A propriedade móvel pode ser adquirida por usucapião, ocupação, achado, tradição, especificação, confusão, comissão e por adjunção (arts. 1.260 a 1.274, do CC).
Gabarito "A".

6.9.3. Usucapião

(Magistratura/PE – FCC) O possuidor, objetivando adquirir um imóvel pela usucapião extraordinária, para atingir o prazo exigido por lei,
(A) pode acrescentar à sua posse a dos seus antecessores, facultativamente na sucessão singular, sendo que isto se dá, de pleno direito, na sucessão universal.
(B) não pode acrescentar à sua posse a dos seus antecessores, seja a sucessão a título singular, seja universal.
(C) acrescerá de pleno direito à sua posse apenas a de seus antecessores a título universal, mas em nenhuma hipótese a de seus antecessores a título singular.
(D) pode acrescentar à sua posse apenas a de seus antecessores a título singular.
(E) pode acrescentar à sua posse a dos seus antecessores facultativamente na sucessão a título universal e de pleno direito na sucessão a título singular.

Arts. 1.207 e 1.243 do CC.
Gabarito "A".

(Magistratura/SP – VUNESP) Sobre o imóvel urbano de 350 m² que, sem interrupção e nem oposição, está na posse de Cícero desde fevereiro de 2003, tanto que nele construiu casa pré-fabricada de madeira, onde habita com sua família, é correto dizer que
(A) em fevereiro de 2005, a usucapião especial se consumaria.
(B) em 2008, já poderia ter sido usucapido de acordo com a regra da usucapião especial urbana.
(C) poderia ser usucapido somente em 2018, de acordo com a regra da usucapião ordinária do Código Civil.

(D) em fevereiro de 2013, Cícero já pode ajuizar a ação de usucapião para ver reconhecido seu direito de propriedade sobre o imóvel.

A e B: incorretas, pois a usucapião especial reclama imóvel máximo de 250 m² (art. 1.240, *caput*, do CC); **C:** incorreta, pois o prazo da usucapião extraordinária, que seria de 15 anos, ficará reduzido para 10 anos se o possuidor houver estabelecido no imóvel sua moradia habitual (art. 1.238, parágrafo único, do CC), que foi o que aconteceu no caso, de modo que em fevereiro de 2013 (10 anos após o início da posse no imóvel), Cícero adquire o bem por usucapião e pode ajuizar a ação de usucapião respectiva; **D:** correta, nos termos do comentário feito à alternativa anterior.

Gabarito "D".

(Ministério Público/SP) Assinale a alternativa correta:
(A) na usucapião urbana individual, prevista na Lei 10.257/2001 (Estatuto da Cidade), não é possível levar-se a efeito aquisição de terreno inferior ao mínimo módulo urbano.
(B) a usucapião rural consagrada no artigo 1.239 do Código Civil, que exige a chamada posse trabalho/moradia, não reclama *animus domini* da parte usucapiente.
(C) a usucapião coletiva pode ter como objeto áreas particulares e públicas.
(D) os bens dominicais, à luz do novo Código Civil Brasileiro, podem ser usucapidos.
(E) na usucapião coletiva, prevista na Lei 10.257/2001 (Estatuto da Cidade), como regra geral, a cada possuidor será atribuída, por decisão judicial, igual fração ideal de terreno.

A: incorreta, pois não há essa restrição no art. 9º da Lei 10.257/2001; **B:** incorreta, pois reclama que o interessado possua a coisa como sua, ou seja, reclama ou *animus domini* (art. 1.239 do CC); **C e D:** incorretas, pois não cabe usucapião sobre bens públicos (art. 102 do CC); **E:** correta (art. 10, § 3º, da Lei 10.257/2001).

Gabarito "E".

6.9.4. Lei de Registros Públicos

(Juiz de Direito/RJ – VUNESP) O princípio da continuidade registral estabelece que
(A) deve cada assento apoiar-se no anterior, formando um encadeamento histórico ininterrupto das titularidades jurídicas de cada imóvel, sendo que a omissão na cadeia registral causará nulidade dos registros que lhe seguirem.
(B) o imóvel, suas características, os direitos reais que nele incidirem, bem como o nome do proprietário deverão ser do conhecimento de todos, garantindo-se a continuidade.
(C) não poderão ser objeto de registro, para garantir a continuidade, os títulos apresentados que sejam inválidos, ineficazes ou imperfeitos.
(D) haverá preferência dos direitos reais, a qual será oponível perante terceiros, em relação àquele que primeiro apresentar seu título, garantindo-se a continuidade do registro prioritário.

O importante princípio da continuidade registral estabelece justamente a ideia de uma sequência lógica, contínua e ininterrupta na vida registral de um determinado imóvel. Apenas a assertiva A reflete com precisão a ideia traduzida pelo referido princípio.

Gabarito "A".

(Juiz de Direito/AM – FGV) Para efeito da Lei 6.015/1973, assinale a afirmativa correta.
(A) Os índios, integrados ou não, estão obrigados a inscrição do nascimento.
(B) Os gêmeos que tiverem o prenome igual deverão ser inscritos com duplo prenome ou nome completo diverso, de modo que possam distinguir-se.
(C) No registro civil de pessoas jurídicas serão inscritos os contratos, os atos constitutivos, o estatuto ou compromissos das sociedades civis, pias, morais, científicas ou literárias, bem como o das fundações e das associações de utilidade pública, excetuadas, em todos os casos, as religiosas.
(D) No registro de imóveis não será feita a inscrição do penhor de máquinas e de aparelhos utilizados na indústria, instalados e em funcionamento, com os respectivos pertences.
(E) No direito brasileiro, vigora a regra da imutabilidade ou definitividade do nome civil, que não admite exceções.

A: incorreta, pois apenas os índios integrados é que estão obrigados à inscrição do nascimento (art. 50, § 2º, da Lei 6.015/1973); **B:** correta, pois a assertiva reproduz com precisão a regra estabelecida no art. 63 da Lei 6.015/1973; **C:** incorreta, pois o art. 114, I, da Lei 6.015/1973 inclui as sociedades religiosas na obrigatoriedade do registro civil das pessoas jurídicas; **D:** incorreta, pois no registro de imóveis será feito o registro do penhor de máquinas (art. 167, I, 4, da Lei 6.015/1973); **E:** incorreta, pois há exceções à regra da imutabilidade do nome, abrangendo até mesmo possibilidades de alteração do prenome, como ocorre com o erro gráfico, adoção, nomes que possam levar ao ridículo, por exemplo.

Gabarito "B".

(Juiz de Direito/AM – FGV) Acerca dos serviços notariais e de registro, assinale a afirmativa correta.
(A) O tabelião de notas poderá livremente praticar atos de seu ofício fora do Município para o qual recebeu delegação.
(B) A escolha do tabelião de notas é livre, qualquer que seja o domicílio das partes ou o lugar de situação dos bens objeto do ato ou negócio.
(C) A exigência de concurso púbico de provas e títulos se aplica ao ingresso na atividade notarial, mas não ao ingresso na atividade de registros públicos.
(D) Os notários são dotados de fé pública, mas não o são os oficiais de registro de imóveis.
(E) Os serviços notariais são exercidos, em caráter privado, por delegação do Poder Público e não estão sujeitos à fiscalização pelo Poder Judiciário.

A: incorreta, pois "o tabelião de notas não poderá praticar atos de seu ofício fora do Município para o qual recebeu delegação" (art. 9º da Lei 8.935/1994); **B:** correta, pois as partes podem se deslocar até o tabelião que desejarem (art. 8º da Lei 8.935/1994); **C:** incorreta, pois o concurso público também é a forma de ingresso na atividade de registros públicos; **D:** incorreta, pois "notário, ou tabelião, e oficial de registro, ou registrador, são profissionais do direito, dotados de fé pública, a quem é delegado o exercício da atividade notarial e de registro (art. 3º da Lei 8.935/1994); **E:** incorreta, pois há fiscalização do Poder Judiciário, conforme o art. 37 da Lei 8.935/1994.

Gabarito "B".

6.9.5. Condomínio

(Magistratura/SC – FCC) No condomínio edilício, cada condômino concorrerá nas despesas do condomínio na proporção

(A) da respectiva área de suas unidades autônomas, salvo disposição em contrário na convenção, e se não pagar ficará sujeito aos juros moratórios convencionados, ou não sendo previstos, os de dois por cento ao mês e multa de até dez por cento sobre o débito.

(B) das suas frações ideais, salvo disposição em contrário na convenção, e se não pagar ficará sujeito aos juros moratórios convencionados ou, não sendo previstos, os de um por cento ao mês e multa de até dois por cento sobre o débito.

(C) da respectiva área de suas unidades autônomas, salvo disposição em contrário na convenção, e se não pagar ficará sujeito aos juros moratórios convencionados ou, não sendo previstos, os de um por cento ao mês e multa de até dois por cento sobre o débito.

(D) de suas frações ideais, não podendo a convenção estabelecer outro critério de cobrança, e se não pagar ficará sujeito aos juros moratórios convencionados ou, não sendo previstos, os de um por cento ao mês e multa de até dois por cento sobre o débito.

(E) das suas frações ideais, salvo disposição em contrário na convenção e se não pagar ficará sujeito aos juros moratórios convencionados ou, não sendo previstos, os de dois por cento ao mês e multa de até vinte por cento sobre o débito.

A: incorreta, pois é na proporção da respectiva fração ideal (art. 1.336, I, do CC); ademais, os juros, se não convencionados, serão de 1% ao mês e a multa de até 2% sobre o débito (art. 1.336, § 1º, do CC); **B:** correta (art. 1.336, I e § 1º, do CC); **C:** incorreta, pois é na proporção da respectiva fração ideal (art. 1.336, I, do CC); **D:** incorreta, pois a convenção pode trazer outro critério de cobrança (art. 1.336, I, do CC); **E:** incorreta, pois os juros, se não convencionados, serão de 1% ao mês e a multa de até 2% sobre o débito (art. 1.336, § 1º, do CC).

Gabarito "B".

(Ministério Público/SP) Em um condomínio edilício, Antonio é proprietário e possuidor de uma unidade condominial. Ele proporciona festas em sua unidade, com frequência, além do horário permitido; não trata com urbanidade seus vizinhos e os funcionários do condomínio. Em decorrência de tais circunstâncias, recebeu convocação para Assembleia Geral a fim de deliberar sobre aplicação de multa por descumprimento de deveres perante o condomínio e comportamento antissocial. A respeito da deliberação da Assembleia em questão, é correto afirmar que deverá ser tomada:

(A) por dois terços dos condôminos restantes, aplicando-se multa de até o sêxtuplo do valor atribuído à contribuição para as despesas condominiais.

(B) por maioria simples dos condôminos, aplicando-se multa de até cem salários-mínimos.

(C) por três quartos dos condôminos restantes, aplicando-se multa de até o quíntuplo do valor atribuído à contribuição para as despesas condominiais.

(D) pela unanimidade dos condôminos, limitada ao valor atribuído à contribuição para as despesas condominiais.

(E) por maioria qualificada dos condôminos, limitada ao dobro do valor atribuído à contribuição para as despesas condominiais.

Art. 1.337 do CC.

Gabarito "C".

6.9.6. Direitos reais na coisa alheia – fruição

(Ministério Público/SP) Assinale a alternativa incorreta:

(A) falecendo o usufrutuário, o direito de usufruto transmite-se aos seus herdeiros.

(B) não existe usufruto sucessivo.

(C) no usufruto o direito de acrescer depende de estipulação expressa.

(D) é possível o usufruto simultâneo.

(E) o nu-proprietário, observados os direitos do usufrutuário, pode dispor do bem que se encontra gravado com o usufruto.

A: incorreta (e deve ser assinalada), pois o usufruto se extingue pela morte do usufrutuário (art. 1.410, I, do CC); **B:** correta, a lei não prevê a possibilidade de direito de usufruto ser passado do usufrutuário para outra pessoa (art. 1.393 do CC); **C:** correta (art. 1.411 do CC); **D:** correta (art. 1.411 do CC); **E:** correta, pois o nu-proprietário continua, naturalmente, com o direito de propriedade da coisa; de qualquer forma, aquele que adquirir a coisa gravada de usufruto há de respeitar esse direito, que, por ser real, adere à coisa seja quem for seu proprietário.

Gabarito "A".

(Ministério Público/SP) A respeito de direitos reais, é correto afirmar:

(A) o direito real não se adquire pela ocupação.

(B) o direito de superfície sobre imóveis rurais pode ser concedido por prazo indeterminado.

(C) o exercício do usufruto não é transferível a título oneroso.

(D) o prazo máximo do contrato de penhor de veículos é de 4 (quatro) anos.

(E) o adquirente de imóvel hipotecado não pode se exonerar da hipoteca.

A: incorreta, pois a ocupação é *modo de aquisição originário da propriedade de coisa móvel e sem dono, por não ter sido ainda apropriada ("res nullius") ou por ter sido abandonada ("res derelicta")* (art. 1.263 do CC); **B:** incorreta, pois o direito real de superfície sobre imóveis rurais apenas pode ser concedido por prazo determinado, nos termos do art. 1369 CC; entretanto, vale registrar que no caso de imóveis urbanos, tais direitos podem ser concedidos por prazo determinado ou indeterminado, nos termos do art. 21, da Lei 10.257/2001; **C:** incorreta, pois o exercício do usufruto é transferível a título gratuito ou oneroso (art. 1.393 do CC); **D:** correta (art. 1.466 do CC); **E:** incorreta, pois o adquirente do imóvel hipotecado, desde que não se tenha obrigado pessoalmente a pagar as dívidas aos credores hipotecários, poderá exonerar-se da hipoteca, abandonando-lhes o imóvel (art. 1.479 do CC).

Gabarito "D".

6.9.7. Direitos reais na coisa alheia – garantia

(Magistratura/SC – FCC) O instrumento do penhor deverá

(A) mencionar o valor do crédito, sua estimação ou valor máximo; não poderá, entretanto, fixar taxa de juros.

(B) observar necessariamente a forma de escritura pública, quando se tratar de penhor rural.

(C) em qualquer de suas modalidades ser registrado no Cartório de Títulos e Documentos, por dizer respeito a garantia real com bens móveis.

(D) ser levado a registro, no caso de penhor comum no Cartório de Títulos e Documentos e, no caso de penhor rural, no Cartório de Registo de Imóveis da circunscrição em que estiverem situadas as coisas empenhadas.

(E) identificar o bem dado em garantia com as suas especificações e o valor mínimo do crédito concedido.

A: incorreta, pois é necessário fixar a taxa de juros (art. 1.424, III, do CC); **B:** incorreta, pois pode ser instrumento público ou particular (art. 1.438 do CC); **C:** incorreta, pois o penhor rural será registrado no Cartório de Registro de Imóveis (art. 1.438, *caput*, do CC); **D:** correta (arts. 1.432 e 1.438, *caput*, do CC); **E:** incorreta, pois deve declarar o valor do crédito, sua estimação, ou valor máximo, de modo que incorreto dizer que deverá declarar o valor mínimo do crédito concedido (art. 1.424, I, do CC).

Gabarito "D".

(Procurador Distrital – CESPE) Julgue o seguinte item.

(1) A hipoteca judicial que tenha gravado o bem imóvel prevalecerá sobre decisão futura que reconheça a aquisição da propriedade do referido bem por usucapião.

1: Errada, pois a sentença da ação de usucapião tem cunho declaratório, conforme expressamente previsto no art. 1.238 do CC. Isso significa que ela reconhece a existência de uma situação preexistente, isto é, concede cunho e reconhecimento jurídico a uma situação que já estava consolidada pelo preenchimento dos requisitos legais. Assim, eventual hipoteca judicial, ainda que anterior à sentença de usucapião, não tem o poder de prevalecer, haja vista que o imóvel já pertence à outra pessoa (o usucapiente). A hipoteca judicial apenas prevaleceria, se a sentença de usucapião tivesse natureza constitutiva, o que não é o caso.

Gabarito 1E.

(Procurador Federal – CESPE) Julgue o seguinte item.

(1) Intimado o credor hipotecário acerca da realização da praça, a arrematação produzirá o efeito de extinguir a hipoteca.

1: Correta. A arrematação, por si só, configura uma das causas de extinção da hipoteca referente aos credores hipotecários participantes dos autos (art. 1.499, VI, do CC). No que tange àqueles que não fazem parte do processo, a arrematação ou adjudicação apenas extinguirão a hipoteca devidamente registrada mediante notificação judicial dos respectivos credores (art. 1.501 do CC).

Gabarito 1C.

(Promotor de Justiça/RO – CESPE) A respeito dos direitos reais de garantia, assinale a opção correta.

(A) Antes de vencida a dívida, o devedor hipotecário continua explorando o bem e pode constituir sobre ele outros ônus reais, como o usufruto.

(B) Ao contrário da hipoteca, o penhor não se reveste de forma solene, porquanto a posse do bem penhorado será transferida ao credor.

(C) O credor pignoratício detém posse *sui generis*, de forma que não pode pretender ressarcimento pelo vício da coisa dada em garantia.

(D) A hipoteca não retira do proprietário do imóvel hipotecado o direito de usar e gozar da coisa; apenas causa restrições quanto à disposição.

(E) O direito do credor hipotecário não fica suspenso até a data fixada para adimplemento da obrigação principal, podendo ele praticar atos que visem à conservação do bem.

A: correta, pois a constituição da hipoteca sobre um bem imóvel não afasta a possibilidade de nele se constituir outro direito real de gozo, como é o caso do usufruto; **B:** incorreta, pois "o instrumento do penhor deverá ser levado a registro, por qualquer dos contratantes; o do penhor comum será registrado no Cartório de Títulos e Documentos" (art. 1.432 do CC); **C:** incorreta, pois o credor tem direito ao ressarcimento do prejuízo que houver sofrido por vício da coisa empenhada (art. 1.433, III, do CC); **D:** incorreta, pois não há restrição ao dono do imóvel hipotecado aliená-lo. Ao contrário, é nula a cláusula que proíbe ao proprietário alienar imóvel hipotecado (art. 1.475 do CC). O que a lei admite é o vencimento antecipado da dívida no caso de alienação do imóvel hipotecado (art. 1.475, parágrafo único, do CC); **E:** incorreta, pois não há tal previsão no ordenamento jurídico.

Gabarito "A".

(Juiz de Direito/PR – UFPR) A hipoteca, anticrese e penhor são espécies de direito real de garantia e, nas dívidas assim garantidas, "o bem dado em garantia fica sujeito, por vínculo real, ao cumprimento da obrigação" (Código Civil, art. 1.419). Adstrito aos termos e características próprias da garantia hipotecária, pignoratícia e anticrética, assinale as assertivas abaixo com (V) verdadeiro ou (F) falso.

( ) Só os bens que se podem alienar poderão ser dados em penhor, anticrese ou hipoteca.

( ) Determinados bens, por suas características próprias, ainda que passíveis de alienação, não podem ser dados em garantia hipotecária, como é o caso do bem de família, protegido por lei contra a execução e penhora.

( ) O credor anticrético tem direito de reter em seu poder o bem, enquanto a dívida não for paga, mas extingue-se esse direito decorridos quinze anos da data da sua constituição.

( ) Recaindo duas hipotecas sobre o mesmo imóvel, não pagando o devedor a primeira obrigação garantida, no vencimento, pode o credor da segunda hipoteca promover-lhe a extinção (da primeira), consignando a importância e citando o primeiro credor para recebê-la e o devedor para pagá-la; não adimplida a obrigação pelo devedor, efetuado o pagamento pelo segundo credor, ficará sub-rogado nos direitos da hipoteca anterior, sem prejuízo dos que detém pela segunda hipoteca contra o devedor comum.

Assinale a alternativa que apresenta a sequência correta, de cima para baixo:
(A) F – V – F – V.
(B) V – F – V – F.
(C) F – V – F – F.
(D) V – F – V – V.

A primeira assertiva é verdadeira, pois de pleno acordo com a regra estabelecida no art. 1.420, *caput*, do CC, segundo a qual: "Só aquele que pode alienar poderá empenhar, hipotecar ou dar em anticrese; só os bens que se podem alienar poderão ser dados em penhor, anticrese ou hipoteca"; a segunda assertiva é falsa, pois, não há proibição legal em se oferecer o bem de família como garantia hipotecária; a terceira afirmativa é verdadeira, pois segundo a regra disposta no art. 1.423: "O credor anticrético tem direito a reter em seu poder o bem, enquanto a dívida não for paga; extingue-se esse direito decorridos quinze anos da data de sua constituição"; a quarta afirmativa é verdadeira, pois nossa legislação admite a pluralidade de hipotecas sobre o mesmo bem. Nesse caso, se o devedor da obrigação garantida pela primeira hipoteca não se oferecer, no vencimento, para pagá-la, o credor da segunda pode promover-lhe a extinção, consignando a importância e citando o primeiro credor para recebê-la e o devedor para pagá-la; se este não pagar, o segundo credor, efetuando o pagamento, se sub-rogará nos direitos da hipoteca anterior, sem prejuízo dos que lhe competirem contra o devedor comum (art. 1.478 do CC).

Gabarito "D".

Capítulo 7
DIREITO DE FAMÍLIA

7.1. INTRODUÇÃO

7.1.1. Conceito de direito de família

O Direito de família pode ser **conceituado** como o *conjunto de normas que regulam o casamento, a união estável, a filiação, a adoção, o poder familiar (direito parental), os alimentos, a tutela e a curatela (direito assistencial protetivo)*.

Esse direito **rege** as seguintes relações familiares:

a) pessoais/afetivas, como os deveres entre os cônjuges (fidelidade), os conviventes e os pais e filhos (educação);

b) patrimoniais, como as que envolvem a sociedade conjugal (regime de bens);

c) assistenciais, como a assistência material entre cônjuges e entre pais e filhos, e tutor e tutelado.

Tais relações são protegidas em virtude de **interesses superiores** (família como "base da sociedade" – art. 226, *caput*, da CF) e não individuais, o que faz com que os princípios dos direitos meramente obrigacionais não possam ser aplicados diretamente em matéria de direito de família.

Em outras palavras, tendo em vista os direitos envolvidos, que não se resumem à questão patrimonial, envolvendo questões pessoais, afetivas e assistenciais, o direito de família reclama **regras próprias**, diferentes das regras típicas do direito obrigacional.

7.1.2. Objeto do direito de família

O objeto do direito de família é justamente a "**família**", que, em sua concepção *lata*, têm as seguintes espécies:

a) família matrimonial: decorrente do casamento;

b) família informal (natural)**:** decorrente da união estável;

c) família monoparental: formada por qualquer dos pais e seus descendentes;

d) família substituta: decorrente de guarda ou tutela;

e) famílias plurais: abrange as uniões fundadas no afeto, tais como as famílias:

f) anaparental: sem pais; com parentes ou amigos; ex.: a jurisprudência entende que há bem de família em imóvel com duas irmãs (STJ, Resp. 57.606);

g) homoafetiva: decorrente de união de pessoas do mesmo sexo (ex.: o STF, na ADI 4.277 e ADPF 132, decidiu que a união estável pode ser constituída por pessoas do mesmo sexo). ENUNCIADO 601 CJF: "É existente e válido o casamento entre pessoas do mesmo sexo";

h) eudemonista: baseada no afeto, mas com busca da felicidade individual (ex.: casal que tem um relacionamento livre ou aberto).

Vale salientar, quanto à **união estável homoafetiva**, que o STF, na ADI 4.277 e na ADPF 132, julgadas em 05.05.2011, tomou a seguinte decisão: pela procedência das ações e com efeito vinculante, no sentido de dar interpretação conforme a Constituição Federal **para excluir qualquer significado do artigo 1.723 do Código Civil que impeça o reconhecimento da união entre pessoas do mesmo sexo como entidade familiar.**

A decisão teve por **fundamento** o art. 3º, IV, da CF, que veda qualquer tipo de discriminação.

Como consequência, a união estável homoafetiva passa a ter a mesma regulamentação da união estável entre homem e mulher (deveres, alimentos, sucessões etc.; sobre o direito a alimentos no caso vide a decisão do STJ no REsp 1.302.467-SP, DJ 25.03.2015), o que faz com que se chegue à conclusão de que o instituto da conversão da união estável em casamento também possa se dar quanto às uniões estáveis homoafetivas, questão que ainda gera alguns debates, apesar de já ter ocorrido grande número de conversões de união estável homoafetiva em casamento.

Mais do que isso, há precedente do STJ, no sentido de que se pode admitir o casamento direto de pessoas do mesmo sexo, como forma de fazer valer a diretiva que o STF deu ao julgar as ações acima mencionadas. O dispositivo da decisão tem o seguinte teor: "dou provimento ao recurso especial para afastar o óbice relativo à diversidade de sexos e para determinar o prosseguimento do processo de habilitação de casamento, salvo se por outro motivo as recorrentes estiverem impedidas de contrair matrimônio".

Não bastasse, o Conselho Nacional de Justiça, invocando o posicionamento do STF e mencionada decisão do STJ resolveu editar a Resolução 175, de 14 de maio de 2013, dispondo ser "vedada às autoridades competentes a recusa de habilitação, celebração de casamento civil ou de conversão de união estável em casamento entre pessoas de mesmo sexo" (art. 1º). A resolução foi além e dispôs que "a recusa prevista no artigo 1º implicará a imediata comunicação ao respectivo juiz corregedor para as providências cabíveis" (art. 2º). Em outras palavras, a partir dessa decisão, os Cartórios competentes passaram a ser obrigados a proceder ao casamento civil de pessoas do mesmo sexo, e mais, tal casamento pode ser dar diretamente, ou seja, independentemente conversão da união estável em casamento.

Em harmonia a este entendimento colaciona-se o enunciado 601 CJF: "É existente e válido o casamento entre pessoas do mesmo sexo".

Após essa resolução milhares de casamentos de pessoas do mesmo sexo foram e vem sendo realizados.

Todavia, é bom lembrar que o STF não deu seu posicionamento, ainda, tanto sobre a possibilidade de conversão da união estável homoafetiva em casamento, como sobre a possibilidade de casamento homoafetivo direto, limitando-se a reconhecer essa união como uma união estável com idêntica proteção que a união estável entre pessoas de sexo diverso.

De qualquer forma, acreditamos que dificilmente o STF irá rever as decisões tomadas pelo STJ e pelo CNJ, devendo prevalecer tais decisões e todos os casamentos que vêm sendo realizados. Mas é importante que o leitor acompanhe eventuais futuras decisões do STF a esse respeito do tema.

7.2. PRINCÍPIOS DO DIREITO DE FAMÍLIA

Conforme já visto, o direito de família reclama regulamentação peculiar, já que os interesses envolvidos não se limitam a questões patrimoniais. Nesse sentido, confira os princípios específicos desse direito:

a) dignidade da pessoa humana: previsto no art. 1º, III, CF, admite que até a pessoa solteira tenha direito à proteção do bem de família;

b) solidariedade familiar: previsto no art. 3º, I, CF, impõe dever de assistência moral, espiritual e material; aliás, por conta desse princípio, o STJ já reconheceu direito a alimentos na união estável mesmo antes da Lei de 8.971/1994, que admitiu pela primeira vez esse tipo de direito; outro exemplo de aplicação do princípio é o cabimento de pedido de alimentos até mesmo depois do divórcio, em casos excepcionais;

c) igualdade entre os filhos: previsto no art. 227, § 6º, CF, reconhece igualdade absoluta entre os filhos, havidos ou não do casamento, adotivos, ou nascidos por inseminação artificial;

d) igualdade entre cônjuges e companheiros: previsto art. 226, § 5º, CF, admite que o homem use o **nome** da mulher e peça **alimentos**; determina a igualdade na chefia familiar, mas admite tratamento diferenciado entre os consortes, em situações especiais, como as que envolvem a Lei Maria da Penha (Lei 11.340/2006);

e) não intervenção na família: previsto no art. 1.513 do CC e no art. 226, § 7º, da CF, assegura que o planejamento familiar é de livre decisão do casal, permitindo ao Estado que apenas colabore com esse planejamento, e nunca determine coisa alguma nessa seara;

f) maior interesse da criança, adolescente e jovem: previsto no art. 227 CF, admite até que a ordem cronológica dos interessados numa adoção seja quebrada, para que uma criança venha a ficar com alguém que esteja no final da fila, mas que tenha já a guarda da criança e esteja numa situação avançada de afetividade com esta;

g) princípio da paternidade responsável: estabelece que *o estado de filiação é personalíssimo, indisponível e imprescritível*, decorrendo do direito à convivência familiar; esse princípio tem por consequência a ideia de que a investigação de paternidade é imprescritível e de que o Estado deve agir na busca de quem é o pai de uma criança de mãe solteira; aliás, esse direito, às vezes, contrapõe-se ao direito de intimidade da mulher (liberdade de relacionamentos sexuais e sigilo de parceiros); a Lei 8.560/1992 impõe que o Juiz Corregedor do Registro Civil deve ouvir a mãe e pode ser que ela não queira falar, não havendo sanção jurídica para o silêncio da mãe sobre a paternidade de seu filho;

h) princípio da função social da família: previsto no art. 226 da CF, estabelece que a família é a base da sociedade, merecendo proteção especial do Estado, como se dá quando se institui bem de família ou quando se determina a união de cônjuges funcionários públicos, quando cada um está lotado numa localidade;

i) princípio da afetividade: estabelece que *a afeição é o fundamento maior das relações familiares*, tendo por **consequência** a **desbiologização da paternidade**, que faz com que se reconheça que o vínculo de paternidade é mais ligado ao afeto do que ao elemento biológico, o que fez criar o chamado novo parentesco civil, decorrente da parentalidade socioafetiva, baseada na posse do estado de filho.

Um exemplo do princípio da afetividade é o padrasto ter legitimidade para entrar com destituição de poder familiar do pai biológico ausente da criança criada pelo padrasto, ação essa preparatória de adoção.

Outro exemplo do último princípio é a decisão do STJ no sentido de que a pessoa que reconhece filho sabendo que não era filho seu não pode pedir cancelamento do registro, salvo prova de vício de consentimento. Essa decisão está na linha de pensamento do Enunciado 339 do CJF, que propõe não poder ser rompida a relação de paternidade em detrimento de filho.

7.3. CASAMENTO CIVIL

7.3.1. Conceito

O casamento pode ser **conceituado** como o *vínculo jurídico entre um homem e uma mulher, estabelecido mediante intervenção estatal, e que cria deveres de comunhão de vida (moral, espiritual e material) e constitui a família.*

Atualmente, a família não é criada somente pelo casamento. A diferença é que, com o casamento, passa a existir uma presunção absoluta de que o casal forma uma família.

O preço dessa presunção absoluta é justamente a necessidade de participação do Estado na criação desse vínculo, o que é feito por meio de autoridade investida em função delegada pelo Estado para esse fim.

7.3.2. Natureza jurídica

Há várias teorias para explicar a natureza jurídica do casamento. Confira:

a) Teoria Contratualista: *o casamento é um contrato civil especial*; essa teoria tem raízes no direito canônico; trata-se de uma teoria um pouco falha, pois não há como se aplicar as disposições gerais dos contratos para regulamentar o casamento, que reclama regras próprias;

b) Teoria Institucionalista: *o casamento é uma instituição social e jurídica própria, possuindo regras diferenciadas e de ordem pública*; de acordo com essa teoria o acordo de vontades (típico de um contrato) é só no momento inicial de escolha pelo casamento; em seguida, quem dita as regras é a lei, o que faz com que não se possa confundir o casamento com um contrato, já que neste a autonomia da vontade tem mais força; além disso, o contrato é sempre temporário, ao passo que o casamento é feito para durar, e não para ser temporário;

c) Teoria Eclética (ou mista): o casamento é um ato complexo, podendo ser considerado um contrato na sua formação, mas uma instituição no seu conteúdo.

A doutrina rejeita a Teoria Contratualista, de modo que as duas últimas teorias são as mais acolhidas.

7.3.3. Princípios do casamento

O casamento segue uma série de princípios, dentre os quais se destacam os seguintes:

a) liberdade na escolha do nubente;

b) solenidade do ato nupcial (garantem consentimento, publicidade e validade);

c) submissão a normas de ordem pública;

d) caráter permanente;

e) comunhão de vida exclusiva, a exigir fidelidade (art. 1.566, I).

7.3.4. Elementos de existência

Parte da doutrina entende que, quanto aos vícios, o casamento só pode ser *válido*, *nulo* ou *anulável*, não havendo que se falar em casamento *inexistente*. Esse é o caso, por exemplo, de Silvio Rodrigues.

Porém, há casos em que não há como se reconhecer um mínimo de juridicidade para se dizer que o casamento existe.

Isso fez com que a doutrina majoritária apontasse os chamados **requisitos de existência** do casamento, que são os seguintes:

a) diversidade de sexo (art. 1.514 do CC): "homem e mulher"; vale salientar que a questão vem sofrendo modificação, de maneira que remetemos o leitor ao item 7.1.2., letra "g";

b) consentimento (art. 1.514 do CC): "declaração de vontade de estabelecer vínculo conjugal";

c) declaração do juiz na celebração de que estão "casados" (art. 1.514 do CC).

Diferente do que ocorre quanto às nulidades e anulabilidades, não é necessário que a inexistência seja declarada em juízo, nem muito menos que se ingresse com ação ordinária para o reconhecimento da inexistência do casamento.

7.3.5. Impedimentos matrimoniais

7.3.5.1. Conceito

Os impedimentos matrimoniais podem ser conceituados como *as situações previstas e especificadas em lei, que, permanente ou temporariamente, proíbem o casamento.*

O rol de impedimentos matrimoniais é taxativo e inclui situações positivas ou negativas, de fato ou de direito, e físicas ou jurídicas.

A lei trata de forma diferenciada as chamadas "causas suspensivas", em relação aos chamados "impedimentos dirimentes públicos ou absolutos". Confira a seguir o que significa cada um desses institutos.

7.3.5.2. Causas suspensivas

As causas suspensivas podem ser **conceituadas** como *os fatos que suspendem o processo de celebração do casamento a ser realizado, se arguidos antes das núpcias, e que tornam o casamento irregular, se realizado, ensejando sanções aos nubentes.*

Por **exemplo**, caso o filho do curador de alguém deseje casar com a pessoa curatelada, e alguém legitimado denuncia isso antes do casamento, o casamento ficará suspenso até que cesse a relação de curatela e restem saldadas as respectivas contas. No entanto, se o casamento acabar se realizando, pelo fato de ninguém legitimado ter feito a denúncia, esse casamento receberá uma sanção, no caso, o regime de bens será obrigatoriamente o de separação de bens (art. 1.641, I, do CC).

Assim, há dois tipos de **consequências jurídicas** quando está presente uma causa suspensiva:

a) se o casamento ainda não tiver sido realizado, este ficará suspenso, até que a causa suspensiva deixe de existir;

b) se o casamento já tiver sido realizado, será considerado um casamento irregular, tem por sanção a obrigatoriedade do regime de separação de bens (art. 1.641, I, do CC).

São **legitimados** para arguir as causas suspensivas da celebração do casamento as seguintes pessoas: a) parentes em linha reta de um dos nubentes (consanguíneos e afins); b) colaterais até segundo grau (consanguíneos e afins), nos termos do art. 1.524 do CC.

O **prazo** para a arguição é de 15 dias, contados da afixação do edital de proclamas, publicado pelo oficial após a entrega da documentação em ordem pelos interessados em se casar.

A arguição exige **forma** escrita, apresentando o arguinte declaração escrita e assinada, instruída com as provas do fato alegado, ou com a indicação do lugar onde possam ser obtidas (art. 1.529 do CC).

Havendo impugnação, o oficial do registro dará aos nubentes **nota da oposição**, indicando os fundamentos, as provas e o nome de quem a ofereceu (art. 1.530 do CC). Podem os nubentes requerer prazo razoável para fazer prova contrária aos fatos alegados e promover as ações civis e criminais contra o oponente de má-fé.

Cumpridas as formalidades legais e verificada a inexistência de fato obstativo, o oficial do registro extrairá o **certificado de habilitação** (art. 1.531 do CC), que terá eficácia de 90 dias, contados da data em que foi extraído o certificado.

São **hipóteses** de casos suspensivos os seguintes:

a) o viúvo ou a viúva que tiver filho do cônjuge falecido, enquanto não fizer inventário dos bens do casal e der partilha aos herdeiros; o objetivo é evitar a confusão patrimonial de filhos com a nova sociedade conjugal; são sanções para o casamento realizado nessas circunstâncias a obrigatoriedade do regime de separação de bens (art. 1641, I, do CC) e a hipoteca legal de seus imóveis em favor dos filhos (art. 1.489, II, do CC); os nubentes podem pedir ao juiz que não seja aplicada a sanção se provarem que não haverá prejuízo aos herdeiros (art. 1.523, parágrafo único, do CC);

b) a viúva, ou a mulher cujo casamento se desfez por ser nulo ou ter sido anulável, até 10 meses depois do começo da viuvez, ou da dissolução da sociedade conjugal; o objetivo é evitar confusão de sangue ("turbatio sanguinis"), conflito de paternidade; a sanção para o casamento realizado nessas circunstâncias é a obrigatoriedade do regime de separação de bens (art. 1.641, I, do CC); os nubentes podem pedir ao juiz que não seja aplicada a sanção se provarem que a viúva deu à luz filho no período ou que não está grávida (art. 1.523, parágrafo único, do CC);

c) o divorciado enquanto não houver sido homologada ou decidida a partilha dos bens do casal; o objetivo é evitar confusão patrimonial; a sanção para o casamento realizado nessas circunstâncias é a obrigatoriedade do regime de separação de bens (art. 1641, I, do CC); os nubentes podem pedir ao juiz que não seja aplicada a sanção se provarem que não haverá prejuízo ao ex-cônjuge (art. 1.523, parágrafo único, do CC);

d) o tutor ou o curador e os seus descendentes, ascendentes, irmãos, cunhados ou sobrinhos, com a pessoa protegida, enquanto não cessar a tutela ou curatela e não estiverem saldadas as respectivas contas; o objetivo é evitar consentimento não espontâneo; a sanção para o casamento realizado nessas circunstâncias é a obrigatoriedade do regime de separação de bens (art. 1641, I, do CC); os nubentes podem pedir ao juiz que não seja aplicada a sanção se provarem que não haverá prejuízo (art. 1.523, parágrafo único, do CC).

7.3.5.3. Impedimentos dirimentes públicos ou absolutos

7.3.5.3.1. Questões gerais

Conforme já visto, os impedimentos matrimoniais podem ser **conceituados** como *as situações previstas e especificadas em lei, que, permanente ou temporariamente, proíbem o casamento*.

A **consequência jurídica** do casamento realizado em hipótese em que está presente um impedimento matrimonial é a *invalidade* do casamento.

Qualquer pessoa capaz é **legitimada** para a oposição de impedimento, o que deve ser feito levando ao conhecimento do oficial perante o qual se processa a habilitação ou perante o juiz, os quais serão obrigados a declarar de ofício o impedimento, assim que tiverem conhecimento deste (art. 1.522, parágrafo único, do CC).

A constatação da existência de impedimentos tem os seguintes **efeitos**: a) impossibilita a obtenção do certificado de habilitação; b) adia o casamento, enquanto o impedimento persistir; c) torna nulo o casamento por ventura realizado (art. 1.548, II, do CC).

7.3.5.3.2. Impedimentos em espécie

7.3.5.3.2.1. Resultantes de parentesco

Não podem casar (art. 1.521, I a V, do CC):

a) os ascendentes com os descendentes, seja o parentesco natural ou civil; por exemplo, não é possível o casamento de pai com filho, ou de avô com neta;

b) os afins em linha reta; trata-se do parentesco que se estabelece entre um dos cônjuges ou companheiros e os parentes na linha reta do outro; repare que o impedimento por afinidade só existe quanto aos fins na linha reta; por exemplo, não podem casar o sogro com a nora, ou o padrasto com a enteada; vale lembrar que "na linha reta, a afinidade não se extingue com a dissolução do casamento ou união estável" (art. 1.595, § 2º, do CC); a união estável também gera o vínculo de afinidade (art. 1.595 do CC); já o cunhadio desaparece com o fim do casamento, sendo possível que ex-cunhados se casem;

c) o adotante com quem foi cônjuge do adotado e o adotado com quem o foi do adotante; por exemplo, imagine que "A" e "B", casados, venham a se separar; em seguida "A" adota "C"; pois bem, "B" e "C" não poderão se casar, embora não tenha se formado vínculo de afinidade entre eles;

d) os irmãos, unilaterais ou bilaterais; os irmãos são unilaterais quando têm apenas um dos pais em comum (serão irmãos consanguíneos se o pai é comum e uterinos se a mãe é comum); os irmãos são bilaterais quando têm os dois pais em comum, hipótese em que são chamados germanos; naturalmente, o impedimento também existe entre irmãos quando um deles é adotado;

e) entre colaterais até o terceiro grau inclusive; colaterais são os parentes que descendem de um tronco comum sem descenderem um do outro (vai até ancestral comum); repare que o impedimento vai até o 3º grau, de modo que primos, que são parentes em 4º grau, podem se casar; a regra do impedimento até o 3º grau traz uma exceção, que é o casamento de tios e sobrinhos, cujo impedimento é vencível segundo o Dec.-lei 3.200/1941; para tanto, é necessário que dois médicos atestem a sanidade, afirmando não ser inconveniente para a saúde deles e da prole o casamento; uma vez que não haja problema, nubentes recebem certificado pré-nupcial; o Enunciado CJF 98 entende que o decreto-lei em questão ainda está em vigor;

f) o adotado com o filho do adotante; essa regra é um pouco estranha, pois tais pessoas ("adotado" e "filho do adotante") já são considerados irmãos para todos os fins (art. 41, *caput*, do ECA), o que faz com que a regra seja desnecessária; aproveitando o ensejo, vale lembrar que o adotado desliga-se do vínculo com seus pais e parentes biológicos, salvo os impedimentos matrimoniais (art. 41, *caput*, do ECA).

7.3.5.3.2.2. Resultantes de vínculo

Não podem casar (art. 1.521, VI, do CC) **as pessoas casadas**.

Nossa lei proíbe a bigamia, que é considerado crime (art. 235 do CP). O conceito de família, no Direito brasileiro, tem base monogâmica.

Aquele que tiver interesse em casar e quiser fazê-lo de novo, deverá apresentar certidão de óbito, documento que revele a morte presumida (arts. 22 a 39 e 1.571, § 1º, do CC; quanto ao ausente, é necessário ter ocorrido a abertura da sucessão definitiva) ou registro da sentença do divórcio.

Aquele que é casado e se casa de novo, além de cometer crime, sujeita-se, ainda, à sanção de nulidade do segundo casamento (art. 1.548, II, do CC).

Por fim, vale salientar que não gera o impedimento a existência de casamento religioso não inscrito no registro civil (art. 1.515 do CC).

7.3.5.3.2.3. Resultantes de crime

Não podem casar (art. 1.521, VII, do CC) **o cônjuge sobrevivente com o condenado por homicídio ou tentativa de homicídio contra o seu consorte.**

O impedimento diz respeito a condutas dolosas, o que pode ser facilmente verificado pelo fato de a lei fazer referência à "tentativa", que reclama dolo.

A lei exige que haja condenação, o que exclui a situação daquele que ainda não tenha sido condenado, bem como absolvições e reconhecimento da prescrição.

Vale lembrar que a lei também considera crime "contrair casamento, conhecendo a existência de impedimento que lhe cause a nulidade absoluta" (art. 237 do CP).

7.3.6. Casamento nulo e casamento anulável

Os arts. 1.548 a 1.564 do Código Civil tratam do tema "invalidade do casamento".

O art. 1.548 do Código Civil estabelece o seguinte caso de **nulidade** do casamento:

o contraído por infringência de impedimento; aqui só entram os impedimentos dirimentes ou absolutos (art. 1.521 do CC), não entrando as causas suspensivas, uma vez que estas não tornam o casamento nulo, mas apenas irregular.

São **legitimados** para a ação de nulidade os interessados e o Ministério Público (art. 1.549 do CC). São interessados o cônjuge, o ascendente, os descendentes, os irmãos, os filhos do leito anterior, os colaterais sucessíveis e os credores.

A sentença tem **natureza declaratória**, ou seja, reconhece uma situação já ocorrida, daí por que tem eficácia *ex tunc*, retroagindo seus efeitos à data da celebração do casamento.

De qualquer maneira, o casamento nulo pode produzir **alguns efeitos**. O art. 1.561 do CC dispõe que, embora nulo ou anulável, o casamento produz todos os efeitos até a data da sentença em relação aos filhos. Em relação aos cônjuges, o casamento só produzirá esses efeitos em favor daquele que estava de boa-fé, ou seja, daquele que ignorava o impedimento matrimonial.

Já o art. 1.550 do Código Civil estabelece os seguintes casos de **anulabilidade** do casamento:

a) de quem não completou a idade mínima para casar (idade núbil); aqui temos os menores de 16 anos (absolutamente incapazes), porém, não se anulará o casamento de que resultou gravidez (art. 1.551 do CC). A Lei 13.811/2019 trouxe uma nova disposição ao prever que não será permitido, em qualquer caso, o casamento de quem não atingiu a idade núbil. Antes da mudança era permitido o casamento de pessoa com menos de 16 anos para evitar imposição ou cumprimento de pena criminal ou em caso de gravidez. Atualmente não é mais permitido, e se os nubentes tiverem entre 16 e 18 anos necessitam da autorização dos pais ou dos representantes legais. Além disso, o menor que não atingiu idade núbil poderá, após atingi-la, confirmar o casamento com a autorização de seus representantes ou com o suprimento judicial (art. 1.553 do CC); tem legitimidade para pedir a anulação do casamento, nesse caso, o próprio menor, seus representantes legais e seus ascendentes (art. 1.552 do CC), ação que deve ser ajuizada no prazo de 180 dias do dia que perfez idade, no caso da ação a ser promovida pelo menor, e da data do casamento, no caso de ação a ser promovida pelos demais legitimados (art. 1.560, § 1º, do CC);

b) do menor em idade núbil, quando não autorizado por seu representante legal; aqui temos alguém que já tem 16 anos, mas ainda não completou 18 anos; essas pessoas precisam de autorização do representante legal para casar; não a tendo, o casamento é anulável; o instrumento de autorização para casamento deverá ser transcrito na escritura antenupcial (art. 1.537 do CC); se houver discordância entre os responsáveis, ou entre o menor e os responsáveis, pode-se recorrer ao juiz, podendo este conceder o suprimento judicial, hipótese em que o regime de bens será obrigatoriamente o de separação de bens; os responsáveis (pais ou tutores) podem revogar o seu consentimento até a celebração do casamento (art. 1.518 do CC); a ação anulatória deve ser promovida em 180 dias; são legitimados para pedir a anulação do casamento o incapaz, ao deixar de sê-lo (contado o prazo do dia em que cessar a incapacidade) seus representantes legais (contado o prazo da data do casamento) e os herdeiros necessários (contado o prazo da morte do incapaz); de qualquer forma, há um óbice à anulação, qual seja, não se anulará o casamento quando à sua celebração houverem assistido os representantes legais do incapaz, ou tiverem, por qualquer modo, manifestado sua aprovação (art. 1.555, § 2º, do CC);

c) **por vício da vontade consistente em erro essencial sobre a pessoa**; considera-se erro essencial sobre a pessoa do outro cônjuge (art. 1.557 do CC): c1) o que diz respeito à sua identidade, sua honra e boa fama, sendo esse erro tal que o seu conhecimento ulterior torne insuportável a vida em comum ao cônjuge enganado (ex.: marido ou esposa garoto ou garota de programa); c2) a ignorância de crime, anterior ao casamento, que, por sua natureza, torne insuportável a vida conjugal (repare que não há necessidade de trânsito em julgado); c3) a ignorância, anterior ao casamento, de defeito físico irremediável que não caracterize deficiência ou de moléstia grave e transmissível, por contágio ou por herança, capaz de pôr em risco a saúde do outro cônjuge ou de sua descendência; o erro deve ser determinante, ou seja, de tal gravidade que, caso o cônjuge que se engana o conhecesse, não teria se casado; o erro deve, então, ser sobre fato anterior ao ato nupcial, desconhecido do cônjuge e que torne insuportável a vida em comum; vale salientar que o defloramento da mulher ignorado pelo marido não é mais causa de anulabilidade do casamento; a legitimidade para ingressar com a ação em tela é apenas do cônjuge que cometeu o erro, que terá três anos para ingressar com a ação respectiva, sendo que, caso se mantenha a coabitação após a ciência do erro, o casamento ficará convalidado, salvo nos casos de defeito físico irremediável que não caracterize deficiência e moléstia grave e transmissível (art. 1.559 do CC);

d) **por vício da vontade consistente em coação**; considera-se coação a situação em que o consentimento de um ou de ambos os cônjuges houver sido captado mediante fundado temor de mal considerável e iminente para a vida, saúde e a honra, sua ou de seus familiares; a ação de anulação deve ser promovida pelo próprio coacto (art. 1.559 do CC), no prazo de quatro anos a contar da celebração do casamento (art. 1.560, IV, do CC), mas a coabitação, havendo ciência do vício, convalida o casamento.

e) **do incapaz de consentir ou manifestar, de modo inequívoco, o consentimento**; deve-se tratar de incapacidade duradoura, em que se tem mero discernimento reduzido, pois, se não houver discernimento algum, há a hipótese de nulidade de casamento; o prazo para ajuizar a ação é de 180 dias, contados da celebração do casamento;

f) **realizado pelo mandatário, sem que ele ou o outro contraente soubesse da revogação do mandato, e não sobrevindo coabitação entre os cônjuges**; o prazo para ajuizar a ação é 180 dias, contados da data em que o mandante tiver conhecimento da celebração;

g) **por incompetência da autoridade celebrante**; cuidado, pois há três situações a considerar; se a incompetência for relativa, temos um casamento anulável; se a incompetência for absoluta (por exemplo, o casamento foi feito pelo Prefeito da cidade), o casamento é considerado inexistente, e se a autoridade celebrante é daquelas que exerce "função de fato" (ou seja, foi investida irregularmente na função, mas atua publicamente como juiz de casamento há um bom tempo, agindo de boa-fé), o casamento será considerado válido se registrado no Registro Civil (art. 1.554 do CC); o prazo para ingressar com ação é de dois anos, contados da celebração (art. 1.560, II, do CC).

Vale salientar que o Estatuto da Pessoa com Deficiência (Lei 13.146/2015) criou o § 2º para o art. 1.550 do Código Civil, com o seguinte teor: "A pessoa com deficiência mental ou intelectual em idade núbia poderá contrair matrimônio, expressando sua vontade diretamente ou por meio de seu responsável ou curador".

Por fim, vale a pena trazer **tabela com a diferença de regime jurídico** entre o regime de invalidade da Parte Geral do Código Civil e o regime de invalidade dos Casamentos:

INVALIDADE – PARTE GERAL	INVALIDADE – CASAMENTO
1) o ato nulo não produz efeito algum (arts. 166 e 167 do CC);	1) o casamento nulo pode produzir alguns efeitos;
2) o ato nulo se conhece de ofício (art. 168, parágrafo único, do CC); os anuláveis dependem de provação de ação própria;	2) a decretação de invalidade depende de ação própria;
	3) se o casamento for nulo, qualquer interessado ou o Ministério Público são partes legítimas para a ação (art. 1.549 do CC); se o casamento for anulável, o rol de legitimados é mais restrito, normalmente admitindo que somente o cônjuge ou seus representantes ingressem com a respectiva ação;
3) se o ato for nulo, qualquer interessado ou o Ministério Público são partes legítimas para a ação; se o ato for anulável, o rol de legitimados é mais restrito, normalmente admitindo que somente os interessados ou seus representantes ingressem com a respectiva ação;	4) há segredo de justiça nas ações de invalidade de casamento (art. 189, II, do NCPC);
4) não há foro privilegiado para as ações de invalidade;	5) por envolver questão de estado, há obrigatoriedade de intervenção do Ministério Público nas ações de invalidade de casamento;
5) não há segredo de justiça para as ações de invalidade;	6) a ação de invalidade do casamento pode ser precedida de pedido de separação de corpos (art. 1.562 do CC), cabendo, também, pedido de alimentos provisionais;
6) não há, como regra, intervenção obrigatória do Ministério Público para as ações de invalidade.	7) não há mais recurso de ofício, também chamado de reexame necessário nas ações de invalidade de casamento (art. 496 do NCPC);
	8) as sentenças nas ações de invalidade devem ser averbadas no livro de casamentos;
	9) o efeito da ação de *nulidade* de casamento é *ex tunc*, ou seja, retroage à data da celebração (art. 1.563 do CC); já nas ações de anulação de casamento (casamento anulável) os efeitos são *ex nunc*.

7.3.7. Espécies de casamento

7.3.7.1. Casamento putativo

O casamento putativo pode ser **conceituado** como *aquele que, embora nulo ou anulável, foi contraído de boa-fé por um ou por ambos os cônjuges* (art. 1.561 do CC).

A **boa-fé** consiste na ignorância, ao tempo da celebração do casamento, da existência de impedimentos à união conjugal, podendo se tratar de erro de fato (ex.: não se sabe que duas pessoas que se casam são irmãos) ou erro de direito (ex.: não se sabe que é proibido o casamento entre tios e sobrinhos).

A boa-fé é **presumida**, mas admite prova em contrário.

A proteção que se dá ao cônjuge de boa-fé no casamento putativo também vem sendo estendida para aquele que sofre coação. Este, apesar de ter ciência do vício no casamento, merece proteção equivalente àquele que está de boa-fé, por uma questão de justiça.

A **sentença** que proclama a invalidade do casamento é o ato adequado para que se declare que o casamento é putativo. O juiz pode fazer tal declaração de ofício ou a requerimento das partes.

Uma vez reconhecido o casamento putativo, o casamento, mesmo nulo, **produzirá seus efeitos até o dia da sentença anulatória** (art. 1.561 do CC), ou seja, a sentença terá efeitos *ex nunc*.

Isso faz com que a anulação do casamento não afete direitos adquiridos até a data da decisão anulatória.

Assim, o cônjuge inocente (de boa-fé) adquire a meação dos bens do casal e permanece emancipado, caso tenha casado quando ainda não tinha 18 anos.

Os filhos ficam sempre com seus direitos preservados nos casamentos nulos ou anuláveis, pouco importando se seus pais estão ou não, os dois, de boa-fé.

Quando o casamento for anulado por culpa de um dos cônjuges, este incorrerá na perda de todas as vantagens havidas do cônjuge inocente e na obrigação de cumprir as promessas que lhe fez no contrato antenupcial (art. 1.564, I e II, do CC).

7.3.7.2. Casamento nuncupativo

O casamento nuncupativo é **conceituado** como *aquele contraído em situação de iminente risco de vida, sem possibilidade da presença da autoridade ou de seu substituto* (art. 1.540 do CC).

Nesse caso, o casamento será celebrado na presença de seis testemunhas, que com os nubentes não tenham parentesco em linha reta, ou, na colateral, até segundo grau.

A doutrina também denomina esse casamento como de "viva voz", ou "*in articulo mortis*" ou "*in extremis vitae momentis*", que significa "nos últimos momentos de vida".

Realizado o casamento, devem as testemunhas comparecer perante a autoridade judicial mais próxima, dentro de dez dias, pedindo que lhes tome por termo a declaração de:

a) que foram convocadas por parte do enfermo;

b) que este parecia em perigo de vida, mas em seu juízo;

c) que, em sua presença, declararam os contraentes, livre e espontaneamente, receber-se por marido e mulher.

Autuado o pedido e tomadas as declarações, o juiz procederá às diligências necessárias para verificar se os contraentes tinham ou não impedimentos matrimoniais ou causas suspensivas.

Verificada a idoneidade dos cônjuges para o casamento, assim o decidirá a autoridade competente, com recurso voluntário às partes.

Em seguida, o juiz mandará registrar a decisão no livro do Registro dos Casamentos, sendo que o assento assim lavrado retrotrairá os efeitos do casamento, quanto ao estado dos cônjuges, à data da celebração.

Serão dispensadas as formalidades apontadas se o enfermo convalescer e puder ratificar o casamento na presença da autoridade competente e do oficial do registro.

7.3.7.3. Casamento por procuração

O Código Civil admite o casamento por procuração (art. 1.542 do CC).

Porém, a procuração deve se dar por instrumento público e com poderes especiais, sendo que o mandato tem eficácia por até noventa dias.

A revogação do mandato não necessita chegar ao conhecimento do mandatário; mas, celebrado o casamento sem que o mandatário ou o outro contraente tivessem ciência da revogação, responderá o mandante por perdas e danos.

Só por instrumento público se poderá revogar o mandato.

7.3.7.4. Casamento em caso de moléstia grave

O casamento em caso de moléstia grave pode ser **conceituado** como *aquele realizado em caso de moléstia grave, estando um dos nubentes impedido de se locomover* (art. 1.539 do CC).

Esse casamento não se confunde com o nuncupativo. Primeiro porque, aqui, não há iminente perigo de vida, mas moléstia que apenas impede o nubente de se locomover. Segundo porque, aqui, há menos testemunhas que no casamento nuncupativo. E terceiro porque, aqui, não há necessidade de buscar apreciação judicial, diferente do que ocorre no casamento nuncupativo.

No casamento em caso de moléstia grave o juiz de casamentos irá celebrá-lo onde se encontrar o impedido, sendo urgente, ainda que à noite, fazendo-se necessário a presença de duas testemunhas que saibam ler e escrever.

A falta ou impedimento da autoridade competente para presidir o casamento suprir-se-á por qualquer dos seus substitutos legais e a do oficial do Registro Civil por outro *ad hoc*, nomeado pelo presidente do ato.

O termo avulso, lavrado pelo oficial *ad hoc*, será registrado no respectivo registro dentro de cinco dias, perante duas testemunhas, ficando arquivado.

7.3.7.5. Casamento perante autoridade diplomática ou consular

Esse casamento pode ser **conceituado** como *aquele constituído entre brasileiros e celebrado no estrangeiro, perante autoridades diplomáticas ou cônsules brasileiros* (art. 1.544 do CC).

Há uma formalidade a cumprir: o casamento deverá ser registrado em 180 dias, a contar da volta de um ou de ambos os cônjuges ao Brasil, no cartório do respectivo domicílio, ou, em sua falta, no 1º Ofício da Capital do Estado em que passarem a residir.

7.3.7.6. Casamento religioso com efeitos civis

Esse casamento pode ser **conceituado** como *aquele que, celebrado perante autoridade religiosa, cumpre os requisitos habilitatórios previstos na lei civil e é inscrito no Registro Público* (art. 1.515 do CC). O instituto também está presente no art. 226, § 2º, da CF, pela qual "o casamento religioso tem efeitos civis, nos termos da lei".

Na prática, esse casamento significa que os nubentes, em seguida ao casamento religioso, levam a documentação para demonstrar que cumprem os requisitos de habilitação para o casamento civil, bem como documentação que demonstra que casaram no religioso, para o fim de passarem a ser considerados também casados no regime civil.

A vantagem desse casamento é o fato de que não será necessária a celebração civil. Além disso, todos os efeitos civis retroagirão à data do casamento religioso.

Há duas possibilidades para a concretização desse registro:

a) habilitação civil anterior ao casamento religioso (art. 1.516, § 1º, do CC):

faz-se habilitação civil;

recebe-se certidão, da qual constará o prazo de eficácia da habilitação, que é de 90 dias da data em que for extraído o certificado;

faz-se o casamento religioso dentro desse prazo;

faz-se o registro civil dentro de 90 dias da realização do casamento religioso; trata-se de prazo decadencial, a ser cumprido mediante a comunicação do celebrante ao ofício competente, ou por iniciativa de qualquer interessado; ultrapassado esse prazo, o registro depende de nova habilitação.

b) habilitação civil posterior ao casamento religioso:

casa-se no religioso;

faz-se a habilitação civil;

dentro do prazo de eficácia da habilitação (90 dias), requer-se o registro, com prova do casamento religioso (certidão de casamento religioso tirada do registro eclesiástico).

7.3.8. Efeitos do casamento

7.3.8.1. Efeitos sociais

São efeitos sociais do casamento os seguintes:

a) a criação da família matrimonial, atendendo à vontade do art. 226 da Constituição Federal, que, apesar de proteger a família originada de outras fontes, tem interesse em que se facilite o casamento;

b) o estabelecimento do vínculo de afinidade entre cada cônjuge e os parentes do outro (art. 1.595 do CC);

c) a emancipação do consorte de menor idade (art. 5º, parágrafo único, II, do CC).

7.3.8.2. Efeitos pessoais

São efeitos pessoais do casamento os seguintes:

a) a fidelidade mútua (arts. 1.566, I, e 1.573, I, do CC), que implica no abstenção de cada consorte de praticar relações sexuais com terceiro; o adultério é considerado motivo suficiente para o reconhecimento da impossibilidade da vida em comum; de qualquer forma, a lei vem atenuando algumas regras em torno da questão da fidelidade para admitir o reconhecimento de filho adulterino no casamento (interpretação *a contrario sensu* do disposto no art. 1.611 do CC); porém, o filho havido fora do casamento, reconhecido por um dos cônjuges, não poderá residir no lar conjugal sem o consentimento do outro; outra flexibilização da lei diz respeito àqueles casos em que duas pessoas permanecem casadas, mas estão separadas de fato; nesse caso, o art. 1.723, § 1º, do CC admite que um dos separados de fato constitua união estável com terceiro, ainda que continue formalmente casado com o outro;

b) a coabitação (arts. 1.566, II, 1.511 e 1.797, I, do CC), que implica vida em comum, no domicílio conjugal, com convivência sexual; a coabitação admite que um dos cônjuges se ausente do domicílio para atender a encargos públicos, ao exercício de profissão, ou a interesses particulares relevantes; não há como exigir a coabitação em juízo, mas a sua falta deliberada enseja pedido de divórcio;

c) a mútua assistência (art. 1.566, III, do CC), implicando assistência material, moral e espiritual;

d) o respeito e consideração mútuos (arts. 1.566, V, e 1.573, III, do CC), que implica a sinceridade e o zelo pela honra e dignidade do outro;

e) a igualdade de direitos e deveres entre marido e mulher (art. 1.511 do CC e art. 226, § 5º, da CF), que implica a igualdade material e também a igualdade no exercício da direção de sociedade conjugal (arts. 1.567 e 1.570 do CC); marido e mulher devem atuar em colaboração, no interesse do casal e dos filhos; havendo divergência, qualquer dos cônjuges poderá recorrer ao juiz, que decidirá tendo em consideração àqueles interesses; se estiver impedido qualquer dos cônjuges, o outro exercerá com exclusividade a direção da família, cabendo-lhe a administração dos bens; os cônjuges são obrigados a concorrer, na proporção de seus bens e dos rendimentos do trabalho, para o sustento da família e a educação dos filhos, qualquer que seja o regime patrimonial; qualquer dos nubentes poderá adotar o sobrenome do outro (art. 1.565, § 1º, do CC);

f) o sustento, a guarda e a educação dos filhos (art. 1.566, IV, do CC); esse efeito impõe o regular exercício do poder familiar, que é um poder-dever (art. 1.634 do CC), o que inclui o dever de assistir e representar seus filhos (art. 1.690 do CC); *sustento* significa prover a subsistência material (alimentos, vestuário e medicamentos); *guarda* significa ter os filhos em sua companhia, vigiá-los e reclamá-los de qualquer que injustamente os possua; *educar* significa prover a educação moral (exigir que lhe prestem obediência, respeito e serviços próprios da idade), intelectual e fisicamente (de acordo com condições econômicas e sociais), tudo com carinho, dedicação e amor, sob pena de suspensão ou destituição do poder familiar (arts. 1.637 e 1.638 do CC), sem prejuízo do dever de arcar com alimentos (art. 1.696 do CC).

7.3.8.3. Efeitos patrimoniais

São efeitos patrimoniais do casamento os seguintes:

a) cria a sociedade conjugal, que será delineada de acordo com o regime de bens (direitos, deveres e restrições);

b) estabelece o direito sucessório em favor do cônjuge sobrevivente, que é herdeiro necessário (art. 1.845 do CC); aliás, o cônjuge sobrevivente pode ingressar na primeira classe em alguns casos (art. 1.829 do CC); o cônjuge só não será herdeiro em caso de já ter havido, ao tempo da morte do outro, separação judicial ou de fato há mais de 2 anos, salvo se não há culpa do sobrevivente (art. 1.830 do CC); outro direito do cônjuge sobrevivente é o direito real de habitação relativamente ao imóvel destinado à residência da família (art. 1.831 do CC);

c) pais devem administrar bens do filho menor, não podendo dispor destes;

d) impõe o dever de alimentar entre os cônjuges e em favor dos filhos;

e) institui o bem de família (Lei 8.009/1990 e art. 1.711 do CC).

7.3.9. QUADRO SINÓTICO

1. Família

1.1 Espécies:

a) família matrimonial: casamento;

b) família informal (natural): união estável;

c) família monoparental: qualquer dos pais e descendentes;

d) família substituta: guarda ou tutela;

e) famílias plurais: afeto;

f) anaparental: parentes e amigos;

g) homoafetiva: união estável entre pessoas do mesmo sexo;

h) eudemonista: afeto/relacionamento livre.

1.2 Princípios:

a) dignidade da pessoa humana (art. 1°, III, CF);

b) solidariedade familiar (art. 3°, I, CF);

c) igualdade entre os filhos (art. 227, § 6°, CF);

d) igualdade entre os cônjuges e companheiros (art. 226, § 5°, CF);

e) não intervenção na família (art. 1.513 do CC e art. 226, § 7°, da CF);

f) maior interesse da criança e do adolescente (art. 227 da CF);

g) princípio da paternidade responsável;

h) princípio da função social da família (art. 226 da CF);

i) princípio da afetividade.

1.3 Natureza jurídica:

– direito extrapatrimonial;

– direito privado com intervenção estatal.

2. Casamento

2.1 Esponsais

2.1.1 Conceito: compromisso de casamento entre duas pessoas desimpedidas e de sexo distinto (embora a CF e o CC prevejam distinção de sexos, há posicionamentos recentes dos tribunais que já admitem casamento entre pessoas do mesmo sexo).

2.1.2 Requisitos para responsabilização:

a) promessa livre entre os noivos (sem a interferência dos pais);

b) recusa de cumprir a promessa pelo noivo/noiva (não por seus pais);

c) ausência de motivo justo (conduta culposa ou dolosa, nos termos do art. 186 do CC);

d) dano patrimonial ou moral ao noivo não culpado.

2.1.3 Consequências jurídicas:

a) dever de devolução dos presentes trocados, de cartas e de retratos;

b) indenização dos danos causados pelo rompimento, tais como danos morais (ex: humilhação pública, sofrimento etc.) e danos materiais (ex: moradia, festa, celebração, saída do emprego etc.);

c) eventual doação em contemplação de casamento futuro fica sem efeito se esse não se realizar (art. 546 do CC).

2.2 Casamento religioso: mesmos efeitos do casamento civil, desde que registrado no registro público, no prazo de 90 dias de sua celebração.

2.3 Casamento civil

2.3.1 Conceito: como o vínculo jurídico entre um homem e uma mulher*, estabelecido mediante intervenção estatal, e cria deveres de comunhão de vida (moral, espiritual e material) e constitui a família;

*(embora a CF e o CC prevejam distinção de sexos, há posicionamentos recentes dos tribunais que já admitem casamento entre pessoas do mesmo sexo).

2.3.2 Natureza jurídica:

a) Teoria contratualista: o casamento é um contrato civil especial;

b) Teoria institucionalista: o casamento é uma instituição social e jurídica própria, possuindo regras diferenciadas e de ordem pública; (acolhida);

c) Teoria eclética (ou mista): o casamento é um ato complexo, podendo ser considerado um contrato na sua formação, mas uma instituição no seu conteúdo; (acolhida).

2.3.3 Princípios:

a) liberdade de escolha do nubente;

b) solenidade do ato nupcial (garantem consentimento, publicidade e validade);

c) submissão a normas de ordem pública;

d) caráter permanente;

e) comunhão de vida exclusiva, a exigir fidelidade (art. 1.566, I, CC).

2.3.4 Elementos de existência:

a) diversidade de sexo (art. 1.514, CC): "homem e mulher", ressalvado recentes posicionamentos.

2.3.5 Impedimentos matrimoniais

2.3.5.1 Causas suspensivas:

a) o viúvo ou a viúva que tiver filho do cônjuge falecido, enquanto não fizer inventário dos bens do casal e der partilha aos herdeiros;

b) a viúva, ou a mulher cujo casamento se desfez por ser nulo ou ter sido anulável, até 10 meses depois do começo da viuvez, ou da dissolução da sociedade conjugal;

c) o divorciado, enquanto não houver sido homologada ou decidida a partilha de bens do casal;

d) o tutor ou curador e os seus descendentes, ascendentes, irmãos, cunhados ou sobrinhos com a pessoa protegida, enquanto não cessar a tutela ou curatela e não estiverem saldadas as respectivas contas;

Consequências: se o casamento ainda não foi realizado, ficará suspenso até que a causa deixe de existir; se já foi realizado, o regime obrigatório será o da separação de bens.

2.3.5.2 Impedimentos dirimentes públicos ou absolutos:

a) os ascendentes com os descendentes, seja o parentesco natural ou civil;

b) os afins em linha reta;

c) o adotante com quem foi cônjuge do adotado e o adotado com quem o foi do adotante;

d) os irmãos, unilaterais ou bilaterais;

e) entre os colaterais até o terceiro graus inclusive;

f) o adotado com o filho do adotante;

g) pessoas casadas;

h) o cônjuge sobrevivente com o condenado por homicídio ou tentativa de homicídio contra o seu consorte.

Consequência: impossibilita a obtenção do certificado de habilitação; adia o casamento enquanto o impedimento persistir; torna nulo o casamento por ventura realizado (art. 1.548, II, CC)

2.3.6 Nulidade e anulabilidade do casamento.

2.3.6.1 Causas de nulidade:

– casamento contraído pelo enfermo mental sem o necessário discernimento para os atos da vida civil;

– casamento contraído por infringência de impedimento;

– Características da sentença: declaratória com efeitos *ex tunc*, ressalvados os direitos dos filhos e cônjuge de boa-fé.

2.3.6.2 Causas de anulabilidade:

– quem não completou a idade mínima para casar. Prazo para arguição: 180 dias do dia que perfez idade, no caso da ação a ser promovida pelo menor, e da data do casamento no caso de ação a ser promovida pelos demais legitimados;

– menor em idade núbil, quando não autorizado por seu representante legal. Prazo para arguição: 180 dias, sendo que o termo inicial variará conforme o legitimado que ingressar com a ação: se for o incapaz, o prazo conta do dia em que cessar a incapacidade; se for seus representantes legais, contará o prazo da data do casamento; se for os herdeiros necessários contar-se-á o prazo da morte do incapaz.

– por vício da vontade consistente em erro essencial sobre a pessoa. Prazo para arguição: 3 anos, sendo que a legitimidade é apenas do cônjuge enganado.

– por vício da vontade consistente em coação. Prazo para arguição: 4 anos a contar da celebração do casamento;

– do incapaz de consentir ou manifestar, de modo inequívoco, o consentimento. Prazo para arguição: 180 dias, contados da celebração do casamento;

– realizado pelo mandatário, sem que ele ou o outro contraente soubesse da revogação do mandato, e não sobrevindo coabitação entre os cônjuges. Prazo para arguição: 180 dias, contados da data em que o mandante tiver conhecimento da celebração.

2.3.7 Espécies

2.3.7.1 Casamento putativo: é aquele que, embora nulo ou anulável, foi contraído de boa-fé por um ou por ambos os cônjuges. Consequências: mesmo nulo, produzirá seus efeitos até o dia da sentença anulatória (art. 1.561, CC), ou seja, a sentença terá efeitos *ex nunc*.

2.3.7.2 Casamento nuncupativo: é aquele contraído em situação de iminente risco de vida, sem a possibilidade da presença da autoridade ou de seu substituto. Consequência: preenchidos os requisitos legais (celebrado na presença de seis testemunhas, ratificado perante o juiz e registrado no Livro de Registro de Casamento), seus efeitos retroagirão à data da celebração.

2.3.7.3 Casamento por procuração: a procuração deve ter poderes especiais e será válida por até 90 dias.

2.3.7.4 Casamento em caso de moléstia grave: é aquele realizado em caso de moléstia grave, estando um dos nubentes impedido de se locomover. Consequência: o juiz se deslocará até o enfermo, sendo que o casamento será válido se realizado na presença de duas testemunhas e devidamente registrado.

2.3.7.5 Casamento perante a autoridade diplomática ou consular: é aquele constituído entre brasileiros e celebrado no estrangeiro, perante autoridades diplomáticas ou cônsules brasileiros. Deverá ser registrado em 180 dias, a contar da volta de um ou de ambos os cônjuges ao Brasil, no cartório do respectivo domicílio, ou, em sua falta, no 1º Ofício da Capital do Estado em que passarem a residir.

2.3.7.6 Casamento religioso com efeitos civis: é aquele que, celebrado perante autoridade religiosa, cumpre os requisitos habilitatórios previstos na lei civil e é inscrito no Registro Público. Consequências: os efeitos civis retroagem à data do casamento religioso.

2.3.8 Efeitos

2.3.8.1 Efeitos sociais

a) criação da família matrimonial;

b) o estabelecimento do vínculo de afinidade entre o cônjuge e os parentes do outro;

c) a emancipação do consorte menor de idade.

2.3.8.2 Efeitos pessoais:

a) a fidelidade mútua;

b) a coabitação;

c) a mútua assistência;

d) a igualdade de direitos e deveres entre marido e mulher;

e) o sustento, a guarda e a educação dos filhos.

2.3.8.3 Efeitos patrimoniais:

a) cria a sociedade conjugal, que será delineada de acordo com o regime de bens;

b) estabelece o direito sucessório em favor do cônjuge sobrevivente, que é herdeiro necessário;

c) pais devem administrar bens do filho menor, não podendo dispor destes;

d) impõe o dever de alimentar entre os cônjuges e em favor dos filhos;

e) institui o bem de família.

7.4. BEM DE FAMÍLIA

7.4.1. Questões gerais

Existem duas regulamentações para o bem de família. A primeira delas está prevista na Lei 8.009/1990 e trata do bem de família legal, que é aquele que decorre da própria lei, sem necessidade de qualquer medida por parte dos beneficiários. A segunda regulamentação se encontra nos arts. 1.711 e seguintes do Código Civil e diz respeito ao bem de família voluntário, que é aquele destinado por ato de vontade dos cônjuges, mediante escritura pública ou testamento.

7.4.2. Bem de família voluntário

A **aplicação** desse instituto se dá quando o casal ou a entidade familiar possuir vários imóveis utilizados como residência e não desejam que a impenhorabilidade recaia sobre o de menor valor.

Imagine um casal com duas residências, uma de R$ 200 mil e outra de R$ 300 mil. A Lei 8.009/1990 garante a eles a impenhorabilidade de uma das residências, no caso a de menor valor (art. 5º da Lei 8.009/1990), salvo se outro imóvel tiver sido registrado.

É nessa hora que entra em campo o Código, que regula o bem de família voluntário. Esse casal poderá, por meio de escritura pública ou testamento, dispor que o imóvel de R$ 300 mil é o imóvel a ser protegido pelo bem de família, e toda a regulamentação nesse sentido está nos arts. 1.711 a 1.722 do Código Civil. Sobre o tema, importante mencionar o enunciado 628, que aduz que: "Os patrimônios de afetação não se submetem aos efeitos de recuperação judicial da sociedade instituidora e prosseguirão sua atividade com autonomia e incomunicáveis em relação ao seu patrimônio geral, aos demais patrimônios de afetação por ela constituídos e ao plano de recuperação até que extintos, nos termos da legislação respectiva, quando seu resultado patrimonial, positivo ou negativo, será incorporado ao patrimônio geral da sociedade instituidora.

A **instituição** do bem de família voluntário, conforme mencionado, deve se dar por *escritura pública* ou *testamento*, lavrados pelos cônjuges ou pessoas de outra entidade familiar.

O terceiro poderá igualmente instituir bem de família por testamento ou doação, dependendo a eficácia do ato da aceitação expressa de ambos os cônjuges beneficiados ou da entidade familiar beneficiada.

Para constituição do bem de família, é necessário, ainda, *registro* de seu título no Registro de Imóveis (art. 1.714 do CC).

O bem de família voluntário pode se **estender**, no máximo, a 1/3 do patrimônio líquido da entidade familiar.

O bem de família consistirá em **prédio residencial urbano ou rural**, com suas pertenças e acessórios, destinando-se em ambos os casos a domicílio familiar, e poderá abranger **valores mobiliários**, cuja renda será aplicada na conservação do imóvel e no sustento da família.

A **consequência** da instituição do bem de família é a isenção de execução por dívidas posteriores à sua instituição, salvo as que provierem de *tributos* relativos ao prédio, ou de despesas de *condomínio* (art. 1.715 do CC).

O **prazo** de isenção de proteção do bem de família durará enquanto viver um dos cônjuges, ou, na falta destes, até que os filhos completem a maioridade (art. 1.716 do CC).

A dissolução da sociedade conjugal não extingue o bem de família. Porém, dissolvida a sociedade conjugal pela morte de um dos cônjuges, o sobrevivente poderá pedir a extinção do bem de família, se for o único bem do casal.

Extingue-se, igualmente, o bem de família com a morte de ambos os cônjuges e a maioridade dos filhos, desde que não sujeitos a curatela.

7.4.3. Bem de família legal

A Lei 8.009/1990 é uma lei de ordem pública que, por si só, qualifica determinados bens como bens de família, independentemente de qualquer outra providência por parte dos interessados.

Uma vez que um bem é qualificado como bem de família, tal bem passa a ser considerado **impenhorável**, ressalvadas algumas exceções legais.

Confira os **requisitos** para um bem ser considerado bem de família legal:

a) deve se tratar de imóvel residencial;

b) deve se tratar de imóvel próprio do casal ou da entidade familiar.

A impenhorabilidade **compreende** o imóvel sobre o qual se assentam a construção, as plantações, as benfeitorias de qualquer natureza e todos os equipamentos, inclusive os de uso profissional, ou *móveis que guarnecem a casa*, desde que quitados.

Quanto aos móveis que guarnecem a casa estão protegidos o televisor, a geladeira, o sofá, o dormitório, dentre outros. Mas não estão protegidos os automóveis, as obras de arte e os adornos suntuosos.

Se se tratar de um imóvel locado, apenas os móveis que guarnecem a casa serão considerados impenhoráveis.

A **consequência** da instituição do bem de família é a isenção da impenhorabilidade desses bens quanto a dívidas civis, comerciais, fiscais, previdenciárias ou de outra natureza, contraídas pelos beneficiários desse instituto.

Porém, a lei estabelece exceções, em que bens de família serão considerados penhoráveis. Confira:

a) pelo titular do crédito decorrente do financiamento destinado à construção ou à aquisição do imóvel, no limite dos créditos e acréscimos constituídos em função do respectivo contrato;

b) pelo credor de pensão alimentícia, resguardados os direitos, sobre o bem, do seu coproprietário que, com o devedor, integre união estável ou conjugal, observadas as hipóteses em que ambos responderão pela dívida (nova redação dada pela Lei 13.144/2015);

c) para cobrança de impostos, predial ou territorial, taxas e contribuições devidas em função do imóvel familiar;

d) para execução de hipoteca sobre o imóvel oferecido como garantia real pelo casal ou pela entidade familiar;

e) por ter sido adquirido com produto de crime ou para execução de sentença penal condenatória a ressarcimento, indenização ou perdimento de bens;

f) por obrigação decorrente de fiança concedida em contrato de locação. Referida hipótese foi objeto de certa polêmica no passado, pois sustentava-se que a penhora do único imóvel do fiador feriria o direito constitucional à moradia. Contudo, atualmente os tribunais superiores têm se posicionado pela constitucionalidade do dispositivo.

A jurisprudência entende que a cobrança de débitos condominiais está contida na exceção trazida no item "d" mencionado.

Outra exceção trazida na lei é a seguinte (art. 4º): não se beneficiará do bem de família legal aquele que, sabendo-se insolvente, adquire de má-fé imóvel mais valioso para transferir a residência familiar, desfazendo-se ou não da moradia antiga. Neste caso, poderá o juiz, na respectiva ação do credor, transferir a impenhorabilidade para a moradia familiar anterior, ou anular-lhe a venda, liberando a mais valiosa para execução ou concurso, conforme a hipótese.

Quando a residência familiar constituir-se em imóvel rural, a impenhorabilidade restringir-se-á à sede de moradia, com os respectivos bens móveis, e, nos casos do art. 5º, XXVI, da Constituição, à área limitada como pequena propriedade rural.

Vale informar, ainda, que o STJ é pacífico, hoje, no sentido de que pessoa solteira também recebe a proteção do bem de família. Confira, a esse respeito, a Súmula 364 do STJ: "o conceito de impenhorabilidade de bem de família abrange também o imóvel pertencente a pessoas solteiras, separadas e viúvas".

Outro entendimento importante a respeito do tema é fixado na Súmula 486 do STJ: "É impenhorável o único imóvel residencial do devedor que esteja locado a terceiros, desde que a renda obtida com a locação seja revertida para a subsistência ou a moradia da sua família".

O STJ também exarou interessante entendimento sobre a proteção do bem de família quando o imóvel se encontra no nome da empresa do sócio devedor: "A impenhorabilidade do bem de família no qual reside o sócio devedor não é afastada pelo fato de o imóvel pertencer à sociedade empresária. A jurisprudência do STJ tem, de forma reiterada e inequívoca, pontuado que a impenhorabilidade do bem de família estabelecida pela Lei 8.009/1990 está prevista em norma cogente, que contém princípio de ordem pública, e a incidência do referido diploma somente é afastada se caracterizada alguma hipótese descrita em seu art. 3º (EREsp 182.223-SP, Corte Especial, DJ 7/4/2003). Nesse passo, a proteção conferida ao instituto de bem de família é princípio concernente às questões de ordem pública, não se admitindo sequer a renúncia por seu titular do benefício conferido pela lei, sendo possível, inclusive, a desconstituição de penhora anteriormente feita" (EDcl no AREsp 511.486-SC, DJe 10.03.2016).

Por fim, o STJ tem afastado a proteção legal ao bem de família, quando se configura tentativa de fraude à execução, caracterizando abuso de direito. Confira a seguinte decisão: "Deve ser afastada a impenhorabilidade do único imóvel pertencente à família na hipótese em que os devedores, com o objetivo de proteger o seu patrimônio, doem em fraude à execução o bem a seu filho menor impúbere após serem intimados para o cumprimento espontâneo da sentença exequenda. De início, cabe ressaltar que o STJ tem restringido a proteção ao bem de família com o objetivo de prevenir fraudes, evitando prestigiar a má-fé do devedor. (...) Trata-se de sopesar a impenhorabilidade do bem de família e a ocorrência de fraude de execução. Assim, é preciso considerar que, em regra, o devedor que aliena, gratuita ou onerosamente, o único imóvel, onde reside a família, está, ao mesmo tempo, dispondo da proteção da Lei 8.009/1990, na medida em que seu comportamento evidencia que o bem não lhe serve mais à moradia ou subsistência. Do contrário, estar-se-ia a admitir o venire contra factum proprium" (REsp 1.364.509-RS, J. 10.06.2014).

O STF reafirmou a possibilidade de penhora de bem de família de propriedade do fiador de uma locação, acrescentando que essa possibilidade também existe em caso de locação comercial. Confira: "É constitucional a penhora de bem de família pertencente a fiador de contrato de locação, seja residencial, seja comercial", ou seja, "a penhorabilidade de bem de família pertencente a fiador de contrato de locação também se aplica no caso de locação de imóvel comercial". RE 1307334/SP, relator Min. Alexandre de Moraes, julgamento virtual finalizado em 8.3.2022 (terça-feira), às 23:59 (Informativo 1046).

7.4.4. QUADRO SINÓTICO

Bem de família

1. Espécies
a) Legal: Lei 8.009/90.
b) Voluntário: arts. 1.711/1.722, CC.

2. Bem de família voluntário.
2.1 Instituição: escritura pública ou testamento (cônjuges, membros da família ou terceiro, com anuência dos beneficiados), mediante registro no Registro de Imóveis.
2.2 Características: prédio residencial urbano ou rural e/ou valores mobiliários, no limite de 1/3 do patrimônio familiar.
2.3 Consequências: impenhorabilidade por dívidas posteriores a sua instituição, salvo dívidas tributárias e condominiais.
2.4 Prazo: enquanto viver um dos cônjuges, ou na morte destes, até que os filhos completem a maioridade, desde que não sujeito à curatela.

3. Bem de família legal
3.1 Requisitos:
a) imóvel residencial;
b) imóvel próprio do casal ou da entidade familiar.
3.2 Consequências: impenhorabilidade quanto a dívidas civis, comerciais, fiscais, previdenciárias ou de outra natureza. Exceções:
– em razão dos créditos de trabalhadores da própria residência e das respectivas contribuições previdenciárias;
– pelo titular do crédito decorrente do financiamento destinado à construção ou aquisição do imóvel, no limite dos créditos e acréscimos constituídos em função do respectivo contrato;
– pelo credor de pensão alimentícia;
– para cobrança de impostos, predial ou territorial, taxas e contribuições devidas em função do imóvel familiar (inclusas as dívidas de condomínio);
– para a execução de hipoteca sobre o imóvel oferecido como garantia real pelo casal ou pela entidade familiar;
– por ter sido adquirido com produto de crime ou para execução de sentença penal condenatória a ressarcimento, indenização ou perdimento de bens;
– por obrigação;
– de fiança concedida em contrato de locação.
3.3 Imóvel rural: impenhorabilidade restringir-se-á à sede da moradia, com os respectivos bens móveis.
3.4 Pessoa solteira: o conceito de impenhorabilidade de bem de família abrange também o imóvel pertencente a pessoas solteiras, separadas e viúvas (Súmula 364 STJ).

7.5. REGIME PATRIMONIAL DO MATRIMÔNIO (DIREITO PATRIMONIAL)

7.5.1. Conceito

O regime patrimonial do matrimônio pode ser **conceituado** como o *conjunto de normas aplicáveis às relações e interesses econômicos resultantes do casamento*.

Trata-se do estatuto patrimonial dos consortes.

A lei não permite que os cônjuges disponham livremente sobre esse assunto, devendo estes aceitar o regime de bens que a lei estabelece como regra (regime da comunhão parcial de bens) ou pactuar um dos outros regimes previstos e regulamentados exaustivamente na lei civil.

7.5.2. Princípios

São princípios do direito patrimonial dos cônjuges os seguintes:

a) variedade de regime de bens; há quatro tipos de regime, quais sejam, comunhão universal, comunhão parcial, separação de bens e participação final dos aquestos;

b) liberdade dos pactos antenupciais (arts. 1.639, 1.640, parágrafo único, 1.655 e 1.641, I a III, do CC), podendo os cônjuges, como regra, escolher o regime que lhes convém, não estando adstritos aos regimes tipificados, podendo, assim, combiná-los entre si (art. 1.639 do CC); porém, há limites para isso; os cônjuges devem respeitar preceitos de ordem pública e também os fins e a natureza do matrimônio; dessa forma, não poderão retirar do regime de bens os deveres inerentes ao casamento, nem muito menos privar um ao outro do poder familiar, da igualdade, e também não poderão alterar a vocação hereditária; o princípio da liberdade dos pactos antenupciais cede para alguns casos em que a lei obriga o regime de separação de bens (art. 1.641 do CC), tais como no casamento contraído com causa suspensiva, no casamento de alguém que dependa de suprimento judicial e no casamento de pessoa maior de 70 anos (alterado pela Lei 12.344/2010); quanto à última exceção (casamento de maior de 70 anos) parte da doutrina entende que essa norma fere os princípios da dignidade da pessoa humana e da igualdade. Dentro do tema pacto antenupcial e regime de separação obrigatória junta-se o Enunciado 634 CJF: "É lícito aos que se enquadrem no rol de pessoas sujeitas ao regime da separação obrigatória de bens (art. 1.641 do Código Civil) estipular, por pacto antenupcial ou contrato de convivência, o regime da separação de bens, a fim de assegurar os efeitos de tal regime e afastar a incidência da Súmula 377 do STF". A Súmula 377 STF diz: "No regime de separação legal de bens, comunicam-se os adquiridos na constância do casamento". Portanto, por meio do pacto é possível a não aplicação deste dispositivo. O pacto antenupcial também pode tratar de outros assuntos, além do regime de bens. Ex: Enunciado 635 CJF: "O pacto antenupcial e o contrato de convivência podem conter cláusulas existenciais, desde que estas não violem os princípios da dignidade da pessoa humana, da igualdade entre os cônjuges e da solidariedade familiar".

c) mutabilidade justificada do regime adotado (art. 1.639, § 2º, do CC), sendo admissível a alteração do regime de bens, mediante autorização judicial em pedido motivado de ambos os cônjuges, apurada a procedência das razões invocadas e ressalvados os direitos de terceiros; o STJ entende que essa alteração é possível inclusive para os casamentos ocorridos antes da entrada em vigor do atual Código Civil, em função do princípio da igualdade; de qualquer maneira, a modificação de regime de bens depende de autorização judicial (com intervenção do MP, para evitar o abuso de ascendência), de pedido motivado de ambos os cônjuges e de apuração da procedência das razões invocadas (para evitar fraude ou dano), ficando ressalvados, sempre, os direitos de terceiros; vale salientar, todavia, que "a apresentação da relação pormenorizada do acervo patrimonial do casal não é requisito essencial para deferimento do pedido de alteração do regime de bens. (...) A melhor interpretação que se pode conferir ao referido artigo é aquela no sentido de não se exigir dos cônjuges justificativas ou provas exageradas, sobretudo diante do fato de a decisão que concede a modificação do regime de bens operar efeitos *ex nunc*. (...) Destarte, no particular, considerando a presunção de boa-fé que beneficia os consortes e a proteção dos direitos de terceiros conferida pelo dispositivo legal em questão, bem como que os recorrentes apresentaram justificativa plausível à pretensão de mudança de regime de bens e acostaram aos autos farta documentação (certidões negativas das Justiças Estadual e Federal, certidões negativas de débitos tributários, certidões negativas da Justiça do Trabalho, certidões negativas de débitos trabalhistas, certidões negativas de protesto e certidões negativas de órgãos de proteção ao crédito), revela-se despicienda a juntada da relação pormenorizada de seus bens" (STJ, REsp 1.904.498-SP, DJe 06/05/2021);

d) formalidade, valendo salientar que o pacto antenupcial (arts. 1.653 a 1.657 do CC) é *contrato solene, realizado antes do casamento, por meio do qual as partes dispõem o regime de bens que vigorará no matrimônio* (art. 1.639, § 1º, do CC); o pacto deve ser celebrado por meio de escritura pública, sob pena de nulidade (art. 1.653 do CC), com posterior registro em livro especial no registro imobiliário do domicílio do casal, como requisito de eficácia perante terceiros; o pacto antenupcial será considerado ineficaz se o casamento não lhe seguir (art. 1.653 do CC); caso os nubentes concordem com o regime que a lei recomenda – o regime de comunhão parcial – bastará que estes reduzam a termo a opção pela comunhão parcial (art. 1.640, parágrafo único, do CC), não sendo necessária a elaboração de escritura pública.

e) imediata vigência na data da celebração do casamento.

7.5.3. Disposições comuns aos variados regimes de bens

Cada regime de bens (comunhão parcial, comunhão universal etc.) tem as suas peculiaridades. Porém, todos os regimes de bens têm, em comum, as seguintes regras:

O cônjuge **pode livremente**, sem autorização do outro (arts. 1.642 e 1.643 do CC):

a) praticar todos os atos de disposição e de administração necessários ao desempenho de sua profissão, salvo alienar ou gravar de ônus real os bens imóveis;

b) administrar os bens próprios;

c) desobrigar ou reivindicar imóveis gravados ou alienados sem o seu consentimento ou sem suprimento judicial;

d) demandar a extinção de fiança, doação ou aval realizados pelo outro cônjuge sem o seu consentimento; porém, o terceiro, prejudicado com a sentença favorável ao autor, terá direito regressivo contra o cônjuge, que realizou o negócio jurídico, ou seus herdeiros (art. 1.646 do CC);

e) reivindicar bens comuns doados ou transferidos pelo outro cônjuge ao concubino, salvo se o bem tiver sido adquirido pelo esforço comum destes ou se o casal estiver separado de fato por mais de 5 anos; aliás, segundo o art. 550 do CC, a doação do cônjuge adúltero ao seu cúmplice pode ser anulada pelo outro cônjuge, ou por seus herdeiros necessários, até dois anos depois de dissolvida a sociedade conjugal;

f) comprar, inclusive a crédito, as coisas necessárias à economia doméstica; por exemplo, pode o cônjuge fazer compras em supermercado sem autorização do outro;

g) obter, por empréstimo, as quantias que a aquisição dessas coisas possa exigir; aliás, as dívidas contraídas para esses fins obrigam solidariamente ambos os cônjuges (art. 1.644 do CC);

h) praticar atos que não lhes forem vedados expressamente; por exemplo, dispor por testamento bem imóvel próprio ou doar bem móvel particular, como um carro pertencente só a um dos cônjuges.

Por outro lado, o cônjuge **não pode**, sem a autorização do outro, salvo regime de separação absoluta (art. 1.647 do CC):

a) alienar ou gravar de ônus real os bens imóveis; nesse caso, falta legitimação ao cônjuge; tais bens, os imóveis, são considerados bens de raiz, ou seja, bens importantes para a família, de modo que a lei vai exigir o consenso do casal para a alienação ou o gravame sobre tais bens;

b) pleitear, como autor ou réu, acerca desses bens ou direitos; por exemplo, na ação reivindicatória será necessária a presença de ambos os cônjuges, diferente do que ocorre em mera ação possessória ou em ações relacionada à locação, pois não há direito real nesses casos;

c) prestar fiança ou aval; havendo violação dessa norma, apenas o cônjuge que não tiver autorizado o ato tem legitimidade para pedir a anulação deste; ademais, pode esse cônjuge ingressar com embargos de terceiro para excluir sua meação de eventual penhora, salvo quando a dívida tiver sido contraída com vistas a atender as necessidades da economia doméstica, ou seja, quando a dívida for contraída em proveito da família; quanto ao tema, a Súmula 332 do STJ fixou o entendimento de que "a fiança prestada sem autorização de um dos cônjuges implica a ineficácia total da garantia";

d) fazer doação de bens comuns ou que possam integrar futura meação; assim, o cônjuge não pode doar bens que pertencem aos dois, sem autorização do outro; também não pode doar bens que integrarão futura meação (isso acontece no regime de participação final dos aquestos); no entanto, essa regra tem uma exceção, que é no caso da doação remuneratória; assim, um cônjuge não precisa de autorização do outro para doar bens comuns quando essa doação tem por objetivo remunerar alguém que tenha prestado um serviço para o cônjuge doador, como uma doação feita a um dentista que tiver tratado, sem cobrar, o cônjuge doador; ademais, são válidas as doações nupciais feitas aos filhos quando casarem ou estabelecerem economia separada.

O problema é que há casos em que um cônjuge se recusa a autorizar o outro cônjuge a cometer um dos atos citados, gerando uma situação de conflito entre os dois.

Nesses casos, é possível que o **juiz supra a outorga**, quando a denegação de autorização se dê sem justo motivo. Um exemplo é a situação de uma família sem dinheiro para pagar as mínimas contas, mas que mantém uma casa de praia que sequer é frequentada.

Nesse caso, o juiz, a pedido de um dos cônjuges, pode autorizar a venda do imóvel, ainda que o outro cônjuge não concorde com isso.

Também é cabível o suprimento da outorga pelo juiz se for impossível que um dos cônjuges conceda a outorga (art. 1.648, *caput*, do CC), como no caso deste estar em coma, sem que haja curador nomeado para responder por seus atos.

Resta saber agora qual é a **consequência jurídica** da prática de um ato sem autorização do cônjuge. O art. 1.649 do CC estabelece que, nesses casos, o ato praticado será considerado anulável, podendo o outro cônjuge (ou seus herdeiros) pleitear a anulação até dois anos do fim da sociedade conjugal. Porém, a aprovação posterior do ato, feita por instrumento público ou por instrumento particular autorizado, torna o ato válido, e, portanto, não mais passível de anulação.

Vale salientar que, quando um dos cônjuges não puder exercer a administração dos bens que lhe incumbe, segundo o regime de bens, caberá ao outro (art. 1.651):

a) gerir os bens comuns e os do consorte;

b) alienar os bens móveis comuns;

c) alienar os imóveis comuns e os móveis ou imóveis do consorte, mediante autorização judicial.

Outra regra geral importante é a que dispõe que o cônjuge que estiver na posse dos bens particulares do outro será para com este e seus herdeiros responsável (art. 1.652):

a) como usufrutuário, se o rendimento for comum;

b) como procurador, se tiver mandato expresso ou tácito para os administrar;

c) como depositário, se não for usufrutuário, nem administrador.

7.5.4. Regime de comunhão parcial

Esse regime pode ser **conceituado** como *aquele em que se comunicam os bens que sobrevierem ao casal, na constância do casamento, salvo exceções legais* (art. 1.658 do CC).

Esse regime é o estabelecido pela lei, quando os nubentes não quiserem aderir a outro regime de bens.

Nesse regime, **excluem-se da comunhão** (art. 1.659 do CC):

a) os bens que cada cônjuge possuir ao casar e os sub-rogados em seu lugar;

b) os bens recebidos na constância do casamento, por doação ou sucessão, e os sub-rogados em seu lugar;

c) bens adquiridos com valores exclusivamente pertencentes a um dos cônjuges em sub-rogação dos bens particulares;

d) as obrigações anteriores ao casamento;

e) as obrigações provenientes de atos ilícitos, salvo reversão em proveito do casal;

f) os bens de uso pessoal, os livros, os instrumentos da profissão, desde que não integrem fundo de comércio ou patrimônio de sociedade da qual pertença o consorte;

g) os proventos do trabalho pessoal de cada cônjuge;

h) as pensões, os meio-soldos (metade do soldo que o Estado paga ao militar reformado), os montepios (pensão de instituto de previdência) e outras rendas semelhantes;

i) os bens cuja aquisição tiver por título causa anterior ao casamento (art. 1.661 do CC), por exemplo, os reivindicados antes do casamento, com sentença depois; ou o dinheiro recebido depois do casamento, mas relativo à venda feita antes deste.

Entram na comunhão (art. 1.660 do CC):

a) os bens adquiridos onerosamente na constância do casamento, ainda que em nome de um dos cônjuges; presunção: presumem-se adquiridos na constância do casamento os bens móveis, salvo prova em contrário (art. 1.662 do CC);

b) os bens adquiridos por fato eventual, com ou sem concurso de trabalho ou despesa anterior; por exemplo, os bens ganhados em loteria, ou por aluvião ou avulsão;

c) os bens recebidos por doação, herança ou legado em favor de ambos;

d) as benfeitorias em bens particulares de cada cônjuge; presumem-se feitas com esforço comum;

e) os frutos dos bens comuns e particulares, percebidos na constância ou pendentes ao tempo em que cessar a comunhão.

Outro tema importante é quanto à sujeição dos bens comuns (pertencentes a ambos os cônjuges) e dos bens particulares (pertencentes a apenas um dos cônjuges), a certas dívidas.

Nesse sentido, **os bens comuns respondem** (art. 1.664 do CC) pelas obrigações contraídas pelo marido/mulher para atender aos encargos da família, às despesas de administração e às despesas decorrentes da lei.

Por outro lado, **os bens comuns não respondem** (art. 1.666 do CC) pelas dívidas contraídas pelo cônjuge na administração de seus bens particulares; por exemplo, na contratação de advogado.

Quanto aos **bens particulares, estes podem responder**:

a) pelas dívidas da compra ou do empréstimo feitos quanto às coisas necessárias à economia doméstica em virtude da solidariedade;

b) pelas dívidas contraídas na administração dos bens particulares;

c) pelas dívidas em geral contraídas por seu proprietário.

7.5.5. Regime de comunhão universal

Esse regime pode ser **conceituado** como *aquele que importa a comunicação de todos os bens presentes e futuros dos cônjuges e suas dívidas passivas, salvo exceções legais* (art. 1.667 do CC).

Nesse regime, **excluem-se da comunhão** (art. 1.668 do CC):

a) os bens recebidos por doação ou herança com cláusula de incomunicabilidade e os sub-rogados em seu lugar; porém, é bom lembrar que a cláusula de incomunicabilidade prevista em testamento deve ser devidamente motivada, devendo haver justa causa, se disser respeito aos bens da legítima (art. 1.848 do CC);

b) bens gravados de fideicomisso e o direito do herdeiro fideicomissário, antes de realizada a condição suspensiva; nesses casos, temos direitos provisórios ou eventuais, de modo que não há mesmo como entrarem na comunhão;

c) as dívidas anteriores ao casamento, salvo as despesas com seus aprestos (exs.: preparativos, enxoval e outras despesas para o casamento) ou se reverterem em proveito comum (ex.: imóvel residencial do casal);

d) as doações antenupciais feitas para um dos cônjuges ao outro com cláusula de incomunicabilidade;

e) os bens de uso pessoal, os livros e os instrumentos de profissão; os proventos do trabalho pessoal de cada cônjuge, as pensões, meio-soldos, montepios e outras rendas semelhantes.

Por outro lado, **entram na comunhão**:

a) todos os outros bens presentes e futuros dos cônjuges, inclusive os frutos (doados com incomunicabilidade) dos bens não comunicáveis percebidos ou vencidos na constância – art. 1.669 do CC;

b) todas as dívidas passivas, salvo as invalidadas; aqui não entram somente as dívidas que geraram proveito da família ou que se refiram a bens comuns; aqui entram todas as dívidas passivas;

c) as despesas com os aprestos do casamento;

d) as despesas anteriores ao casamento que se reverterem em proveito comum (ex.: o apartamento comprado para o casal).

Extinta a comunhão e efetuada a divisão do ativo e do passivo, cessará a responsabilidade de cada um dos cônjuges para com os credores do outro (art. 1.671 do CC).

Por fim, há de se ressaltar que se deve aplicar ao regime de comunhão universal o disposto para o regime da comunhão parcial, quanto à *administração* dos bens.

7.5.6. Regime de participação final nos aquestos

Esse regime pode ser **conceituado** como *aquele em que cada cônjuge possui patrimônio próprio, e lhe cabe, à época da dissolução da sociedade conjugal, direito à metade dos bens adquiridos pelo casal onerosamente na constância do casamento* (art. 1.672 do CC).

Trata-se de um regime misto. Durante a sociedade conjugal, assemelha-se ao regime de separação total de bens. Dissolvida a sociedade conjugal, equivale ao regime de comunhão parcial.

Nesse regime, **excluem-se da comunhão**:

a) os bens que cada um possuía ao casar e os adquiridos, a qualquer título, na constância do casamento (art. 1.673 do CC);

b) as dívidas contraídas por um dos cônjuges, antes ou depois do casamento; porém, as dívidas contraídas após o casamento, que tiverem revertido em proveito do outro entrarão na comunhão (art. 1.677 do CC).

Quanto à **administração** e à **disposição** de bens durante o casamento, temos as seguintes regras:

a) cada cônjuge *administra* livremente seus bens particulares (art. 1.673, parágrafo único, do CC);

b) cada cônjuge *aliena* livremente seus bens *móveis* particulares (art. 1.673, parágrafo único, do CC);

c) por *pacto antenupcial*, pode-se convencionar que cada cônjuge *aliena* livremente seus bens *imóveis* particulares (art. 1.656 do CC); ou seja, a regra é não haver esse direito em favor dos cônjuges, mas a lei admite que o pacto antenupcial atribua aos cônjuges a possibilidade de alienar livremente seus bens particulares;

d) quanto às demais restrições previstas no art. 1.647 do CC e não mencionadas no item acima, devem ser obedecidas pelos que optaram pelo regime de participação final nos aquestos; assim, nenhum cônjuge pode, sem autorização do outro, prestar fiança ou aval (art. 1.647, III, do CC).

Quanto aos **efeitos patrimoniais da dissolução da sociedade conjugal**, deve-se seguir o seguinte procedimento:

a) calcula-se o *montante dos aquestos existentes*, ou seja, dos bens onerosamente adquiridos na constância do casamento (art. 1.674 do CC); vale salientar que a lei presume que os bens móveis tenham sido adquiridos durante o casamento, salvo prova em contrário;

b) em seguida, *exclui-se* dessa soma de patrimônios próprios os bens *anteriores* ao casamento (e os sub-rogados em seu lugar), os bens que cada cônjuge tiver recebido por *sucessão* (ex.: herança) ou *liberalidade* (ex.: doação), e as *dívidas* relativas a esses bens;

c) em seguida, *computa-se* o valor das *doações* feitas por um dos cônjuges, sem a necessária autorização do outro; nesse caso o bem poderá ser reivindicado pelo cônjuge prejudicado ou por seus herdeiros, ou declarado no monte partilhável, por valor equivalente ao da época da dissolução (art. 1.675 do CC);

d) em seguida, *computa-se* o valor dos *bens alienados em detrimento da meação* ou reivindica-se tais bens (art. 1.676 do CC); a lei está fazendo referência aos bens alienados indevidamente (por exemplo, por falta de autorização do outro cônjuge);

e) feitas tais contas, chega-se ao montante dos aquestos à data em que cessou a convivência, seja por separação, divórcio ou morte (art. 1.683 do CC);

f) procede-se à divisão desse montante, ficando metade para cada um dos cônjuges (meação); a lei propõe a divisão desses bens em natureza; porém, não sendo possível nem conveniente essa divisão, calcular-se-á o valor de alguns ou de todos para reposição em dinheiro ao cônjuge não proprietário; não sendo possível a reposição em dinheiro, serão avaliados e, mediante autorização judicial, alienados tantos bens quantos bastarem (art. 1.684, *caput*, e parágrafo único, do CC).

O Código Civil estabelece, ainda, que as dívidas de um cônjuge, quando superiores à sua meação, não obrigam ao outro ou aos seus herdeiros (art. 1.686 do CC).

Por fim, a lei é expressa no sentido de que o direito à meação **não** é renunciável, cessível ou penhorável na vigência do regime matrimonial (art. 1.682 do CC). Trata-se de uma proteção ao cônjuge, que, numa situação qualquer de vulnerabilidade, poderia renunciar a direito muito importante para a sua subsistência. Há de se tomar cuidado, pois a meação, em si, é impenhorável, porém não são impenhoráveis os bens que a compõem.

7.5.7. Regime de separação de bens

Esse regime pode ser **conceituado** como *aquele em que os bens permanecerão sob a propriedade, administração e fruição exclusiva de cada um dos cônjuges, que os poderá livremente alienar ou gravar com ônus real* (art. 1.687 do CC).

O regime de separação típico é *absoluto*, não comportando limitação quanto à propriedade exclusiva de cada cônjuge. Todavia, nada impede que, por pacto antenupcial, os nubentes instituam um regime de separação *limitada* de bens.

O atual Código Civil **aumentou os poderes** de cada cônjuge sobre o seu patrimônio exclusivo. Isso se deu, pois o art. 1.647 do CC estabelece algumas limitações aos cônjuges (exs.: não podem, sem autorização do outro, alienar imóveis, prestar fiança e aval etc.), mas tais limitações não se aplicam aos que estão num regime de separação absoluta de bens (art. 1.647, *caput*, do CC).

Por outro lado, ambos os cônjuges devem **contribuir** para as despesas do casal na proporção dos rendimentos de seu trabalho e de seus bens, salvo estipulação em contrário em pacto antenupcial.

Normalmente, o regime de separação de bens se dá por vontade dos nubentes, sendo instituído por meio de pacto antenupcial (separação voluntária de bens).

Porém, há casos em que o regime de separação de bens é obrigatório, ou seja, em que a lei não dá outra alternativa aos nubentes, que devem, necessariamente, submeter-se a esse regime, que a doutrina costuma chamar de "separação legal de bens". Confira os casos:

a) quanto às pessoas que o contraírem com inobservância das **causas suspensivas** da celebração do casamento;

b) quanto à pessoa **maior de 70 anos**;

c) quanto a todos os que dependerem, para casar, de **suprimento judicial**.

Quanto as causas previstas nos itens 'a" e "c", a obrigatoriedade da separação de bens não impede a alteração do regime caso tenha sido superada a causa que a tiver imposto.

Nos casos de separação legal de bens, era muito comum ocorrer situações de grande injustiça, como no caso de um casal criar um bom patrimônio com esforço comum, mas os bens acabarem por ficar no nome de um dos cônjuges apenas. Nesses casos, findo o casamento, o cônjuge sem bens em seu nome ficava totalmente ao relento, o que não era correto.

Por conta disso, a jurisprudência passou a entender que aquestos (bens onerosamente adquiridos na constância do casamento) deveriam ser divididos entre os cônjuges. Nesse sentido, confira a Súmula 377 do STF: "no regime de separação legal de bens, comunicam-se os adquiridos na constância do casamento".

Tal medida não deve ser tomada em relação aos casados pelo regime de separação voluntária de bens. O Superior Tribunal de Justiça vem reafirmando a necessidade de se respeitar a vontade dos cônjuges no sentido de separar os patrimônios de cada qual. No entanto, em casos excepcionalíssimos, de enorme injustiça, pode-se admitir a participação patrimonial de um cônjuge sobre determinado bem do outro, como no caso a seguir transcrito: "o regime jurídico da separação de bens voluntariamente estabelecido é imutável e deve ser observado, admitindo-se, todavia, excepcionalmente, a participação patrimonial de um cônjuge sobre bem do outro, se efetivamente demonstrada, de modo concreto, a aquisição patrimonial pelo esforço comum, caso dos autos, em que uma das fazendas foi comprada mediante permuta com cabeças de gado que pertenciam ao casal." (STJ, REsp 286.514/SP, j. 02.08.2007).

7.5.8. QUADRO SINÓTICO

Regime de bens

1. Conceito: conjunto de normas aplicáveis às relações e interesses econômicos resultantes do casamento.

2. Princípios:

a) variedade de regimes de bens;

b) liberdade dos pactos antenupciais;

c) mutabilidade justificada do regime adotado;

d) formalidade.

3. Os cônjuges podem livremente:

– praticar todos os atos de disposição e de administração necessários ao desempenho de sua profissão, salvo alienar ou gravar e ônus real os bens imóveis;

– administrar os bens próprios;

– desobrigar ou reivindicar imóveis gravados ou alienados sem o seu consentimento ou sem suprimento judicial;

– demandar a extinção de fiança, doação ou aval realizados pelo outro cônjuge sem o seu consentimento; porém o terceiro, prejudicado com a sentença favorável ao autor, terá direito regressivo contra o cônjuge, que realizou o negócio jurídico, ou seus herdeiros (art. 1.646, CC);

– reivindicar os bens comuns doados ou transferidos pelo outro cônjuge ao concubino, salvo se o bem tiver sido adquirido pelo esforço comum destes ou se o casal estiver separado de fato por mais de 5 anos; aliás, segundo o art. 550 CC, a doação do cônjuge adúltero ao seu cúmplice pode ser anulada pelo outro cônjuge, ou por seus herdeiros necessários, até dois anos depois de dissolvida a sociedade conjugal;

– comprar, inclusive a crédito, as coisas necessárias à economia doméstica; por exemplo, pode o cônjuge fazer compras em supermercado sem a autorização do outro;

– obter, por empréstimo, as quantias que a aquisição dessas coisas possa exigir; aliás, as dívidas contraídas para esses fins obrigam solidariamente ambos os cônjuges (art. 1.644, CC);

– praticar atos que não lhes forem vedados expressamente; por exemplo, dispor por testamento bem imóvel próprio ou doar bem imóvel particular, como um carro pertencente só a um dos cônjuges.

4. O cônjuge depende da autorização do outro para:

– alienar ou gravar de ônus real os bens imóveis;

– pleitear, como autor ou réu, acerca desses bens ou direitos;

– prestar fiança ou aval;

– fazer doação de bens comuns ou que possam integrar futura meação.

5. Discordância ou ausência injustificada de autorização: decisão judicial.

6. Consequência da falta de autorização: anulabilidade do negócio jurídico. Prazo: até 2 anos após o término da sociedade conjugal.

7. Espécies:

7.1 Comunhão parcial:

7.1.1 Conceito: é aquele em que se comunicam os bens que sobrevierem ao casal, na constância do casamento, salvo exceções legais.

7.1.2 Características:

a) Não entram na comunhão: art. 1.659, CC;

b) Entram na comunhão: art. 1.660, CC;

c) Bens comuns: respondem (art. 1.664 CC) pelas obrigações contraídas pelo marido/mulher para atender aos encargos da família, às despesas de administração e às despesas decorrentes da lei.

7.2 Comunhão universal:

7.2.1 Conceito: é aquele que importa a comunicação de todos os bens presentes e futuros dos cônjuges e suas dívidas passivas, salvo exceções legais.

7.2.2 Características:

a) Não entram na comunhão: art. 1.668, CC;

b) Entram na comunhão: todos os demais bens que não constam o do art. 1668, CC.

7.3 Participação final nos aquestos:

7.3.1 Conceito: é aquele em que cada cônjuge possui patrimônio próprio, e lhe cabe, à época da dissolução da sociedade conjugal, direito à metade dos bens adquiridos pelo casal onerosamente na constância do casamento.

7.3.2 Características:

a) Não entram na comunhão: art. 1.673 e art. 1.677, CC;

b) Durante o casamento: cada cônjuge administra livremente os bens particulares e aliena livremente os bens móveis. Quanto aos imóveis, é necessária disposição expressa e pacto antenupcial;

c) Por ocasião de dissolução do casamento (separação, divórcio ou morte): calcular-se-á o montante dos aquestos (aquestos = bens adquiridos onerosamente na constância do casamento + valor das doações feitas por um dos cônjuges + valor dos bens alienados em detrimento da meação – os bens anteriores ao casamento (e os sub-rogados em seu lugar), os bens que cada cônjuge tiver recebido por sucessão ou liberalidade e as dívidas relativas a esses bens).

7.4 Separação de bens:

7.4.1 Conceito: é aquele em que os bens permanecerão sob a propriedade, administração e fruição exclusiva de cada um dos cônjuges, que os poderá livremente alienar ou gravar com ônus real.

7.4.2 Características: ambos os cônjuges devem contribuir para as despesas do casal na proporção dos rendimentos do seu trabalho e de seus bens, salvo estipulação em contrário em pacto antenupcial.

7.4.3 Espécies: a) Legal: pessoa maior de 70 anos, casamento contraído com observância de causa suspensiva e no que tange a pessoas que necessitem de suprimento judicial para casar. Nos dois últimos casos, cessada a causa, o regime pode ser escolhido livremente; b) Voluntária: livremente estabelecido em pacto antenupcial.

7.6. DISSOLUÇÃO DA SOCIEDADE CONJUGAL

7.6.1. Emenda Constitucional 66/2010

A redação antiga do art. 226, § 6º, da CF dispunha que "o casamento civil pode ser dissolvido pelo divórcio, após prévia separação judicial por mais de um ano nos casos expressos em lei, ou comprovada separação de fato por mais de dois anos".

Havia, então, duas espécies de divórcio, quais sejam:

a) o divórcio-conversão, que exigia mais de um ano de separação judicial, para que pudesse ser requerido;

b) divórcio-direto: que exigia mais de 2 anos de separação de fato, para que pudesse ser requerido.

No entanto, a EC 66/2010 modificou a redação do dispositivo citado, para o fim de dispor o seguinte:

"O casamento pode ser dissolvido pelo divórcio".

Ou seja, o divórcio, agora, pode ser feito sem aguardar-se período de tempo e sem prévia separação judicial.

Ademais, tudo isso pode ser feito em Cartório Extrajudicial, com presença de advogado, desde que sem filhos menores. Caso as questões referentes aos filhos menores já tiverem sido resolvidas prévia e judicialmente, o tabelião de notas poderá lavrar escrituras públicas de dissolução conjugal.

A inexistência de menção à separação judicial no texto constitucional faz com que esse instituto possa ser considerado não recepcionado pela nova ordem constitucional. No entanto, para quem não pensa assim, pode-se dizer que o instituto da separação judicial cairá em desuso ou terá muito pouco uso, pois, se duas pessoas não querem mais ficar casadas, por que fariam, primeiro, a separação judicial, para depois fazer o divórcio, se podem, agora, passar direto para o divórcio, sem necessidade de esperar tempo algum, já que não há mais requisito temporal na Constituição Federal? De qualquer forma, a questão ainda encontra certa divergência no ordenamento, haja vista que o Conselho Federal de Justiça já se manifestou contra a extinção da separação, *in verbis*: A Emenda Constitucional 66/2010 não extinguiu o instituto da separação judicial e extrajudicial (Enunciado 514 JDC/CJF).

O fato é que o chamado divórcio-relâmpago já pegou e vem sendo a tônica, agora, quando um casal não quer mais manter o casamento.

Nesse sentido, vale informar que o Conselho Nacional de Justiça, chamado a se manifestar sobre assunto, alterou a sua Resolução 35, para admitir o divórcio extrajudicial mesmo que não cumpridos os prazos de 2 anos de separação de fato (antigo divórcio-direto) e de 1 ano de separação judicial (antigo divórcio-conversão), não entrando no mérito se ainda existe a possibilidade de alguém preferir, antes do divórcio, promover separação judicial.

Na prática, a EC 66/2010 vem sendo aplicada normalmente pelos Cartórios Extrajudiciais, para permitir o divórcio direto, sem necessidade de cumprir os prazos mencionados, tudo indicando que o instituto da separação judicial venha, como dito, no mínimo, a cair em desuso ou em pouquíssimo uso.

7.6.2. Hipóteses de dissolução da sociedade conjugal e do casamento

Antes da mudança na Constituição Federal fazia mais sentido a distinção entre as hipóteses de dissolução da sociedade conjugal e as hipóteses de dissolução do casamento.

A dissolução da sociedade conjugal se dá nos seguintes casos (art. 1.571 do CC):

a) pela morte de um dos cônjuges;

b) pela nulidade ou anulação do casamento;

c) pela separação judicial;

d) pelo divórcio.

Já a dissolução do casamento, isto é, do vínculo matrimonial propriamente dito, se dá nas seguintes hipóteses (art. 1.571, § 1º, do CC):

a) pela morte de um dos cônjuges (inclusive presunção quanto ao ausente – abertura da sucessão definitiva);

b) pela nulidade ou anulação do casamento;

c) pelo divórcio.

Depois da EC 66/2010, a tendência é não mais se buscar a separação judicial, mas sim o divórcio diretamente, o que fará com que se extinga, ao mesmo tempo, a sociedade conjugal (e, portanto, os deveres conjugais e o regime patrimonial) e o casamento (o vínculo matrimonial).

7.6.3. Divórcio consensual

Quando um casal tem interesse comum em se divorciar, está-se diante de hipótese de divórcio consensual. Conforme já escrito, com a EC 66/2010, esse casal não tem de esperar tempo algum, nem mesmo se submeter a prévia separação, para conseguir o divórcio. Basta que ingresse em juízo com esse pedido, ou que faça tal requerimento em cartório extrajudicial, se não houver filhos incapazes e desde que se façam representar por advogado, para que o divórcio aconteça.

Resta saber se é possível pedir o divórcio consensual no curso do primeiro ano de casamento. Para alguns doutrinadores isso não é possível, pois mesmo para a mera separação consensual a lei exige que se trate de duas pessoas casadas há mais de um ano (art. 1.574 do CC), quanto mais para o divórcio, que é providência mais forte. No entanto, entendemos que, como não há limitação nesse sentido no novo texto constitucional, não há que se cumprir esse requisito, apesar de pensarmos, no plano pessoal, que é absolutamente temerário duas pessoas se casarem e já buscarem a separação logo no primeiro ano de casamento, sem buscar, por mais tempo, meios de se entender como casal.

7.6.4. Divórcio não consensual

Situação diversa é aquela em que um quer se divorciar, e o outro, não. A jurisprudência vinha atenuando os rigores quanto aos requisitos para que alguém buscasse em juízo a separação de outrem, para o fim de entender que o simples fato de alguém buscar a separação já demonstra a impossibilidade da comunhão de vida, não sendo necessário que também demonstre grave violação dos deveres do casamento.

Esse entendimento decorre do fato de que há um princípio maior envolvido na temática, que é o princípio da liberdade.

Todavia, quem assim agisse, buscando a separação mesmo contra a vontade do outro, estaria sujeito às sanções cabíveis àquele que é o causador do fim do relacionamento, como perder o nome de casado e receber alimentos apenas para a sua subsistência.

Pois bem. Se assim o era com a separação judicial, também deve ser com relação ao divórcio relâmpago. O princípio da igualdade fará com que aquele que não mais deseje ficar casado tenha direito de ingressar com ação contra o outro cônjuge, para o fim de pedir o divórcio forçado, mas arcando com as consequências dessa sua ação, como as mencionadas no parágrafo anterior.

De qualquer forma, recomenda-se a leitura do disposto nos arts. 1.571 a 1.582 do Código Civil, pois algumas regras relativas à separação judicial podem aparecer num exame, ainda que, para nós, esse instituto não faça mais sentido hoje.

Por outro lado, faz-se necessário aguardar as decisões judiciais que se tomarão a respeito desse assunto a partir de agora, tratando-se de tema ainda muito aberto e que não deveria, ao menos em nossa opinião, ser objeto de certas perguntas em provas e exames neste momento.

Sobre a sentença que decreta o divórcio, prevê o Enunciado 602 CJF: "Transitada em julgado a decisão concessiva do divórcio, a expedição do mandado de averbação independe do julgamento da ação originária em que persista a discussão dos aspectos decorrentes da dissolução do casamento".

7.6.5. QUADRO SINÓTICO

Dissolução do vínculo matrimonial.
1. Hipóteses: a) morte; b) nulidade/anulabilidade do casamento; c) divórcio. Obs.: a separação apenas dissolve a sociedade conjugal, mas não o vínculo.
2. EC 66/10: alterou o art. 226, § 6º, CF, o qual anteriormente previa que o divórcio apenas poderia ser pleiteado após um ano de separação judicial ou dois anos de separação de fato. Com a mudança, o dispositivo simplesmente prevê que "o casamento pode ser dissolvido pelo divórcio". Assim, a posição majoritária é pela extinção da separação judicial/extrajudicial em nosso sistema. Contudo, o entendimento ainda é divergente, haja vista que o Conselho Federal de Justiça já se posicionou pela manutenção do instituto (Enunciado 514 JDC/CJF).
3. Espécies de divórcio: a) Consensual: basta pedido dos cônjuges, independentemente de prazo. Pode ser feito judicial ou extrajudicialmente, desde que não haja filhos menores ou incapazes. Em ambos os casos deve haver representação por advogado. b) Não consensual: também chamado de divórcio litigioso, far-se-á por meio de ação judicial, independentemente do tempo de casamento.

7.7. UNIÃO ESTÁVEL

A união estável tem **natureza jurídica** de entidade familiar (art. 226, § 3º, da CF).

O **conceito tradicional** de união estável é o seguinte: *consiste na convivência pública, contínua e duradoura entre um homem e uma mulher, com o objetivo de constituição de família* (art. 1.723 do CC).

Todavia, esse conceito, hoje, deve levar em conta o posicionamento do STF acerca da **união estável homoafetiva**. Com efeito, o Excelso Pretório, na ADI 4.277 e na ADPF 132, julgadas em 05.05.2011, tomou a seguinte decisão: pela procedência das ações e com efeito vinculante, no sentido de dar interpretação conforme a Constituição Federal *para excluir qualquer significado do artigo 1.723 do Código Civil que impeça o reconhecimento da união entre pessoas do mesmo sexo como entidade familiar.*

O *decisum* teve por **fundamento** o art. 3º, IV, da CF, que veda qualquer tipo de discriminação.

Como consequência, a união estável homoafetiva passa a ter a mesma regulamentação da união estável entre homem e mulher (deveres dos companheiros, alimentos, sucessões). Aliás, há até quem entenda que o instituto da conversão da união estável em casamento também possa se dar quanto às uniões estáveis homoafetivas, questão que ainda vai gerar muito debate, pois tal entendimento significaria dizer que é possível não só a união estável homoafetiva, como também o casamento homoafetivo.

Na prática, algumas conversões de união estável homoafetiva em casamento já foram autorizadas pelo Poder Judiciário, mas a questão ainda não chegou a ser conhecida pelo STF, que, por enquanto, só assegurou a possibilidade de haver uma união estável entre pessoas do mesmo sexo.

Em relação ao **histórico** da união estável, nosso direito passou por várias fases. Num primeiro momento não havia direito algum para quem estivesse numa relação dessas, mas apenas restrições. Em seguida, passou-se a denominar esse tipo de relação como "concubinato", passando a jurisprudência, aos poucos, a conferir certos direitos, principalmente à concubina. Confira, nesse sentido, a Súmula 380 do STF: "comprovada a existência da sociedade de fato entre os concubinos, é cabível sua dissolução judicial com a partilha do patrimônio adquirido pelo esforço comum".

Sobreveio a Constituição de 1988, que, em seu art. 226, § 3º, estabeleceu que, "para efeito de proteção do Estado, é reconhecida a união estável entre o homem e a mulher como entidade familiar, devendo a lei facilitar sua conversão em casamento".

Com o advento da Constituição de 1988, a terminologia mudou. Passou-se a usar a expressão "união estável", reservando a expressão "concubinato" para as relações estáveis entre duas pessoas impedidas de se casar. Por exemplo, "A" e "B" são casados, mas "B" mantém "C" como amante, não estão cumpridos os requisitos de uma união estável. Nesse caso, entre "B" e "C" tem-se um concubinato, que não gera os direitos da união estável.

Em seguida veio a Lei 8.971/1994, que regulamentou o *conceito* de união estável (exigindo cinco anos ou existência de filho comum), os *direitos sucessórios* (usufruto de parte de bens deixados pelo companheiro e herança, na falta de ascendentes ou descendentes do companheiro falecido) e direito à *metade* de certos bens em caso de falecimento do companheiro (companheiro sobrevivente passa a ter direito à metade dos bens resultantes de atividade decorrente do esforço comum).

Dois anos depois adveio a Lei 9.278/1996, mudando o *conceito* de união estável (sem exigir requisito temporal, mas apenas a convivência duradoura, pública e contínua, de homem e mulher, com o objetivo de constituir família). Quanto aos direitos, estabelece o direito à meação, já na constância da união estável, de certos bens; estabelece o direito de administração comum dos bens comuns; estabelece o direito a alimentos em caso de dissolução da sociedade conjugal; estabelece o direito real de habitação sobre o imóvel de residência da família, em caso de falecimento do companheiro; estabelece regra sobre a conversão da união estável e casamento; e institui o segredo de justiça para as ações e a vara de família como juízo delas.

Por fim, adveio o **atual Código Civil**, que, em seus arts. 1.723 a 1.727, estabelece uma série de regras sobre a união estável. Confira:

a) quanto ao *conceito* desta, manteve o conceito trazido pela Lei 9.278/1996;

b) quanto aos impedimentos, estabelece que a união estável não se configura quando ocorrerem os *impedimentos* para o casamento; no entanto, caso alguém seja casado, mas separado de fato ou judicialmente, nada impede que esse alguém constitua uma união estável; repare que a existência de *causas suspensivas* não impede a configuração da união estável;

c) estabelece os deveres dos companheiros (lealdade, respeito e assistência, guarda, sustento e educação dos filhos);

d) estabelece o regime de comunhão parcial de bens (igual ao casamento);

e) estabelece regra sobre a conversão da união estável em casamento;

f) estabelece o conceito de concubinato ("relações não eventuais entre o homem e a mulher, impedidos de casar").

O art. 1.790 do CC trata dos direitos sucessórios do companheiro, estabelecendo que "a companheira ou o companheiro participará da sucessão do outro, quanto aos bens adquiridos onerosamente na vigência da união estável, nas condições seguintes: a) se concorrer com filhos comuns, terá direito a uma quota equivalente à que por lei for atribuída ao filho; b) se concorrer com descendentes só do autor da herança, tocar-lhe-á a metade do que couber a cada um daqueles; c) se concorrer com outros parentes sucessíveis, terá direito a um terço da herança; d) não havendo parentes sucessíveis, terá direito à totalidade da herança.

Porém, o STF declarou inconstitucional esse art. 1.790 do CC, que estabelecia uma diferenciação entre os regimes sucessórios entre cônjuges e companheiros, devendo-se aplicar a ambos o regime estabelecido no art. 1.829 do CC (RE 646721/RS, rel. Min. Marco Aurélio, red. p/ o ac. Min. Roberto Barroso, j. 10.5.2017).

O Código Civil também estabelece que é possível ingressar com ação de dissolução de união estável, podendo o companheiro ingressante, comprovando a necessidade, requerer previamente cautelar de separação de corpos (art. 1.562 do CC).

Outra regra sobre a união estável encontra-se no art. 1.595, § 2º do CC, pelo qual "na linha reta, a afinidade não se extingue com a dissolução do casamento ou da união estável".

Quanto aos **requisitos** da configuração da união estável, são os seguintes:

a) inexistência de impedimento para o casamento, ressalvada a situação de alguém casado, que esteja separado de fato ou judicialmente (STJ, AgRg nos EDcl no AgRg no AREsp 710780/RS, DJE 25.11.2015); o STJ também entende que não é possível o reconhecimento de união estáveis simultâneas (AgRg no AREsp 609856/SP, DJE 19/05/2015), além de estar sendo mais duro com o chamado concubinato, ao assentar entendimento segundo o qual não há possibilidade de se pleitear indenização por serviços domésticos prestados com o fim do casamento ou da união estável, tampouco com o cessar do concubinato, sob pena de se cometer grave discriminação frente ao casamento, que tem primazia constitucional de tratamento (AgRg no AREsp 770596/SP, DJE 23.11.2015); aliás, sobre o concubinato, confira outra decisão do STF: "A preexistência de casamento ou de união estável de um dos conviventes, ressalvada a exceção do artigo 1.723, § 1º, do Código Civil (1), impede o reconhecimento de novo vínculo referente ao mesmo período, inclusive para fins previdenciários, em virtude da consagração do dever de fidelidade e da monogamia pelo ordenamento jurídico-constitucional brasileiro (2) "Em que pese ao fato de o art. 226, § 3º, da Constituição Federal (CF) (3) ter afastado o preconceito e a discriminação à união estável, que não mais faziam sentido frente à evolução da mentalidade social, constata-se que, em determinadas situações, a união não pode ser considerada estável, mas, sim, concubinato, quando houver causas impeditivas ao casamento, previstas no art. 1.521 do Código Civil (CC) (4)." (STF, RE 1045273/SE, 19.12.20)";

b) diversidade de sexos: esse requisito está superado após a decisão do STF mencionada, que admite a união estável entre pessoas do mesmo sexo (união homoafetiva);

c) continuidade das relações sexuais: requisito implícito;

d) convivência duradoura: estabilidade na relação;

e) convivência pública: notoriedade de afeições recíprocas; pode ser convivência notória, porém discreta, limitada ao conhecimento de amigos, familiares e vizinhos; não requer publicidade, mas não pode se tratar de uma relação absolutamente secreta;

f) objetivo de constituir família: não se configura simplesmente pelo fato de suas pessoas dividirem despesas; também não é necessário que se queira ter filhos; mas há necessidade de formar uma parceria de natureza afetivo-amorosa com caráter duradouro. Segundo o STJ, "o fato de namorados projetarem constituir família no futuro não caracteriza união estável, ainda que haja coabitação", vez que "a coabitação entre namorados, a propósito, afigura-se absolutamente usual nos tempos atuais, impondo-se ao Direito, longe das críticas e dos estigmas, adequar-se à realidade social. Por oportuno, convém ressaltar que existe precedente do STJ no qual, a despeito da coabitação entre os namorados, por contingências da vida, inclusive com o consequente fortalecimento da relação, reconheceu-se inexistente a união estável, justamente em virtude da não configuração do *animus maritalis* (REsp 1.257.819-SP, Terceira Turma, DJe 15.12.2011)" (REsp 1.454.643-RJ, DJe 10.03.2015).

A **prova** da união estável pode se dar de variadas maneiras, tais como pela certidão de nascimento de filho comum, certidão de casamento religioso, contrato de locação de imóvel residencial, declaração de dependência no INSS/IR, contrato de plano de saúde, correspondência, fotos e recibos; testamento etc.

Caso os companheiros queiram um reconhecimento formal de sua relação, mas não seja o caso de ingressar com ação de dissolução de união estável, podem ingressar com uma ação declaratória de existência de união estável ou com ação de justificação judicial (art. 381, § 5º, do NCPC).

As novas disposições do Código Civil sobre união estável valem para uniões em curso quando de sua entrada em vigor, respeitadas, naturalmente, situações jurídicas já consolidadas com base na lei anterior.

Quanto aos **deveres pessoais**, os companheiros devem obedecer aos seguintes deveres:

a) lealdade e respeito: a fidelidade está implícita;

b) assistência: tanto a moral como a material (dever alimentar);

c) guarda, sustento e educação dos filhos.

A coabitação não é dever absoluto, não sendo sequer necessária à caracterização da união estável, conforme entendimento do STF (Súmula 382).

Quanto ao **regime patrimonial**, temos as seguintes regras:

a) os companheiros poderão estabelecer o regime patrimonial de sua relação, o que deve ser feito mediante contrato escrito; não é necessário que se trate de uma escritura pública, podendo ser mero escrito particular; no entanto, é muito comum que esse documento seja produzido em Cartório de Títulos e Documentos, como forma de se garantir o arquivamento de uma cópia do documento em registro público; todavia, "não é lícito aos conviventes atribuírem efeitos retroativos ao contrato de união estável, a fim de eleger o regime de bens aplicável ao período de convivência anterior à sua assinatura" (STJ, REsp 1.383.624-MG, DJ 12.06.2015), pois nem no casamento isso é possível;

b) caso não haja contrato escrito especificando as regras do regime patrimonial entre os companheiros, aplicar-se-á às relações patrimoniais, no que couber, o regime de comunhão parcial de bens (art. 1.725 do CC); ou seja, não será necessário verificar quais bens foram adquiridos com o esforço comum dos companheiros, como se fazia no passado, adotando-se o regime jurídico da comunhão parcial de bens, pelo qual, como regra, comunicam-se os bens adquiridos na constância da união estável; dessa forma, são incomunicáveis os bens particulares adquiridos anteriormente à união estável ou ao casamento sob o regime de comunhão parcial, ainda que a transcrição no registro imobiliário ocorra na constância da relação (REsp 1324222/DF, DJE 14.10.2015); é também consequência direta desse regime o entendimento do STJ segundo o qual a valorização patrimonial dos imóveis ou das cotas sociais de sociedade limitada, adquiridos antes do início do período de convivência, não se comunica, pois não decorre do esforço comum dos companheiros, mas de mero fator econômico (REsp 1349788/RS, DJE 29.08.2014); porém, quanto aos frutos desses bens (ex: dividendos, lucros e alugueres) a regra é outra, entendendo o STJ que a incomunicabilidade do produto dos bens adquiridos anteriormente ao início da união estável (art. 5º, § 1º, da Lei 9.278/1996) não afeta a comunicabilidade dos frutos, conforme previsão do art. 1.660, V, do Código Civil de 2002. (REsp 1349788/RS, DJE 29.08.2014);

c) na união estável de pessoa maior de setenta anos (art. 1.641, II, do CC/02), impõe-se o regime da separação obrigatória, sendo possível a partilha de bens adquiridos na constância da relação, desde que comprovado o esforço comum (EREsp 1171820/PR, DJE 21.09.2015). Neste sentido Súmula 655 STJ: <u>Aplica-se à união estável contraída por septuagenário o regime da separação obrigatória de bens, comunicando-se os adquiridos na constância, quando comprovado o esforço comum</u>.

Por fim, vale trazer à tona os principais **efeitos jurídicos** da união estável:

a) gera o direito a alimentos (arts. 1.694 e 1.708 do CC);

b) gera direito à sucessão do outro;

c) estabelece o regime de comunhão parcial de bens, salvo contrato escrito entre os companheiros (art. 1.725 do CC);

d) confere direito real de habitação sobre o imóvel de residência da família, em caso de falecimento do companheiro (art. 7º, parágrafo único, da Lei 9.278/1996); tal direito favorece o companheiro sobrevivente enquanto sobreviver ou não constituir nova união ou casamento; isso porque o STJ entende que o companheiro sobrevivente tem esse direito sobre o imóvel no qual convivia com o falecido, ainda que silente o art. 1.831 do atual Código Civil (REsp 1203144/RS, DJE 15.08.2014); por outro lado, não subsiste o direito real de habitação se houver copropriedade sobre o imóvel antes da abertura da sucessão ou se, àquele tempo, o falecido era mero usufrutuário do bem (STJ, REsp 1184492/SE, DJE 07.04.2014);

e) permite que o convivente tenha direito de usar o nome do outro (art. 57 da Lei 6.015/1973);

f) assegura ao companheiro a condição de dependente para os fins legais (ex.: imposto de renda; benefício previdenciário);

g) outorga ao companheiro o direito de continuar a locação, havendo morte do outro (art. 11, I, da Lei 8.245/1991);

h) obriga os companheiros a declarar a existência de união estável nos instrumentos com terceiros, sob pena de configurar má-fé; nessa linha é também a seguinte decisão do STJ: "A invalidação da alienação de imóvel comum, fundada na falta de consentimento do companheiro, dependerá da publicidade conferida à união estável, mediante a averbação de contrato de convivência ou da decisão declaratória da existência de união estável no Ofício do Registro de Imóveis em que cadastrados os bens comuns, ou da demonstração de má-fé do adquirente" (REsp 1.424.275-MT, DJ 16.12.2014);

i) permite o uso de tutela provisória para afastar o outro do lar (art. 297 do NCPC e art. 1.562 do CC);

j) permite a adoção;

k) legitima o companheiro prejudicado a ingressar com embargos de terceiro para excluir sua meação de eventual penhora indevida;

l) faculta aos companheiros o direito de pleitear a conversão da união estável em casamento, mediante pedido destes ao juiz e assento no Registro Civil (art. 1.726 do CC);

m) impõe aos companheiros os deveres especiais previstos no art. 1.724 do CC (lealdade, respeito etc.).

7.7.1. QUADRO SINÓTICO

União estável

1. Conceito: é convivência pública, contínua e duradoura entre um homem e uma mulher, com o objetivo de constituição de família. Todavia, esse conceito foi relativizado, haja vista que o STF já reconheceu a possibilidade de união estável homoafetiva (ADI 4.277 e na ADPF 132). Como consequência desse novo posicionamento, aos homossexuais que vivem em união estável serão reconhecidos todos os direitos inerentes à união estável heterossexual, inclusive a conversão em casamento (Enunciado 526 JDC/CJF).

2. Requisitos:

a) inexistência de impedimento para o casamento, ressalvada a situação de alguém casado, que esteja separado de fato ou judicialmente;

b) diversidade de sexos (vide ressalva acima);

c) convivência duradoura;

d) convivência pública;

e) convivência contínua;

f) objetivo de constituir família.

3. Regime de bens: salvo contrato escrito, comunhão parcial de bens.

4. Deveres pessoais dos companheiros:

a) lealdade e respeito: a fidelidade está implícita;

b) assistência: tanto a moral como a material (dever alimentar);

c) guarda, sustento e educação dos filhos.

5. Alguns efeitos jurídicos:

a) alimentos;

b) sucessão;

c) regime de bens;

d) direito real de habitação em caso de morte do companheiro;

e) uso do nome do outro companheiro;

f) dependência para fins legais.

6. Direitos sucessórios: art. 1.790 CC. Porém, o STF declarou inconstitucional esse art. 1.790 do CC, que estabelecia uma diferenciação entre os regimes sucessórios entre cônjuges e companheiros, devendo-se aplicar a ambos o regime estabelecido no art. 1.829 do CC (RE 646721/RS, rel. Min. Marco Aurélio, red. p/ o ac. Min. Roberto Barroso, j. 10.5.2017).

7.8. ALIMENTOS

Os alimentos podem ser **conceituados** como *a prestação que podem alguns parentes, os cônjuges ou os companheiros pedir uns aos outros, consistentes no necessário para que uma pessoa possa viver, fixada segundo a necessidade do reclamante e a possibilidade da pessoa obrigada.*

Não se deve **confundir** alimentos como *dever de sustento*, já que o segundo se dá quando se está na companhia daquele que precisa de auxílio. Assim, o pai que mora com o filho menor tem *dever de sustento* em relação a este. Já o pai que não mora com o filho menor tem o *dever de prestar alimentos* ao filho.

Os alimentos podem ser assim **classificados**:

a) quanto à natureza

naturais (necessários): destinados à satisfação das necessidades primárias da vida (comer, vestir, habitar) indispensáveis à subsistência (art. 1.694, § 2º, do CC);

civis (côngruos): destinados a manter a condição social, inclusive educação, do alimentando (art. 1.694 do CC). Como consequência direta disso o STJ entende que a base de cálculo da pensão alimentícia fixada sobre o percentual do vencimento do alimentante abrange o décimo terceiro salário e o terço constitucional de férias, salvo disposição expressa em contrário. (AgRg no AREsp 642022/RS, DJE 20.10.2015). Pode abranger também horas extras: "o valor recebido a título de horas extras integra a base de cálculo da pensão alimentícia fixada em percentual sobre os rendimentos líquidos do alimentante." (STJ, REsp 1.741.716-SP, j. 25/05/2021). Vale destacar que é possível a fixação da pensão alimentícia com base em determinado números de salário mínimo (AgRg no AREsp 031519/DF, DJE 11.09.2015).

b) quanto à causa jurídica

legais (legítimos): decorrem da lei (ex.: devidos pelo parentesco, casamento ou companheirismo);

voluntários: decorrem de declaração de vontade *inter vivos* ou *causa mortis*; um exemplo é o legado de alimentos, estipulado em testamento;

indenizatórios (ressarcitórios): são os resultantes de responsabilidade civil.

Essa classificação é importante, pois a prisão civil do alimentante, admitida pelo art. 5º, LXVII, da CF só cabe quanto aos alimentos legais, não sendo admitida nos demais casos.

c) quanto à finalidade

definitivos (regulares): são os de caráter permanente, fixados pelas partes ou por decisão judicial definitiva; tais alimentos podem, todavia, ser revistos se sobrevier mudança nas possibilidades ou nas necessidades (art. 1.699 do CC);

provisórios: são os fixados liminarmente na ação de alimentos de rito especial (Lei 5.478/1968); essa ação reclama prova pré-constituída (prova de parentesco ou da obrigação de alimentos), devendo o juiz, ao despacho do pedido, fixar alimentos provisórios (art. 4º);

provisionais (*ad litem*): são os fixados em medida cautelar, preparatória ou incidental, de ação de separação judicial, de divórcio, de nulidade ou anulação do casamento ou de alimentos, inclusive os gravídicos.

d) quanto ao momento a partir do qual são devidos

atuais: postulados a partir do ajuizamento da ação;

futuros: devidos a partir da sentença;

pretéritos: no Brasil não são devidos, pois pessoa, bem ou mal, conseguiu sobreviver, não havendo como entrar com ação para a fixação de alimentos, pedindo que sejam pagos alimentos para período anterior à sua fixação.

A *obrigação alimentar* tem as seguintes **características**:

a) é transmissível, já que a obrigação de prestar alimentos transmite-se aos herdeiros do devedor, na forma do art. 1.694 do CC (art. 1.700 do CC), respeitados os limites das forças da herança; repare que é a própria obrigação que se transmite, e não apenas as eventuais prestações atrasadas; por exemplo, se alguém deve alimentos a uma ex-esposa, e esse alguém vem a falecer, a obrigação alimentar permanece e os herdeiros do falecido deverão continuar arcando com a pensão alimentícia, no limites das forças da herança.

b) é divisível e comum, ou seja, a obrigação alimentar não é solidária, como regra, de modo que, havendo mais de um devedor, cada qual responde por sua cota-parte (STJ Resp. 50.153-9/94); como se sabe, a solidariedade não se presume, decorrendo da lei ou da vontade; e a lei não estabelece a solidariedade em matéria de obrigação alimentar; assim, se dois avós (paterno e materno) devem alimentos em favor de um neto, cada qual será obrigado a pagar a sua cota-parte, não sendo possível exigir a obrigação por inteiro de apenas um dos devedores; aliás, caso apenas um devedor seja acionado em juízo, este poderá chamar os demais devedores a integrar a lide (art. 1.698 do CC); de qualquer forma, há um caso em que a obrigação alimentar é solidária; trata-se da obrigação alimentar devida em favor do idoso (art. 12 da Lei 10.741/2003).

O *direito aos alimentos* tem as seguintes **características**:

a) é personalíssimo, pois é um direito que só existe pela necessidade do alimentando, não podendo ser transferido a terceiro;

b) é incessível, pois o crédito de alimentos não pode ser objeto de cessão a terceiro; porém, as prestações atrasadas (vencidas) são consideradas créditos comuns, podendo ser cedidas (art. 1.707 do CC);

c) é impenhorável, pois é direito fundamental, relacionado à sobrevivência da pessoa, não podendo ser afetado por constrição judicial (art. 1707 do CC);

d) é incompensável, ou seja, não é passível de compensação, que é meio de extinção de obrigação; tal regra se encontra no art. 1.707 do CC; de qualquer forma, é possível a compensação de prestações alimentares quando houver adiantamentos dessas prestações (RT 616/147) e, em outros casos excepcionais, para que não haja enriquecimento sem causa (REsp 982.857/RJ, DJe 03.10.2008); porém, segundo o STJ, não é possível a compensação dos alimentos fixados em pecúnia com parcelas pagas *in natura* (AgRg no AREsp 586516/SP, DJE 31.03.2016).

e) é irrepetível, ou seja, uma vez pagos, não podem ser reclamados de volta, não importando sua natureza; isso se dá porque, uma vez prestados os alimentos, presume-se que estes serão consumidos; de qualquer forma, pode-se pedir devolução dos alimentos se houver novo casamento do alimentando e o desconto em folha demorou a cessar; ademais, caso alguém tenha pagado alimentos a filho que, posteriormente, descobre não ser seu, não haverá possibilidade de pedir de volta os alimentos prestados ao alimentando, mas nada impede que o alimentante ingresse com ação de ressarcimento de danos em face do pai biológico da criança; vale ressaltar que o STJ admite ação de exigir de contas ajuizada pelo alimentante, em nome próprio, contra a genitora guardiã do alimentado para obtenção de informações sobre a destinação da pensão paga mensalmente, desde que proposta sem a finalidade de apurar a existência de eventual crédito ou preparar ação revisional de aluguel (REsp 1.814.639-RS, DJe 09/06/2020). Nesse caso o objetivo é apenas de apurar malversação, mas não enseja repetição de indébito; vide também: STJ, REsp 1.911.030-PR, j. 01/06/2021;

f) é intransacionável, pois, já que o direito a alimentos é indisponível e personalíssimo, não há como considerá-lo passível de transação (art. 841 do CC); por conta disso, esse direito não pode ser objeto de juízo arbitral; todavia, há de se tomar cuidado com a questão terminológica, pois a lei não admite transação quanto ao direito aos alimentos em si, e não em relação ao *quantum* (ao valor) da prestação alimentar, já que o valor pode ser negociado;

g) é imprescritível, ou seja, o direito de pedir alimentos não tem prazo para se exercer; todavia, uma vez que uma pensão alimentícia já está fixada, o direito de cobrar prestações vencidas prescreve, e isso acontece no prazo de 2 anos, contados da data em que cada prestação vencer (art. 206, § 2º, do CC – antes era 5 anos), isto é, a prescrição ocorre mensalmente; então, não se deve confundir o direito de pedir alimentos (que é imprescritível) com a pretensão de cobrar prestações alimentares vencidas (que prescreve em 2 anos da data em que cada prestação vencer);

h) é irrenunciável, ou seja, o direito a alimentos não pode ser objeto de disposição, já que guarda relação com o próprio direito à vida, que é direito fundamental e de ordem pública; todavia, é possível *deixar de exercer o direito a alimentos* (art. 1.707 do CC), situação que não se confunde com a renúncia ao direito a alimentos, pois, no primeiro caso, deixa-se de pedir alimentos por um tempo, ao passo que a renúncia é definitiva, de modo que não pode se dar; outra exceção diz respeito à renúncia a prestações atrasadas, que também é admitida, por se tratar de meros créditos vencidos e não exercidos; sobre o tema, vale lembrar a Súmula 379 do STF, pela qual "no acordo de desquite não se admite renúncia aos alimentos, que poderão ser pleiteados ulteriormente, verificados os pressupostos legais"; se em algum documento aquele que tem direito a alimentos escrever que "renuncia" aos alimentos, deve-se entender que se trata de uma dispensa provisória destes, salvo se o cônjuge tenha sido aquinhoado com bens e rendas suficientes para sua manutenção, não sabendo conservá-los;

i) é atual, ou seja, é exigível imediatamente; por conta disso, é possível até pedir a prisão civil do devedor, em certos casos, como meio coativo bastante eficaz para que os alimentos sejam pagos. Confira decisões do STJ a esse respeito:

O débito alimentar que autoriza a prisão civil do alimentante é o que compreende as três prestações anteriores ao ajuizamento da execução e as que se vencerem no curso do processo, nos termos do art. 528, § 7º, do NCPC (HC 312551/SP, DJE 11.05.2016);

O atraso de uma só prestação alimentícia, compreendida entre as três últimas atuais devidas, já é hábil a autorizar o pedido de prisão do devedor, nos termos do artigo 528, § 3º, do NCPC (AgRg no AREsp 561453/SC, DJE 27.10.2015);

O pagamento parcial da obrigação alimentar não impede a prisão civil do devedor (HC 350101/MS, DJE 17.06.2016);

A real capacidade econômico-financeira do alimentante não pode ser aferida por meio de *habeas corpus* (HC 312551/SP, DJE 11.05.2016).

Em virtude da pandemia causada pelo coronavírus (covid-19), admite-se, excepcionalmente, a suspensão da prisão dos devedores por dívida alimentícia em regime fechado (HC 574.495-SP, DJe 01/06/2020) ou no máximo a prisão domiciliar (HC 561.257-SP, DJe 08/05/2020). Porém, "é possível a penhora de bens do devedor de alimentos, sem que haja a conversão do rito da prisão para o da constrição patrimonial, enquanto durar a impossibilidade da prisão civil em razão da pandemia do coronavírus." (STJ, REsp 1.914.052-DF, j. 22/06/2021). Passada a fase mais difícil da pandemia, as prisões civis podem ser retomadas. Confira: "Execução de alimentos. Coronavírus. Atual estágio da pandemia. Retorno das atividades econômicas, sociais, culturais e de lazer. Avanço substancial da vacinação. Prisão civil do devedor em regime fechado. Retomada da adoção dessa medida coercitiva. Possibilidade". STJ, HC 706.825-SP, Rel. Min. Nancy Andrighi, Terceira Turma, por unanimidade, julgado em 23/11/2021, DJe 25/11/2021.

Confira, agora, os **pressupostos da obrigação alimentar**:

a) necessidade do reclamante: a necessidade se dá quando não se tem bens suficientes, nem se pode prover, pelo seu trabalho, à própria mantença (art. 1.695 do CC); por exemplo, por se tratar de filho em idade de formação escolar, ou pelo fato de alguém estar doente ou em idade avançada; é importante ressaltar que, quando a necessidade dos alimentos se der por culpa de quem os pleiteia, os alimentos serão apenas os indispensáveis à *subsistência* (art. 1.694, § 2º, do CC);

b) possibilidade da pessoa obrigada: a obrigação alimentar só atinge quem tem possibilidade de prestar alimentos, não atingindo, portanto, quem possui somente o necessário à sua subsistência, salvo os que decorrem do poder familiar, pois, nesse caso, os pais devem dar um jeito para prestar alimentos. No entanto, a mera constituição de nova família pelo alimentante não acarreta a revisão automática da quantia estabelecida em favor dos filhos advindos de união anterior, devendo-se observar a realidade no caso concreto (AgRg no AREsp 452248/SP, DJE 03.08.2015). Da mesma forma, "O fato de o devedor de alimentos estar recolhido à prisão pela prática de crime não afasta a sua obrigação alimentar, tendo em vista a possibilidade de desempenho de atividade remunerada na prisão ou fora dela a depender do regime prisional do cumprimento da pena". (STJ, REsp 1.882.798-DF, j. 10/08/2021).

Quanto aos **meios** ou **modalidades** de prestação alimentar, confira as espécies (art. 1.701 do CC):

a) própria: fornecimento, em casa, de hospedagem e sustento, mais educação, quando menor;

b) imprópria: pagando pensão periódica – juiz pode intervir – art. 1.701, parágrafo único, do CC.

Quanto às **pessoas obrigadas** a prestar alimentos, temos as seguintes:

a) ascendentes, em favor dos descendentes (ex.: pai deve para filho);

b) descendentes, em favor dos ascendentes (ex.: filho deve para o pai);

c) cônjuges;

d) companheiros;

e) irmãos.

O STJ entende que o rol de responsáveis é taxativo, de modo que outros parentes não têm o dever alimentar. Nesse sentido, já se decidiu que as tias não devem alimentos aos sobrinhos (STJ, REsp 1.032.846, j. 18.12.2008).

Confira, agora, as **regras sobre a ordem preferencial** da obrigação alimentar em relação a ascendentes, descendentes e irmãos (arts. 1.696 a 1.698 do CC):

a) num primeiro momento, a obrigação recai sobre *pais* e *filhos* entre si (reciprocamente);

b) na falta destes, a obrigação cabe aos demais *ascendentes*, na ordem de sua proximidade; por exemplo, na falta do pai, o avô deve alimentos para o neto;

c) na falta de ascendentes, a obrigação cabe aos *descendentes*, na ordem da sucessão; por exemplo, se um pai não tem mais um ascendente para arcar com alimentos em seu favor, poderá pedir alimentos para seu filho, preenchidos os pressupostos da obrigação alimentar;

d) na falta de descentes, a obrigação cabe aos irmãos, unilaterais ou bilaterais (germanos), sem distinção ou preferência;

e) se o parente, que deve em primeiro lugar, não estiver em condições de suportar totalmente o encargo, serão chamados a concorrer os de grau imediato; por exemplo, se o pai não tem condições de arcar com o valor mínimo necessário para a subsistência de seu filho, pode-se chamar o seu pai (avô da criança) para arcar com o complemento do encargo; cuidado, pois a responsabilidade dos avós não é direta, mas subsidiária e complementar; assim, não se pode querer acionar os avôs diretamente, só porque estes têm melhores condições; deve-se acionar primeiramente o pai ou a mãe da criança e, caso estes se virem impossibilitados de prestá-la, total ou parcialmente, somente aí pode ser intentada a ação contra os avós (progenitores), para que estes arquem com toda a pensão ou com o complemento desta, respectivamente (STJ, AgRg no REsp 1358420/SP, DJE 21.03.2016). Da mesma forma, o falecimento do pai do alimentando não implica a automática transmissão do dever alimentar aos avós. É orientação do STJ que a responsabilidade dos avós de prestar alimentos é subsidiária, e não sucessiva. Essa obrigação tem natureza complementar e somente exsurge se ficar demonstrada a impossibilidade de os genitores proverem os alimentos de seus filhos (REsp 1.249.133-SC, DJe 02.08.2016). De acordo com a Súmula 596 do STJ, "A obrigação alimentar dos avós tem natureza complementar e subsidiária, somente se configurando no caso de impossibilidade total ou parcial de seu cumprimento pelos pais".

Quanto aos alimentos avoengos (devidos pelos avós) importante observar que: "Deve o magistrado, em sede de execução de alimentos avoengos, analisar as condições do(s) devedor(es), podendo aplicar medida coercitiva diversa da prisão civil ou determinar seu cumprimento em modalidade diversa do regime fechado (prisão em regime aberto ou prisão domiciliar), se o executado comprovar situações que contraindiquem o rigor na aplicação desse meio executivo e o torne atentatório à sua dignidade, como corolário do princípio de proteção aos idosos e garantia à vida". (ENUNCIADO 599 CJF)

Interessante o conteúdo do Enunciado 341 JDC/CJF ao prever que a relação socioafetiva pode ser elemento gerador de obrigação alimentar.

Vale ressaltar que, sendo várias as pessoas obrigadas a prestar alimentos, todas devem concorrer na proporção dos respectivos recursos, e, intentada ação contra uma delas, poderão as demais ser chamadas a integrar a lide (art. 1.698 do CC).

Quanto aos alimentos devidos aos filhos, em tese, os valores são devidos até que o filho atinja a maioridade. No entanto, o STJ entende que o cancelamento da pensão não é automático quando se atinge a maioridade (Súmula 358 do STJ: o cancelamento de pensão alimentícia de filho que atingiu a maioridade está sujeito à decisão judicial, mediante contraditório, ainda que nos próprios autos. É necessário verificar se a necessidade ainda existe, sendo que, caso o filho esteja ainda em período de estudos, a pensão será mantida até o fim destes, salvo se o filho já mantém economia própria. Segundo esse tribunal é devido alimentos ao filho maior quando comprovada a frequência em curso universitário ou técnico, por força da obrigação parental de promover adequada formação profissional. (AgRg nos EDcl no AREsp 791322/SP, DJE 01.06.2016).

Quanto aos alimentos entre cônjuges, a orientação jurisprudencial atualmente é no sentido de que devem ser fixados, quando efetivamente cabíveis, "por tempo determinado, sendo cabível o pensionamento alimentar sem marco final tão somente quando o alimentado (ex-cônjuge) se encontrar em circunstâncias excepcionais, como de incapacidade laboral permanente, saúde fragilizada ou impossibilidade prática de inserção no mercado de trabalho. Precedentes citados: REsp 1.290.313-AL, Quarta Turma, DJe 07.11.2014; REsp 1.396.957-PR, Terceira Turma, DJe 20.06.2014; e REsp 1.205.408-RJ, Terceira Turma, DJe 29.06.2011". (REsp 1.496.948-SP, DJe 12.03.2015). Ou seja, os alimentos devidos entre ex-cônjuges devem ter caráter excepcional, transitório e devem ser fixados por prazo determinado, exceto quando um dos cônjuges não possua mais condições de reinserção no mercado do trabalho ou de readquirir sua autonomia financeira (REsp 1370778/MG, DJE 04.04.2016).

Verifique, agora, os **meios para assegurar o pagamento** da pensão alimentícia:

a) ação de alimentos, para reclamá-los (Lei 5.478/1968);

b) execução por quantia certa (art. 528, § 1º, do NCPC);

c) penhora em vencimentos (art. 833, IV, do NCPC);

d) desconto em folha de pagamento da pessoa obrigada (art. 529 do CPC);

e) prisão do devedor (art. 21 da Lei 5.478/1968, e art. 528, § 3º, do NCPC).

Vale lembrar que o Ministério Público tem legitimidade ativa para ajuizar ação/execução de alimentos em favor de criança ou adolescente, nos termos do art. 201, III, da Lei 8.069/1990 (STJ, REsp 1327471/MT, DJE 04.09.2014). De acordo com a Súmula 594 do STJ, "O Ministério Público tem legitimidade ativa para ajuizar ação de alimentos em proveito de criança ou adolescente independentemente do exercício do poder familiar dos pais, ou do fato de o menor se encontrar nas situações de risco descritas no art. 98 do Estatuto da Criança e do Adolescente, ou de quaisquer outros questionamentos acerca da existência ou eficiência da Defensoria Pública na comarca".

Na execução de alimentos também é possível o protesto (art. 526, § 3º, do NCPC) e a inscrição do nome do devedor nos cadastros de proteção ao crédito (STJ, REsp 1469102/SP, DJE 15.03.2016).

Quanto à possibilidade de **revisão (redução ou majoração)** da pensão alimentícia, bem como de sua **exoneração**, o Código Civil traz a seguinte disposição: "se, fixados os alimentos, sobrevier mudança na situação financeira de quem os supre, ou na de quem os recebe, poderá o interessado reclamar ao juiz, conforme as circunstâncias, exoneração, redução ou majoração do encargo" (art. 1.699 do CC).

7.8.1. QUADRO SINÓTICO

Alimentos

1. Conceito: é a prestação que podem alguns parentes, os cônjuges ou companheiros pedir uns aos outros, consistentes no necessário para que uma pessoa possa viver, fixada segundo a necessidade do reclamante e a possibilidade da pessoa obrigada.

2. Classificação:

2.1 Quanto a natureza: a) naturais; b) civis.

2.2 Quanto a causa jurídica: a) legais; b) indenizatórios.

2.3 Quanto a finalidade: a) definitivos; b) provisórios; c) provisionais.

2.4 Quanto ao momento a partir do qual são devidos: a) atual; b) futuro; c) pretérito.

3. Características da obrigação alimentar:

a) é transmissível;

b) é divisível e comum.

4. Características do direito a alimentos:

a) é personalíssimo;

b) é incessível;

c) é impenhorável;

d) é incompensável;

e) é irrepetível;

f) é intransacionável;

g) é imprescritível;

h) é irrenunciável;

i) é atual.

5. Pressupostos da obrigação alimentar:

a) necessidade do reclamante;

b) possibilidade da pessoa obrigada.

6. Modalidades da prestação alimentar:

a) própria (casa, sustento);

b) imprópria: pensão periódica.

7. Pessoas obrigadas a prestação alimentar (rol taxativo):

a) ascendentes, em favor dos descendentes (ex: pai deve para o filho);

b) descendentes, em favor dos ascendentes (ex: filho deve para pai);

c) cônjuges;

d) companheiros;

e) irmãos.

8. Ordem de preferência: deve ser acionado primeiramente o genitor e em caráter complementar, sucessivo e não solidário, os avós. Sendo a hipótese de uma pessoa mais velha necessitar de alimentos, ele deverá acionar primeiro os seus ascendentes. Caso estes venham a faltar, o dever alimentar passará aos descendentes e, na ausência, aos irmãos.

9. Exoneração de alimentos com a maioridade: não é automática (depende de autorização judicial).

10. Meios para assegurar o pagamento:

a) ação de alimentos, para reclamá-los (Lei 5.478/68);

b) execução por quantia certa (art. 528, § 8º, NCPC);

c) penhora em vencimentos (art. 833, IV, NCPC);

d) desconto em folha de pagamento da pessoa obrigada (art. 529 NCPC);

e) levantamento de saldo FGTS, mediante ordem judicial (Enunciado 572 JDC/CJF);

f) prisão do devedor (art. 21 da Lei 5.478/68 e art. 528, § 3º, NCPC).

7.9. RELAÇÕES DE PARENTESCO

7.9.1. Disposições gerais sobre as relações de parentesco

São **parentes em linha reta** as pessoas que estão umas para com as outras na relação de ascendentes e descendentes. Assim, são parentes em linha reta o filho, o pai, o avô etc. (art. 1.591 do CC).

São **parentes em linha colateral ou transversal**, até o quarto grau, as pessoas provenientes de um só tronco, sem descenderem uma da outra (art. 1.592 do CC). Assim, são parentes em linha colateral os tios, sobrinhos, primos etc. O limite é o quarto grau, de modo que os filhos dos primos de alguém não são parentes desse alguém para fins da lei civil.

Quanto às **espécies** de parentesco, este pode ser **natural** ou **civil**, conforme resulte de consanguinidade ou outra origem (art. 1.593 do CC). Essa disposição vem sendo utilizada pela doutrina e pela jurisprudência para justificar parentesco com base em critérios não biológicos, como o parentesco decorrente do vínculo socioafetivo.

O parentesco socioafetivo, tão comentado hoje no Direito de Família, faz com que os conceitos trazidos aumentem ainda mais, para incluir no conceito de família relações socioafetivas que se enquadram no conceito de posse no estado de filho. Um exemplo é a relação em que uma pessoa ("A") se casa com outra ("B") que já tem um filho ("C"), sendo que, no dia a dia, "A" acaba assumindo e exercendo o papel duradouro de pai de "C". Tal relação revela a chamada *posse no estado de filho*, fazendo com que passe a existir relação de parentesco entre "A" e "C".

Essa discussão, hoje, não é mais de caráter puramente doutrinário. Trata-se de questão que encontra fundamento legal no Código Civil e que, amplamente aceita pela doutrina, já vem sendo aplicada pela jurisprudência.

No plano legal, o art. 1.593 do Código Civil, mencionado, é que justifica essa conclusão.

O fato de a lei civil aceitar que o parentesco civil resulte de "outra origem" faz com que a lei abra campo para que tal outra origem possa se fundar na afinidade com os parentes do cônjuge, na adoção, na reprodução assistida heteróloga e também na afetividade com a pessoa com a qual alguém firmar relação de pai e filho.

Nesse sentido, no plano doutrinário, confira os Enunciados 103 e 256, das Jornadas de Direito Civil, do Conselho da Justiça Federal:

"103. Art. 1.593: O Código Civil reconhece, no art. 1.593, outras espécies de parentesco civil além daquele decorrente da adoção, acolhendo, assim, a noção de que há também parentesco civil no vínculo parental proveniente quer das técnicas de reprodução assistida heteróloga relativamente ao pai (ou mãe) que não contribuiu com seu material fecundante, quer da **paternidade socioafetiva, fundada na posse do estado de filho**." (g.n.)

"256. Art. 1.593: A posse do estado de filho (**parentalidade socioafetiva**) constitui modalidade de **parentesco civil**." (g.n.)

No plano jurisprudencial, o parentesco civil socioafetivo vem sendo aceito pelo Superior Tribunal de Justiça. Confira:

"Reconhecimento de filiação. Ação declaratória de nulidade. Inexistência de relação sanguínea entre as partes. Irrelevância diante do vínculo socioafetivo. – O reconhecimento de paternidade é válido se reflete a existência duradoura do vínculo socioafetivo entre pais e filhos. A ausência de vínculo biológico é fato que por si só não revela a falsidade da declaração de vontade consubstanciada no ato do reconhecimento. A relação socioafetiva é fato que não pode ser, e não é, desconhecido pelo Direito. Inexistência de nulidade do assento lançado em registro civil. – O STJ vem dando prioridade ao critério biológico para o reconhecimento da filiação naquelas circunstâncias em que há dissenso familiar, onde a relação socioafetiva desapareceu ou nunca existiu. Não se pode impor os deveres de cuidado, de carinho e de sustento a alguém que, não sendo o pai biológico, também não deseja ser pai socioafetivo. A *contrario sensu*, se o afeto persiste de forma que pais e filhos constroem uma relação de mútuo auxílio, respeito e amparo, é acertado desconsiderar o vínculo meramente sanguíneo, para reconhecer a existência de filiação jurídica. – Recurso conhecido e provido" (REsp 878.941/DF, Rel. Ministra Nancy Andrighi, Terceira Turma, julgado em 21.08.2007, DJ 17.09.2007, p. 267).

"Será possível o reconhecimento da paternidade socioafetiva após a morte de quem se pretende reconhecer como pai.". (REsp 1.500.999-RJ, DJe 19.04.2016).

"A divergência entre a paternidade biológica e a declarada no registro de nascimento não é apta, por si só, para anular o ato registral, dada a proteção conferida a paternidade socioafetiva." (STJ, REsp 1.829.093-PR, j. 01/06/2021).

Até mesmo o vínculo socioafetivo em segundo grau (fraternidade socioafetiva) está sendo considerado um pedido juridicamente possível pelo STJ. Confira a seguinte decisão: "Reconhecimento de parentesco colateral em segundo grau socioafetivo (fraternidade socioafetiva) *post mortem*. Condições da ação. Teoria da asserção. Pretensão abstratamente compatível com o ordenamento pátrio. Possibilidade jurídica do pedido. Inexiste qualquer vedação legal ao reconhecimento da fraternidade/irmandade socioafetiva, ainda que *post mortem*, pois a declaração da existência de relação de parentesco de segundo grau na linha colateral é admissível no ordenamento jurídico pátrio, merecendo a apreciação do Poder Judiciário". Processo sob segredo de justiça, Rel. Min. Marco Buzzi, Quarta Turma, por maioria, julgado em 04/10/2022.

Diferente é a situação de alguém que pensa ser pai de uma criança nascida na constância de uma união estável, tornando-se pai registral da criança, mas em seguida descobre por exame de DNA que não é pai e deixa de manter contato com a criança. Nesse último caso, o STJ entende que é cabível a desconstituição da paternidade registral (REsp 1.330.404-RS, DJ 19.02.2015).

Por outro lado, a paternidade biológica também tem sido bastante valorizada mesmo quando o filho não tenha tido vínculo socioafetiva com os pais biológicos. Nesse sentido confira as seguintes decisões do STJ:

"Direito civil. Direito ao reconhecimento de paternidade biológica. O filho tem direito de desconstituir a denominada "adoção à brasileira" para fazer constar o nome de seu pai biológico em seu registro de nascimento, ainda que preexista vínculo socioafetivo de filiação com o pai registral" (REsp 1.417.598-CE, DJe 18.02.2016).

"Irmãos unilaterais possuem legitimidade ativa e interesse processual para propor ação declaratória de reconhecimento de parentesco natural com irmã pré-morta, ainda que a relação paterno-filial com o pai comum, também pré-morto, não tenha sido reconhecida em vida" (STJ, REsp 1.892.941-SP, j. 01/06/2021).

Dando continuidade ao estudo do parentesco, o art. 1.594 do CC ensina como se deve contar os **graus de parentesco**: "contam-se, na linha reta, os graus de parentesco pelo número de gerações, e, na colateral, também pelo número delas, subindo de um dos parentes até ao ascendente comum, e descendo até encontrar o outro parente".

Outro tema importante é o do **vínculo de afinidade**. De acordo com o Código Civil, cada cônjuge ou companheiro é aliado aos parentes do outro pelo vínculo da afinidade (art. 1.595). Porém, o parentesco por afinidade limita-se aos ascendentes, aos descendentes e aos irmãos do cônjuge ou companheiro. Assim, o primo da esposa de alguém não é parente por afinidade desse alguém. Por fim, vale lembrar que, na linha reta, a afinidade não se extingue com a dissolução do casamento ou da união estável. Ou seja, sogra e genro nunca poderão se casar. Mas cunhado e cunhada poderão se casar.

7.9.2. Da filiação

Tema relevante em matéria de relação de parentesco é o da filiação.

De acordo com o art. 1.596 do CC, "os filhos, havidos ou não da relação de casamento, ou por adoção, terão os mesmos direitos e qualificações, proibidas quaisquer designações discriminatórias relativas à filiação". Esse dispositivo está a garantir o **princípio da igualdade** entre os filhos previsto no art. 227, § 6º, da CF.

Outra questão importante diz respeito à presunção de filiação. Essa presunção existe quando há um casamento. Porém, o art. 1.597 do CC traz regras específicas sobre o assunto, pelas quais presumem-se concebidos na constância do casamento os filhos:

a) nascidos cento e oitenta dias, pelo menos, *depois* de estabelecida a convivência conjugal;

b) nascidos nos trezentos dias subsequentes à dissolução da sociedade conjugal, por morte, separação judicial, nulidade e anulação do casamento;

c) havidos por fecundação artificial homóloga, mesmo que falecido o marido; homóloga é a fecundação com material genético vindo do marido e da mulher;

d) havidos, a qualquer tempo, quando se tratar de embriões excedentários, decorrentes de concepção artificial homóloga. Finda a sociedade conjugal, na forma do art. 1.571, essa regra somente poderá ser aplicada se houver autorização prévia, por escrito, dos ex-cônjuges para a utilização dos embriões excedentários, só podendo ser revogada até o início do procedimento de implantação desses embriões (Enunciado 107 JDC/CJF); vale salientar que "a declaração posta em contrato padrão de prestação de serviços de reprodução humana é instrumento absolutamente inadequado para legitimar a implantação *post mortem* de embriões excedentários, cuja autorização, expressa e específica, deve ser efetivada por testamento ou por documento análogo" (STJ, REsp 1.918.421-SP, DJe 26/08/2021);

e) havidos por inseminação artificial heteróloga, desde que tenha prévia autorização do marido; heteróloga é a fecundação com material genético vindo da mulher e de um terceiro (doador do material genético); para que o filho nascido nessas condições seja presumido do marido da mãe, é necessário autorização deste quanto ao procedimento feito por sua mulher.

Ainda sobre o tema de presunção de filhos concebidos na constância do casamento, colaciona-se o Enunciado 633 CJF: "É possível ao viúvo ou ao companheiro sobrevivente, o acesso à técnica de reprodução assistida póstuma – por meio da maternidade de substituição, desde que haja expresso consentimento manifestado em vida pela sua esposa ou companheira". A **maternidade em substituição** consiste na chamada "barriga de aluguel" ou "útero emprestado" ou "doação temporária do útero". Suponhamos que a falecida tenha deixado óvulos congelados. O cônjuge sobrevivente poderá usá-los fazendo uso de um útero hospedeiro, desde que haja autorização expressa da *de cujus* e criança será considerada sua filha.

A filiação materna ou paterna pode resultar de casamento declarado nulo, ainda mesmo sem as condições do putativo (art. 1.617 do CC).

A prova da impotência do cônjuge para gerar, à época da concepção, **ilide** a presunção da paternidade (art. 1.599 do CC).

Por outro lado, **não basta** o adultério da mulher, ainda que confessado, para ilidir a presunção legal da paternidade (art. 1.600 do CC). Além disso, não basta a confissão materna para excluir a paternidade (art. 1.602 do CC).

Cabe ao marido o **direito de contestar** a paternidade dos filhos nascidos de sua mulher, sendo tal ação imprescritível (art. 1.601 do CC). Contestada a filiação, os herdeiros do impugnante têm direito de prosseguir na ação. Contudo, essa ação não é cabível se a filiação tiver origem em procriação assistida heteróloga, autorizada pelo marido nos termos do inc. V do art. 1.597, cuja paternidade configura presunção absoluta (Enunciado 258 JDC/CJF). Ademais, o conhecimento da ausência de vínculo biológico e a posse de estado de filho obstam a contestação da paternidade presumida (Enunciado 520 JDC/CJF).

A filiação prova-se pela certidão do termo de nascimento registrada no Registro Civil (art. 1.603 do CC). No fato jurídico do nascimento, mencionado no art. 1.603, compreende-se, à luz do disposto no art. 1.593, a filiação consanguínea e também a socioafetiva (Enunciado 108 JDC/CJF). Ninguém pode vindicar estado contrário ao que resulta do registro de nascimento, salvo provando-se erro ou falsidade do registro (art. 1.604 do CC). Sobre o assunto de registro, o ENUNCIADO 608 CJF traz interessante disposição: "É possível o registro de nascimento dos filhos de pessoas do mesmo sexo originários de reprodução assistida, diretamente no Cartório do Registro Civil, sendo dispensável a propositura de ação judicial, nos termos da regulamentação da Corregedoria local".

Na falta, ou defeito, do termo de nascimento, poderá provar-se a filiação por qualquer modo admissível em direito (art. 1.605 do CC):

a) quando houver começo de prova por escrito, proveniente dos pais, conjunta ou separadamente;

b) quando existirem veementes presunções resultantes de fatos já certos.

A restrição da coisa julgada oriunda de demandas reputadas improcedentes por insuficiência de prova não deve prevalecer para inibir a busca da identidade genética pelo investigando (Enunciado 109 JDC/CJF).

A ação de prova de filiação compete ao filho, enquanto viver, passando aos herdeiros, se ele morrer menor ou incapaz (art. 1.606 do CC). Se iniciada a ação pelo filho, os herdeiros poderão continuá-la, salvo se julgado extinto o processo.

Importante tecer algumas considerações sobre a **filiação multiparental ou multiparentalidade**. Trata-se da hipótese em que o filho, por meio de um procedimento judicial, passa a ter em sua certidão de nascimento dois pais e uma mãe, ou um pai e duas mães, ou dois pais e duas mães. Isso ocorre devido ao reconhecimento, por nossos tribunais, da parentalidade socioafetiva, isto é, pai e mãe é quem cria, levando-se em conta o vínculo afetivo em detrimento do vínculo biológico. É possível então, que o padrasto entre com uma ação para registrar seu enteado como filho, por exemplo. Nesse caso, a criança terá dois pais: o biológico e o afetivo. Repare que não se remove o nome do pai biológico, mas apenas acrescenta-se o do pai afetivo.

Isso acarreta alguns efeitos práticos, principalmente no campo do direto a alimentos, onde o filho poderá pedir pensão a todos os que constam no registro, bem como no direito das sucessões, onde se torna legítimo herdeiro de todos para fins de herança. Nesta linha de raciocínio:

Enunciado 632 CJF: Nos casos de reconhecimento de multiparentalidade paterna ou materna, o filho terá direito à participação na herança de todos os ascendentes reconhecidos.

7.9.3. Do reconhecimento dos filhos fora do casamento

No item anterior vimos como funciona a presunção de filiação quando se estão no bojo de um casamento.

Resta estudar agora o reconhecimento de filhos fora do casamento.

A maternidade da criança é algo sobre o que não há dúvida, pois o hospital atesta quem é mãe de uma dada criança. Porém, a paternidade, quando o pai não é casado com a mãe da criança, depende de reconhecimento da filiação por esse pai.

O art. 1.607 do CC dispõe que o filho havido fora do casamento pode ser reconhecido pelos pais, conjunta ou separadamente.

Esse reconhecimento é ato muito sério, daí porque a lei o considera **irrevogável**, ainda que tenha sido feito em testamento (art. 1.610 do CC). Não bastasse, são ineficazes a condição e o termo apostos ao ato de reconhecimento do filho (art. 1.613 do CC).

Em se tratando de **filho maior**, este não pode ser reconhecido sem o seu consentimento, e o menor pode impugnar o reconhecimento, nos quatro anos que se seguirem à maioridade, ou à emancipação (art. 1.614 do CC).

O reconhecimento pode ser feito das seguintes **formas**:

a) no registro do nascimento;

b) por escritura pública ou escrito particular, a ser arquivado em cartório;

c) por testamento, ainda que incidentalmente manifestado;

d) por manifestação direta e expressa perante o juiz, ainda que o reconhecimento não haja sido o objeto único e principal do ato que o contém.

Quanto ao **momento** em que o reconhecimento pode se dar, este pode preceder o nascimento do filho ou ser posterior ao seu falecimento, se ele deixar descendentes.

Porém, há casos em que alguém reconhece um filho fora do casamento, mas esse alguém é casado com outra pessoa. Nesse caso, a lei permite o reconhecimento, mas dispõe que o filho havido fora do casamento, reconhecido por um dos cônjuges, não poderá residir no lar conjugal sem o consentimento do outro (art. 1.611 do CC).

O filho reconhecido, enquanto menor, ficará sob a guarda do genitor que o reconheceu, e, se ambos o reconheceram e não houver acordo, sob a de quem melhor atender aos interesses do menor (art. 1.612 do CC).

Caso não haja reconhecimento espontâneo pelos pais, é possível que se ingresse com ação de investigação, cuja sentença que julgar procedente produzirá os mesmos efeitos do reconhecimento, mas poderá ordenar que o filho se crie e eduque fora da companhia dos pais ou daquele que lhe contestou essa qualidade (art. 1.616 do CC).

Sobre a questão, vale citar a Súmula 301 do STJ, pela qual "em ação investigatória, a recusa do suposto pai a submeter-se ao exame de DNA induz presunção *juris tantum* de paternidade". Por outro lado, se o pai é falecido e outros parentes vivos se recusam a fazer o exame de DNA, caberá pedido de exumação do corpo do pai para fazer o exame de DNA. Confira: É legal a ordem judicial de exumação de restos mortais do *de cujus*, a fim de subsidiar exame de DNA para averiguação de vínculo de paternidade, diante de tentativas frustradas de realizar-se o exame em parentes vivos do investigado, bem como de completa impossibilidade de elucidação dos fatos por intermédio de outros meios de prova. Processo sob segredo de justiça, STJ, Rel. Min. Paulo de Tarso Sanseverino, Terceira Turma, por unanimidade, julgado em 04/10/2022. (Informativo n. 752).

Quanto à questão da maternidade, uma vez que esta constar do termo do nascimento do filho, a mãe só poderá contestá-la provando a falsidade do termo, ou das declarações nele contidas (art. 1.608 do CC).

7.9.4. Do poder familiar

O poder familiar é um **direito-poder** dos pais em relação aos **filhos menores** (art. 1.630 do CC). No passado, esse poder tinha o nome de pátrio poder.

Esse poder é exercido por **ambos os pais**, sendo que, caso haja divergência entre esses, qualquer deles pode recorrer ao juiz para a solução do desacordo.

Na falta ou impedimento de um deles, o outro exercerá o poder familiar com exclusividade.

Esse poder faz com que os pais tenham os seguintes **direitos/responsabilidades** em relação aos filhos menores (art. 1.634 do CC, com novas redações introduzidas pela Lei 13.058/2014):

a) dirigir-lhes a criação e educação;

b) exercer a guarda unilateral ou compartilhada nos termos do art. 1.584 do CC;

c) conceder-lhes ou negar-lhes consentimento para casarem;

d) conceder-lhes ou negar-lhes consentimento para viajarem ao exterior;

e) conceder-lhes ou negar-lhes consentimento para mudarem sua residência permanente para outro Município;

f) nomear-lhes tutor por testamento ou documento autêntico, se o outro dos pais não lhe sobreviver, ou o sobrevivo não puder exercer o poder familiar;

g) representá-los judicial e extrajudicialmente até os 16 (dezesseis) anos, nos atos da vida civil, e assisti-los, após essa idade, nos atos em que forem partes, suprindo-lhes o consentimento;

h) reclamá-los de quem ilegalmente os detenha;

i) exigir que lhes prestem obediência, respeito e os serviços próprios de sua idade e condição.

Caso os pais não estejam mais juntos, o poder familiar dos dois **continua existindo**. Porém, há que se verificar como ficará a guarda.

A Lei 13.058/2014 alterou disposições do Código Civil (arts. 1.583, 1.584, 1.585 e 1.634) e trouxe importante novidade nesse terreno.

Essa lei estabelece que a regra, agora, é a guarda compartilhada dos pais em relação aos filhos. Confira o disposto no § 2º do art. 1.584 do Código Civil: "Quando não houver acordo entre a mãe e o pai quanto à guarda do filho, encontrando-se ambos os genitores aptos a exercer o poder familiar, será aplicada a guarda compartilhada, salvo se um dos genitores declarar ao magistrado que não deseja a guarda do menor". Repare que a regra é a guarda compartilhada, regra essa que só cederá, segundo a lei, em três casos: a) se houver acordo dos pais em sentido contrário; b) se o juiz verificar que somente um dos genitores está apto a exercer o poder familiar (o STJ exige que essa declaração se dê prévia ou incidentalmente à ação de guarda, por meio de decisão judicial – REsp 1.629.994-RJ, DJe 15/12/2016); c) se um dos genitores declarar ao juiz que não deseja a guarda do menor. Não ocorrendo qualquer dessas hipóteses, o juiz determinará que a guarda seja compartilhada, o que impõe que as decisões do dia a dia do filho devam ser decididas por ambos os pais, bem como que, sempre que possível e conveniente para os filhos, a residência também seja compartilhada, morando os filhos com os dois pais alternadamente. Quanto a este último ponto (residência compartilhada) é possível que, dados os contornos do caso concreto, a residência não seja alternada, remanescendo a guarda compartilhada em todos os demais aspectos que não digam respeito à residência em si e devendo se fazer valer a regra legal de que "o tempo de convívio com os filhos deve ser dividido de forma equilibrada com a mãe e o pai, sempre tendo em vista as condições fáticas e os interesses dos filhos".

Elenca-se a seguir alguns enunciados do CJF pertinentes ao tema:

> Enunciado 603: A distribuição do tempo de convívio na guarda compartilhada deve atender precipuamente ao melhor interesse dos filhos, não devendo a divisão de forma equilibrada, a que alude o § 2º do art. 1.583 do Código Civil, representar convivência livre ou, ao contrário, repartição de tempo matematicamente igualitária entre os pais.
>
> ENUNCIADO 604 – A divisão, de forma equilibrada, do tempo de convívio dos filhos com a mãe e com o pai, imposta na guarda compartilhada pelo § 2º do art. 1.583 do Código Civil, não deve ser confundida com a imposição do tempo previsto pelo instituto da guarda alternada, pois esta não implica apenas a divisão do tempo de permanência dos filhos com os pais, mas também o exercício exclusivo da guarda pelo genitor que se encontra na companhia do filho.
>
> ENUNCIADO 605 – A guarda compartilhada não exclui a fixação do regime de convivência.
>
> ENUNCIADO 606 – O tempo de convívio com os filhos "de forma equilibrada com a mãe e com o pai" deve ser entendido como divisão proporcional de tempo, da forma que cada genitor possa se ocupar dos cuidados pertinentes ao filho, em razão das peculiaridades da vida privada de cada um.
>
> ENUNCIADO 607 – A guarda compartilhada não implica ausência de pagamento de pensão alimentícia.
>
> ENUNCIADO 671 – A tenra idade da criança não impede a fixação de convivência equilibrada com ambos os pais.

No caso de não haver guarda compartilhada, o pai ou mãe que não detém a guarda não participa de todas as decisões do dia a dia do filho, mas permanece com o direito de supervisionar os interesses do filho e, para possibilitar essa supervisão, qualquer dos genitores será parte legítima para solicitar informações e/ou prestação de contas, objetivas ou subjetivas, em assuntos ou situações que direta ou indiretamente afetem a saúde física e psicológica e a educação de seus filhos (art. 1.583, § 5º).

Voltando à guarda compartilhada, vale elencar as demais regras introduzidas pela Lei 13.058/2014:

"Art. 1.584.

(...)

§ 3º Para estabelecer as atribuições do pai e da mãe e os períodos de convivência sob guarda compartilhada, o juiz, de ofício ou a requerimento do Ministério Público, poderá basear-se em orientação técnico-profissional ou de equipe interdisciplinar, que deverá visar à divisão equilibrada do tempo com o pai e com a mãe.

§ 4º A alteração não autorizada ou o descumprimento imotivado de cláusula de guarda unilateral ou compartilhada poderá implicar a redução de prerrogativas atribuídas ao seu detentor.

§ 5º Se o juiz verificar que o filho não deve permanecer sob a guarda do pai ou da mãe, deferirá a guarda a pessoa que revele compatibilidade com a natureza da medida, considerados, de preferência, o grau de parentesco e as relações de afinidade e afetividade.

§ 6º Qualquer estabelecimento público ou privado é obrigado a prestar informações a qualquer dos genitores sobre os filhos destes, sob pena de multa de R$ 200,00 (duzentos reais) a R$ 500,00 (quinhentos reais) por dia pelo não atendimento da solicitação."

"Art. 1.585. Em sede de medida cautelar de separação de corpos, em sede de medida cautelar de guarda ou em outra sede de fixação liminar de guarda, a decisão sobre guarda de filhos, mesmo que provisória, será proferida preferencialmente após a oitiva de ambas as partes perante o juiz, salvo se a proteção aos interesses dos filhos exigir a concessão de liminar sem a oitiva da outra parte, aplicando-se as disposições do art. 1.584."

Segue interessante acórdão do STJ que explica a diferença entre guarda compartilhada e guarda alternada, além de delinear certas características relevantes da guarda compartilhada, inclusive a possibilidade de ela acontecer mesmo quando os pais residam bem distante um do outro:

"O fato de os genitores possuírem domicílio em cidades distintas não representa óbice à fixação da guarda compartilhada. A guarda compartilhada não se confunde com a guarda alternada, tampouco com o regime de visitas ou de convivência. Com efeito, a guarda compartilhada impõe o compartilhamento de responsabilidades, não se confundindo com a custódia física conjunta da prole ou com a divisão igualitária de tempo de convivência dos filhos com os pais. De fato, nesta modalidade de guarda, é plenamente possível – e, até mesmo, recomendável – que se defina uma residência principal para os filhos, garantindo-lhes uma referência de lar para suas relações da vida. Na guarda alternada, por outro lado, há a fixação de dupla residência, residindo a prole, de forma fracionada, com cada um dos genitores por determinado período, ocasião em que cada um deles, individual e exclusivamente, exercerá a guarda dos filhos. Assim, é imperioso concluir que a guarda compartilhada não demanda custódia física conjunta, tampouco tempo de convívio igualitário, sendo certo, ademais, que, dada sua flexibilidade, esta modalidade de guarda comporta as fórmulas mais diversas para sua implementação concreta, notadamente para o regime de convivência ou de visitas, a serem fixadas pelo juiz ou por acordo entre as partes em atenção às circunstâncias fáticas de cada família individualmente considerada. Portanto, não existe qualquer óbice à fixação da guarda compartilhada na hipótese em que os genitores residem em cidades, estados, ou, até mesmo, países diferentes, máxime tendo em vista que, com o avanço tecnológico, é plenamente possível que, à distância, os pais compartilhem a responsabilidade sobre a prole, participando ativamente das decisões acerca da vida dos filhos. A possibilidade de os genitores possuírem domicílios em cidades distintas infere-se da própria previsão contida no § 3º do art. 1.583 do CC/2002, segundo o qual 'na guarda compartilhada, a cidade considerada base de moradia dos filhos será aquela que melhor atender aos interesses dos filhos.'" (STJ, REsp 1.878.041-SP, DJe 31/05/2021).

Quanto ao poder familiar, este se **extingue** nos seguintes casos:

a) pela morte dos pais ou do filho;

b) pela emancipação do filho;

c) pela maioridade;

d) pela adoção;

e) por decisão judicial, nos casos de perda do poder familiar.

É importante que fique claro que o pai ou a mãe que contrai novas núpcias, ou estabelece união estável, não perde, quanto aos filhos do relacionamento anterior, os direitos ao poder familiar, exercendo-os sem qualquer interferência do novo cônjuge ou companheiro.

A **suspensão** do poder familiar se dará quando o pai ou a mãe (art. 1.637 do Código Civil):

a) abusarem de sua autoridade;

b) forem condenados criminalmente em sentença cuja pena exceda a dois anos de prisão.

Já a **perda** do poder familiar se dará quando o pai ou a mãe (art. 1.638 do Código Civil):

a) castigarem imoderadamente o filho;

b) deixarem o filho em abandono;

c) praticarem atos contrários à moral e aos bons costumes;

d) incidirem, reiteradamente, no abuso de autoridade;

e) entregar de forma irregular o filho a terceiros para fins de adoção. (Incluído pela Lei 13.509, de 2017)

Além disso, verificada a hipótese de maus-tratos, opressão ou abuso sexual impostos pelos pais ou responsáveis, a *autoridade judiciária* poderá determinar, como **medida cautelar**, o *afastamento* do agressor da moradia comum, com fixação provisória de alimentos de que necessitem a criança ou adolescente dependente do agressor (art. 130 do Estatuto da Criança e do Adolescente).

Desvios e problemas decorrentes de culpa grave reiterada ou de dolo no exercício do poder familiar pelos pais devem ensejar suspensão do poder familiar e até perda do poder familiar, neste caso se configuradas as hipóteses do art. 1.638 do Código Civil.

Merece a aplicação das sanções os pais que utilizam o filho para atividades ilícitas, como as relacionadas ao tráfico ou a prostituição infantil. Tais casos revelam quase ausência total de valores positivos por parte dos pais, e, tudo indica, por parte dos filhos também, a justificar as medidas drásticas apontadas.

As sanções de suspensão e perda do poder familiar vêm sendo aplicadas também nos casos em que pais deixam de cuidar e de educar seus filhos, ainda que não tenha acontecido resultado lesivo visível num primeiro momento.

Outro caso que justifica a aplicação das medidas de suspensão e perda do poder familiar é o que decorre da chamada *alienação parental*.

A chamada Síndrome da Alienação Parental (SAP), também conhecida pela sigla em inglês PAS, recebeu esse nome de Richard Gardner, e consiste na situação em que o pai ou a mãe de uma criança a treina para romper os laços afetivos com o outro genitor, criando fortes sentimentos de ansiedade e temor em relação ao outro genitor. Exemplos de atuação nesse sentido são: a) exclusão do outro genitor da vida dos filhos; b) interferência nas visitas do outro genitor; c) ataque à relação entre filho e o outro genitor; d) ataque à imagem do outro genitor.

É importante não confundir a alienação parental com a síndrome, que pode ou não decorrer desta. A **alienação parental** é o afastamento do filho de um dos genitores, provocado pelo outro. Já a **síndrome da alienação parental** são as consequências emocionais e comportamentais que atingem a vítima da alienação parental.

Há estudos que revelam que 80% dos filhos de pais divorciados já sofreram algum tipo de alienação parental.

Porém, somente em caso mais graves é cabível a suspensão e até a perda do poder familiar. A esse respeito, *vide* o seguinte precedente, relatado pela brilhante Desembargadora do Tribunal de Justiça do Rio Grande do Sul, Desembargadora Maria Berenice Dias:

"Destituição do poder familiar. Abuso sexual. Síndrome da alienação parental. Estando as visitas do genitor à filha sendo realizadas junto a serviço especializado, não há justificativa para que se proceda a destituição do poder familiar. A denúncia de abuso sexual levada a efeito pela genitora, não está evidenciada, havendo a possibilidade de se estar frente à hipótese da chamada síndrome da alienação parental. Negado provimento" (TJRS, AI 70015224140, j. 12.07.2006).

Além da alienação parental, há outro caso de grave descumprimento de dever de educação familiar. Trata-se da situação em que o pai ou a mãe não se relacionam com o filho, não cumprindo minimamente o dever de amparo afetivo, moral e intelectual. A situação vem sendo chamada doutrinariamente de **abandono afetivo** ou **abandono moral**.

Pais que assim agem estão sujeitos à perda do poder familiar por praticarem a conduta descrita no art. 1.638, II, do Código Civil.

Confira decisão do Superior Tribunal de Justiça destituindo mãe do poder familiar por conta de abandono afetivo:

"Direito civil. Pátrio poder. Destituição por abandono afetivo. Possibilidade. Art. 395, inciso II, do Código Civil [de 1916] c/c art. 22 do ECA. Interesses do menor. Prevalência. – Caracterizado o abandono efetivo, cancela-se o pátrio poder dos pais biológicos. Inteligência do art. 395, II do Código Bevilacqua, em conjunto com o art. 22 do Estatuto da Criança e do Adolescente. Se a mãe abandonou o filho, na própria maternidade, não mais o procurando, ela jamais exerceu o pátrio poder." (REsp 275.568-RJ, rel. Humberto Gomes de Barros, j. 18.05.2004).

Por outro lado, fica também a discussão sobre que outras sanções ou consequências são cabíveis. No caso, a maior discussão é se cabe ou não reparação civil no caso.

O Superior Tribunal de Justiça, que não aceitava a tese de que cabe condenação ao pai ao pagamento de indenização por danos morais, mudou de posição. Confira:

"Civil e processual civil. Família. Abandono afetivo. Compensação por dano moral. Possibilidade.

1. Inexistem restrições legais à aplicação das regras concernentes à responsabilidade civil e o consequente dever de indenizar/compensar no Direito de Família.

2. O cuidado como valor jurídico objetivo está incorporado no ordenamento jurídico brasileiro não com essa expressão, mas com locuções e termos que manifestam suas diversas desinências, como se observa do art. 227 da CF/1988.

3. Comprovar que a imposição legal de cuidar da prole foi descumprida implica em se reconhecer a ocorrência de ilicitude civil, sob a forma de omissão. Isso porque o *non facere*, que atinge um bem juridicamente tutelado, leia-se, o necessário dever de criação, educação e companhia – de cuidado – importa em vulneração da imposição legal, exsurgindo, daí, a possibilidade de se pleitear compensação por danos morais por abandono psicológico.

4. Apesar das inúmeras hipóteses que minimizam a possibilidade de pleno cuidado de um dos genitores em relação à sua prole, existe um núcleo mínimo de cuidados parentais que, para além do mero cumprimento da lei, garantam aos filhos, ao menos quanto à afetividade, condições para uma adequada formação psicológica e inserção social.

5. A caracterização do abandono afetivo, a existência de excludentes ou, ainda, fatores atenuantes – por demandarem revolvimento de matéria fática – não podem ser objeto de reavaliação na estreita via do recurso especial.

6. A alteração do valor fixado a título de compensação por danos morais é possível, em recurso especial, nas hipóteses em que a quantia estipulada pelo Tribunal de origem revela-se irrisória ou exagerada.

7. Recurso especial parcialmente provido. (REsp 1159242/SP, Rel. Ministra Nancy Andrighi, Terceira Turma, julgado em 24.04.2012, *DJe* 10.05.2012)."

7.9.5. QUADRO SINÓTICO

PARTE I
Relações de parentesco.

1.Parentes em linha reta: pessoas que estão umas para com as outras na relação de ascendentes e descendentes.

2. Parentes em linha colateral: até o quarto grau, as pessoas provenientes de um só tronco, sem descenderem uma da outra.

3. Espécies de parentesco:
a) Natural (consanguíneo);
b) Civil (ex: adoção);
c) Socioafetivo (posse do estado de filho);
d) Afinidade (ex: cunhado, sogra).

4. Graus de parentesco: contam-se, na linha reta, os graus de parentesco pelo número de gerações, e, na colateral, também pelo número delas, subindo de um dos parentes até ao ascendente comum, e descendo até encontrar o outro parente.

5. Filiação

5.1 Pontos importantes:

a) princípio da igualdade entre os filhos, independentemente da origem;

b) presunção de filiação: concebidos na constância do casamento (art. 1.597, CC traz regras específicas);

c) Ação de investigação de paternidade ou negatória de paternidade: imprescritível;

d) Prova de filiação: certidão do termo de nascimento registrada no Registro Civil. Na falta, prova-se por qualquer outro meio admissível em direito, respeitado o art. 1.605, CC (aplica-se ao caso de parentesco socioafetivo).

6. Reconhecimento de filhos fora do casamento:

6.1 Pontos importantes:

a) pode ser feito pelos pais, conjunta ou separadamente;

b) é irrevogável;

c) filho maior: é necessário o consentimento; filho menor: pode impugnar até 4 anos após a maioridade;

d) formas:

– no registro de nascimento;

– por escritura pública ou escrito particular, a ser arquivado em cartório;

– por testamento, ainda que incidentalmente manifestado;

– por manifestação expressa a direta perante o juiz, ainda que o reconhecimento não haja sido o objeto único a principal do ato que o contém.

e) momento: pode preceder o nascimento do filho ou ser posterior ao seu falecimento, se ele deixar descendentes.

PARTE II
Poder familiar.

1.Conceito: é um direito-poder dos pais em relação aos filhos menores (art. 1.630, CC).

2. Direitos/responsabilidades dos pais em relação aos filhos menores:

a) dirigir-lhes a criação e a educação;

b) tê-los em sua companhia e guarda;

c) conceder-lhes ou negar-lhes consentimento para casarem;

d) nomear-lhes tutor por testamento ou documento autêntico, se o outro pai não sobreviver, ou o sobrevivo não puder exercer o poder familiar;

e) representá-los, até os 16 anos, nos atos da vida civil, e assisti-los após essa idade nos atos em que forem partes, suprindo-lhes o consentimento;

f) reclamá-los de quem ilegalmente os detenha;

g) exigir que lhes prestem obediência, respeito e os serviços próprios de sua idade e condição.

3. Causas de extinção:

a) pela morte dos pais ou dos filhos;

b) pela emancipação do filho;

c) pela maioridade;

d) pela adoção;

e) por decisão judicial, nos casos de perda do poder familiar.

4. Causas de suspensão:

a) abuso de autoridade;

b) condenação criminal em sentença cuja pena exceda a dois anos de prisão.

5. Causas de perda:

a) castigar imoderadamente o filho;

b) deixar o filho em abandono;

c) praticar atos contrários à moral e aos bons costumes;

d) incidir, reiteradamente, no abuso de autoridade;

e) alienação parental: situação em que o pai ou a mãe de uma criança a treina para romper os laços afetivos com o outro genitor, criando fortes sentimentos de ansiedade e temor em relação ao outro genitor. Há ainda a síndrome de alienação parental que são as consequências emocionais e comportamentais que atingem a vítima da alienação parental. A suspensão/perda do poder familiar pode ser uma das sanções ao genitor alienador;

f) Abandono afetivo: pais que, por opção própria optam por não se relacionarem com os filhos. Também pode acarretar perda do poder familiar.

7.10. QUESTÕES COMENTADAS

7.10.1. Casamento

7.10.1.1 Disposições gerais, capacidade, impedimentos, causas suspensivas, habilitação, celebração e prova do casamento

(Juiz de Direito/AM – FGV) A respeito do casamento de menor de dezesseis anos, assinale a afirmativa correta.

(A) É um ato anulável, por ação ajuizável exclusivamente por seus representantes legais.

(B) É um ato anulável, por ação ajuizável pelo menor, por seus representantes legais ou por seus ascendentes.

(C) É um ato nulo, podendo a ação ser ajuizada pelo Ministério Público, pelo menor ou pelos representantes legais deste.

(D) É um ato ineficaz, podendo ser reconhecido como tal em ação declaratória.

(E) É um ato inexistente, podendo ser reconhecido como tal em ação declaratória.

A solução dada pelo art. 1.550, I, do CC para o casamento daquele que não completou a idade núbil (16 anos) é a anulabilidade do ato e não sua nulidade absoluta, inexistência ou ineficácia. A legitimidade para pleitear tal anulabilidade vem estampada no art. 1.552 e inclui o próprio menor, representantes e ascendentes.

Gabarito "B"

(Ministério Público/MG) Analise as seguintes alternativas e assinale a assertiva INCORRETA.

(A) Diz a lei que não podem casar os afins em linha reta, os irmãos unilaterais, o adotado com o filho do adotante, os colaterais de quarto grau, sem prévia autorização judicial.

(B) A documentação, juntada na habilitação do casamento, deverá ser remetida ao MP para proceder à verificação e, estando em ordem, ser homologada pelo juiz.

(C) É lícito a terceiro opor em declaração escrita impedimento que inviabiliza o processo de habilitação do casamento, antes ou após publicação dos editais.

(D) Como regra geral, os bens deixados em testamento com cláusula de inalienabilidade são considerados bens fora do comércio ou bens indisponíveis pela vontade humana.

A: incorreta (e deve ser assinalada), pois inclui os colaterais até o quarto grau, quando deveria incluir os colaterais até o terceiro grau (art. 1.521, IV, do CC); **B:** correta, nos termos da redação do art. 1.526 do CC. Porém, após a publicação do edital do concurso, foi promulgada a Lei 12.133, de 17 de dezembro de 2009, que deu nova redação ao dispositivo, não sendo mais necessária a homologação pelo juiz, exceto nos casos de impugnação (art. 1.526, parágrafo único, do CC); **C:** correta, pois a assertiva reflete o disposto no art. 1.522, *caput*, do CC; **D:** correta, pois os bens gravados com cláusula de inalienabilidade não podem ser alienados e serão, por isso, considerados bens fora do comércio.

Gabarito "A"

(Ministério Público/SP) Assinale a alternativa correta:

(A) o casamento daquele que não alcançou 16 (dezesseis) anos será permitido nos casos de gravidez.

(B) a autorização tácita dos representantes legais do incapaz, para fins de casamento, não possui relevância jurídica.

(C) a idade núbil é 15 anos.

(D) é pressuposto legal para o deferimento do pedido de suprimento judicial de idade para casamento a demonstração da maturidade do nubente que não atingiu a idade núbil.

(E) a anulação do casamento daquele que não atingiu a idade núbil pode ser requerida pelo próprio cônjuge menor, por seus representantes legais e por seus ascendentes, no prazo de 180 (cento e oitenta) dias, a partir da cessação da incapacidade, no primeiro caso, e do casamento, nas demais hipóteses.

A: correta, pois a assertiva reflete o disposto no art. 1.520 do CC; **B:** incorreta, pois o art. 1.517 não exige autorização expressa dos pais; **C:** incorreta, pois a idade núbil é 16 anos, conforme art. 1.517 do CC; **D:** incorreta, pois não existe essa exigência legal; **E:** incorreta, pois a anulação poderá ser requerida, no prazo de cento e oitenta dias, pelo *incapaz*, ao deixar de sê-lo, e por seus *representantes legais* ou de seus *herdeiros necessários*. O prazo será contado do dia em que cessou a incapacidade, no primeiro caso; e a partir do casamento, no segundo; e, no terceiro, da morte do incapaz, conforme dispõe o art. 1.555, § 1º, do CC.

Gabarito "A"

7.10.1.2 Invalidade

(Promotor de Justiça/PR) É hipótese de nulidade do casamento:
(A) O casamento do menor de 16 anos;
(B) O casamento com infringência de impedimento;
(C) O casamento contraído com erro sobre a pessoa do outro nubente;
(D) O casamento do menor entre 16 e 18 anos não autorizado por seu representante legal;
(E) O casamento do menor emancipado, sem autorização de seu representante legal.

A: incorreta, pois o casamento de quem não atingiu a idade núbil é anulável, segundo o disposto no art. 1.550, I, do CC; **B:** correta, pois trata-se de uma das duas hipóteses de nulidade absoluta de casamento (art. 1.548, II, do CC); **C:** incorreta, pois o erro essencial sobre a pessoa do cônjuge é hipótese de anulabilidade de casamento (art. 1.550, III, do CC); **D:** incorreta, pois apesar de já se ter atingido a idade núbil (16 anos) prevista no art. 1.517 do Código Civil, o casamento do menor de 18 anos exige autorização dos pais, sob pena de anulabilidade e não nulidade absoluta (art. 1.550, II, do CC); **E:** incorreta, pois nesse caso o casamento não é nulo.
Gabarito "B".

(Magistratura/PB – CESPE) Considerando as disposições legais e doutrinárias a respeito do direito de família, assinale a opção correta.
(A) Tanto o casamento nulo quanto o anulável requerem, para a sua invalidação, pronunciamento judicial em ação própria, visto que ao juiz é vedado declarar de ofício a invalidade.
(B) Os pais que tenham consentido, mediante ato escrito, casamento de filho menor de dezoito anos de idade poderão revogar a autorização, inclusive durante a celebração do casamento, desde que por ato escrito.
(C) É admitida a alteração de regime de bens entre os cônjuges, independentemente de autorização judicial.
(D) De acordo com o Código Civil, a relação concubinária mantida simultaneamente ao matrimônio gera, após o seu encerramento, direito a indenização e direitos hereditários.
(E) No denominado casamento religioso com efeitos civis, o registro tem natureza meramente probatória, não constituindo ato essencial para a atribuição dos efeitos civis.

A: correta, pois as duas formas requerem pronunciamento judicial. A sentença que decretar a nulidade do casamento retroagirá à data de sua celebração (art. 1.563 do CC), já na sentença que declarar a anulação do casamento os efeitos são *ex nunc*; **B:** incorreta, pois a revogação somente pode ser efetuada até a celebração do casamento (art. 1.518 do CC); **C:** incorreta, pois a alteração do regime de bens necessita de autorização judicial (art. 1.639, § 2º, do CC); **D:** incorreta, pois não existe essa previsão legal; **E:** incorreta, pois o casamento religioso só terá efeitos civis se for registrado no registro civil (art. 1.516, § 2º, do CC).
Gabarito "A".

(Magistratura/SC) Assinale a alternativa correta:
I. Não pode casar o adotante com quem foi cônjuge do adotado e o adotado com quem o foi do adotante.
II. É da essência do ato a certidão, de modo que o casamento somente pode ser provado por ela.
III. É nulo o casamento por violação de impedimento e anulável aquele celebrado em desacordo com as regras da idade núbil.
IV. Mesmo o casamento nulo, se celebrado de boa-fé por ambos os cônjuges, produz efeitos em relação a estes e aos respectivos filhos até a data da sentença anulatória.
(A) Somente as proposições I, II e IV estão corretas.
(B) Somente as proposições I e III estão corretas.
(C) Somente as proposições I, III e IV estão corretas.
(D) Somente as proposições II e III estão corretas.
(E) Somente as proposições III e IV estão corretas.

I: correta (art. 1.521, III, do CC); **II:** incorreta, pois justificada a falta ou perda do registro civil, é admissível qualquer outra espécie de prova (art. 1.543, parágrafo único, do CC); **III:** correta (arts. 1.548, II, e 1.550, I, ambos do CC); **IV:** correta (art. 1.561 do CC).
Gabarito "C".

(Analista – TJ/ES – CESPE) Julgue o seguinte item.
(1) O casamento é um instituto de múltiplos efeitos jurídicos, irradiando sua eficácia sobre a vida pessoal dos cônjuges. Em algumas hipóteses, tais efeitos perduram mesmo depois do término da sociedade conjugal, como se dá, por exemplo, no caso de divórcio, em que, em regra, o cônjuge pode manter o nome de casado.

1: correta (art. 1.571, § 2º, do CC).
Gabarito 1C.

7.10.1.3 Efeitos e dissolução do casamento

(Ministério Público/RO – CESPE) Acerca do direito das famílias, assinale a opção correta.
(A) Atualmente, somente é possível a dissolução da sociedade conjugal com o divórcio.
(B) O reconhecimento do filho havido fora do casamento pode preceder o nascimento somente na hipótese de o pai apresentar risco de morrer devido a problemas graves de saúde.
(C) Apesar do princípio da igualdade, que, entre outros aspectos, proíbe a discriminação baseada no sexo, cabe ao pai a administração dos bens dos filhos menores ou daqueles que estejam sob a sua autoridade.
(D) O bem de família, por ser o bem de residência, é isento de execução por dívidas posteriores à sua instituição, salvo a execução de dívidas que provierem de tributos relativos ao prédio ou de despesas de condomínio.
(E) O tutor pode se escusar da tutela, sendo que, para tanto, deve fundamentar o seu pleito. Entre as razões que justificam tal escusa, inclui-se a idade do tutor, se este tiver mais de sessenta anos de idade, ou o fato de ele ser militar em serviço.

A: incorreta (art. 1.571 do CC); porém, com o advento da EC 66/2010, permitindo o divórcio direto, sem necessidade de cumprir prazos, tudo indicando que o instituto da separação judicial venha, no mí-

nimo, a cair em desuso, ficando o divórcio como a melhor solução quando se deseja a dissolução da sociedade conjugal; **B:** incorreta, pois o reconhecimento do filho pode preceder o nascimento, independentemente do estado de saúde do pai (art. 1.609, parágrafo único, do CC); **C:** incorreta, pois o pai e a mãe tem têm a administração dos bens dos filhos menores sob sua autoridade (art. 1.689, II, do CC); **D:** incorreta, pois o bem de família não é aquele necessariamente que serve de residência, mas aquele instituído pelos cônjuges (art. 1.714 do CC); **E:** correta (art. 1.736, II e VII, do CC).
Gabarito "E".

(Ministério Público/SP) Quando os cônjuges decidem por fim à sociedade conjugal, pretendendo divorciar-se consensualmente, eles devem levar em consideração:

(A) o prazo de 2 (dois) anos a contar da separação judicial por mútuo consentimento.

(B) a possibilidade de o divórcio ser formalizado perante o Cartório de Registro Civil, inclusive com relação aos filhos menores de 16 (dezesseis) anos.

(C) a guarda compartilhada, com previsão de visita do pai em dias e horários alternados e opção de a mãe decidir sobre a educação.

(D) o fato de as novas núpcias de um dos cônjuges não lhe retirar o direito de guarda antes fixado.

(E) a prestação de alimentos aos filhos, que poderá ser compensada com a proximidade e visitação do cônjuge.

A: incorreta, pois o advento da EC 66/2010 permite o divórcio direto, sem necessidade de cumprir prazos; **B:** incorreta, pois o divórcio não poderá ser realizado no Cartório de Registro Civil se houver filhos menores (art. 3º, da Lei 11.441/2007); **C:** incorreta, pois a guarda compartilhada pressupõe a responsabilização conjunta e o exercício de direitos e deveres do pai e da mãe que não vivem sob o mesmo teto (art. 1.583 do CC); **D:** correta (art. 1.588 do CC); **E:** incorreta, pois a prestação de alimentos não pode ser objeto de compensação (art. 1.707 do CC).
Gabarito "D".

7.10.1.4 Regime de bens

(Magistratura/RR – FCC) Qualquer que seja o regime de bens do casamento, tanto o marido quanto a mulher podem livremente

(A) reivindicar os bens comuns, móveis ou imóveis, doados ou transferidos pelo outro cônjuge ao concubino, desde que provado que os bens não foram adquiridos pelo esforço comum destes, se o casal estiver separado de fato por mais de cinco anos.

(B) alienar os bens imóveis gravados com cláusula de incomunicabilidade.

(C) prestar fiança ou aval, desde que o valor por que se obriga não supere o de seus bens particulares.

(D) comprar a crédito as coisas necessárias à economia doméstica, mas não poderão obter por empréstimo as quantias necessárias para sua aquisição.

(E) propor ação de usucapião de bem imóvel.

A: correta (art. 1.642, V, do CC); **B:** incorreta, pois em relação a bens imóveis essa liberdade só existe se o casal é casado no regime de separação absoluta (art. 1.647, caput e inciso I, do CC); **C:** incorreta, pois essa liberdade só existe se o casal é casado no regime de separação absoluta (art. 1.647, caput e inciso III, do CC); **D:** incorreta, pois é cabível também, independentemente da autorização do outro, a obtenção de empréstimo de quantias necessárias a comprar as coisas necessárias à economia doméstica; **E:** incorreta, pois é necessário a autorização do outro (art. 1.647, II, do CC).
Gabarito "A".

(Magistratura/SC – FCC) Analise as seguintes assertivas sobre o regime de bens do casamento.

I. No regime da comunhão parcial de bens excluem-se da comunhão os proventos do trabalho pessoal da cada cônjuge.

II. No regime da separação de bens, salvo disposição em contrário no pacto antenupcial, ambos os cônjuges são obrigados a contribuir para as despesas do casal apenas na proporção dos rendimentos de seu trabalho.

III. No regime da comunhão universal de bens, são excluídos da comunhão os bens herdados com a cláusula de inalienabilidade.

IV. Nos regimes da comunhão parcial e da comunhão universal de bens, recusando-se um dos cônjuges à outorga para alienação de bem imóvel, cabe ao juiz supri-la, se não houver motivo justo para a recusa.

V. Salvo no regime da separação de bens, é nula a fiança concedida por um dos cônjuges sem autorização do outro.

É correto o que se afirma APENAS em

(A) II, IV e V.

(B) III, IV e V.

(C) I, II e III.

(D) II, III e IV.

(E) I, III e IV.

I: correta (art. 1.659, VI, do CC); **II:** incorreta, pois a proporção do caso não é só em relação aos rendimentos do trabalho, mas também em relação aos rendimentos com os bens de cada um (art. 1.688 do CC); **III:** correta (art. 1.668, I, do CC); vale lembrar que a cláusula de inalienabilidade implica na incomunicabilidade (art. 1.911, caput, do CC); **IV:** correta (art. 1.648 do CC); **V:** incorreta, pois a lei refere a negócio "anulável" nesse caso (art. 1.649, caput, do CC) e jurisprudência fala em falta de eficácia (Súmula n. 332: "a fiança prestada sem autorização de um dos cônjuges implica a ineficácia total da garantia").
Gabarito "E".

(Ministério Público/SP) Sobre o regime de bens do casamento, assinale a alternativa correta:

(A) A Código Civil alterou o ordenamento jurídico brasileiro para impor o princípio da imutabilidade absoluta do regime matrimonial de bens.

(B) É vedada qualquer modificação no regime de bens de casamento celebrado antes da vigência do Código Civil de 2002.

(C) A alteração do regime de bens na união estável depende de homologação judicial e prévia oitiva do Ministério Público.

(D) O regime da separação obrigatória de bens do casamento poderá ser alterado pelos nubentes com mais de 70 anos de idade.

(E) Cessada a causa suspensiva da celebração do casamento, será possível aos cônjuges modificar o regime obrigatório de bens do casamento para o eleito pelo casal.

A: incorreta, pois cabe modificação nas condições do art. 1.639, § 2°, do CC; **B:** incorreta, pois, por se tratar de efeito do casamento, cabe alteração do regime para casamentos anteriores ao CC/2002; **C:** incorreta, pois não é necessária a homologação judicial, nem prévia oitiva do MP, diferentemente da previsão legal para alteração do regime de bens no casamento (art. 1.639, § 2°, do CC); **D:** incorreta, pois o regime determinado pela lei no caso é o de separação de bens (art. 1.641 do CC) **E:** correta, pois tal conclusão decorre da aplicação finalística do parágrafo único do art. 1.524 523 do CC.

Gabarito "E".

(Juiz de Direito/PR – UFPR) Tendo em vista as disposições da lei civil com relação ao regime matrimonial de bens, assinale a alternativa INCORRETA:

(A) O regime de bens entre os cônjuges, seja o legal seja o contratual, este estabelecido por meio do denominado "pacto antenupcial", somente começa a vigorar desde a data do casamento.

(B) Mesmo não havendo convenção, ou sendo ela nula ou ineficaz, vigorará, quanto aos bens entre os cônjuges, o regime da comunhão parcial.

(C) Nada interferindo no regime de bens, pode qualquer dos cônjuges, livremente, independente um da autorização do outro, reivindicar os bens comuns, sejam móveis sejam imóveis, doados ou transferidos pelo outro cônjuge ao concubino.

(D) Estabelecido o regime matrimonial de bens, por força de pacto antenupcial ou adoção do regime legal, não é possível, por conta da imutabilidade, a alteração posterior do regime matrimonial de bens.

A: correta, pois somente com o casamento é que tem início a sociedade conjugal, que será regida pelo pacto antenupcial ou pelo regime legal quando não houver pacto (art. 1.653 do CC); **B:** correta, pois o regime da comunhão parcial é o chamado regime supletivo, ou seja, é o que vigorará caso não haja pacto antenupcial ou caso ele exista, mas seja nulo ou ineficaz (art. 1.640 do CC); **C:** correta, pois de pleno acordo com a regra estabelecida no art. 1.642, V, do CC; **D:** incorreta (devendo ser assinalada), pois a lei não estabelece tal proibição de alteração do regime de bens quando a escolha original foi feita por pacto antenupcial ou mesmo na hipótese do regime supletivo (art. 1.639, § 2°, do CC). A divergência doutrinária existente refere-se à possibilidade ou não de se alterar o regime de bens da separação obrigatória, prevalecendo a teoria eclética que afirma que tal alteração é possível quando a causa que deu origem à necessidade de tal regime houver desaparecido. É o caso, por exemplo, do regime de separação obrigatória, imposto por conta de um casamento de pessoas de dezessete anos, sem autorização do pai e, portanto, com autorização judicial (art. 1.641, III, do CC). Passados dez anos do casamento, o casal já tem quase trinta anos e não há mais necessidade do regime protetivo.

Gabarito "D".

(Magistratura/SP – VUNESP) Com relação ao regime de bens do casamento, é correto afirmar que

(A) qualquer que seja o regime de bens, nenhum cônjuge poderá, sem a autorização do outro, alienar ou onerar bens imóveis.

(B) no regime da comunhão parcial, entram na comunhão todos os bens adquiridos na constância do casamento.

(C) excluem-se da comunhão parcial as obrigações provenientes de atos ilícitos, salvo reversão em proveito do casal.

(D) a falta de autorização de um cônjuge para que o outro preste fiança, quando o regime não é o da separação absoluta de bens, torna nula a garantia, podendo essa nulidade ser alegada a qualquer tempo.

A: incorreta, pois tal regra não se coloca no regime de separação absoluta (art. 1.647, I, do CC); **B:** incorreta, pois há bens adquiridos na constância do casamento que não entram na comunhão, como os recebidos por doação ou sucessão, e os sub-rogados em seu lugar (art. 1.659, I, do CC); **C:** correta (art. 1.659, IV, do CC); **D:** incorreta, pois a falta de autorização "tornará anulável o ato praticado, podendo o outro cônjuge pleitear-lhe a anulação, até dois anos depois de terminada a sociedade conjugal" (art. 1.649, *caput*, do CC), ou seja, não se trata de ato nulo e sem prazo para ser alegado.

Gabarito "C".

(Ministério Público/SE – CESPE) Um casal realizou pacto antenupcial sobre regime de bens. Mais tarde, esse pacto foi declarado nulo por defeito de forma. Nesse caso,

(A) vigorará o regime obrigatório de separação de bens.
(B) vigorará o regime da comunhão parcial de bens.
(C) os noivos deverão realizar novo pacto antenupcial.
(D) vigorará o regime da comunhão universal de bens.
(E) o casamento também será nulo.

Art. 1.640, *caput*, do CC.

Gabarito "B".

7.10.2. União estável

(Magistratura/SC – FCC) Joaquim, viúvo, é pai de José, que se casara com Amélia. José e Amélia divorciaram-se. Três meses após esse divórcio, Joaquim e Amélia compareceram a um Cartório de Notas, solicitando ao Tabelião que lavrasse uma escritura pública de união estável, escolhendo o regime da comunhão universal de bens. O Tabelião recusou-se a lavrar a escritura, por reputar inválido o ato. A recusa

(A) justifica-se, mas poderá ser estabelecida a união estável entre os pretendentes depois de transcorridos trezentos (300) dias do divórcio de Amélia e desde que os bens deixados pelo cônjuge de Joaquim tenham sido inventariados e partilhados.

(B) não se justifica, porque não há qualquer impedimento entre os pretendentes à união estável.

(C) justifica-se, porque Joaquim e Amélia não podem estabelecer união estável.

(D) só se justifica no tocante à escolha do regime de bens, porque seria obrigatório o regime da separação de bens.

(E) só se justifica no tocante à escolha do regime de bens, porque o único admissível é o da comunhão parcial de bens na união estável.

A, B, D e E: incorretas, pois no caso a lei dispõe que não se pode constituir uma união estável, em virtude do impedimento previsto no art. 1.521, II, do CC (art. 1.723, § 1°, do CC), tratando-se de impedimento absoluto que não há como sanar; **C:** correta, pois no caso a lei dispõe que não se pode constituir uma união estável, em virtude do impedimento previsto no art. 1.521, II, do CC (art. 1.723, § 1°, do CC).

Gabarito "C".

(Juiz de Direito/RJ – VUNESP) Sobre a união estável, é correto afirmar que

(A) na hipótese de falecimento, o companheiro sobrevivente terá direito à herança, inclusive sobre os bens que o falecido tiver recebido por doação.

(B) não pode ser reconhecida caso um dos conviventes seja casado ainda que esteja separado de fato.

(C) pode ser reconhecida nos casos das relações entre a adotada com o filho do adotante.

(D) se houver contrato escrito dispondo de outro modo, não se aplicará às relações patrimoniais o regime da comunhão parcial de bens.

A: incorreta, pois o *caput* do art. 1.790 do CC estipula que o companheiro somente participará da sucessão do outro "quanto aos bens adquiridos onerosamente na vigência da união estável"; **B:** incorreta, pois admite-se a união estável de uma pessoa casada, desde que essa esteja separada de fato (art. 1.723, § 1°, do CC); **C:** incorreta, pois nesse caso – dado o impedimento matrimonial existente – tem-se o concubinato e não a união estável (art. 1.727 do CC); **D:** correta, pois a assertiva reproduz a regra contida no art. 1.725 do CC.

Gabarito "D".

(Ministério Público/MG) Em se tratando de união estável, é CORRETO afirmar que

(A) o CC reconhece entidade familiar a união de duas pessoas, sem diversidade de sexo, configurada na convivência pública, contínua e duradoura com o objetivo de constituir família.

(B) aplica-se o regime de comunhão parcial de bens às relações patrimoniais, podendo os conviventes estipular em contrato opção diversa à sua escolha, nos padrões legais.

(C) poder-se-á converter-se em casamento, bastando os companheiros firmarem contrato, documento autêntico, fazendo o assento diretamente no Registro Civil competente.

(D) serem necessários o dever de fidelidade, a coabitação, os deveres de guarda, sustento e criação dos filhos, carinho e tolerância nos modos.

(E) entre os conviventes, por não existir casamento nem parentesco consanguíneo, não há obrigação alimentar prevista no CC.

A: incorreta, pois o Código Civil reconhece a união estável somente entre homem e mulher (art. 1.723, *caput*, do CC); **B:** correta, pois a assertiva reflete o disposto no art. 1.725 do CC; **C:** incorreta, pois a afirmativa está contrária ao disposto no art. 1.726 do CC; **D:** incorreta, pois a assertiva não reflete o disposto no art. 1.724 do CC; **E:** incorreta, pois os companheiros têm o dever de alimentos, conforme o disposto no art. 1.694, *caput*, do CC.

Gabarito "B".

(Procurador do Estado/RO – FCC) Estão impedidos de estabelecer união estável:

(A) o companheiro sobrevivente com o condenado por homicídio culposo contra o seu consorte.

(B) os afins em linha reta.

(C) os colaterais até quarto grau, inclusive.

(D) os viúvos ou viúvas que tiverem filho de cônjuge falecido enquanto não fizer inventário dos bens do casal e der partilha aos herdeiros.

(E) pessoas divorciadas.

A: incorreta, pois não podem estabelecer união estável o cônjuge sobrevivente com o condenado por homicídio ou tentativa de homicídio contra o seu consorte (arts. 1.723, § 1° e 1.521, VII, do CC); **B:** correta (arts. 1.723, § 1° e 1.521, II, do CC); **C:** incorreta, pois não podem estabelecer união estável os colaterais até o terceiro grau inclusive (arts. 1.723, § 1° e 1.521, IV, do CC); **D:** incorreta, pois se trata de causa suspensiva e não de impedimento (art. 1.523, I, do CC); **E:** incorreta, pois as pessoas divorciadas não estão impedidas de estabelecer união estável.

Gabarito "B".

(Procurador do Município/Teresina-PI – FCC) Em relação à união estável,

(A) só se configurará entre pessoas solteiras ou de qualquer modo desimpedidas de se casar.

(B) aplica-se às relações patrimoniais, no que couber, o regime da separação legal de bens.

(C) os direitos sucessórios da companheira ou companheiro são iguais aos do cônjuge supérstite.

(D) constitucionalmente, pode caracterizar-se ainda que em relações homoafetivas.

(E) exige-se convivência pública, contínua e duradoura e estabelecida com o objetivo de constituição de família, mesmo que o casal não conviva sob o mesmo teto.

A alternativa "E" traz o conceito correto de união estável (art. 1.723, *caput*, do CC). Além disso, a coabitação não é dever absoluto, não sendo sequer necessária à caracterização da união estável, conforme entendimento do STF (Súmula 382).

Gabarito "E".

7.10.3. Parentesco e filiação

(Ministério Público/BA – CEFET) Assinale a alternativa **INCORRETA** acerca das relações de parentesco e adoção, segundo o Código Civil Brasileiro:

(A) Os filhos, havidos ou não da relação de casamento ou por adoção, terão os mesmos direitos e qualificações, proibidas quaisquer designações discriminatórias relativas à filiação.

(B) A filiação prova-se pela certidão do termo de nascimento no Registro Civil.

(C) O reconhecimento dos filhos havidos fora do casamento é irrevogável e será feito no registro do nascimento, por escritura pública ou escrito particular, a ser arquivado em cartório, por testamento, ainda que incidentalmente manifestado, dentre outros.

(D) Só a pessoa maior de 18 (dezoito) anos pode adotar.

(E) A adoção dispensa processo judicial.

A: assertiva correta (art. 1.596 do CC); **B:** assertiva correta (art. 1.603 do CC); **C:** assertiva correta (art. 1.609 do CC); **D:** assertiva correta (art. 42, *caput*, do ECA); **E:** assertiva incorreta, devendo ser assinalada; a adoção depende de processo judicial (art. 47, *caput*, do ECA).

Gabarito "E".

(Promotor de Justiça/PR) Assinale a alternativa incorreta:

(A) Pai e filho são parentes em linha reta, 1° grau;

(B) Tio e sobrinho são parentes em linha colateral, 3º grau;
(C) Irmãos são parentes em linha colateral, 1º grau;
(D) Cunhados são parentes por afinidade, em linha colateral, 2º grau;
(E) Genro e sogro são parentes por afinidade, em linha reta, 1º grau.

A: correta, pois há apenas um grau de distância entre pais e filhos; B: correta, pois a maneira adequada para se identificar o grau entre parentes colaterais é partir de um deles, chegar até o ascendente comum e descer até o outro. Com isso, partindo-se do sobrinho até a avó e daí para o tio, tem-se três graus de distância; C: incorreta (devendo ser assinalada), pois não existe parentesco colateral de 1º grau. Irmãos são parentes colaterais de 2º grau; D e E: corretas, pois um cônjuge guarda com os parentes do outro o mesmo parentesco, apenas adjetivando-se de "*por afinidade*". Vale, todavia, lembrar que o parentesco por afinidade limita-se aos ascendentes, aos descendentes e aos irmãos do cônjuge ou companheiro (art. 1.595, § 1º, do CC).

(Magistratura/SP – VUNESP) O reconhecimento de filho
(A) pode ser revogado, quando feito por testamento.
(B) pode ser feito apenas durante a vida do filho.
(C) depende do consentimento do filho, quando este for maior.
(D) não pode ser impugnado pelo filho, quando este for menor.
(E) havido fora do casamento permite que ele resida no lar conjugal, independentemente do consentimento do outro cônjuge.

A: incorreta, pois o reconhecimento de filho é irrevogável, mesmo quando feito por testamento (art. 1.610 do CC); B: incorreta, pois o reconhecimento de filho pode ser posterior ao seu falecimento, se ele deixar descendentes (art. 1.609, parágrafo único, do CC); C: correta (art. 1.614 do CC); D: incorreta, pois o menor pode impugnar o reconhecimento, nos quatro anos que se seguirem à maioridade, ou à emancipação (art. 1.614 do CC); E: incorreta (art. 1.611 do CC).

(Ministério Público/SP) Assinale a alternativa correta:
(A) na linha colateral, o parentesco encerra-se no sexto grau, sendo, pois, para fins jurídicos, finito.
(B) o parentesco por afinidade limita-se aos ascendentes, aos descendentes e aos irmãos do cônjuge ou companheiro, não se extinguindo com a dissolução do casamento ou da união estável.
(C) o parentesco pode ser natural ou civil. O primeiro decorre dos laços biológicos, da consanguinidade. O segundo, de outra origem, sendo exemplo desta espécie de parentesco a inseminação artificial heteróloga.
(D) o ato de reconhecimento de filho é nulo quando feito sob condição ou termo.
(E) o castigo imoderado do filho pelo pai é causa de extinção do poder familiar.

A: incorreta, pois na linha colateral o parentesco vai até o quarto grau (art. 1.592 do CC); B: incorreta, pois apenas na linha reta é que o parentesco por afinidade não se extingue com a dissolução do casamento ou da união estável (art. 1.595, § 2º, do CC); C: incorreta, pois o filho fruto de inseminação artificial heteróloga decorre de laços biológicos (arts. 1.593 e 1.597, V, do CC); D: incorreta, pois são ineficazes a condição e o termo apostos ao ato de reconhecimento do filho (art.1.613 do CC); E: correta, pois a assertiva reflete o disposto no art. 1.638, I, do CC.

(Procurador do Município/Florianópolis-SC – FEPESE) Assinale a alternativa incorreta.
(A) A maioridade dos filhos não acarreta a exoneração automática da obrigação de prestar alimentos.
(B) Julgada procedente a investigação de paternidade, os alimentos são devidos a partir do ajuizamento da ação.
(C) Em ação investigatória, a recusa do suposto pai a submeter-se ao exame de DNA induz presunção "*júris tantum*" de paternidade.
(D) O recurso de apelação interposto de sentença que condenar à prestação de alimentos será recebido apenas em seu efeito devolutivo.
(E) O direito à prestação de alimentos é recíproco entre pais e filhos, e extensivo a todos os ascendentes, recaindo a obrigação nos mais próximos em grau, uns em falta de outros.

A: correta, nos termos da Súmula 358 do STJ: "O cancelamento de pensão alimentícia de filho que atingiu a maioridade está sujeito à decisão judicial, mediante contraditório, ainda que nos próprios autos"; B: incorreta, devendo ser assinalada, pois os alimentos fixados retroagem à data da citação (art. 13, § 2º, da Lei 5.478/1968); C: correta, nos termos da Súmula 301 do STJ: "**Ação Investigatória – Recusa do Suposto Pai – Exame de DNA – Presunção** *Juris Tantum* **de Paternidade**. Em ação investigatória, a recusa do suposto pai a submeter-se ao exame de DNA induz presunção *juris tantum* de paternidade."; D: correta (art. 1.012, p,§ 1º, II, do Novo CPC); E: correta (art. 1.696 do CC).

(Analista – TRE/AL – FCC) Sobre a relação de parentesco é INCORRETO afirmar:
(A) Na linha reta, a afinidade se extingue com a dissolução do casamento ou da união estável.
(B) Presumem-se concebidos na constância do casamento os filhos nascidos cento e oitenta dias, pelo menos, depois de estabelecida a convivência conjugal.
(C) Presumem-se concebidos na constância do casamento os filhos nascidos nos trezentos dias subsequentes à dissolução da sociedade conjugal.
(D) Não basta o adultério da mulher, ainda que confessado, para ilidir a presunção legal da paternidade.
(E) Cabe ao marido o direito de contestar a paternidade dos filhos nascidos de sua mulher, sendo tal ação imprescritível.

A: incorreta (art. 1.595, § 2º, do CC); B: correta (art. 1.597, I, do CC); C: correta (art. 1.597, II, do CC); D: correta (art. 1.600 do CC); E: correta (art. 1.601, *caput*, do CC).

(Analista – TJ/ES – CESPE) Julgue o seguinte item.
(1) De acordo com a sistemática adotada pelo Código Civil, o parentesco pode ser natural ou civil, de maneira que duas pessoas podem ser parentes por consanguinidade ou por afinidade, o que se dá, por

exemplo, em relação a determinada pessoa e aos ascendentes, descendentes e irmãos de seu cônjuge.

1: correta (arts. 1.593 e 1.595, § 1º, do CC).

Gabarito 1C

7.10.4. Poder familiar, adoção, tutela e guarda

(Juiz de Direito/PR – UFPR) No que concerne ao poder familiar, assinale a alternativa correta.

(A) O pai ou a mãe que estabelecer nova união estável, não perde, quanto aos filhos do relacionamento anterior, os direitos do poder familiar, exercendo-os sem qualquer interferência do novo companheiro.

(B) Os pais, quanto à pessoa dos filhos menores, podem recomendar, não porém exigir, que lhes prestem obediência, respeito e os serviços próprios da sua idade e condição.

(C) Durante o casamento ou a união estável, aos pais compete o poder familiar; na falta ou impedimento de um deles, dará o juiz tutor ou curador, conforme o caso.

(D) Os filhos estão sujeitos ao poder familiar, enquanto permanecem seus vínculos de dependência econômica.

A: correta. Não haveria qualquer sentido na perda do poder familiar do pai ou mãe que estabeleceu nova união estável (art. 1.636 do CC); **B:** incorreta, pois os pais podem exigir obediência, respeito e os serviços próprios da sua idade e condição (art. 1.634, IX, do CC); **C:** incorreta, pois na falta de um deles o outro o exercerá com exclusividade (art. 1.631 do CC); **D:** incorreta, pois o poder familiar extingue-se aos dezoito anos de idade ou na hipótese de emancipação (art. 1.635 do CC).

Gabarito "A"

(Ministério Público/SP – PGMP) Dentre as situações abaixo, assinale aquela que não extingue o poder familiar.

(A) Morte dos pais.
(B) Emancipação.
(C) Adoção.
(D) Morte do filho.
(E) Deserção.

De acordo com o art. 1.635 do CC a deserção, diferentemente das demais hipóteses previstas nas outras alternativas da questão, não extingue o poder familiar, devendo a alternativa corresponder ser assinalada.

Gabarito "E"

(Ministério Público/SP – PGMP) Dentre as incumbências estabelecidas pelo Código Civil ao tutor, assinale aquela que depende de autorização do juiz para ser exercida.

(A) Pagar as dívidas do menor.
(B) Fazer as despesas de subsistência e educação do menor, bem como as de administração, conservação e melhoramentos de seus bens.
(C) Alienar os bens do menor destinados à venda.
(D) Receber as rendas e pensões do menor, e as quantias a ele devidas.
(E) Promover, mediante preço conveniente, o arrendamento de bens de raiz pertencentes ao menor.

A: correta, pois o art. 1.748, I, exige autorização do juiz; **B a E:** incorretas, pois o art. 1.747 do CC permite ao tutor praticar tais atos sem prévia autorização judicial.

Gabarito "A"

7.10.5. Alimentos

(Magistratura/RR – FCC) O direito a alimentos que têm os filhos é

(A) renunciável, se tiverem, comprovadamente, recursos financeiros decorrentes de sucessão hereditária.

(B) irrenunciável, embora possam não exercê-lo, sendo o respectivo crédito insuscetível de cessão, compensação ou penhora.

(C) irrenunciável, mas pode ser objeto de cessão, para atender a obrigações assumidas com sua educação ou tratamento de saúde.

(D) renunciável, quando se tornarem relativamente incapazes, porque a partir dos dezesseis anos lhes é permitido o exercício de trabalho ou profissão.

(E) irrenunciável e o respectivo crédito insuscetível de cessão, embora possa ser compensado com suas dívidas ao alimentante.

A e D: incorretas, pois o direito a alimentos é irrenunciável (art. 1.707 do CC); **B:** correta (art. 1.707 do CC); **C:** incorreta, pois o direito a alimentos em si não pode ser objeto de cessão (art. 1.707 do CC); **E:** incorreta, pois a lei veda a compensação na hipótese (art. 1.707 do CC).

Gabarito "B"

(Ministério Público/BA – CEFET) João Paulo, solteiro, com 30 (trinta) anos, vivia em união estável com Maria de Fátima há 08 (oito) anos, e dessa união nasceram 03 (três) filhos. Maria de Fátima não trabalhava porque João Paulo a proibira. João Paulo conheceu Maria Isis e resolveu abandonar Maria de Fátima para assumir seu novo relacionamento. Deixou, então, a companheira e os filhos, no imóvel alugado, e não se preocupou em lhes dar qualquer assistência. Maria de Fátima foi notificada de uma ação de despejo ajuizada contra si. Nestas circunstâncias, é CORRETO afirmar que o promotor de Justiça está legitimado a:

(A) Ajuizar uma ação de alimentos em favor de Maria de Fátima e dos filhos.

(B) Ajuizar uma ação de alimentos em favor de Maria de Fátima e dos filhos com um pedido cumulativo para permanência no imóvel da residência, cujo pagamento continuará a ser feito por João Paulo.

(C) Ajuizar uma ação de alimentos em favor de Maria de Fátima, apenas, por entender desnecessária a presença dos menores no polo ativo do processo e porque o pensionamento beneficiará os filhos menores.

(D) Ajuizar uma ação de alimentos em favor dos menores, apenas.

(E) Não ajuizar qualquer ação, pois os menores têm representação legal.

A, B e C: incorretas, pois, não havendo direito individual indisponível em favor Maria de Fátima, o Ministério Público não tem legitimidade para agir em seu nome (art. 176 do Novo CPC); **D:** correta, pois o direito dos menores são individuais indisponíveis (art. 176 do Novo

CPC); **E:** incorreta, pois havendo direito individual indisponível envolvido (no caso, há esses direitos em favor dos menores), o Ministério Público pode ajuizar a ação (art. 176 do Novo CPC).
Gabarito "D".

(Ministério Público/SP – MPE/SP) Sobre as pessoas obrigadas a prestar alimentos, é correto afirmar que:
(A) o alimentando poderá escolher livremente o parente que deverá prover o seu sustento.
(B) somente pessoas que procedem do mesmo tronco ancestral devem alimentos, incluindo-se os afins.
(C) na falta dos ascendentes, a obrigação alimentícia cabe aos descendentes, guardada a ordem de sucessão e, na falta destes, aos irmãos, assim germanos como unilaterais.
(D) os tios poderão ser convocados a suprir alimentos em ação proposta pela sobrinha que deles necessitar.
(E) os pais consanguíneos do adotado são obrigados a prestar-lhe alimentos, se o adotante não tiver recursos suficientes para tanto.

A: incorreta, pois os alimentos são devidos apenas de cônjuges, companheiros e ascendentes, descendentes e irmãos (arts. 1.694, *caput*, e 1.697, ambos do CC); **B:** incorreta, pois os irmãos também podem ter de arcar com alimentos (art. 1.697 do CC); **C:** correta (art. 1.697 do CC); **D:** incorreta, pois o tio não está no rol dos de que devem alimentos familiares (arts. 1.694, *caput*, e 1.697, ambos do CC); **E:** incorreta, pois a adoção faz com que se desliguem todos os vínculos do adotando com seus familiares antecedentes, salvo no que diz respeito aos impedimentos matrimoniais (art. 41, *caput*, do CCECA).
Gabarito "C".

(Promotor de Justiça/RO – CESPE) No que concerne à obrigação alimentícia, assinale a opção correta.
(A) O fato de o ex-cônjuge ter renunciado aos alimentos na separação homologada, por dispor de meios próprios para o seu sustento, não o impede de pretender receber alimentos do outro no futuro.
(B) Em caso de separação do casal, se o filho menor possuir patrimônio e rendimentos próprios, os pais ficam desobrigados de contribuir com alimentos necessários ao seu sustento.
(C) Sendo solidária a obrigação alimentar, caso o pai e o avô do alimentando sejam obrigados à prestação de alimentos, o credor poderá cobrar o valor integral de um só deles.
(D) Entre parentes, o dever de prestar alimentos àquele que comprovar a necessidade pode durar por toda a vida do alimentando.
(E) Os alimentos pagos deverão ser restituídos se for desconstituído judicialmente o título que serviu de base para o pagamento.

A: incorreta, pois segundo o Enunciado 263 do CJF: "O art. 1.707 do CC não impede seja reconhecida válida e eficaz a renúncia manifestada por ocasião do divórcio (direto ou indireto) ou da dissolução da união estável. A irrenunciabilidade do direito a alimentos somente é admitida enquanto subsista vínculo de Direito de Família"; **B:** incorreta, pois no caso de alimentos devidos pelo poder familiar, a necessidade é presumida; **C:** incorreta, pois nesse caso a obrigação recai nos mais próximos em grau, uns em falta dos outros (art. 1.696

do CC); **D:** correta, pois não há termo final para a necessidade de uma pessoa se manter; **E:** incorreta, pois não há restituição de alimentos.
Gabarito "D".

(Magistratura/PE – FCC) O direito à prestação de alimentos obedece às seguintes regras:
I. É recíproco entre pais e filhos e extensivo a todos os ascendentes, recaindo a obrigação nos mais próximos em grau, uns em falta de outros.
II. Na falta de ascendentes e de descendentes, cabe a obrigação aos irmãos germanos, mas não aos unilaterais, salvo se apenas unilaterais houver.
III. Se o parente, que deve alimentos em primeiro lugar, não estiver em condições de suportar totalmente o encargo, serão chamados a concorrer os de grau imediato.
IV. Na falta dos ascendentes, cabe a obrigação aos descendentes, independentemente da ordem de sucessão.
V. Sendo várias as pessoas obrigadas a prestar alimentos, todas devem concorrer na proporção dos respectivos recursos, e, intentada ação contra uma delas, poderão as demais ser chamadas a integrar a lide.

Estão corretas APENAS
(A) I, II e III.
(B) I, III e V.
(C) I, IV e V.
(D) II, III e IV.
(E) III, IV e V.

I: correta (art. 1.696 do CC); **II e IV:** incorretas, pois, na falta dos ascendentes, cabe a obrigação aos descendentes, guardada a ordem de sucessão e, faltando estes, aos irmãos, assim germanos como unilaterais (art. 1.697 do CC); **III e V:** corretas (art. 1.698 do CC).
Gabarito "B".

(Magistratura/SP – VUNESP) Acerca de alimentos, assinale a alternativa correta.
(A) A lei permite que a mulher grávida postule alimentos, que compreendem os valores suficientes para cobrir as despesas adicionais do período de gravidez e que sejam dela decorrentes, da concepção ao parto.
(B) O cônjuge declarado culpado na ação de separação judicial perde definitivamente o direito de pleitear alimentos do outro cônjuge, ainda que não lhe reste qualquer outro meio de subsistência.
(C) Os alimentos provisórios são aqueles postulados liminarmente, ao passo que os provisionais são aqueles concedidos definitivamente.
(D) A obrigação de prestar alimentos é personalíssima, não se transmitindo aos herdeiros do devedor.

A: correta (art. 2º da Lei 11.804/2008); **B:** incorreta, pois, caso o cônjuge culpado não tiver outra forma de prover suas necessidades, terá direito de pedir alimentos para o cônjuge inocente, mas restrito ao indispensável à subsistência (art. 1.694, § 2º, do CC); **C:** incorreta, pois os alimentos provisórios de fato são os postulados liminarmente, mas em ação de alimentos de rito especial, ao passo que os alimentos provisionais são os fixados em medida cautelar, preparatória ou incidental, de ação de separação, divórcio ou invalidação de casamento ou em outros tipos de ação de alimentos, não se tratando, portanto, de alimentos concedidos definitivamente; **D**: incorreta, pois a obrigação de prestar alimentos transmite-se aos herdeiros do devedor (art. 1.700 do CC).

(Ministério Público/SP – PGMP) Em matéria de alimentos, é CORRETO afirmar:
(A) a fixação de alimentos em favor de mulher gestante depende de prova pré-constituída da paternidade.
(B) após o nascimento da criança com vida, os alimentos gravídicos se extinguem, independentemente de sentença, devendo ser proposta ação de alimentos pelo recém-nascido contra o pai.
(C) os alimentos gravídicos compreenderão os valores suficientes para cobrir as despesas com o parto, vedada pelo legislador a cobertura de outras despesas.
(D) na ação de alimentos gravídicos, o prazo para o réu apresentar resposta é de 15 (quinze) dias.
(E) na ação de alimentos gravídicos, é admitida a fixação de alimentos provisórios pelo juiz.

A: incorreta, pois basta o convencimento da existência de indícios de paternidade (art. 6º, *caput*, da Lei 11.804/2008); **B**: incorreta, pois, após o nascimento com vida, os alimentos gravídicos ficam convertidos em pensão alimentícia para o menor, até que uma das partes solicite sua revisão (art. 6º, parágrafo único, da Lei 11.804/2008); **C**: incorreta, pois tais alimentos devem cobrir as despesas com o parto e também qualquer outra despesa adicional do período da gravidez, da concepção ao parto, inclusive alimentação especial, assistência médica e psicológica, exames complementares, internações, medicamentos, dentre outras (art. 2º, *caput*, da Lei 11.804/2008); **D**: incorreta, pois o prazo para resposta é de 5 dias (art. 7º da Lei 11.804/2008); **E**: correta (art. 6º, *caput*, da Lei 11.804/2008).

7.10.6. Bem de família

(Procurador Federal – CESPE) Julgue o seguinte item.
(1) Se o casal, em vez de utilizar como residência o único imóvel que possua, locá-lo a terceiros, tal fato não afastará de forma automática a sua característica de bem de família, de modo a torná-lo penhorável por dívida dos cônjuges.

1: Correta, nos termos da Súmula 486 do STJ, que prevê: "É impenhorável o único imóvel residencial do devedor que esteja locado a terceiros, desde que a renda obtida com a locação seja revertida para a subsistência ou a moradia da sua família". Note-se que o entendimento traz uma condição, qual seja, a indispensabilidade da renda adquirida com o aluguel ser revertida para a mantença da família.

(Magistratura/SP – VUNESP) No que concerne ao bem de família, assinale a resposta correta consoante a Lei n. 8.009 e a jurisprudência do STJ.
(A) A vaga de garagem, ainda que possua matrícula própria no registro de imóveis, constitui bem de família para efeito de penhora.
(B) O conceito de impenhorabilidade do bem de família abrange as benfeitorias de qualquer natureza, equipamentos, inclusive veículos de transporte, móveis que guarneçam a casa e obras de arte.
(C) O conceito de impenhorabilidade do bem de família não abrange o imóvel pertencente a pessoas solteiras, viúvas e separadas.
(D) É impenhorável o único imóvel residencial do devedor que esteja locado a terceiros, desde que a renda obtida com a locação seja revertida para a subsistência ou a moradia da sua família.

A: incorreta, pois a Súmula STJ n. 449 dispõe que "a vaga de garagem que possui matrícula própria no registro de imóveis não constitui bem de família para efeito de penhora"; **B**: incorreta, pois não abrange veículos de transporte e obras de arte, não previstos no art. 1º, parágrafo único, da Lei 8.009/1990, que, inclusive vem sendo interpretado de modo mais estrito possível, sendo que equipamentos que se destinam unicamente a embelezar o ambiente, sem que se constituam em peça essencial à vida familiar, podem ser penhorados (STJ, REsp 300.411). Vide também o art. 2º da Lei 8.009/1990; **C**: incorreta, pois a Súmula STJ n. 364 dispõe que "o conceito de impenhorabilidade de bem de família abrange também o imóvel pertencente a pessoas solteiras, separadas e viúvas"; **D**: correta, pois retrata o exato teor da Súmula STJ n. 486.

Capítulo 8
DIREITO DAS SUCESSÕES

8.1. SUCESSÕES EM GERAL

8.1.1. Introdução

A **sucessão** *causa mortis* pode ser **conceituada** como *a transmissão de um patrimônio em razão da morte de seu titular*.

São **espécies de sucessão** *causa mortis* as seguintes:

a) testamentária: é a que se verifica quando o destino dos bens se dá por disposição de última vontade do próprio autor da herança, manifestada por meio de testamento;

b) legítima, legal ou "ab intestato": é regulada pela lei de forma supletiva; ou seja, quando não há testamento ou quando este for parcial, tiver sido declarado nulo ou tiver caducado.

Quanto aos seus **efeitos**, há os seguintes tipos de sucessão:

a) a título universal: quando o sucessor (herdeiro) recebe todo o patrimônio do defunto ou uma fração da universalidade que este patrimônio representa;

b) a título singular: quando o sucessor (legatário) é contemplado com bem certo e individualizado, ou com vários bens determinados, só existe por testamento.

Já a **herança** pode ser **conceituada** como *o patrimônio deixado pelo morto, formado não só pelos bens materiais do falecido, mas também os seus direitos (créditos ou ações) e suas obrigações*.

A herança é considerada bem **imóvel**, além de bem **indivisível**, equivalente a um condomínio, antes da partilha.

Os **fundamentos** da sucessão hereditária são os seguintes:

a) propriedade: há necessidade de os bens permanecerem com titulares, de modo que a propriedade possa continuar sendo (ou possa vir a ser) aproveitada, atendendo à sua função social (continuidade);

b) família: é conveniente não se deixar desamparadas pessoas bem próximas ao falecido, como filhos (presumida necessidade); ademais, é oportuno deferir às pessoas presumida ou efetivamente ligadas com afeição ao *de cujus* o patrimônio deste, de modo a propiciar-lhes melhor condição material de vida (presumida afeição);

c) liberdade: esse princípio é a favor da possibilidade de escolha do destino do patrimônio formado pelo autor da herança, dentro dos limites legais (liberdade); o princípio é exercido pela elaboração de um testamento.

8.1.2. Abertura da sucessão

O **momento** da abertura da sucessão é o da morte do "de cujus". A morte natural é comprovada pela certidão passada pelo oficial. Nos demais casos, faz-se necessária uma decisão judicial.

A abertura da sucessão tem as seguintes **consequências**:

a) os herdeiros sucessíveis sobrevivos recebem, sem solução de continuidade, a propriedade e a posse dos bens do defunto (art. 1.784 do CC); a exceção se dá quanto ao legatário (aquele que recebe um bem certo por meio de testamento); nesse caso, desde a abertura da sucessão, a coisa passa a pertencer a este, salvo se pender condição suspensiva; porém, não se defere de imediato a ele a posse da coisa (art. 1.923, *caput*, e § 1º, do CC);

b) faz iniciar o prazo de 2 meses para a instauração do inventário (art. 611 do NCPC).

O momento da sucessão também é relevante para a aferição da lei aplicável a esta. No caso, o art. 1.787 do CC dispõe que regula a sucessão e a legitimação para suceder a lei vigente ao tempo de sua abertura. Vale ressaltar que os princípios legais que regem a sucessão e a partilha não se confundem: a sucessão é disciplinada pela lei em vigor na data do óbito; a partilha deve observar o regime de bens e o ordenamento jurídico vigente ao tempo da aquisição de cada bem a partilhar (STJ, REsp 1118937/DF, DJE 04.03.2015).

Quanto ao **lugar**, a sucessão abre-se no lugar do último domicílio do falecido (art. 1.785 do CC).

8.1.3. Leis aplicáveis

Lei material: inicialmente importante ter em mente que bens localizados fora do território nacional serão inventariados fora do Brasil. Logo, essa competência escapa da jurisdição brasileira. A lei material é aquela que vai indicar quem é o herdeiro, quanto ele vai herdar, em qual proporção, concorrendo com quem. Normalmente é o Código Civil, mas nem sempre.

Regra de ouro: Para bens situados no Brasil, a lei material que será aplicada para reger a sucessão do falecido é a *lei do domicílio do de cujus*, ainda que este domicílio seja no exterior (art. 10 da LINDB). Ex: cidadão brasileiro, deixa uma casa no Brasil e seu último domicílio foi a Venezuela. Tendo em vista que há bens no Brasil, necessariamente esse bem terá de ser inventariado sob nossas regras processuais em território brasileiro. Porém o Código Civil a ser aplicado será o Venezuelano. Essa regra, todavia, comporta exceção: caso o cidadão tenha deixado esposa e filhos de nacionalidade brasileira, aplicar-se-á a lei mais favorável a estes. O juiz comparará a lei do domicílio do *de cujus* com a lei brasileira e escolherá a mais benéfica ao cônjuge e aos filhos (art. 10, § 1º, da LINDB).

Como visto, a lei material em linhas gerais indica quem serão os herdeiros. Obtida essa resposta, num segundo momento é necessário verificar se esse herdeiro/legatário possui *capacidade sucessória* para herdar aquele patrimônio. Para tanto, será necessário que se verifique a lei do domicílio do herdeiro/legatário (art. 10, § 2º, da LINDB). Ex: cidadão Paraguaio deixa um bem no Brasil. Seu último domicílio era o Chile e deixou um filho na nacionalidade Chilena que mora na Suíça. Vejamos: 1) o inventário tramitará no Brasil, pois o bem está no Brasil; 2) O Código Civil aplicável será o Chileno, pois o Chile foi o último domicílio do *de cujus*. Por meio dessa Lei encontraremos o herdeiro, no caso o filho; 3) Para saber se esse filho pode receber essa herança, ou seja, se tem capacidade sucessória para tanto deve-se consultar do Código Civil Suíço.

Lei processual: é a lei que vem efetivar as diretrizes do direito material. Define o foro competente para o ajuizamento da ação de inventário. Abre-se a sucessão no *lugar do último domicílio do falecido*. Havendo mais de um domicílio, ou não havendo domicílio fixo aplica-se as regras do art. 70 e seguintes do CC e art. 48 do NCPC. Por tratar-se de regra de competência territorial, temos um caso de competência relativa. Assim, caso o *de cujus* tenha bens em outro local que não o do seu último domicílio, havendo a concordância de todos os herdeiros, é possível que a ação tramite em local diverso.

8.1.4. Herança e sua administração

O **objeto** da sucessão hereditária é a **herança**, ou seja, o *patrimônio do falecido, constituído pelo conjunto de direitos e obrigações que se transmitem com a morte do "de cujus"*.

Todavia, há direitos e obrigações que não se transmitem: a) direitos personalíssimos (ex.: poder familiar, direitos políticos, obrigação de fazer infungível – art. 247 do CC); b) uso, usufruto e habitação.

A herança tem as seguintes **características**:

a) natureza imobiliária: para efeitos legais, a sucessão aberta é um *imóvel* (art. 80, II do CC); como consequência, para a cessão da herança é necessário escritura pública (art. 1.793 do CC) e autorização do cônjuge, salvo se casados no regime da separação absoluta de bens;

b) indivisibilidade: o direito dos coerdeiros quanto à propriedade e à posse da herança não pode ser dividido até a partilha (art. 1791, parágrafo único, do CC); como consequência, observa-se as normas relativas ao condomínio forçado; assim, cada condômino pode reivindicar tudo sozinho; além disso cada condômino deve colaborar com a conservação da coisa;

c) unidade: a herança defere-se como um todo unitário, ainda que vários sejam os herdeiros (art. 1.791, *caput*, do CC); dessa forma, não é possível dividir a herança em vários espólios; todavia, com a partilha cessa o estado de indivisão retroativamente, formando-se o quinhão hereditário de cada herdeiro. União estável é exceção.

No que diz respeito à cessão da herança, somente é cabível a cessão da ***quota* hereditária** (fração ideal na herança), e mesmo assim só por escritura pública. Na hipótese de o herdeiro resolver ceder apenas o ***direito* que possui sobre um bem certo e determinado**, ter-se-á uma cessão ineficaz, só produzindo efeitos se, após a partilha, o bem em questão porventura vier a ser atribuído ao herdeiro que fez a disposição.

Deve-se respeitar o direito de preferência dos coerdeiros (art. 1.794 do CC); se mais de um herdeiro quiser a coisa, entre eles se distribui o quinhão cedido (art. 1.795, parágrafo único, do CC), na proporção das respectivas quotas hereditárias; o coerdeiro a quem não se der conhecimento da cessão poderá, depositado o preço, haver para si a cota cedida a estranho, se o requerer até 180 dias após a transmissão. Se o herdeiro for casado, é necessária a autorização do cônjuge, já que a herança é considerada imóvel enquanto estiver aberta (art. 80, II, do CC)

É importante ressaltar que o herdeiro **não responde por encargos superiores às forças da herança**. Incumbe-lhe, porém, a prova do excesso, salvo se houver inventário que a escuse, demonstrando o valor dos bens herdados (art. 1.792 do CC).

A Lei determina que a administração da herança caberá, sucessivamente (art. 1.797 do CC):

a) ao cônjuge ou companheiro, se com o outro convivia ao tempo da abertura da sucessão;

b) ao herdeiro que estiver na posse e administração dos bens, e, se houver mais de um nessas condições, ao mais velho;

c) ao testamenteiro;

d) à pessoa de confiança do juiz, na falta ou escusa das indicadas nos incisos antecedentes, ou quando tiverem de ser afastadas por motivo grave levado ao conhecimento do juiz.

8.1.5. Vocação hereditária

Tem bastante relevância para o direito das sucessões a **capacidade para suceder**, que pode ser conceituada como *a aptidão da pessoa para receber bens deixados pelo "de cujus"*.

Não se trata da capacidade civil genérica, mas da legitimação da pessoa para receber bens por sucessão *causa mortis*.

Deve-se verificar a capacidade para suceder no momento em que se verifica a abertura da sucessão.

Na **sucessão legítima**, tem legitimidade para suceder as seguintes pessoas: a) já nascidas; ou b) já concebidas no momento da abertura da sucessão (art. 1.798 do CC).

Na **sucessão testamentária**, tem legitimidade para suceder as seguintes pessoas:

a) os filhos, ainda não concebidos, de pessoas indicadas pelo testador, desde que vivas estas ao abrir-se a sucessão;

b) as pessoas jurídicas já constituídas no momento da morte do testador;

c) as pessoas jurídicas, cuja organização for determinada pelo testador sob a forma de fundação.

Não tem capacidade para suceder as seguintes pessoas (art. 1.801 do CC):

a) a pessoa que, a rogo, escreveu o testamento, nem o seu cônjuge ou companheiro, ou os seus ascendentes e irmãos.

b) as testemunhas do testamento;

c) o concubino do testador casado, salvo se este, sem culpa sua, estiver separado de fato do cônjuge há mais de cinco anos.

d) o tabelião, civil ou militar, ou o comandante ou escrivão, perante quem se fizer, assim como o que fizer ou aprovar o testamento.

São **nulas** as disposições testamentárias em favor de pessoas **não legitimadas** a suceder, ainda quando simuladas sob a forma de contrato oneroso, ou feitas mediante interposta pessoa (art. 1.802 do CC). Para esse fim, presumem-se pessoas interpostas os ascendentes, os descendentes, os irmãos e o cônjuge ou companheiro do não legitimado a suceder. Por exemplo, se o testador deixa bens para o filho de sua concubina, essa disposição será nula, pois o filho é descendente da concubina, caracterizando a proibição de usar interposta pessoa para burlar a regra que a ilegitima para a sucessão.

O testador só poderá testar em favor do filho do concubino quando se tratar de um filho seu também (art. 1.803 do CC).

8.1.6. Aceitação da herança

A **aceitação da herança** pode ser **conceituada** como *o ato jurídico unilateral pelo qual o herdeiro, legítimo ou testamentário, manifesta livremente sua vontade de receber a herança ou o legado que lhe é transmitido.*

Uma vez **aceita** a herança, torna-se **definitiva** sua transmissão ao herdeiro, **desde a abertura da sucessão**.

Por outro lado, quando o herdeiro **renuncia** à herança, a transmissão tem-se por **não verificada** (art. 1.804 do CC).

Confira, agora, as **espécies de aceitação**:

a) expressa: se resulta de manifestação escrita do herdeiro (art. 1.805 do CC);

b) tácita: se resulta de comportamento próprio da qualidade de herdeiro (art. 1.805 do CC); por exemplo, pela tomada de providências, por parte do herdeiro, para fazer a cessão onerosa da herança; ou pela postura de cobrar devedores da herança; segundo o STJ, "o pedido de abertura de inventário e o arrolamento de bens, com a regularização processual por meio de nomeação de advogado, implicam a aceitação tácita da herança" (REsp 1.622.331-SP, DJe 14.11.2016);

c) presumida: decorrente do silêncio do herdeiro após ser instado pelo juiz, provocado por interessado, após 20 dias da abertura da sucessão (art. 1.807 do CC);

d) aceitação pelos credores: caso o herdeiro prejudique seus credores, renunciando a uma herança, os próprios credores poderão aceitar a herança, em nome do renunciante (art. 1.813 do CC); a habilitação dos credores se fará no prazo de 30 dias seguintes ao conhecimento do fato; pagas as dívidas do renunciante, prevalece a renúncia quanto ao remanescente, que será devolvido aos demais herdeiros.

O Código Civil estabelece as seguintes **limitações** à aceitação da herança:

a) não se pode aceitar a herança **parcialmente**, **sob condição** ou **a termo** (art. 1.808 do CC);

b) a aceitação é **irrevogável** (art. 1.812 do CC).

O herdeiro, chamado, na mesma sucessão, a mais de um quinhão hereditário, sob títulos sucessórios diversos, pode livremente deliberar quanto aos quinhões que aceita e aos que renuncia (art. 1.808, § 2º, do CC).

Falecendo o herdeiro, antes de aceitar, essa prerrogativa passa aos seus herdeiros, salvo condição suspensiva pendente (art. 1.809 do CC). Se o herdeiro morre antes do advento da condição suspensiva ele não adquire o direito à herança, haja vista que a condição suspensiva não confere direito adquirido, mas apenas direito eventual. Assim, descabida a possibilidade de aceitação pelos herdeiros.

8.1.7. Renúncia da herança

A **renúncia da herança** pode ser **conceituada** como *o ato jurídico unilateral pelo qual o herdeiro declara expressamente que não aceita a herança ou legado a que tem direito* (art. 1.806 do CC).

São **requisitos** da renúncia os seguintes:

a) capacidade jurídica do renunciante;

b) forma prescrita em lei: instrumento público ou termo judicial (art. 1.806 do CC);

c) inadmissibilidade de condição ou termo (art. 1.808 do CC);

d) não realização de ato equivalente à aceitação, já que a aceitação é irrevogável (art. 1.812 do CC);

e) impossibilidade de repúdio parcial (art. 1.808 do CC).

A renúncia da herança tem os seguintes **efeitos**:

a) considera-se que a transmissão da herança não foi verificada (art. 1.804, parágrafo único, do CC);

b) os herdeiros do renunciante não o representarão (art. 1.811 do CC);

c) a parte do renunciante será acrescida à dos outros herdeiros da mesma classe e, sendo ele o único desta, devolve-se aos da classe subsequente (art. 1.810 do CC);

d) a renúncia é irrevogável (art. 1.812 do CC);

e) se houve verdadeira renúncia, o renunciante não haverá de pagar imposto de transmissão de bens *causa mortis*; porém, se deu-se o nome de renúncia algo que, na verdade, é a cessão da herança para alguém, haverá de ser pago imposto de transmissão.

8.1.8. Excluídos da sucessão por indignidade

A **exclusão da sucessão por indignidade** pode ser **conceituada** como *a pena civil que priva do direito à herança herdeiros ou legatários que cometerem atos graves contra o autor da herança ou pessoa próxima a ele, taxativamente enumerados em lei.*

Tal exclusão **opera-se** da seguinte maneira: a) verifica-se se um herdeiro ou legatário cometeu algum dos atos que a lei considera de indignidade enquanto o autor da herança era vivo; b) os legitimados devem ingressar com ação judicial visando a que o juiz reconheça a indignidade e aplique a pena, no prazo previsto na lei. Neste ponto é importante ressaltar que o trânsito em julgado da sentença penal condenatória acarretará a imediata exclusão do herdeiro ou legatário indigno, independentemente da sentença que reconheça a indignidade no juízo cível.

Repare que o autor da herança não tem participação alguma no processo de exclusão do indigno da herança.

São causas de **exclusão** da sucessão as seguintes condutas de herdeiros ou legatários (art. 1.814 do CC):

a) quando houverem sido autores, coautores ou partícipes de homicídio doloso ou tentativa deste contra a pessoa de cuja sucessão se tratar: seu cônjuge, seu companheiro, seu ascendente, seu descendente; repare que deve se tratar de crime contra a vida; deve-se tratar, ainda, de crime doloso; não é necessária a prévia condenação criminal; um exemplo, a situação de uma filha que mata ou manda matar os pais;

b) quando houverem acusado caluniosamente em juízo autor da herança (denunciação caluniosa – art. 339 do CP) ou incorrerem em crime contra a honra deste, ou de seu cônjuge ou companheiro;

c) quando por violência ou meios fraudulentos atentarem contra a liberdade de testar do autor da herança de dispor livremente de seus bens por ato de última vontade; por exemplo, um herdeiro constranger o testador a fazer algo, ou impedi-lo de revogar o testamento etc.

Quanto à declaração jurídica de indignidade, esta não opera de pleno direito, devendo ser declarada por sentença proferida em ação ordinária.

A **legitimidade** para propor essa ação é daquele que tiver **legítimo interesse**. Por exemplo, o coerdeiro, o legatário e o fisco, na falta de sucessores. No caso do inciso I do art. 1.814 (herdeiros ou legatários que houverem sido autores, coautores ou partícipes de homicídio doloso, ou tentativa deste, contra a pessoa de cuja sucessão se tratar, seu cônjuge, companheiro, ascendente ou descendente), o Ministério Público também tem legitimidade para demandar a exclusão do herdeiro ou legatário (regra incluída no art. 1.815 do CC pela Lei 13.532/2017).

A exclusão do herdeiro ou legatário ficará prejudicada se o autor da herança, por meio de testamento ou documento autêntico, reabilitar o indigno (art. 1.818 do CC).

O prazo decadencial para o ingresso da ação é de 4 anos contados da abertura da sucessão (art. 1.815 do CC). Não é possível a propositura dessa ação enquanto o autor da herança ainda estiver vivo.

São *pessoais* os **efeitos** da exclusão da herança ou do legado por indignidade. Assim, o excluído é considerado *como se morto fosse* (art. 1.816 do CC), podendo seus descendentes representá-lo na herança do falecido.

São válidas as alienações onerosas de bens hereditários a terceiros de boa-fé e os atos de administração legalmente praticados pelo herdeiro, antes da sentença de exclusão; mas aos herdeiros subsiste, quando prejudicados, o direito de demandar-lhes perdas e danos.

O excluído da sucessão é obrigado a restituir os frutos e rendimentos que dos bens da herança houver percebido, mas tem direito a ser indenizado das despesas com a conservação destes.

A **deserdação** é instituto semelhante à indignidade, porém com ela não se confunde. A deserdação é *o ato unilateral do testador, que se aperfeiçoa com êxito em ação ordinária proposta por interessado, que exclui da sucessão herdeiro necessário, por testamento, motivado em causas taxativamente previstas em lei.* As causas são as mesmas da indignidade (art. 1.962 do CC), mais ofensa física, injúria grave, relações ilícitas no âmbito familiar (com a madrasta, padrasto, enteado etc.) e desamparo em alienação mental ou grave enfermidade.

A deserdação só atinge os *herdeiros necessários*, ao passo que a exclusão por indignidade atinge qualquer herdeiro ou legatário.

A deserdação deve ser feita por testamento, o qual é obrigado a expor expressamente a declaração da sua causa (art. 1.964 do CC).

Além disso, o interessado deverá ingressar com ação para provar a causa da deserdação, no prazo de 4 anos, a contar da data da abertura do testamento.

8.2. SUCESSÃO LEGÍTIMA

8.2.1. Direito de representação

O **direito de representação** pode ser **conceituado** como *a convocação legal de parentes do falecido a suceder em todos os direitos em que ele sucederia se vivo fosse* (art. 1.851 do CC).

A finalidade do direito de representação é preservar a equidade, reparando a perda sofrida pelo representante, pela morte prematura do representado.

São **requisitos** para o exercício do direito de representação os seguintes:

a) haver o representado falecido antes do autor da herança;

b) dar-se a representação só na linha reta (art. 1.833 do CC – "ad infinitum") e na linha transversal em benefício dos sobrinhos (filhos do irmão falecido – art. 1.840 do CC);

c) descender o representante do representado.

São **efeitos** do direito de representação os seguintes:

a) os representantes herdam exatamente o que caberia ao representado se vivo fosse e sucedesse (art. 1.854 do CC); ou seja, herdam por estirpe, e não por cabeça;

b) o quinhão do representado partir-se-á por igual entre os representantes (art. 1.855 do CC);

c) a quota que os representantes receberem não responde por débitos do representado (já que não entrou no seu patrimônio), mas só por débitos do "de cujus";

d) mas representantes terão que trazer à colação bens recebidos em doação por representado;

e) o direito de representação só se opera na sucessão legítima, nunca na testamentária.

ENUNCIADO 610 CJF: "Nos casos de comoriência entre ascendente e descendente, ou entre irmãos, reconhece-se o direito de representação aos descendentes e aos filhos dos irmãos".

8.2.2. Ordem de vocação hereditária (art. 1.829 do CC)

De acordo com o art. 1.829 do Código Civil, a sucessão legítima defere-se na seguinte ordem:

I. aos descendentes, em concorrência com o cônjuge sobrevivente

Neste passo, "o regime de bens no casamento somente interfere na concorrência sucessória do cônjuge com descendentes do falecido" (Enunciado 609 CJF).

Estão fora da primeira classe os seguintes cônjuges sobreviventes:

a) casados sob o regime da comunhão universal;

b) casados sob o regime da separação obrigatória de bens (separação legal, e não a separação convencional);

c) casados sob regime da comunhão parcial, quando o autor da herança não houver deixado bens particulares;

De outra parte, está dentro da primeira classe o cônjuge sobrevivente casados sob os regimes de separação convencional de bens (STJ, REsp 1.382.170-SP, DJ 26.05.2015) e de comunhão parcial, quando o autor da herança houver deixado bens particulares. Nessa última hipótese (cônjuge sobrevivente casado sob o regime de comunhão parcial deixando bens particulares, o STJ entende que essa concorrência com os descendentes somente se dará quanto aos bens particulares do acervo hereditário. Confira:

> "Direito civil. Sucessão *Causa mortis* e regime de comunhão parcial de bens.
>
> O cônjuge sobrevivente casado sob o regime de comunhão parcial de bens concorrerá com os descendentes do cônjuge falecido apenas quanto aos bens particulares eventualmente constantes do acervo hereditário. O art. 1.829, I, do CC estabelece que o cônjuge sobrevivente concorre com os descendentes do falecido, salvo se casado: i) no regime da comunhão universal; ou ii) no da separação obrigatória de bens (art. 1.641, e não art. 1.640, parágrafo único); ou, ainda, iii) no regime da comunhão parcial, quando o autor da herança não houver deixado bens particulares. Com isso, o cônjuge supérstite é herdeiro necessário, concorrendo com os descendentes do morto, desde que casado com o falecido no regime: i) da separação convencional (ou consensual), em qualquer circunstância do acervo hereditário (ou seja, existindo ou não bens particulares do falecido); ou ii) da comunhão parcial, apenas quando tenha o *de cujus* deixado bens particulares, pois, quanto aos bens comuns, já tem o cônjuge sobrevivente o direito à meação, de modo que se faz necessário assegurar a condição de herdeiro ao cônjuge supérstite apenas quanto aos bens particulares. Dessa forma, se o falecido não deixou bens particulares, não há razão para o cônjuge sobrevivente ser herdeiro, pois já tem a meação sobre o total dos bens em comum do casal deixados pelo inventariado, cabendo a outra metade somente aos descendentes deste, estabelecendo-se uma situação de igualdade entre essas categorias de herdeiros, como é justo. Por outro lado, se o falecido deixou bens particulares e não se adotar o entendimento ora esposado, seus descendentes ficariam com a metade do acervo de bens comuns e com o total dos bens particulares, em clara desvantagem para o cônjuge sobrevivente. Para evitar essa situação, a lei estabelece a participação do cônjuge supérstite, agora na qualidade de herdeiro, em concorrência com os descendentes do morto, quanto aos bens particulares. Assim, impõe uma situação de igualdade entre os interessados na partilha, pois o cônjuge sobrevivente permanece meeiro em relação aos bens comuns e tem participação na divisão dos bens particulares, como herdeiro necessário, concorrendo com os descendentes. A preocupação do legislador de colocar o cônjuge sobrevivente na condição de herdeiro necessário, em concorrência com os descendentes do falecido, assenta-se na ideia de garantir ao cônjuge supérstite condições mínimas para sua sobrevivência, quando não possuir obrigatória ou presumida meação com o falecido (como ocorre no regime da separação convencional) ou quando a meação puder ser até inferior ao acervo de bens particulares do morto, ficando o cônjuge sobrevivente (mesmo casado em regime de comunhão parcial) em desvantagem frente aos descendentes. Noutro giro, não se mostra acertado o entendimento de que deveria prevalecer para fins sucessórios a vontade dos cônjuges, no que tange ao patrimônio, externada na ocasião do casamento com a adoção de regime de bens que exclua da comunhão os bens particulares de cada um. Com efeito, o regime de bens tal qual disciplinado no Livro de Família do Código Civil, instituto que disciplina o patrimônio dos nubentes, não rege o direito sucessório, embora tenha repercussão neste. Ora, a sociedade conjugal se extingue com o falecimento de um dos cônjuges (art. 1.571, I, do CC), incidindo, a partir de então, regras próprias que regulam a transmissão do patrimônio do *de cujus*, no âmbito do Direito das Sucessões, que possui livro próprio e específico no Código Civil. Assim, o regime de bens adotado na ocasião do casamento é considerado e tem influência no Direito das Sucessões, mas não prevalece tal qual enquanto em curso o matrimônio, não sendo extensivo a situações que possuem regulação legislativa própria, como no direito sucessório". (REsp 1.368.123-SP, DJe 08.06.2015).

É importante observar que o cônjuge sobrevivente <u>não tem direito</u> à herança se, no momento da morte, estava separado judicialmente ou de fato por mais de dois anos, salvo prova, neste caso, de que a convivência se tornara impossível sem a culpa dele.

Se o cônjuge sobrevivente concorrer com os descendentes, seu quinhão será, em princípio, <u>igual</u> ao que couber a cada um deles por cabeça, mas a quota do cônjuge sobrevivente não poderá ser menor do que ¼ da herança, caso seja ascendente dos herdeiros com quem concorrer (art. 1.832 do CC).

II. aos ascendentes, em concurso com o cônjuge

O cônjuge terá direito a 1/3 da herança, se concorrer com ambos os pais do *de cujus*; e à metade, se concorrer com um só deles, ou com ascendentes de outro grau (ex.: avós).

> Enunciado 642 CJF: Nas hipóteses de multiparentalidade, havendo o falecimento do descendente com o chamamento de seus ascendentes à sucessão legítima, se houver igualdade em grau e diversidade em linha entre os ascendentes convocados a herdar, a herança deverá ser dividida em tantas linhas quantos sejam os genitores.
> ENUNCIADO 676 – Art. 1.836, § 2º: A expressão diversidade em linha, constante do § 2º do art. 1.836 do Código Civil, não deve mais ser restrita à linha paterna e à linha materna, devendo ser compreendidas como linhas ascendentes.

III. ao cônjuge sobrevivente

Na falta de descendentes e de ascendentes, o cônjuge sobrevivente terá direito a toda a herança, sem qualquer distinção quanto ao regime de bens.

IV. aos colaterais

Primeiramente são chamados os irmãos do morto (pode haver representação dos filhos de irmão falecido). Depois, os sobrinhos. Os tios só serão convocados quando não existir sobrinho algum. Na falta de tios, chama-se os colaterais de quarto grau (primos, tios-avós e sobrinhos-netos).

8.2.3. Sucessão dos descendentes

A sucessão dos descendentes se dá da seguinte forma:

a) **por cabeça**, "per capita" ou por direito próprio (todos são do mesmo grau): a herança é dividida em partes iguais, de acordo com o número de herdeiros;

b) **por estirpe ou por direito de representação**: quando concorrem descendentes de graus diferentes.

Por exemplo: "A" tem 3 filhos ("B", "C" e "D"); "B" morre antes de "A" e deixa 2 filhos ("B1" e "B2"), que serão os representantes de "B", "C" e "D" recebem 1/3 da herança; "B1" e "B2", 1/6 cada.

Ou seja, o quinhão do representado (pré-morto, indigno ou deserdado) é dividido entre os representantes ("B1 e "B2").

Não existe direito de representação na linha ascendente. Na colateral, só é deferido em favor dos sobrinhos do morto, quando concorrerem com os irmãos deste (art. 1.853 do CC).

8.2.4. Sucessão do companheiro

O companheiro sobrevivente, embora seja herdeiro legítimo, não é *necessário* (ao contrário do cônjuge sobrevivente).

De acordo com o art. 1.790, participará da sucessão do outro, quanto aos bens adquiridos onerosamente na vigência da união estável, nos seguintes termos:

I. se concorrer com filhos comuns, terá direito a uma quota equivalente à que por lei for atribuída ao filho;

II. se concorrer com descendentes só do autor da herança, tocar-lhe-á a metade do que couber a cada um deles;

III. se concorrer com outros parentes sucessíveis, terá direito a um terço da herança;

IV. não havendo parentes sucessíveis, terá direito à totalidade da herança.

Porém, o STF declarou inconstitucional esse art. 1.790 do CC, que estabelecia uma diferenciação entre os regimes sucessórios entre cônjuges e companheiros, devendo-se aplicar a ambos o regime estabelecido no art. 1.829 do CC (RE 646721/RS, rel. Min. Marco Aurélio, red. p/ o ac. Min. Roberto Barroso, j. 10.05.2017).

Os fundamentos da decisão foram: a) não pode haver hierarquização entre famílias; b) violação da igualdade; c) violação da dignidade da pessoa humana; d) proibição à proteção deficiente; e) vedação ao retrocesso.

Entretanto, o CJF exarou enunciado com limitações a esta inconstitucionalidade:

> 641 – A decisão do Supremo Tribunal Federal que declarou a inconstitucionalidade do art. 1.790 do Código Civil não importa equiparação absoluta entre o casamento e a união estável. Estendem-se à união estável apenas as regras aplicáveis ao casamento que tenham por fundamento a solidariedade familiar. Por outro lado, é constitucional a distinção entre os regimes, quando baseada na solenidade do ato jurídico que funda o casamento, ausente na união estável.

8.2.5. Herdeiros necessários

São **herdeiros necessários** os *descendentes*, os *ascendentes* e o *cônjuge* (art. 1.845 do CC). Repare que o *companheiro* não é considerado herdeiro necessário.

Os herdeiros necessários têm uma **vantagem**, qual seja: pertence a eles, de pleno direito, a metade dos bens da herança, constituindo a *legítima*.

Calcula-se a **legítima** sobre o valor dos bens existentes na abertura da sucessão, abatidas as dívidas e as despesas do funeral, adicionando-se, em seguida, o valor dos bens sujeitos a colação (art. 1.847 do CC).

A legítima, a princípio, **não pode ser gravada** pelo autor da herança. Todavia, **se houver justa causa**, declarada no testamento, pode o testador estabelecer cláusula de inalienabilidade, impenhorabilidade e de incomunicabilidade sobre os bens da legítima (art. 1.848 do CC). Mediante autorização judicial e havendo justa causa, podem ser alienados os bens gravados, convertendo-se o produto em outros bens, que ficarão sub-rogados nos ônus dos primeiros.

Com relação à outra metade da herança (metade disponível), o autor da herança pode destiná-la a todos àqueles que têm capacidade para suceder. Aliás, se o testador deixar a algum herdeiro necessário sua parte disponível, ou algum legado, esse herdeiro não perderá o direito à legítima.

Para excluir da sucessão os herdeiros colaterais, basta que o testador disponha de seu patrimônio sem os contemplar, pois tais herdeiros, por não serem herdeiros necessários, não têm a eles reservado a legítima.

8.2.6. QUADRO SINÓTICO

1. Sucessão em geral.

1.1 Espécies:

a) *Inter vivos*: contrato;

b) *Mortis Causa*: falecimento. Subespécies:

– Legítima: art. 1.829 CC;

– Testamentária: art. 1.857 ao 1.990 CC.

1.2 Efeitos:

a) A título universal (herdeiro): recebe patrimônio sem individualização;

b) A título singular (legatário): recebe patrimônio individualizado (testamento).

1.3 Fundamentos:

a) propriedade: função social;

b) família: amparo aos entes próximos do *de cujus*;

c) liberdade: testamento.

1.4 Herança:

– bens materiais, créditos e direitos;

– bem imóvel e indivisível.

1.5 Abertura da sucessão (se dá no momento da morte).

Consequências:

– herança: transmite-se desde logo aos herdeiros (posse e propriedade – princípio de saisine);

– legado: transfere de imediato a propriedade, mas não a posse;

– dá início ao prazo de 60 dias para a abertura do inventário (Lei 11.441/2007.)

1.6 Leis aplicáveis

1.6.1 Leis materiais:

– bens situados no Brasil: lei do domicílio do *de cujus*. Havendo esposa e filhos de nacionalidade brasileira: lei mais favorável a estes. Essa lei indica quem são os herdeiros;

– capacidade sucessória: lei do domicílio do herdeiro/legatário. Essa lei indica se tem capacidade para receber a herança.

1.6.2 Lei processual: lugar do último domicílio do *de cujus* (competência relativa).

1.7 Herança e sua administração.

1.7.1 Direitos e obrigações que não se transmitem: direitos personalíssimos (ex: poder familiar, direito políticos, obrigação de fazer infungível – art. 247, CC); b) uso, usufruto e habitação.

1.7.2 Características:

a) natureza imobiliária;

b) indivisibilidade;

c) unidade.

1.7.3 Cessão: é possível ceder a quota hereditária (escritura pública). A cessão do direito é ineficaz até que, pela partilha, aquele bem seja atribuído ao herdeiro que fez a disposição. É possível que haja alienação de bem, desde que com autorização judicial. – Direito de preferência dos herdeiros.

1.7.4 Os herdeiros não respondem por encargos superiores às forças de herança.

1.7.5 Administrador provisório: é aquele que atua da data da abertura da sucessão até o compromisso do inventariante (art. 1.797 CC).

1.8 Vocação hereditária (capacidade para suceder).

1.8.1 Momento: abertura da sucessão.

1.8.2 Sucessão legítima:

a) já nascidas; ou

b) já concebidas no momento da abertura da sucessão (nascituro. Embriões produzidos *in vitro:* CJF favorável).

1.8.3 Sucessão testamentária:

a) os filhos, ainda não concebidos, de pessoas indicadas pelo testador, desde que vivas estas ao abrir-se a sucessão (prole eventual – concepção: 2 anos da abertura da sucessão);

b) as pessoas jurídicas já constituídas no momento da morte do testador;

c) as pessoas jurídicas, cuja organização for determinada pelo testador sob a forma de fundação.

1.8.4 Não têm capacidade para suceder, sob pena de nulidade:

a) a pessoa que, a rogo, escreveu o testamento, nem o seu cônjuge ou companheiro, ou os seus ascendentes e irmãos;

b) as testemunhas do testamento;

c) o concubino do testador casado, salvo se este, sem culpa sua, estiver separado de fato do cônjuge há mais de 5 anos;

d) o tabelião, civil ou militar, ou o comandante ou escrivão, perante quem se fizer, assim como o que fizer ou aprovar o testamento.

1.9 Aceitação da herança.

1.9.1 Conceito: é o ato jurídico em sentido estrito unilateral pelo qual o herdeiro, legítimo ou testamentário, manifesta livremente sua vontade de receber a herança ou o legado que lhe é transmitido.

1.9.2 Efeito: declaratório

1.9.3 Espécies:

a) Expressa: manifestação por escrito;

b) Tácita: comportamental;

c) Presumida: silêncio após 20 dias da abertura da sucessão;

d) Pelos credores: havendo renúncia do herdeiro em prejuízo dos credores; a habilitação dos credores se fará no prazo de 30 dias seguintes ao conhecimento do fato. Essa aceitação apenas é eficaz em relação a eles.

1.9.4 Limitações:

a) não se pode aceitar a herança parcialmente, sob condição ou a termo;

b) a aceitação é irrevogável.

1.10 Renúncia da herança.

1.10.1 Conceito: é o ato jurídico em sentido estrito unilateral pelo qual o herdeiro declara expressamente que não aceita a herança ou o legado a que tem direito.

1.10.2 Requisitos:

a) capacidade jurídica do renunciante;

b) forma prescrita em lei: instrumento público ou termo judicial;

c) inadmissibilidade de condição ou termo;

d) não realização de ato equivalente à aceitação, já que a aceitação é irrevogável;

e) impossibilidade de repúdio parcial.

1.10.3 Espécies:

a) Pura e simples (abdicativa): e favor do monte;

b) Translativa (*in favorem*): é a renúncia que se faz em favor de certa e determinada pessoa.

1.10.4 Efeitos:

a) Considera-se que a transmissão da herança não foi verificada;

b) os herdeiros do renunciante não o representarão;

c) a parte do renunciante será acrescida a dos outros herdeiros da mesma classe e, sendo ele o único desta devolve-se aos da classe subsequente (art. 1.810, CC);

d) a renúncia é irrevogável;

e) não há pagamento de imposto *mortis causa.*

1.11 Excluídos da sucessão por indignidade.

1.11.1 Conceito: é a pena civil que priva do direito à herança herdeiros ou legatários que cometeram atos graves contra o autor da herança ou pessoa próxima a ele, taxativamente enumerados em lei.

1.11.2 Requisitos:

a) Cometimento de ato grave previsto em lei pelo herdeiro ou legatário enquanto o autor da herança era vivo;

b) ação judicial pelos legitimados previstos em lei.

1.11.3 Causas de exclusão:

a) quando houverem sido autores, coautores ou partícipes de homicídio doloso ou tentativa deste contra a pessoa de cuja sucessão se tratar: seu cônjuge, seu companheiro, seu ascendente, seu descendente;

b) quando houverem acusado caluniosamente em juízo autor da herança (denunciação caluniosa – art. 339 CP), ou incorrerem em crime contra a honra deste, ou de seu cônjuge ou companheiro;

c) quando por violência ou meios fraudulentos atentarem contra a liberdade de testar do autor da herança de dispor livremente de seus bens por ato de última vontade;

1.11.4 Reabilitação do herdeiro: a exclusão do herdeiro ou legatário ficará prejudicada se o autor da herança, por meio de testamento ou documento autêntico, reabilitar o indigno.

1.11.5 Prazo para o ajuizamento da ação: 4 anos, contados da abertura da sucessão.

1.11.6 Efeitos: são pessoais. O excluído é considerado como se morto fosse, podendo seus descendentes representá-lo na herança do falecido.

1.11.7 Diferença com a deserdação: a deserdação é ato unilateral do testador, que se aperfeiçoa com êxito em ação ordinária proposta por interessado, que exclui da sucessão herdeiro necessário, por testamento, motivado em causas taxativamente previstas em lei. Apenas se aplica aos herdeiros necessários, deve ser feita por testamento, onde consta a sua causa. Ademais, o interessado deverá ingressar com ação para provar a causa da deserdação no prazo de 4 anos, a contar da data da abertura do testamento.

2. Sucessão legítima.

2.1 Direito de representação.

2.1.1 Conceito: é a convocação legal de parentes do falecido a suceder em todos os direitos em que ele sucederia se vivo fosse.

2.1.2 Requisitos:

a) haver o representado falecido antes do autor da herança;

b) dar-se a representação só na linha reta descendente e na transversal em benefício dos sobrinhos;

c) diversidade de graus.

2.1.3 Efeitos:

a) os representes herdam exatamente o que caberia ao representado se vivo fosse e sucedesse;

b) o quinhão do representado partir-se-á por igual entre os representantes;

c) a quota que os representantes receberem não responde por débitos do representado (já que não entrou em seu patrimônio), mas só por débitos do *de cujus*;

d) mas representantes terão de trazer à colação bens recebidos em doação por representado;

e) o direito de representação só se opera na sucessão legítima, nunca na testamentária.

2.2 Ordem de vocação hereditária.

2.2.1 Fundamento legal: art. 1829, CC.

2.2.2 Cônjuge em concorrência com os descendentes:

a) Não herda:

– Comunhão universal;

– Separação obrigatória;

– Comunhão parcial sem bens particulares do falecido;

b) Herda:

– Separação convencional de bens;

– Comunhão parcial com bens particulares do falecido.

Obs.: aplica-se ao regime de participação final nos aquestos as regras da comunhão parcial.

Quinhão: havendo descendentes comuns, receberá igual quinhão reservada a cota parte de 1/4, ressalvada a hipótese de filiação híbrida.

2.2.3 Cônjuge em concorrência com ascendente: herdará independentemente do regime.

Quinhão: 1/3 se concorrer com pai e mãe do falecido; metade se concorrer com qualquer outra forma de combinação.

2.2.4 Cônjuge sem concorrência com descendentes e ascendentes: herdará a totalidade da herança, independentemente do regime de bens. Há ainda o direito real de habitação.

2.2.5 Colaterais: apenas se não houver descendentes, ascendentes e cônjuge. São considerados os colaterais até o quarto grau, sendo que os mais próximos excluem os mais remotos.

Quinhão: os irmãos unilaterais receberão metade do que receber os bilaterais.

Obs.: na ausência de herdeiros sucessíveis ou tendo eles renunciado à herança, esta se devolve ao Município do Distrito Federal, se localizada nas respectivas circunscrições, ou à União, quando situada em território Federal. Trata-se de hipótese de herança jacente.

2.2.6 Sucessão dos descendentes:

a) por cabeça: é dividida em partes iguais, de acordo com o número de herdeiros;

b) por estirpe ou por direito de representação: quando concorrem descendentes de graus diferentes.

2.2.7 Sucessão do companheiro:

a) Fundamento legal: art. 1.790 CC;

b) Regra: o companheiro participará da sucessão do outro, apenas quanto aos bens adquiridos onerosamente na vigência da união estável (aquestos).

Quinhão:

– Se concorrer com filhos comuns, terá direito a uma quota equivalente a que por lei for atribuída ao filho;

– Se concorrer com descendentes só do autor da herança, tocar-lhe-á a metade do que couber a cada um deles;

– se concorrer com outros parentes sucessíveis, terá direito a 1/3 da herança;

– não havendo parentes sucessíveis, terá direto a totalidade da herança;

– filiação híbrida: polêmica. Prevalece o entendimento de que a companheira supérstite recebe uma cota.

Vale lembrar, porém, que o STF declarou inconstitucional esse art. 1.790 do CC, que estabelecia uma diferenciação entre os regimes sucessórios entre cônjuges e companheiros, devendo-se aplicar a ambos o regime estabelecido no art. 1.829 do CC (RE 646721/RS, rel. Min. Marco Aurélio, red. p/ o ac. Min. Roberto Barroso, j. 10.05.2017);

c) União estável homoafetiva: aplicam-se as mesmas regras;

d) Concorrência sucessória entre cônjuges e companheiros: admissível (Enunciado 525 JDC/CJF)

2.2.8 Herdeiros necessários:

a) Rol: descendentes, os ascendentes e o cônjuge (taxativo);

b) Privilégio: têm reservado a metade dos bens da herança (parte legítima);

c) Perda da legítima: por meio de deserdação;

d) Cláusulas de inalienabilidade, impenhorabilidade e incomunicabilidade sobre a legítima: apenas com autorização judicial

8.3. SUCESSÃO TESTAMENTÁRIA

A **sucessão testamentária** pode ser **conceituada** como *aquela que decorre de expressa manifestação de última vontade, em testamento ou codicilo.*

Por meio do testamento, o testador pode fazer disposições patrimoniais e não patrimoniais. Neste passo, além de poder dispor sobre os seus bens, poderá reconhecer filhos, nomear tutor, reabilitar o indigno, tecer orientações sobre o seu funeral, criar fundação etc.

Extingue-se em 5 anos o **prazo para impugnação de sua validade**, a partir de seu registro.

São **características** do testamento as seguintes:

a) é personalíssimo: ou seja, não pode ser feito por procurador;

b) é negócio jurídico unilateral, ou seja, aperfeiçoa-se com única declaração de vontade;

c) é proibido o testamento conjuntivo ou de mão comum ou mancomunado, já que a lei veda o pacto sucessório, tendo em vista a revogabilidade do testamento;

d) é negócio jurídico solene, gratuito, revogável, *causa mortis* (só tem efeito após a morte do testador).

Quanto à **capacidade para testar**, é conferida aos plenamente capazes e aos maiores de 16 anos, sem necessidade de assistência.

São **formas ordinárias** de testamento as seguintes:

a) testamento público: *é o escrito por tabelião, de acordo com as declarações do testador, que pode se servir de notas, devendo ser lavrado o instrumento e lido em voz alta pelo primeiro ao segundo e a 2 testemunhas (ou pelo testador na presença dos demais), com posterior assinatura de todos.* É dever do tabelião atestar a sanidade mental do testador. O documento deve ser lavrado em língua portuguesa. Caso o tabelião não entenda o idioma do testador, deverá se valer de tradutor público. Pode ser escrito manualmente ou mecanicamente, bem como ser feito pela inserção de declaração de vontade em partes impressas de livro de notas, desde que rubricadas todas as páginas pelo testador, se mais de uma; o surdo deverá ler ou designar quem o leia, se não souber; ao cego só se permite testamento público, que lhe será lido duas vezes (pelo tabelião e uma testemunha); o analfabeto só pode utilizar essa forma;

b) testamento cerrado (secreto ou místico): *é o escrito pelo testador ou outra pessoa (a seu rogo) e por aquele assinado, desde que aprovado pelo tabelião, que o recebe na presença de 2 testemunhas, com a declaração pelo testador de que se trata de seu testamento e quer que seja aprovado, lavrando-se auto de aprovação, que deve ser lido, em seguida, ao testador e às testemunhas, assinando todos;* deve-se cerrar e coser o instrumento aprovado; ao final, entrega-se ao testador e lança-se no livro local a data em que o testamento foi aprovado e entregue. Note que no testamento cerrado o tabelião não tem conhecimento do conteúdo do testamento. Sua função é apenas a de aprová-lo, seguindo as formalidades legais. Esse testamento pode ser escrito em língua nacional ou estrangeira; quem não saiba (analfabeto) ou não possa (cego) ler, não pode utilizá-lo; o surdo-mudo pode, desde que escreva todo o seu teor a mão e o assine; o juiz só não o levará em consideração se achar vício externo que o torne eivado de nulidade ou suspeito de falsidade;

c) testamento particular (hológrafo): Trata-se de testamento elaborado pelo próprio testador, sem a presença do tabelião. *Pode ser escrito de próprio punho ou mediante processo mecânico, devendo ser lido e assinado por quem o escreveu, na presença de pelo menos três testemunhas, que o devem subscrever.* Morto o testador, o testamento deverá ser levado à juízo, com a citação dos herdeiros legítimos. As testemunhas também serão intimadas. O testamento apenas será confirmado se as testemunhas estiverem de acordo sobre o fato da disposição, ou ao menos sobre a sua leitura perante elas e reconhecerem as próprias assinaturas, bem como a do testador. Caso alguma testemunha falte, por morte ou ausência, se pelo menos uma delas o reconhecer, o testamento poderá ser confirmado, se o juiz entender que há prova suficiente de sua veracidade. Apenas em circunstâncias excepcionais o testamento particular sem testemunhas pode ser confirmado pelo juiz, desde que tenha sido escrito de próprio punho e assinado pelo testador. Sobre esse testamento o ENUNCIADO 611 CJF prevê: "O testamento hológrafo simplificado, previsto no art. 1.879 do Código Civil, perderá sua eficácia se, nos 90 dias subsequentes ao fim das circunstâncias excepcionais que autorizaram a sua confecção, o disponente, podendo fazê-lo, não testar por uma das formas testamentárias ordinárias".

Já o **codicilo** *trata-se de ato de última vontade destinado a disposições de pequeno valor.* Toda pessoa capaz de testar poderá, mediante escrito particular seu, datado e assinado, fazer disposições especiais sobre seu enterro, sobre esmolas de pouca monta a certas e determinadas pessoas, ou, independentemente, aos pobres de certo lugar, assim como legar móveis, roupas ou joias, de pouco valor, de seu uso pessoal, e ainda nomear ou instituir testamenteiros.

Revoga-se o codicilo por outro (expressamente) ou por testamento posterior, de qualquer natureza, que não o confirme ou modifique.

São **testamentos especiais:** os marítimos, aeronáuticos e militares, sendo utilizados em situações emergenciais.

Quanto às **disposições testamentárias**, consistem em regras interpretativas do testamento, que apenas serão aplicadas caso a vontade do falecido não tenha sido manifestada de forma clara a inconteste. Quando a cláusula testamentária for suscetível de interpretações diferentes, prevalecerá a que melhor assegure a observância da vontade do testador. Confira algumas regras:

a) **regras proibitivas:**

não cabe nomeação de herdeiro a termo (salvo nas disposições fideicomissárias), considerando-se não escrita a fixação de data ou termo;

não cabe disposição com condição captatória (é proibido o pacto sucessório);

é nula a cláusula que se refira a pessoa incerta, cuja identidade não se possa averiguar.

b) **regras permissivas:**

a nomeação pode ser pura e simples, quando não haja qualquer condição ou ônus;

a nomeação pode ser feita sob condição suspensiva ou resolutiva, desde que lícitas e possíveis, ou mediante encargo (para certo fim ou modo), que pode ser exigido do beneficiário, não se falando em revogação pelo descumprimento, salvo se expressamente prevista pelo testador, e, ainda, por certo motivo.

São **anuláveis** as disposições testamentárias inquinadas de **erro, dolo ou coação**. Extingue-se em quatro anos o direito de anular a disposição, contados de quando o interessado tiver conhecimento do vício.

Instituto importante em matéria de sucessão testamentária é o do **legado**. Este pode ser **conceituado** como a *coisa certa e determinada deixada a alguém (legatário), por testamento ou codicilo*. O legado pode ser de coisas, crédito, quitação de dívida, alimentos, usufruto, imóvel, dinheiro, renda ou pensão vitalícia.

A aquisição do legado é diferente da regra geral da aquisição da herança, que se dá com a *saisine*. Isso porque, aberta a sucessão, o legatário adquire apenas a propriedade de coisa, se esta for coisa certa, existente no acervo. No entanto, se tratar de coisa incerta (escolhe-se a de qualidade média), só adquire essa coisa quando da partilha. Quanto à posse, o legatário não tem como exigi-la imediatamente. Poderá apenas pedi-la aos herdeiros, que verificarão quanto à possibilidade, não podendo obtê-la por sua própria autoridade. Os frutos, todavia, pertencem ao legatário desde a morte do testador, salvo o de dinheiro, que decorre da mora.

Outro tema relevante na sucessão testamentária é o da **caducidade**. Segundo o Código Civil, um testamento deixa de produzir efeitos pela nulidade, pela revogação ou pela caducidade, que se dá pela falta do objeto (modificação substancial feita pelo testador, alienação da coisa, evicção ou perecimento) ou pela falta do beneficiário (por exclusão, renúncia, falta de legitimação ou morte – não há direito de representação).

Questão bastante interessante é relativa ao **direito de acrescer**, temática que se coloca quando o testador contempla vários beneficiários, deixando-lhes a mesma herança ou coisa, em porções não determinadas, e um dos concorrentes vem a faltar.

Nesse caso, não havendo substituto designado pelo testador, será acrescido ao quinhão dos coerdeiros ou colegatários conjuntamente contemplados o quinhão daquele que vem a faltar, salvo se estes têm cotas hereditárias determinadas.

Confira um exemplo em que caberá o direito de acrescer: "deixo o imóvel X a Fulano e Beltrano". Vindo a faltar Fulano, Beltrano ficará com a parte do primeiro, pelo direito de acrescer.

No entanto, esse direito não se aplica no seguinte caso: "deixo metade do imóvel X a Fulano e metade do imóvel X a Beltrano". Nesse caso, vindo a faltar Fulano, e não havendo substituto para ele, sua cota vai aos herdeiros legítimos.

Falando em substituto, o instituto da **substituição** pode ser **conceituado** como *a indicação de certa pessoa para recolher a herança ou legado, caso o nomeado venha a faltar.*

A substituição pode ser **vulgar** ou **fideicomissária:**

a) substituição vulgar e recíproca: é a que se verifica quando o testador nomeia um herdeiro ou legatário para receber a quota que caberia àquele que não quis ou não pôde receber; é *recíproca* quando os herdeiros ou legatários são nomeados substitutos uns dos outros.

b) substituição fideicomissária: é aquela em que o testador (fideicomitente) institui alguém como fiduciário para ser seu herdeiro ou legatário e receber a herança ou legado quando for aberta a sucessão, mas estabelece que seu direito será resolvido, em favor de outrem (fideicomissário), por razão de sua morte, após determinado prazo, ou depois de verificada certa condição.

O art. 1.952 do Código Civil só permite a substituição fideicomissária em favor dos não concebidos ao tempo da morte do testador. Caso o fideicomissário contemplado no testamento já tenha nascido quando da abertura da sucessão, a lei determina que o direito de propriedade dos bens abrangidos pelo testamento seja a ele transmitida imediatamente, mas o fiduciário terá direito de usufruto sobre tais bens, até que seja verificada a condição ou o termo estabelecido no testamento.

O art. 1.959 do Código Civil considera nulos os fideicomissos além de segundo grau.

Outro tema relevante é o da **revogação do testamento**.

Segundo o art. 1.969 do Código Civil, "o testamento pode ser revogado pelo mesmo modo e forma como pode ser feito."

Dessa forma, o testamento deve ser revogado por outro testamento.

A revogação pode ser das seguintes espécies: a) *expressa* (ou *direta*); b) *tácita* ou *indireta* (ex.: o novo testamento tem disposições incompatíveis com o anterior); c) *total*; d) *parcial*; e) real (quando o testamento cerrado ou particular for destruído com o consentimento do testador).

Já o **rompimento do testamento** consiste na ineficácia deste pelo fato de o testador não ter conhecimento da existência de herdeiros necessários seus, quando da elaboração do testamento.

O art. 1.973 do Código Civil dispõe que "sobrevindo descendente sucessível ao testador, que não o tinha ou não o conhecia quando testou, rompe-se o testamento em todas as suas disposições, se esse descendente sobreviver ao testador". Sobre o tema: Enunciado 643 CJF - O rompimento do testamento (art. 1.973 do Código Civil) se refere exclusivamente às disposições de caráter patrimonial, mantendo-se válidas e eficazes as de caráter extrapatrimonial, como o reconhecimento de filho e o perdão ao indigno.

Por fim, vale uma palavra acerca de instituto que vem sendo objeto de muitas controvérsias atualmente, o chamado "testamento vital", documento que estabelece disposições sobre o tipo de tratamento de saúde, ou não tratamento, que a pessoa deseja no caso de não ter condições de manifestar a sua vontade.

A doutrina, calcada no princípio da dignidade da pessoa humana, vem entendendo que é válida essa declaração de vontade, desde que expressa em documento autêntico (vide, por exemplo, o Enunciado 528 do CJF).

8.3.1. QUADRO SINÓTICO

1. Sucessão testamentária.
1.1 Conceito: é aquela de decorre de expressa manifestação de última vontade, em testamento ou codicilo.
1.2 Características do testamento:
a) é personalíssimo;
b) é negócio jurídico unilateral;
c) é proibido o testamento conjunto;
d) é negócio jurídico solene, gratuito, revogável, *causa mortis*.
1.3 Capacidade de testar: é conferida aos plenamente capazes e aos maiores de 16 anos. Será aferida com base na lei em vigor na data da elaboração do testamento.
1.4 Formas de testamento:
a) Ordinárias:
– público;
– particular (hológrafo);
– cerrado.

b) Extraordinárias:

– Marítimo;

– Aeronáutico;

– Militar.

1.5 Codicilo: trata-se de ato de última vontade destinado a disposições de pequeno valor.

1.6 Disposições testamentárias eivadas de erro, dolo ou coação: são anuláveis no prazo de 4 anos contados de quando o interessado tiver conhecimento do vício.

1.7 Legado:

1.7.1 Conceito: é a coisa certa e determinada deixada a alguém (legatário), por testamento ou codicilo.

1.7.2 Características:

a) Num primeiro momento transfere-se apenas a propriedade do bem e a posse indireta;

b) A aquisição da propriedade de imediato apenas se dará se a coisa for certa (ressalvada a hipótese de condição suspensiva). Se for incerta, a aquisição se dará somente por ocasião da partilha.

1.8 Caducidade: causas de ineficácia do testamento:

a) falta do objeto;

b) falta do beneficiário.

1.9 Direito de acrescer e substituição testamentária.

1.9.1 Direito de acrescer. Conceito: se dá quando o testador contempla vários beneficiários, deixando-lhes a mesma herança ou coisa, em porções não determinadas, e um dos concorrentes vem a faltar, salvo direito do substituto.

1.9.2 Substituição testamentária: Conceito: é a indicação de certa pessoa para recolher a herança ou legado, caso o nomeado venha a faltar ou não queira recebê-la (o).

1.9.2.1 Espécies de substituição:

a) Vulgar (singular, plural ou recíproca);

b) Fideicomissária

1.10 Redução das disposições testamentárias: as disposições que excederem a porção disponível reduzir-se-ão aos limites dela, sendo proporcionalmente reduzidas as quotas do herdeiro ou herdeiros, instituídos, até onde baste e, não bastando também os legados, na proporção de seu valor.

1.11 Revogação do testamento

1.11.1 Conceito: é ato realizado pela própria vontade do testador. O testamento será revogado pela mesma forma como foi feito.

1.11.2 Espécies:

a) Expressa;

b) Tácita;

c) Total;

d) Parcial.

1.12 Rompimento do testamento: é ineficácia deste pelo fato de o testador não ter conhecimento da existência de herdeiros necessários seus, quando da elaboração do testamento.

1.13 Testamento vital: é o documento que estabelece disposições sobre o tipo de tratamento de saúde, ou não tratamento, que a pessoa deseja no caso de não ter condições de manifestar sua vontade.

8.4. INVENTÁRIO E PARTILHA

O inventário e a partilha visam à divisão dos bens deixados pelo "de cujus". Para tanto, procede-se à apuração do quinhão de cada herdeiro, seguindo-se à partilha de bens.

Havendo testamento ou interessado incapaz, proceder-se-á ao inventário judicial. Porém, se todos forem capazes e concordes, poderá fazer-se o inventário e a partilha por **escritura pública**, a qual constituirá título hábil para o registro imobiliário.

As modalidades e procedimentos do inventário são regulados pela lei processual civil.

Tema relevante em sede de inventário é o dos **sonegados**.

A **sonegação** pode ser conceituada como *a ocultação dolosa dos bens da herança, ou sujeitos à colação*.

A consequência dessa conduta é a perda do direito que o sonegador teria sobre os bens sonegados. Porém, o reconhecimento desse comportamento e a perda desse direito dependem de ação própria.

Outro instituto relevante em matéria de inventário e partilha é o da **colação**. Esta pode ser **conceituada** como *a restituição ao monte do valor das liberalidades recebidas do autor da herança por seus descendentes, a fim de nivelar as legítimas*.

O autor da herança pode, por meio de testamento ou no próprio título da liberalidade, **dispensar** o beneficiário do ato da colação, dispondo que a liberalidade está saindo da parte disponível de sua herança.

Está dispensado de colacionar o descendente que, ao tempo da realização da doação, não seria chamado à sucessão na qualidade de herdeiro necessário (p. ex.: neto que recebe quando o avô tem filhos vivos).

Os ascendentes não são obrigados a colacionar.

O objeto da colação é o *valor* das doações certo ou estimativo, que lhes atribuir o ato de liberalidade. Em complemento, junta-se dois Enunciados do CJF:

> 119 – Para evitar o enriquecimento sem causa, a colação será efetuada com base no valor da época da doação, nos termos do *caput* do art. 2.004, exclusivamente na hipótese em que o bem doado não mais pertença ao patrimônio do donatário. Se, ao contrário, o bem ainda integrar seu patrimônio, a colação se fará com base no valor do bem na época da abertura da sucessão, nos termos do art. 639 do NCPC, de modo a preservar a quantia que efetivamente integrará a legítima quando esta se constituiu, ou seja, na data do óbito (resultado da interpretação sistemática do art. 2.004 e seus parágrafos, juntamente com os arts. 1.832 e 884 do Código Civil).
>
> 644 – Os arts. 2.003 e 2.004 do Código Civil e o art. 639 do CPC devem ser interpretados de modo a garantir a igualdade das legítimas e a coerência do ordenamento. • O bem doado, em adiantamento de legítima, será colacionado de acordo com seu valor atual na data da abertura da sucessão, se ainda integrar o patrimônio do donatário. • Se o donatário já não possuir o bem doado, este será colacionado pelo valor do tempo de sua alienação, atualizado monetariamente.

Apenas as doações é que deverão ser trazidas à colação, não estando sujeitos a esta os *gastos ordinários* do ascendente com o descendente, tais como: despesas com educação, estudo, sustento, vestuário, saúde, casamento, ou os feitos no interesse da defesa do filho em processo-crime, pouco importando, neste último caso, o desfecho do processo, ou seja, se houve absolvição ou condenação.

Segundo o STJ, "O filho do autor da herança tem o direito de exigir de seus irmãos a colação dos bens que receberam via doação a título de adiantamento da legítima, ainda que sequer tenha sido concebido ao tempo da liberalidade" (REsp 1.298.864, DJ 29.05.2015).

8.5. QUESTÕES COMENTADAS

8.5.1. Sucessão em geral

(Magistratura/SC – FCC) A sucessão *mortis causa* pode dar-se
- **(A)** a título universal e a título singular, caracterizando-se a primeira pela transmissão do patrimônio ou cota parte do patrimônio do defunto e a segunda, pela transferência de algum ou alguns bens determinados.
- **(B)** se legítima, apenas a título universal e se testamentária, apenas a título singular.
- **(C)** apenas a título universal.
- **(D)** apenas a título singular, porque a lei exige a partilha de bens entre os herdeiros.
- **(E)** a título singular e a título universal, caracterizando-se a primeira pela transmissão de cota parte do patrimônio do defunto e a segunda, pela transmissão de certa generalidade de coisa ou cota parte concreta de bens.

A: correta, pois traz corretas definições sobre as sucessões a título universal e a título singular; **B:** incorreta, pois a sucessão testamentária pode se dar tanto a título singular, como a título universal; **C:** incorreta, pois há também sucessão a título singular (v. art. 1.912 do CC); **D:** incorreta, pois a partilha é o que se faz depois de operada a sucessão, que pode ser a título universal, atribuindo fração ideal de patrimônio a alguns herdeiros, que num momento seguinte vão efetuar uma partilha, quem sabe atribuindo bens certos para cada um; **E:** incorreta, pois na sucessão a título singular não há transmissão de cota parte do patrimônio, mas sim de algum ou alguns bem determinados.
Gabarito "A".

(Magistratura/SP – VUNESP) Assinale a alternativa correta.
- **(A)** Somente ofensa física que resulte em lesão grave autoriza a deserdação de herdeiro necessário em testamento.
- **(B)** A deserdação do herdeiro necessário pode ser feita em testamento sem que o testador declare sua causa, mas, nesse caso, caberá a quem aproveite a deserdação justificá-la.
- **(C)** Uma vez excluído da sucessão por motivo de indignidade determinado herdeiro, seus descendentes também não sucedem.
- **(D)** A exclusão de herdeiro ou legatário da sucessão nos casos de indignidade deverá sempre ser declarada por sentença.

A: incorreta, pois há outros casos previstos nos arts. 1.962 e 1.963 do CC; **B:** incorreta, pois o testador deve, necessariamente, declarar a causa em testamento (art. 1.964 do CC); **C:** incorreta, pois os efeitos da exclusão por indignidade são pessoais, atingindo apenas o excluído, sendo que seus herdeiros sucedem como se ele morto fosse antes da abertura da sucessão (art. 1.816, *caput*, do CC); **D:** correta (art. 1.815, *caput*, do CC).
Gabarito "D".

(Promotor de Justiça/RO – CESPE) Acerca da sucessão, assinale a opção correta.
- **(A)** Somente será eficaz a cessão, pelo coerdeiro, de seu direito hereditário sobre um bem específico da herança se houver, no acervo, mais de um bem de mesmo valor para cada herdeiro.
- **(B)** A regra de que concubina do testador casado não pode ser beneficiada em testamento é afastada quando o bem deixado em herança não estiver englobado pelos cinquenta por cento dos bens particulares do testador.
- **(C)** Embora a aceitação da herança não seja ato formal, ela deve ser expressa, já que os herdeiros devem suportar, até o total da herança, as dívidas do falecido.
- **(D)** A abertura da sucessão ocorre no momento da morte do titular do patrimônio, sendo a propriedade dos bens transferida com a partilha.
- **(E)** A doação pura e simples de bem hereditário feita por herdeiro aparente será inválida, ainda que o donatário tenha agido de boa-fé.

A: incorreta, pois "é ineficaz a cessão, pelo coerdeiro, de seu direito hereditário sobre qualquer bem da herança considerado singularmente" (art. 1.793, § 2º, do CC); **B:** incorreta, pois a única ressalva legal para tal vedação é a hipótese de o testador já ser separado de fato do cônjuge (art. 1.801, III, do CC); **C:** incorreta, pois a aceitação da herança pode ser tácita (art. 1.805 do CC); **D:** incorreta, pois o Código adotou o princípio de *saisine*, segundo o qual "aberta a sucessão, a herança transmite-se, desde logo, aos herdeiros legítimos e testamentários" (art. 1.784 do CC); **E:** correta, pois, nesse caso, apenas as alienações feitas, a título oneroso, é que são eficazes (art. 1.827, parágrafo único, do CC).
Gabarito "E".

(Promotor de Justiça/PR) Assinale a alternativa incorreta:
- **(A)** O direito brasileiro adota o princípio da *saisine* em matéria sucessória;
- **(B)** Em um caso de ultra-atividade da lei, as regras de direito sucessório do Código Civil de 1916 devem ser aplicadas à sucessão aberta durante sua vigência, mesmo que o inventário seja processado após o início da vigência do Código Civil de 2002;
- **(C)** Os descendentes e os ascendentes e o cônjuge são considerados herdeiros necessários;
- **(D)** São vedados o testamento simultâneo, recíproco e correspectivo;
- **(E)** O testamento realizado por menor de 16 anos é nulo e o testamento realizado por menor entre 16 e 18 anos é anulável.

A: correta, pois, de fato, o Código Civil adotou o princípio de *saisine*, segundo o qual "aberta a sucessão, a herança transmite-se, desde logo, aos herdeiros legítimos e testamentários" (art. 1.784 do CC); **B:** correta, pois às mortes ocorridas na vigência da lei anterior, aplicam-se as regras do Código Civil de 1916, sendo irrelevante o momento do processamento do inventário (art. 2.041 do CC); **C:** correta, pois o art. 1.845 do CC enumerou apenas descendentes, ascendentes e cônjuge como herdeiros necessários; **D:** correta, pois de acordo com a vedação estabelecida pelo art. 1.863 do CC; **E:** incorreta (devendo ser assinalada), pois a capacidade plena para realizar testamento é adquirida aos dezesseis anos (art. 1.860, parágrafo único, do CC). Logo, eventual testamento redigido após essa idade é plenamente válido.
Gabarito "E".

(Juiz de Direito/RJ – VUNESP) Marido e mulher, casados pelo regime da separação total de bens, morreram em um acidente de avião, sem se conseguir, aplicando-se todas as técnicas da medicina legal, identificar qual dos mortos faleceu primeiro. Deixaram filhos. Nesse caso, quanto à sucessão, é correto afirmar que

(A) como o regime, no caso, é o da separação total de bens, um cônjuge será herdeiro do outro no importe de 50% sobre o monte partível, sendo que os filhos herdarão a outra metade.

(B) pelo regime de bens, um cônjuge poderia ser herdeiro do outro, mas, no presente caso, devido à comoriência, não cabe direito sucessório entre si, pelo que os filhos serão os herdeiros de todo o monte partível.

(C) devido ao instituto da colação caracterizado por terem falecido juntos no mesmo acidente, os filhos herdarão os bens de cada genitor, separadamente.

(D) não existe possibilidade de se transmitir a herança a mortos, haja vista que com a morte não existe mais pessoa natural, pelo que um cônjuge somente será herdeiro do outro se tiver sido realizado um testamento anterior à morte.

A hipótese é de comoriência (art. 8º do CC). Nesses casos, aplica-se a famosa regra de que "*quando um morreu, o outro já estava morto e vice-versa*". Logo, não haverá transferência de bens entre os cônjuges pelo simples motivo de que o morto não tem direito sucessório. Como a questão menciona a existência de filhos, a solução é simples: atribui-se o direito sucessório a eles. Apenas a assertiva "B" traz essa solução.

Gabarito "B".

(Ministério Público/BA) A Constituição Federal da República Federativa do Brasil consagra, no seu artigo 5º, XXX, o direito de herança como direito fundamental.
Com efeito, vaticina Ney de Mello Almada: "o Direito das Sucessões é o conjunto de princípios legais disciplinadores da transmissão, aos herdeiros legatários, do patrimônio sucessível de uma pessoa, que vem a falecer."
Nessa esteira, aduz Lacerda de Almeida que, em razão da repercussão social, tais princípios são "fundamentais e de ordem pública".
Assim sendo, marque a alternativa correta, após o exame de veracidade das assertivas abaixo.

I. A aquisição da propriedade mortis causa se dá com o registro da partilha no cartório de registro de imóveis competente.

II. De acordo com a legislação pátria, o direito a sucessão aberta consubstancia-se em uma universalidade iuris, bem assim em direito real imobiliário.

III. Na sucessão mortis causa de estrangeiro domiciliado no Brasil, no que tange aos bens situados no Brasil, invariavelmente se aplicará a Lei Material Brasileira.

IV. Quando proferida após 5(cinco) anos da abertura da sucessão, a sentença que declara a vacância produzirá efeitos retro operantes.

V. Em matéria de sucessão legítima, pode-se afirmar que a representação somente é possível na linha reta descendente.

(A) F V F V F.
(B) V V F V V.
(C) F F V F F.
(D) V F V V F.
(E) F V V F V.

I: falsa, pois segundo o princípio de *saisine*, a herança transmite-se, desde logo, aos herdeiros (art. 1.784 do CC); II: verdadeira (art. 80, II, do CC); III: falsa, pois a sucessão de bens de estrangeiros, situa-

dos no País, será regulada pela lei brasileira em benefício do cônjuge ou dos filhos brasileiros, ou de quem os represente, sempre que não lhes seja mais favorável a lei pessoal do *de cujus* (art. 10, § 1º, da LINDB); IV: verdadeira (art. 1.822 do CC); V: falsa, pois o direito de representação dá-se também na linha transversal em favor dos filhos de irmãos do falecido, quando com irmãos deste concorrerem (art. 1.853 do CC).

Gabarito "A".

(Analista – TJ/ES – CESPE) Julgue o seguinte item.

(1) No que tange à capacidade para suceder, é correto afirmar que, com a abertura da sucessão, a herança se transmite imediatamente aos herdeiros, que passam a ser titulares de direitos adquiridos, aplicando-se a lei vigente à época da morte do autor da herança.

1: correta (arts. 1.784 e 1.787 do CC)

Gabarito 1C

8.5.2. Sucessão legítima

(Magistratura/RR – FCC) Na sucessão de colateral, não existindo outros parentes que prefiram na ordem da vocação hereditária, mas havendo do *de cujus*

(A) sobrinho neto e primo-irmão, a herança será atribuída somente ao primo-irmão.

(B) sobrinho-neto, tio-avô e primo-irmão, a herança será partilhada entre eles, por estirpe.

(C) tio e sobrinho, a herança será dividida entre eles.

(D) tio e sobrinho, a herança será atribuída apenas ao tio.

(E) sobrinho-neto, tio-avô e primo-irmão, a herança será partilhada entre eles, por cabeça.

A: incorreta, pois no caso tem-se parentes com a mesma proximidade com o falecido, não incidindo a regra de que na linha colateral os mais próximos excluem os mais remotos (art. 1.840 do CC); B: incorreta, pois a herança por estirpe se dá quando alguém representada alguém que faleceu, ou seja, depende que se esteja falando de descendente de um falecido considerado herdeiro, o que não se aplica ao tio-avô; C e D: incorretas, pois os sobrinhos preferem aos tios (art. 1.843, *caput*, do CC); E: correta, pois são todos parentes em 4º grau e não há preferência legal entre eles.

Gabarito "E".

(Magistratura/RR – FCC) Falecendo alguém sem deixar testamento nem herdeiro legítimo notoriamente conhecido, os bens da herança, depois de arrecadados,

(A) passarão imediatamente ao patrimônio do Município em que se encontrarem, que os manterá sob a condição resolutiva do aparecimento de herdeiros, pelo prazo de dez anos.

(B) ficarão sob a guarda do Município onde se encontrarem, que os administrará, até que seja declarada a vacância e incorporados definitivamente ao seu patrimônio.

(C) serão declarados vacantes, tendo os possíveis herdeiros de se habilitar no prazo de cinco anos, a partir da abertura da sucessão, findo o qual passarão ao patrimônio do Município em que se encontrarem.

(D) consideram-se de herança jacente, da qual são excluídos os herdeiros colaterais e os necessários que não se habilitarem no prazo de um ano, a partir da abertura da sucessão, findo o qual a herança se considerará vacante e incorporada ao patrimônio do Município em que os bens se encontrarem.

(E) ficarão sob a guarda e administração de um curador até sua entrega ao sucessor, devidamente habilitado, ou à declaração de sua vacância.

A a D: incorretas, pois, para completar a frase do enunciado da questão, a alternativa deve dizer que os bens da herança, depois de arrecadados, "ficarão sob a guarda e administração de um curador, até a sua entrega ao sucessor devidamente habilitado ou à declaração de sua vacância" (art. 1.819 do CC); **E:** correta (art. 1.819 do CC).
Gabarito "E".

(Juiz de Direito/AM – FGV) No direito brasileiro em vigor, incluem-se entre os herdeiros necessários

(A) somente os descendentes e o cônjuge.
(B) somente os descendentes e os colaterais.
(C) somente os descendentes e os ascendentes.
(D) os descendentes, os ascendentes e o cônjuge.
(E) os descendentes, o cônjuge e os colaterais.

O art. 1.845 do CC enumerou apenas descendentes, ascendentes e cônjuge como herdeiros necessários. Colaterais e companheiro de união estável não estão listados nessa especial categoria de herdeiros.
Gabarito "D".

(Magistratura/PE – FCC) Na sucessão legítima

(A) os filhos sucedem por cabeça e os outros descendentes apenas por estirpe.
(B) em falta de descendentes e ascendentes, será deferida a sucessão por inteiro ao cônjuge sobrevivente, apenas se casado sob o regime da comunhão universal ou parcial de bens.
(C) sendo chamados a suceder os colaterais, na falta de irmãos sucederão os tios e não os havendo os filhos dos irmãos.
(D) em falta de descendente e ascendente, será deferida a sucessão por inteiro ao cônjuge sobrevivente, mesmo que casado tiver sido sob o regime da separação obrigatória de bens.
(E) na classe dos ascendentes não há exclusão por grau, todos sendo aquinhoados em igualdade.

A: incorreta (art. 1.835 do CC); **B:** incorreta, pois o cônjuge sobrevivente, nesse caso, herdará independentemente do regime de bens (art. 1.838 do CC); **C:** incorreta, pois na falta de irmãos sucederão os filhos destes e, não os havendo, os tios (art. 1.843, caput, do CC); **D:** correta (art. 1.838 do CC); **E:** incorreta (art. 1.836, § 1º, do CC).
Gabarito "D".

(Magistratura/PR – PUC/PR) A respeito de sucessões, assinale a única alternativa INCORRETA.

(A) A renúncia de herança deve constar expressamente de instrumento público ou termo judicial; a aceitação pode ser tácita.
(B) Se não houver cônjuge sobrevivente, ou se vivo não lhe seja reconhecido direito sucessório, serão chamados a suceder os colaterais até o terceiro grau.
(C) Não pode o testador estabelecer cláusula de inalienabilidade, impenhorabilidade e de incomunicabilidade sobre os bens da legítima, salvo se houver justa causa, declarada no testamento.
(D) Na disposição testamentária, se instituído menor herdeiro ou legatário, pode o testador nomear-lhe curador especial para administração desses bens ainda que o beneficiário se encontre sob poder familiar, ou tutela.

A: correta, pois a assertiva reflete o disposto nos arts. 1.805, caput e 1.806, do CC; **B:** incorreta, devendo ser assinalada, pois nesse caso serão chamados os colaterais até o quarto grau (art. 1.839 do CC); **C:** correta, pois a assertiva reflete o disposto no art. 1.848, caput, do CC; **D:** correta, pois a assertiva reflete o disposto no art. 1.733, § 2º, do CC.
Gabarito "B".

(Magistratura/SP – VUNESP) Relativamente à ordem da vocação hereditária, assinale a alternativa correta.

(A) Concorrendo à herança irmãos bilaterais e unilaterais, cada um desses herdará apenas a metade do que cada um daqueles herdar.
(B) Concorrendo à herança somente um avô materno e dois avós paternos, a cada um tocará 1/3 (um terço) da herança.
(C) Se concorrerem à herança somente um filho de irmão pré-morto e duas filhas de irmã pré-morta, àquele tocará metade da herança e a cada uma destas, 1/4 (um quarto) dela.
(D) Incluem-se na sucessão legítima os colaterais até o terceiro grau.

A: correta (art. 1.841 do CC); **B:** incorreta, pois ficará metade para a linha materna (1/2 para o avô materno) e metade para a linha paterna (1/4 para o avô paterno e 1/4 para a avó paterna), nos termos do art. 1.836, § 2º, do CC; **C:** incorreta, pois, estando todos os irmãos pré-mortos (ou seja, concorrendo à herança somente filhos de irmãos falecidos), seus respectivos filhos herdarão por cabeça (e não por linha), ou seja, cada receberá 1/3, já que são três filhos concorrendo (art. 1.843, § 1º, do CC); **D:** incorreta, pois são chamados a suceder os colaterais até quarto grau (art. 1.839 do CC).
Gabarito "A".

(Magistratura/SP – VUNESP) Assinale a alternativa correta.

(A) Na falta de descendentes, será deferida a sucessão por inteiro aos ascendentes.
(B) Na classe dos colaterais, os mais próximos excluem os mais remotos, mas os filhos de irmãos do falecido herdam por representação.
(C) Não concorrendo à herança irmão bilateral, os unilaterais herdarão metade do que herdaria aquele.
(D) O valor correspondente a legado deixado a herdeiro necessário será abatido da parte que lhe couber na legítima.
(E) O direito de representação pode dar-se na linha ascendente.

A: incorreta, pois será deferida aos ascendentes em concorrência com o cônjuge (art. 1.829, II, do CC); **B:** correta (art. 1.840 do CC); **C:** incorreta, pois os unilaterais herdarão em partes iguais tudo o que os bilaterais herdariam (art. 1.842 do CC); **D:** incorreta, pois a parte que recebeu fora da legítima não será abatida (art. 1.849 do CC); **E:** incorreta, pois o direito de representação dá-se apenas na linha reta descendente (art. 1.852 do CC).
Gabarito "B".

Capítulo 8 • Direito das Sucessões

(Ministério Público/BA) Antônio faleceu em 10 de maio de 2008, *ab intestato*. Consta que o "*de cujus*" era casado pelo regime da comunhão parcial de bens, com Bruna, não deixando bens particulares, e ainda, que em razão do enlace matrimonial teve 4(quatro) filhos: Carlos, Daniel, Elda e Fátima. Ademais, consta que Carlos faleceu em 05 de agosto de 2007, e deixou 3(três) filhos: George, Hugo e Igor.

Consta que Daniel renunciou à herança do seu genitor, sob condição resolutiva, bem assim que teve 2(dois) filhos: Jaime e Luiz. Outrossim, consta que Elda cedeu, a título de liberalidade, o seu quinhão hereditário a terceiro, estranho à sucessão, por instrumento público, contudo sem cientificar previamente os demais herdeiros.

Por derradeiro, consta que Fátima foi excluída da sucessão por indignidade, entretanto, teve 2 (dois) filhos, a saber: Márcia e Nilson.

Assinale a alternativa correta:

(A) Bruna terá direito a 50%(cinquenta por cento) da herança de Antônio.
(B) Os filhos de Daniel irão representar o pai renunciante.
(C) Os filhos de Fátima irão representar a mãe, na herança do falecido avô.
(D) A cessão da herança mencionada é ineficaz frente aos demais herdeiros.
(E) Os Filhos de Carlos receberão, em conjunto, 50% (cinquenta por cento) da herança do "*de cujus*".

A: incorreta, pois como eram casados pelo regime da comunhão parcial de bens e Antônio faleceu sem deixar bens particulares, o cônjuge sobrevivente (Bruna) não sucede em concorrência com os descendentes (art. 1.829, I, do CC); **B:** incorreta, pois ninguém pode suceder representando herdeiro renunciante, exceto se ele for o único legítimo da sua classe, ou se todos os outros da mesma classe renunciarem à herança, poderão os filhos vir à sucessão, por direito próprio, e por cabeça (art. 1.811 do CC); **C:** correta, pois os descendentes do excluído por indignidade (Fátima), sucedem como se morto fosse antes da abertura da sucessão (art. 1.816, *caput*, do CC); **D:** incorreta, pois a cessão não será ineficaz. Caberá ao coerdeiro, a quem não se der conhecimento da cessão, depositado o preço, haver para si a quota cedida a estranho, se o requerer até cento e oitenta dias após a transmissão (art. 1.795 do CC); **E:** incorreta, pois os filhos de Carlos receberão 25% da herança (art. 1.855 do CC).

Gabarito "C"

(Ministério Público/PR) Antônio foi casado com Cecília por 10 anos, sendo que do casamento adveio o nascimento de três filhos, Daniel, Elisa e Fabio. Cecília faleceu no último dia 30 de novembro de 2009. Sem ter feito o inventário dos bens da sua falecida esposa e, por conseguinte, sem ter dado partilha aos herdeiros desta, Antônio se casou com Bruna no 1º de janeiro de 2010, subordinando-se ao regime de bens daí decorrente. No dia 10 de outubro de 2010, nasce Helena, filha de Antônio com Bruna. No dia de hoje, Antônio vem a falecer. Diante dos fatos narrados, assinale a alternativa correta:

(A) a herança de Antônio será dividida, em partes iguais, apenas entre os seus quatro filhos.
(B) a quarta parte da herança de Antônio caberá a Bruna, sendo que os outros três quartos serão divididos igualmente entre os quatro filhos de Antônio.
(C) a herança de Antônio será dividida, em cinco partes iguais, ou seja, entre os seus quatro filhos e a viúva.
(D) metade da herança de Antônio caberá a Helena, e a outra metade será dividida entre os três filhos advindos do primeiro casamento.
(E) Bruna terá direito à meação dos bens deixados por Antônio, cabendo aos quatro filhos a divisão do remanescente em partes iguais.

De fato, como Antônio casou com Bruna antes de fazer o inventário de Cecília, havia causa suspensiva (art. 1.523, I, do CC), razão pela qual o regime de bens foi o da separação de bens (art. 1.641, I, do CC). Desta forma, com o falecimento de Antônio, a sua herança será dividida entre os descendentes (art. 1.829, I, do CC).

Gabarito "A"

(Ministério Público/SP – PGMP) Em tema de sucessão legítima, assinale abaixo a assertiva INCORRETA.

(A) São herdeiros necessários os descendentes, os ascendentes e o cônjuge.
(B) Ao cônjuge sobrevivente, qualquer que seja o regime de bens, será assegurado, sem prejuízo da participação que lhe caiba na herança, o direito real de habitação.
(C) Entre os descendentes, os em grau mais próximo, excluem os mais remotos, salvo o direito de representação.
(D) Na falta de descendentes, são chamados à sucessão os ascendentes em concorrência com o cônjuge sobrevivente.
(E) O herdeiro necessário, a quem o testador deixar a sua parte disponível, ou algum legado, terá excluído seu direito à legítima.

A: assertiva correta (art. 1.845 do CC), **B:** assertiva correta (art. 1.831 do CC); **C:** assertiva correta (art. 1.833 do CC); **D:** assertiva correta (art. 1.836, *caput*, do CC); **E:** assertiva incorreta, devendo a alternativa ser assinalada; o herdeiro necessário não perderá, no caso, direito à legítima (art. 1.849 do CC).

Gabarito "E"

(Ministério Público/SP) Assinale a alternativa correta:

(A) a abertura da sucessão ocorre com a distribuição do inventário dos bens deixados pelo "de cujus".
(B) realizada a partilha dos bens do falecido e havendo ainda dívidas, os herdeiros por elas respondem integralmente.
(C) JOSÉ veio a falecer em decorrência de acidente de trânsito, sendo que seu irmão JOÃO, também vítima do mesmo acidente, sobreviveu por alguns dias, vindo a falecer. JOSÉ não possuía ascendentes, descendentes, cônjuge ou companheira, mas tão somente outros três irmãos. Aberta a sucessão e realizada a partilha, coube ¼ (um quarto) dos bens por ele deixados a cada um dos irmãos.
(D) aquele que pretender estabelecer disposições especiais sobre o seu enterro deverá fazê-lo, necessariamente, por meio de testamento público, cerrado ou particular.
(E) o direito de representação, segundo estabelece o Código Civil, dá-se na linha ascendente e descendente, assim como na linha transversal, mas neste caso somente em favor dos filhos de irmãos do falecido.

A: incorreta, pois o Código Civil adotou o princípio de *saisine*, segundo o qual a transmissão da herança ocorre imediatamente no momento da morte do *de cujus*; **B:** incorreta, pois o herdeiro não responde por encargos superiores às forças da herança (art. 1.792 do CC); **C:** correta, pois, conforme ordem de vocação hereditária, os irmãos de José herdarão, e, como João ainda era vivo quando do falecimento de José, e respeitando-se o princípio de *saisine*, os quatro irmãos herdarão em partes iguais, pois a sucessão ocorreu no momento da morte; **D:** incorreta, pois as disposições especiais sobre o enterro poderão ser feitas por codicilo, nos termos do art. 1.881 do CC; **E:** incorreta, pois o direito de representação dá-se na linha reta descendente, mas **nunca na ascendente**, conforme dispõe o art. 1.852 do CC.
Gabarito "C".

(Defensor Público/AM – I. Cidades) A respeito da sucessão legítima, marque a alternativa correta:

(A) Ao cônjuge sobrevivente que estava separado apenas de fato com o de *cujus* no momento do óbito é reconhecido o direito sucessório, independentemente do tempo da separação.

(B) Na falta de descendentes, são chamados à sucessão os ascendentes, sem concorrência com o cônjuge sobrevivente.

(C) Na classe dos colaterais, os mais próximos excluem os mais remotos, salvo o direito de representação concedido aos filhos de irmãos.

(D) Os tios têm preferência no recebimento da herança em relação aos sobrinhos.

(E) Em falta de descendentes e ascendentes, será deferida a sucessão ao cônjuge sobrevivente, em concorrência com os colaterais.

A: incorreta, pois somente é reconhecido direito sucessório ao cônjuge sobrevivente se, ao tempo da morte do outro, não estavam separados judicialmente, nem separados de fato há mais de dois anos, salvo prova, neste caso, de que essa convivência se tornara impossível sem culpa do sobrevivente (art. 1.830 do CC); **B:** incorreta, pois na falta de descendentes, são chamados os ascendentes em concorrência com o cônjuge (art. 1.836, *caput*, do CC); **C:** correta, pois a alternativa reflete o disposto no art. 1.840 do CC; **D:** incorreta, pois na falta de irmãos, herdarão os filhos destes e, não os havendo, os tios (art. 1.843, *caput*, do CC); **E:** incorreta, pois na falta de descendentes e ascendentes, será deferida a sucessão por inteiro ao cônjuge sobrevivente (art. 1.838 do CC).
Gabarito "C".

(Defensoria Pública da União – CESPE) Acerca das sucessões, julgue o seguinte item.

(1) Se a irmã mais velha de uma família de três irmãos falecer e, após sua morte, for verificado que ela era solteira e que não deixou descendentes ou ascendentes vivos, a herança caberá a seus irmãos. Contudo, se estes forem pré-mortos, a herança caberá aos sobrinhos, se houver, e, se um destes também tiver falecido antes da tia, aos sobrinhos-netos em concorrência com seus tios, com base no direito de representação.

1: O item está errado, pois na classe dos colaterais, os mais próximos excluem os mais remotos, salvo o direito de representação concedido aos filhos de irmãos (art. 1.840 do CC), razão pela qual os sobrinhos-netos não herdarão.
Gabarito 1 E.

8.5.3. Sucessão testamentária

(Ministério Público/SP – MPE/SP) Sobre o testamento cerrado, é correto afirmar que:

(A) A pessoa portadora de cegueira total poderá testar sob a forma cerrada.

(B) O analfabeto poderá dispor de seus bens em testamento cerrado.

(C) O testador surdo-mudo poderá fazer o testamento por intermédio de outra pessoa, a seu rogo.

(D) Não obstante a deficiência auditiva do testador, o auto de aprovação do testamento cerrado deverá ser lido na presença dele e das testemunhas.

(E) O testamento cerrado deverá obrigatoriamente ser escrito em língua nacional, pelo próprio testador, ou por outrem, a seu rogo.

A: incorreta (art. 1.872 do CC); **B:** incorreta (art. 1.872 do CC); **C:** incorreta, pois o testador nessa condição pode testar "contanto que o escreva todo, e o assine de sua mão, e que, ao entregá-lo ao oficial público, ante as duas testemunhas, escreva, na face externa do papel ou do envoltório, que aquele é o seu testamento, cuja aprovação lhe pede" (art. 1.873 do CC), ou seja, o testamento não é feito por intermédio de outra pessoa, a seu rogo; **D:** correta (art. 1.868, III, do CC); **E:** incorreta, pois pode ser escrito em língua estrangeira (art. 1.871 do CC).
Gabarito "D".

(Defensor/PA – FMP) Assinale a alternativa CORRETA.

(A) A exclusão de herdeiro, por indignidade, alcança seus descendentes.

(B) A renúncia à herança de uma pessoa não impede que o renunciante a represente na sucessão de terceiro.

(C) O testamento particular que não obedecer ao requisito de ser lido perante três testemunhas, que o subscreverão, não poderá ser confirmado, se, ao tempo de sua confirmação, quaisquer delas faltar, impedindo que testemunhem sobre o ato da leitura e assinatura.

(D) É inválido o legado de coisa certa que já não pertença ao testador ao tempo da abertura da sucessão.

(E) Não há prazo decadencial previsto em lei para anulação de disposições testamentárias realizadas sob coação, sendo, pois, perpétuo, o direito de invalidá-las.

A: incorreta, pois de acordo com o art. 1.816 do CC "são pessoais os efeitos da exclusão; os descendentes do herdeiro excluído sucedem, como se ele morto fosse antes da abertura da sucessão"; **B:** correta, pois nesse caso ter-se-ia uma nova herança, que, para ser objeto de renúncia, depende do cumprimento das formalidades legais (art. 1.806 do CC); **C:** incorreta, pois de acordo com o parágrafo único do art. 1.878 do CC "Se faltarem testemunhas, por morte ou ausência, e se pelo menos uma delas o reconhecer, o testamento poderá ser confirmado, se, a critério do juiz, houver prova suficiente de sua veracidade."; **D:** incorreta, pois nesse caso o legado é *ineficaz*, não *inválido* (art. 1.912 do CC); **E:** incorreta, pois extingue-se em 4 anos o direito de anular o testamento nesse caso, contados de quando o interessado tiver conhecimento do vício.
Gabarito "B".

(Magistratura/SC) Assinale a alternativa correta:

I. O direito de representação se dá nas linhas descendente e ascendente.

II. O renunciante à herança de uma pessoa poderá representá-la na sucessão de outra.
III. São testamentos ordinários o público, o cerrado e o particular; e especiais o marítimo, o aeronáutico e o militar.
IV. Havendo necessidade, podem-se criar outras modalidades de testamentos especiais, por meio de escritura pública.
(A) Somente as proposições I, II e IV estão corretas.
(B) Somente as proposições I e III estão corretas.
(C) Somente as proposições II e IV estão corretas.
(D) Somente as proposições II e III estão corretas.
(E) Somente as proposições III e IV estão corretas.

I: incorreta, pois o direito de representação dá-se apenas na linha descendente (art. 1.852 do CC); II: correta (art. 1.856 do CC); III: correta (arts. 1.862 e 1.886 do CC); IV: incorreta, pois não se admitem outros testamentos especiais, além dos contemplados no Código Civil (art. 1.887 do CC).
Gabarito "D".

(Ministério Público/BA) Segundo a doutrina, o testamento consiste em negócio jurídico; solene, de eficácia *mortis causa*, personalíssimo, unilateral e revogável. Portanto, em relação ao testamento, é correto afirmar:
(A) É anulável, quando celebrado pelo menor entre 16 e 18 anos.
(B) É inválido, quando celebrado pelo pródigo.
(C) Será válido, ainda que contenha exclusivamente disposições de caráter não patrimonial.
(D) Será anulável, quando contiver os defeitos de erro, dolo ou coação, no prazo de 4(quatro) anos, a partir da data da abertura da sucessão.
(E) O testamento público posterior, inexoravelmente, revoga o testamento particular anterior.

A: incorreta, pois podem testar os maiores de dezesseis anos (art. 1.860, parágrafo único, do CC); B: incorreta. Silvio de Salvo Venosa comenta a questão: "Assim, nem mesmo o pródigo está inibido de dispor por última vontade, embora tenha restrição de disposição patrimonial em vida, salvo se essa prodigalidade lhe afete a mente de modo que se constitua numa enfermidade mental. Aí, porém, a inibição de testar não advém do fato exclusivo de ser pródigo" (http://www.silviovenosa.com.br/artigo/capacidade-de-testar-e-capacidade-de-adquirir-por-testamento); C: correta (art. 1.857, § 2º, do CC); D: incorreta, pois o prazo será de 4 anos contados de quando o interessado tiver conhecimento do vício (art. 1.909, parágrafo único, do CC); E: incorreta, pois não existe essa previsão legal.
Gabarito "C".

(Ministério Público/BA) Bernardo, em 12 de maio de 2008, mediante testamento particular, reconheceu a paternidade de Cecília, bem assim dispôs da metade de seu patrimônio. Consta que o referido testamento foi celebrado em circunstâncias excepcionais, devidamente declaradas na cédula, contudo, sem testemunhas. Assinale a alternativa correta.
(A) O testamento é anulável.
(B) O testamento é inexistente.
(C) O testamento é ineficaz.
(D) O testamento somente será válido no que concerne à disposição do patrimônio.

(E) O testamento poderá ser confirmado, a critério do Juiz.

Art. 1.879 do CC.
Gabarito "E".

8.5.4. Inventário e partilha

(Ministério Público/SP – MPE/SP) Entre as opções abaixo, assinale a alternativa correta:
(A) O neto, que vier a receber doação de seu avô, estando seu pai vivo por ocasião da morte do doador, se for chamado à sucessão do avô, não precisará colacionar.
(B) A dispensa da colação pode ser outorgada pelo doador também pela forma oral.
(C) O testamenteiro possui legitimidade para, na defesa do interesse dos herdeiros necessários, exigir a colação das liberalidades recebidas, em vida, por um dos filhos do autor da herança em prejuízo dos demais.
(D) O ascendente que for contemplado, em vida, com uma liberalidade do descendente está obrigado à colação, sobrevindo a morte do doador.
(E) As doações que o doador determinar que saiam da parte disponível estão sujeitas à colação, ainda que não a excedam.

A: correta, pois, estando o seu pai vivo, apenas este é herdeiro, e não o neto, sendo certo que somente descendentes herdeiros são obrigados a colacionar (art. 2.002, *caput*, do CC), o que não é o caso do neto; B: incorreta, pois a dispensa de colação deve se dar em testamento ou no próprio título de liberalidade, ambos declarações escritas (art. 2.006 do CC); C: incorreta, pois somente os herdeiros e os credores da herança têm legitimidade para requerer a aplicação da pena de sonegados (art. 1.994, *caput*, do CC); D: incorreta, pois esse é um dever de herdeiros descendentes (art. 2.002, *caput*, do CC); E: incorreta, pois tais doações não estarão, no caso, sujeitas à colação (art. 2.005 do CC).
Gabarito "A".

(Juiz de Direito/AM – FGV) O formal de partilha, extraído de inventário *causa mortis*, é documento que pode ser registrado na matrícula do imóvel inventariado e partilhado.
Nesse caso, é correto afirmar que o registro
(A) transfere a propriedade do bem ao herdeiro do *de cujus*, apenas no caso de herança legítima.
(B) transfere a propriedade do bem ao herdeiro do *de cujus*, apenas no caso de herança testamentária.
(C) transfere a propriedade do bem ao herdeiro do *de cujus*, em qualquer hipótese.
(D) transfere a posse do bem ao herdeiro do *de cujus*.
(E) não é modo de aquisição da propriedade, por parte do herdeiro do *de cujus*.

Em nosso sistema, a aquisição de bens por herança ocorre no exato instante do falecimento da pessoa. Não há intervalo entre a morte de uma pessoa e a aquisição do patrimônio pelos seus herdeiros. Trata-se da aplicação do princípio de *saisine* que, em nosso sistema, vem estabelecida no art. 1.784: "*aberta a sucessão, a herança transmite-se, desde logo, aos herdeiros legítimos e testamentários*". Logo, não é o registro do formal de partilha que atribuirá a aquisição de propriedade e sim o próprio falecimento.
Gabarito "E".

(Juiz de Direito/PR – UFPR) Considerando o que dispõe a Lei Civil com relação à sucessão em geral, à sucessão legítima e à testamentária, assinale a alternativa correta.

(A) Aberta a sucessão, a herança transmite-se aos herdeiros com a expedição do formal de partilha ou o registro do testamento, conforme se trate de sucessão legítima ou testamentária.

(B) Morrendo a pessoa sem testamento, transmite-se a herança aos herdeiros legítimos; o mesmo ocorrerá quanto a bens não compreendidos no testamento; porém, embora subsista a sucessão legítima, caso julgado nulo o testamento, não subsistirá se vier a caducar, caso em que será promovida a arrecadação legal dos bens.

(C) Na sucessão testamentária podem ser chamadas a suceder as pessoas jurídicas.

(D) Concorrendo à herança do falecido irmãos bilaterais com irmãos unilaterais, cada um destes herdará cota equivalente da que cada um daqueles herdar.

A: incorreta. Segundo o princípio de *saisine*, consubstanciado no art. 1.784 do CC, é a morte que transmite imediatamente o patrimônio aos herdeiros e não o futuro formal de partilha ou registro de testamento; **B:** incorreta, pois subsiste a sucessão legítima se o testamento caducar, ou for julgado nulo (art. 1.788 do CC); **C:** correta, pois as pessoas jurídicas são legitimadas a suceder, conforme a regra do art. 1.799, II, do CC; **D:** incorreta, pois nesse caso cada irmão bilateral herdará o dobro do que cada irmão unilateral (art. 1.841 do CC).

Gabarito "C"

(Magistratura/PB – CESPE) Com base no disposto no Código Civil e considerando o entendimento do STJ no que se refere às sucessões, assinale a opção correta.

(A) O prazo de decadência para impugnar a validade do testamento é de cinco anos, contado da abertura da sucessão.

(B) Caso o bem sonegado não esteja mais em poder do sonegador, por ter sido por ele alienado, o juiz deverá, em ação de sonegados, declarar nula a alienação.

(C) O direito de exigir a colação dos bens recebidos a título de doação em vida do *de cujus* é privativo dos herdeiros necessários, visto que a finalidade do instituto é resguardar a igualdade das legítimas.

(D) O ato de aceitação da herança é revogável, e o de renúncia a ela, irrevogável.

(E) A incapacidade superveniente do testador invalida o testamento.

A: incorreta, pois o prazo conta-se da data do seu registro (art. 1.859 do CC); **B:** incorreta (art. 1.995 do CC); **C:** correta. Essa é a posição do STJ: "RECURSO ESPECIAL. CIVIL. DIREITO DAS SUCESSÕES. PROCESSO DE INVENTÁRIO. DISTINÇÃO ENTRE COLAÇÃO E IMPUTAÇÃO. DIREITO PRIVATIVO DOS HERDEIROS NECESSÁRIOS. ILEGITIMIDADE DO TESTAMENTEIRO. INTERPRETAÇÃO DO ART. 1.785 DO CC/1916. 1. O direito de exigir a colação dos bens recebidos a título de doação em vida do "de cujus" é privativo dos herdeiros necessários, pois a finalidade do instituto é resguardar a igualdade das suas legítimas. 2. A exigência de imputação no processo de inventário desses bens doados também é direito privativo dos herdeiros necessários, pois sua função é permitir a redução das liberalidades feitas pelo inventariado que, ultrapassando a parte disponível, invadam a legítima a ser entre eles repartida. 3. Correto o acórdão recorrido ao negar legitimidade ao testamenteiro e à viúva para exigir a colação das liberalidades recebidas pelas filhas do inventariado. 4. Doutrina e jurisprudência acerca do tema. 5. Recursos especiais desprovidos" (REsp 167421 SP 1998/0018520-8 – Relator(a) Ministro Paulo de Tarso Sanseverino Julgamento: 07.12.2010 – Terceira Turma – Publicação DJe 17.12.2010); **D:** incorreta, pois os atos de aceitação e renúncia da herança são irrevogáveis (art. 1.812 do CC); **E:** incorreta (art. 1.861 do CC).

Gabarito "C"

(Juiz de Direito/RJ – VUNESP) Herança jacente é

(A) aquela em que o *de cujus* deixou bens, mas não deixou testamento, sendo que não há conhecimento da existência de algum herdeiro.

(B) o reconhecimento por sentença de que não há bens, mas apenas herdeiros, sendo que não tem personalidade jurídica nem é patrimônio autônomo sem sujeito.

(C) aquela em que o falecido deixou bens e herdeiros, além de disposição de última vontade, por meio de testamento particular.

(D) aquela em que o falecido deixou bens e herdeiros, além de testamento público.

Verifica-se herança jacente quando a pessoa falece deixando patrimônio, mas não deixando herdeiros legítimos ou testamentários para receber seu patrimônio. Nesse caso, o destino final dos bens deixados será o Município ou o Distrito Federal, se localizados nas respectivas circunscrições, ou, ainda, a União, quando situados em Território Federal (art. 1.819 e ss. do CC). Apenas a assertiva "A" contempla tais informações.

Gabarito "A"

Capítulo 9

CONSIDERAÇÕES ACERCA DAS LEIS 13.979/2020 E 14.010/2020 – LEIS DE ENFRENTAMENTO AO CORONAVÍRUS

A pandemia provocada pelo novo coronavírus – popularmente conhecida como COVID-19 certamente foi uma das maiores calamidades ocorridas na área da saúde nas últimas décadas.

De origem na chinesa, a teoria mais aceita é de que o marco-zero do vírus foi o mercado aberto de Wuhan, local onde são comercializados todo tipo de animal vivo para consumo, tais como sapos, morcegos, cobras, ratos, pangolins e outras iguarias bem incomuns. Não se sabe ao certo de qual animal o vírus foi transmitido para o ser humano, mas o que se sabe com certeza é que a transmissão ocorreu devido ao consumo indevido de algum desses animais.

Por ser uma doença muito parecida com uma gripe, muitos no início não deram a devida atenção aos riscos que poderia causar. O cenário mudou quando o número e mortes começou a aumentar exponencialmente principalmente na população idosa de diversos países e o sistema de saúde entrou em colapso, isto é, o número de leitos de U.T.I e respiradores era insuficiente para atender a quantidade de doentes. No pico da doença, por exemplo, a Itália estava devolvendo os doentes para morrerem em casa, pois não havia mais onde colocar os enfermos[1].

Não demorou muito a COVID-19 chegou em terras brasileiras e por ser algo extremamente desconhecido até então, nosso sistema de saúde não estava nada preparado para enfrentar a situação. Em questão de semanas hospitais de alguns estados começaram a enfrentar o verdadeiro caos. No início São Paulo, Rio de Janeiro, Fortaleza e Manaus foram as cidades mais afetadas acumulando dezenas de milhares de mortos em poucos dias.

A fim de regulamentar as diversas situações que surgiram em decorrência da pandemia, foram promulgadas as Leis 13.979/2020 e 14.010/2020, que dispõem sobre as medidas para enfrentamento de emergência de saúde pública de importância internacional decorrente do coronavírus, responsável pelo surto de 2019 e regulamenta os Regime Jurídico Emergencial e Transitório das relações jurídicas de Direito Privado.

Analisemos primeiramente a Lei 13.979/2020.

O **objetivo** da Lei é prever medidas para o enfrentamento da emergência de saúde pública em decorrência do vírus, visando sempre a proteção da coletividade. O Ministro

---

1. Disponível em: [https://www.em.com.br/app/noticia/internacional/2020/03/17/interna_internacional,1129623/coronavirus-na-italia-vitimas-acima-de-80-anos-serao-deixadas-morrer.shtml]. Acesso em: 10.08.2020.

de Estado da Saúde detém a competência para dispor sobre a duração do prazo das medidas, o qual não pode ser maior do que o estabelecido pela Organização Mundial de Saúde.

Alguns **conceitos** importantes são previamente definidos: Isolamento: separação de pessoas doentes ou contaminadas, ou de bagagens, meios de transporte, mercadorias ou encomendas postais afetadas, de outros, de maneira a evitar a contaminação ou a propagação do coronavírus; Quarentena: restrição de atividades ou separação de pessoas suspeitas de contaminação das pessoas que não estejam doentes, ou de bagagens, contêineres, animais, meios de transporte ou mercadorias suspeitos de contaminação, de maneira a evitar a possível contaminação ou a propagação do coronavírus.

Quanto as **medidas de enfrentamento de pandemia**, além do isolamento e da quarentena, com o objetivo de enfrentar a situação emergencial de saúde pública, as autoridades têm a permissão para adotar a determinação compulsória de exames médicos, testes laboratoriais, coleta de amostras clínicas, vacinação e outras medidas profiláticas e tratamentos médicos específicos. Ademais, fica autorizado o uso obrigatório de máscara de proteção individual, estudo ou investigação epidemiológica, exumação, necropsia, cremação e manejo de cadáver, restrição excepcional e temporária, conforme recomendação técnica e fundamentada da Agência Nacional de Vigilância Sanitária, por rodovias, portos ou aeroportos de entrada e saída do país e locomoção interestadual e intermunicipal (referente a essa restrição ato conjunto dos Ministros de Estado da Saúde e da Justiça e Segurança Pública disporá sobre o assunto), requisição de bens e serviços de pessoas naturais e jurídicas, hipótese em que será garantido o pagamento posterior de indenização justa e por fim autorização excepcional e temporária para a importação e distribuição de quaisquer materiais, medicamentos, equipamentos e insumos da área de saúde sujeitos à vigilância sanitária sem registro na Anvisa considerados essenciais para auxiliar no combate à pandemia do coronavírus, desde que registrados por pelo menos 1 (uma) das seguintes autoridades sanitárias estrangeiras e autorizados à distribuição comercial em seus respectivos países: Food and Drug Administration (FDA), ou European Medicines Agency (EMA), ou Pharmaceuticals and Medical Devices Agency (PMDA), ou National Medical Products Administration (NMPA).

As pessoas afetadas pelas medidas têm o direito de serem informadas permanentemente sobre o seu estado de saúde e a assistência à família, receberem tratamento gratuito, de terem o pleno respeito à dignidade, aos direitos humanos e às liberdades fundamentais e não poderão sofrer descontos caso faltem ao trabalho em decorrência da doença, pois será considerado falta justificada ao serviço público ou à atividade laboral privada referida ausência.

Referente a algumas **competências**, o Ministério da Saúde pode adotar as seguintes medidas citadas acima: isolamento, quarentena, determinação compulsória de exames médicos, testes laboratoriais, coleta de amostras clínicas, vacinação e outras medidas profiláticas e tratamentos médicos específicos. Determinação de uso obrigatório de máscara de proteção individual, estudo ou investigação epidemiológica, exumação, necropsia, cremação e manejo de cadáver, restrição excepcional e temporária, conforme recomendação técnica e fundamentada da Agência Nacional de Vigilância Sanitária, por rodovias, portos ou aeroportos de entrada e saída do país e locomoção interestadual e intermunicipal (referente a essa restrição ato conjunto dos Ministros de Estado da Saúde e da Justiça e Segurança Pública disporá sobre o assunto), requisição de bens e serviços de pessoas naturais e jurídicas, hipótese em que será garantido o pagamento posterior de indenização justa.

Os gestores locais de saúde, desde que autorizados pelo Ministério da Saúde, têm atuação mais limitada, podendo adotar as seguintes determinações: isolamento, quarentena, exumação, necropsia, cremação e manejo de cadáver e restrição excepcional e temporária, conforme recomendação técnica e fundamentada da Agência Nacional de Vigilância Sanitária, por rodovias, portos ou aeroportos de entrada e saída do País e locomoção interestadual e intermunicipal. É dispensada a autorização do Ministério da Saúde no caso de determinação compulsória de exames médicos, testes laboratoriais, coleta de amostras clínicas, vacinação e outras medidas profiláticas e tratamentos médicos específicos. Além disso, fica autorizado o uso obrigatório de máscara de proteção individual, estudo ou investigação epidemiológica e requisição de bens e serviços de pessoas naturais e jurídicas, hipótese em que será garantido o pagamento posterior de indenização justa.

A Anvisa é quem tem competência de executar a importação e distribuição de quaisquer materiais, medicamentos, equipamentos e insumos da área de saúde sujeitos à vigilância sanitária sem registro em seu banco de dados considerados essenciais para auxiliar no combate à pandemia do coronavírus, desde que registrados nos órgãos internacionais citados acima (FDA, EMA, PMDA, NMPA). O médico que prescrever ou ministrar medicamento cuja importação ou distribuição tenha se dado nesses moldes deverá informar ao paciente ou ao seu representante legal que o produto ainda não tem registro na Anvisa e foi liberado por ter sido registrado por autoridade sanitária estrangeira.

Os **serviços públicos considerados essenciais** e que não poderão parar de funcionar em decorrência das medidas previstas na Lei são os relacionados a atendimento a mulheres em situação de violência doméstica e familiar, crianças, adolescentes, pessoas idosas e as pessoas com deficiência vítimas de crimes tipificados no Estatuto da Criança e do Adolescente, Estatuto do Idoso, Estatuto da Pessoa com Deficiência e no Código Penal. Decreto do Presidente da República disporá sobre o funcionamento dos serviços públicos e determinará as atividades essenciais. Ainda referente a esses assuntos, os prazos processuais serão mantidos sem suspensão e os registros de ocorrências poderão ser realizado por meio eletrônico ou por meio de número de telefone de emergência designado para tal fim pelos órgãos de segurança pública. Esses processos serão considerados de natureza urgente.

No que concerne a **medidas preventivas para a população**, o uso da máscara cobrindo nariz e boca passou a ser obrigatório para circulação em espaços públicos e privados acessíveis ao público, em vias públicas e em transportes públicos coletivos bem como em veículos de transporte remunerado privado individual de passageiros por aplicativo ou por meio de táxis e ônibus, aeronaves ou embarcações de uso coletivo fretados. A exceção ocorre para pessoas com transtorno do espectro autista, com deficiência intelectual, com deficiências sensoriais ou com quaisquer outras deficiências que as impeçam de fazer o uso adequado de máscara de proteção facial, conforme declaração médica, que poderá ser obtida por meio digital, bem como no caso de crianças com menos de 3 (três) anos de idade.

Estabelecimentos, órgãos e entidades poderão limitar o número máximo de atendimento de pessoas em um mesmo ambiente, devendo afixar cartazes informativos sobre essa questão e também orientando o uso de máscaras.

As concessionárias e empresas de transporte público poderão proibir nos terminais e meios de transporte por elas operados, a entrada de passageiros em desacordo com as normas estabelecidas pelo poder concedente, sendo que este último pode até determinar o pagamento de multa pelo descumprimento.

Tanto órgãos públicos como entidades privadas deverão adotar medidas de prevenção à proliferação de doenças, como a assepsia de locais de circulação de pessoas e do interior de veículos de toda natureza usados em serviço e a disponibilização aos usuários de produtos higienizantes e saneantes.

A Lei traz uma vasta lista com os **profissionais que são considerados essenciais** ao controle de doenças e à manutenção da ordem pública, dentre eles médicos, enfermeiros, psicólogos, fisioterapeutas, assistentes sociais, policiais, agentes comunitários de saúde dentre outros. O poder público e os empregadores ou contratantes ficam obrigados a adotar medidas para preservar a saúde e a vida desses profissionais, bem como deverão fornecer-lhes gratuitamente, os equipamentos de proteção individual (EPIs) recomendados pela Anvisa quando estiverem em atividade e em contato direto com portadores ou possíveis portadores do novo coronavírus. Esses profissionais terão prioridade para fazer testes de diagnóstico da Covid-19 e serão tempestivamente tratados e orientados sobre sua condição de saúde e sobre sua aptidão para retornar ao trabalho.

Referente à **licitação**, ela se torna dispensável para aquisição de bens, serviços, inclusive de engenharia, e insumos destinados ao enfrentamento da emergência de saúde pública. A aquisição de bens e a contratação de serviços não se restringe a equipamentos novos, desde que o fornecedor se responsabilize pelas plenas condições de uso e funcionamento do bem adquirido.

A dispensa é temporária e aplica-se apenas enquanto perdurar a situação de exceção. Prezando pelo princípio da transparência, as contratações que forem feitas nesses moldes serão imediatamente disponibilizadas em sítio oficial específico na internet onde deverão constar o nome do contratado, o número de sua inscrição na Receita Federal do Brasil, o prazo contratual, o valor e o respectivo processo de contratação ou aquisição além de outras informações pontuais que forem exigidas.

Em caráter excepcional será possível a contratação de fornecedora de bens, serviços e insumos de empresas que estejam com inidoneidade declarada ou com o direito de participar de licitação ou contratar com o Poder Público suspenso, quando se tratar, comprovadamente, de única fornecedora do bem ou serviço a ser adquirido.

Ainda no contexto de dispensa quando se tratar de compra ou contratação por mais de um órgão ou entidade, o sistema de registro de preços previsto na Lei 8.666/93 poderá ser utilizado e caso não haja regulamento específico, o ente federativo poderá aplicar o regulamento federal.

Ademais, são presumidas as condições de situação de emergência, necessidade de pronto atendimento, existência de risco a segurança de pessoas, obras, prestação de serviços, equipamentos e outros bens, públicos ou particulares e limitação da contratação à parcela necessária ao atendimento da situação de emergência.

Os estudos preliminares serão dispensados quando se tratar da contratação de bens e serviços comuns, bem como a aquisição de insumos necessários ao enfrentamento da emergência. Para essas contratações será admitida a apresentação de termo de referência simplificado ou de projeto básico simplificado, o qual deverá conter os requisitos previstos no art. 4º-E, § 1º da Lei.

Quando a licitação ocorrer na modalidade de pregão, cujo objeto seja a aquisição de bens, serviços e insumos necessários ao enfrentamento da emergência, os prazos dos procedimentos licitatórios serão reduzidos pela metade, sendo que se o prazo original for número ímpar, este será arredondado para o número inteiro antecedente. Os recursos nesses procedimentos terão apenas efeito devolutivo e ficará dispensada a realização de audiência pública.

Os **contratos** regidos pela Lei 13.979/2020 terão prazo de duração de até seis meses e poderão ser prorrogados por períodos sucessivos, enquanto perdurar a necessidade de enfrentamento dos efeitos da situação de emergência de saúde pública. Ademais, a administração pública poderá prever que os contratados fiquem obrigados a aceitar, nas mesmas condições contratuais, acréscimos ou supressões ao objeto contratado, em até cinquenta por cento do valor inicial atualizado do contrato.

Por fim, no que tange ao **direito de informação,** é obrigatório o compartilhamento entre órgãos e entidades da administração pública federal, estadual, distrital e municipal de dados essenciais à identificação de pessoas infectadas ou com suspeita de infecção pelo coronavírus, com a finalidade exclusiva de evitar a sua propagação. Essa obrigação também se estende às pessoas jurídicas de direito privado quando os dados forem solicitados por autoridade sanitária. O Ministério da Saúde manterá dados públicos e atualizados sobre os casos confirmados, suspeitos e em investigação, relativos à situação de emergência pública sanitária, resguardando o direito ao sigilo das informações pessoais.

Adentremos agora no estudo da Lei 14.010/20.

O **objetivo** dessa Lei é instituir normas de caráter transitório e emergencial para a regulação de relações jurídicas de Direito Privado em virtude da pandemia do coronavírus (Covid-19). Logo vê-se que não se aplica às relações jurídicas de Direito Público. Foi estabelecido um termo inicial para os eventos derivados da pandemia, qual seja, a data da publicação do Decreto Legislativo nº 6, que ocorreu em 20 de março de 2020.

Referente aos prazos, tratando-se de **prescrição,** ficam impedidos ou suspensos, conforme o caso, a partir da entrada em vigor da Lei até 30 de outubro de 2020. Essa regra trata-se de uma norma geral, pois havendo previsão legal específica de impedimento, suspensão – ou até mesmo interrupção – do prazo prescricional, esta prevalecerá em detrimento da regra geral. Quanto a **decadência,** as regras referentes ao impedimento ou suspensão do prazo prescricional também se aplicam ao prazo decadencial. Trata-se, aqui, de uma exceção legal à regra geral (prevista no art. 207 do Código Civil) de implacabilidade da fluência do prazo decadencial.

Quanto as reuniões de assembleia das **pessoas jurídicas de direito privado** (associações, sociedades e fundações) elas não poderão ocorrer de forma presencial até 30 de outubro de 2020. A assembleia geral poderá ser realizada por meios eletrônicos, independentemente de previsão nos atos constitutivos da pessoa jurídica. Os participantes poderão se manifestar por qualquer meio eletrônico indicado pelo administrador assegurando-se a identificação do participante e a segurança do voto, que produzirá todos os efeitos legais de uma assinatura presencial.

Referente a **resilição, resolução e revisão dos contratos**, quanto as consequências decorrentes da pandemia do coronavírus nas execuções dos contratos, não haverá efeitos jurídicos retroativos, incluídas as hipóteses de caso fortuito e força maior que o devedor não deu causa.

Prevê o artigo 317 do CC que quando, por motivos imprevisíveis, sobrevier desproporção manifesta entre o valor da prestação devida e o do momento de sua execução, poderá o juiz corrigi-lo, a pedido da parte, de modo que assegure, quanto possível, o valor real da prestação. Nesse caso, porém não se considera imprevisível o aumento da inflação, a variação cambial, a desvalorização ou a substituição do padrão monetário. O mesmo se aplica no que se refere à resolução do contrato por onerosidade excessiva. Essas regras sobre revisão contratual não se aplicam, contudo no que diz respeito às relações jurídicas regidas pelo Código de Defesa do Consumidor e pela Lei de Locação.

No que se refere a **relação de consumo**, fica suspenso até o dia 30 de outubro de 2020 o exercício do direito de arrependimento do consumidor previsto no art. 49 do CDC acerca de entrega domiciliar (*delivery*) de produtos perecíveis ou de consumo imediato e de medicamentos. A ideia do legislador é dar segurança jurídica ao fornecedor, ao menos, no período excepcional da pandemia, considerando que as entregas domiciliares cresceram bastante por conta do isolamento social.

Referente a **Lei de Locação**, foi suspensa a concessão de liminar em ação de despejo até 30 de outubro de 2020 no que se refere o art. 59, § 1º, incisos I, II, V, VII, VIII e IX, da Lei nº 8.245/91. Neste caso visou-se proteger a figura do locatário, que muito provavelmente se fosse despejado durante a pandemia teria bastante dificuldade de arrumar outro local para morar.

Sobre o impacto no Direito das Coisas, a Lei previu disposição expressa sobre a **usucapião** no sentido de que fica suspenso o prazo de prescrição aquisitiva da propriedade imobiliária ou mobiliária até 30 de outubro de 2020. Aqui houve vantagem para o proprietário do imóvel, pois a prescrição aquisitiva deixa de correr em seu desfavor.

No que tange aos **condomínios edilícios**, às assembleias condominiais aplicam-se as mesmas disposições sobre as assembleias das pessoas jurídicas de direito privado, uma vez que as reuniões presenciais estão suspensas até 30 de outubro de 2020. Portanto, o síndico deverá eleger um meio virtual, caso em que a manifestação de vontade de cada condômino será equiparada, para todos os efeitos jurídicos, à sua assinatura presencial. Não sendo possível a realização de assembleia condominial por meios virtuais, os mandatos de síndico vencidos a partir de 20 de março de 2020 ficam prorrogados até 30 de outubro de 2020. Quanto a prestação de contas nada mudou apesar da pandemia. É obrigatória, sob pena de destituição do síndico, a prestação de contas regular de seus atos de administração.

Na área do direito de família, até 30 de outubro de 2020 a **prisão civil por dívida** alimentícia deverá ser cumprida exclusivamente sob a modalidade domiciliar, sem prejuízo da exigibilidade das respectivas obrigações. O dispositivo vem para preservar a dignidade da pessoa humana devido ao grande risco de contágio nas celas.

Por fim quanto ao prazo para a instauração de **inventário e partilha**, prevê o art. 611 CPC que "*O processo de inventário e de partilha deve ser instaurado dentro de 2 (dois) meses, a contar da abertura da sucessão, ultimando-se nos 12 (doze) meses subsequentes, podendo o juiz prorrogar esses prazos, de ofício ou a requerimento de parte*". A regra é que o processo de inventário deve ser iniciado a contar no máximo 2 meses da morte do *de cujus*. Porém, referente às mortes que ocorrerem a partir de 1 de fevereiro de 2020, o termo inicial do prazo de dois meses previsto no referido art. 611 será postergado para 30 de outubro de 2020. E a norma vai além, ao estabelecer que o prazo de 12 meses para se ultimar o inventário, caso iniciado antes de 1º de fevereiro de 2020, ficará suspenso a partir da vigência da Lei que instituiu o Regime Emergencial até 30 de outubro de 2020. Exemplo: a abertura do inventário foi requerida em 8 de dezembro de 2019. Segundo a redação do CPC, o prazo se findaria em 8 de dezembro de 2020. Com a entrada em vigor da Lei, opera-se a suspensão do curso do prazo, que somente voltará a correr após 30 de outubro de 2020, descontando-se o período já decorrido.